中国交通教育研究会职业教育分会推荐教材

高等职业院校船舶技术类专业教学用书

高等职业教育规划教材

船体修造工艺

（第二版）

【船舶工程技术专业】

周启学　主　编

刘桂香　主　审

CHUANTI XIUZAO GONGYI

人民交通出版社

内 容 提 要

本书是高等职业教育船舶技术类船舶工程技术专业中国交通教育研究会职业教育分会船舶技术专业委员会规划教材之一，按照《船体修造工艺》课程标准的要求而编写。

本书以钢质船舶焊接船体的常规修造工艺为主导，按照工艺流程依次编排内容和各章节。主要内容包括：船体型线放样、船体构件展开、船体放样资料、船体数学放样、钢材预处理和号料、船体构件加工、船体部件装配、船体分(总)段装焊、船体总装、船台无余量装配、船舶舾装和涂装、船舶下水与试验、船体建造方案、船体修理工艺、现代造船模式概论等。本书的重点内容是船舶放样、加工、装焊三个部分。

本书主要是针对高等职业教育编写的，其他形式的职业教育、职工培训、专业考证训练以及相关技术人员也可参考使用。

图书在版编目(CIP)数据

船体修造工艺/周启学主编. —2 版. —北京：人民交通出版社，2014.1

ISBN 978-7-114-11079-5

Ⅰ.①船… Ⅱ.①周… Ⅲ.①船体—造船—高等职业教育—教材②船体—船舶修理—高等职业教育—教材 Ⅳ.①U671.4②U672.1

中国版本图书馆 CIP 数据核字(2013)第 301697 号

书　　名：船体修造工艺(第二版)
著 作 者：周启学
责任编辑：周　凯
出版发行：人民交通出版社
地　　址：(100011)北京市朝阳区安定门外外馆斜街 3 号
网　　址：http://www.chinasybook.com
销售电话：(010)64981400，59757915
总 经 销：北京交实文化发展有限公司
印　　刷：北京虎彩文化传播有限公司
开　　本：787×1092　1/16
印　　张：27
字　　数：620 千
版　　次：2006 年 8 月　第 1 版　2014 年 1 月　第 2 版
印　　次：2024 年 7 月　第 2 版　第 5 次印刷
书　　号：ISBN 978-7-114-11079-5
定　　价：68.00 元

高等职业院校“十二五”船舶规划教材
编审委员会名单

前言
QIANYAN

为规范高等职业教育船舶技术类专业的教学,积极推进课程改革与教材建设,提高教学质量,更好地满足我国船舶工业快速发展的需要,中国交通教育研究会职业教育分会船舶技术专业委员会组织全国开办有船舶技术类专业的职业院校及其骨干教师,编写了"十二五"高职船舶规划教材。

这些教材分别适用于船舶工程技术专业、轮机工程技术专业和船舶电气工程技术专业,以及船舶检验、船舶舾装、焊接技术及自动化、游艇设计与制造等船舶技术类专业。

"十二五"高职船舶规划教材大部分是在"十一五"高职船舶规划教材的基础上修订而成。本规划教材注重以就业为导向,以职业能力培养为核心,面向行业企业,充分体现职业教育的特色,满足高素质实用型、技能型船舶技术类专业高等职业人才培养的需要。

本规划教材主要是针对高等职业教育编写的,其他形式的职业教育、职工培训、专业考证训练以及相关技术人员也可参考使用。

《船体修造工艺》是高等职业教育船舶技术类船舶工程技术专业规划教材,按照《船体修造工艺》课程标准的要求而编写。全书以钢质船舶焊接船体的常规修造工艺为主导,按照工艺流程依次编排各章节。本书阐明了船舶修造的基本理论和工艺原则,介绍了一些具体的操作方法和工艺过程,还适当地介绍了国内外修造船的新工艺新技术。本书的重点内容是船舶放样、加工、装焊三个部分。

本书由武汉交通职业学院周启学担任主编,负责统稿,并编写第一、九、十、十一、十四、十五章。渤海船舶职业学院刁玉峰编写第二、三、四章,武汉船舶职业技术学院何志标编写第五、十六章,江苏省无锡交通高等职业学校顾根南编写第六、七、八章,青岛远洋船员职业学院王宏智编写第十二、十三章。

本书由江苏海事职业技术学院刘桂香担任主审。

限于编者经历和水平,书中难免有疏漏与不足之处,恳请读者批评指正,以便修订时完善。

中国交通教育研究会职业教育分会船舶技术专业委员会

2013年12月

目录

MULU

第一章　绪　论

● **学习目标**

知识目标

1. 掌握钢质船舶焊接船体建造的基本步骤；
2. 熟悉钢质船舶焊接船体常规的建造工艺流程；
3. 了解《船体修造工艺》课程的特点；
4. 了解造船工业在国民经济中的地位。

能力目标

1. 能讲述《船体修造工艺》课程的特点；
2. 能讲述船体建造的基本方法与常规建造工艺流程；
3. 能逐步培养学习《船体修造工艺》课程的兴趣。

第一节　船体修造工艺的任务和特点

一、船体修造工艺

《船体修造工艺》包括船体建造工艺和船体修理工艺两部分内容，它是在综合采用各种先进技术和现代科学管理的条件下，研究钢质船舶焊接船体的制造和修理方法与工艺过程的一门应用科学。船体制造一般分为两个阶段，即设计阶段和施工阶段。本课程研究的范围属于施工阶段，即怎样把设计阶段经过计算和试验而绘制的船舶图样转变成可以使用的实船，以及怎样保持和恢复船舶的正常技术状况与使用性能。它的主要任务是：一方面根据现有技术条件，为修造船生产制定合理的工艺措施；另一方面则是研究和发展新工艺、新技术，不断提高船舶修造的工艺水平。根据修造船舶类型、批量和船厂的生产条件，进行生产（施工）设计，通常应完成下列工作：

(1)分析研究修造船方法。制订船舶修造方案并据此编制船体放样、号料、构件加工、船体装配焊接、船舶舾装、船舶涂装、造船精度与技术测量、船舶下水等工艺规程；根据使用船舶损耗和损坏的程度，确定修复范围、编制修理工艺、技术标准以及管理办法。

(2)分析研究和编制各种工艺计划文件。如总工艺进度表、工艺项目明细表、工艺线路表以及设备和材料订货单等。

(3)分析研究修造船各道工序的工艺操作方法。即制定合理的工艺规程，并依此选择和设计相应的工艺装备，不断提高船体修造的机械化、自动化水平。

(4)研究制定各项施工精度标准。根据船东要求和船厂条件，制定各道工序的施工精度标准及其相应的技术测量方法。

(5)研究新的修造船方法。如研究船厂最佳工艺流程的布置方案,改进修造船生产的工艺布局,设计先进的流水生产线,不断革新修造船工艺和设备等修造船生产的最佳工艺系统。

二、船体修造工艺的特点

1. 实践性强

船体修造工艺的理论知识是从修造船生产的实践中总结出来的,所以在学习这些理论知识时,一定要注意主动联系实际,而在今后的修造船生产实践中又需注意联系工艺理论,以便解决实际问题。还需注意,这些理论知识是会在修造船生产实践的发展变化中不断地得到丰富和提高的。

2. 综合性强

船体修造工艺是一门专业理论课,它综合应用了许多基础理论课知识,如高等数学、普通物理、普通化学、机械制图、工程力学、金属工艺学等,以及其他有关的专业理论知识,如船体制图、船舶原理、船舶强度与结构设计、船舶设备与系统、船舶焊接等。

3. 空间概念强

船体修造工艺的主要研究对象是船体,而船体表面是一个非规则的庞大而复杂的空间曲面,船体及其各种舾装件都是具有立体感的空间几何体,因此在学习《船体修造工艺》时,必须具备一定的空间概念,并在学习过程中不断增强这种空间概念。

4. 灵活性大

船体修造工艺介绍的是一般规律性的知识,对于不同类型的船厂,不同的设备条件,不同的技术水平,甚至不同的地区,同样形式的船舶可以有不同的修造方法。比如分段建造法是现代造船的一般方法,要求船厂具有一定的起重运输能力。如果船厂起重运输能力很强,则可采用总段建造法;如果船厂起重运输能力很小甚至没有,则只能采用整体建造法。所以船体修造的工艺方法可以灵活多样,要从实际出发,因时、因地、因厂、因人制宜。

第二节 船体建造与工艺程序

最初的钢质船舶是通过铆钉将各构件铆接成船体的,随着焊接技术的应用和发展,焊接工艺逐渐取代了铆接工艺。现在在船体建造中普遍采用了电子计算机和数控技术,而且还应用了精度控制理论和成组技术原理,使船舶生产进一步向机械化、自动化和高效优质的方向发展。

目前钢质船舶焊接船体常规建造与工艺的主要程序见图1-1。

船舶的建造过程比较复杂。按照现代造船工艺学的观点,船舶建造可分为3种类型的生产作业,即船体建造、船舶舾装和船舶涂装。

船体建造是将船用钢材制成船舶壳体的生产过程。从生产的顺序来划分,船体建造包括3个步骤:

(1)将原材料制成船体零件。

(2)将零件组装成部件或进而再组装成分段和总段。

(3)将零部件或分、总段总装成船体。

船舶舾装是将各种船用设备、仪器、装置和设施等安装到船上的生产过程。按作业区域和专业来分,船舶舾装包括甲板舾装、住舱舾装、机舱舾装和电气舾装等工作内容。按工作地点和阶段来分,有内场预制舾装、外场分段舾装、船台舾装和码头舾装(后两者统称为船上舾装)。

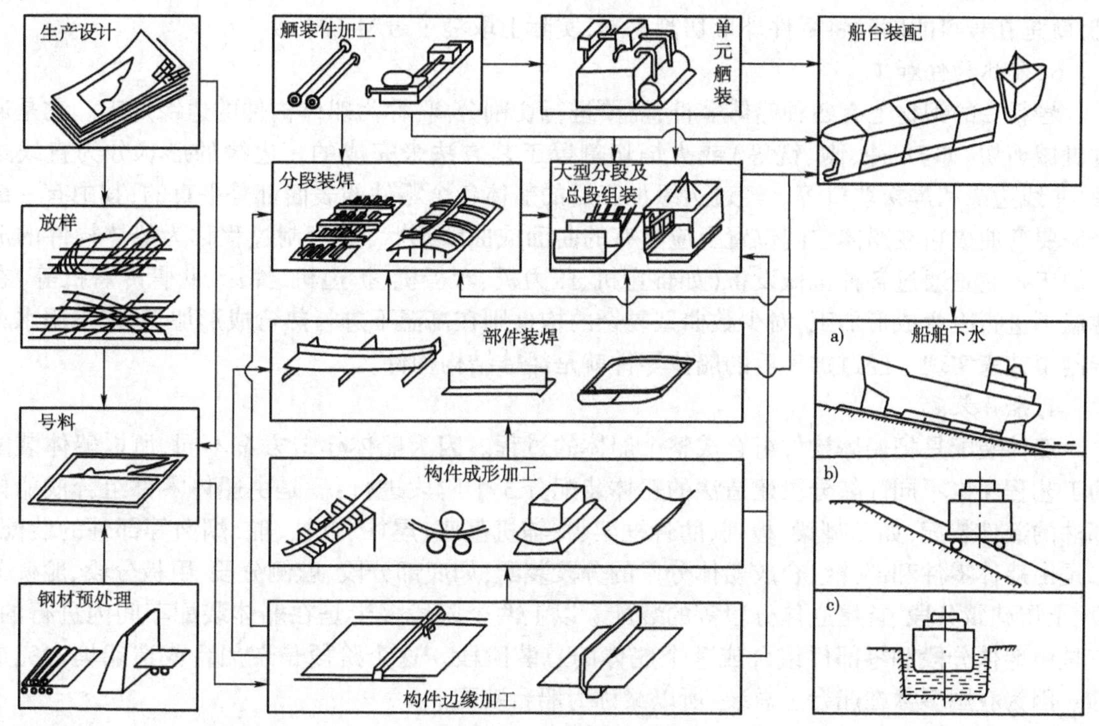

图1-1 钢船常规建造工艺程序图

a)重力式;b)机械式;c)漂浮式

船舶涂装是对全船进行除锈、涂漆的生产过程。按作业顺序来分,船舶涂装可分为钢材表面预处理、分段除锈及底漆喷涂(即分段涂装)、下水前船体外部面漆涂装和交船前船舶进坞进行完工涂装等几个阶段(后两者统称为船上涂装)。

船舶是用于水上交通、运输或作业等用途的工具。它是一个漂浮的建筑物,装有各种设备和仪器,能防止海水的腐蚀。欲使船舶完成预定的使命,除了必须精心设计之外,还应该精心建造。

目前造船界正在推行"壳舾涂一体化"和"设计、生产、管理一体化"的造船模式,即将上述3种类型的生产作业按模块划分成区域,在每一个区域内都要完成"壳舾涂"的生产任务,在"壳舾涂一体化"过程中,以正确的管理思想主导设计、生产、管理的有机结合。但是钢质船舶焊接船体常规的建造工艺程序仍然是:

1. 船体放样

船体放样是把设计型线图按1:1的比例绘在放样间的地板上,或运用数学方法编成程序输入电子计算机进行数学放样。不论采用上述何种方法,均需光顺理论型线和修正理论型值,再绘出肋骨型线图并进行结构线放样,接着展开船体结构件及其舾装件中的各个零件,据此提供各种放样资料为后续工序使用,如草图、样板、样箱,或软磁盘等。

2. 船体钢材预处理和号料

对船体钢材进行矫正和表面锈斑的清理、防护等预处理工作后,再应用草图、样板、样箱、软磁盘等放样资料,把放样展开后的各零件图的图形及其加工、装配符号,画到平直的钢板或型钢上去,这个过程称为号料。有时号料工序还与切割工作结合进行,如数字程序控制切割机,就是在号料的同时将零件外形切割完毕,实际上取消了号料工序。

3. 船体构件加工

号料后的钢材上有各种船体零件,需要进行切割分离,称为船体构件的边缘加工。它是通过机械剪切(如剪、冲、刨、铣等)或火焰切割等工艺方法来完成的。边缘的形状分为直线边缘、曲线边缘和焊接坡口等。经过边缘加工后的船体各个零件的表面都是平直的,其中有一部分需要弯曲成它在船体空间位置上应具有的曲面或曲线形状,其弯制过程称为船体构件的成形加工。它是通过各种机械设备(如辊弯机、压力机、弯板机、折边机、撑床、肋骨冷弯机等)在常温下进行冷弯成形加工,对少数曲型复杂的构件则在高温下进行热弯成形加工,或采用水火弯制工艺来实现。经过加工后的船体零件就是船体结构构件。

4. 船体装配

船体装配是把船体构件组合成整个船体的过程。因为船体建造方案不同,所以船体装配的工艺程序也不同。如分段建造法的船体装配分 3 个阶段进行:一是由船体零件组合成船体部件的部件装配,如 T 型梁、板列、肋骨框架、主辅机基座、尾柱、首柱、舵、烟囱等部件的装配。二是由船体零件和部件组合成船体分段的分段装配,如底部分段、舷侧分段、甲板分段、舱壁分段、上层建筑分段、首尾立体分段等的装配。以上两个阶段多半是在船体装配车间内进行的。三是由船体分段和零部件组合成整个船体的总装阶段。这个阶段是在船台或造船坞内完成的。因为我国多数在船台上总装,所以又称为船台装配。

又如总段建造法的船体装配与分段建造法的船体装配相比,增加了一个工序,即将已装配好的各个分段和零部件组合成总段后,再送交船台进行大合拢。

再如传统而落后的整体建造法,其装配方式为散装法,只有两个装配阶段:部件装配和船台装配。也就是说,由船体零部件直接在船台上组合成整个船体。

5. 船舶焊接

船舶焊接是运用焊接技术并采用合理的焊接程序,将已装配妥的船体部件、分段(或总段)、整个船体的各种接缝,按照设计要求连接起来,从而使各种船体构件结合成为一个整体。实际上船舶焊接是渗透在船体装配的整个过程中的,如船体部件焊接妥了才能进行分段(或总段)的装配,分段(或总段)焊接完了才能进行船台装配等。

6. 火工矫形

船体焊接都会产生局部和整体变形。船体部件焊接变形可采用机械矫正,也可采用火工矫正。但是分段、总段及整个船体的体积大、重量也大,其焊接变形无法用机械矫正,主要靠火工矫正。火工矫正是利用焰具局部加热变形部位,使之热胀冷缩而矫正变形的。船体部件如 T 型材、肋骨框架等在装焊后安装前应予以矫正。船体分段也须在分段装焊后船体总装前进行矫正。船台装配完工后还应进行一次全面彻底地火工矫正。

7. 密性试验

船体上的许多连续焊缝,特别是水下部分的外板、舱壁、舵等的焊缝必须保证水密,船上的

油舱和油船的各舱则要保证油密。因此,这些部位的焊缝需要进行密性试验(灌水、冲水、气压、冲气、煤油、冲油等试验)来检查其质量,以防航行中漏水、漏油,确保航行安全。有些重要船舶或重要部位的焊缝质量还需运用仪器来检查,如超声波探伤、X光探伤等。

8. 船舶舾装

船舶舾装的主要内容有:各种设备和管系的安装、电气安装、木工作业、绝缘作业、舱室设备安装、房间修饰等。船舶舾装是一项相当复杂的工作,不仅需要各个专业工种的相互配合,而且需要生产上的合理组织与安排,以便最大限度地缩短造船的总周期。过去除少数舾装工作在船台上进行外,大多都是在船舶下水后移泊于舾装码头进行的,所以称为码头舾装。现代造船则尽量把舾装工作提前完成,如把码头舾装工作提前到船台装配时进行,把船台上的舾装工作提前到分段或总段装配时进行(如管系的安装等),使船舶舾装工作与船体建造工程成为平行作业的方式来进行,称为预舾装。也有的是将舾装件先组装成完整的舾装单元。例如在机舱分段中,根据缩比模型设计,把机舱中各附件先在分段内进行安装,这样,就使船舶在下水前完成了大量的机舱舾装工作,下水后移泊于码头时,只花费较少的时间即可完成全部舾装工作和一些收尾工程,并做好船舶试验的准备工作。

9. 船舶涂装

为了防止钢材腐蚀,延长船舶的使用寿命,必须对钢材和船体进行除锈、涂漆处理,这项工程作业称为船舶涂装。船舶涂装除了船体防腐外,还有外表装饰和船底防污等作用。

10. 船舶下水

船舶虽然是一种水上工程建筑物,但却是在陆地上建造的。当船舶建造完工后,必须把它从建造区(船台或造船坞)移至水中,这个过程称为船舶下水。船舶下水的方式多种多样,一般分为:重力式下水、漂浮式下水和机械化下水3种。

11. 船舶试验

船舶试验包括系泊试验、倾斜试验和航行试验,分为两个阶段进行。

系泊试验是当系泊于码头的船舶的船体工程和动力装置安装基本完工,船厂在取得用船单位和验船部门的同意后,根据设计图纸和试验规程的要求,对该船的主机、辅机以及各种设备和系统进行的试验,其目的是检查船舶的完整性和可靠性。系泊试验是航行试验前的一个准备阶段。倾斜试验是对完工船舶重心位置的测定,要求在静水区域进行。以上是第一阶段的试验。

航行试验通常称为"试航",它是对所建造的船舶作一次综合性的全面考核,是第二阶段的试验。按照船舶的类型,试航规定在海上或江河中进行。出航前,必须带足燃料、滑油、水、生活给养、救生器具以及各种试验仪器、仪表和专用测试工具。航行试验分为空载试航和满载试航两种,由船厂会同用船单位和验船部门一起进行,就像正常航行时那样,对主机、辅机、各种设备系统、通信导航仪器以及该船的各种航行性能等作极限状况的试验,以测定是否满足设计要求。

12. 交船与验收

当船舶试验结束后,船厂应立即进行消除各种缺陷的返修和拆验工作,并对船舶本体和船上的一切装备按照图纸、说明书和技术文件上的项目,一一向用船单位交验,比如逐个舱室的移交,备品的清点移交,主辅机、各种设备系统和通信导航仪器的动车移交等。当上述工作结

束后,即可签署交船验收文件,并由验船部门发给合格证书,用船单位即可安排该船参加运营。

第三节 造船工业

造船是建造船舶、近海平台和其他浮动装置的生产活动。造船生产具有一些固有的特征。首先,从技术类型来看,造船属于装配型工业,对配套工业的依赖性较强,所以造船生产须着重解决材料和设备的供应问题;第二,从订货方式来看,造船属于订货型,船厂根据船东的使用要求"定制"产品,生产任务由市场需求来决定,因而产品的品种与批量具有不确定性;第三,从生产类型来看,造船属于多品种、小批量或单件生产,生产过程不稳定,因此要求船厂设备和生产组织具有一定的柔性;第四,从作业性质来看,造船属于技艺型,工人的素质对产品质量影响较大,这就要求加强对工人的培训,适当稳定作业内容。造船生产的这些特征是造船企业经营与管理的基本出发点。

造船工业通常在开放的世界市场中经营,因而容易受外部环境的影响。例如,世界政治格局、军事形势、国际贸易、科技进步、金融市场、海运事业、配套工业以及国家法令等,都能直接或间接地影响一国乃至全世界的造船工业。了解有关背景知识,有助于理解造船工业所面临的实际问题。

一、造船生产要素

造船生产活动所必须具备的资金、人员、材料、设备和厂址等条件称为造船生产要素。

1. 资金

我国的造船生产原属于计划经济,政府部门通过拨款的方式为造船提供资金保证。随着经济体制改革的深入,目前建造国内船舶多数采取银行信贷的方式来筹措资金,这就迫使船厂或船东重视造船的经济效益和考虑企业的偿还能力。出口船舶的建造则根据合同规定由船东支付现金,例如,按建造阶段——签约、开工、上船台、下水和交船的日程安排分期付款(如每期为船价的20%)或延期付款(如上述5期分别为船价的2.5%、2.5%、5%、5%、5%,剩余的80%在10年内分期还本付息)。政府间贸易则可能采取"以货易船"或"补偿贸易"等方式,在这种情况下,船厂所需的资金可由政府作出相应的安排。

2. 人员

船厂的工作人员包括脑力劳动者和体力劳动者两种类型。前者从事经营、设计和管理等工作,后者承担生产性或服务性工作。尽管船厂实现了某种程度的机械化和自动化,造船工业仍然是一个劳动力密集型产业部门。它除了需要有数量众多的工人以外,还需要有一个广泛的生产与非生产性工种的组合。生产性工种如:放样工、样台木工、机床操作工、气割工、装配工、气刨工、批铲工、焊接工、火工、管子工、钣金工、钳工、电工、细木工、除锈工、油漆工、冷凝工、帆缆工等。服务性工种如:脚手架工、起重工、通风照明工、焊接检验员、仓库保管员、安全员等。脑力型人员由高等学校和职业技术学校培养或从基层人员中提拔,劳力型人员由职业技术学校输送或由船厂向社会招收艺徒进行培训。

3. 材料

造船材料泛指钢材、铝合金、增强塑料、舾装材料和配件以及机电设备、仪器、仪表等。在

我国，材料供应由物资部门归口。主机、发电机、雷达等机电设备由船厂向有关工厂订货；电器、五金等器材可以在市场上采购；锚、螺旋桨等专用配件可以由外厂协作；外部不能提供的设备和配件则由船厂自己制造。材料的订货、采购、外协和自制统称为材料采办。出口船用的材料和设备须经合同谈判商定，由指定厂商供应。船用材料和设备种类繁多，其合理选用和及时采办在船舶设计和制造中显得十分重要。

4. 船厂设备

船厂设备是造船所必需的手段，包括水工设施和工艺装备两大类。水工设施是指船台、船坞、码头等濒水建筑物。工艺装备是指加工设备、起重运输设备、焊接设备、装焊平台和管件生产线等造船设施。船厂设备不仅直接反映了船厂的生产能力和工艺方法，也是船东评价船厂技术水平的重要依据之一。例如，船厂若有钢材预处理流水线，则表明其涂装技术已进入前期管理的水平，具备了承接出口船合同的必要条件。因此，船厂设备的现代化与合理化，对吸引订货有着不可低估的作用，因而成为世界各国船厂技术改造的重要内容。

5. 厂址条件

造船工业对船厂的地理位置有特殊要求。船厂必须在航道上，以便船舶建成后能自由通航。船厂应位于或接近工业区，这样可以减少船用材料与设备的运输费用，也可以分享电、水、交通、通信等公用设施。从世界范围来看，某些地区能为造船工业提供特别廉价的劳动力，也就成为厂址选择上十分有利的因素。例如，20 世纪 70 年代后期韩国造船工业的崛起，主要是靠该地区的劳动力便宜这一有利因素。

二、造船成本与船厂利润

船舶价格一般包括造船成本和利润两部分。

1. 造船成本

造船成本通常由人工成本、材料成本和一般管理费 3 项构成。人工成本是指建造一艘船舶所支付的工资、奖金、津贴等费用。材料成本是指建造一艘船舶所需的材料、设备、配件和能源等费用。一般管理费则包括设计费、行政费、设备折旧费以及付息、纳税等项费用。造船成本一般占船舶价格的 85% ~95%，其余为造船利润。

人工成本和材料成本是造船成本的主要组成部分，由于工资和物价等因素的影响，其变化趋势是上升的。两者在造船成本中所占的具体比例视生产国、船型和尺度的不同而异。表 1-1所示为曾经统计的人工、材料在大型油船总成本中所占的比例。表中当时美国的材料费和人工费共占总成本的 66%；而日本为 83%。表 1-2 表明，不同船型的船舶其成本构成也有显著差别。军舰由于舾装工作量大而使人工成本所占比例上升，而材料成本则趋小。船舶尺度大小对材料和工时消耗影响较大。例如在日本，小型散货船的材料费占总成本的 47%，人工费占 35%；而中型散货船的材料费占总成本的 52%，人工费占 30%。

美国和日本大型油船成本构成(%)　　表 1-1

国 别	材料费	人工费	管理费	其 他	合计
美国	24	42	29	5	100
日本	54	29	10	7	100

各种船舶的成本构成(%) 表1-2

船型	项目	制作	舾装	机装	其他	总计
油船	材料费	17	16	20	2	55
	人工费	8	12	3	2	25
	管理费	—	—	—	—	20
	合计	25	28	23	4	100
货船	材料费	8	21	24	2	55
	人工费	5	13	3	2	23
	管理费	—	—	—	—	22
	合计	13	34	27	4	100
驱逐舰	材料费	6	18	15	1	40
	人工费	4	17	5	4	30
	管理费	—	—	—	—	30
	合计	10	35	20	5	100

2. 船厂利润

船舶成本项目也可以按固定成本和变动成本进行分类。不随批量增减而变动的成本称为固定成本,例如:借入资金的利息,厂房和设备等固定资产的税金,固定资产的折旧费,不能随意解雇的职工的工资等。随着批量增减而变动的成本称为变动成本,例如,材料费,水、电、气费用,固定职工的奖金,加班津贴,合同工的工资等。如果船舶销售价格和变动成本与船舶批量的关系是线性的,那么船厂的经济效益可由盈亏平衡图进行分析。如图1-2所示,直线AD表示固定成本,直线AC表示随着批量的增加而增加的变动成本。它与AD叠加成造船总费用。直线OB表示船舶批量变化时的销售价格,它是船厂的经济收入。则AC与OB的交点E称为盈亏平衡点,或叫损益平衡点;低于E点,船厂有亏损,超过E点,表明船厂能盈利。图中的阴影部分为造船利润。在船价确定的情况下,如果总费用线上升,则盈亏平衡点上移,利润额减少。如果变动成本率不变,那么,销售批量增加,船厂的利润也相应增加。因为:

$$利润 = 收入 - 成本$$

所以,降低建造成本就可以增加造船利润。一般认为,盈利能力是船厂经营好坏的标志。

事实上,船舶生产属于多品种、小批量类型,船厂的收入和总费用与船舶批量的关系可能都是非线性的,因而可能出现两个盈亏平衡点,如图1-3所示。在这种情况下,存在着能使船厂获得最大利润的最佳批量M,批量超过M,船厂的利润反而减少。

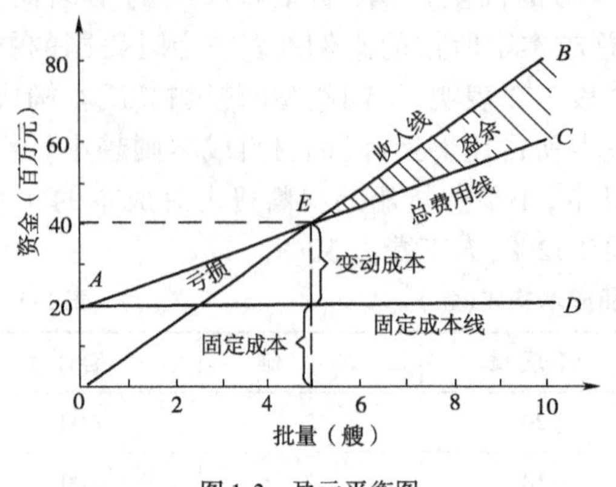

图1-2 盈亏平衡图

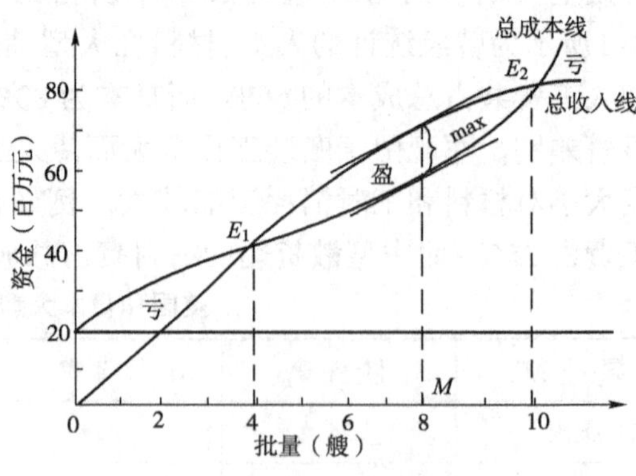

图1-3 最佳船舶批量

总收入曲线上一点的纵横坐标比值代表平均船价,总成本曲线上一点的纵横坐标比值代表平均成本。由图1-3可以看出,随着批量的增加,平均船价有所下降,体现了规模经济性;但平均成本则可能随着批量而同步上升,因为增加批量可能迫使船厂增添设备,增加合同工或让工人加班加点。

三、国际船舶市场

各造船国家的主要船厂,基本上都在敞开的世界市场中经营。只要报价合理、质量可信、交船期如意,都可能得到订货合同。因而造船工业的国际竞争比较激烈。

1. 市场占有率

一个国家于某一时期承接合同船舶的吨位在世界船舶合同总吨位中所占的比例称为市场占有率。世界主要造船国家市场占有率的历史变迁为:从20世纪初到20世纪50年代,英国的造船能力一直遥遥领先。日本于20世纪60年代开始超过英国,从20世纪70年代起稳操世界船舶产量之半。韩国是一个新兴工业化国家,其造船工业于20世纪70年代后期开始腾飞,于20世纪90年代中期跃居世界第1位。我国造船工业一直立足于国内市场,从20世纪80年代初期开始打入国际市场;1987年虽跃居世界第3位,但市场占有率仅为3.5%;1997年达到5%,2005年我国造船量1200万载重吨,市场占有率为18%。2008年,我国造船完工量、新接订单量和手持订单量三大指标分别占世界市场份额的29.5%、37.7%和35.5%,全面超越日本,位居世界第二。2010年,我国造船完工量、新接订单量和手持订单量指标分别占世界市场份额的41.9%、48.5%和40.8%,全面超越韩国,稳居世界第一。近几年来,我国造船量占世界市场的份额虽有一定变化,但基本保证了世界第一大造船国的地位。市场占有率的变迁,说明造船生产要素的优势发生了地区性转移。

2. 造船能力与海运能力

2000年以来我国经济增长率保持在9%左右。2010年以后,我国经济仍保持平稳快速增长。我国经济的持续快速增长,对推动世界经济复苏发挥了积极作用。

若干年来我国经济的快速增长,也为国际航运市场注入了空前的活力,带动航运市场进入多年少见的繁荣。如21世纪初的几年间,我国干散货海运量平均增长19%,将陷于低潮的国际干散货市场推到了前所未有的巅峰。中国因素已经成为国际航运市场的决定性力量。当然,国际航运市场也会出现暂时的低谷,但总体形势仍将继续保持兴旺。

由于国际航运市场将继续保持兴旺,世界航运业对运输安全更加重视,老旧船舶更新速度加快,对新船的需求使国际船舶市场正处于一个历史高峰。据有关机构预测,2010年到2015年或更长时期,世界新船年均需求量估计为5000万载重吨。据统计,2010年,中国造船产量占世界市场份额超过40%,已经形成中、韩、日“三足鼎立”的世界造船格局。

3. 竞争因素与船价背景

价格、质量、交船期是反映造船工业竞争能力的3个要素。从船东的立场来看,首先考虑的是船价问题,在急需船舶的情况下,通常在报价合理、质量可信的投标者中挑选交船期短的船厂,而在船价和质量方面可能会稍作让步。如果船东希望自己的船舶能吸引海员上船工作,并招揽旅客或货主用船,他或许宁愿花更多的时间和金钱,向质量信得过的船厂订购船舶。因此,价格、质量和交船期是船东招标的考虑因素,也是船厂中标的决定因素。其中,船价对于船

厂争取订单的成败影响为最大。

船价是一个复杂的问题,它不仅受建造成本的影响,而且还受船舶市场和国际金融的影响。首先,船价属于市场调节型,需求形势的变化决定了船价的变化趋势:需求上升,船价坚挺;需求下降,船价疲软。

市场波动和汇率变动对造船也有重要影响。市场波动方面,由于国际经济和造船市场波动的周期性规律,船市的兴旺与疲软也会随之发生变化。汇率变动将对造船业竞争力产生重大影响。国内货币增值,则用相同数量的外汇兑换成国内货币的数量就减少;如果国内工资率和材料费一时不变,那么用同样的材料和工时造船所耗费的外汇增加,船厂利润也就减少。2004 年,韩元兑美元汇率升值近 14%,造成韩国造船企业收益状况普遍恶化;同样,人民币汇率变化则势必影响我国造船企业的经济效益。

四、政府干预

政府干预企业经济主要是由企业的外部经济性问题所决定的。如果企业的经营活动导致其原材料供应厂商扩大生产规模,降低生产成本,从而使所有的客户都享受到原材料降低价格的好处。那么可以认为该企业提供了外部经济性。反之,如果企业的经营活动使消费者或整个社会受到损害,例如造成公害,那就形成了外部不经济性。政府干预企业经济就是为了扶植外部经济性而限制外部不经济性,例如对前者给以补贴或奖励,而对后者加以征税或罚款。

1. 造船工业的地位

政府扶植造船工业还有着深远的战略意义。首先,造船工业对于许多国家来说是国防工业的一个组成部分,海军的装备与维持依赖于船厂。因此,造船能力也是一种储备国防能力。一旦战争发生,船厂可以集中生产战舰,商船可以改成军辅船。其次,造船工业是一个综合性的工业部门,它能带动关联工业部门,因而能对国家的发展起推动作用。造船工业可以成为国家发展的推动力的理由有以下 3 点:一是造船是一个中等技术的工业部门,这与新兴工业化国家生产要素中人工成本的优势相一致,即技术问题并不是不可逾越的障碍,而劳动力密集型的造船工业为拥有大量廉价劳动力的国家创造了更多的就业机会;二是国际船舶市场特别开放,买船的客户遍布全世界,新创建的船厂由于人工成本便宜而能提供低价船舶,因此能在国际市场中站稳脚跟,不断为国家创造外汇;三是造船是装配型的工业部门,与其他工业部门关系密切,它的发展能刺激一大批工业部门如钢铁工业、机械工业、电力工业等的发展,对于国家的工业化来说是至关重要的。

2. 国家对造船工业的干预

国家对造船工业的保护政策可追溯到 1920 年美国的商船条例。该条例提倡保留一支商船队,以便在战时充作海军辅助船队。1936 年的修改条例规定提供“建造差额补贴”和“运营差额补贴”。“建造差额补贴”是指对于一艘给定的船舶,美国船厂提出的最低投标价格与国外成本效益最高的船厂提出的最低投标价格两者之间的差额。只要这一差额不超过建造成本的 55%(以后减为 35%),联邦海事委员会就可以支付补贴。另外,美国船主有权享受“运营差额补贴”,即在指定航线上美国籍船舶的运营成本与同航线上其他国籍船舶的运营成本两者之间的差额,也由联邦海事委员会负责补贴,但要求船舶必须现代化,配备美国船员,以及由美国船厂建造。这两项补贴直接或间接地帮助了美国商船建造业。

20 世纪 70 年代中期以来，由于造船吨位下降，世界范围内对造船业的资助倍增。主要表现为增加资本投资、增加补贴、减免税收、加速船舶折旧。各国政府还采取支持新船订货、供货优先、给予沿海贸易权和提供船用燃料资助等方式来支持海运业，使造船业也相应得益。近年来各国政府所提供的常规补贴是一种优惠的信贷方式，规定船舶价格的 80% 可以通过贷款筹措资金，偿还期为 7 ~ 8 年，固定利率为每年 7% ~8% 或更低。

当然，政府干预也可以表现为对本国造船活动的限制。例如，1976—1978 年间，由于油船订货较少，日本的造船厂商都转向中小型散货船生产，以极低的船价与欧洲经济共同体厂商争夺订单，由此产生了国际纠纷。欧洲各国政府向日本政府施加压力，迫使日本政府在其权限之内对船价强行限制，将合同价格提高 5%，并保证不接受共同体国家船东的订货。政府还责成船厂削减生产能力，并减少生产设备供应，提高运费价格，使竞争双方的船价差距有了明显的缩小。

对私营船厂实行国有化是政府干预造船工业的最高手段。国家控制船厂以后就能够有效地进行需求管理，在所属船厂之间合理地分配商船建造合同和军舰建造任务，有计划地对国营商船队和海军进行规划和建设。另外，政府还可以通过特殊贸易的方式为国营船厂争取订单。即使没有商船订货，政府可根据防卫计划为国营船厂安排军舰研制任务。英国的造船工业是这方面的一个例子。20 世纪 60 年代，英国的造船工业面临危机。为了渡过难关，一些私营船厂在政府的倡议下合并成地区性造船集团，然而造船工业仍不景气。为了保护本国的造船工业，英国政府于 1976 年对该集团实行国有化，即成为现在的英国国营造船公司。英国对私营船厂实行国有化，既保留了国防工业的生产能力，又在一定程度上保持了地区就业的稳定性，充分体现了政府干预的巨大作用。

SIKAOYULIANXI

一、问答题

1. 船体修造工艺是一门什么样的科学？

2. 船体修造工艺的主要任务有哪些？

3. 船体修造工艺的特点是什么？

4. 目前钢质船舶焊接船体的常规建造工艺程序包括哪些内容？

5. 按照现代造船工艺学的观点，船舶建造分为哪几种类型的生产作业？它们包含哪些内容？

6. 造船生产具有哪些固有的特征？

7. 造船生产有哪些生产要素？

8. 什么是造船成本？什么是船厂利润？

9. 什么是船舶市场占有率？造船工业竞争能力有哪些要素？

10. 请查阅了解我国造船工业现在的市场占有率是多少？还需要做哪些改进？

11. 在国民经济中造船工业具有什么样的地位？

12. 国家政策可对造船工业产生什么样的影响?

二、选择题(单项选择题,即只有一个答案是对的)

1. 不是《船体修造工艺》课程特点的有:(　　)。

A. 理论性强　　B. 实践性强

C. 综合性强　　D. 空间概念强

2. 将船用钢材制成船舶壳体的生产过程是:(　　)。

A. 船体建造　　B. 船舶舾装

C. 船舶涂装　　D. 船舶下水

3. 将各种船用设备、仪器、装置和设施等安装到船上的生产过程是:(　　)。

A. 船体建造　　B. 船舶舾装

C. 船舶涂装　　D. 船舶试验

4. 对全船进行除锈、涂漆的生产过程是:(　　)。

A. 船体建造　　B. 船舶舾装

C. 船舶涂装　　D. 船舶焊接

5. 造船生产具有一些固有的特征。下列明显不是其特征的是:(　　)。

A. 造船属于装配型工业

B. 造船属于订货型

C. 造船属于多品种可批量生产

D. 造船属于技艺型,工人的素质对产品质量影响较大

6. 反映造船工业竞争能力最重要的3个要素是:(　　)。

A. 价格、质量和交船期　　B. 价格、质量和营销手段

C. 价格、质量和船厂设备条件　　D. 价格、质量和汇率

三、判断题(对的打"√",错的打"×")

1. 船舶的建造过程比较复杂。船舶建造可分为船体建造、船舶舾装和船舶涂装3种类型的生产作业。(　　)

2. 船体建造包括将原材料制成船体零件、将零件组装成部件或进而再组装成分段和总段、总装成整个船体3个步骤。(　　)

3. 造船的生产要素有资金、人员、材料、设备等,与厂址条件没有关系,在大城市里都可以办大型船厂。(　　)

4. 造船成本通常由人工成本、材料成本和一般管理费3项构成。(　　)

5. 人工成本和材料成本是造船成本的主要组成部分,两者在造船成本中所占的具体比例视生产国、船型和尺度的不同而异。(　　)

6. 汇率变动对我国造船工业没有什么影响。(　　)

7. 造船工业对我国来说仍是需要大力发展的产业。因为它能创造就业、创造外汇、推动国家的工业化,同时,造船能力也是一种储备的国防能力。(　　)

第二章　船体型线放样

● **学习目标**

知识目标

1. 了解船体型线放样的主要作用；
2. 了解型线投影的一致性意义；
3. 掌握型线光顺的方法；
4. 了解激光经纬仪的结构；
5. 了解船体甲板型线的特点；
7. 了解首柱型线的形成特点，掌握首、尾柱放样的方法；
8. 掌握横向结构线放样方法；
9. 掌握外板接缝线的排列方法。

能力目标

1. 会用激光经纬作直线和垂线；
2. 会制作梁拱样板；
3. 能用梁拱样板绘制甲板中心线；
4. 能进行船体型线放样；
5. 能进行首柱放样；
6. 能利用型线图绘制肋骨型线图。

船体放样是船体建造工艺中第一道施工工序。它包括船体型线放样、船体构件展开、放样资料提供3项主要内容。本章主要介绍船体型线放样，即船体型线光顺。

第一节　船体理论型线光顺

一、船体型线图概念及放样的主要作用

船体理论型线光顺就是按照一定的比例绘制或计算船体型线的过程。因此必须首先确立船体型线图概念。

船体的理论表面是一个形状复杂尺寸庞大的非规则空间曲面，仅用3个基本投影面与之截切而得到的3根截交线来画出三面视图，是不能够确切表达出船体空间曲面的真实形状的，但可以用3组与基本投影面平行的截平面与船体理论表面相截切，并将其截交线分别投影到3个基本投影面上，如图2-1所示为船体型线图及其立体模型，这样就可以用3组平面曲线来反映船体的空间曲面形状了。

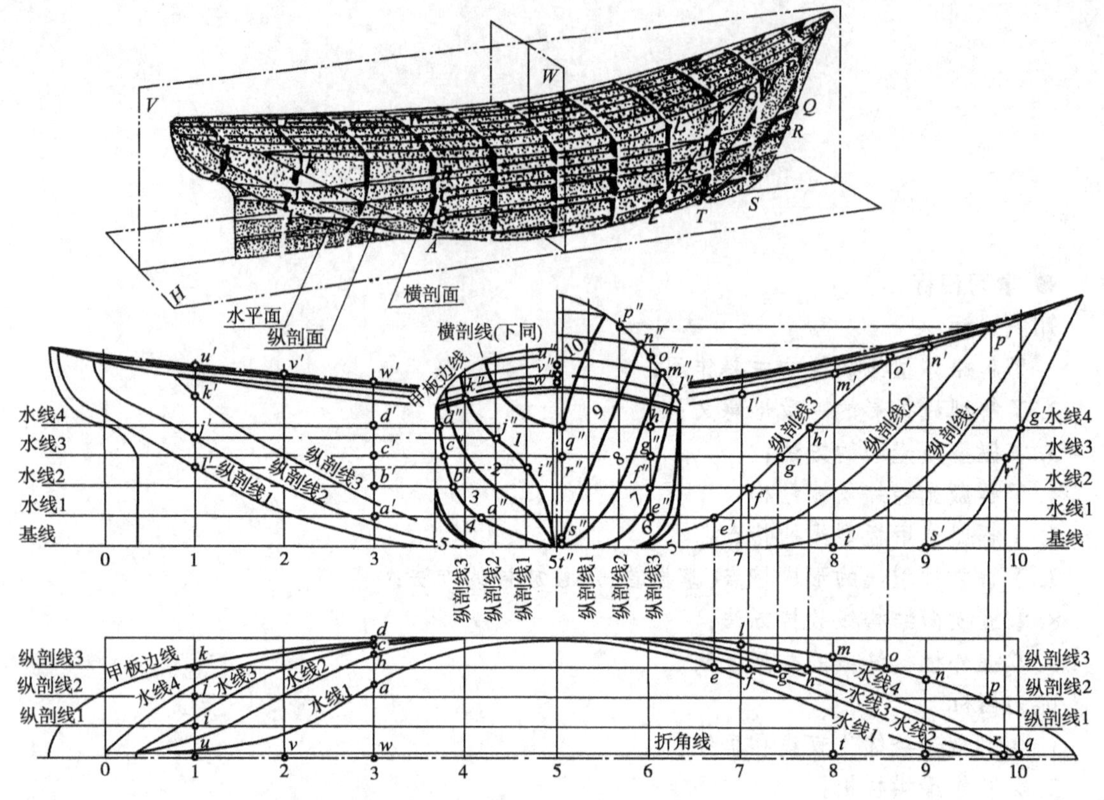

图 2-1　船体型线图及其立体模型

1. 纵剖线图(或侧面图)

平行于中纵剖面 V 的截平面称为纵剖面,它与船体理论表面的截交线称为纵剖线。纵剖线在 V 面上的投影反映出它的真实形状,但甲板边线(以及舷墙顶线和甲板折角线)是空间曲线,其投影不反映真实形状。

2. 横剖线图(或体型图)

平行于中横剖面 W 的截平面称为横剖面,它与船体理论表面的截交线称为横剖线。横剖线在 W 面上的投影反映出它的真实形状,但甲板边线(以及舷墙顶线和甲板折角线)是空间曲线,其投影不反映真实形状。因为船体是左右对称的,而且横剖线的数量较多,所以一般规定左半图绘船体尾半段横剖线,右半图绘船体首半段横剖线。

3. 水线图(或半宽图)

平行于基线平面 H 的截平面称为水线面,它与船体理论表面的截交线称为水线。水线在 H 面上的投影反映出它的真实形状,但甲板边线(以及舷墙顶线和甲板折角线)是空间曲线,其投影不反映真实形状。因为船体是左右对称的,所以只画左半边即可。

由上述纵剖线图、横剖线图和水线图组合而成的三视图,加上型值表和主要量度,称为船体型线图。三视图的一般排列位置如图 2-1 所示,纵剖线、横剖线和水线统称为船体型线。

4. 格子线

纵剖线图中的横剖线和水线、横剖线图中的水线和纵剖线以及水线图中的纵剖线和横剖线,分别组成相互垂直的直线条,称为格子线。基线平面在纵剖线图和横剖线图上的投影称作基线。

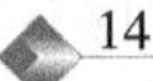

5. 斜剖线

垂直于 W 面但不平行于 V 面或 H 面的斜截平面，称为斜剖面。它与船体理论表面的截交线，称为斜剖线。斜剖线经过投影改造后（即斜剖面旋转至平行于 V 面时），其投影反映出它的真实形状。斜剖线主要用于检验船体表面的光顺性。

以上各组截平面与船体理论表面相截切后所得各截交线（各型线），在 3 个投影图中反映为曲线或直线形状的相互关系见表 2-1。

各型线的形状和相互关系

表 2-1

型线 \ 投影面	纵剖线	横剖线	水线	甲板线		甲板折角线	舷墙顶线	斜剖线
				中线	边线			
纵剖线图	真形曲线	直线	直线	真形曲线	非真形曲线	非真形曲线	非真形曲线	真形曲线
横剖线图	直线	真形曲线	直线	直线	非真形曲线	非真形曲线	非真形曲线	直线
水线图	直线	直线	真形曲线	直线	非真形曲线	非真形曲线	非真形曲线	非真形曲线

6. 型值表和主要量度

型值表记载每个理论站号与各水线、甲板边线（以及舷墙顶线和甲板折角线）交点的半宽值，与各纵剖线、甲板边线（以及舷墙顶线和甲板折角线）交点的高度值。

主要量度包括该船的主要尺度和船型系数。

7. 投影的一致性

船体理论表面上某一确定的点到某一基本投影面的距离，在各视图上所反映出来的长度（或宽度或高度）量值应该吻合，称为投影的一致性。为了说明这个问题，现选几组交点为例。图 2-1 中各空间点 A、B、C、D 等，它们在 H 面上用对应的 a、b、c、d 等表示，它们在 V 面上的投影则用 a'、b'、c'、d'等表示，它们在 W 面上的投影采用 a''、b''、c''、d''等表示。

【例 2-1】 横剖线 3 与水线 1、2、3、4 点的交点 A、B、C、D 在 H 面上的投影 a、b、c、d 到船体中心线的尺寸反映了这些点与 V 面的距离。显然，这些距离应该与 W 面上的投影 a''、b''、c''、d''到船体中心线的距离对应相等。

【例 2-2】 纵剖线 3 与水线 1、2、3、4 点的交点 E、F、G、H 在 H 面上的投影 e、f、g、h 到中央横剖面 5 的长度反映了这些点与 W 面的距离。显然，这些距离应该与 V 面上的投影 e'、f'、g'、h'到中央横剖面 5 的距离对应相等。

【例 2-3】 横剖面 1 与纵剖面 1、2、3 的交点 I、J、K 在 V 面上的投影 i'、j'、k'到基线的高度反映了这些点到 H 面的距离，显然，这些距离应该与 W 面上的投影 i''、j''、k''到基线的高度对应相等。

【例 2-4】 甲板边线与横剖线 7、8、9 的交点 L、M、N 在 V 面与 W 面上的投影的高度值应对应一致。但甲板边线为空间曲线，它在 3 个投影面上都不能反映出真实的形状。

【例 2-5】 甲板边线与纵剖线 3、2 的交点 O、P 在 H 面与 V 面上的投影应保持前后位置的一致性。

【例 2-6】 首底折角线与水线 4、3 的交点 Q、R 在 H 面与 V 面上的投影应保持前后位置的一致性。

【例 2-7】 首底折角线与横剖线 9、8 的交点 S、T 在 V 面与 W 面上的投影高度应该对应相等。

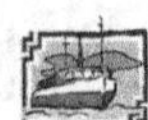

【例 2-8】 甲板中心线与横剖线 1、2、3 的交点 U、V、W 在 V 面与 W 面上的投影高度应该保持一致。

船体理论表面上,自首至尾常有两对折角线,如图 2-2 所示。一对折角线是沿着船底从首至尾对称于中纵剖面的平行线条,称为船底折角线。它按位置不同分为首底折角线、中底折角线和尾底折角线。内河船舶多为无舭部升高的平底船,所以没有中底折角线。另一对折角线是沿着甲板边线的船舷,并与甲板边线平行的从首至尾的对称于中纵剖面的线条,称为甲板折角线。它按位置不同分为首甲板折角线、中甲板折角线和尾甲板折角线。具有垂直舷侧的常无中甲板折角线,还有些船舶不需要首、尾甲板折角线时,也不设计成带有甲板折角线。常常是舷侧外展比较厉害的船,在甲板附近需要使舷侧外板折成垂直方向或接近垂直方向上到舷墙,或是舷墙为内倾式的,都需要舷侧有甲板折角线。

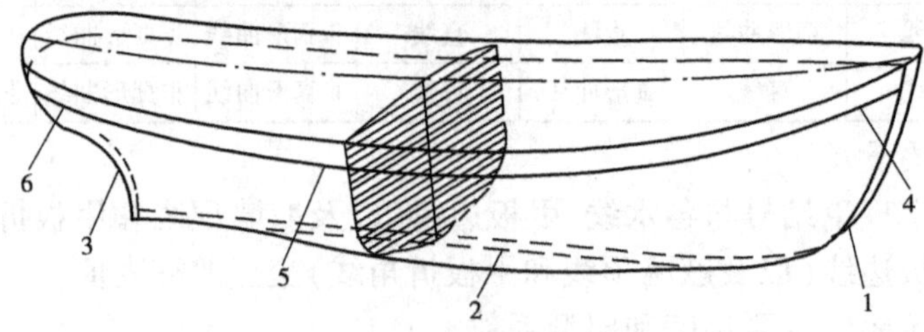

图 2-2 船体折角线

1-首底折角线;2-中底折角线;3-尾底折角线;4-首甲板折角线;5-中甲板折角线;6-尾甲板折角线

总之,光滑的船体理论表面所反映的船体型线图,不仅具有投影的一致性,而且具有型线的光顺性,也就是说,各曲线都不存在不应有的凹凸现象。但在设计阶段因绘图比例太小(常为 1:50 或 1:100)而无法真正做到,需要在进入施工阶段时通过放样工序来解决。

除了船体型线图外,还有肋骨型线图。它是在型线图的基础上,按照实际肋骨间距沿船长方向等分,在纵剖线图和水线图上分插,得到半宽型值和高度型值后,转绘到横剖线图上的。这些横剖线又称为肋骨线。肋骨型线图的性质与横剖线图相同,所不同的是肋骨线的位置和形状即是该船肋骨框架或横舱壁在此处的位置和形状,而横剖线仅为理论上用假想截平面横截船体理论表面时而得到的截面形状。肋骨型线图上还有纵向结构线和纵、横板缝线的投影。同样,因肋骨型线图的比例太小,必须在放样时重新绘制。

放样作为船体建造施工阶段的第一道工序,不仅是对设计意图的体现,而且也是对设计工作的一次检验、补充和修改。同时,它为后续工序(号料、加工、装配、焊接、检验等)提供施工资料。因此,放样的主要作用有以下几点:

(1)暴露和修正初步设计时的型线误差:将船舶型线设计时所绘制的 1:50 或 1:100 的型线图在放样间按 1:1 或 1:5、1:10 的比例放样,或者把型值输入计算机进行运算来暴露缺陷、发现问题、修顺型线、对应型值,以消除误差。

(2)补充和完善详细设计时的结构细节:在船舶结构设计时,由于船体形状复杂,仅设绘了基本结构图、中横剖面图、分段结构图等主要结构图纸,而实际施工中所需要的船体各构件的准确形状、详细尺寸和安装位置,则由放样来加以补充和完善。

(3)检验和纠正生产设计时的施工缺陷:设计人员在生产设计中难免会发生一些考虑不周、遗漏等不符合施工要求的缺陷,需要在放样时加以更正或修改。

船体放样工艺有两种方法：

(1)实尺放样。按1:1的比例在放样间地板上绘出光顺的型线图，进而绘出包括结构线在内的肋骨型线图，在此基础上进行各种船体构件的展开，并钉制样板和绘制草图等，为后续工序提供放样资料，以便船体车间号料、加工、装配、焊接、检验时使用。实尺放样是一种手工放样方法，也是传统的工艺方法，并且是其他放样方法的基础。

(2)数学放样。利用计算机的快速计算功能，将型线图中的原始型值和各条型线按照一定的数学模型编成程序，输入计算机进行各种运算来完成手工放样中的型线光顺和构件展开等工作，输出的数据资料，拷入软磁盘、光盘、U盘送到船体车间进行数控加工，可省去号料工序。数学放样是新型的放样方法，它从形式到方法都不同于手工放样工艺。

二、作基线和格子线的方法

1. 基线画法

1)个投影图的布置

作基线之前，首先根据放样间地板的大小，结合所建造船舶的主要尺度，参照设计型线图，考虑好3个投影图在放样间地板上的布置，从而确定基线的位置。

一般来说，小型船舶型线图的3个投影图可以分别独立布置，如图2-3a)所示。但大、中型船舶放样时，当样台面积不大、尺度不够或者同时施工的产品较多而需要紧缩放样面积时，则型线图3个投影图的布置通常是将船体分成首半段和尾半段后，在纵剖线图和水线图上重叠布置，但仍是3个分别独立的投影图，如图2-3e)所示。为了保证型线的准确性，中部不能在5站或10站处中断，而必须有一站或两站重复布置，即重复布置的长度最少不小于1/10船长，以取得有效点来保证中部中断处的型线准确性。此外，也可将纵剖线图和水线图重叠布置在一起，如图2-3c)所示。如果放样面积过于紧张，还可将首尾两个半段重叠布置的纵剖线图和水线图再行重叠起来，如图2-3d)所示。然而，以上几种方案虽然可行，却增加了型线光顺的复杂性，线条重叠，不易分辨，虽可采用不同的颜色加以区别，但由于型线布置过于密集，往往易出差错，一般避免采用。另外，还可采用纵向缩尺的方法，如图2-3b)所示，这是一种很好的方法，它是将长度方向的尺寸按1:2、1:4、1:5或1:8等比例缩尺画出，而宽度和高度方向的尺寸仍旧按1:1的比例画出，这样并不会因为长度方向的缩尺而影响宽度和高度方向的型值，却节约了地板面积。在此基础上，当地板面积实在不够用，而采用上述诸法又都不能解决问题时，还可以把纵剖线图和水线图进行三向缩尺，甚至可将首尾两半段重叠或纵剖线图与水线图重叠等方法，即有些类似比例放样的形式，不过横剖线图仍需按1:1绘出。总之，根据地板面积的大小和船舶的主要尺度，采用灵活的方法把3个投影图布置下去，就可确定基线两端点的位置了。

2)作基线的方法

(1)激光经纬仪法：激光经纬仪是在经纬仪(图2-4a)上加设一个激光管(图2-4b)构成的，一般用氦氖激光管。它是阴极直流放电灯管，有正负两极，正极为草杆状，负极为圆筒状，外壳为硬质玻璃。使用时激光经纬仪的红色激光束的光路如图2-5所示，即由激光电源通过激光管发射出红色激光束，此光束通过直角棱镜折射到经纬仪的望远镜中心的反光镜上，转折90°后通过狭缝、调焦镜和准直波带片而射出红色激光束来。

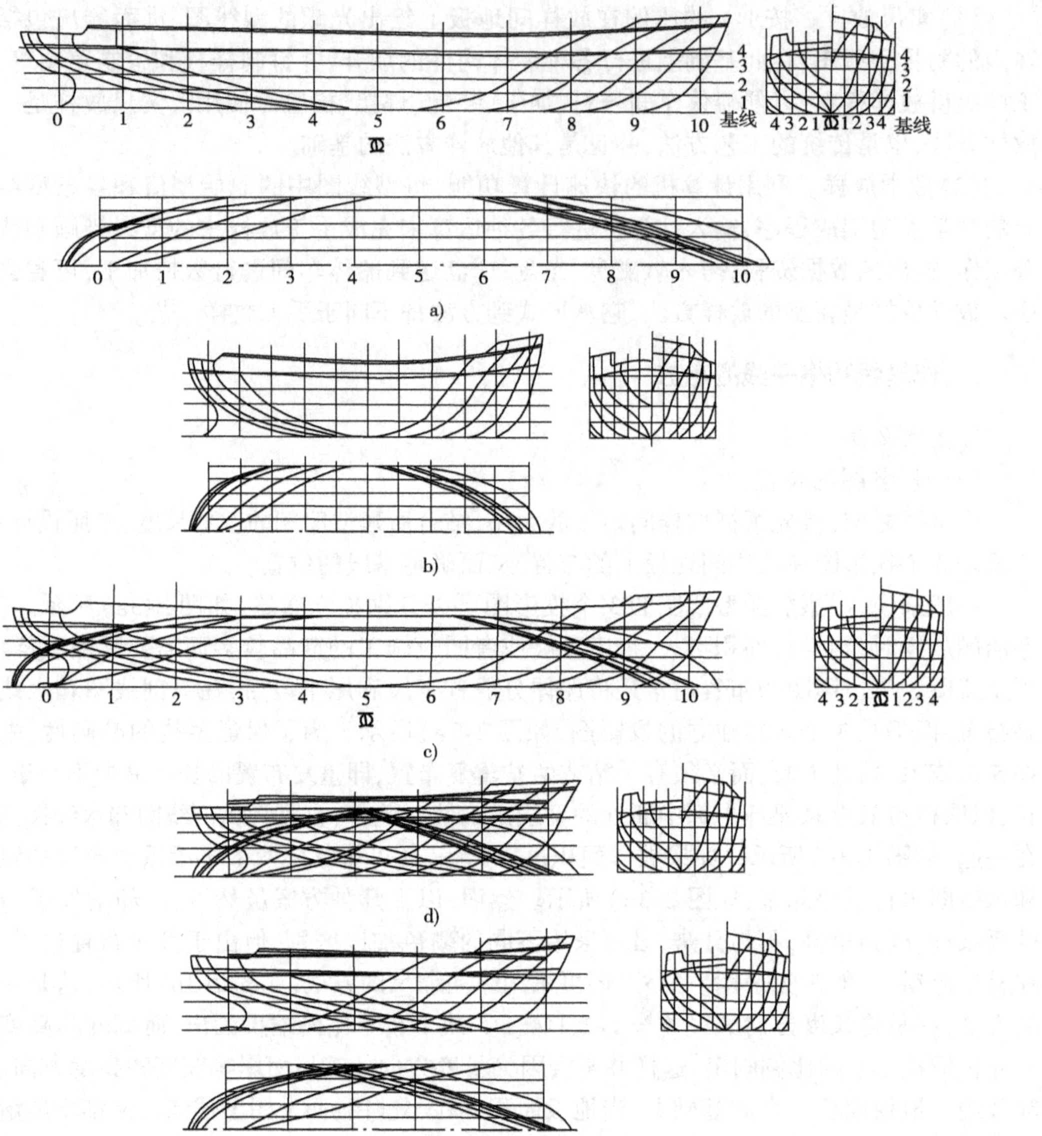

a)

b)

c)

d)

e)

图2-3　投影图布置形式

作基线时如图2-6所示,将激光经纬仪安置在三脚架上,架下线锤尖正对基线端点O点,调好水平后,用望远镜照准基线的另一端点A后,再发射激光束对准A(由激光管发出的激光束与望远镜目镜观测点应相重合)。定好向后即固定激光经纬仪水平度盘的各螺旋,竖向转动望远镜,发射激光束,照准地板,各点相距约1~2m,并用钢针沿各光点刻下刺点,如A、B、C、D、E等,弹粉线连接各点,再画上色漆即成基线。在整个测绘过程中,不能变动激光经纬仪的水平度盘,仪器也不可碰动,以保证画出准确的基线。为了核查误差,基线画出后,应用激光经纬仪再次照准另一端点A,以及基线上任意一点,同时用望远镜观察并用激光束检验。如有偏离,则应查明原因,重新测绘。

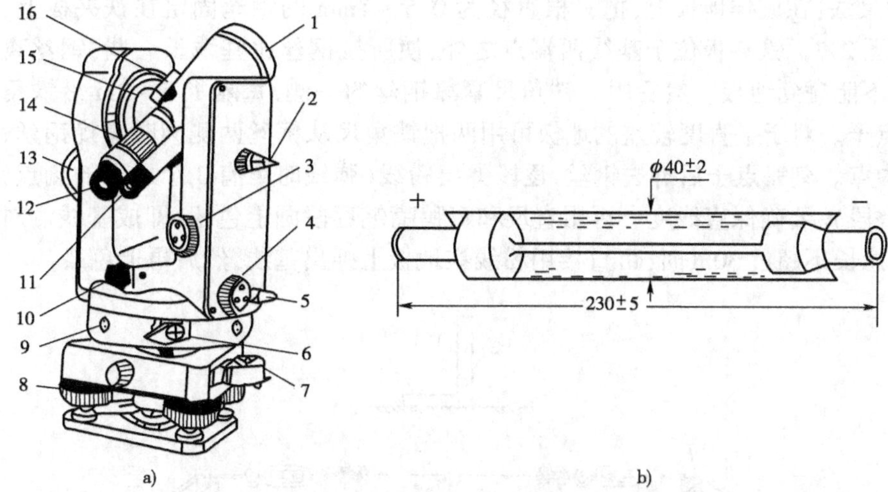

图 2-4　经纬仪和激光管图

a)经纬仪;b)氦氖激光管

1-望远镜;2-望远镜制动扳手;3-望远镜微动螺旋;4-水平方向微动螺旋;5-水平方向制动扳手;6-复测器;7-圆水准器;8-脚螺旋;9-水平度盘;10-光学对点器;11-读数显微镜;12-目镜;13-反光镜;14-对光螺旋;15-竖直度盘;16-瞄准器

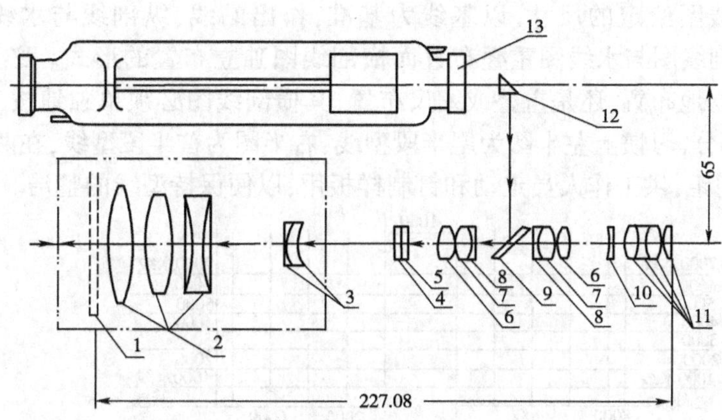

图 2-5　激光经纬仪光路图

1-准直波带片(20m);2-物镜;3-调焦镜;4-狭缝;5-保护玻璃;6-单正片;7-胶合组正片;8-胶合组负片;9-反光镜;10-场镜;11-目镜;12-直角棱镜;13-激光管

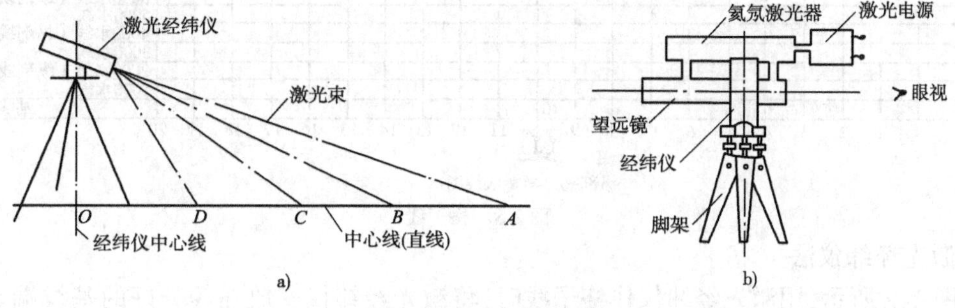

图 2-6 激光经纬仪绘制基线

(2)角尺法:在放样地板上,把一根直径为0.5~1mm的钢丝固定在铁夹板上,用松紧螺钉拉紧,见图2-7。铁夹板位于基线两端点之外,使所拉钢丝比基线长一些,钢丝离地板面愈低愈好,但不能碰到地板。然后用一铁角尺紧靠钢丝的一侧,每隔1.5~2m沿铁角尺的角用钢针刻出点子。对于平直度较差的地板可用两把铁角尺从钢丝两侧同时靠拢钢丝,再用钢针刻取两角中点。刻完点子后拆去钢丝,逐段弹出粉线(弹线时需有3个以上的刻点,且相邻粉线应有重叠段),要确保直线度。再用直尺和宽鸭嘴笔逐段画上色漆,即成基线。对于小型船舶,当基线总长不超过30m时,可直接用粉线在地板上弹出基线,然后再上色漆。

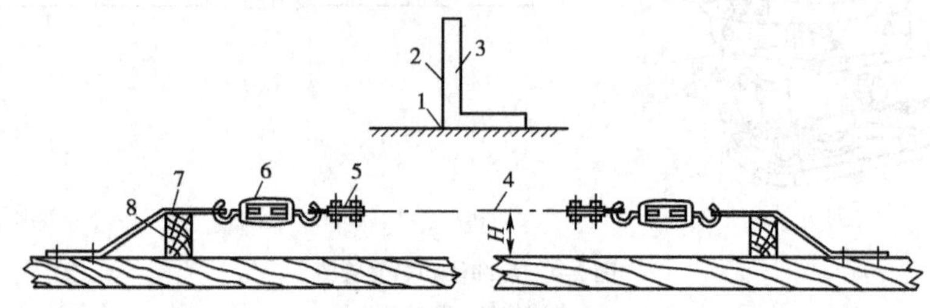

图2-7　角尺法作基线

1-所得点子;2-钢丝;3-角尺;4-钢丝;5-夹板;6-松紧螺旋扣;7-牵板;8-垫木

2. 格子线画法

根据设计型线图给定的尺寸,以基线为基准,作出站线、纵剖线与水线组成的格子线。图2-8所示为纵剖线图与水线图重叠布置而横剖线图独立布置的形式。必须指出,3个投影图不论是分别独立地布置,还是重叠或缩尺布置,其横剖线图必须单独地按1:1来布置,并且分为左、右两半部分,习惯上左半图为尾半段型线,右半图为首半段型线,在两个半图之间一般留有1m左右的间距,供工作人员走动和钉制样板用,以便保持型线的整洁。

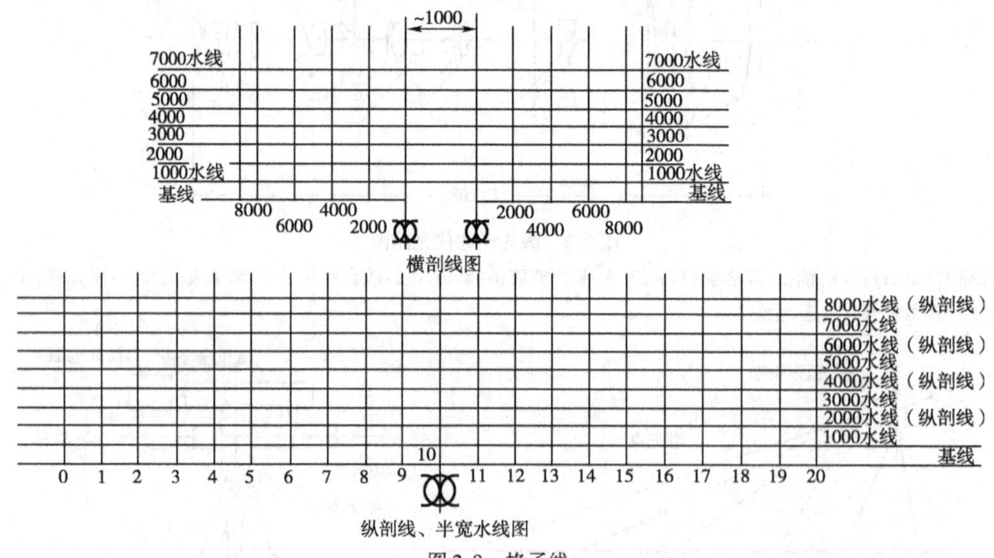

图2-8　格子线

1)激光经纬仪法

如图2-9所示,用激光经纬仪作格子线时,将激光经纬仪安放在等分好的基线端点B上,以仪器盘左位置用望远镜照准另一端点A,并发射激光束对准A,定好向后,读出水平度盘α

值;向右旋转水平度盘90°。其读数为$\alpha+90°$,固紧水平度盘,发射激光束得地板上光点C',刻点,$C'B$距离约为型深大小;以仪器盘右位置用上述同样方法定出C''点。如果C''与C'重合,则C为其重合点;如果C''与C'点不重合,则取两点连线的中点为C点。这时,固紧水平度盘,旋转望远镜,发射激光束,使得若干点,依点画直线,即得基线AB的垂线BC。同理,作出垂线$10D$、EA。其余格子线的画法与下述几何作图法相同。

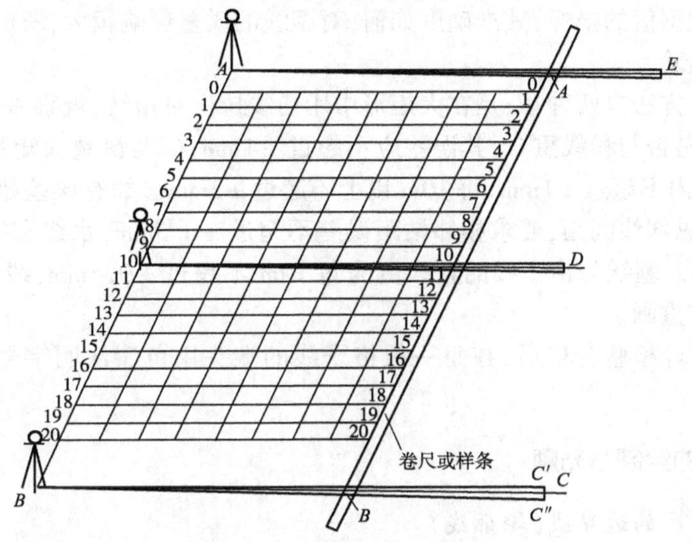

图2-9　用激光经纬仪作格子线

画横剖线图上格子线的方法与上述相同。

2)几何作图法

(1)站线画法:在重叠的纵剖线图与水线图的基线上,按照设计型线图上规定的等分尺寸,用标准钢卷尺量出各等分点,标上站号(如0、1、2、…、20)。通过首、尾、中站号,运用作中垂线的方法(图2-10a)。或运用勾股弦定理(图2-10b),作出基线的垂线(图2-10c)。然后再用长样棒沿基线录下各站号,并平行基线向上移动一个等距离(一般取型深),把各站号点刻到地板上,注明站号,分别用粉线弹出,画上色漆,即成站线。

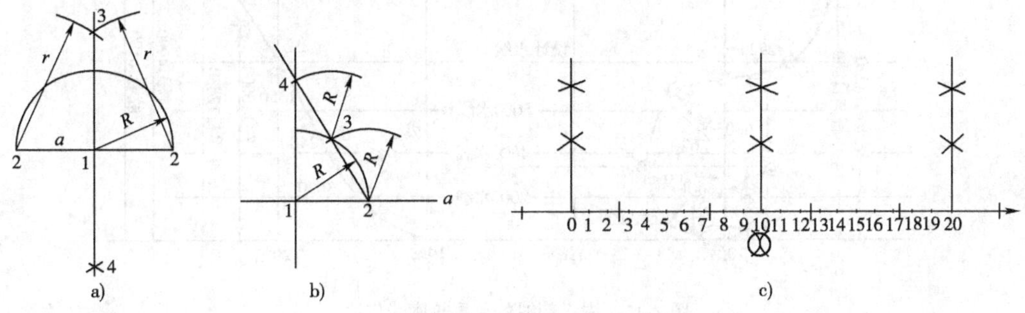

图2-10　首、尾、中垂直于基线的站线画法

由于船体首、尾端的型线曲度较大,有些船舶在原等分站线间再加入半号站线(如$\frac{1}{2}$、$1\frac{1}{2}$、$18\frac{1}{2}$、$19\frac{1}{2}$等)或向尾作负号站线(如-1、-2等)来作为辅助站线,以利于首、尾端的型

线光顺。辅助站线一般与上述站线同时画出,其作法也相同。

(2)水线和纵剖线画法:在选定的几条站线上(其数量以便于弹准直线为原则),纵剖线的间距用标准钢卷尺找出,并注明号数。通过站线上号数相同的各点,弹上色漆,即得水线和纵剖线。

(3)横剖线图上的格子线画法与上述相同,只是垂直线为纵剖线。

3. 格子线的检验

格子线是量度型值的坐标,其准确度如何,对型线的质量影响很大,所以画完格子线后,必须对格子线进行检验。

格子线的检验方法有两种:一是在大矩形中用粉线拉出对角线,观察粉线通过各小矩形的对角点时,对角点是否与粉线重合,其误差应不超过 ±1mm;二是测量大矩形的对角线是否相等,其误差每 10m 内不超过 ±1mm,每 10m 以上不超过 ±3mm。如有误差超过允许范围者,再检查站距、水线和纵剖线间距,要求相邻站距误差不超过 ±0.5mm,水线和纵剖线相邻间距误差不超过 ±0.3mm。基线与格子线的直线度为每 10m 不超过 ±0.5mm,线宽为 0.3 ~0.5mm 才算合格,否则,需重画。

格子线画好并经检验合格后,在每一根格子线的端头用色漆注明字号(如 5 站、1500 水线、3000 纵剖线等)。

三、理论型线的绘制与光顺

1. 作三个投影图的边界线(轮廓线)

1)作中纵剖面的首尾轮廓线

根据设计型线图上首尾部分所规定的尺寸和首尾柱图上的要求,在格子线上刻点连线,要求连出的曲线光顺,即可抛弃不在光顺曲线上的个别点,不过总长、设计水线长、垂线间长、尾轴轴线高度均不能变动,如图 2-11 所示。

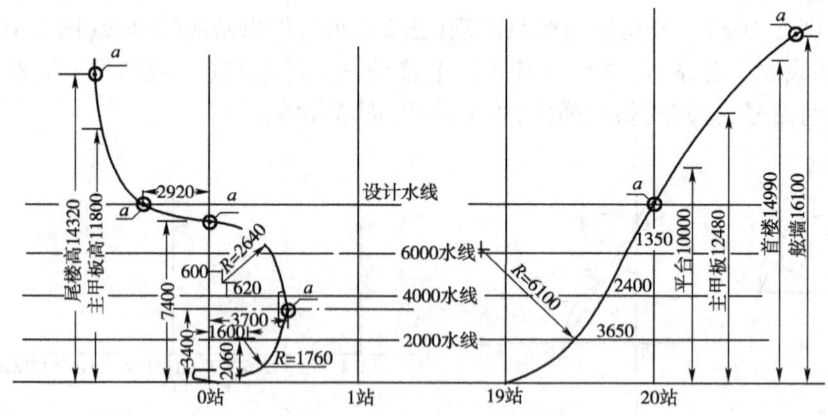

图 2-11　中纵剖线的首尾轮廓线作法

2)作中横剖面的底边升高线和舭部转圆线

根据设计型线图上的底边升高值和舭部转圆半径,一方面找出船底折角点和舭部升高点,作出底边升高直线;另一方面找出舭部转圆处的圆心,作出舭部圆弧曲线(或按型值作出舭部曲线),如图 2-12 所示。

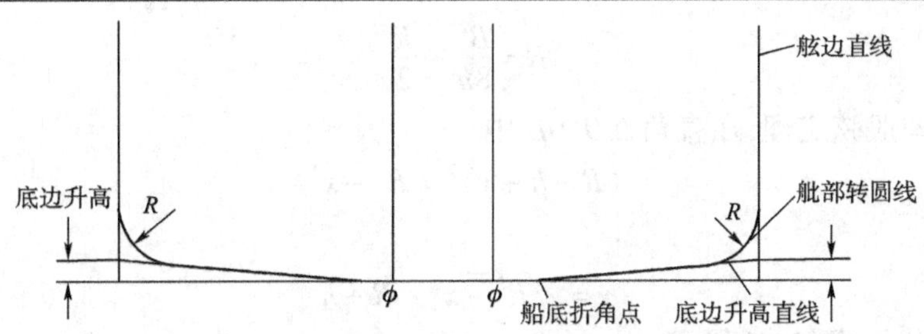

图 2-12　中横剖线的底边升高线和舭部转圆线作法

3）作甲板线

（1）船体甲板型线的特点：在画甲板线之前，先要对船体甲板型线的特点有所了解，它有 3 个明显的特点：

①甲板自首至尾所有的横剖线曲率相同（这是指同一层甲板而言，对于上下层甲板来说，它们的横剖线曲率可以相同，也可以不同），这个曲线称为甲板梁拱曲线，又称甲板抛势线，一般梁拱高度为$\frac{1}{50}B$（B 为型宽）。

②甲板自中心至两舷所有的纵剖线曲率相同。这是甲板第一个特点所带来的必然结果，因此在放样时只需画出一根甲板中心线，即可代表所有甲板纵剖线。这根甲板中心线必须是向首尾翘起的，称为甲板脊弧，又称甲板中昂势，用以增强船舶抗浪性和使外形美观。甲板边线自然也是向首尾翘起的，称为甲板舷弧（又称甲板边昂势）。

③对于多层甲板来说，各层甲板中心线具有完全相同的弯曲度，因此沿着垂直基线的方向测量两层甲板中心线的间距在任何位置都是相同的。但是，由于上下层甲板的宽度不一定相同，梁拱曲线也不一定相同，因此沿垂直基线的方向在纵剖线上测量上下两层甲板边线的投影线时，其间距就不一定相同了。所以，对于不同宽度的两层甲板的间距，切不可在边线处量度，一定得在中心线处量度。

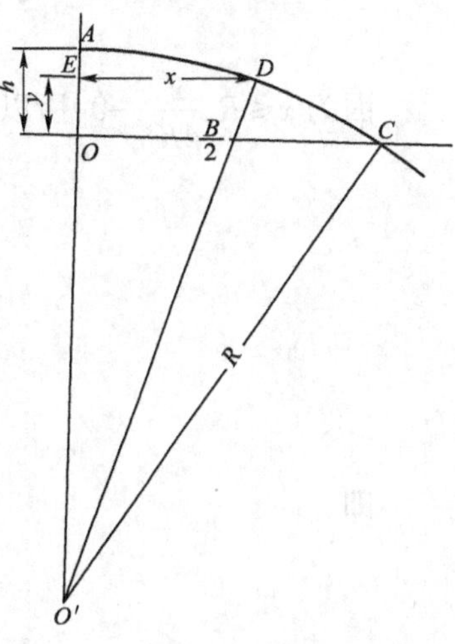

图 2-13　圆弧形梁拱曲线的计算原理

（2）梁拱样板的钉制：由于甲板型线的特点，甲板梁拱样板只需作出中横剖面处的一块即可，以它为基准可以求作出各横剖面处不同宽的甲板梁拱曲线形状。中横剖面的甲板梁拱高度为$\frac{1}{50}B$（B 为型宽），至首尾时，随着半宽值的缩短为零，梁拱高度也逐渐趋向于零。目前，梁拱曲线有 3 种常用画法：

①圆弧曲线计算法：如图 2-13 所示，这是将甲板的横向理论线看作曲率相等的大圆弧，在甲板横梁加工时，可以不必考虑横梁所处的部位，这对于加工和安装都比较方便。由于圆弧半径太大，用圆规作图实际上是不可能的，故通常采用计算法，这样也便于使用计算机。

公式推导如下：

在图 2-13 中，根据勾股弦定理，在直角△$O'OC$ 中

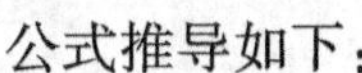

$$R^2=\left(\frac{B}{2}\right)^2+(R-h)^2$$

$$R=\frac{B^2}{8h}+\frac{h}{2} \tag{2-1}$$

同样,根据勾股弦定理,在直角$\triangle O'DE$中

$$(R-h+y)^2=R^2-x^2$$

整理后得

$$y=\sqrt{R^2-x^2}-R+h \tag{2-2}$$

将式(2-1)代入式(2-2)得

$$y=\sqrt{\left(\frac{h}{2}+\frac{B^2}{8h}\right)^2-x^2}-\frac{B^2}{8h}+\frac{h}{2} \tag{2-3}$$

式中:y——所求高度,mm;

h——梁拱高度,mm;

B——型宽,mm;

x——所求高度点距船体中纵剖面的距离,mm。

式(2-3)比较繁复,在实示计算中可对式(2-2)进行整理并加以简化

$$\begin{aligned} y&=R\left(\sqrt{1-\frac{x^2}{R^2}}-1\right)+h \\ &=R\left\{\sqrt{\left[1-2\cdot\frac{x^2}{2R^2}+\left(\frac{x^2}{2R^2}\right)^2\right]-\left(\frac{x^2}{2R^2}\right)^2}-1\right\}+h \\ &=R\left[\sqrt{\left(1-\frac{x^2}{2R^2}\right)^2-\left(\frac{x^2}{2R^2}\right)^2}-1\right]+h \end{aligned}$$

因为$x\leqslant R$,$\frac{x^4}{4R^4}\to 0$,所以此项可以略去,得

$$\begin{aligned} y&=R\left[\sqrt{\left(1-\frac{x^2}{2R^2}\right)^2}-1\right]+h \\ &=R\left(1-\frac{x^2}{2R^2}-1\right)+h \\ &=-\frac{x^2}{2R^2}+h \end{aligned}$$

即

$$y\approx h-\frac{x^2}{2R} \tag{2-4}$$

一般$h=\frac{1}{50}B$,若略去式(2-1)中的$\frac{h}{2}$项,则式(2-1)可简化为

$$R\approx\frac{B^2}{8h} \tag{2-5}$$

把式(2-5)代入式(2-4)得

$$y=h-\frac{4h}{B^2}x^2 \tag{2-6}$$

以上简化所得的圆弧形梁拱曲线的近似计算公式(2-6),实际上是抛物线的计算公式,但

在实际应用上已具有足够的精确度。还可借助计算机，按照式(2-6)迅速地算出梁拱曲线 $y = f(x)$ 的函数关系数值表，一般是将船的半宽 20 等分来计算制表，用时查表即可得出各对应点的 y 值，把这些坐标点连接成光顺的曲线即为梁拱曲线，如图 2-14 所示。

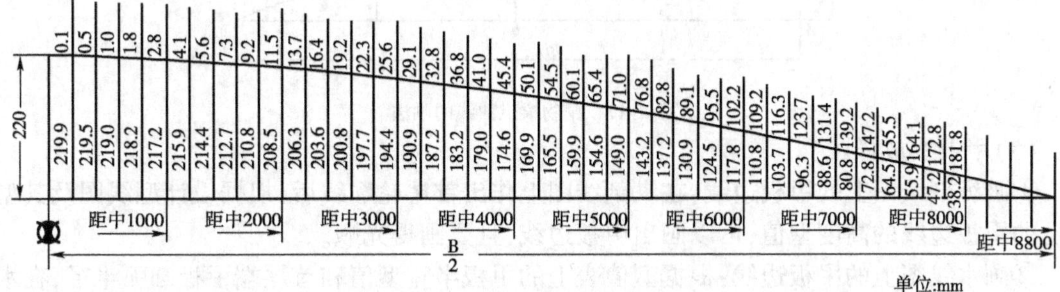

图 2-14　“长征”轮甲板梁拱曲线表

②圆弧曲线作图法：如图 2-15 所示，以半宽 $B/2$ 和梁拱高 h 为边作出矩形，以相同的等分数等分半宽和梁拱高度。把梁拱最高点与舷边处垂线的各等分点用直线连接，再过半宽等分点作垂线与上述连接直线相交。光顺连接各对应交点 C、d、e、f、G，即得梁拱近似圆弧曲线。

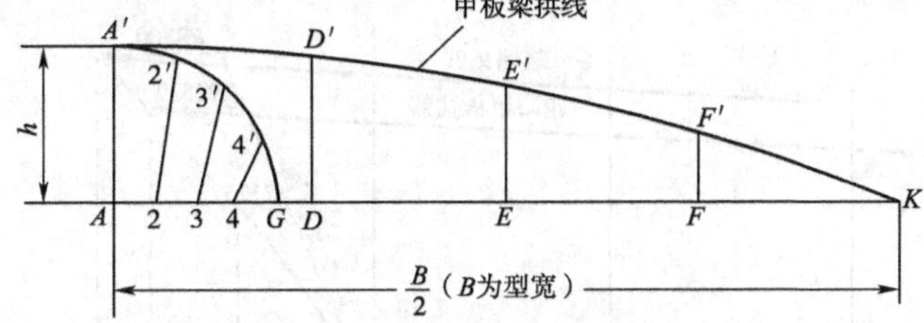

图 2-15　圆弧梁拱曲线的绘制

按照梁拱曲线钉制的样板称为梁拱样板。对于小船可作成全宽梁拱样板，对于大中型船舶只需作船的半宽再适当加长一定裕度的半宽梁拱样板，如图 2-16 所示。在梁拱样板上两面均画出半宽线、船体中心线、水平线和纵剖线，以供划线和检验时用。

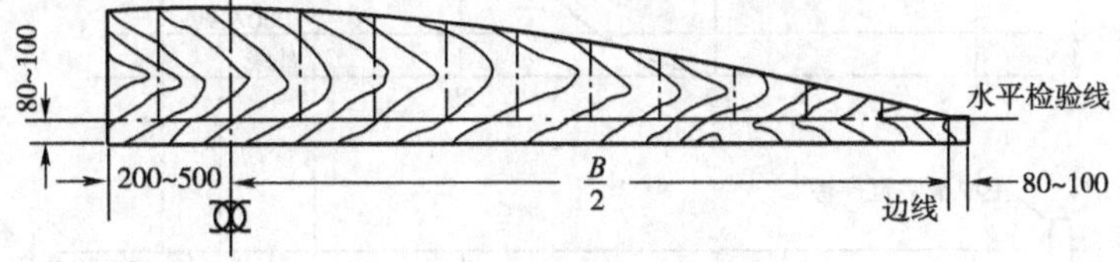

图 2-16　甲板梁拱样板

③抛物曲线作图法　如图 2-17 所示，作直线 $AK = \frac{1}{2}B$（型宽）。以 A 为圆心，以 $AA' = \frac{1}{50}B$ 为半径作 $\frac{1}{4}$ 圆弧 $A'G$，分别 4 等分圆弧 $A'G$ 和半径 AG，得等分点 2′、3′、4′和 2、3、4，连接 22′、33′、44′。另外，将 AK 也 4 等分得等分点 D、E、F。过 D、E、F 各点分别作 AK 线的垂线，取 $DD' = 22'$、$EE' = 33'$、$FF' = 44'$，得 D'、E'、F' 各点，过 A'、D'、E'、F'、K 诸点连成一条光顺的曲线，即为甲板梁拱曲线，此曲线是一条抛物曲线。为了便于应用计算机进行运算，该曲线的数学计算式可以写成为

$$y = h\left(1 - 0.1056\,\frac{x}{B} - 3.7888\,\frac{x^2}{B^2}\right) \tag{2-7}$$

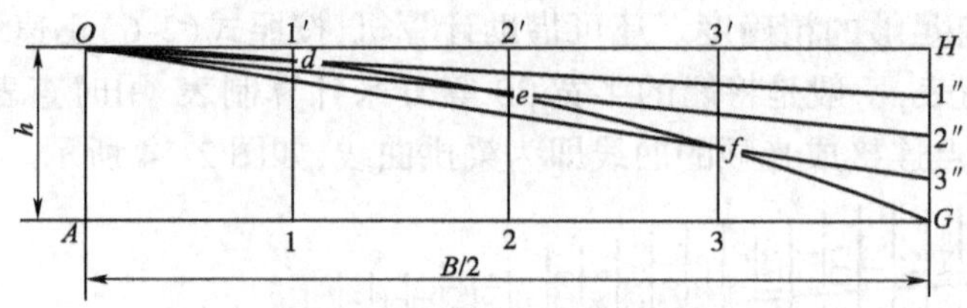

图 2-17　抛物梁拱曲线的画法

(3)甲板线放样:

①画纵剖线图上的甲板边线:在纵剖线图上作出首尾轮廓线后,根据设计型线图及其型值表上的甲板边线的高度型值,可以画出甲板边线,且要画得光顺。

②画水线图上的甲板边线:根据型值表上的甲板半宽型值和首尾端甲板圆弧半径,在水线图的格子站线上量取对应的半宽值,并将纵剖线圈上首尾轮廓线的甲板顶点投影到水线图的中纵剖线上,以该点为圆心,以甲板首尾圆弧的半径为半径,向船中在中纵剖线上找出首尾端甲板圆弧的圆心,再反过来画出水线图上的甲板首尾圆弧,然后光顺连接各站半宽点,至首尾端时与圆弧线相切,即得水线图上的甲板边线,见图 2-18。

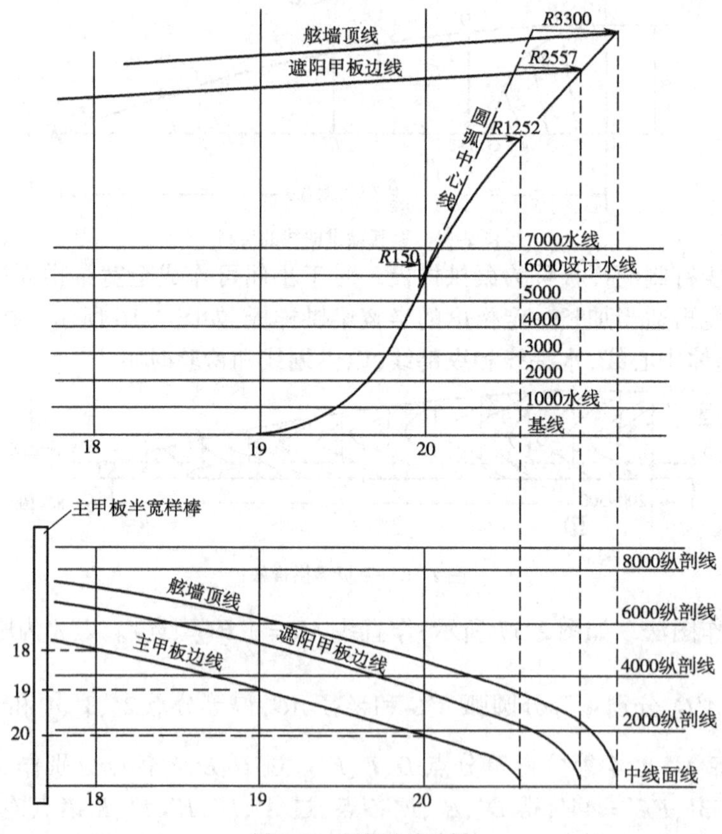

图 2-18　甲板边线放样

③画纵剖线图上的甲板中线:通常是采用甲板边线反中线的方法画纵剖线图上的甲板中线。即在梁拱样板的水平线上,从中心线向舷边量取各站甲板边线的半宽值,得 5、6、…、10 各点(图 2-19),量下各站半宽点处梁拱样板上垂线的高度,用最大梁拱高度减去后即得该站号

处的梁拱高，再用一短样棒记下各站梁拱高度，并将其倒转过来在纵剖线图上以 0 点对准各站的甲板边线交点，向上刻出该站的梁拱高度点，然后用样条光顺连接这些点即为甲板中线。

若尾部甲板宽肥如驳船等，则在用甲板边线反中线法画纵剖线图的甲板中线时，会发生倒昂现象，这将影响船舶的抗浪性，也影响外形的美观，因此必须修正。其方法是将甲板中线修改成光顺上翘，然后再反过来修正甲板边线，通常是用升高甲板边线的型值（宽度保持不变）来实现的，如图 2-20 所示。

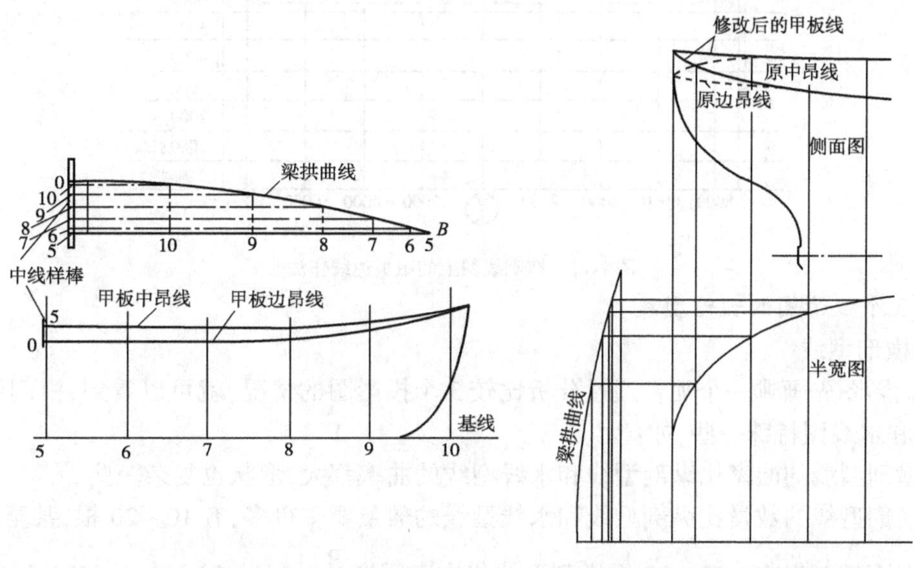

图 2-19 甲板脊弧线（中昂线）的作法

图 2-20 甲板线倒昂现象的修正

在多层甲板的船舶上，其他甲板的作图程序与上述相反，都是从已作出纵剖线图上的甲板中线向上（或向下）量取甲板间高度，画出各层的甲板中线后，再根据水线图上对应的甲板边线在各站的半宽值，利用梁拱样板找出各站的梁拱高度，分别从各甲板中线向下量取对应站号处的梁拱高度，最后把同一层的各点光顺连接成甲板边线。这样，两层相邻甲板的边线因其半宽不同，在纵剖线图上的投影便不平行，但是甲板间的高度则是相等的。

④画横剖线图上的甲板边线：在水线图上把甲板边线的半宽值用样棒录取下来，同时把纵剖线图上的甲板边线高度值用另一根样棒录取下来，移到横剖线图上，按同一站号的半宽值和高度值找出该站与甲板边线的交点，并注明站号，然后光顺连接各点即得横剖线图上的甲板边线，见图 2-21。当横剖线图上的甲板边线不光顺时，应舍点修顺，并将舍点处型值返量到纵剖线图或水线图上，检验改点后甲板边线光顺情况；若在光顺甲板边线时又舍弃了其他点，则同样需要将新型值量到另两个投影图上去观察甲板边线的光顺情况；如此反复修正，直到三向光顺且型值对应为止。

其他各层甲板边线在纵剖线图上与水线图上的投影光顺后，也要投影到横剖线图上去光顺。

4）作舷墙顶线和甲板折角线

舷墙顶线和甲板折角线的画法与甲板边线完全一样，可在作甲板边线时同时画出，这里不再重述。

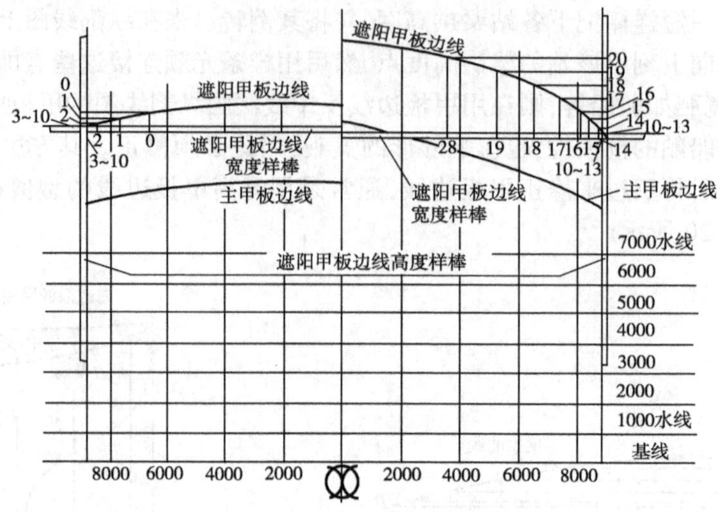

图 2-21　横剖线图上的甲板边线作法

2. 作 3 个投影图的理论型线

1) 画横剖型线

3 个投影图先画哪一个呢？通过分析比较 3 个投影图的情况，就可以看到，横剖线图要比纵剖线图和水线图特殊一些，如：

(1) 横剖型线的曲率比纵剖型线和水线型线的曲率都大，形状也复杂一些。

(2) 横剖型线的数量比纵剖型线和水线型线的数量要多得多，有 10～20 根，甚至还要多。

(3) 图面相对集中。10～20 根横剖型线集中表示在$\frac{B}{2}\times(H+f_f)$和$\frac{B}{2}\times(H+f_a)$的两块面积上，比纵剖线图的面积 $L_{oa}\times(H+f_f)$ 和水线图的面积 $L_{oa}\times\frac{B}{2}$要小得多，也就相对集中得多。

因此，可以先画横剖型线，再画水线型线，最后画纵剖型线。当然，在进行横剖型线的绘制时，不仅要注意横剖型线的光顺性，而且要有意识地注意纵剖型线和水线型线的光顺性。怎样做到这两点呢？可以沿着纵剖格子线或水线格子线与各横剖型线交点之间距离大小的变化来判断，称为型线间距的协调性。即逐步缩小或增大的量大致上成比例，据此可以初步判断这条纵剖型线或那条水线型线是大致光顺的。

对于斜剖型线，同样可以在横剖线图上初步看出来，从而初步判断斜剖型线的光顺性。对于具有实际肋骨间距的肋骨型线图，各肋骨型线与纵剖格子线、水线格子线和斜剖直线的交点间的距离，同样可以视其递增或递减的协调性来初步判断纵剖型线、水线型线和斜剖型线的光顺性。

2) 画水线型线

将横剖线图上已经光顺好了的横剖型线与各水线格子线的交点的半宽型值，用样棒录下，转画到水线图上，并用样条连顺水线型线，且注意与同一水线面的首尾圆弧相切，同样也要注意各水线型线间距大小的变化规律。如有更动的点，还需返画到横剖线图上，以保证型值对应。这些更动的点要求尽量保证水线面面积不变，特别是设计水线面面积不能变动；因其更动会直接影响设计排水量、水线面系数、重心和舱容等船舶性能的计算结果。为了保证舭部型线

和画好0号站以后的尾部型线，在横剖线图上可以加密水线格子线，见图2-22。再转画到水线图上去进行光顺，更动之点需返画到横剖线图上，如此反复修正。

3）画纵剖型线

画纵剖线图上的纵剖型线，可用两根样棒分别从横剖线图上和水线图上，将纵剖格子线与各横剖型线相交的高度值和纵剖格子线与各水线型线相交的长度值录下，转画到纵剖线图上，再用样条光顺连接各点。如有更动的新点，需分别返画到横剖线图和水线图上去，一般来说，应尽量在水线图和纵剖线图上修改，因为这两个投影图上的纵剖线与水线的交角较小，准确性较低，便于移点修线，见图2-23。修改好纵剖型线和水线型线后，再把有变动的点返画到横剖线图上，如此反复修正直到三向光顺且型值对应为止。

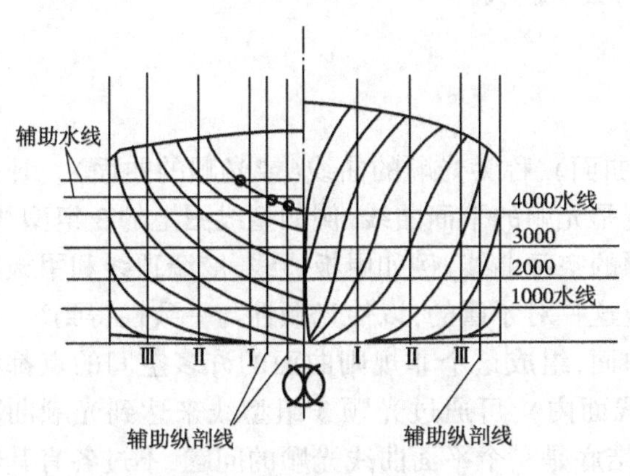

图2-22　作辅助水线

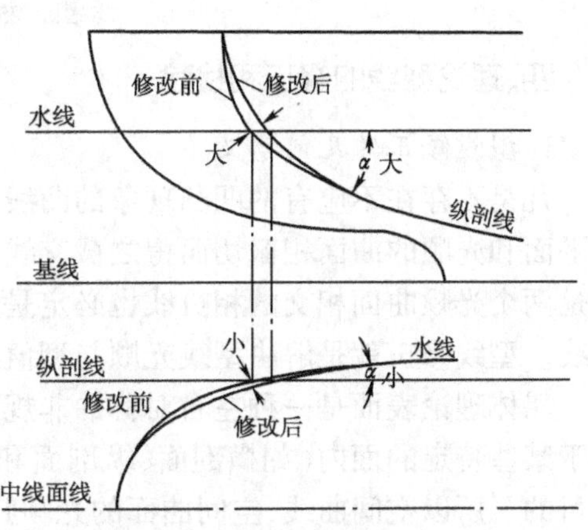

图2-23　小交角型线效果示意图

修改时，修改的点子应尽量少，改动的距离应尽量小。如图2-24上纵剖线连成一条光顺曲线后，发现仅a点不在曲线上，如只将a移至a'点，已能满足光顺要求，但此点移动距离过大，影响船舶排水体积，此时可采用交叉法修改，即将纵剖线与站线的交点取在a与a'中间，b点向上移至b'点，使曲线改动距离尽可能小，又能满足排水量的设计要求。

甲板上的纵剖型线在放样时不必画出，但在展开纵舱壁时必须画出，即利用梁拱样板先求出该纵剖线的甲板下垂值，然后沿各站线上甲板中线处向下量取下垂值，得点连顺即成。

为了保证舷边和首尾部分的纵剖型线光顺，在横剖线图上和水线图上可加密纵剖格子线，并把它们转画到纵剖线图上去光顺，如图2-22所示。

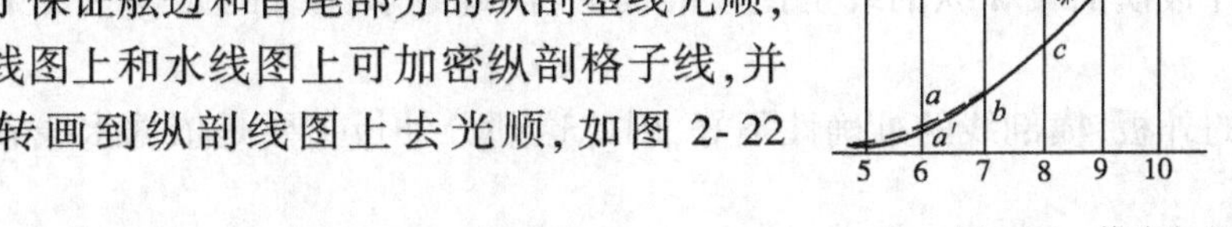

图2-24　修改点少距离小的示意图

4）画舷侧边平线和船底底平线

在进行船体理论型线放样时，还要注意各横剖型线在舷侧的切点和在船底的切点的光顺性，即需把舷侧边平点的高度值和船底底平点的半宽值（不论有无舭部升高）分别求出，并且在理论型线进行三向光顺时画出来，见图2-25。舷侧边平线画在纵剖线图上，船底底平线画在水线图上。如果边平线与底平线不光顺，则进行修顺后，将更动之点返画到横剖线图上去修正横剖型线。

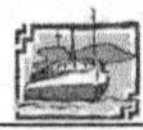

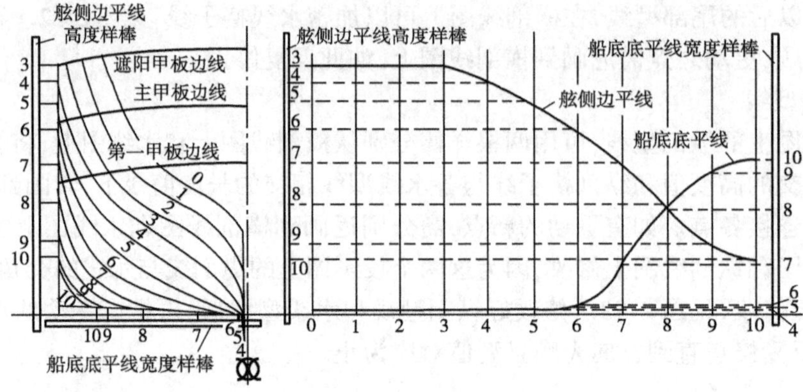

图 2-25　边平线与底平线

四、理论型线的修正和检验

1. 型线修正的几何意义

凡是不存在不应有的凹凸现象的曲线(或曲面),称为光顺的曲线(或光顺的曲面)。凡是截平面和光顺的曲面相截切而得之截交线必定是光顺的平面曲线,例如型线图上的3组型线;凡是两个光顺曲面相交的相贯线也必定是光顺的空间曲线,例如甲板边线、舷墙顶线和甲板折角线。型线修正就是解决型线光顺与型值对应这一对矛盾的,以使光顺性与一致性得到统一。

船体理论表面是一种左右对称的非规则曲面,组成这个非规则曲面的许多空间的点都存在于某些特定的面内(如横剖面、纵剖面和水线面内),可通过光顺3组型线来达到光顺曲面的目的。所以空间曲线、空间曲面的光顺归根结底是一个平面曲线光顺的问题,不过各有其特点而已。对于各个规则曲面的光顺问题,只要从曲面的形成规律着手。就很容易找到一种简捷的办法,但对于非规则曲面却要复杂得多,即在光顺每根型线的同时,必须保持投影关系的一致性(型值对应),没有一致性的光顺性是假的光顺性。而光顺性与一致性常常是互相矛盾的,型线修正就是解决这一对矛盾的过程。应从形体分析入手,根据曲面形状特点,确定哪些型线是准确的,哪些型线是不准确的,从多组型线中选择两组能准确反映曲面形状的型线进行重点光顺,只要这两组型线达到一致性和光顺性,其他各组型线的光顺性就迎刃而解。例如:

(1)船体中段、首段舷侧外板的横剖线、水线是比较准确的,纵剖线在这里对光顺不起主要作用。

(2)中段底部的外板横剖线和纵剖线是比较准确的,因此这段型线的光顺主要是依靠这两组型线。

(3)对于尾端部的外板,横剖线的准确性不好,因此这部分外板主要是依据水线和纵剖线来光顺的。

(4)对于舭部的外板,只有横剖线是准确的,无论是纵剖线还是水线都不很准确,这时往往采用一组(或几组)斜剖线(斜截平面垂直 W 面),这组斜剖线和横剖线就成为型线光顺的主要依据。

2. 型线修正的原则

型线放样的质量好坏主要体现在每根型线的光顺性、每对型值的一致性和每组型线间距的协调性中。型线修正的技术要求是:一致性误差不大于 ±2mm。设计水线以下各点的修正

量应以小于图纸上的比例尺寸的分母值为原则，如型线图比例是1:25，水下型值修正量允许在小于25mm的范围内；设计水线以上各点的修正量可以放宽一些。型线修正应尽量保持原设计型线图的排水体积不变；船体总长、设计水线长、垂线间长、型宽、型深等主要尺度不变；中横剖面上的甲板边线、尾部螺旋桨叶尖与船体轮廓间的间隙、中纵剖面首尾柱轮廓线等不变。

3. 型线图的检验

在横剖线图上作斜剖直线并与横剖线接近垂直相交，以斜剖面与纵中剖面相交点为准，在纵剖线图(或水线图)的格子线上画出斜剖线的真实形状。若斜剖线很光顺，说明船体型线符合技术要求，反之，说明横剖型线不协调，需要修正斜剖线，并返画到横剖线图上对应处，见图2-26。因为水流一般是沿着垂直 W 面的斜剖线方向流动的，所以光顺斜剖线对保证船舶流体性能有很大的意义。此外，斜剖线还能对不与纵剖线和水线相交的尾端最终几个负站曲线起到校正光顺的作用。

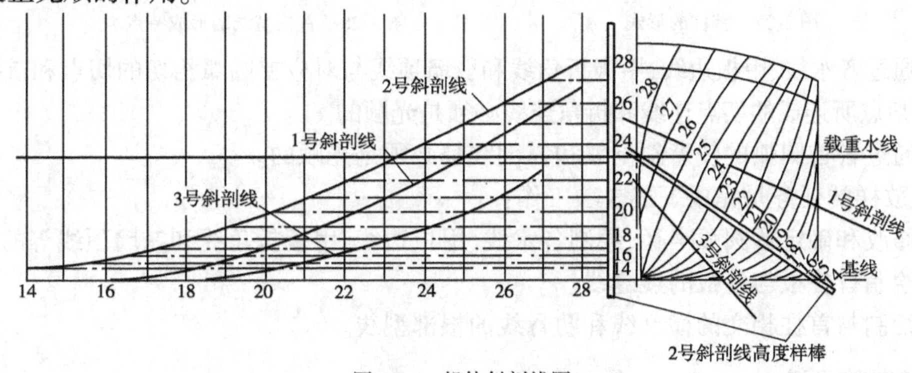

图2-26 船体斜剖线图

第二节 首、尾柱放样

首、尾柱是船体的重要构件。由于其型线比较复杂，所以在设计部门提供的理论型线图上无法精确地表示，必须在船体型线放样时加以修改和完善。首、尾柱放样的原理和方法大致相同。因此，这里仅对首柱放样作一简介。

首柱是位于船舶首端的重要结构，它的形式很多，如图2-27所示。目前一般船舶都采用倾斜式首柱，这种首柱的水上部分呈一直线或稍作外漂，水下部分与船底相连处用曲线过渡。倾斜式首柱有利于增强抗浪性，万一船舶碰撞时还可以减轻船舶的损伤程度，以确保安全。垂直首柱已经淘汰，球鼻首柱有利于提高航速，但仅在远洋船上使用。首柱按制造方法分有铸造首柱、锻造首柱、焊接首柱和混合首柱4种。目前广泛采用焊接首柱，它的重量轻、成本低、强度好、制造方便、适应分段造船的工艺特点等优点恰恰是前两种首柱所没有的，因此本节仅介绍倾斜式焊接首柱的放样

在进行首柱放样之前，先要了解首柱曲面的形成特点。如图2-28所示，首柱表面是由许多光顺连接的首圆弧曲线(各水线面和甲板面)构成的光顺空间曲面。因此，首柱型线放样必须满足以下光顺条件：

(1)各首圆弧必须与相应的水线、甲板边线、甲板折角线和舷墙顶线等光顺地连接。

(2)在纵剖线图上，首柱中心线(即首轮廓线)和首圆弧圆心连线必须是光顺的。

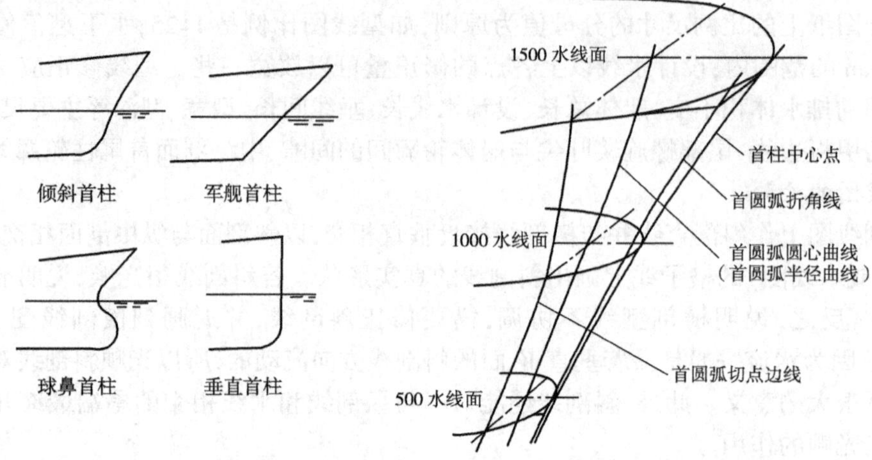

图 2-27　首柱的形式　　　　图 2-28　首柱型线的形成特点

(3)通过各水线、甲板边线、甲板折角线和舷墙顶线与对应首圆弧相切的切点和首折角垂线相交的折角点所连成的切点连线和折角连线必须是光顺的。

(4)通过各首圆弧的任意斜剖线和纵剖线都必须是光顺的。

首柱放样的任务是完成下述 3 项工作:

(1)修改和确定首圆弧半径,绘制各水线、甲板边线、甲板折角线和舷墙顶线等的首圆弧。

(2)绘制首柱板与外板的连缝线。

(3)绘制与首柱相交的横剖线和肋骨线的根部型线。

一、绘制首圆弧

1. 作首圆弧折角线(图 2-29)

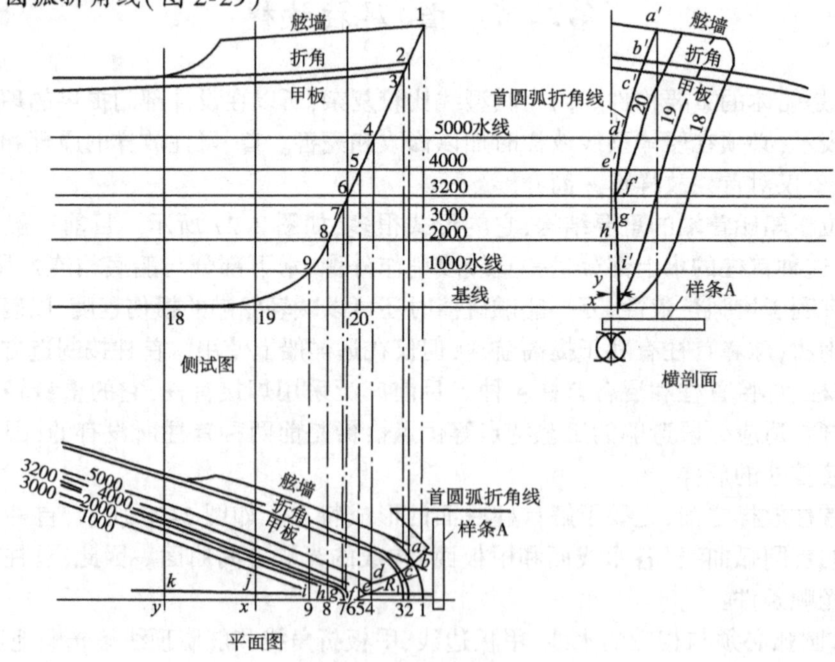

图 2-29　作首圆弧折角线

(1)过纵剖线图上首轮廓线与舷墙顶线、甲板折角线、甲板边线和各水线的交点1、2、…、9,投影到水线图的中纵剖线(船体中心线)上,其投影线垂直于中纵剖线,称为折角垂线。

(2)在水线图上向首延长舷墙线、折角线、甲板线、各水线等与对应的折角垂线相交于点 a、b、…、i,其交角称为首圆弧折角。

(3)在横剖线图上量取最低一根水线以下的船底折角线的半宽值 x、y,并将其转画到水线图的对应横剖站线上得 J、k 点。

(4)在水线图上用样条将点 a、b、…、i、j、k 连成一条光顺的曲线,若有个别点不在曲线上,则应修正,以使交点落在这条曲线上,但必须保证设计水线和甲板边线的设计要求。由此得到的光顺曲线就是所求的首圆弧折角线。它在空间是一条近似于平面曲线的空间曲线。

(5)用样条A将水线图上首圆弧折角线的半宽值记下,并转画到横剖线图上,再用样条通过所得各点修顺这条曲线,这也是首圆弧折角线,又称肋骨塞根线。

2. 求首圆弧圆心曲线(图2-30)

在水线图上作各首圆弧折角的角平分线,并使其与船体中心线相交,这些交点就是相应的首圆弧圆心。从圆心到相应的折角垂线垂足间的距离就是该处的首圆弧半径。

将已求出的水线图上各个首圆弧圆心点对应投影到纵剖线图上,并光顺连接各投影点即得首圆弧圆心曲线,这是一条平面曲线。若有个别圆心点偏离圆心曲线,则修正后还需返画到水线图上去修正圆心点并改动圆弧折角线,反复修顺。

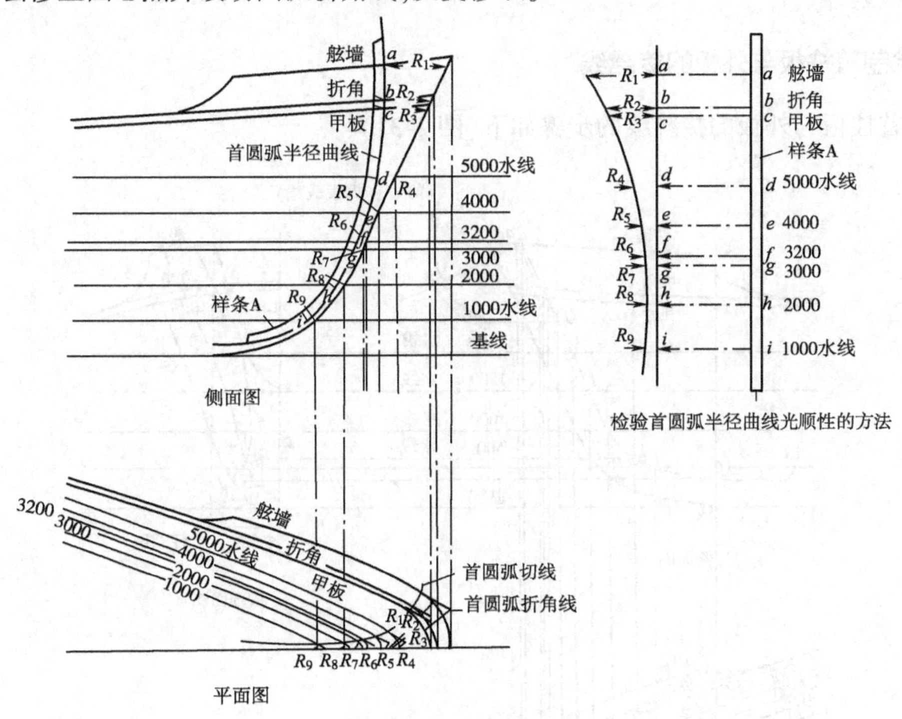

图2-30　求首圆弧圆心和半径

3. 作首圆弧半径曲线

上述首圆弧圆心曲线也就是首圆弧半径曲线,为了检验首圆弧半径曲线的光顺性,必须将首圆弧圆心曲线拉直,具体做法如下:

(1)如图 2-30 所示,在纵剖线图上用样条 A 将首圆弧圆心曲线围好并记下各圆心点 a、b…、i。

(2)伸直样条 A,并过 a、b…、i 各点作垂线,在相应的垂线上截取其半径值,通过各半径点连成一条光顺的曲线,这就是一条首圆弧半径曲线,属于平面曲线。如有个别点子不在该曲线上,则需反复修正,直到光顺为止。

(3)根据首圆弧半径曲线确定其他在图纸上未给出尺寸的各水线面圆弧半径,并作出圆弧。

4. 作首圆弧切线

根据最后确定的首圆弧圆心位置和半径大小,在水线图上绘出各首圆弧,并使它们与相应的各水线、甲板线、折角线和舷墙线相切。再过各切点连成一条光顺的曲线,该曲线称为首圆弧切线(图 2-30),它是一条空间曲线,因此还需将其在纵剖线图和横剖线图上的投影光顺。

水线图上各首圆弧线与相应的水线、甲板线、折角线和舷墙线相切的切点准确性差,不易看出。如以折角垂线与对应型线相交的折角顶点为圆心,以折角顶点至船体纵中心线间的折角垂线长为半径,在对应型线上画弧来求取切点,则这种相交切点很准确。

首圆弧切线既起到最后检验首柱型线光顺性的作用,又是绘制首柱板与外板的接缝线、制作首柱加工样板的重要依据。为了减少外板加工工作量,必须把首柱板与外板的接缝线排在首圆弧切线之外。

二、绘制首柱板与外板的接缝线

绘制首柱板与外板的接缝线的步骤如下(图 2-31):

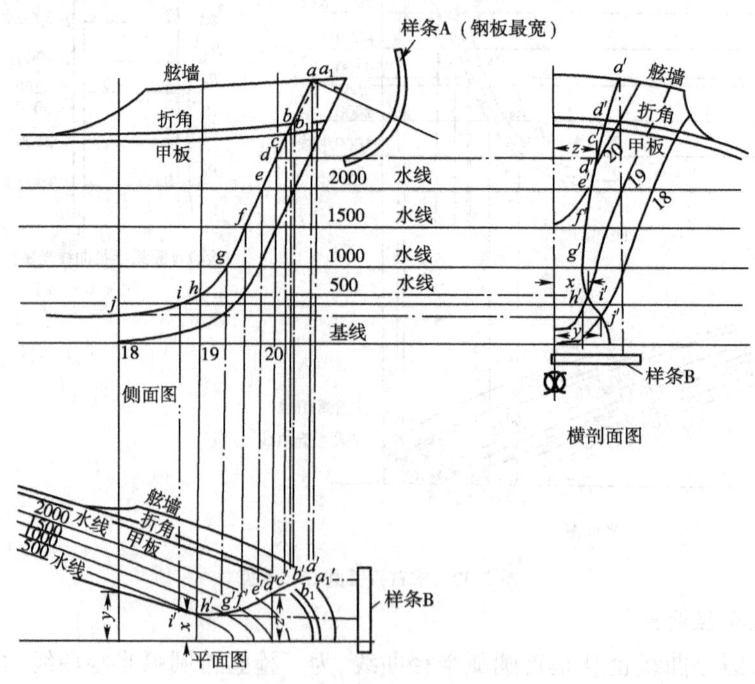

图 2-31　首柱板与外板的接缝线

(1)根据首柱图纸上规定的尺寸,在纵剖线图上画出首柱与外板的接缝线(俗称内口线)。

(2)将纵剖线图上接缝线与横剖站线的交点 d、h、j 投影到横剖线图上得 d'、h'、j',并将其半宽 z、x、y 量到水线图上对应的站线上。

(3)把纵剖线图上接缝线与舷墙线、折角线、甲板线、各水线的交点 a、b、…、i 投影到水线图上对应的舷墙线、折角线、甲板线和各水线上,过各投影交点连成一条光顺的曲线,若有某些点不在该曲线上,则应适当地修改水线上的交点使其达到光顺,并尽量使首圆弧曲线和纵剖线图上的内口线保持不变。

(4)用样条 A 围出首柱上端圆弧的实长,若其围长已经超出所能采用的钢板宽度,则该接缝线必须修改(如将 a 点改到 a_1 的位置)。首先修改水线图上的接缝线,然后将其投影到纵剖线图上,在使纵剖线图上的接缝线保持光顺美观的条件下,再修改水线图上的接缝线。

(5)用样条 B 将水线图上接缝线的半宽值投影到横剖线图上,并过交点 a'、b'、…、j' 连成一条光顺的曲线,即得接缝线在横剖线图上的投影。

三、首部横剖线和肋骨线根部型线的确定

首柱型线确定后,即可运用作辅助线的方法确定该处横剖线和肋骨线的根部型线。

作辅助线的方法通常有:在水线图上的首柱圆弧处加作若干根等间距的辅助纵剖线、在纵剖线图上作若干根平行于首柱中心线的辅助线以及在水线图上作若干根等分首圆弧的辅助线 3 种。现以在首柱圆弧处加作若干根等间距的辅助纵剖线的方法为例,阐明确定首部横剖线和肋骨线根部型线的基本方法(图 2-32)。

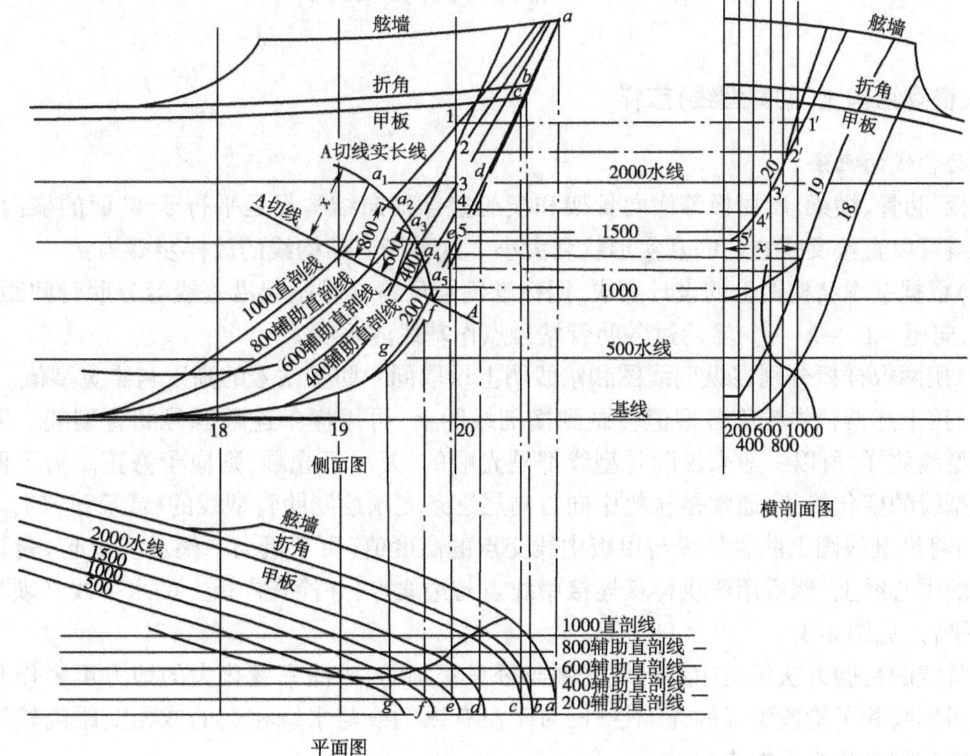

图 2-32　作辅助纵剖线求肋骨根部型线

(1)在水线图上加画200、400、600等辅助纵剖格子线,把它们与舷墙线、折角线、甲板线、各水线的交点投影到纵剖线图上,用样条连成一条光顺的曲线(如图中200纵剖线的作法)。

辅助线加得愈多,所作的横剖线(肋骨线)根部型线和首柱截面形状愈正确。一般每隔50~100mm加作一条,靠近纵中心线处加得比较稠密,间距甚至可小于50mm,辅助线数量视船体型线情况而定。

(2)在横剖线图上作相应的辅助纵剖格子线。

(3)把纵剖线图上辅助纵剖线与站线的交点投影到横剖线图对应的辅助纵剖格子线上,修改横剖线(或肋骨线)根部型线,使其通过1′、2′、…、5′各点。

(4)作首柱的任意截面形状。如过纵剖线图上A点作首柱中心线的垂线与各辅助纵剖线相交,再过各交点分别作A截面直线的垂线,并将各交点投影到横剖线图上相应的辅助纵剖格子线上,连成光顺的曲线,同时截取对应辅助纵剖格子线的半宽x,量到A截面直线的相应垂线上得a_1、a_2、…、a_5各点,将这些点连成一条光顺的曲线即为A截面与首柱的截交线。

(5)在纵剖线图上画出首柱各个截面的形状,然后根据所用钢板长度在纵剖线图上画出首柱钢板的长度接缝线。为了美观起见,长度接缝线一般呈水平或沿外板纵接缝线布置,但在节约钢板的前提下,也可以使长度接缝线垂直于首柱中心线。另外,应尽可能将首柱平直段与弯曲部分通过长度接缝线划分开,以便于加工。最后,根据图纸上规定的尺寸,在纵剖线图上作出首柱的结构线。

第三节　纵横结构线放样

一、横向结构线(肋骨型线)放样

1. 肋骨线的画法

肋板、肋骨、横梁、舭肘板等横向骨架和横舱壁等横向结构都是平行于W面的横向构件,肋骨型线可以直接反映它们的真实形状和大小。这种横向结构线的放样步骤为:

(1)根据基本结构图上的设计要求,用标准钢卷尺自0号站起沿基线等分肋骨间距,向首1、2、…,向尾-1、-2、…。然后过各肋骨站号点作基线的垂线。

(2)用两根样棒分别在纵剖线图和水线图上录取同一肋骨站号的高度与半宽型值。

(3)用上述两根样棒将各型值转画到横剖线图上,再用样条连顺同号肋骨型线。因为经过理论型线放样,所以一般来说肋骨型线都是光顺的,万一不光顺,则应予修正。为了便于掌握肋骨型线的变化趋势,通常是从船中向首向尾逐条光顺绘制肋骨型线的(或反过来)。

(4)将纵剖线图上肋骨站线与甲板中线交点的高度值(可从最高一根水线量起)转画到横剖线图的中心线上,然后用梁拱样板连接中线点与边线点,并检查样板上的水平线必须与水线格子线平行,见图2-33。

肋骨线的检验方法仍是用斜剖线光顺与否来鉴别的,对曲率变化大的地方可多作几根斜剖线。斜剖线除了检验型线的光顺性外,对于没有纵剖线与水线相交的或相交距离较远的肋骨线还能起到光顺修正的作用。

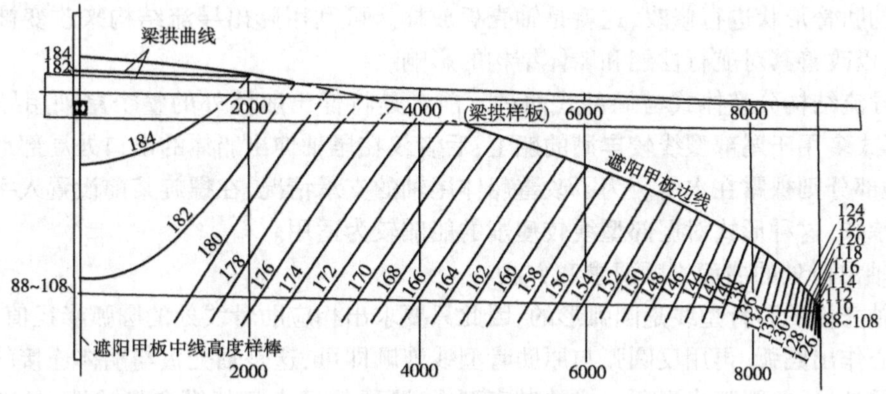

图 2-33　作甲板梁拱曲线

2. 尾轴出口处的肋骨线修正画法

1)尾轴的布置形式

船舶的类型不同,尾轴的数量和布置形式也不相同,目前大致有如图 2-34 所示的几种情况。

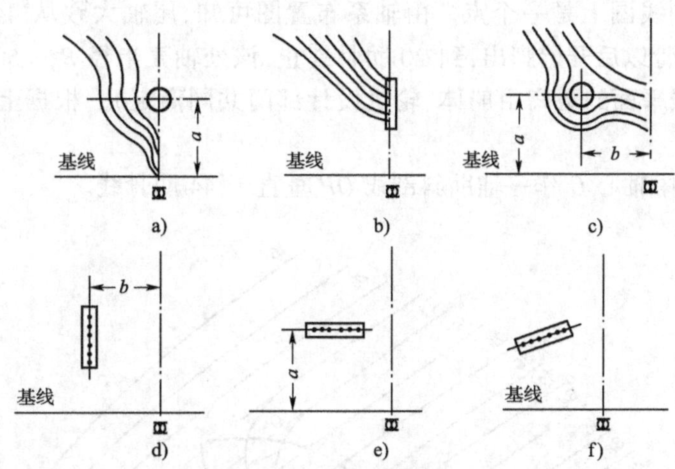

图 2-34　推进器的布置形式

(1)在船体中纵剖面上,并与基线平面平行,如图 2-34a)所示。

(2)在船体中纵剖面上,但与基线平面倾斜成一定角度,如图 2-34b)所示。

(3)不在船体中纵剖面上,却与中纵剖面和基线平面平行,如图 2-34c)所示。

(4)不在船体中纵剖面上,却与中纵剖面平行,但与基线平面倾斜成一定角度,如图 2-34d)所示。

(5)不在船体中纵剖面上,却与基线平面平行,但与中纵剖面倾斜成一定角度,如图 2-34e)所示。

(6)不在船体中纵剖面上,与中纵剖面和基线平面都分别倾斜成一定的角度,如图 2-34f)所示。

其中前两种用于单螺旋桨船舶,后 4 种用于多螺旋桨船舶。不论哪种形式,由于尾部推进器轴穿过船体,破坏了船体表面的光顺性,因此在肋骨型线放样过程中,必须对尾轴出口处被

破坏区域的肋骨形状进行修改,这就是轴壳板放样。可利用膨出导流结构来改变被破坏部位的肋骨线,以改善其对航行性能和船体结构的影响。

膨出导流结构分整体式与局部式两种。前者是将伸出船体外的整个尾轴用导流结构罩住,这种形式多用于尾部型线较丰满的船上;后者仅在尾轴伸出船体的出口处局部地采用导流结构,其他部分则裸露在水中。为了改善船体尾轴的支承情况,在螺旋桨前设置人字架来作为尾轴的支承点,这种形式对尾部型线较瘦削的船舶较为适用。

2)尾轴出口处的曲面光顺要求和方法

由于轴壳板的肋骨型线是圆弧形的,因此只要求出相应肋骨线处的圆弧半径值,以对应的轴心为圆心作出圆弧,再用反圆弧与原肋骨型线连顺即可,这是轴壳板与船体连接的横向光顺性要求。另外,这些圆弧半径所组成的轴壳型线,既要保证本身的纵向光顺性,又应保证其与船体连接的纵向型线能光顺地过渡。轴壳板与船体相连的反圆弧处也应保证纵向型线的光顺性,这是轴壳板与船体连接的纵向光顺性要求。

现以图 2-34c)的情况为例,说明尾轴轴壳放样的方法与步骤。

这种船舶的推进器是左、右对称的双桨,尾轴轴线既平行于船体中纵剖面,又平行于基线面,因此轴线在横剖线图上是一个点。由轴系布置图可知,尾轴大致从#44 肋骨开始穿出船体,即轴壳从#44 肋骨以后开始膨出,到#20 肋骨终止,该处轴壳半径 R_0 = 500mm(该值以及轴心到中纵剖面、基线平面的距离由船体、轮机设计部门共同商定)。根据上述已知条件,轴壳放样步骤如下:

(1)过图 2-35 中轴心 O 作一辅助斜剖线 OP 垂直于#44 肋骨线。

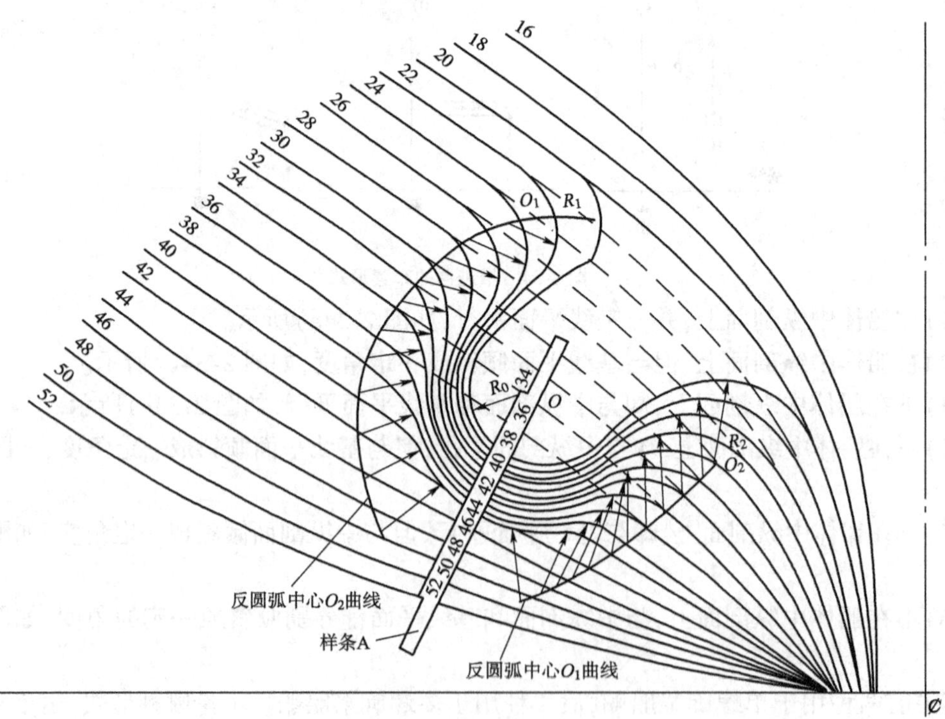

图 2-35 尾轴轴壳的肋骨型线放样

(2)用样条 A 沿辅助斜剖线量取#34 ~ #52 肋骨线距轴心的宽度,并画到水线面(借用格子线)各对应的肋骨线上,将各点连成光顺曲线,此曲线即为辅助斜剖面与船体型表面的交线(图 2-36),即斜剖线。

(3)在斜剖面图上将 R_0值和 OP 值分别量在#20 和#44 肋骨线上,得 B、C 两点,连接 B、C 两点并作一光顺曲线与#44 肋骨前的船体曲线相切连接(不应出现明显折角点),由此求取轴壳半径值,如图 2-36 所示。不过通常将 BC 作成直线,这样可以简化轴壳板的加工工艺。

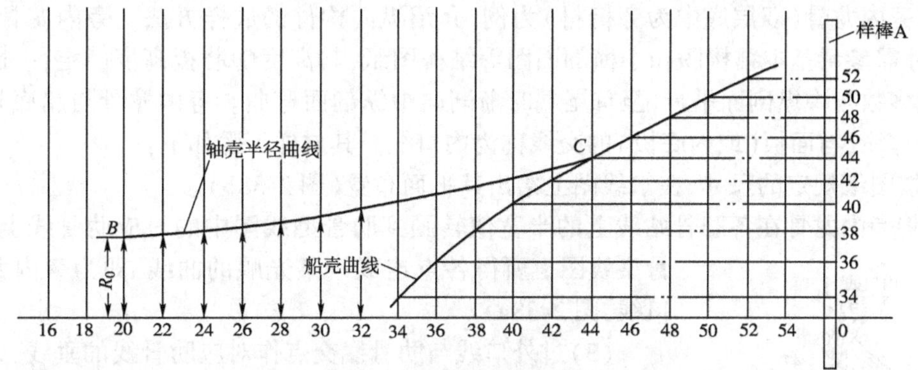

图 2-36　轴壳斜剖面图

(4)以轴壳斜剖面图上 BC 线在每档肋骨线上所截的长度值为半径,以横剖面上 O 点为圆心,作圆弧与相应的肋骨线相交于两点,然后再作反圆弧反切;使上述所作的轴壳圆弧与相应的肋骨线光顺连接,如图 2-35 所示。反圆弧的半径值 R_1、R_2 由设计部门初步确定。放样时在纵剖线图(借用格子线)中#20 到#44 肋骨线上截取 R_1(或 R_2)值,过这些点连一光顺曲线即为反圆弧半径曲线,此曲线与相应肋骨线相截的长度即为反圆弧半径值,如图 2-37 中 R_1 所示。若设计时未给出反圆弧半径,也可用同号肋骨处的轴壳半径作为反圆弧半径(或按比例任选)。

(5)将各档肋骨的反圆弧圆心 O_1 和 O_2分别连接成一光顺曲线,并将反圆弧圆心 O_1(或 O_2)曲线级数伸直并画在纵剖线图上,即得反圆弧圆心 O_1(或 O_2)的光顺曲线(图 2-37)。若此曲线不光顺,则再对 R_1 或 R_2 的数值作适当修改,直至曲线光顺为止。

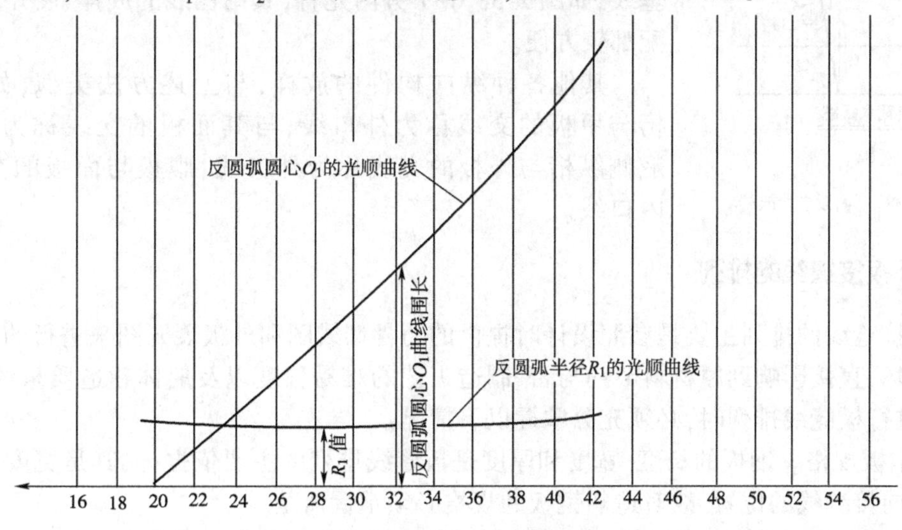

图 2-37 在纵剖线图上求取反圆弧半径值

二、纵向结构线放样

中桁材(中内龙骨)、旁桁材(旁内龙骨)、舷侧纵桁、甲板纵桁、各种纵骨等纵向骨架和纵舱壁、内底板、内底边板等纵向结构统称为纵向构件。它们的结构线放样,就是在肋骨型线图上画出它们的边界线投影以及与各肋骨剖面的交线,特别是纵向构件与船体外板的交线的投影。

现以旁内龙骨(双层底中为旁桁材)为例,介绍纵向构件的放样方法。旁内龙骨的位置、方向、尺寸需参看基本结构图和中横剖面图等结构图纸,其高度随肋板高度而定,一般旁内龙骨在中段多数与中纵剖面平行,至首尾端时渐渐向中纵剖面弯曲。旁内龙骨与船底外板的交线称为外口线,与面板(或内底板)的交线称为内口线。其放样步骤如下:

(1)按图纸规定的尺寸,在水线图上给出其平面布置(图2-38b)。

(2)将旁内龙骨在各肋骨站线上的半宽值转画到肋骨型线图中的对应肋骨线上,并将肋骨型线图上所得各点连成一条光顺的曲线,即为旁内龙骨的外口线,图2-38a)。

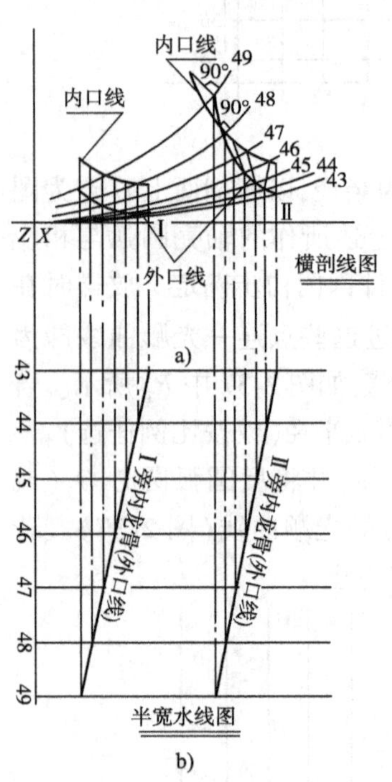

图2-38　旁内龙骨放样

(3)过外口线与肋骨线交点作对应肋骨线的垂线,并在其上截取旁内龙骨的高度值,得各高度点。再将全部高度点连成一条光顺曲线,即为旁内龙骨的内口线。内口线与外口线之间各垂线就是旁内龙骨的横向理论线(肋骨剖面线)。

这样作出的旁内龙骨,因其高度线垂直于各对应的肋骨线,所以惯性矩大、强度好,但是由于船体型线的变化而影响到旁内龙骨发生扭曲,甚至出现内口线与外口线的投影线交叉的现象,如图2-38中的Ⅱ旁内龙骨。这样,旁内龙骨的加工和装配就比较困难。为了改善扭曲状况,方便制造工艺,旁内龙骨的横向理论线不要求与对应的肋骨线垂直,而应相互平行,甚至都垂直于基线,如图2-38中Ⅰ旁内龙骨,其结构线的放样、展开、加工、装配都较方便。

其他各种纵向构件的放样,与上述方法类似,如甲板纵桁与甲板的交线称为外口线,与其面板的交线称为内口线;舷侧纵桁与外板的交线称为外口线,腹板与面板的交线称为内口线。

三、外板接缝线的排列

外板接缝线的排列主要是参照设计时提供的肋骨型线图和外板展开图来进行的。板缝线排列的好坏,直接影响到原材料节约与否、制造工艺的难易程度以及船体建造质量的优劣等。因此,在进行板缝线排列时,必须充分掌握以下情况:

(1)钢板规格。钢板的长度、宽度和厚度是板缝线排列的主要依据,尤其是宽度大小将决定外板纵向接缝线的位置,故对造船钢板的规格必须掌握清楚。

(2)掌握船体外板的装配方法和步骤,以便确定外板余量的加放位置及大小。

(3)掌握外板的弯曲形式、展开方法以及展开后的形状，以确定其加工方法及其对板缝线排列的要求。

(4)熟悉船厂加工设备的能力和焊接设备的性能以及它们的使用方法。

外板接缝线的布置顺序是：先排纵向接缝线，后排横向接缝线。

布置外板纵向接缝线时，首先在平行中体肋骨线（无平行中体时取中横剖面肋骨线）上按设计板宽排列平板龙骨、舷侧顶板、舭部列板等强力板列，并按同样的板宽向首、尾延伸，因为这些板列是保证船体总纵强度的主要受力构件，而且比其他外板要厚些，因此它们的宽度在加工的允许范围内不能任意改窄，应予优先排列。平板龙骨是由整块钢板做成的，钢板中心线就是船体中心线，画平板龙骨纵缝线时，只要用一根与平板龙骨等厚的样条，其长度等于平板龙骨的半宽值，一头对准肋骨型线图的中心线，另一头顺着肋骨型线围出纵缝点，过各纵缝点连成光顺的纵缝投影线。舷侧顶板的纵缝线通常是与甲板边线平行或接近平行的，以求美观，所以只需以甲板边线为准向下沿肋骨型线量取舷侧板的宽度（但要扣除顶板的边线以上的高度）即可。舭部列板为了保证强度起见，通常是将钢板中央布置于舭部曲度最大处。当平板龙骨、舷侧顶板和舭部列板的纵接缝线排列完毕后，再根据钢板规格和船体内部结构情况以及其他工艺要求，从中向首、尾布置其他列板的纵缝线。

当纵缝线布置完后，为了便于施工和管理，船体各列外板和纵缝线均用英文字母统一命名，列板的名称以中横剖面处平板龙骨为 K 行板，向上逐列命名为 A 行板、B 行板、……直到舷侧顶板。纵缝线则由相邻两列板的名称组合命名，依次编为 $K\times A$、$A\times B$、$B\times C$、…，如图 2-39 所示。

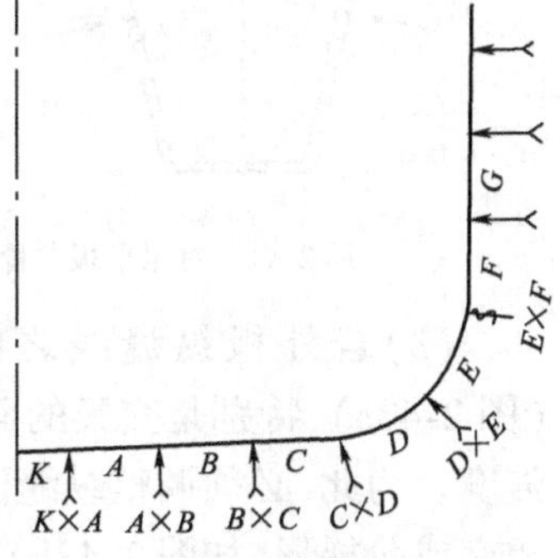

图 2-39　板列与纵缝命名示意图

横向接缝线的布置取决于分段划分情况。所有的分段横向大接缝都是外板的横接缝。此外，在每一分段中还根据提高钢板利用率、便于加工和装配等要求，作适当的横向划分。因为横缝线平行于肋骨剖面，一般布置在肋骨间距的 1/4 或 3/4 处，从局部强度来看，该处的弯矩为零，容易保证强度。若布置发生困难时，则应排在 1/3 或 2/3 肋距处，避免排在 1/2 肋距处，因为此处为弯矩峰值。肋骨型线图上所有的横缝线必须全部画出，其做法与画肋骨型线的方法基本相同，只需按肋距比例在纵剖线图和水线图上插入即得其高度值与半宽值，再转画到肋骨型线图上。

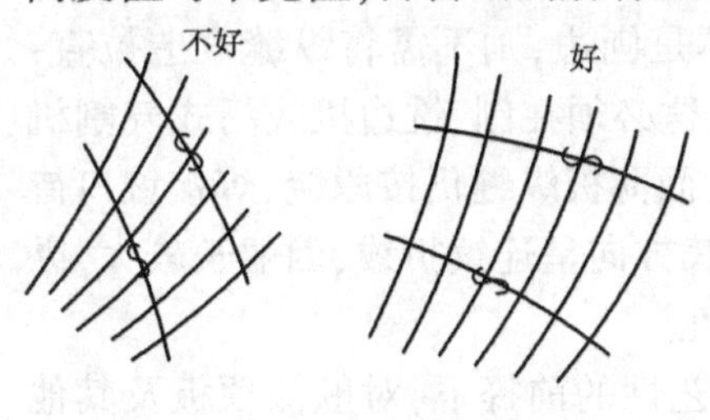

图 2-40　纵缝线与肋骨型线的相对关系

此外，板缝线排列时，还必须注意以下几点：

(1)板缝线的排列应能充分利用原材料。例如，在船体较平直的部分，应尽量按钢板的宽度和长度布置板缝线。在布置纵缝线时，应尽可能使它与肋骨线正交（图 2-40），并使展开后的外板形状接近于矩形，避免呈菱形，而且尽量使外板宽度分布均匀；窄板缝应尽可能排列在设计水线以下，这样既有利于提高钢板的利用率和减少焊缝数量，又能使排板时适当留有余地，因为钢板的边缘实际上不是完全平直的。

(2)板缝线的排列应使外板构件便于加工。例如带折角的平板龙骨（首、尾处），如果纵缝布置不当，则在压力机上压弯时会发生压头与其相碰的现象（图 2-41），以致无法加工。对于

具有双曲度或严重扭曲的外板(多见于首、尾处),可酌情适当缩小其钢板宽度和长度,以利于成形加工,如图2-42所示推进器的轴壳板以及带折角线的首尾部舷侧外板。采用水火弯制的首、尾柱,在保证强度的前提下,钢板宽度应适当改窄,以降低弯制时的构件刚性,提高水火弯制的效果;同时为了防止加工中发生外形误差,两侧均需加放一定数量的余量。此外,板缝线的布置应尽可能使每块外板构件的弯曲形状比较简单,以便降低成形加工的复杂性。

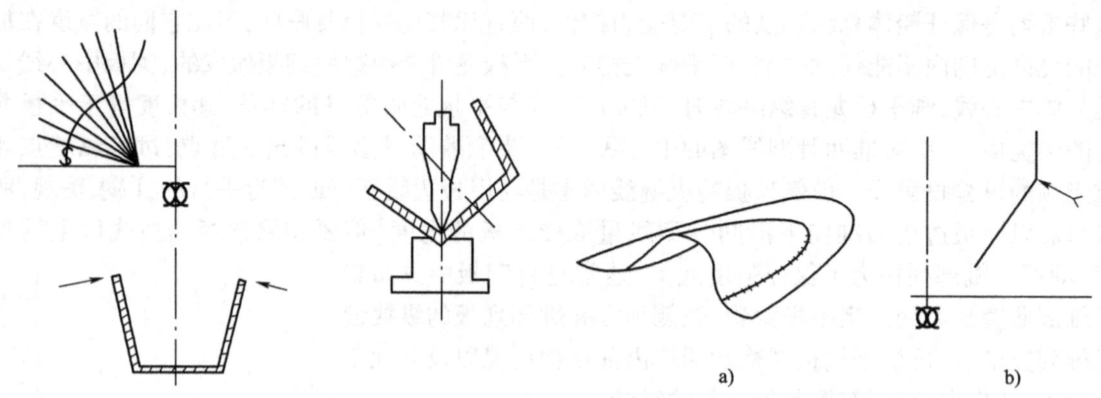

图2-41 首尾平板龙骨纵缝布置图

图2-42 推进器轴壳板和甲板折角线处的纵缝布置

(3)若外板纵缝线之间或外板纵缝线与内部纵向构件结构线之间呈小角度相交(图2-43a),特别是交叉的面积过大,则会使焊缝和热影区过分集中,影响焊接质量,降低焊区强度。为此,必须调整纵缝位置(也有的更动结构线),使两者夹角至少大于30°,最好呈垂直相交或阶梯形,如图2-43b)所示。相邻两道焊缝的距离必须满足船舶建造规范的要求,对接焊缝的平行间距不得小于100mm,对接焊缝与角接焊缝的间距不得小于50mm。

(4)纵缝线的排列应便于装配和焊接。例如,当纵缝布置在甲板边线或内底边板线以下,且该缝需待甲板或内底板上船台安装之后才能进行装配焊接时,该缝与甲板边线或内底边板线的距离不宜太近,以免造成装焊死角。又如图2-44所示的底部分段上口的纵缝与内底边板角接缝的距离一般不宜过大,不然将形成过大的自由边,影响装配的正确性。对于大、中型船舶的外板,为了便于其纵接缝采用自动焊,要求外板展开后的纵缝呈直线状,这样可直接进行刨边。

若相邻两板为等厚度,且焊接坡口用碳弧气刨开出而不是刨边,则不需将纵缝改造拉直;但若相邻两板为不等厚,则厚板需如图2-45所示进行削斜,这必须在刨、铣边机或门式气割机上完成,碳弧气刨不能用于削斜,这时厚板纵缝需改造拉直,而薄板纵缝仍按原缝,焊接坡口待现场用碳弧气刨开出。由此可知,纵接缝经过改造后,沿船长方向呈连续折线,因船长较大,纵接缝的折曲不明显,对船体外观毫无损害,但却改善了工艺性。

(5)纵缝线的排列应讲究美观。例如,在保证强度和工艺性的前提下,对舷侧顶板及其他水上部分的舷侧外板,纵缝线应尽量排成与甲板折角线或甲板边线近似平行,特别是首尾段纵缝必须向上渐翘才觉美观,切不可作成水平状,更不能向下倒弯。同时,纵缝线沿船体全长应光顺接通,尽量不要错开中断,否则有碍美观。此外,在中横剖面处,纵缝应排成与该处肋骨线正交,以利于首尾段纵缝能光顺接通,不致在交接处出现明显折角。

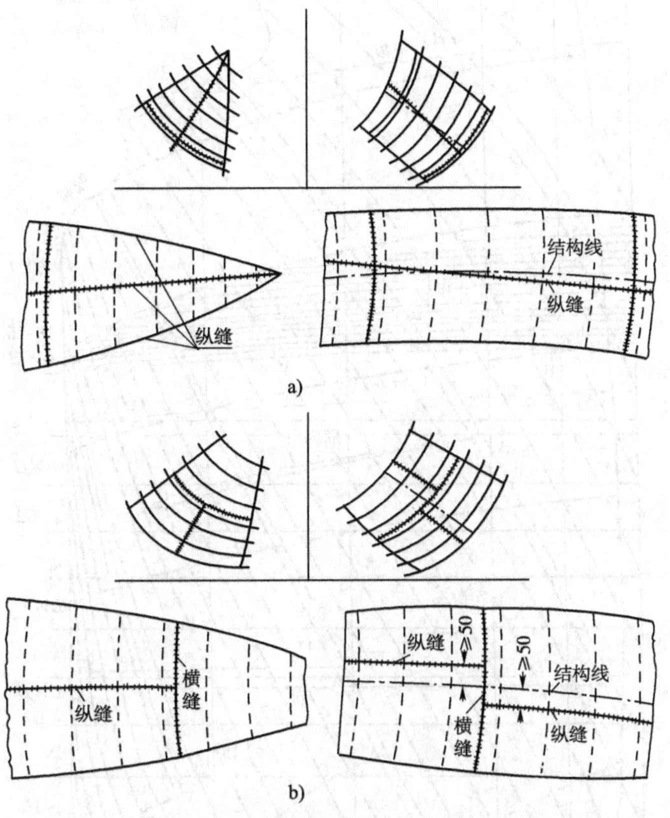

图 2-43　纵缝线之间和纵缝线与纵向结构线之间的板缝布置
a)不好；b)好

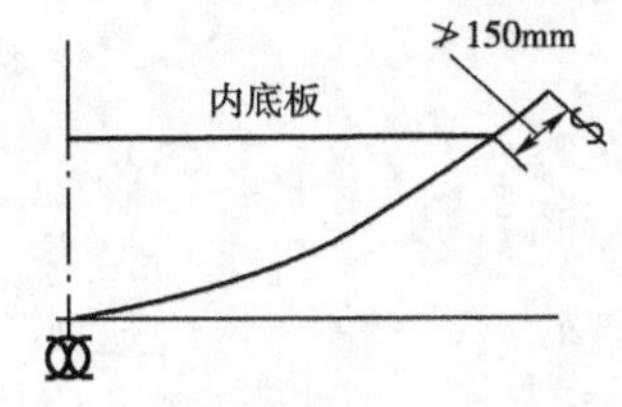

图 2-44　双层底分段外板边缘自由端的限值

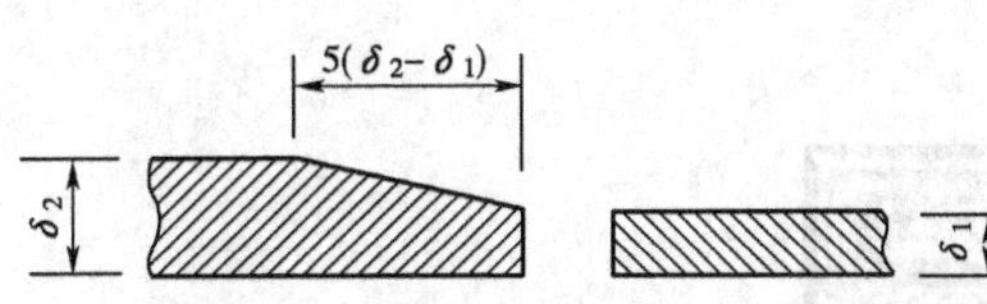

图 2-45　相邻外板纵缝的对合关系

船体型线放样与结构线放样结束后，应将所有的构件线、板缝线的名称标注在肋骨型线图上，如图 2-46 所示。船体构件有一定的厚度，厚度在结构理论线的位置应符合“金属船体构件理论线”的规定。此外，还应编制完工型值表。完工型值表包括理论型线型值表，肋骨型线型值表，首、尾等部位的型线草图以及结构线、板缝线的型值等，这是对整个船体型线放样工作的总结，并写好肋骨编号、结构名称。至此，船体型线放样工作全部结束。

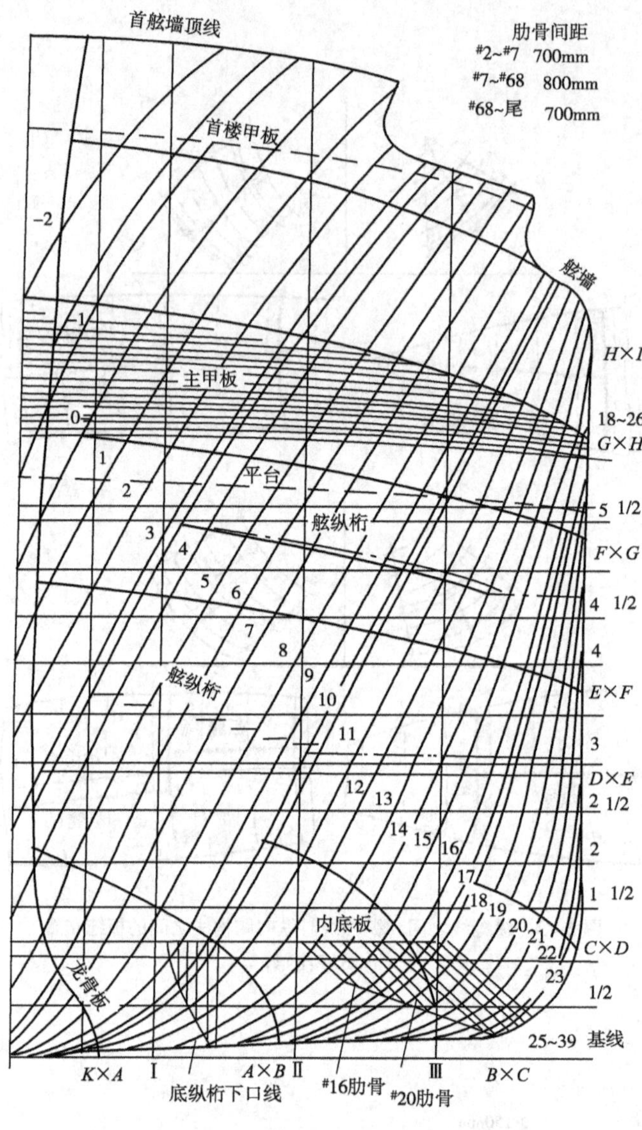

图 2-46　肋骨型线图

SIKAOYULIANXI

一、简答题

1. 船体放样的主要作用有哪些?
2. 作图时,线与线相交的交点和面与面相交的交线,什么情况下较准确?举例说明。
3. 怎样布置3个投影图并确定基线的位置?
4. 基线和格子线的放样工艺是什么?格子线的检验方法及其标准有哪些?

5.3 个投影图的边界线(轮廓线)是什么？应当怎样放样？

6. 图 2-47 所示为甲板边线的三向投影图，请说明图中 A、B、C3 点的投影关系有何错误。

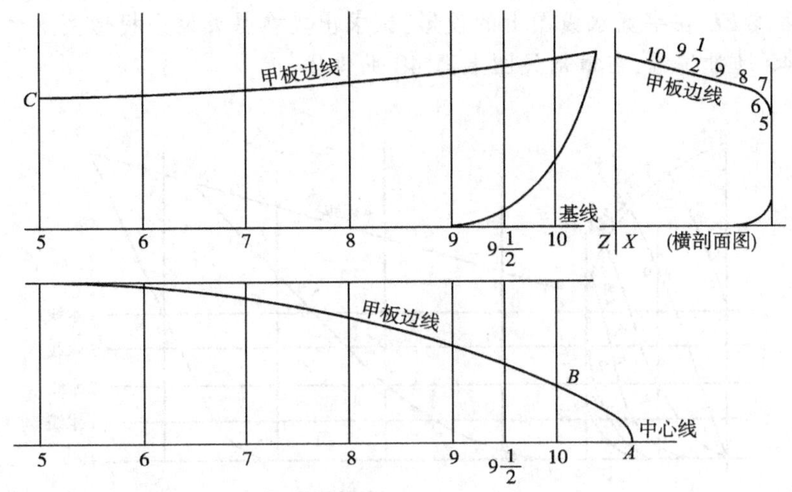

图 2-47

7. 船体甲板型线有哪些特点？

8. 型线修正的几何意义是什么？船体型线哪些较准确？

9. 船体型线放样需体现哪三性？型线修正原则是什么？怎样检验型线？

10. 首柱放样必须满足哪些光顺条件？

11. 尾轴数量和布置形式有哪几种情况？

12. 怎样进行外板接缝线的排列？为什么？

13. 什么是完工型值表？它包括哪些内容？

二、判断题(对的打"√",错的打"×")

1. 纵剖线、横剖线和水线统称为船体型线。 (　　)

2. 垂直于 W 面但不平行于 V 面或 H 面的斜截平面，称为斜剖面。它与船体理论表面的截交线，称为斜剖线。斜剖线主要用于画肋骨线。 (　　)

3. 纵剖线图中的纵剖线、横剖线图中的横剖线以及水线图中的水线，分别组成相互垂直的直线条，称为格子线。 (　　)

4. 甲板边线为空间曲线，它在 3 个投影面上都不能反映出真实的形状。 (　　)

5. 对于多层甲板来说，各层甲板边线具有完全相同的弯曲度。 (　　)

6. 横剖型线的曲率比纵剖型线和水线型线的曲率都大，形状也复杂一些。 (　　)

7. 型线修正就是解决型线光顺与型值对应这一对矛盾的，以使光顺性与一致性得到统一。 (　　)

8. 船底平板龙骨命名为 K 行板。 (　　)

9. 外板接缝线的布置顺序是：先排横向接缝线，后排纵向接缝线。 (　　)

10. 外板横向接缝线一般布置在肋骨间距的 1/4 或 3/4 处，全力避免排在 1/2 肋距处，因为此处为弯矩峰值。 (　　)

三、作图题

1. 图 2-48 所示为某船舶首部分的型线图。

(1)求出图中 *A*、*B*、*C*、*D* 各点在另外两个投影图上的投影位置。

(2)已知曲线 *EE* 在半宽水线图上的投影,试求出其在另外两个投影图上之投影。

(3)已知#40 肋骨位置,在横剖线图上画#40 肋骨线。

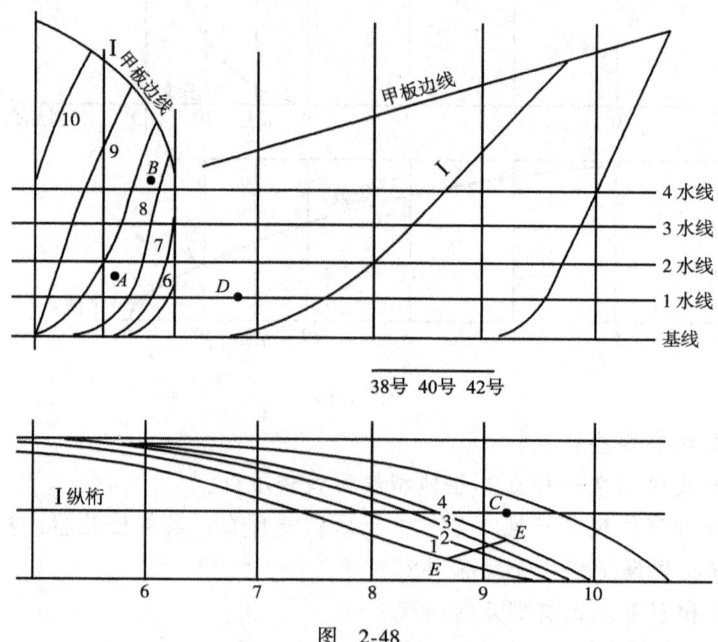

图 2-48

2. 用作抛物线梁拱曲线的方法作出甲板梁拱曲线,其主要参数为:$B = 2000\text{mm}$,$H = 100\text{mm}$,用 1:10 绘制。

3. 图 2-49 所示为某船首部甲板边线在纵剖线图上之投影,试用上题之梁拱曲线完成其甲板中心线的放样,并注明必要的文字符号。各站的甲板半宽值如下:

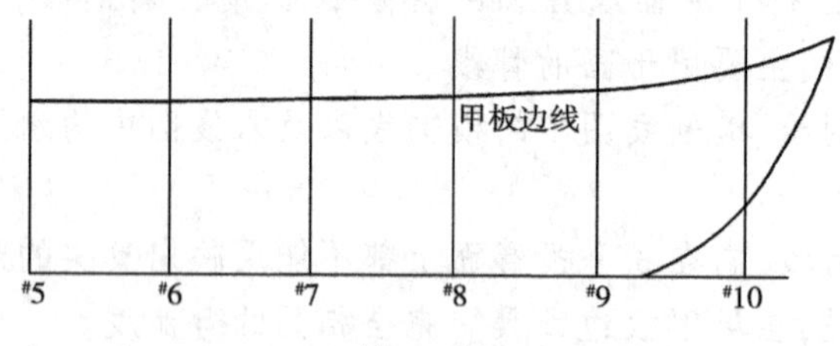

图 2-49

站号	#5	#6	#7	#8	#9	#10
半宽	1000	940	870	800	700	430

4. 图 2-50 示为一组横剖线,请按图放出 2000mm 水线,Ⅰ纵剖线及斜剖线,肋距为 15mm,按 1:1 比例绘制,检验其是否光顺。

5. 图 2-51 所示为首柱部位有关型线的三向视图,试进行首柱放样:

(1)光顺首柱型线。

(2)修改首部#60 肋骨的根部型线(用作辅助纵剖线法求解)。

6. 已知某船尾轴中心线在船体中纵剖面上,且与基线平行,其轴线在肋骨型线图上的投影如图 2-52 所示。设计给出的轴壳半径为 R_4 轴壳从#9 肋骨开始凸出,试根据给定的肋距及肋骨型线进行轴壳板放样,并注明必要的文字符号。

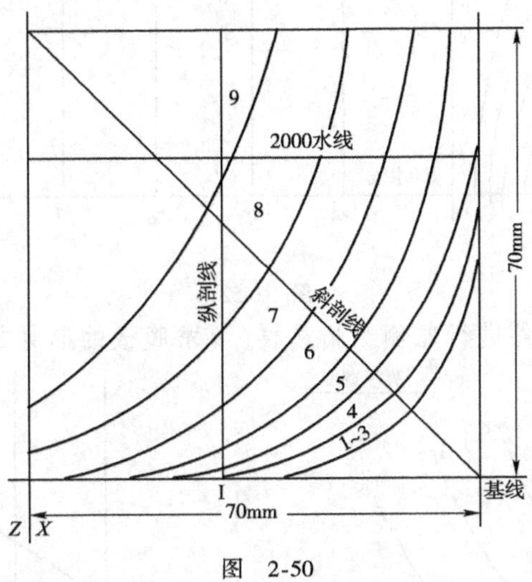

图 2-50

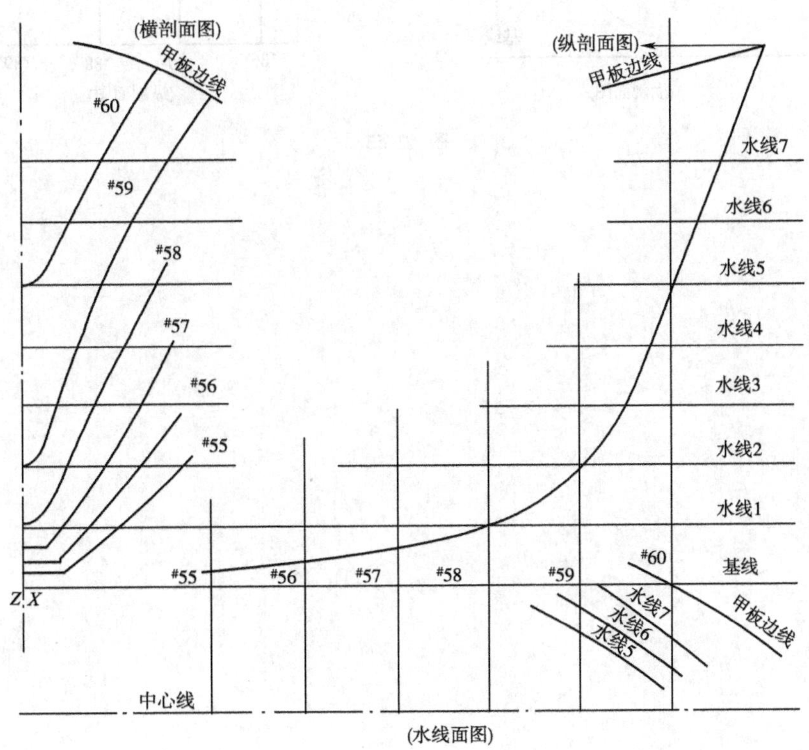

图 2-51

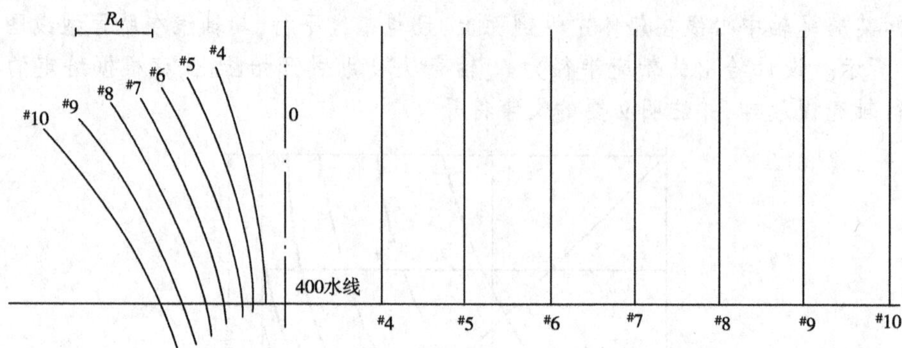

图 2-52

7. 按图2-53中已给条件进行舷侧纵桁放样(要求腹板的肋骨剖线与基线平行)。

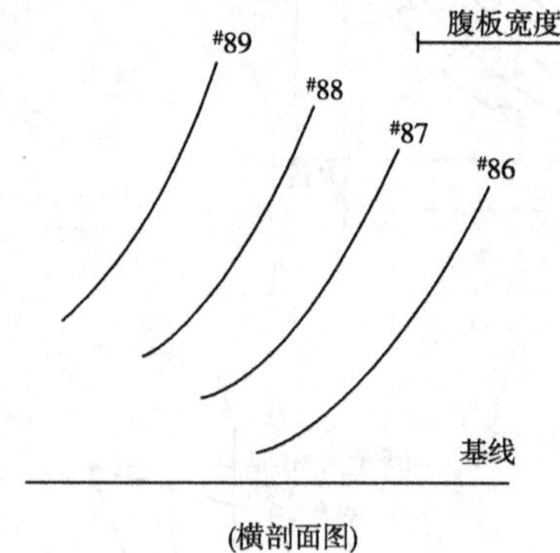

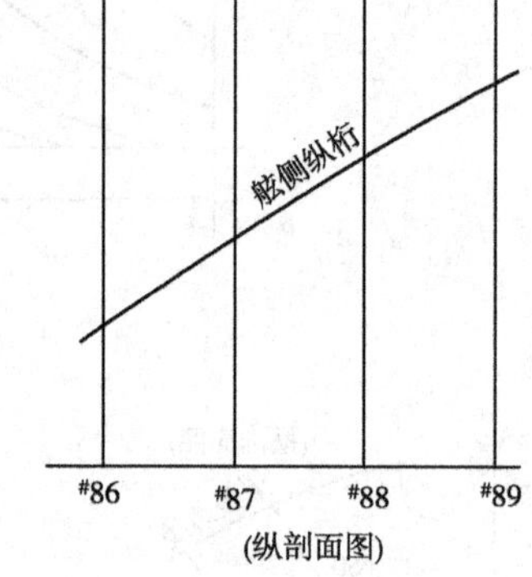

图 2-53

第三章　船体构件展开

● **学习目标**

知识目标

1. 熟悉平面构件的展开原理，掌握平面构件的展开方法；
2. 了解外板展开原理，掌握求实长、肋骨弯度和准线的作法；
3. 熟悉可展曲面构件的展开原理；
4. 熟悉板厚处理方法，了解船体理论表面规定；
5. 了解倾斜式首柱展开的原理和方法。

能力目标

1. 能展开平面构件；
2. 会用测地线法展开菱形外板和扇形外板；
3. 会对简单的几何形状构件进行板厚处理；
4. 能近似展开倾斜式首柱；
5. 能展开纵向构件。

船体构件有平面构件、可展曲面构件和不可展曲面构件3类，又有板材构件与型材构件两种。本章主要介绍板材构件的展开方法。

第一节　平面构件展开

一、平行于基本投影面的平面构件展开

船体上的平面构件有很多，把平面构件抽象为截平面与船体理论表面相截切之截交线所包围的截面真实形状。所以，船体平面构件的展开问题，也就是求出各种截面真形的问题。

1. 平行于中横剖面 W 面的平面构件展开

例如各肋骨框架、横舱壁等平面构件都是平行于中横剖面 W 面的，其截面真形已在肋骨型线图上表示出来了，不需另求。如果某处的真形在肋骨型线图上没有反映出来而又必须求出时，可以采用绘制肋骨型线的方法作图展开。

2. 平行于基线平面 H 面的平面构件展开

例如水平的内、外底板和平台甲板等平面构件则是平行于基线平面 H 面的，其截面真形可由肋骨型线图上对应的水平结构线与各肋骨型线相交之半宽值（以及在纵剖线图上作出该水平结构线与各纵剖型线相交之长度值），分别投影到水线图上，然后依次连成一条光顺的曲线即成其展开图。

3. 平行于中纵剖面 V 面的平面构件展开

例如平行中体舷侧外板、纵舱壁、船底龙骨(桁材)、甲板纵桁、主机基座纵桁的腹板等都是平行于纵中剖面 V 面的，其截面真形可由肋骨型线图上对应的竖向结构线与各肋骨型线相交之高度值(以及在水线图上作出竖向结构线与各水线型线相交之长度值)，分别投影到纵剖线图上，然后依次连成光顺的曲线；甲板上的交点可用该平面构件的甲板下垂值从甲板中心线上向下量得，再连成甲板中心线的平移线，由此而得其展开图。

4. 主机基座展开——求各平面构件的真形

主机基座是由纵桁、肋板、肘板、横向隔板等组成的，如图 3-1a) 所示。纵桁理论面平行于中纵剖面(V 面)，横向隔板和肋板、肘板的理论面平行于中横剖面(W 面)，而且纵桁和横向隔板都与尾轴中心线保持规定的距离。

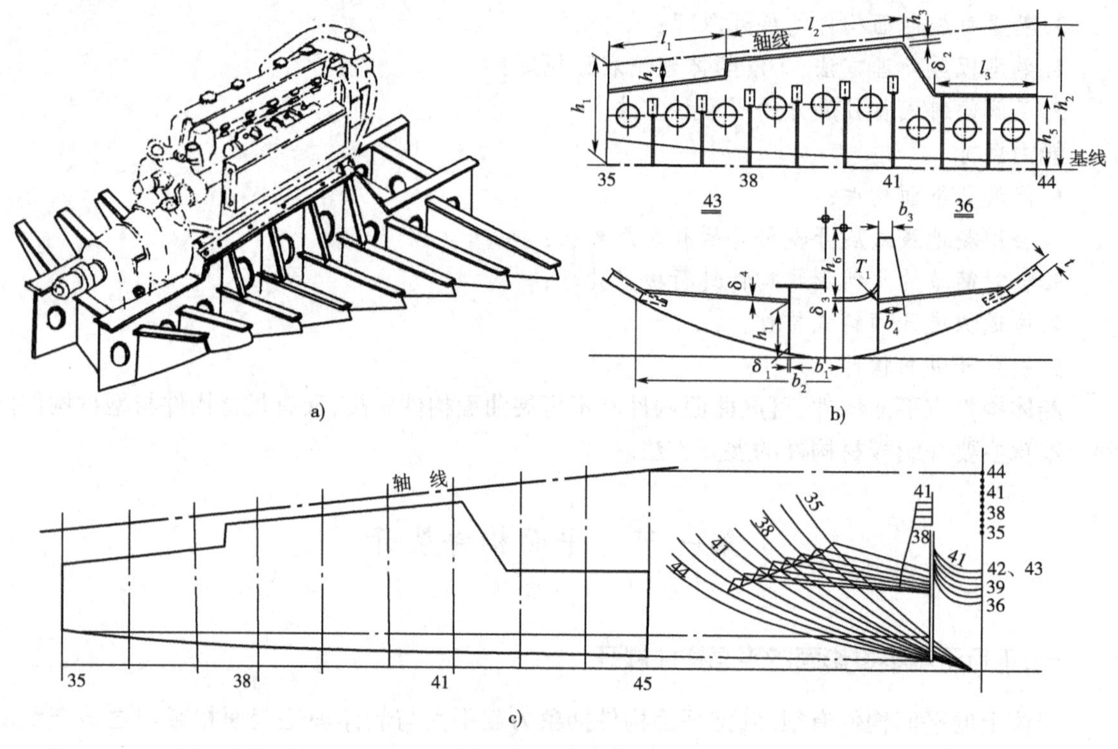

图 3-1　主机基座展开

主机基座的定位尺寸由设计图纸提供，如尾轴中心线位置、纵桁板间距、肋骨站号、主机基座上部轮廓线等，见图 3-1b)。

下面分别来求主机基座各个构件的真形(图 3-1c)：

(1) 在纵剖线图上画出尾轴中心线，并在肋骨型线图上画出尾轴中心线与各肋骨剖面交点的投影。

(2) 在肋骨型线图上画出主机基座纵桁腹板的位置线，求出纵桁腹板理论线与各肋骨线交点的高度值，然后投影到纵剖线图上对应的站号线上，逐点连线即为纵桁腹板的下口线真实形状。

(3) 按主机基座结构图规定，在纵剖线图上画出纵桁腹板的上口轮廓线。

(4)在肋骨型线图上画出全部横向隔板、左右肋板及肘板的真实形状。

至此,主机基座全部构件的真形均求出,即平面构件均已展开。

二、垂直于基本投影的平面构件展开

1. 垂直于基线平面 H 面的平面构件展开

(1)截平面与中纵剖面 V 面的夹角 <45°时,如尾部斜肋骨框架理论面(图 3-2)。

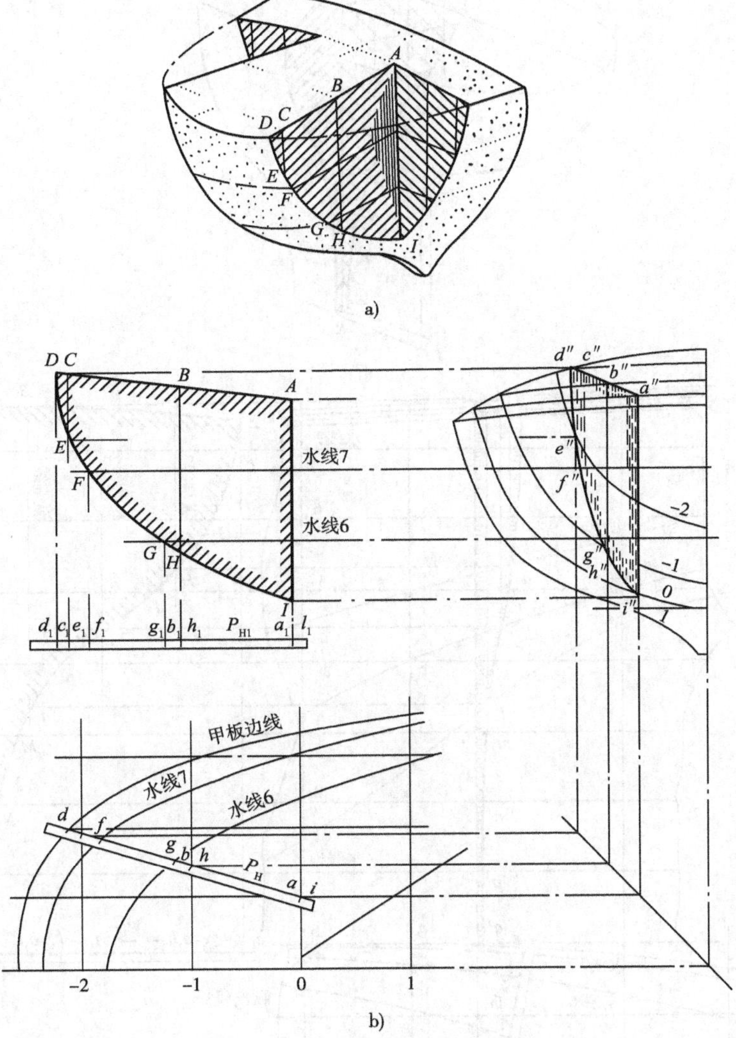

图 3-2　斜肋骨框架展开

因为这种截平面 P 垂直于基线平面 H 面,所以在水线图上 P 平面的投影积聚为直线 P_H,可以把 P 平面从倾斜于中纵剖面 V 面的位置进行旋转平移到平行于 V 面的位置,这样 P 平面在 V 面上的投影即反映了其真形。具体步骤如下:

①在水线图(H 面)上作出 P_H。

②把 P_H 与各肋骨站线交点的半宽值以及与各水线型线、甲板边线交点的半宽值投影到 W 面的肋骨型线图上,并画出该截面在 W 面上的投影形状(或不画出亦可)。

③将 P_H 旋转平移到 P_{H1} 位置,从 W 面上将各点的高度值投影过来求出各对应点,依点连线作出 P 面的真形。

(2)截平面与中横剖面 W 面的夹角≤45°时(图 3-3)。

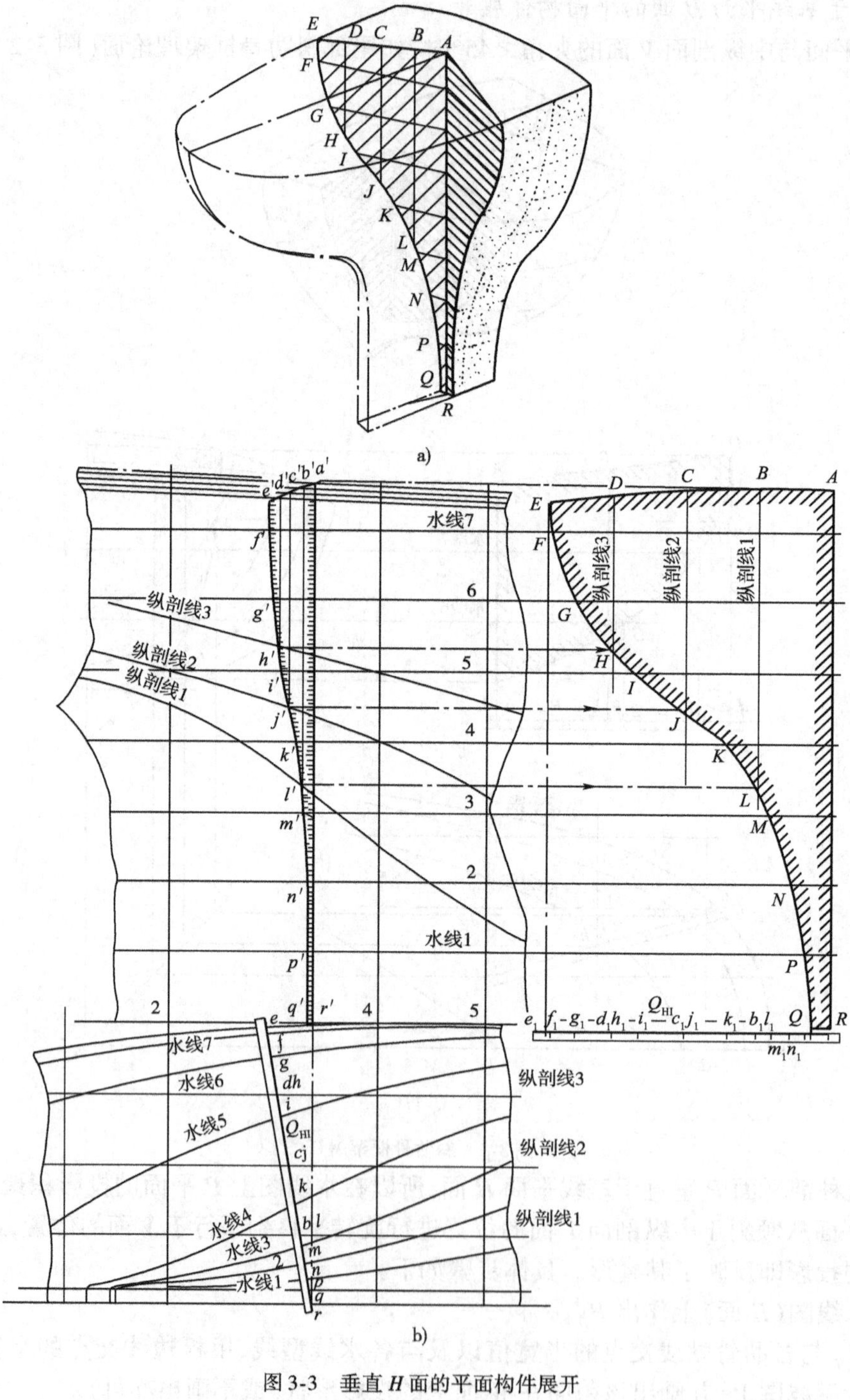

a)

b)

图 3-3 垂直 H 面的平面构件展开

因为截平面由与 W 面的夹角较小，根据准确性原则就不可能像上面求斜肋框真形那样利用 W 面的肋骨型线图，而必须利用 V 面的纵剖线图，再加上水线图才行。其具体步骤与上述类同。

2. 垂直于中纵剖面 V 面的平面构件展开

(1)截平面与基线平面 H 面的夹角≤45°时，如倾斜内底板(图3-4)，可选择各肋骨线和纵剖线作为展开的依据，以截平面 P 与中纵剖面 V 面的交线为轴，将截平面 P 旋转90°，使截平面 P 与 V 面重合，这样 V 面上便反映出 P 平面的真形。

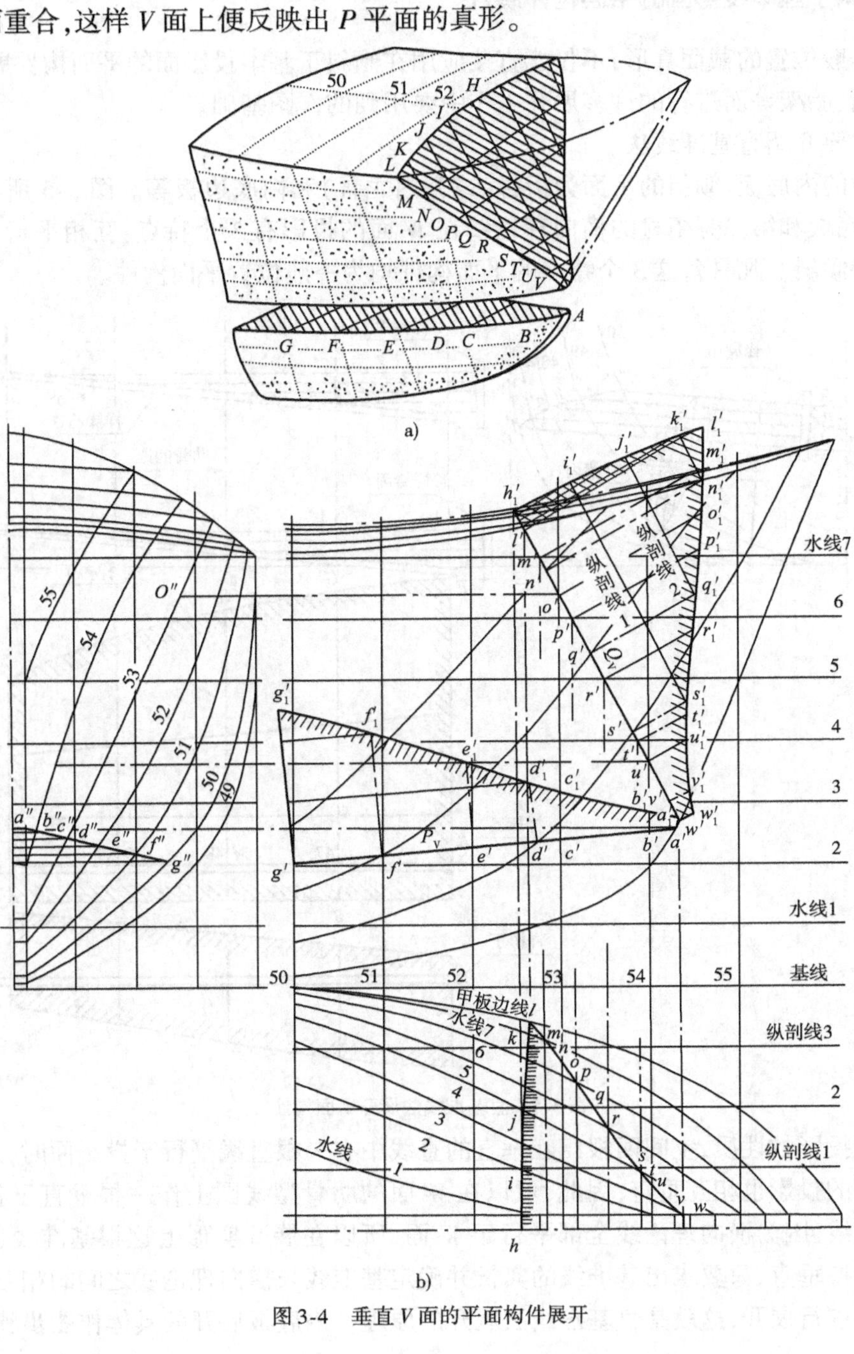

a)

b)

图3-4　垂直 V 面的平面构件展开

(2)截平面与中横剖面 W 面的夹角≤45°时,如图 3-4 中的 Q 平面。

和上例相比较,前者以肋骨型线为主要依据,后者以水线型线为主要依据;前者在 W 面上求取半宽值,后者在 H 面上求取半宽值。具体步骤与上例类同,这里不再详述。

3. 垂直于中横剖面 W 面的平面构件展开

简而言之,垂直于 W 面的截面展开就是求斜剖线的真形(图 2-26)。

三、倾斜于基本投影面的平面构件展开

求取一般位置的截面真形,不仅能直接应用在倾斜于基本投影面的平面构件展开,而且也是制作样箱、胎架等而进行的许多展开工作中要用到的作图基础。

这里主要介绍直基准线法。

如倾斜的内底板、倾斜的平面旁桁材(或旁内龙骨)和内底边板等。图 3-5 所示是一个双层底,其内底板和第二旁桁材的横向理论线在 W 面的投影有 3 个特点:互相平行、互相等分、与基线保持倾斜。凡具备这 3 个特点的平面构件均为一般位置平面构件。

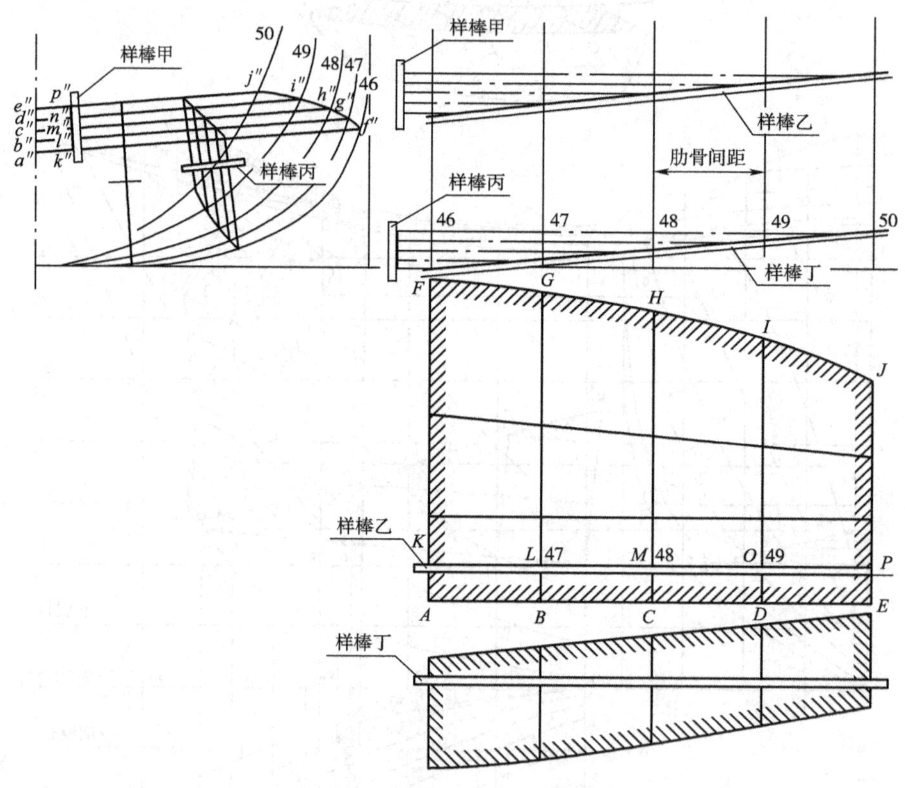

图 3-5　直基准线法展开平面构件

根据正投影的性质,空间两根相互垂直的直线中有一根直线平行于投影面时,这两根直线在该投影面的投影也相互垂直,因此,可以在 W 面的肋骨型线图上作一根垂直于各横向理论线的基准直线,因为横向理论线全部平行于 W 面,所以在展开实形上这根基准线也应该和横向理论线保持垂直,只要求出基准线的实长并确定基准线与横向理论线之间的相对位置,就可以很方便地进行展开,这就是直基准线法展开的原理。内底板展开的具体作图步骤如下:

(1)在 W 面的肋骨型线图上，垂直内底板的横向理论线作一基准线 $k''p''$。

(2)以肋骨间距为直角边，以基准线的投影长(样棒甲)为另一直角边作直角三角形，则斜边即为所求的基准线实长(样棒乙)。

(3)在一直线上量取基准线实长，并过各点作垂线，这些垂线就是展开图上的横向理论线。

(4)以基准线为起点，向外和向内分别量取横向理论线长(加起来即为半宽值)，定出 F、G、H、I、J 以及 A、B、C、D、E 各点，并分别连接起来，则 $FGHIJ$ 线为内底板与外板相交之理论线，$ABCDE$ 为内底板的中心线。

注意：展开图上的基准线 KP 与各横向理论线垂直，而中心线 $ABCDE$ 与各横向理论线不垂直，这从肋骨型线图上也可以看出，$k''p''$ 与各横向理论线垂直，而 $a''b''c''d''e''$ 与各横向理论线不垂直。

至于第二旁桁材的展开方法和上述步骤是完全相同的，详见图 3-5，这里不再叙述。不过像第一旁桁材(理论面垂直于 W 面)是横向理论线在 W 面上的投影全部重合的特例，其基准线在 W 面上的投影重合为一点，基准线实际伸长间距即是肋骨间距，这时只要将第一旁桁材绕基准线旋转至与 V 面平行，则其 V 面投影就是展开图形。这类展开方法在以后制作样箱时会经常用到。

第二节　求空间线段实长的方法

一、求空间直线线段实长的方法

根据正投影的基本性质，当空间直线线段与某一投影面平行时，该直线线段在这一投影面上的投影反映为实长。因此，只要把空间任意位置的直线线段投影到与之平行的投影面上或是使投影面平行于该直线线段，那么这时投影面上的投影即是该直线线段在空间的实际长度。其方法有以下 3 种。

1. 直角三角形法

如图 3-6 所示，立体图中，AB 为任意位置的空间直线线段，ab 和 $a'b'$ 为其分别在 V 面和 H 面上的投影。可以看到，直角 $\triangle a^0AB$(或直角 $\triangle AB\,b^0$)中，直角边 $a^0B = ab$ 或 $A\,b^0 = a'b'$，另一直角边 $a^0A = aA - bB = a^x\,a' - b^x\,b' = a^{00}\,a'$(或 $B\,b^0 = B\,b' - A\,a' = b\,b^x - aa^x = bb^{00}$)，斜边 AB 即直线线段本身。我们只要把 $\triangle a^0AB$ 绕 a^0B 旋转至平行于 V 面(或使 $\triangle AB\,b^0$ 绕 Ab^0 旋转至平行

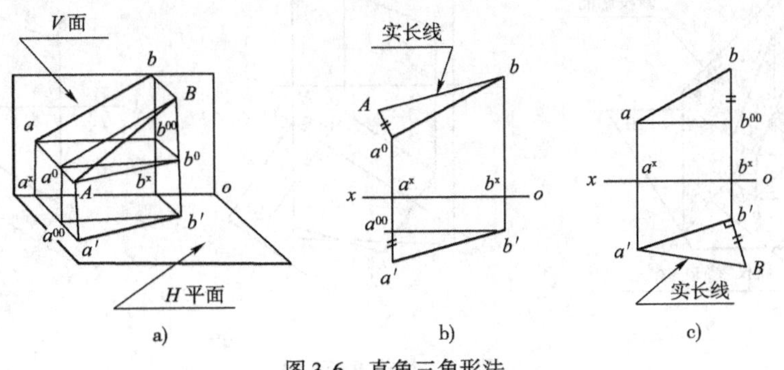

图 3-6　直角三角形法

于 H 面),则 AB 的投影即反映其实长。因此,在投影图中作图时,只要过 H 面由 b' 点(或过 V 面内 a 点)作 $a^{00}b'$//OX(或 ab^{00}//OX)交 $a^{x}a'$ 于 a^{00}(交 bb^{x} 于 b^{00}),再过 V 面内的 a 作 $Aa \perp ab$(或过 H 面内的 b' 作 $Bb' \perp a'b'$),截取 $Aa = a'a^{00}$(或截取 $Bb' = bb^{00}$),连接 Ab(或连接 aB)即为 AB 之实长。

2. 旋转法

如图 3-7 所示,在立体图中,AB 为任意位置的空间直线线段,ab 和 $a'b'$ 分别为其在 V 面和 H 面上的投影。只要把直角梯形 $ABb'a'$ 绕 Aa' 轴旋转至平行于 V 面,这样 $ab^{00} = AB^{0} = AB$ 即为实长。这里,因为 $bb^{x} = Bb' = B^{0}b^{0} = b^{00}b^{xx}$,所以 bb^{00}//OX。同样,也可将直角梯形 $ABb'a'$ 绕 Bb' 轴旋转至平行于 V 面来求实长。同理,把直角梯形 $ABba$ 绕 Aa 或 Bb 轴旋转至与 H 面平行亦可。因此,在投影图中作图时,在 H 面内以 a' 点为圆心,以 $a'b'$ 为半径画弧至 b^{0} 点,并使 $a'b^{0}$//OX(或以 V 面上 a 点为圆心,以 ab 为半径画弧至 b^{0} 点,并使 ab^{0}//OX),再过 V 面内 b 点作 bb^{00}//OX,并与 b^{0} 的投影线相交于 b^{00}(或过 H 面内 b' 点作 $b'b^{00}$//OX,并与 b^{0} 的投影线相交于 b^{00}),连接 ab^{00}(或连接 $a'b^{00}$)即为 AB 之实长。

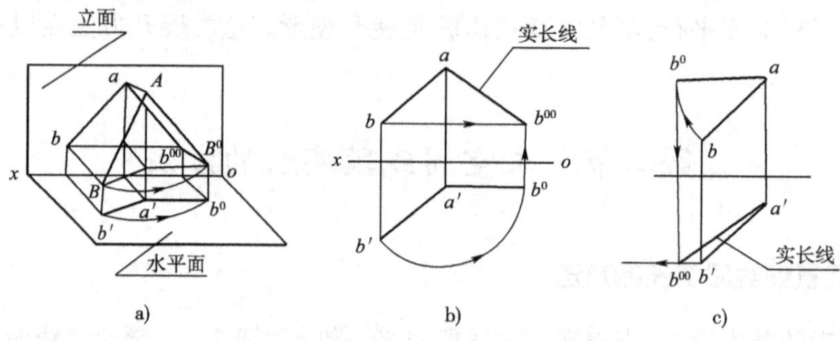

图 3-7 旋转法

3. 变换投影面法

如图 3-8 所示,在立体图中,AB 为任意位置的空间直线线段,$a'b'$ 和 ab 分别为其在 V 面和 H 面上的投影。只要设一辅助投影面 V_1 与直角梯 $ABba$ 平行,这样 AB 在 V_1 面上的投影 $a_1'b_1'$ 即为 AB 之实长。所以,变换投影面法的实长求法是:在投影图 H 面内作一直线 O_1X_1 平行于 ab,即使 $aa^{00} = bb^{00}$,再过 a、b 两点分别作 $aa_1' \perp O_1X_1$、$bb_1' \perp O_1X_1$ 截取 $a_1'a^{00} = a'a^{0}$,$b_1'b^{00} = b'b^{0}$,连接 $a_1'b_1'$,则 $a_1'b_1'$ 即为 AB 的实长。

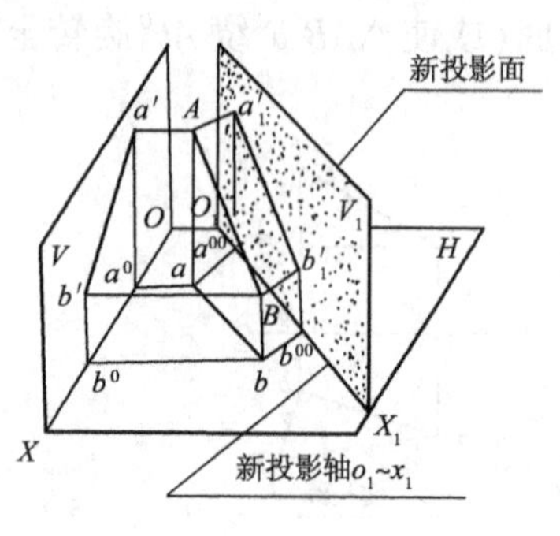

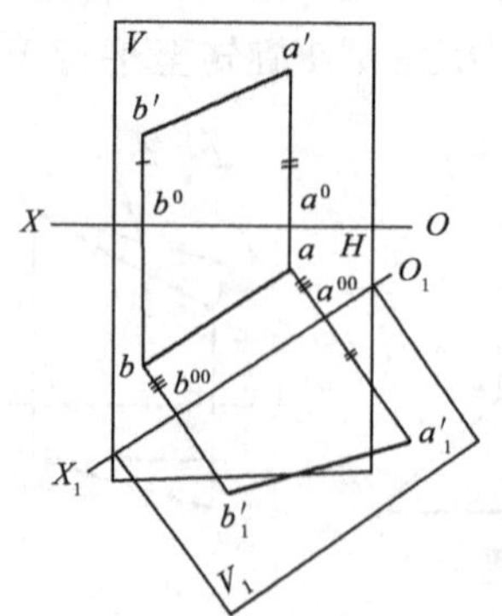

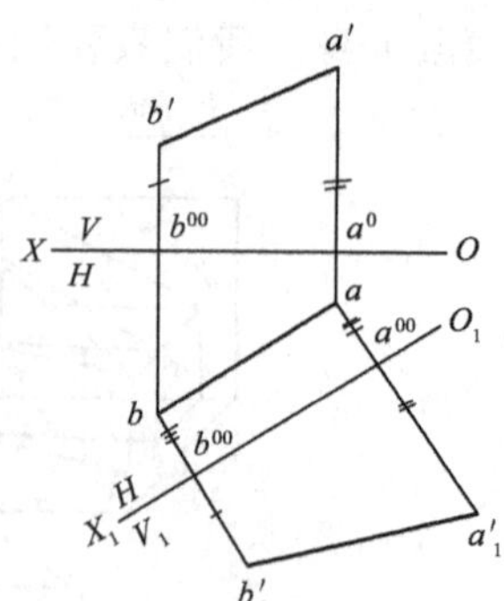

图 3-8 变换投影面法

二、求空间曲线线段实长的方法

若已知空间曲线的投影，则应用柱面展开的方法可以很方便地求得它的实长。这是船体构件展开中常用的基本技巧之一。

图3-9中给出了空间曲线$ABCDE$的三面投影，若以该曲线到某一投影面上的投射线作为柱面的素线，将曲线同一投影面上的投影作为柱面的正断线，就能进行柱面的展开。在图中举出了两个例子：

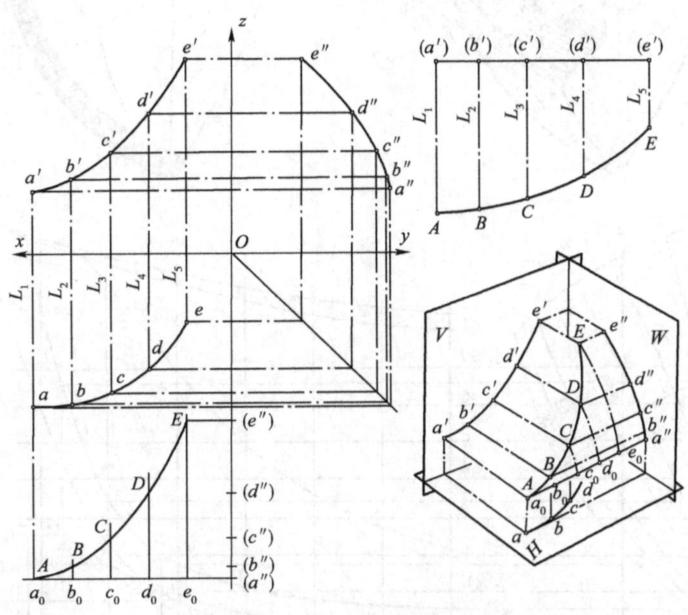

图3-9　空间曲线的实长求法

(1)将正断线$a'b'c'd'e'$伸长作为柱面展开的基准线，然后过交点作垂线，在垂线上量取对应素线的实长(L_1、L_2、L_3、L_4、L_5)，即得柱面的展开图。展开图的弯曲边缘AE线就是所求的实长。

(2)经过$ABCDE$各点作柱面的正断线，这些正断线和素线$A\ a''$相交于a_0、b_0、c_0、d_0、e_0各点。然后以$A\ a''$素线作为柱面展开时的基准，求得曲线的实长。

以上两例，前者以正断线为基准，后者以素线为基准，所得的曲线虽然弯曲度不一样，但是实长是相等的。

利用上述方法可以很方便地求出船体理论表面上的曲线实长。图3-10介绍两种船体表面上的曲线实长求法，其原理可在图上看清。

大部分船体理论表面的局部弯曲度不大，因此各纵向理论线在两档肋骨之间近似为一直线(例如图3-10中AB、BC、CD、…，各线段都近似为直线)。所以纵向理论线在两档肋骨之间的线段实长L^*可用下式表示

$$L^* = \sqrt{L^2 + K^2}$$

式中：L^*——纵向理论线在两档肋骨之间的线段实长；

L——肋骨间距；

K——线段在 W 面上的投影长,又称肋骨级数。

为了进一步简化计算步骤或省略作图过程,并提高生产效率,根据上述公式事先制成图表或制作实长样条,即可由肋骨级数迅速得知伸长肋距的大小。

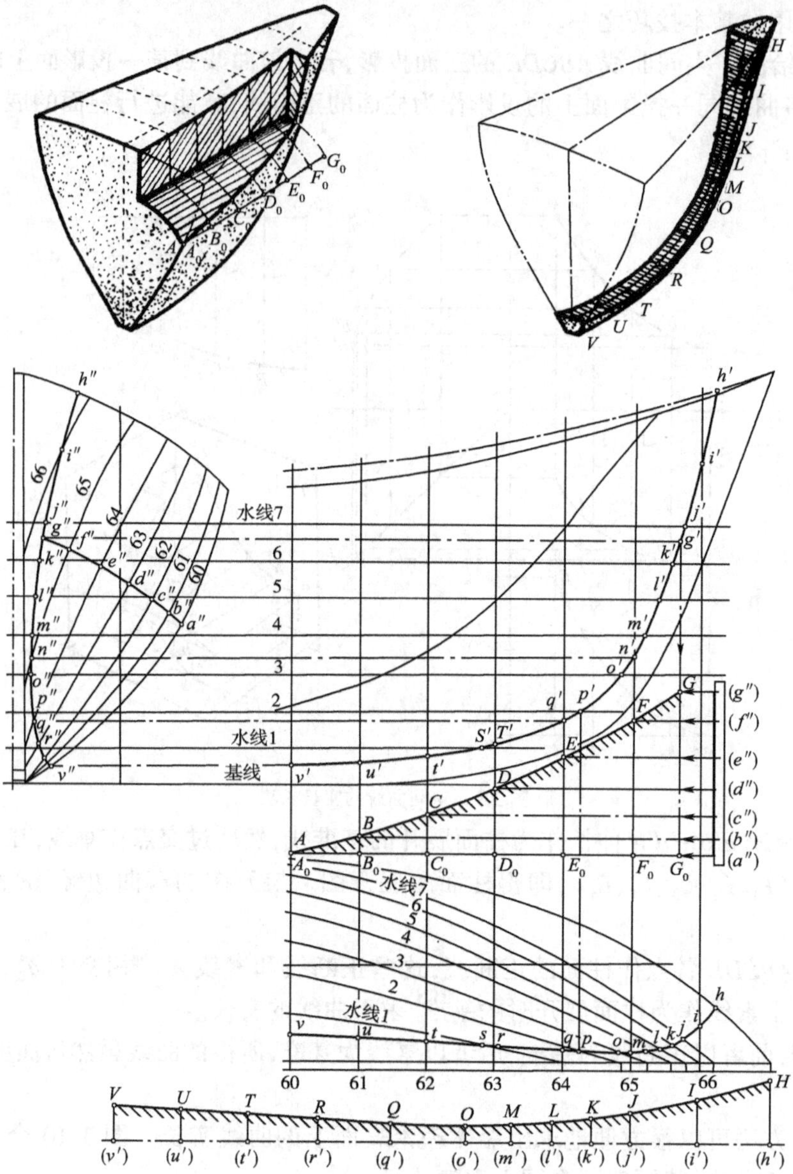

图 3-10 船体理论表面上的曲线实长求法

第三节 可展曲面构件的展开

可展曲面构件包括:柱面、锥面(及台面)和任意可展曲面。顾名思义,可展曲面构件是可以展开的曲面。其中柱面采用平行线法,锥面采用放射线法,而任意可展曲面则采用三角线法。

一、柱面的展开

把一张理想的薄膜(可以改变形状但不能拉伸或压缩的无厚度的薄膜)做成的构件,在理想平面上摊平时,不发生任何撕裂或皱折,则该构件的表面称为可展曲面。否则,即称为不可展曲面。

可展曲面通常有柱面、锥面(及台面)以及由它们与平面组合成的曲面。本节主要介绍柱面的平行线展开法。

凡是由一根直线线段(长度可以恒定或变化不定),在空间沿着某一固定的折线或曲线而且平行于某一方面移动时所形成的折面或曲面,均称为柱面。

运动着的直线线段称为母线,母线在柱面上的各个位置称为素线,母线沿着移动的那根固定的折线或曲线称为导线,见图3-11a)。

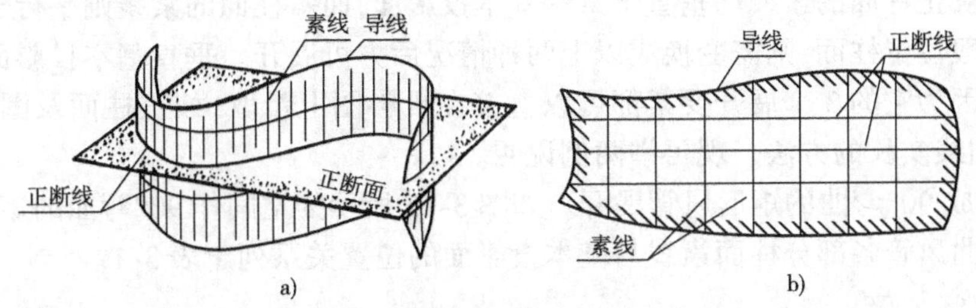

图3-11　柱面

垂直母线的截平面称为正断面(或正截面),正断面与柱面的交线称为正断线。

在柱面上所有的素线都互相平行,所以非常接近的两根素线所包含的面,可以看作是一个平面。当导线为折线时的柱面称为棱柱面;导线为曲线时,曲线为圆则称圆柱面,曲线为椭圆则称椭圆柱面;统称为柱面。平行线展开法展开柱面就是利用柱面上所有的素线都互相平行这一特点。它们具有可展性,而且在柱面的展开图上,正断线与素线是相互垂直的两组直线,见图3-11b)。无论柱面的空间位置如何,只要确定了以下3个条件就能进行展开。

(1)正断线的实长。

(2)素线的实长。

(3)正断线与素线的相对位置。

这3个条件称为柱面展开的三要素,如果要获得准确的展开图,就需求得相应数量的正断线和素线实长。

1.正柱面展开

如图3-12所示,正圆柱在H面的投影为圆形,恰是正断线且反映实长;在V面的投影轮廓仅反映两根素线的实长,作展开图时数量不够,这时可将H面上的圆形正断线等分(如12等分),并过等分点向V面投影求出各等分点处素线的实长;正断线在正圆柱的下底面,与各素线垂直。这时即可展开,选择最短的素线作为接缝线,作一直线一并截取每段等于正断线对应的等分弧长,过各等分点作该直线的垂线,在各垂线上分别截取相应等分点处素线的实长,得正圆柱上底面各点,依次光顺连接这些点即得正圆柱面的展开图。为了保证接缝处曲线的准确性,需在作展开图时找出有效点(如2点),曲线应光顺连接到有效点,展开结束后的展开图则不包括有效点。

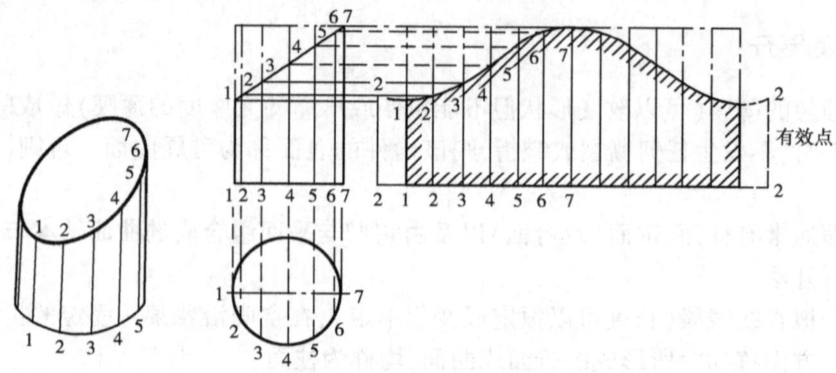

图 3-12 正圆柱面的展开

2. 垂直于基本投影面的柱面展开

如前所述,正柱面的素线均垂直于某一基本投影面,而斜柱面的素线则平行于某一基本投影面,若为一般位置柱面,则需变换成以上两种情况后方可展开。垂直基本投影面的柱面展开是最简单的,因为它的3个展开要素都可以直接在投影图上量取,如正柱面及图 3-9、图 3-10 中求取空间曲线实长的方法。现再举两例说明。

(1)空间成 90°弯曲的矩形风管展开。如图 3-13 所示为空间作 90°弯曲的矩形风管,经过分析后,把弯曲风管各部分柱面素线与基本投影面的位置关系列于表 3-1。

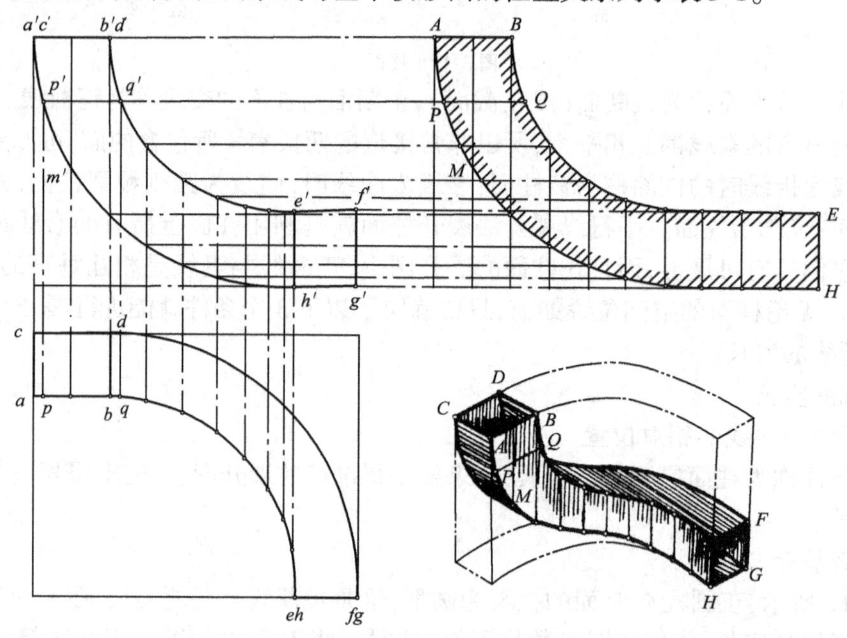

图 3-13 弯曲风管示意图和展开图

各柱面的素线与投影面之关系 表 3-1

构件部位	H	V	W
ABEH CDFG	⊥	//	//
ACGH BDFE	//	⊥	//

现只展开 $ABEH$ 面，其他 3 个面的展开方法类同。

①将 $ABEH$ 面的正断线（H 面）适当等分，定出各素线的位置，并投影到 V 面上，量出素线的实长。从图中可以看出大部分素线与柱面轮廓线的交点都是准确的，但也有部分不够准确（例如 M 点）。在这种情况下，单纯用素线并不能完全确定柱面的轮廓，有必要增加一些正断线。

②在适当位置作出正断线（例如 PQ），它的实长可以在 H 面投影中量取。

③在适当位置将 H 面等分的正断线拉直，过等分点及 P、Q 点作出垂线，再将素线实长和 P、Q 点投影到对应的各垂线（展开素线）上，逐点连线即得 $ABEH$ 面的展开图。

其他 3 个面的展开图作法与 $ABEH$ 面一样，作完以后应检查对应的轮廓线实长是否相等。

（2）横向理论线垂直于 V 面的舷侧纵桁展开。如图 3-14 所示为首段的舷侧纵桁。因各横向理论线都垂直于 V 面，故舷侧纵桁的理论面是一个垂直于 V 面的柱面，横向理论线就是柱面的素线。

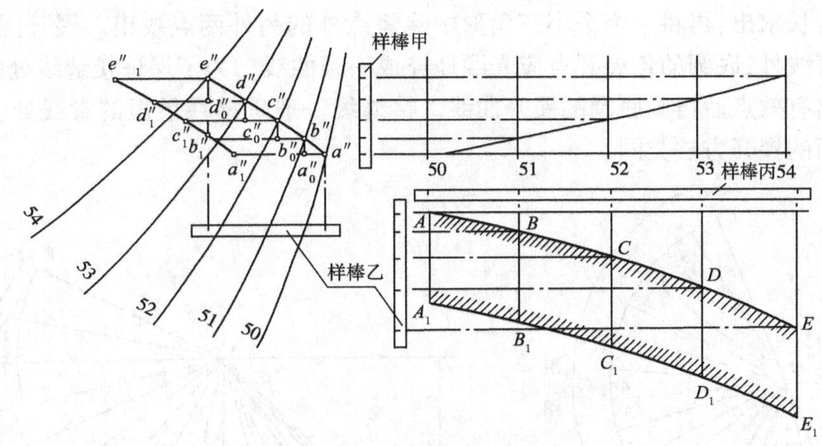

图 3-14　柱面型舷侧纵桁的展开

展开时由于舷侧纵桁在肋骨型线图中的投影形状类似一个平面四边形，不可能作一根正断线和所有的素线都相交，因此必须采用另一种方法，其步骤如下：

①过纵桁外口线与各肋骨线交点 a''、b''、c''、d''、e''作横向高度线的垂线（这些垂线就是柱面的正断线，本例将正断线化整为零），垂足为 a_0''、b_0''、c_0''、d_0''点。

②将各正断线的投影长（$a_0''b''$、$b_0''c''$、…）逐段相加，画到样捧甲上。

③将 $a''a_0''$、$b''b_0''$、$c''c_0''$、$d''d_0''$线段的长度逐段相加，画到样棒乙上。

④利用样棒甲求出正断线的实长，把实长画到样棒丙上。

⑤以正断线作为柱面展开的基准，用样棒乙和样棒丙作出舷侧纵桁的展开真形。

这种方法不仅能用来展开舷侧纵桁，而且还可用来展开柱面型的旁内龙骨（旁桁材）、甲板纵桁、舭龙骨等纵向构件。

二、锥（台）面的展开

凡是一根直线（母线）在空间沿着某一固定的折线或曲线（导线）运动而且始终通过某一固定点（焦点）时所形成的面，称为锥面。锥面的直素线必定汇交于一点，导线为折线时的锥面称为棱锥面；导线为圆时的锥面称为圆锥面。棱锥表面各个侧面均为三角形，圆锥表面可看

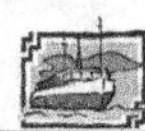

作是由许多相邻的素线所包含的狭长三角形组成,因此只要知道各个三角形的三条边的实长,就可以进行展开。因其展开图上各条素线均汇交于焦点而呈放射状,故这种展开方法称为放射线展开法。棱台面和圆台面则是棱锥面和圆锥面去掉了靠近焦点这一部分表面后的锥面,所以台面与锥面的展开方法相同。此外,还有一些其他的展开方法,下面分别进行介绍。

1. 正锥(台)面展开

图3-15所示为正圆锥,底圆平行于H面,故底圆的H面投影反映真形;等分之,素线均相等,在V面投影中的轮廓线即反映素线实长。展开时以焦点为圆心,以素线实长为半径画圆弧,截取圆弧长等于底圆的实际周长,并将圆弧两端点分别与焦点连接起来,即得正圆锥面的展开图。这种展开正圆锥面的方法,称为扇形法。正圆台面亦可用扇形法进行展开。

2. 斜圆锥(台)面展开

图3-16所示为斜圆锥,先将H面上反映实长的底圆进行等分,然后将各等分点至焦点的每条素线的实长求出,再将一个个小三角形中除焦点外的另外两点找出。展开图上除两端点与焦点连成直线外,底圆的各展开点应光顺地连成一条曲线。为了保证接缝线处的曲线准确,也需预先找出有效点后再画底圆的展开曲线。接缝线一般选择在最短的素线处,但不是绝对的。斜圆台面的展开方法类同。

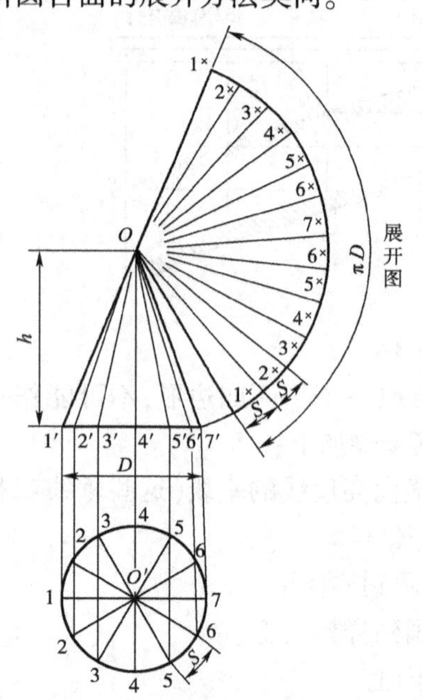

图3-15 正圆锥(台)面的展开

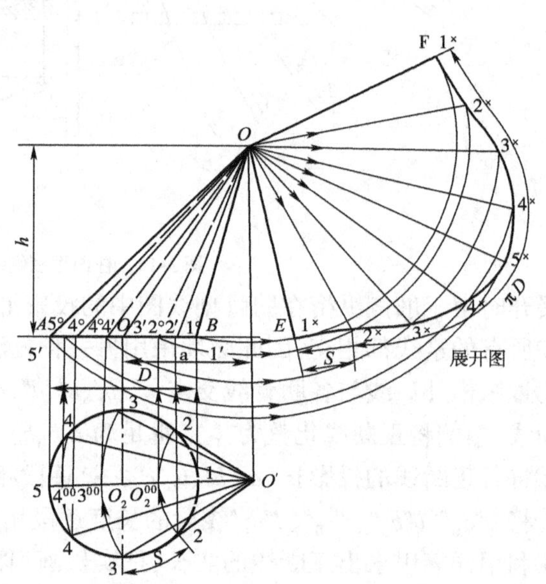

图3-16 斜圆锥(台)面的展开

3. 小锥度正圆台面的展开

以上介绍的是各种锥(台)面的放射线展开法。对于正圆台面,当其锥度很小时,若仍采用放射线法展开,其焦点圆心必定在很远的地方,展开半径也很长,在理论上可行,但在实际上却无法进行,必须采用其他展开方法。下面介绍小锥度正圆台面的简易展开方法。

如图3-17所示,依次画4个紧靠着的正圆台V面投影,使相邻的两个等腰梯形的腰边重合,再用样条把$ABABA$和$ECECE$光顺连接起来,并截取上下圆弧长度等于正圆台上下底圆的周长,连接接缝素线即得正圆台面的展开图。该法作图简易但精确性较差。

三、任意可展曲面的展开

对于可展曲面来说，只要全体可展，则局部也可展。因此，由平面、可展柱面和可展锥面等几何体的全部或部分组合而成的任意几何体表面，也是可展的表面。通常采用三角线展开法进行展开，其原理是：把构件表面分割成很多小三角形，分别求出每个小三角形三条边的实长，然后按照这些小三角形的相对位置和顺序，运用交规法依次撑线展开即成。

1. 天圆地方构件表面的展开

图 3-18 所示为正天圆地方构件的二视图，运用三角线法展开的步骤如下：

(1)将 H 面的圆周等分之(如 12 等分)，将等分点 1、2、2、1 和相近的角点 A 或 B 连接，再投影到 V 面上得 $1'$、$2'$、$2'$、$1'$，并与 A'或 B'相连。即把天圆地方构件表面分割成若干小三角形(本例为 16 个小三角形)。

(2)求各三角形 3 条边的实长：因为正天圆地方前后左右均对称，H 面投影右下角的 1/4 与其余 3 部分相同，且上口下口的 H 面投影和 GH 的 V 面投影反映实长，而 $B-1$、$B-2$ 却需求实长，这里采用直角三角形法求取。一条直角边 $CQ=h$；另一条直角边 $CN=B-1$、$CM=B-2$，则斜边 QN、QM 分别为 $B-1$、$B-2$ 的实长。

(3)确定好接缝线后即可展开：如运用交规，法依次作出 $\triangle A^x1^xB^x$、$\triangle B^x1^x2^x$、$\triangle B^x2^x2^x$、$\triangle B^x2^xG^x$、$\triangle B^xG^xH^x$，另一边类同。$F^x2^x2^x1^x2^x2^xG^x$ 是曲线，应找出全部点后再连线。此为二分之一展开图。

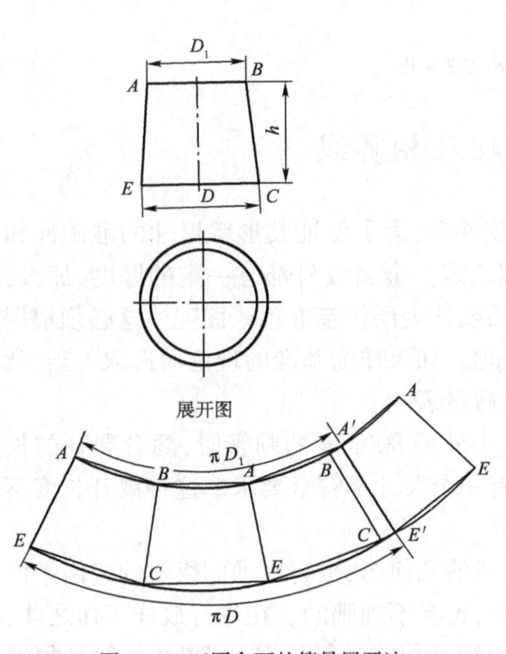

图 3-17　正圆台面的简易展开法

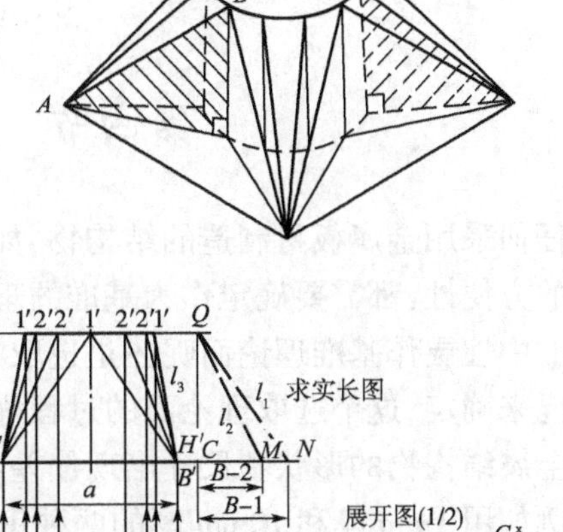

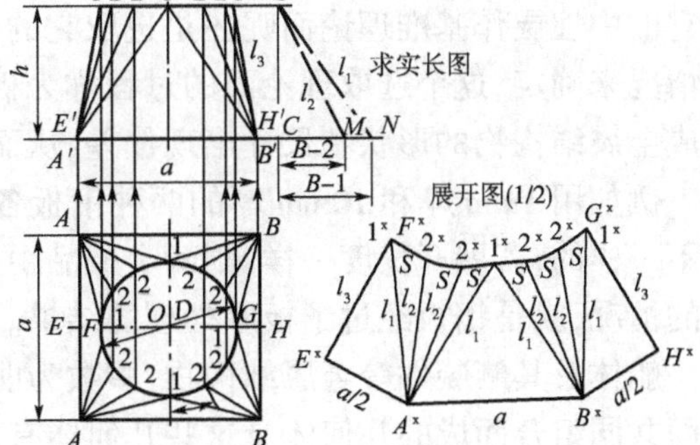

图 3-18　天圆地方构件构展开

2. 斜天方地圆构件表面的展开

图 3-19 所示为斜天方地圆构件，其表面的展开步骤如下：

(1)将 H 面反映实形的下底圆周等分之(如 12 等分)，并将各等分点与上口相近角点连接

起来,然后投影到 V 面上,使斜天方地圆表面分割成 16 个小三角形。

(2)上口矩形在断面图上反映实形,而 16 条位于上下口之间的连线都不反映实长,因斜天方地圆构件前后对称,故采用旋转法求取后半截表面上 8 条连线的实长,见图 3-19b)。

(3)选 CD 处为接缝线(CD 的 V 面投影为其实长),先作 $\triangle A^xA^x1^x$,然后向两边依次逐个展开其他小三角形至 C^xD^x,光顺连接 $7^x6^x5^x4^x3^x2^x1^x2^x3^x4^x5^x6^x7^x$ 即得斜天方地圆的展开图。

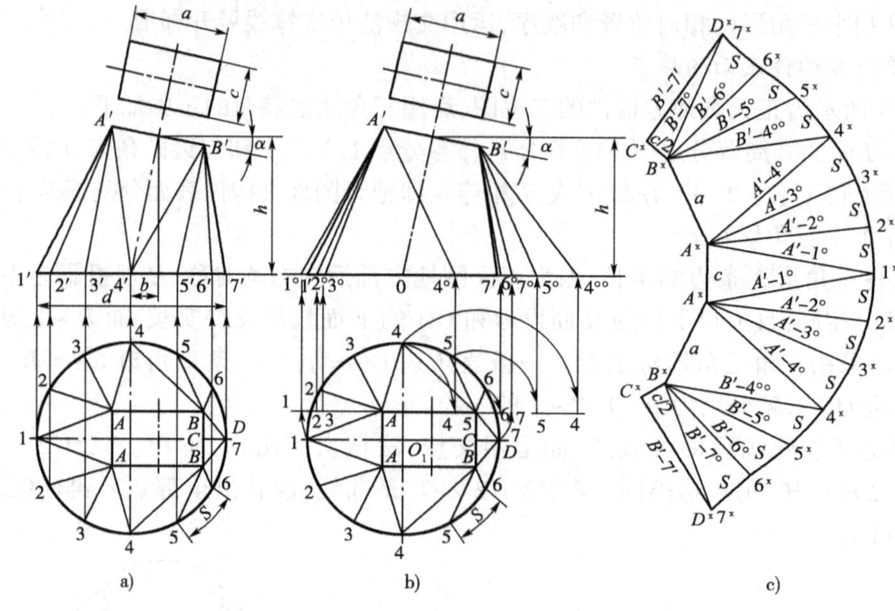

图 3-19 斜天方地圆构件展开

第四节 板厚处理及相贯线

任何采用金属板材制造的结构物,如船体、舾装件等,为了保证其形状尺寸的准确性和工艺上的方便性,都需要确定作为基准的理论面或理论线。金属板材都有一定的厚度,那么,是选它的中性层作基准理论面呢还是选取它的内表层或外表层作基准理论面呢?这必须根据实际情况来确定,这个选取理论面的过程称为板厚处理。如果作为基准的理论面选取不当,就会造成金属结构物的形状和尺寸出现偏差,从而导致质量事故。

例如用 1mm 厚和 10mm 厚的两种钢板各做一个外径 800mm 的圆管时,两者展开的长度是不一样的,若展开长度一样,则两个成品中至少有一个尺寸不符合要求。这种展开长度不一样的情况,就是钢板经过了板厚处理的结果。

船体及其舾装件等金属结构物,多数为曲面形状的几何体,也有由平面组成的或由平面与曲面共同组合而成的几何体。这些几何体有规则的,也有不规则的。在进行放样工作之前,必须先进行板厚处理,绘出放样图后,再进行展开等后续工作。进行板厚处理时,一般必须遵守下列原则:

一、根据结构物的形状进行板厚处理

(1)当构件的断面形状为曲线时,选取板厚的中性层作为理论面(或理论线)。例如图 3-20

所示为一圆管，断面形状为圆，有中性层、内表层和外表层，放样时选取中性层作为理论面，这样，经过展开号料加工成形后，就能符合图纸上的形状和尺寸要求。

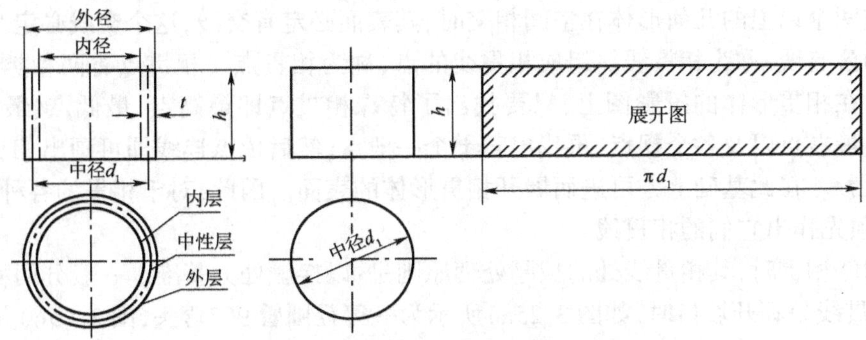

图 3-20　曲线断面构件的板厚处理

(2)当构件的断面形状为折线时，选取板厚的内表层作为理论面(或理论线)。例如图 3-21 所示为一方形管，断面形状为一正方形，同样有中性层、内表层和外表层，但放样时应选取内表层作为理论面，因为金属板在折边加工时，外表层受拉易伸长，内表层受压尺寸变化小。经过这样处理后，加工成形的方形管就能符合图纸要求，否则就会偏大。又如图 3-22 所示构件，也应选取其内表层作为理论面来进行放样展开。

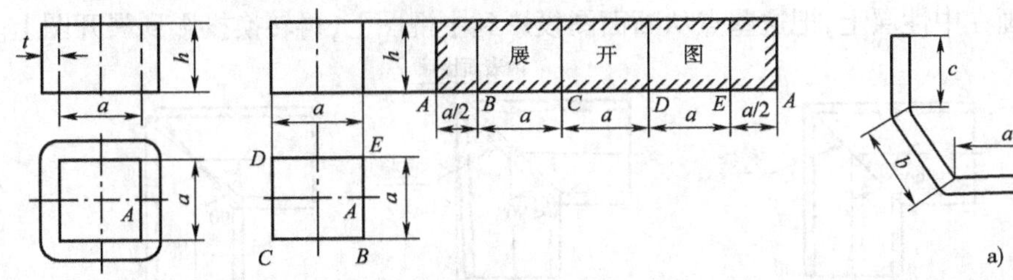

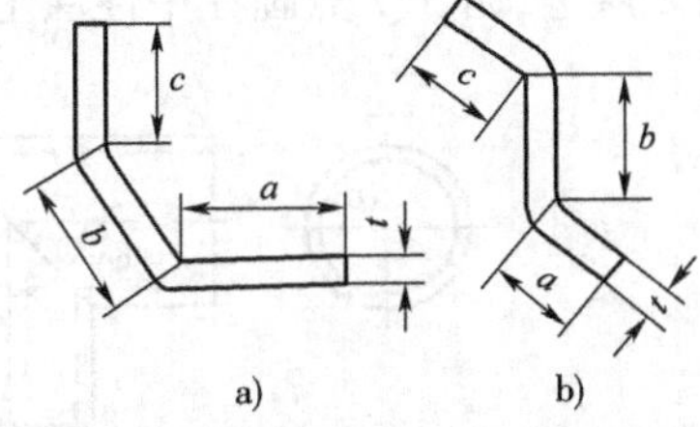

图 3-21　方形断面构件的板厚处理

图 3-22　折线断面构件的板厚处理

如果拼接情况不同，则放样尺寸也不同。如图 3-23 所示方形管，断面形状为一正方形，但由相对的两块板夹住另两块相对的板时，展开尺寸应分别是两种板的实际长度。

(3)根据构件表面倾斜度来选取其放样高度值。如图 3-24 所示为一天圆地方构件，其侧表面是倾斜的(所有锥体也皆如此)，上下口的边缘不平，都是外表面高而内表面低，则高度值最好选取上下口板厚中性层的垂直距离。如果构件做好后还要修边或板厚较薄，也可取上下边线的总高度为高。

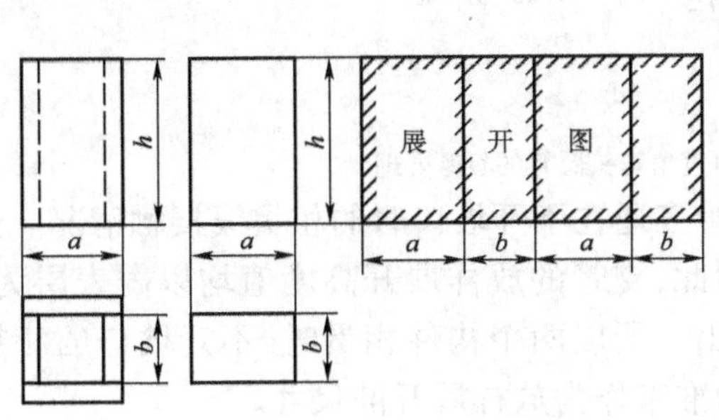

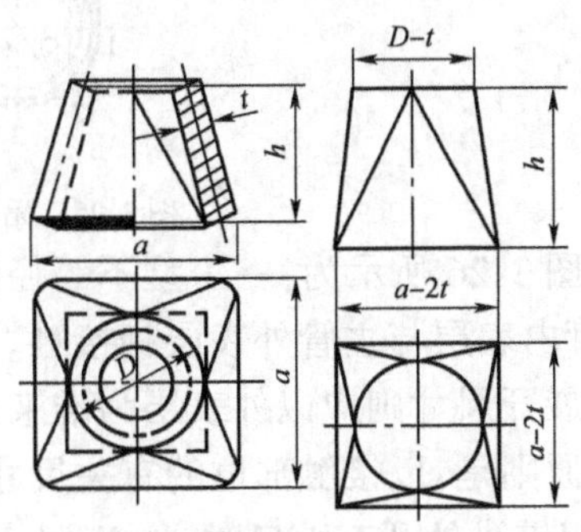

图 3-23　拼接断面构件的板厚处理

图 3-24　板厚处理后的高度值

二、根据结构物的相贯情况进行板厚处理

两个或两个以上的几何形体在空间相交时,其表面必定有交线,这个交线必定为两个几何形体表面的公有线,称为相贯线。组成相贯线的点,称为相贯点。相贯点有两种类型:特殊点和一般点。在相贯形体的投影图上,只要找出了特殊相贯点即最高点、最低点、最前点、最后点、最左点、最右点以及各个拐点,再找出若干个一般点,然后依点连线即可画出相贯线在其投影图上的投影。在此基础上方可进而展开相贯形体的表面。因此,对于相贯的各种构件,在展开之前,必须先作出它们的相贯线。

两个构件相贯时,其相贯线处的板厚处理原则是:以接触处为基准。一般分两种情况:

(1)相贯线处不开坡口时,如图3-25a)所示为一等径圆管90°弯头,图3-25b)是相贯线处没有进行板厚处理的情形,不但弯头角度不对,而且相贯线中部还有缝隙。而图3-25c)是相贯线处经过了板厚处理的情形,既保证了90°的角度,相贯线又吻合,焊接后即为正品。

怎样进行板厚处理呢?由图3-25d)可见,圆管内侧在外表面A处接触,圆管外侧在内表面B处接触,中间O点附近可看成是圆管中性层接触,由于板厚t形成的自然坡口,A处在里,B处在外,因此其展开高度为:A处以外表面高为准,B处以内表面高为准,O处以中性层高为准。作图时,在断面图上8等分(或12等分、16等分),1、2、8点画在外表层上,4、5、6点画在内表层上,而3、7点画在中性层上,把这些点从断面图投影到主视图上,再转换投影到展开图上。

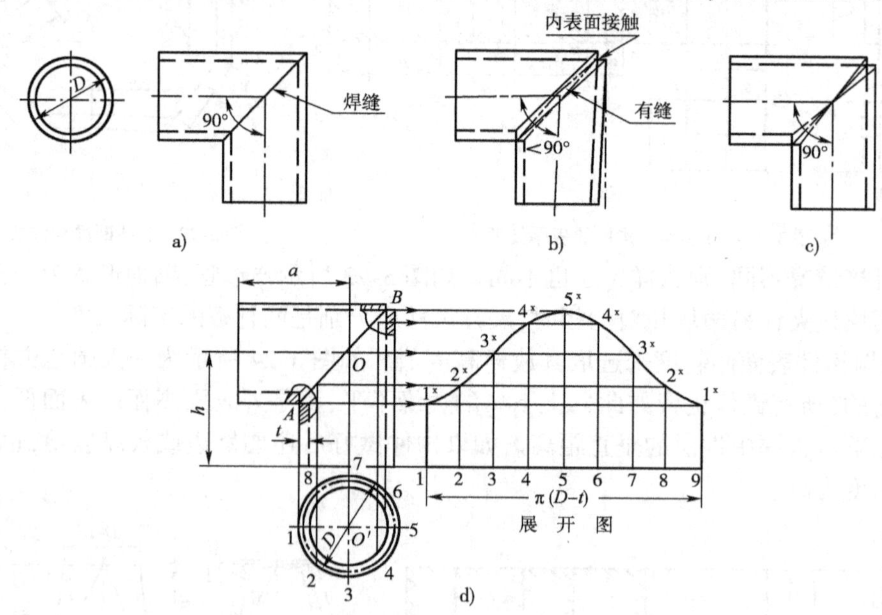

图3-25 无坡口直角弯头圆管的板厚处理

又如图3-26所示为:一T型不等径圆管三通在不开坡口时的相贯线接触情况。由左视图可见,支管内表层与主管外表层相接触。因此,支管的放样展开高度值均以内表层为准,主管相贯孔的展开尺寸则应以外表层为准来画出。所以两个构件相贯时,不开坡口的相贯线处的板厚处理原则是:以接触部位的有关尺寸为准来作为放样展开的尺寸。

(2)相贯线处开有坡口时,如V型、X型、U型和双U型等。一般U型和双U型坡口是在

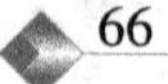

构件加工成形相接后才开的，而V型和X型坡口则是在构件加工成形之前就开好的，所以这里只讨论相贯线处开有V型和X型坡口时的板厚处理。图3-27所示为相贯线处开有X型坡口的等径圆管90°弯头，显而易见，它们的中性层处处相接触，因此进行放样展开时，无论其高度或直径均以中性层为基准。又如图3-28所示为相贯线处开有V型坡口的任意角度方弯头，因其相贯线处的V型坡口朝外，所以其内表层处处相接触，放样展开时，无论高度或长度均以内表层为基准。所以，开有坡口的两个构件相贯时，其相贯线板厚处理原则仍然是：以接触部位的尺寸为准来作为放样展开的尺寸。

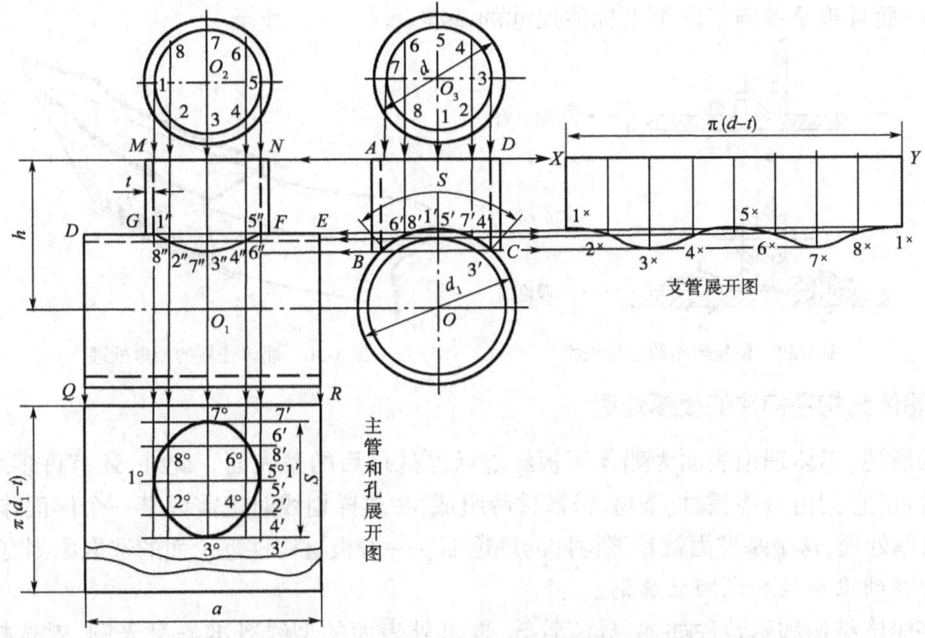

图3-26　无坡口T型不等径管三通的板厚处理

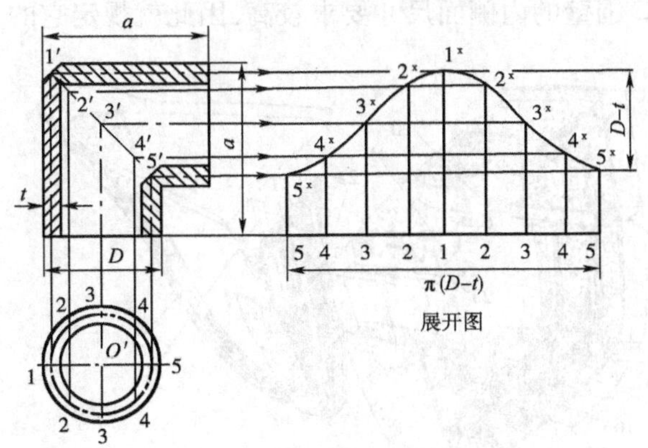

图3-27　相贯线处开有X型坡口的等径圆管90°弯头的板厚处理

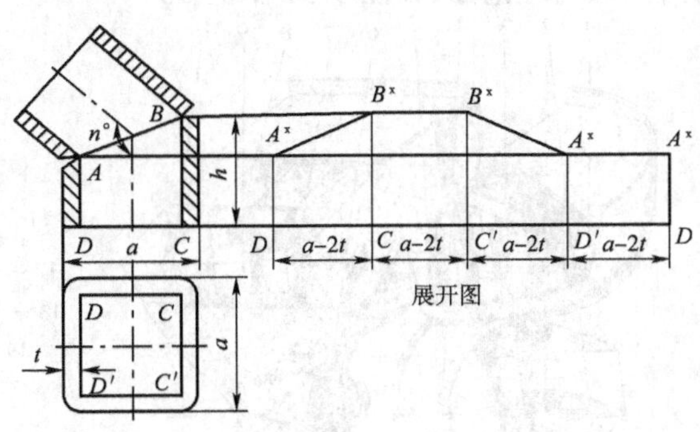

图3-28　相贯线处开有V型坡口的任意角度方管弯头的板厚处理

三、船体壳板的板厚处理——船体理论表面

船体是一个尺寸庞大、形状复杂的空间金属板架结构物，无论是板材或型材，除了有一定

的长度和宽度外,还有一定的厚度。根据上述板厚处理原则,船体是一个非规则的曲面几何体,各种断面形状均呈曲线形,其理论面本应以中性层为基准,但是,在铆接船舶上,外板与骨架的连接如图 3-29 所示,为了工艺上的方便,就规定以船体的内表面为其理论表面,这样就同时确定了外板的内侧面为外板理论面,型钢的外侧面为型钢理论面,这种习惯沿用下来,直到焊接船舶。在现代钢质船舶焊接船体上,综合考虑了各方面的因素后仍然规定,船体外板的内表面和甲板的下表面所组成的空间曲面为船体的理论表面,又称型表面。这样就解决了船体壳板的板厚处理,见图 3-30。这个理论表面只表示了位置而无厚度,这就是船体放样时所要画的形状,而且也是各施工图纸上标注尺寸的基准。

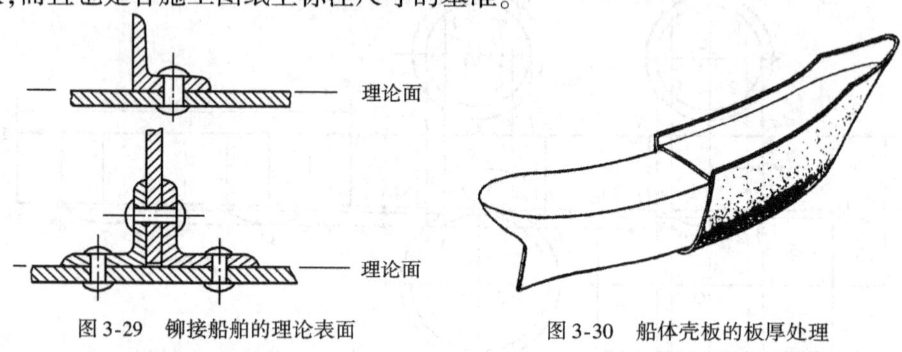

图 3-29　铆接船舶的理论表面　　图 3-30　船体壳板的板厚处理

四、船体结构各构件的板厚处理

如前所述,船体理论表面为船体壳板经过板厚处理后的型表面。此外,还有许多组成船体结构的构件,它们由一些板材、型材、铸锻件等组成,在放样划线时也需以某一个侧面作为基准,即进行板厚处理,这个基准面就是该构件的理论面。一般板材构件理论面的选取原则有 3 条:

1. 型线的准确性和光顺性原则

有些船体结构和舾装件如舵、导流管等,要求外表面的型线既准确又光顺,就选择它们的外表面为理论面,如图 3-31 中的 2、4。又如舱口围壁的内侧面尺寸要求较高,因此就规定它的内侧面为理论面,如图 3-31 中的 20。

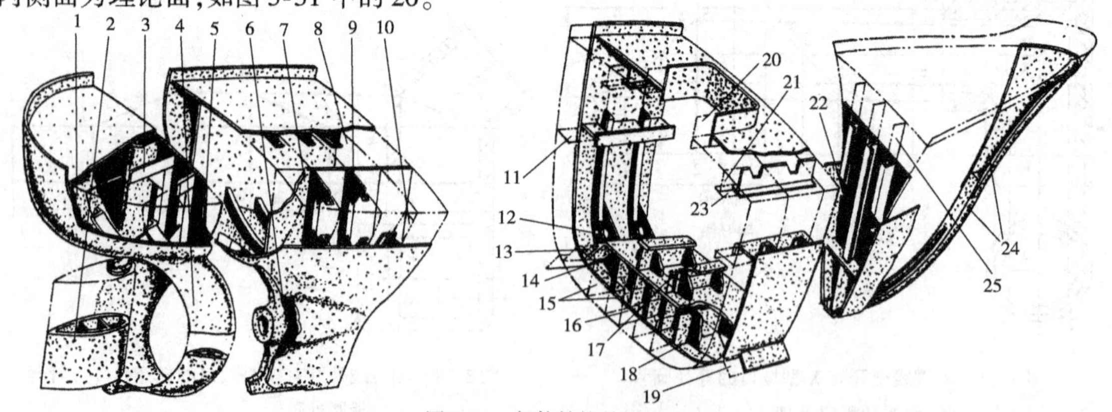

图 3-31　船体结构的理论面

1-外板理论面;2-舵的理论面;3-斜肋框理论面;4-导流管理论面;5-横舱壁理论面;6-尾柱理论面;7-纵舱壁理论面;8-强横梁腹板理论面;9-普通肋框理论面;10-强肋骨腹板理论面;11-舷侧纵桁腹板理论面;12-舭肘板理论面;13-内底边板理论面;14-内底板理论面;15-旁桁材理论面;16-中桁材理论面;17-主机基座纵向桁材理论面;18-肋板理论面;19-舭龙骨理论面;20-舱口围壁理论面;21-甲板纵桁腹板理论面;22-横舱壁理论面;23-甲板纵桁面板理论面;24-首柱理论面;25-舱壁扶强材理论面

2. 放样的方便性原则

有些板材构件,在它的内外两个所连接的其他构件数量是不等的。例如外板,一般在外侧表面上只有舭龙骨,而在内侧面上却有很多构件,因此选择外板内表面为理论面,其目的是为了简化放样划线方法。因为这个理论面不仅代表了外板的型线,而且反映了绝大部分内部构件的形状,这就是前面所说的船体理论表面。当然,这种规定也带来了一些问题,如因外板厚度不一而造成外表面有不平整的现象,船体的实际排水量要比理论计算的排水量大一些等。对于一般钢质船舶,这种误差可以忽略不计;对于木质船舶的船体,为了消除这个误差,则规定以其外板的外表面为理论面。

从这个原则出发,选定甲板的下表面为理论面。横舱壁和纵舱壁则以它安装扶强材的一面为理论面,如图 3-31 中的 5、7、22。甲板纵桁的面板就以它与腹板连接的上表面为理论面(图 3-31 中 23)。内底板以它的下表面为理论面(图中 14)。首柱上半段(焊接首柱)以它的内表面为理论面(图 3-31 中 24 的上半段)。舭肘板以它与肋骨相连接的一面为理论面(图 3-31 中 12)。

3. 以靠近基本投影面的一面为理论面的原则

有些构件的两个侧面具有相同数量的其他连接构件(如双层底内的旁桁材等),也有些构件的两个侧面都没有其他连接构件(如舭龙骨),因此无法按照上一条来确定它们的理论面位置。对于这种特殊情况,规定:这些构件以靠近基本投影面的那一面为理论面。具体可分 3 种情况。

(1)接近水平的构件以靠近基线平面的一面为理论面,如舷侧纵桁的腹板和舭龙骨的腹板,见图 3-31 中 11 和 19。

(2)接近垂直并沿纵向布置的构件以靠近中纵剖面的一面为理论面,如双层底的旁桁材(图 3-31 中 15)、内底边板(图 3-31 中 13)、主机基座的纵桁腹板(图 3-31 中 17)、甲板纵桁的腹板(图 3-31 中 21)。其中有一个特例,就是中桁材,它是以中性层为理论面的,见图 3-31 中 16。

(3)沿横向布置的构件以靠近中横剖面的一面为理论面,如强肋骨腹板(图 3-31 中 10)、强横梁腹板(图 3-31 中 8)。又如肋板(图 3-31 中 18),分两种情况:当 T 型舭肘板与 T 型强肋骨对接或折边舭肘板与角钢肋骨搭接时,肋板理论面为靠近中横剖面的这一面;若肋板采用如边结构(肋骨、舭肘板均为折边结构),则肋板理论面像角钢一样,常为腹板外侧面,即远离中横剖面的一面。

型钢件和铸、锻件的理论面是最容易确定的,例如:

(1)型钢件以其腹板的外侧表面为理论面,如图 3-32所示。在船体结构中,像图 3-31 中的肋骨框架 9、斜肋骨框架 3、舱壁扶强材 25 等都是型钢件的理论面的实例。

(2)铸、锻件则以其外侧表面为理论面,如图 3-31 中的首柱 24、尾柱 6 等都属于这种实例。

在上述进行板厚处理时选定理论面的几个原则中,首先应考虑第一条准确性原则,其次是方便性原则,空间位置的原则是最后考虑的。

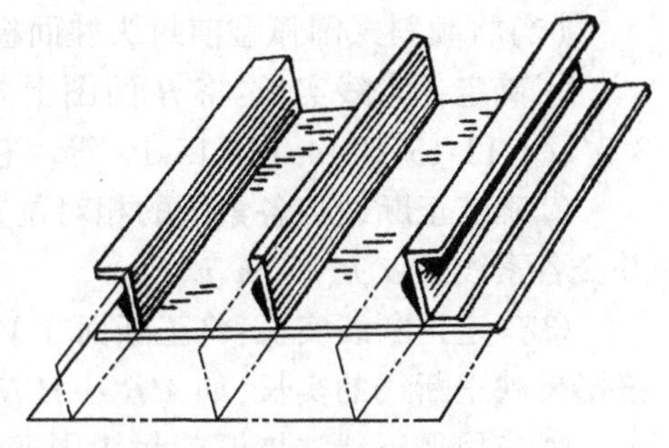

图 3-32　型钢件的理论面

理论线一般包含两种意义:理论面与理论面的交线,理论面的边界线(轮廓线)。

规定:平行于中横剖面的理论线称为横向理论线,其他理论线如纵剖线和水线等统称为纵

向理论线。至于《船体制图》教材中规定的各种船体构件的理论线位置,也是船体放样与装配时需要共同依据的标准,必须熟记会用。

五、船体结构相贯线的求法

船体以及舾装件中的大多数构件都是相贯几何形体,所以如何作出相贯形体的相贯线,是相贯构件在展开之前必须完成的一项重要工作。非规则船体表面的相贯线是指不可变的规则几何形体(如柱面)与不可变的非规则几何形体(如船体)相交时的相贯线,这是一种必然相贯线,只能采用辅助截面法来求取。至于规则几何形体的展开,则应用前面讲过的3种基本展开法中的一种,如柱面用平行线法来展开;非规则几何形体表面常为不可展曲面,需采用以后再介绍的近似展开法来展开。本节举两例说明之,也可以算作本章第三节的继续。

【例3-1】 上层建筑倾斜式前封头板的展开——平行于基本投影面的柱面展开。

上层建筑前封头板设计成倾斜式圆弧型往往是为了减少空气阻力和增强美观,这种柱面的素线与V面平行,只要求出了前封头柱面与上下甲板的相贯线,并确定了前封头柱面展开的三要素,即可展开了。

(1)确定倾斜式圆弧型前封头板的位置:这一步除了根据设计意图确定倾斜式圆弧型前封头板的肋位和圆弧外,还要求出它与上下甲板相交的相贯线。

如图3-33所示,在V面上根据设计意图从61号肋骨站线与驾驶甲板中心线的交点,向60号肋骨站线与罗经甲板中心线的交点连一条直线1-1′,这就是倾斜式前封头板的中纵剖线(中心线)。在H面上按已知半径及作过60号和61号的圆弧(圆心在船体中心线上),再画半径为r的小圆弧与上层建筑半宽线和大圆弧相切接。接着求前封头柱面与上下甲板的相贯线(这是一种交贯),具体做法如下:

①在H面上将前封头柱面的上、下相贯线投影进行等分,并将同号等分点相连得2-2′、3-3′、…、13-13′等平行于V面的直线,再将各等分线投影到甲板梁拱样板上,得出各等分点处的甲板下垂值Ⅰ、Ⅱ、…、Ⅻ等。

②将各等分点分别从H面图上投影到V面图的驾驶甲板中心线和罗经甲板中心线上,并分别从两甲板中心线的交点上对应向下量取甲板下垂值Ⅰ、Ⅱ、…、Ⅻ等得各相贯点,用样条光顺连接即得上、下相贯线的V面投影。

(2)将倾斜式圆弧型前封头柱面板展开。

①确定各素线实长:将H面图上各等分线以及切点线、接缝线投影到V面图上得2-2′、3-3′、…、13-13′和14-14′、15-15′等。它们均反映该处素线之实长。

②确定正断线与各素线的相对位置:过V面图1-1′线各个点作正断面XY垂直于1-1′线,并交各素线于a、b、…、m、n、o。

③确定正断线实长:将正断面在V面上的投影XY旋转至平行于H面的位置,则H面上的投影反映正断线的实长,如$A'B'\cdots M'N'O'$即为正断线实长。

④应用平行线法展开前封头围壁板:将正断线实长伸直在某一直线上,过O'、N'、M'、…、B'、A'、B'、…、M'、N'、O'各点作正断线伸直线的垂线,并以正断线伸直线为基准在各垂线上向上、向下截取V面上各对应素线在XY线上段及下段的实长,将上、下口相贯点光顺接起来即得前封头围壁板的展开图。

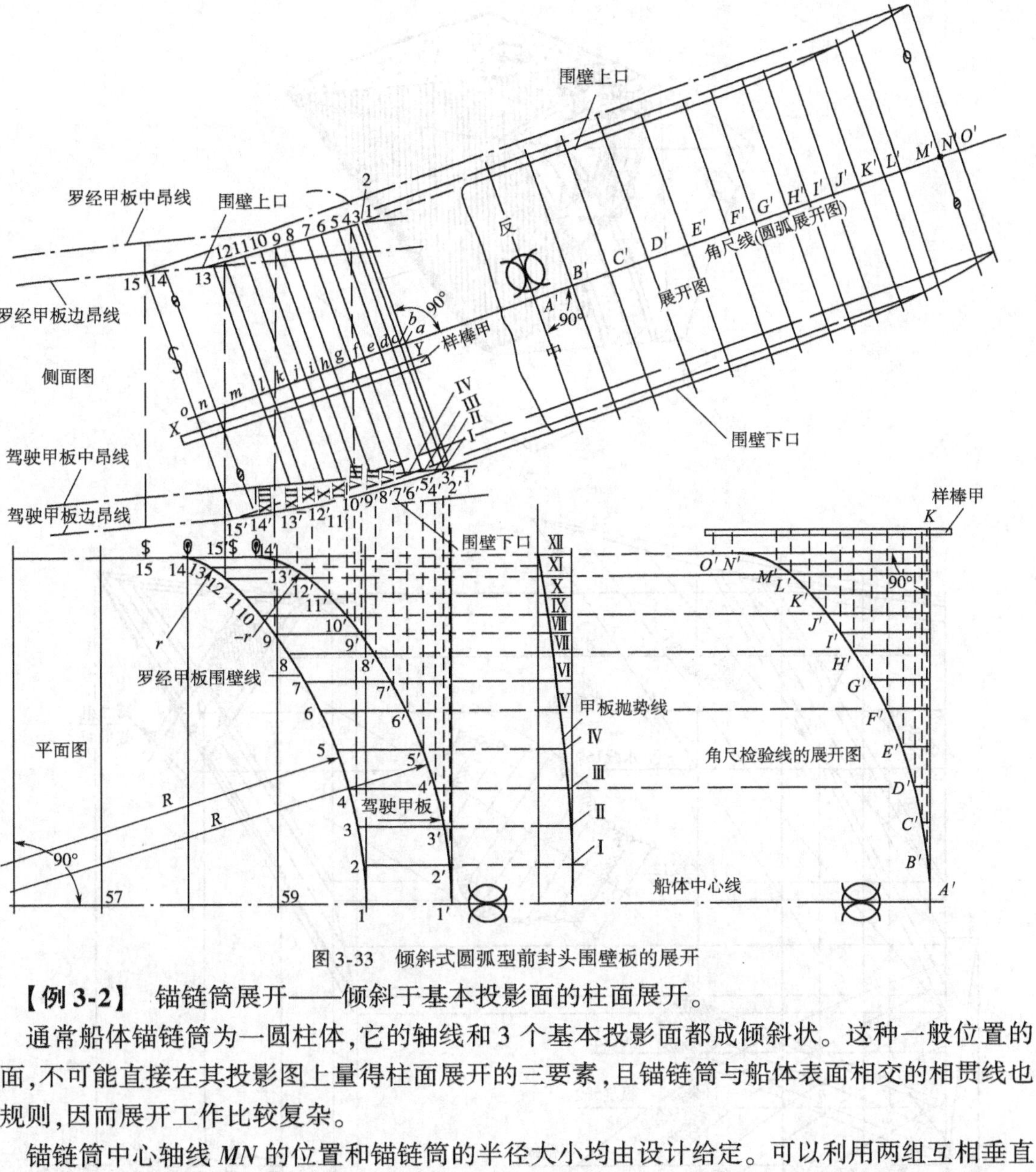

图 3-33　倾斜式圆弧型前封头围壁板的展开

【例 3-2】　锚链筒展开——倾斜于基本投影面的柱面展开。

通常船体锚链筒为一圆柱体，它的轴线和 3 个基本投影面都成倾斜状。这种一般位置的柱面，不可能直接在其投影图上量得柱面展开的三要素，且锚链筒与船体表面相交的相贯线也不规则，因而展开工作比较复杂。

锚链筒中心轴线 MN 的位置和锚链筒的半径大小均由设计给定。可以利用两组互相垂直的截平面来确定锚链筒表面素线的位置，也就是应用辅助截面法求取锚链筒与船体表面相交的相贯线，然后再应用平行线法展开锚链筒。这两组互相垂直的辅助截平面可以选取各种不同的位置，具体作图步骤说明如下，见图 3-34b)：

(1)在 H 面上以锚链筒中心轴线 mn 的延长线上一点为圆心，用锚链筒半径 R 作圆，并等分(图为 8 等分)。

(2)过等分点作 mn 平行线，再过这些平行线作垂直于 H 面的第 1 组辅助截平面。

(3)将第一组辅助截平面范围内的整个船体平行 H 面旋转(在旋转过程中，船体上各点与 H 面的距离保持不变)，使各截平面转到与 V 面平行。这时 mn 线转移到 m_1n_1 的位置上。

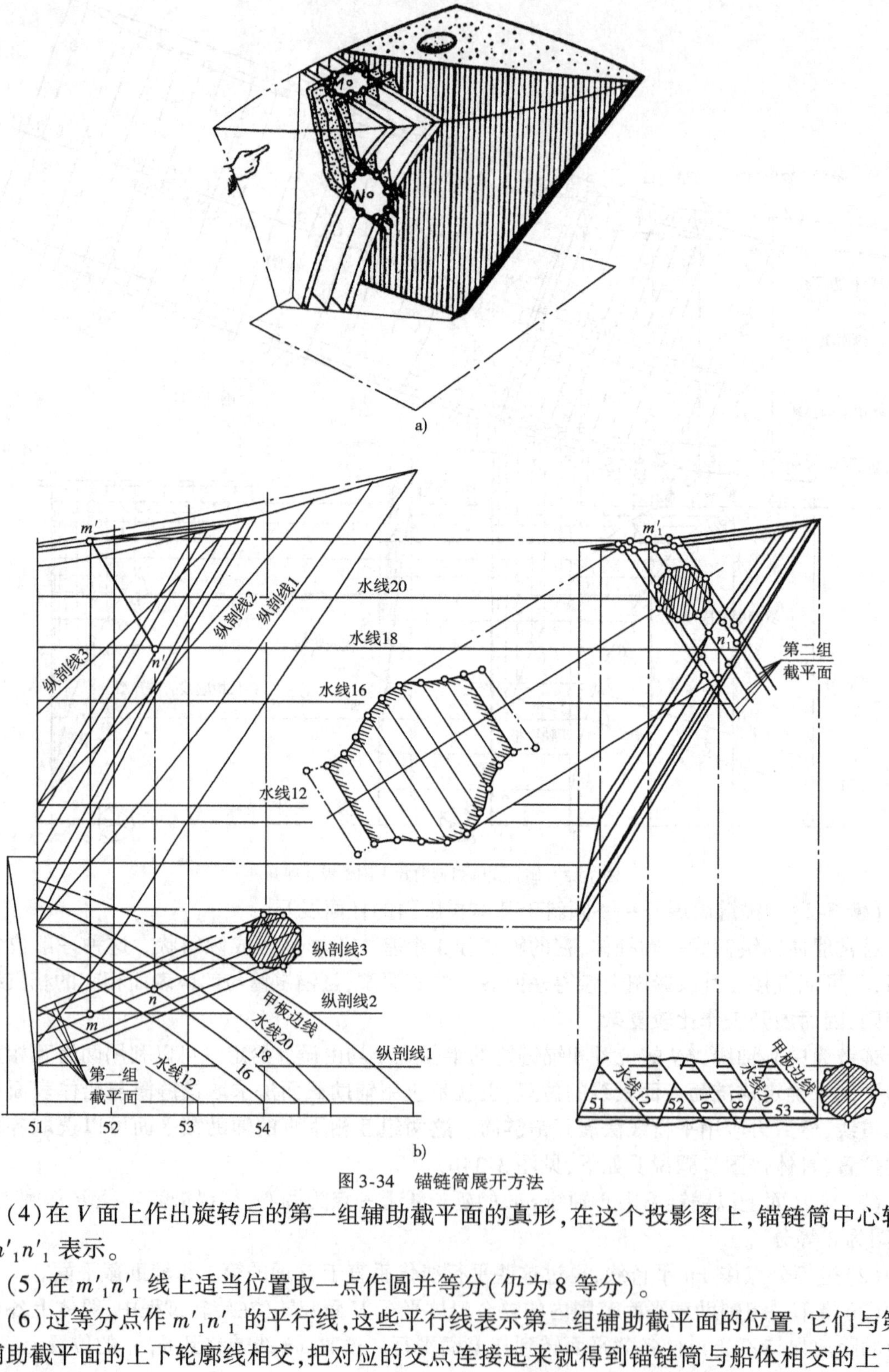

a)

b)

图 3-34 锚链筒展开方法

(4)在 V 面上作出旋转后的第一组辅助截平面的真形，在这个投影图上，锚链筒中心轴线用 $m'_1n'_1$ 表示。

(5)在 $m'_1n'_1$ 线上适当位置取一点作圆并等分(仍为 8 等分)。

(6)过等分点作 $m'_1n'_1$ 的平行线，这些平行线表示第二组辅助截平面的位置，它们与第一组辅助截平面的上下轮廓线相交，把对应的交点连接起来就得到锚链筒与船体相交的上下相贯线的投影。

这样，已完全确定了柱面展开的三要素，接下来便可以很方便地应用平行线法展开锚链筒。锚链筒相贯示意图见图 3-34a)。

第五节　船体外板的近似展开

凡是具有双向曲度的曲面均为不可展曲面，如球面、船体双曲外板、甲板、船体内部扭曲构件、具有双曲表面的舾装件等。不可展曲面是无法进行准确展开的，但是除了少数比较复杂的以外，通常是可以采用一定的方法来进行近似展开。对于船体外板来说是指包含近似展开三要素而言，即：

(1)基准线的确定。

(2)纵横理论线实长的求取。

(3)肋骨弯度(又称冲势)值大小和方向的确定。

在这三要素中，纵横理论线的实长求取方法已在前面叙述过，本节只介绍基准线的确定和肋骨弯度大小与方向的求取，以及几种近似展开船体外板的方法。

一、肋骨弯度的大小和方向

船体局部表面可以近似为圆柱面，如图 3-35 所示。中部平行中体部分，由于圆柱面的母线与船体中心线平行，且垂直于肋骨剖面，因此圆柱外板的法面与肋骨剖面平行(或重合)，在展开图上的肋骨线为一直线，且与圆柱面的母线垂直。在首、尾部分，由于圆柱外板的母线与船体中心线不平行，因此外板法面与肋骨剖面斜交，展开图上的肋骨线为一曲线。这种展开后的肋骨曲线与相应法面展开线间的最大拱度，称为肋骨弯度，如图 3-35 中的 x。

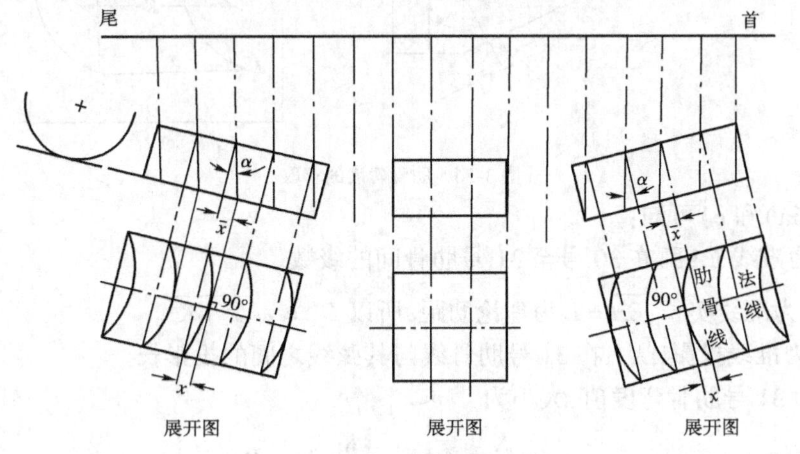

图 3-35　肋骨弯度的形成

肋骨弯度可用作图法或计算法确定。图 3-36a) 表示外板在一个肋距内的空间状况。其中 GC 弧和 G_1C_1 弧是外板的纵缝线 EA 弧是展开外板时所作的准线，$\overline{HA}$是 EA 弧在肋骨型线图上的投影线，$\overline{CC_1}$ 是 31 号肋骨线所对应的弦线，它与$\overline{HA}$的交点为 O，过 O 点作 EA 弧的垂线，其垂足为 N。展开外板时，31 号肋骨剖面对应的法面是 CNC_1 弧即$\overline{CC_1}$、$\overline{ON}$所在的 Q 平面。

那么图中 NA 弧就是 31 号肋骨线的肋骨弯度值 x。由于在一个肋距内外板上的曲线可以近似为直线,即 EA 弧近似为$\overline{EA}$,那么三角形 EAH 可近似为直角三角形,如图 3-36b)所示。因为直角三角形 EHA 与直角三角形 ONA 相似,所以

$$\frac{\overline{NA}}{\overline{OA}}=\frac{\overline{HA}}{\overline{EA}} \quad 即 \quad \overline{NA}=\frac{\overline{HA}}{\overline{EA}}\cdot\overline{OA}$$

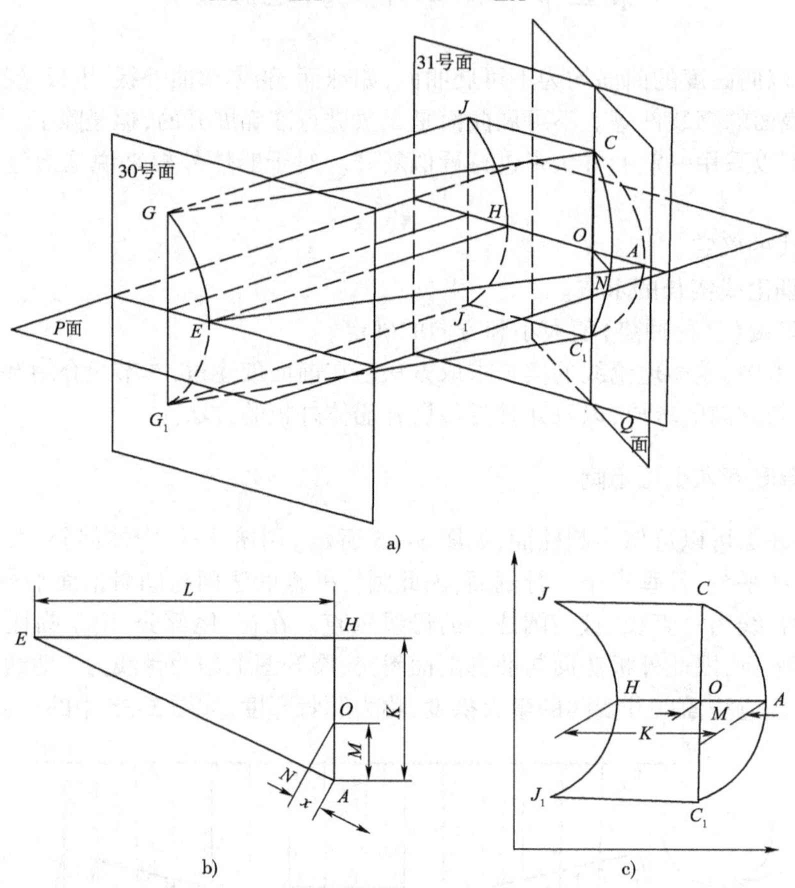

图 3-36 肋骨弯度的求取

由图 3-36a)和 c)可知:

$\overline{HA}=K$,为准线 EA 弧在 30 号至 31 号肋骨间的级数。

$\overline{EA}=L^*$,为准线实长;$\overline{EH}=L$ 为理论肋距,所以 $L^*=\sqrt{L^2+K^2}$。

$\overline{OA}=M$,为准线投影HA上在 31 号肋骨线与其弦线之间的投影长。

$\overline{NA}=x$,为 31 号肋骨弯度值,大小为

$$x=\frac{K}{L^*}\cdot M=\frac{K}{\sqrt{L^2+K^2}}\cdot M$$

此外,还应注意:外板展开图上的肋骨弯度方向和肋骨型线图上肋骨曲线的弯曲方向永远是一致的。如图 3-38 中在肋骨型线图上 47 号肋骨线的凸出部分指向 48 号肋骨线,同样在外板展开图上 47 号的肋骨弯度也指向 48 号。因此,不仅能够在肋骨型线图上求出肋骨弯度值的大小,而且能够确定它在外板展开图上的方向和位置。

上述肋骨弯度值大小和方向的求法，不仅适用于外板的展开，而且也适用于甲板的展开，是不可展曲面近似展开三要素之一。

现有一中底外板的型线，见图3-37。假设在很小范围内的外板曲面是柱面，并且展开时外板中心线长度不变，其展开方法如下：

(1)在V面上过外板纵缝线、纵剖线与肋骨站线的交点（如b'、c'两点）作外板中心线的垂线，得垂足b'_1、c'_1点。

(2)用样条围录下外板中心线实长及其垂足等点，再伸直样条画出展开图的直基准线，过直基准线上各点（如B_1、C_1等）作其垂线。

(3)在肋骨型线图（W面上），用样条围录下每一根肋骨型线的实长（如$a''b''c''$），把这根样条与A点对准，并使样条弯曲布置得B、C点正好落在B_1、C_1的垂线上，则弯曲的ABC线即为展开的肋骨线。

(4)用同样方法作出全部纵横理论线，即得中底外板的展开图。

值得注意的是，展开图上每根肋骨线都是弯曲的，弯曲弧线的中点到某弦线间的距离（即垂线）称为肋骨弯度（肋骨冲势）。如31号肋骨弯度就是AC_1线段的长度。如果先求出肋骨弯度后再作展开图，则要方便得多。

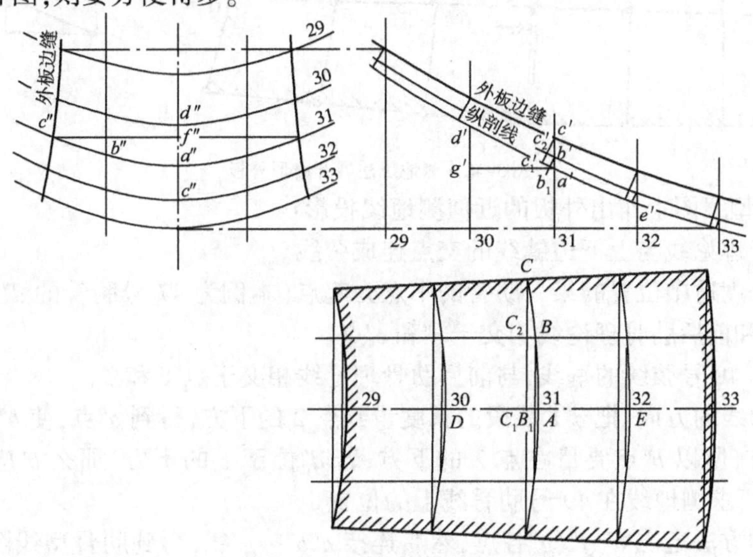

图3-37　中底外板的近似展开

二、外板的近似测地线展开法

所谓测地线，就是连接曲面上两定点的最短的曲线，如果这个曲面是可展的，则在其展开面上测地线便成为一条直线。例如，圆柱面上任意两点间距离最短的曲线，是过这两点的圆柱螺旋线；圆锥面上任意两点间距离最短的曲线，是过这两点的圆锥螺旋线；球面上任意两点间距离最短的曲线，则是过这两点和球心的截平面与球面相交的圆弧线。这些就是圆柱面、圆锥面和球面上的测地线。

利用近似测地线作为外板展开的基准线时，称为外板的近似测地线展开法。下面分扇形外板和菱形外板两种情况进行讨论。

【例 3-3】 扇形外板的近似测地线展开法。

在肋骨型线图中,当外板接缝线所包围的肋骨型线呈扇形时,称为扇形外板。船体上大多数外板属于这一类,且多呈外凸形(也有的呈内凹形)。其展开步骤如下(图 3-38):

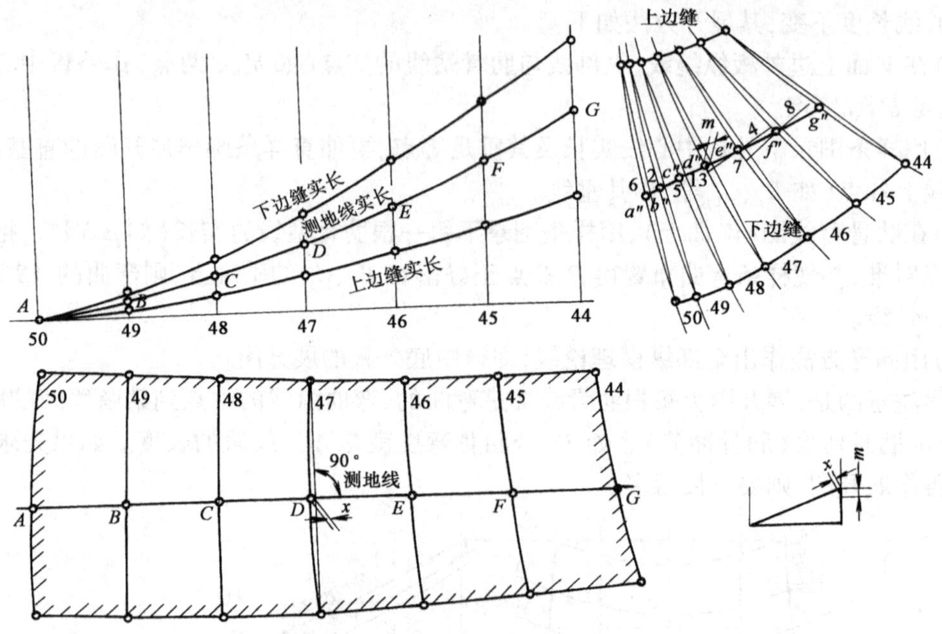

图 3-38 测地线法展开扇形外板

(1)在肋骨型线图上作出外板的近似测地线投影:

①把各肋骨理论线与上下边缝线的交点连成弦线。

②以外板长度适中位置的某一肋骨的中点为起点(本例为 47 号肋骨的 d'' 点)作本身弦线的垂线,该垂线和前后肋骨理论线相交于 c'' 和 e'' 点。

③过 c'' 点作 48 号弦线的垂线,与前后肋骨理论线相交于点 1 和 2。

④沿着对角线的方向,把 $d''1$ 线段的长度量到点 2 的下方,得到 b'' 点,使 $b''2 = d''1$(因为 d'' 位于点 1 的上方,所以 b'' 点要量在点 2 的下方;若 d'' 位于 1 的下方,那么 b'' 应该位于 2 的上方)。b'' 点即为所求测地线在 49 号肋骨线上的位置。

⑤用类似的方法定出 a''、f''、g'' 各点,然后连接 $a''b''\cdots g''$ 线,得到肋骨型线图上近似测地线的投影。应注意:所有的垂线(例如 $c''e''$、12、34 等)都垂直于自身的弦线,而垂线的交点都落在前后肋骨的弧线上。

(2)作出 47 号肋骨理论线在 d'' 点处的肋骨弯度大小。

(3)求取纵横理论线的实长:

①求出上下边缝线和测地线的实长。

②在肋骨型线图上以测地点为基准量出所有肋骨理论线的实长。

(4)作出展开图:

①在适当位置上作一直线,量以测地线的实长,定出 A、B、C、D、E、F、G 各点。

②在展开图的测地线上量出 47 号肋骨弯度值,并作出 47 号肋骨理论线。一般来说,作图时要注意两点:

第一，肋骨弯度的方向不要画错。由于在肋骨型线图上 47 号弧线的凸出方向是朝着 48 号理论线的，因此在展开图上 47 号弧线的凸出方向也应该朝着 48 号理论线。

第二，展开图上横向理论线的实长应该与肋骨型线图上的对应实长相等。

作出了展开图上的测地线和中间肋骨的理论线以后，其余各线可以很方便地作出（详细步骤从略）。

近似测地线展开外板的检验方法：在外板展开图上，各肋骨理论线的间距是相差不大的，因此可以来用一种近似的对角线方法检验，见图 3-39。其作图步骤如下：

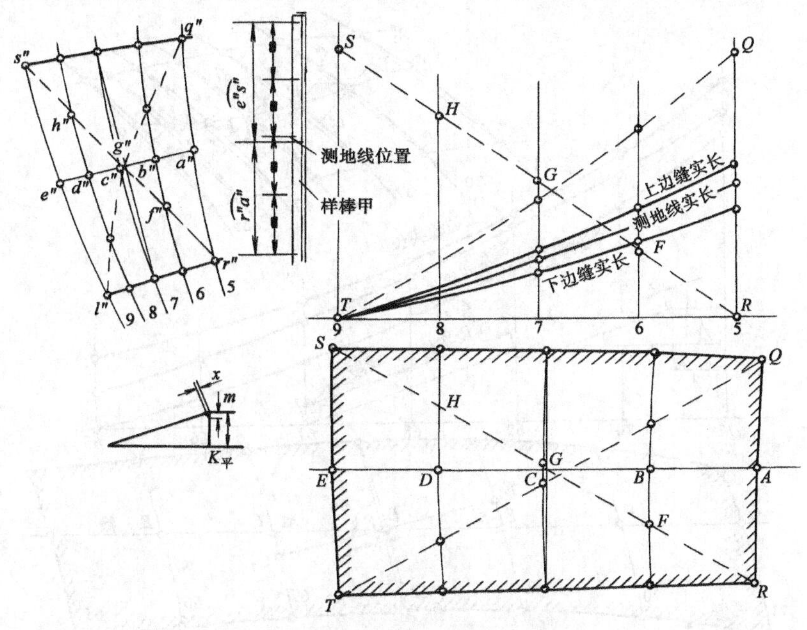

图 3-39　近似测地线外板展开的检验

（1）在肋骨型线图上，作出近似对角线的投影：

①将外板前后两档横向理论线的 $e''s''$ 和 $r''a''$ 线段之长相加后再将其等分为 n 段（n 为前后两横向理论线之间所隔的肋骨档数），作成样棒甲。

②把样棒甲的测地线标记对准 b''、c''、d'' 各点，并将各等分点逐档量在 6 号、7 号、8 号肋骨理论线上，定出 f''、g''、h'' 各点，把 r''、f''、g''、h''、s'' 各点连接起来，即得近似对角线在肋骨型线图上的投影。

③采用同法作出外板的另一对角 $q''t''$。

（2）求出两对角线的实长：这两根对角线的投影虽然是曲线，但是它们在展开图上的实形却接近为一直线，因此将对角线的实长和展开图上的对应长度进行校对，即可检验展开图的准确性。此外，还需检查肋骨弯度的大小和方向是否正确。

【例 3-4】　菱形外板的近似测地线展开法。

图 3-40 所示的外板投影在肋骨型线图上的横向理论线与纵向理论线倾斜很大，称为菱形外板。若用上例的方法，测地线投影将会从上下边缝线越出，这时必须采用另一种方法来作出测地线，其步骤如下：

（1）在肋骨型线图上作出外板的近似测地线投影：

①选择适中位置的横向理论线中点（本例为 68 号的 d'' 点）作本身弦线的垂线和前后横向

理论线相交于 e''_1、c''_2 两点。

②定出 69 号肋骨理论线的中点 e''，并把线段 $e''e''_1$ 的长度量在 67 号肋骨理论线上，得 c'' 点，使 $c''_2c''=e''_1e''$。

③过 c'' 点本身弦线的垂线，和前后肋骨理论线相交得 d''_1、b''_2 两点，把线段 d''_1d'' 的长度量到 b''_2 点，使 $b''b''_2=d''_1d$。

④用类似的方法作出 $a''b''c''\cdots g''$ 各点，连接起来即为所求的测地线投影。该测地线和中间肋骨的理论线保持倾斜的角度。

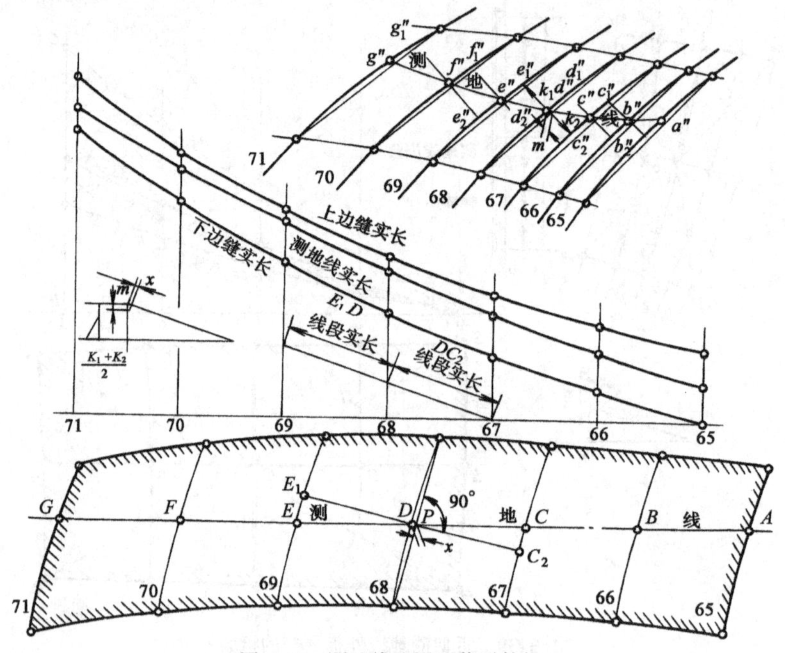

图 3-40 测地线法展开菱形外板

(2)求出 68 号肋骨理论线在 d'' 点的肋骨弯度大小。

(3)求取纵横理论线的实长：

①求出上下边缝线、测地线及至 E_1D、DC_2 等线的实长。

②在肋骨型线图上量出测地点至上下边缝之间的各肋骨理论线长度。

(4)作出展开图：

①在适当位置画一条直线作为展开图的测地线，并在上面定出 $AB\cdots G$ 各点的位置。

②在展开图上画出 $\triangle E_1ED$ 和 $\triangle DC_2C$ 的实形。

③在 E_1C_2 直线上定出 P 点，使 DP 等于 68 号的肋骨弯度值，再过 P 点做 E_2C_2 直线的垂线。

④作出 68 号肋骨理论线的展开实形。以下的展开方法就十分简单了，具体的作图步骤略。

最后进行近似测地线展开外板的对角线检验，方法同图 3-39。

三、外板的十字线展开法

如图 3-41 所示，肋骨型线图上各肋骨线相互近似平行，可选择横向曲度最大的肋骨线(或中间肋骨线)为基准肋骨线，过其最大拱度点(或其肋骨弦线的中点)作本身弦线的垂线(或肋骨弧线的法线)，并延伸与各肋骨线和横缝线相交，该垂线即为外板的基准线，因其与基准肋

骨弦线成十字相交,故称为十字线。十字线法的展开步骤和方法与测地线法相同,实际上是测地线法的一种特例,十字线展开后也近似于一条直线。由于十字线法的基准线作法甚为简单,又兼有测地线法的优点,所以在船体中部较平直部分的外板和带有单向曲度的柱形外板(如仅有纵弯而无横弯的首尾中底板或仅有横弯而无纵弯的平行中体舭部板),以及各肋骨线成近似平行的双重曲度外板的展开中,常可采用十字线法。

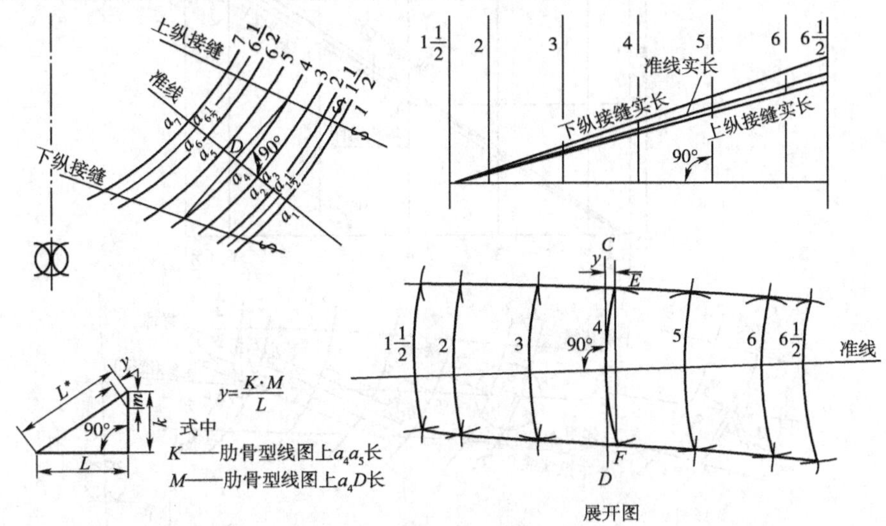

图 3-41　外板的十字线展开法

四、外板的定线展开法

如图 3-42 所示,外板的定线展开法步骤如下:

(1)在肋骨型线图上作出定线:

①将外板首尾肋骨线的中点连成一条直线,该直线分别与各肋骨线相交得 $a_{1\frac{1}{2}}$、a_2…、$a_{6\frac{1}{2}}$各点,这条直线就是定线。

②过 $a_{6\frac{1}{2}}$、a_6、…、a_2 各点,作本身肋骨弦线的垂线(或本身肋骨弧线的法线),与相邻的肋骨线相交得 b_6、b_5、…、$b_{1\frac{1}{2}}$各点。

(2)在 V 面的格子线上求出各肋骨弦线的垂线和上、下纵缝线的实长。

(3)将 $6\dfrac{1}{2}$号肋骨作为基准肋骨线,求出它的肋骨弯度值。

(4)作外板展开图:

在适当位置做 $a_{6\frac{1}{2}}b_6$ 的实长线,并过 $a_{6\frac{1}{2}}$点作其垂线。确定基准肋骨线的肋骨弯度方向后作一条间距为 y 的直线与其垂线平行,然后用样条将基准线实长转画到展开图上定出上、下纵缝点。根据相应的纵缝线实长和肋骨线实长,求出各肋号上、下纵缝点和定线点,并由定线点作本身肋骨线的垂线来求出相邻肋骨线上的交点,以此类推,从一端推展到另一端,再光顺连接各肋骨线和纵缝线即得定线法外板展开图。

定线展开法适用于全船外板的展开,比十字线展开法的用途要广泛得多,尤其适用于如图 3-42 所示狭长外板的展开。这种外板若用十字线展开法,则基准线会越出纵缝线,不利于展开;而定线展开法既保持了十字线展开法作图简单的优点,又能克服十字线展开法在使用中的

局限性,而且作出的定线在制作样板时也有用。但是定线法不宜画草图,操作时需特别仔细,否则累积误差较大。

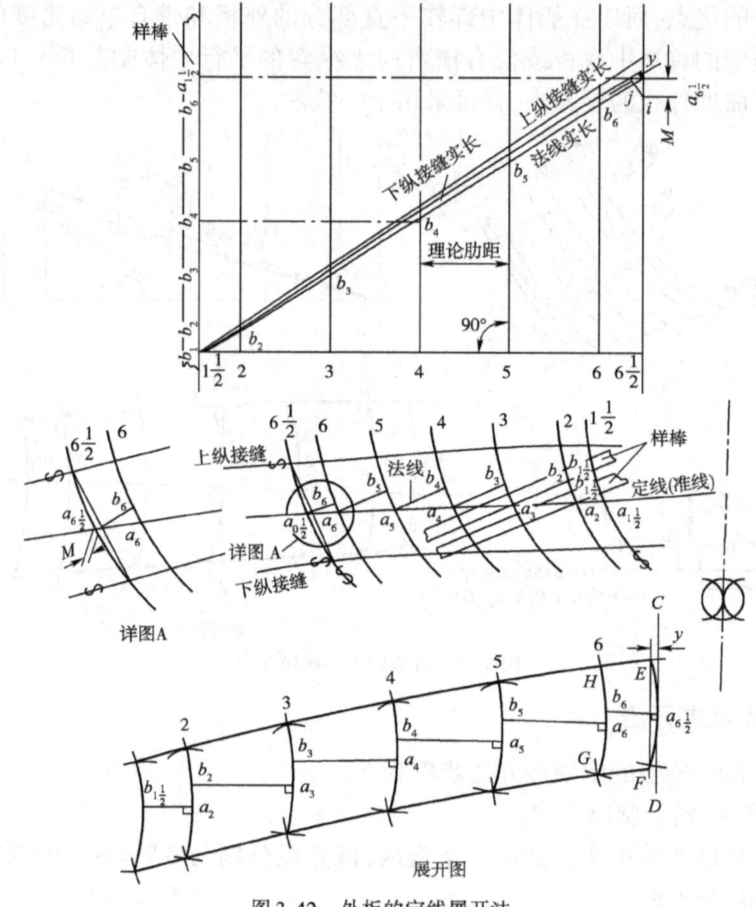

图 3-42 外板的定线展开法

五、舷墙板和外板的三角线展开法

三角线展开法是应用可展曲面中的三角线展开法来近似展开不可展曲面的一种方法。其原理是将不可展曲面分割成一定数量的小曲面三角形,将小曲面三角形的三条曲线边近似为直线边;求出其实长,即可依次撑线展开所有的小三角形,从而得到整个展开图。当然这是存在一定误差的,曲面的曲度愈大或三角形顶点间距愈大,则误差也愈大;若三角形分割得愈多,则操作愈烦琐。所以,三角线展开法一般用于舷墙板或横向曲度较小的外板的展开。

1. 舷墙板的展开

图 3-43 所示为尾部内倾舷墙在 V 面和 H 面上的投影,其舷墙板理论面的形状和锥面很接近,但是各素线并不汇交于一点,因此不是锥面而是不可展曲面。应用三角线展开法的具体步骤如下:

(1)在 H 面上将舷墙板的上、下边线分别等分,得 1、3、5、…及 0、2、4、…各点,并连接0-1、2-3、4-5、…各线,定出舷墙面上各素线的位置,再连接各四边形的对角线;

(2)在 V 面上作出舷墙板上各素线和对角线的投影线。这样,在两个投影面上舷墙板的理论面都被分割成若干个小三角形。

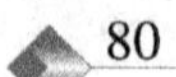

(3)求出舷墙上、下边线,以及全部素线、对角线的实长。

(4)从中心线0-1开始,依次逐个撑展开各小三角形。其中每相邻的两根素线和上下边线所围成的四边形之对角线,一条用于展开,另一条用于检验,相互印证所找的点正确与否。这是展开图的一半,另一半与此对称。

应用此法时各素线的间距不要取得太大。

应用三角线展开法还可以展开烟囱等舾装件,其方法和步骤与展开舷墙板相似。

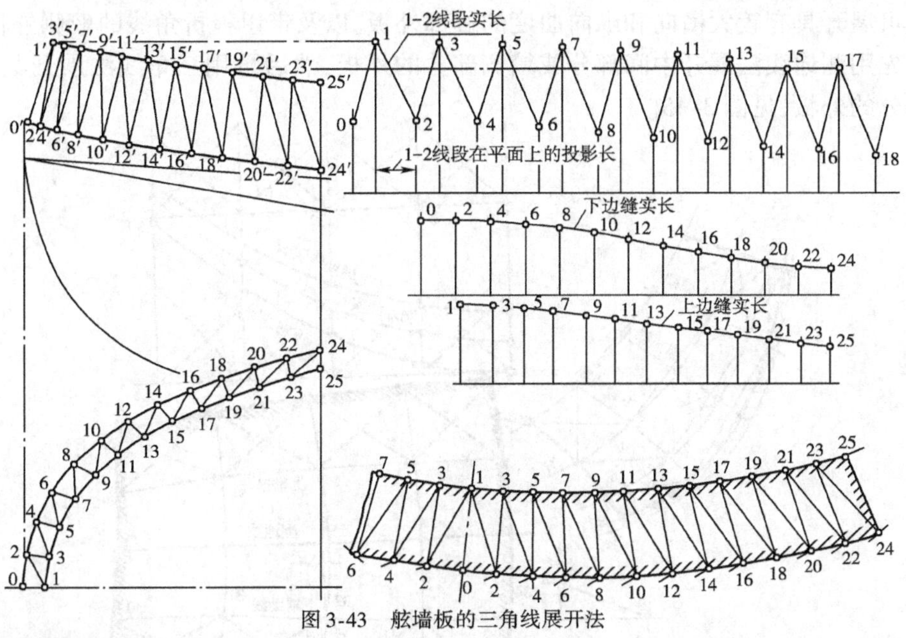

图3-43　舷墙板的三角线展开法

2. 双折底板的展开

图3-44所示为首部双折底板的投影图和展开图,该板具有两根船底折角线。展开时,其边缘有撕裂现象。具体展开步骤如下:

(1)先应用直基准线法展开底板中间的柱面部分。

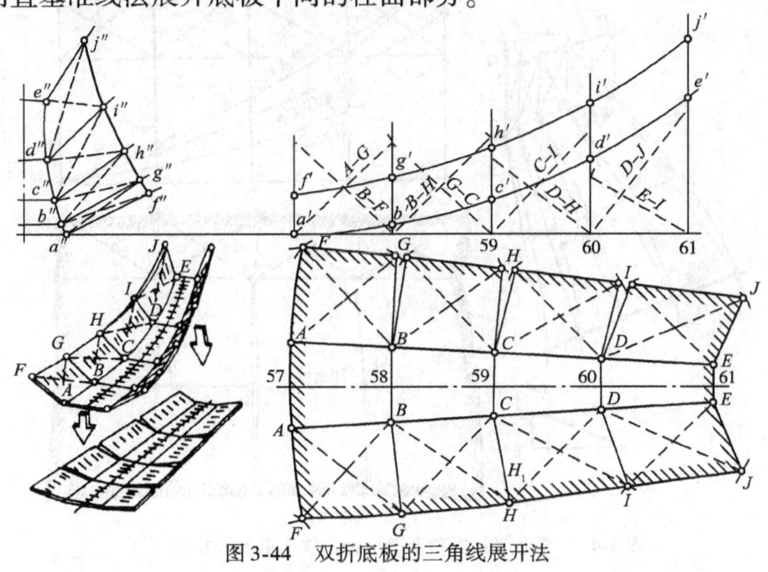

图3-44　双折底板的三角线展开法

(2)将左右侧面部分的外板沿着肋骨线划分成各段,连接对角线,然后在展开图上用三角线展开法画出各段的真形(如图左侧)。这时相邻两段肋骨线。在展开图上是不重合的,说明板边发生撕裂。像这种外板在加工中必须进行板边收缩处理,每档肋骨的收缩量就是展开图上肋骨线的间隙。然而,在实际展开时,如 59 号肋骨线位置(见图右侧),先以 D、B 两点为圆心,用 DH、BH 的实长为半径画弧,相交于 H_1 点,连接 CH_1 直线并定出 H 点,使 CH 等于肋骨线实长。同法可得其他 F、G、I、J 各点,最后连接起来即得展开图。

同理可展开具有较大横向和纵向曲度的艉部外板,以及带甲板折角线的舷侧外板,这些外板都可以先用测地线法展开中间部分或较宽部分的外板,然后再用三角线法展开其边缘部分或折角部分的外板,见图 3-45。

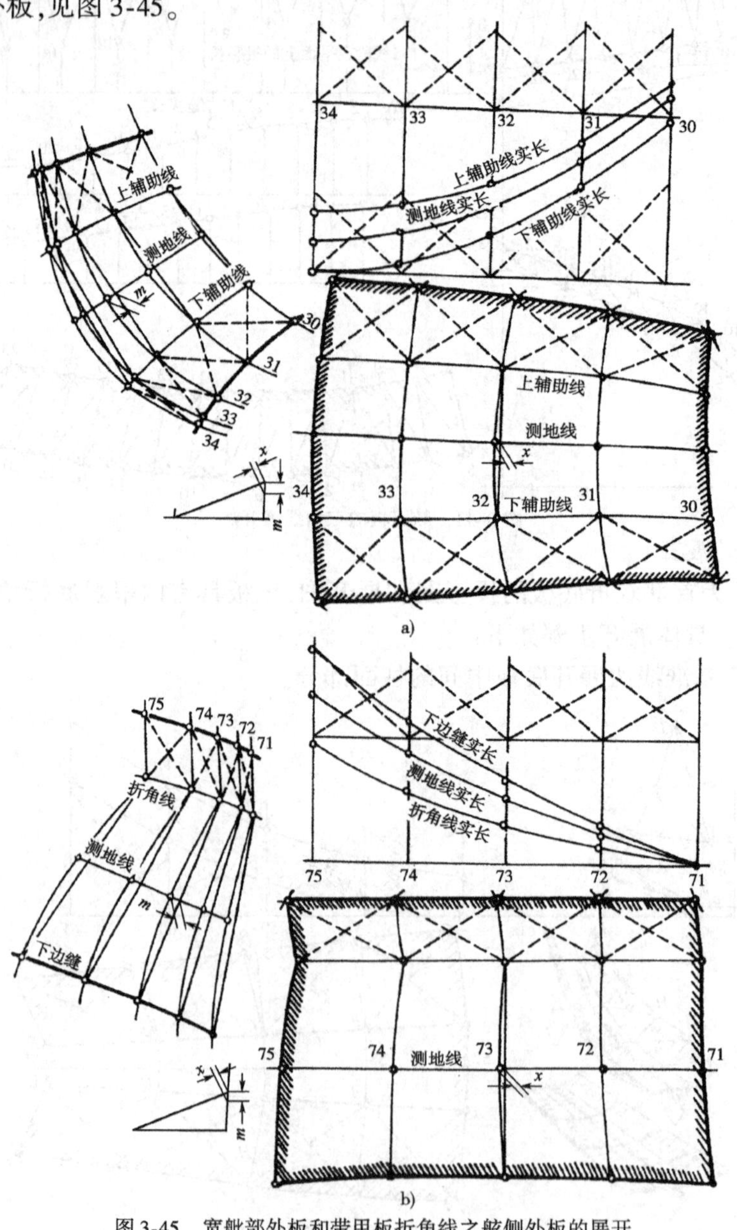

图 3-45 宽艉部外板和带甲板折角线之舷侧外板的展开

第六节　船体其他构件的近似展开

船体上除了双向曲度的外板需进行近似展开外，还有一些其他构件与舾装件需进行近似展开，如首柱板、扭曲纵桁腹板、通风筒、拱曲构件等。本节仅介绍首柱板和扭曲纵桁腹板构件的近似展开方法。

一、倾斜式首柱的近似展开

首柱除了曲度变化较大的部分需要钉制样箱外，其余部分可以直接用投影方法进行近似展开。图 3-46 所示为一倾斜式首柱板，其展开步骤如下：

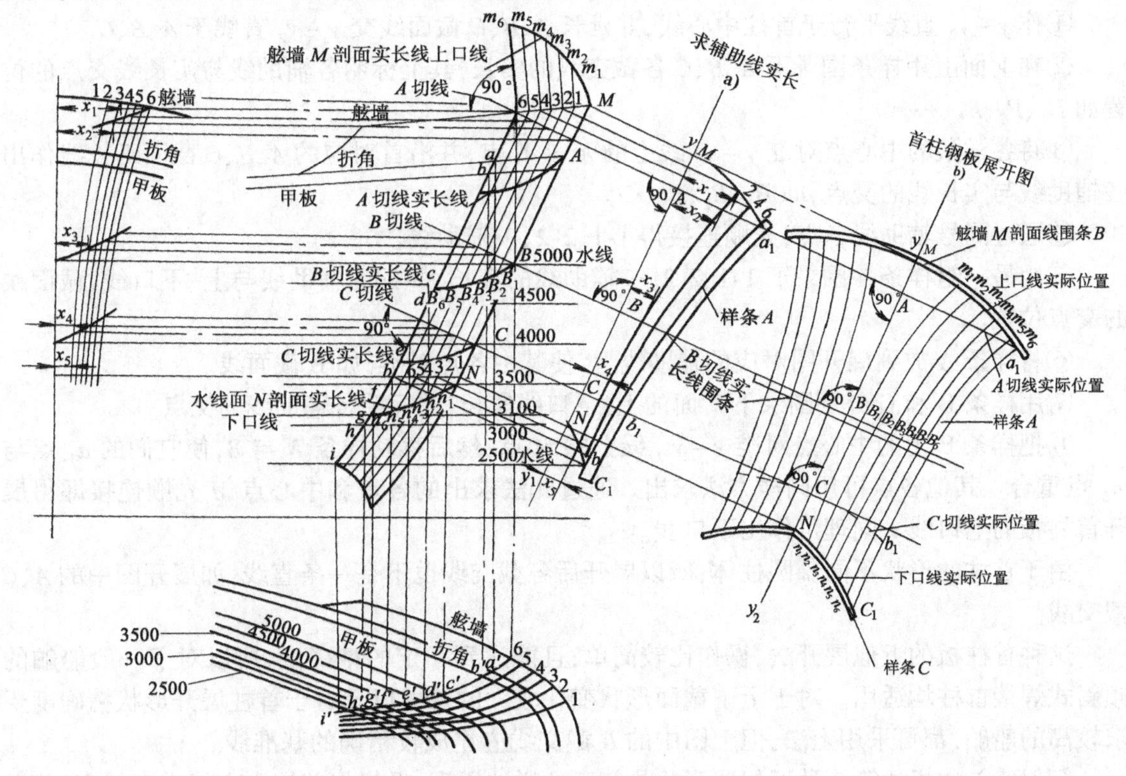

图 3-46　首柱展开图

(1)在 V 面纵剖线图上作若干根平行于首柱中心线的辅助线 1-1、2-2、…，并且将其分别投影到 H 面与 W 面上。

(2)过 A、B、C 3 点分别作首柱中心线的垂线，即作 A、B、C 3 个截平面。

(3)把 V 面上的首柱上、下口线，A、B、C 截交线与各辅助线的交点，分别投影到 W 面上相应的位置上，并把上、下口线和各截交线的投影点光顺地连接起来。

(4)作出首柱各正截面的真实形状(以 A 截面为例)：

①过 A 截平面与各辅助线的交点，作 A 截面线的垂线(本图中就是辅助线本身)。

②在 W 面或 H 面的投影图上，分别量取对应交点的半宽值，并在 V 面上沿正截面线的对应垂线截得该截面的截交点，然后光顺连接各截交点，则该截交线所围图形为此处正截面真形

的一半。其余正截面真形可用同样方法作出。

在实际放样中,所求出的正截面真形较多,目的是便于首柱的展开和加工,并可依此检查首柱表面的光顺性。

(5)求出辅助线的实长(以 2-2 辅助线为例):

①作直线 $y-y_1$ 平行于首柱中心线,并延长 A、B、C 截面线与之相交。

②过上、下口线与各辅助线的交点 1、2、3、…作首柱中心线的垂线,并延长至直线 $y-y_1$。

③自 $y-y_1$ 线起沿各垂线截取 x_1、x_2…分别与 W 面上的 2-2 辅助线各相应点的半宽值相等。

④将所得各点光顺连接即得 2-2 辅助线的实长。其余辅助线实长可用同样方法作出。

(6)作首柱板的展开图:

①作 $y-y_2$ 直线平行于首柱中心线,并延长 A、B、C 截面线交 $y-y_2$ 直线于 A、B、C。

②在 V 面上用样条围录下 A、B、C 各截交线的实长,其上标明各辅助线与实长线交点的位置如 B_1、B_2、B_3、…。

③将各样条的中心点对准 $y-y_2$ 线上的 A、B、C 点,并沿首对应的 A、B、C 截面延长线作出各辅助线与实长线的交点,如 B_1、B_2、B_3、…。

④通过同号辅助线各点,光顺连接得 1-1、2-2、…辅助线。

⑤用另一组样条 A 围录下 1-1、2-2、…辅助线的实长,并标明辅助线与上、下口线、截面线的交点位置。

⑥将样条 A 放到展开图对应的辅助线上,使其中各点对准,如 B 截面线。

⑦用样条 B 和 C 分别围录下 V 面的上、下口线实长,并标明各辅助线的交点。

⑧把样条 B 上的中心点对准 $y-y_2$ 线上的 M 点,然后移动样条 A 与 B,使它们的 a_1 点与 m_6 点重合。其他各点可用同样方法求出。通过此法求出的各点和中心点 M 光顺连接即得展开首柱板的上口线。同理可作出下口线。

由于首柱的形状不同于圆柱体,所以展开后各截交线也不是一条直线,如展开图中的 A、C 截交线。

这种首柱板的近似展开法,操作比较简单,且能达到一定的精确度,所以对于一般船舶的倾斜式焊接首柱均适用。对于上下截面形状变化较大的首柱以及对于首柱展开形状精确度要求较高的船舶,都可采用上法,但上图中的 B 截交线应作成较精确的基准线。

倾斜式首柱板的第 2 种近似展开法是基于这样的原理:设想将首柱中心线由弯伸直,并近似看成锥(台)面的一部分,若沿其上下口线及其相关水线与肋骨线进行等分,对应等分点的连线即为素线,每两根素线所围成的面为一扇形面,将这些扇形平面拼接起来,就得到首柱板的展开图。如图 3-47 所示,具体展开步骤为:

(1)在水线图上将中心线至接缝线的各水线圆弧进行 4 等分,并将各等分点向上投影到纵剖线图上的对应水线得各对应交点。

(2)在肋骨型线图上将中心线至接缝线的各肋骨线根部圆弧也进行 4 等分,并将各等分点平行投影到纵剖线图上各对应肋骨站线得各对应交点。

(3)过纵剖线图上各投影点分别作首柱轮廓线的垂线,得各垂足点。

(4)作甲板边线真形图。

(5)用样条将纵剖线图上首柱轮廓线及其各垂足点围出，伸直在展开图的首柱中心线上，并过各垂足点作首柱中心线的垂线。

(6)分别用样条将各水线、各肋骨线及甲板边线上的弧长围出，到展开图上各对应部位从首柱中心线向外至各垂线，找对应交点。连接同号曲线即为加工线，连接两侧边点后就得倾斜首柱板的展开图。

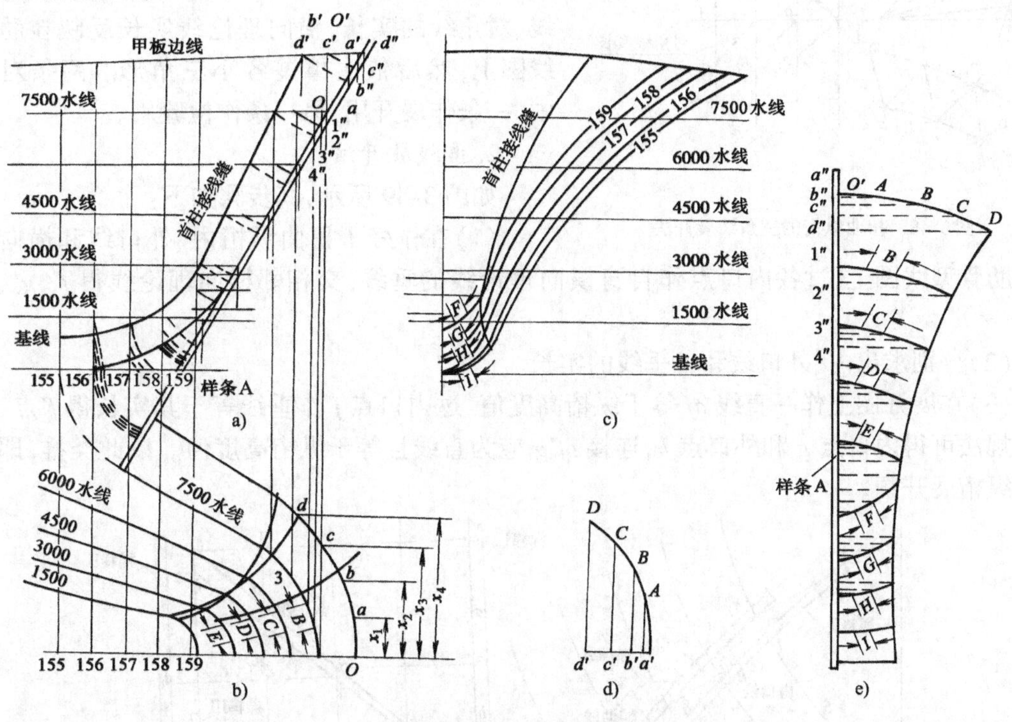

图 3-47　首柱展开

此外，还有第 3 种近似展开法，即倾斜首柱板还可采用测地线法(即十字线法)先展开首圆弧切线以内的部分，然后再用三角线法展开首圆弧切线至首柱板与外板接缝线间的部分。这时用各水线首圆弧来替代肋骨线，各水线间距替代肋骨间距。因此，求取测地线(即首柱中心线)、首圆弧切线、首柱板与外板的接缝线及三角线展开法用到的对角线等的实长，是在纵剖线图的水线格子线上求出，即将水线图上的上述各种投影线拉直作为长度方向的直角边，水线间距作为另一直角边，则斜边即为其对应实长。基准水线弯度大小与方向也是在水线格子线上求取，其方法与外板的测地线展开法中求基准肋骨弯度大小与方向相似。展开首柱板的水线弯度方向的判别也与外板展开时相似，即首柱板展开时首圆弧线的凸向与水线图上首圆弧线的凸向相同。如果在首柱放样中，作肋骨线的根部型线时，是采用在水线图上作若干根等分首圆弧的辅助线法，则运用上述测地线加三角线的复合展开法时，便可直接使用这些辅助线，这样可大大节省展开时间。

二、扭曲纵桁的近似展开

船体内部的纵向构件，当其腹板理论面与外板理论面处处垂直时，它的惯性矩为最大且强度为最好，从而可适当减薄腹板板厚以节约钢材。但是，因为船体有纵向和横向的弯曲度，所

以纵桁也就随着发生了扭曲变化。扭曲纵桁的近似展开有以下两种方法。

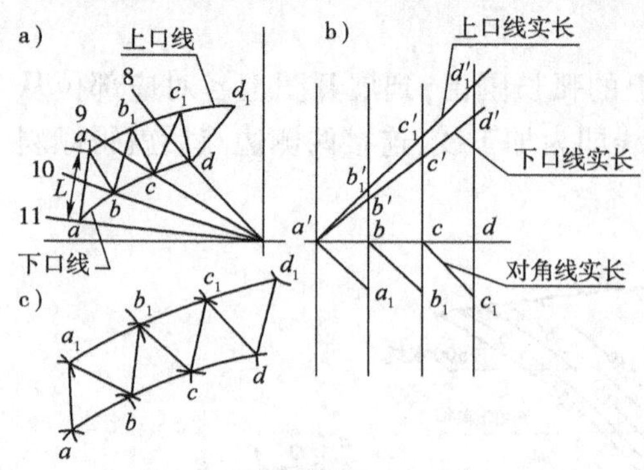

图 3-48 扭曲纵桁的三角线展开法

1. 三角线展开法

如图 3-48 所示,先在 W 面的肋骨型线图上纵桁的内口线、外口线和横向理论线(即高度线)所包围的四边形中作出对角线,分别求出内口线、外口线、对角线的实长,横向理论线实长反映在肋骨型线图上,然后依次撑展各小三角形。两条对角线中,一条作展开用,另一条作检验用。

2. 垂线展开法

如图 3-49 所示,其步骤如下:

(1)在作好了扭曲纵桁内、外口线和横向理论线的肋骨型线图上,过各内口点作自身横向理论线的垂线,交相邻横向理论线得 f'、g'、h'、i' 各点。

(2)分别求出内、外口线和各垂线的实长。

(3)在展开图上作一直线 af 等于纵桁高度值,过内口点 f 作垂线等于其实长得 f' 点,然后用交规法可得内口点 g 和外口点 b,连接 $bf'g$ 应为直线且等于纵桁高度值。以此类推,即可得扭曲纵桁展开图。

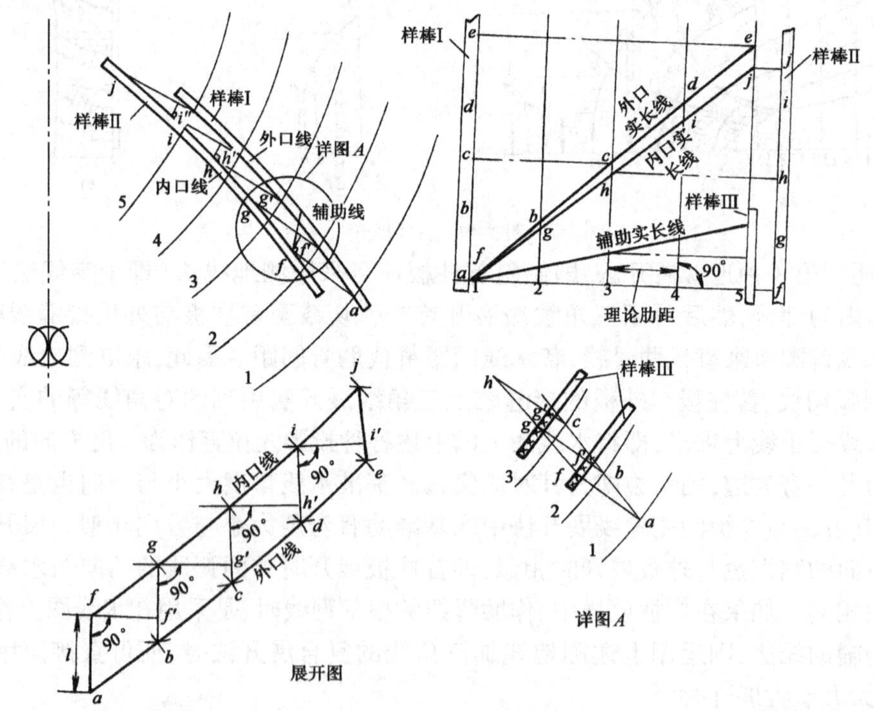

图 3-49 扭曲纵桁的垂线展开法

当纵桁严重扭曲时,垂线展开法比较精确。此外,展开各种纵桁时,需从船中向首、尾方向进行,以便展开后的前后纵桁首、尾部能很好地衔接。

舭龙骨也可用以上方法进行展开。

一、简答题

1. 什么是船体型表面？

2. 金属构件的板厚怎样处理？船体壳板的板厚怎样处理？为什么？

3. 船体结构各构件的板厚怎样处理？

4. 肋骨弯度的几何意义是什么？

5. 船体外板近似展开的三要素是什么？

6. 测地线的物理意义是什么？

二、判断题(对的打“√”,错的打“×”)

1. 船体构件有平面构件、可展曲面构件和不可展曲面构件3类,又有板材构件与型材构件两种。（　　）

2. 根据正投影的基本性质,当空间直线线段与某一投影面平行时,该直线线段在这一投影面上的投影反映为实长。（　　）

3. 金属板材都有一定的厚度,船体板材构件也是如此,一般选它的中性层作为测量、安装的基准理论面。（　　）

4. 可展曲面构件包括:柱面、锥面(及台面)和球面。（　　）

5. 凡是具有双向曲度的曲面均为不可展曲面。不可展曲面无法准确展开,但可以采用一定的方法来进行近似展开。（　　）

6. 在肋骨型线图中,当外板接缝线所包围的肋骨型线呈菱形时,称为扇形外板;呈扇形时,称为菱形外板。（　　）

7. 三角线展开法一般用于舷侧外板的展开。（　　）

8. 外板展开图上的肋骨弯度方向和肋骨型线图上肋骨曲线的弯曲方向永远是不一致的。（　　）

三、作图题

1. 求作图3-1中主机基座各构件的真实形状。

2. 求作图3-2中斜肋骨框架的真实形状。

3. 求作图3-3中垂直 H 面的平面构件真实形状。

4. 求作图3-4中垂直 V 面的平面构件真实形状。

5. 求作图3-5中第二旁桁材的真实形状。

6. 展开图3-13空间成90°弯曲的矩形风管中之 $BDFE$ 面。

7. 展开第二章思考与练习中作图题第7题及图2-53的舷侧纵桁腹板。

8. 展开正圆台面一个。已知:小圆 $d=400\text{mm}$,大圆 $D=440\text{mm}$,高 $h=450\text{mm}$,用1:10比例作出。

9. 展开图3-18中正天圆地方构件的一半。

10. 展开图3-19中斜天方地圆构件的全部。

11. 求作图3-26中不等径三通管的相贯线,并分别展开。

12. 求作图3-33中倾斜式圆弧形前封头围壁板与上、下甲板的相贯线,并展开。

13. 求作图3-34中锚链筒与甲板及外板的相贯线,并展开。

14. 用测地线法展开图3-50所示外板,并注明必要的文字符号。

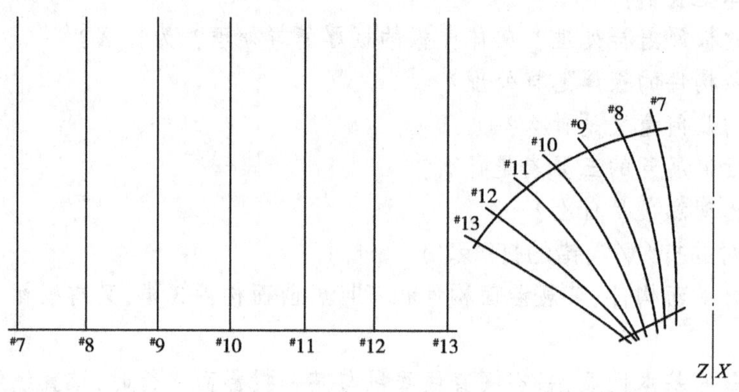

图 3-50

15. 图3-51所示为测地线法展开扇形外板的示意图,请指出展开过程中的原则性错误(非尺寸性错误)。

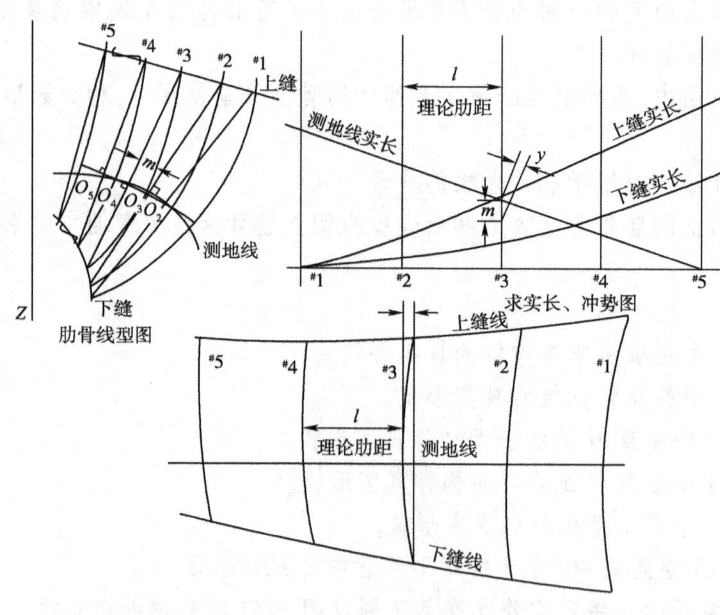

图 3-51

16. 用测地线法展开图3-52所示外板,并注明必要的文字符号。

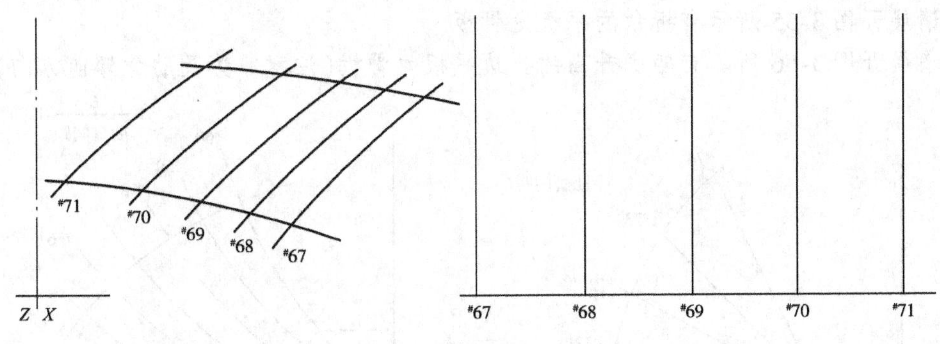

图　3-52

17. 图3-53所示为测地线法展开菱形外板的示意图,请指出展开过程中的原则性错误(非尺寸性错误)。

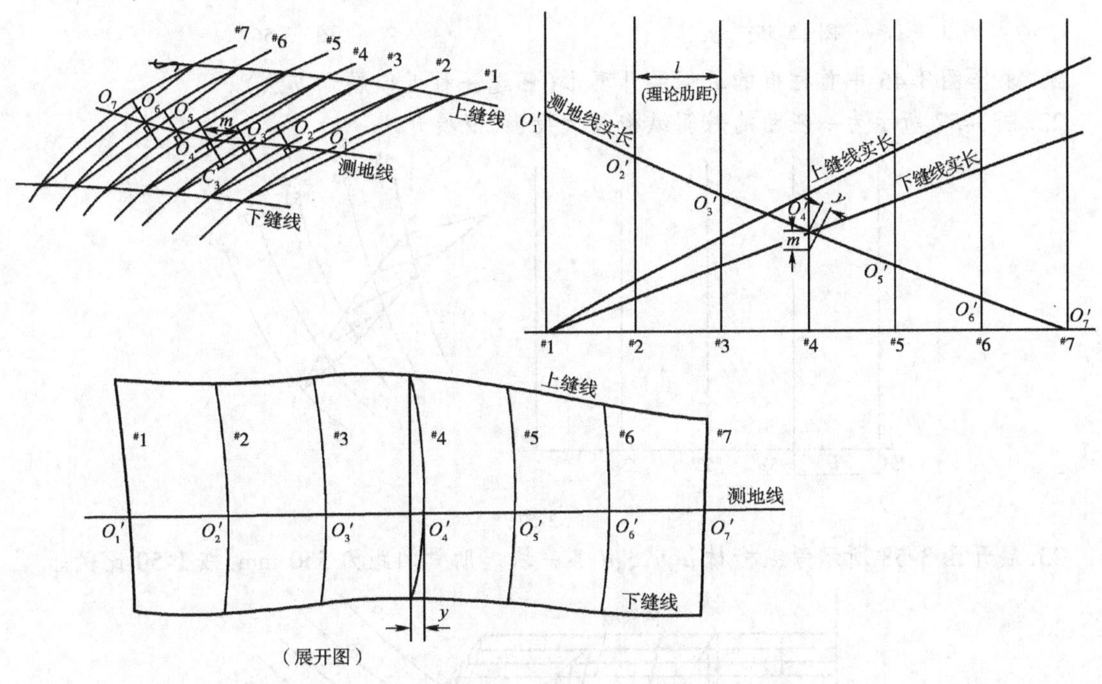

图　3-53

18. 用十字线法展开图3-54所示外板,并注明必要的文字符号。

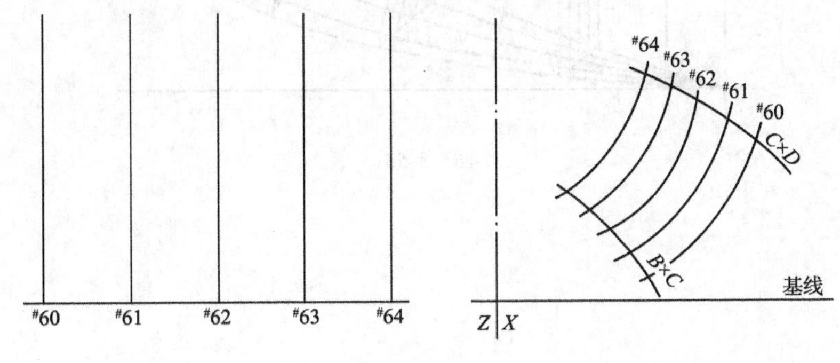

图　3-54

19. 请展开图 3-55 所示有折角的平板龙骨板。

20. 请展开图 3-56 所示有船底升高的折边平板龙骨板(注意冲势及肋骨弯曲方向)。

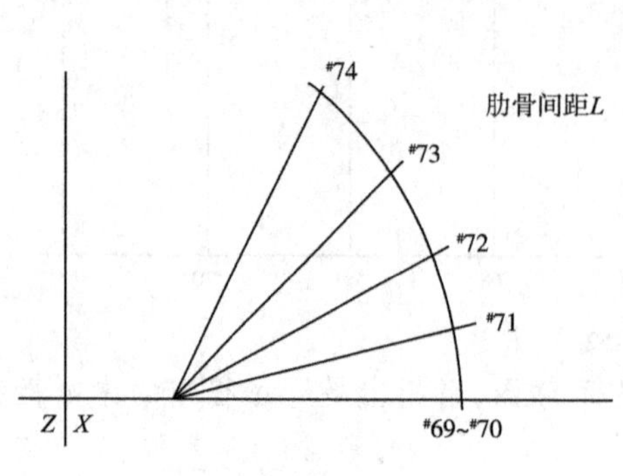

图 3-55　　图 3-56

21. 求作图 3-46 中首柱板的近似展开真形(任选一种近似展开方法)。

22. 图 3-57 所示为一扭曲的舷侧纵桁腹板投影,请展开。

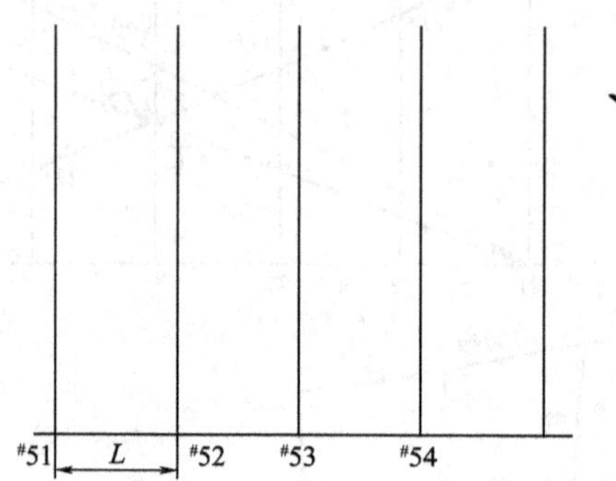

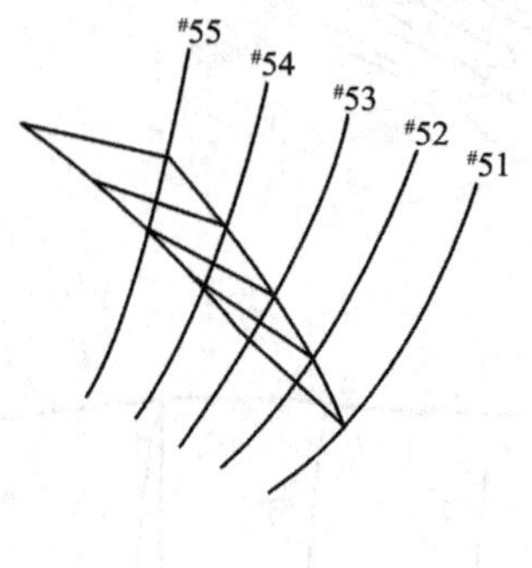

图 3-57

23. 展开图 3-58 所示旁纵桁材 a、b、c、d 各一块。肋骨间距为 550 mm,按 1:50 比例。

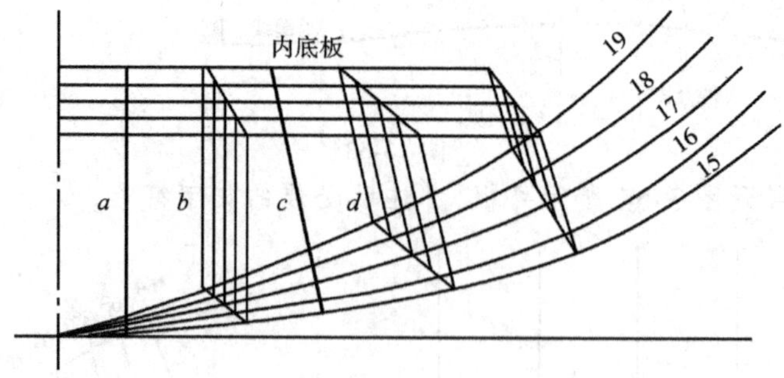

图 3-58

第四章　船体放样资料

● **学习目标**

知识目标

1. 了解各类样板的作用；
2. 掌握草图的作用及绘制方法；
3. 熟悉活络样板的构造及作用；
4. 掌握船体结构加放余量的方法及余量分类。

能力目标

1. 能制作和使用平面样板；
2. 能使用活络样板加工双曲度外板；
3. 能绘制构件草图；
4. 能对船体分段、零件加放余量。

船体型线放样和构件展开工作结束后，接着要向船体生产车间提供号料、加工、装配以及质量检验等用途的放样资料，如样板、草图和磁盘等，以作为生产依据和质量标准。因此，由放样间钉制一定精度的各种样板或样箱、绘制清晰明了的各种草图和拷出各种数控磁盘等工艺措施，是船体放样工艺中的第3项主要工作内容。

第一节　样板钉制

放样间收到的图纸中，除型线图外，一类是结构图，另一类是工艺图，或者是两者的结合。这些图纸大都不能直接用来施工，因为大部分船体结构的构件都与型线发生关系，而这些型线的型值均需从放样间地板上量得。

凡具有严重的双向曲度或展开后其零件轮廓线边缘呈曲线的船体零件，均不宜绘制草图，而需用样板进行号料。很多船体零件在成形加工的过程中，就需依照样板来保证加工质量。另外，在胎架制造、分段装配和船台安装、检验等过程中，也需用到一定数量的各种样板。可见，在整个船体建造的过程中，各道工序都与样板有关联，说明样板的钉制是保证船体建造质量的重要依据和标准。在现代造船中，样板和草图同为放样资料而共存，并且互为补充，凡是草图无法解决的问题，均借助于样板来解决。

一、样板的种类

（1）按样板的形状分：有平面样板和立体样板两大类。立体样板又称样箱或模型箱。样棒、格子样板等其他形式，均划为平面样板一类。

（2）按样板的用途分：有号料样板、加工样板、装配样板、胎板样板、检验样板等。

（3）按制作样板的材料分：有木质样板、扁钢样板、塑料样板、油毛毡样板、硬纸板样板、金属样板（如薄钢板或铝板、铝条）等。

总之,选用钉制样板的材料和形式时,都要根据用途来决定,还要考虑精度要求、使用时间、生产批量、经济效益等方面,在大多数情况下使用木材来钉制样板。

二、号料样板

号料就是在原材料上划线。对于焊接结构的钢质船体来说,号料工作一般有两个阶段,第一阶段是号“毛料”,即在构件进行加工之前,在钢板上画出需要切割的外形轮廓线及其他加工或装配用的线条。当构件经过加工并装焊成部件或分段以后,再一次画出构件的外形轮廓线及安装线等,以确定其正确形状时,则属于第二阶段的划线,称为二次号料。实际上装配号料样板多为平面样板,还有样棒、格子样板及样箱等。

1. 平面样板

平面样板主要用于梁拱、肋板、外板、舱壁、龙骨、纵桁、机座纵桁等构件的号料工作,它是按照肋骨型线图上或构件展开图上所表示的真实形状,用木板条钉制而成,在其上面画出线条符号和注明文字尺寸。把放样间地板上的曲线移画到木板上,一般有3种方法:

(1)视线尺画曲线法。先用样条把需移画的曲线对准压住,再将刨光的木板紧靠压妥的样条放平,然后用视线尺以样条为靠模来平行移动,在木板上画出平移曲线,如图4-1所示。如果曲线弯度大,可先把木板条两端大致锯成为接近曲线的弯度,以便木板更能贴近曲线样条而进行正确的划线。

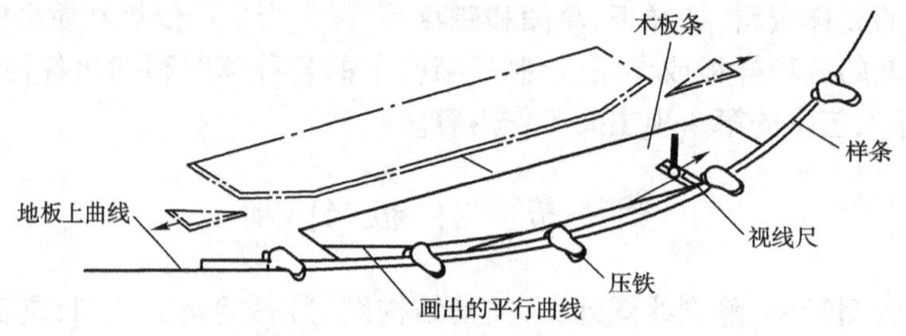

图4-1 视线尺画曲线法

(2)压板样条划线法。如图4-2所示,自制一种特殊的压板样条,沿地板上需移画的曲线对准压妥,然后将刨光的木板平放在地板上,再轻轻地移置于压板样条下方,用铅笔沿压板样条在木板上画出曲线。

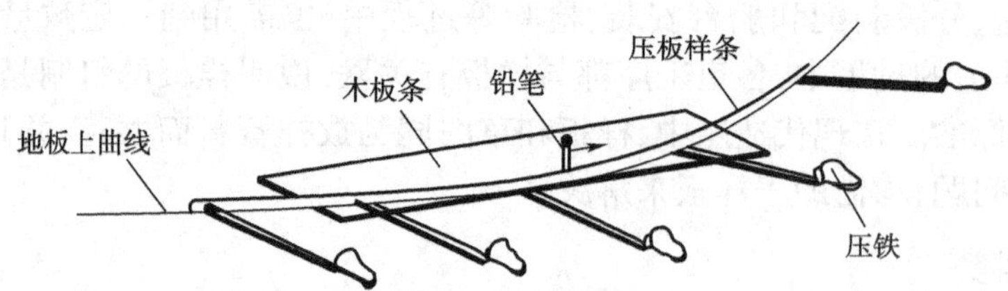

图4-2 压板样条画曲线法

(3)作等径圆弧外公切线的画法。紧靠地板上曲线的一侧,将刨光的木板放平,以地板上的曲线作为圆心的轨迹线,用圆规作一系列相同半径的圆弧于木板上,然后再作各圆弧的外公切线,该公切线即为所需之曲线(图4-3)。不过此法只适用于画弯曲度不大的曲线,而且圆弧的半径不宜过大,否则误差较大。

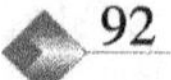

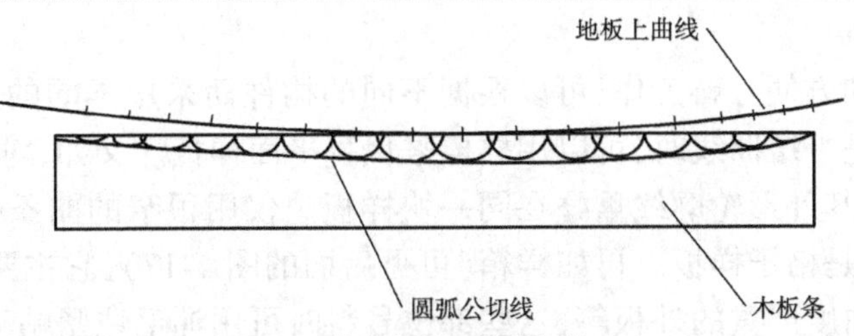

图 4-3　作等径圆弧外公切线法

画妥曲线的木板，即可沿所画的曲线进行锯刨加工，且使加工面与木板表面相垂直。然后将加工妥的木板沿地板上的曲线（如外板轮廓线、肋骨型线等）对准，当其误差不大于±0.5mm，再用铁钉钉制起来，中间要适当加木撑，木板与木板相重叠的地方应不超过两层，并使其与钢板接触的一面（即与地板接触的一面）保持平整，最后沿长度方向弹画出一条直检验线。钉制好的样板要写明构件名称、所属分段、船舶名称、材料牌号、板厚规格、号料数量、所处部位、余量加放位置及大小、施工符号等（图 4-4）。

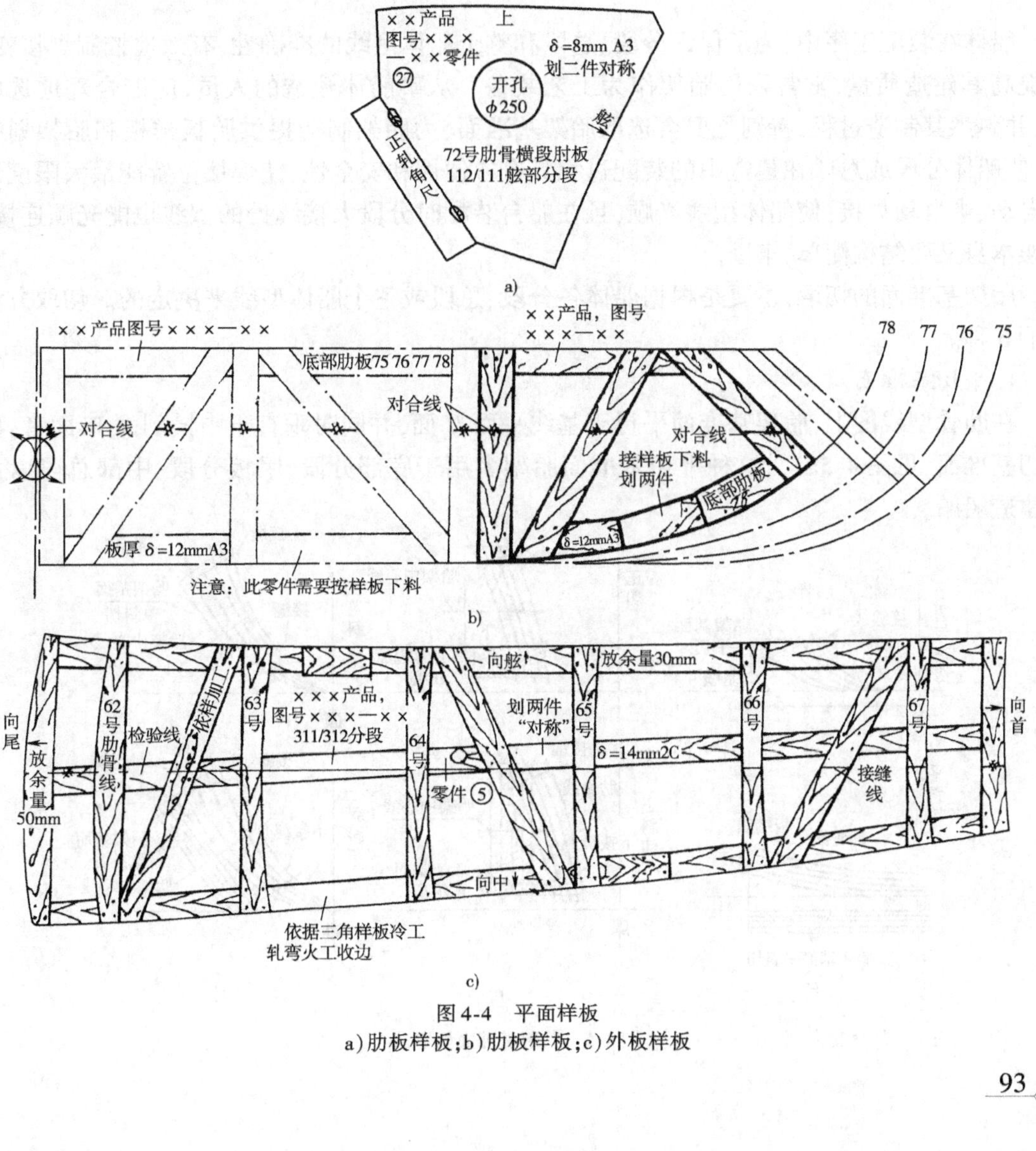

a)

b)

c)

图 4-4　平面样板

a）肋板样板；b）肋板样板；c）外板样板

2. 其他号料样板

为了节约木材和方便号料工作,可以根据不同的构件而采用不同的方法来进行号料。例如当平直钢板边缘呈平缓曲线时,可以用样棒来代替平面样板。又如,对于肋板、舭肘板、胎板等相类似的构件,将其外形轮廓线重叠在同一块样板。仅用很窄的曲条钉在格框上来表示不同曲度的曲线,这就是格子样板。再如样箱(可见后面的图4-17),它主要是用作加工的依据,如轴包板、锚穴、双曲度严重的外板等,这些部位号料时可用油毛毡紧贴于样箱上,从样箱里面向贴拢了的油毛毡上刻划出各种线条,再摊平油毛毡并沿其轮廓线剪开,将此油毛毡铺在钢板上进行号料。

对于船舶上需拆换修理的外板、甲板、内底板、舱壁板等,由于放样间没有它们的型线图和展开图,这时可利用船上所换下钢板的轮廓形状,或在船上已割去钢板的洞口部位,用层压板条钉制成样板,再行展平号料。这种在实船原位上录制钢板外形而钉制的样板,称为原位样板。

三、胎架样板

船体在装配工序中,为了保证分段、总段和整个船体型线的准确性,有效地控制焊接变形,以提高其建造质量,常常采用胎架作为工艺装备。从事船体建造的人员,应能合理地选取胎架,并熟悉其制造过程,特别是要会选取胎架基准面,为胎架制造提供胎板样板和胎架划线草图,使船体分段或总段在建造中的装配过程具有方便性和安全性;使焊接位置能最大限度地采用自动、半自动焊接;使船体型线光顺,且在船台装配时分段大接缝处的型线也能光顺连接,而胎架本身又要结构简单、牢固。

胎架基准面的切取,主要是根据船体各分段、总段或整个船体型线来决定的。切取方法有以下6种。

1. 平切基准面

在肋骨型线图上,胎架基准面平行于基线平面 H 面,并同时垂直于中横剖面 W 面者,称为平切基准面,见图4-5a)。这种平切基准面胎架多用于底部分段、甲板分段、中部总段以及整体建造船舶。

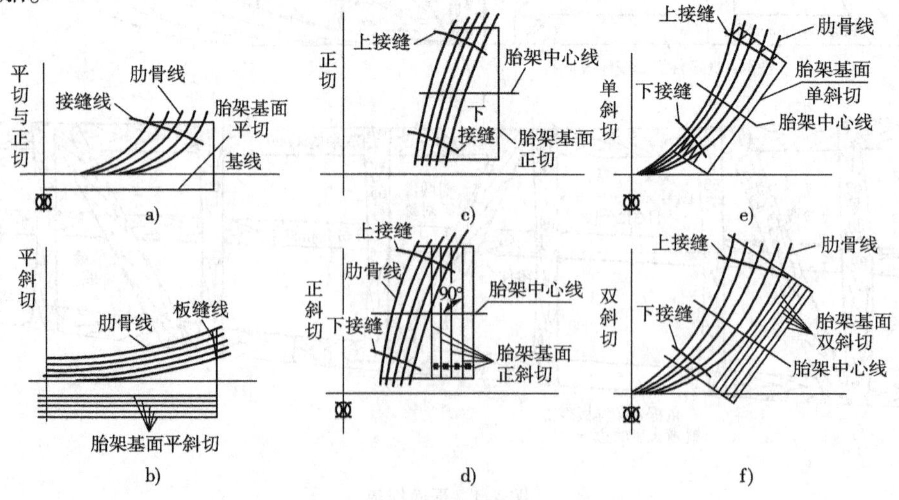

图4-5　胎架基准面切取法

2. 平斜切基准面

这种胎架基准面垂直于中纵剖面 V 面，而与基线平面 H 成小夹角倾斜，与各肋骨剖面的交线为一组间距相等的平行直线，如图 4-5b）所示。这种平斜切基准面的胎架，主要用于船体首尾部分分段的制造。

3. 正切基准面

在肋骨型线图上，胎架基准面平行于中纵剖面 V 面同时又垂直于中横剖面 W 面者，称为正切基准面，见图 4-5c）。这种正切基准面胎架主要用于一些纵、横向型线较为平直的或曲率变化缓和的舷侧分段的制造。

4. 正斜切基准面

这种胎架基准面垂直于基线平面 H 面，而与中纵剖面 V 面成小夹角倾斜，与各肋骨剖面的交线也为一组间距相等的平行直线，如图 4-5d）所示。这种正斜切基准面胎架，主要用于船体首尾部分舷侧分段的制造。

5. 单斜切基准面

这种胎架基准面与基线平面 H 面倾斜一定的角度，但同时垂直于中横剖面 W 面，如图 4-5e）所示。这种胎架基准面的切取，适用于船体横向肋骨型线弯势变化较大，而纵向型线弯势变化不大的舷侧分段。

6. 双斜切基准面

这种胎架基准面既与基线平面 H 面有一横倾角，又与中横剖面 W 面构成一个纵倾角，如图 4-5f）所示。这种胎架基准面的切取，适用于船体肋骨线在横向比较倾斜而纵向型线弯势变化又较大的首、尾舷侧分段。

以上 6 种胎架基准面的切取方法中，平切与正切基准面胎架的制造和其分段、总段或船体的装配、划线、检验都较简便，因此被广泛采用。单斜切基准面胎架的制造和使用也比较简便，能使整个舷侧分段处于接近水平的状态，既降低高度又便于施工，也被广泛采用。平斜切与正斜切基准面胎架则因其基准面与各肋骨剖面有一小于 90° 的夹角，各横向胎板与其基准面并不垂直，所以它的制造和使用均不如平切和正切基准面方便，但能使所制造的整个分段处于接近水平的状态，避免工人攀高和便于焊接施工。双斜切基准面与各肋骨剖面也有一小于 90° 的交角，即各道横向胎板与胎架基准面并不垂直，因此使胎架制造和分段装配、划线及检验测量等工作比较麻烦。但和平斜切、正斜切基准面胎架一样，使胎架高度降低，并使所制造的分段纵横方向都处于接近水平的状态，有利于安全生产和扩大自动、半自动焊接。目前，船厂使用胎架基准面多为平切与正切基准面、双斜切基准面。

当胎架基准面选定以后，根据船体分段、总段或整个船体建造的需要，确定胎架的种类。胎架种类比较多，按其胎板方向可分为横向胎架、纵向胎架和支柱胎架三种，保证船体型线的主要构件就是胎板或支柱。它们和船体分段、总段或整个船体外表面（或甲板的上表面）接触的形式不外乎 3 种：横向线接触、纵向线接触、点接触。

横向胎架的胎板是一种平面样板，其划线与钉制方法类似于平面样板。如图 4-6 为底部分段胎架横向胎板样板，由于底部分段的肋骨型线左右对称，其样板的工作边缘只需按照船底分段半宽的对应肋骨型线录制。又如图 4-7 为舷侧分段胎架横向胎板样板，由于沿整个舷侧分段的肋骨型线曲率均有变化，故其样板的工作边缘需依照整个舷侧分段宽度的肋骨型线录

制。至于甲板分段胎架的横向胎板样板可借用梁拱样板来代替。

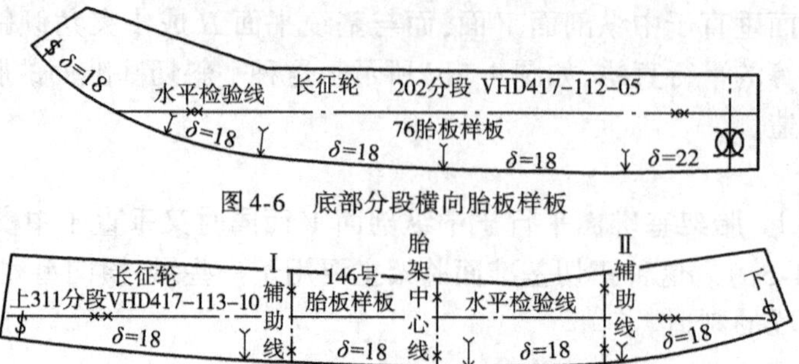

图 4-6 底部分段横向胎板样板

图 4-7 舷侧分段横向胎板样板

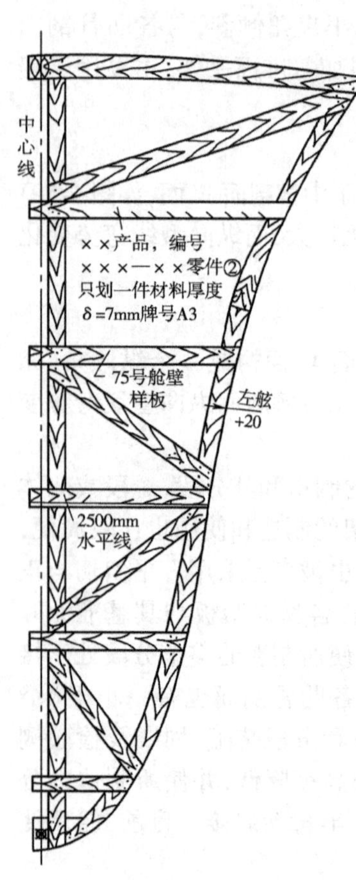

图 4-8 横舱壁装配划线样板

纵向胎架的胎板样板多用于小型船舶采用整体建造时，钉制时先确定胎板理论面距离船体中心线的大小，用作纵剖型线的方法求出其真形，然后按照上述横向胎架的胎板样板钉制方法，依据纵向胎架胎板的展开真形钉制成纵向胎板样板。

在胎架的制造过程中，胎板样板和胎架划线草图常常对照着同时使用。

四、装配样板

船体建造进入装配工序时，为了保证装配质量，需要用到装配样板，如装配划线样板、装配角度样板(即开挠尺样板)等。

1. 装配划线样板

装配划线即二次号料，是对于船体部件或分段在其制造过程中，用来修正因焊接变形而引起的误差所采取的工艺措施。即在一次号料时，对有些船体零件的轮廓线不予切割，待整个部件或分段装焊结束以后，再复画一次，准确切割第二次的轮廓线。这种用来复画的样板，就称为装配划线样板，如图 4-8 所示横舱壁的装配划线样板，它既可作一次号料样板，又可当二次号料样板。又如图 4-9 则为各层甲板分段首、尾端圆弧的划线样板，供甲板分段拼板焊妥后画轮廓线用，因左右对称而只钉制一半。

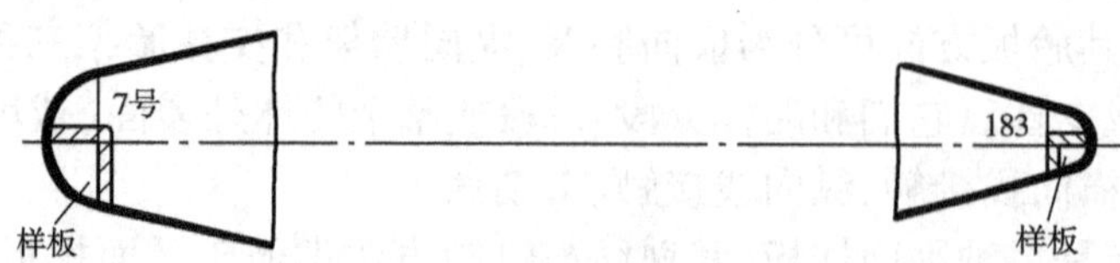

图 4-9 甲板首、尾端划线样板

2. 装配角度样板

如图 4-10 ~ 图 4-12 所示为各种装配角度样板。在船体装配工序中，为了提高装配质量，

保证构件与构件之间的夹角符合要求，像T型梁的面板与腹板的夹角有一定要求时，分段中骨架与板材间的夹角要保证肋骨理论面在肋骨剖面内时（图4-10），分段与分段装配要保证空间位置准确时（图4-11），竖向或纵向骨架与板材间的夹角有规定时，板与板间有夹角要求时，在倾斜船台上装配船体要修正倾角影响时（图4-12），以及有些型钢不但扭曲而且两个侧面还有一定要求之夹角时（如舷边角钢）等情况，都要用到装配角度样板。

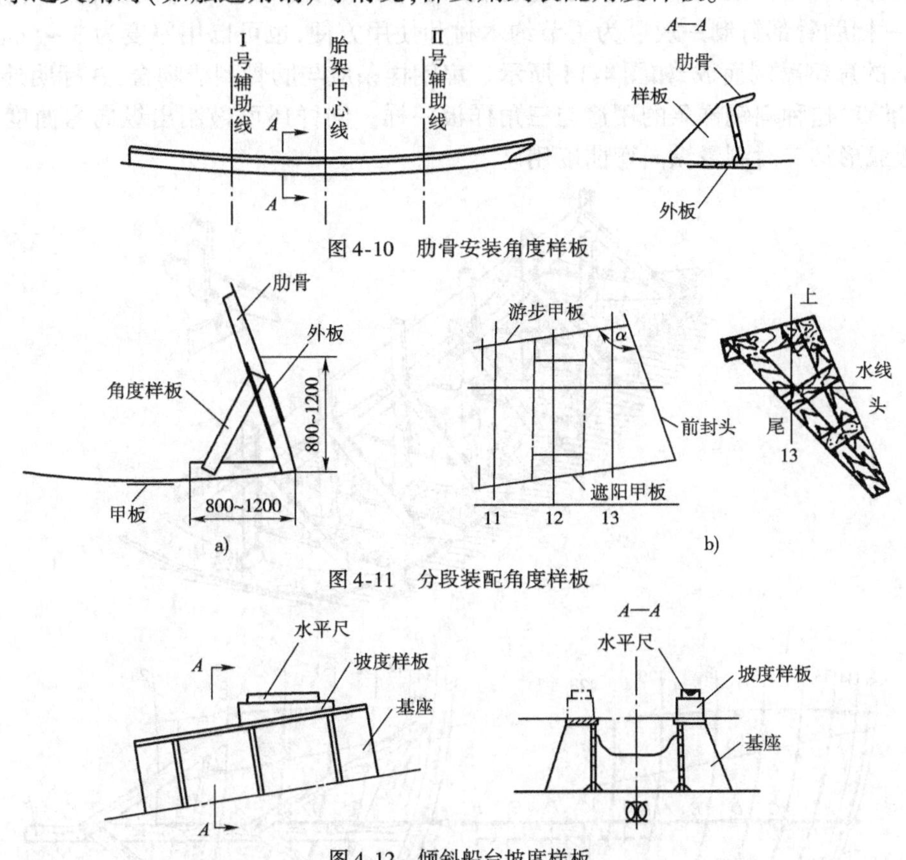

图4-10 肋骨安装角度样板

图4-11 分段装配角度样板

图4-12 倾斜船台坡度样板

五、加工样板

经过号料和边缘切割加工后得到的船体零件都是平直的，除了平直构件外，凡是具有弯曲度的构件如外板等，都需根据构件的曲型要求进行弯曲成形加工。为了保证构件加工的准确性，必须钉制加工样板，作为构件成形加工时测量弯曲度的依据。对于一般能用近似方法展开的外板均采用三角样板或扁钢样条，而对于具有严重双曲度的外板则需采用样箱了。

1. 三角样板及扁钢样条

如图4-13a）所示，每一个三角样板都有一个直立的柄，在这些柄上有一个刻度，钢板经过成形加工后，三角样板直立其上，这些柄的同一个边就在空间形成一个平面，每一个柄上的刻度连接起来就成为一根直线，说明外板纵向弯曲符合船体型线要求。

（1）首先在肋骨型线图上外板的适中位置作一直线，和各肋骨型线相交于A、B、C…各点。

（2）在该直线上作两点A_1和F_1，使$AA_1=FF_1$。

(3)按肋骨档数等分A_1F_1得到B_1、C_1…各点。A_1、B_1、C_1等交点即为各块三角样板对合线的基准点。三角样板的基准点也可以重合在一起。

(4)分别钉制三角样板,使直柄的一条边与AF_1直线重合,曲型样板条与肋骨型线吻合,两端加撑,并在三角样板上录画下基准点、外板纵缝点及外板展开基准点等。如果外板的纵向弯曲度不大时,三角样板可以隔一档肋骨钉制一块;如果外板的纵向弯曲度较大时,则三角样板必须每一档肋骨都钉制一块。为了节约木材和使用方便,也可以用厚度为3~5mm、宽度为25~50mm的扁钢敲制而成,如图4-14所示。扁钢样条应与肋骨型线吻合,并标明外板纵缝点及展开基准点,这种扁钢样条的用途与三角样板一样。同样还可敲制出纵向弯曲度的扁钢样条,供外板成形加工时测量纵向弯曲度用。

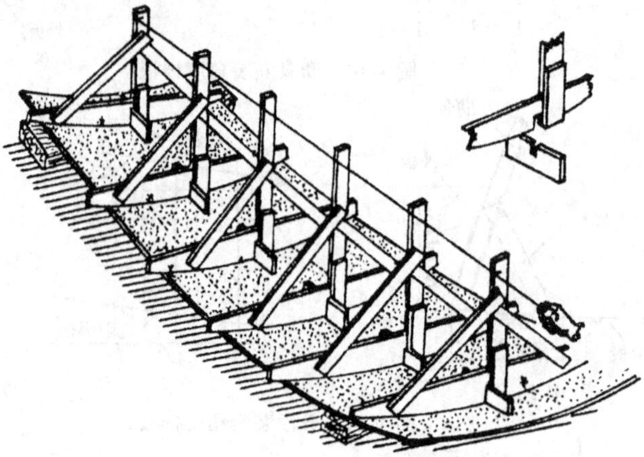

a)

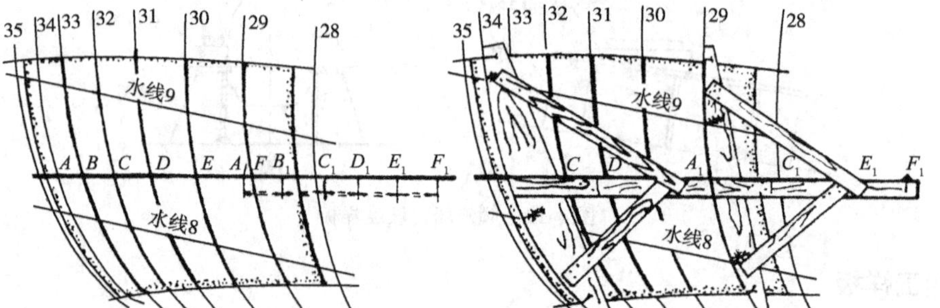

b)

图4-13 三角样板的钉制

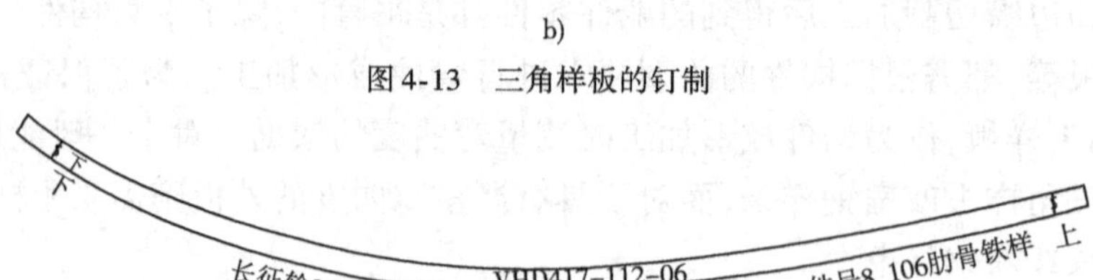

图4-14 扁钢样条

2. 活络三角样板

活络三角样板是"铝质活络加工三角样板"的简称。它采取了沿用已久的木质三角加工样板作为船体外板加工的依据之一。其使用特点是在加工外板摆样时，改变了以往由于肋骨弯度而形成样板与外板呈夹角而倾斜放置的缺点。而活络三角样板只需要垂直外板放置即可，因为它是通过计算机处理，计算出肋骨的法向面，所以使用简便，在实际操作中更体现其良好的实用价值。

(1)活络三角样板具有以下优点：

①经济效益：一次性投资，然后可经久反复地变换调节使用，因而节省了大量的木材和人工。

②社会效益：为造船生产取消1:1肋骨型线(刨台)创造了重要条件。为此，目前已有许多造船厂采用，尤其在20世纪90年代为赢得造船工业的振兴成为发展的方向。

(2)活络三角样板功能：活络三角样板为铝质结构，重量轻，每副约2.1～4.2kg不等，且有一定的刚度，在调节、使用、搬运和堆放过程中不易变形。主骨架为槽铝，调节伸缩杆为薄铝板，由立杆和横杆组成"土"字形。以主立杆为中心，通过伸缩杆带动弹簧钢带形成光顺的弯曲型线。活络三角样板的各个节点，均用元宝螺钉紧固定位，通过粗调和微调形成任意内外相切的连续弧形。其调节范围是正弯曲、反弯曲及S形双向弯曲。调节幅度为：正弯曲最大幅度300 mm，反弯曲最大幅度300mm，S形双弯曲最大幅度150 mm。除船体K行折角龙骨底板、折角外板、轴包板、小半径圆弧以及S形双向大弯曲度板外，全船90%以上的外板均可使用。

(3)活络三角样板的形式与规格：活络三角样板形式有多种，如耙式标尺样板、梳状式样板和二翼扇形梳状式样板等。其作用与原理均相同，仅功能有所各异。现以二翼扇形梳状式活络三角样板为例介绍。二翼扇形梳状式活络三角样板(图4-15)，是在梳状式活络三角样板的基础上演变而来的。它的特点是：既有二翼上下煽动的粗调节结构，又有伸缩杆的微调节结构。其主要构件有：立杆、横杆、扇形连接板、伸缩杆、吊紧螺钉、弹簧钢带和各种规格的固定螺钉(图4-15)。此外，还有与样板配套使用的系列设施，如坐标钢平台、磁铁、样板型值表、样板调制室和样板周转存放库等。

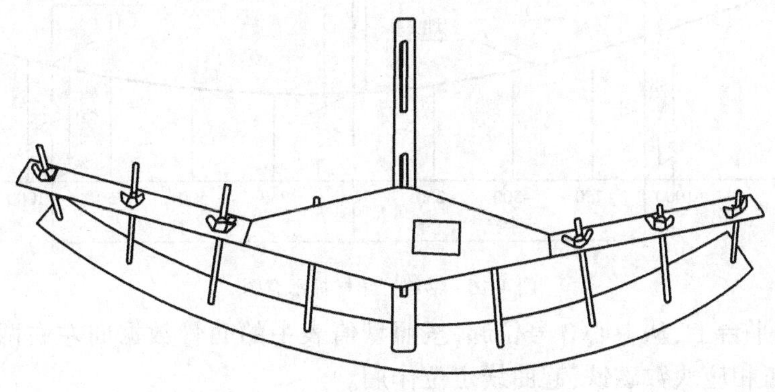

图4-15　二翼扇形梳状式活络三角样板

活络三角样板的规格尺寸是根据不同种类的船型和船体不同部位、不同规格的外板排列而设计的，通常有：1000mm、1200mm、1400mm、1500mm、1600mm、2000mm、3000mm几种。

(4)活络三角样板的调节步骤:

①根据计算机提供的活络三角样板型值表(表4-1)进行调节(参见图4-16)。

活络三角样板型值表(mm)　　表4-1

肋骨	三角样板规格	下仿高	下仿宽	-750	-500	-250	-0	250	500	750	上仿高	上仿宽
4^{-300}	1500	40	-603	46	37	30	26	26	28	33	30	603
4	1500	34	-586	40	32	26	24	24	26	32	28	586
3	1500	25	-553	31	24	20	19	20	24	31	26	553
2	1500	17	-520	22	17	15	16	19	24	32	25	520
1	1000	12	-487		12	12	15	19	26		26	488
0	1000	10	-454		10	11	15	20	28		26	455
-1	1000	11	-234			11	15	21	30	40	37	683
-2	1000	14	-198			13	17	24	33	44	39	651
-3	1000	16	-164			15	20	27	37	49	42	619
-4	1000	21	-129			19	24	32	41	54	45	587
-5	1000	25	-96			23	27	35	46	61	49	554

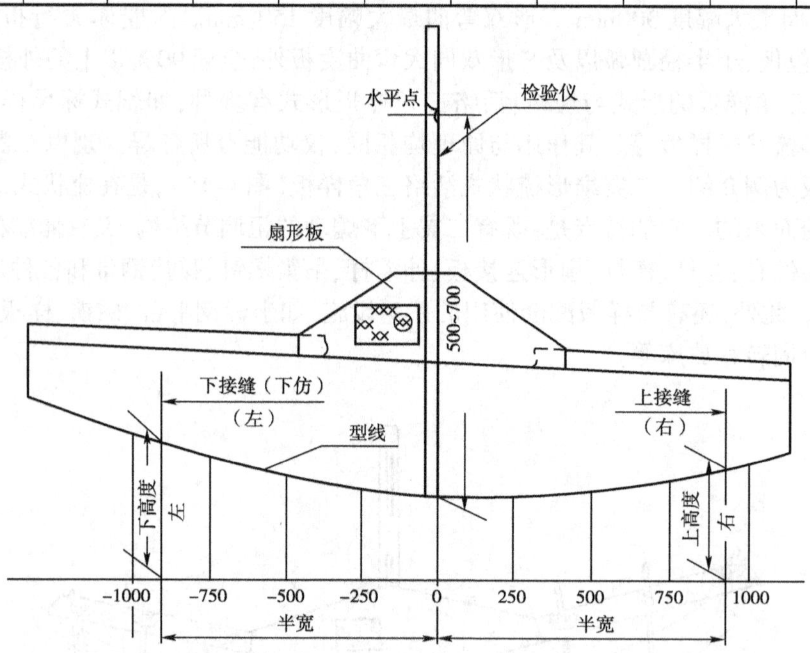

图4-16　活络三角样板示意图

②在坐标钢平台上,从中心0号位起,按照型值表中的肋骨数据向左右两边取值,并在各取值点下方,放置相应块数磁铁,起曲线定位作用。

③将活络三角样板靠近放置磁铁定位的坐标点上,以样板主杆的一侧(即为检验线)为0号位,然后将已放松的弹簧钢条紧靠各号磁铁上,检验钢条形成的曲线光顺后,再拧紧所有紧固螺钉。

④划出上下纵接缝线和水平检验点,用白色胶带作出明显标记。

⑤将写有产品名称、分段号、零件号和肋骨号的标签贴在活络三角样板扇形板面上,其余各号肋骨的调节步骤均相似。

活络三角样板主要用于滚压成形加工外板以及水火弯曲板材构件。

3. 样箱

对于一部分纵横向弯曲度严重的外板、首柱尾柱板、轴壳包板等船体型线特别复杂而又不能近似展开的外板等,需要钉制样箱来供展开、号料、加工、检验用(主要用作加工依据)。样箱相当于从船体上切割下来的一个立体部分,样箱的外表就是外板的内表面,即船体理论表面。由于船体是左右对称的,所以左右样箱需分开钉制两个,中间样箱则钉制成完整的一个。样箱钉制的主要工作是剖面选取与展开,为了保证型线正确,必要时可以加中间辅助剖面;其次是要保证样箱的结构具有足够的强度和刚度。现以图 4-17 所示之尾轴包板为例加以说明,具体步骤如下:

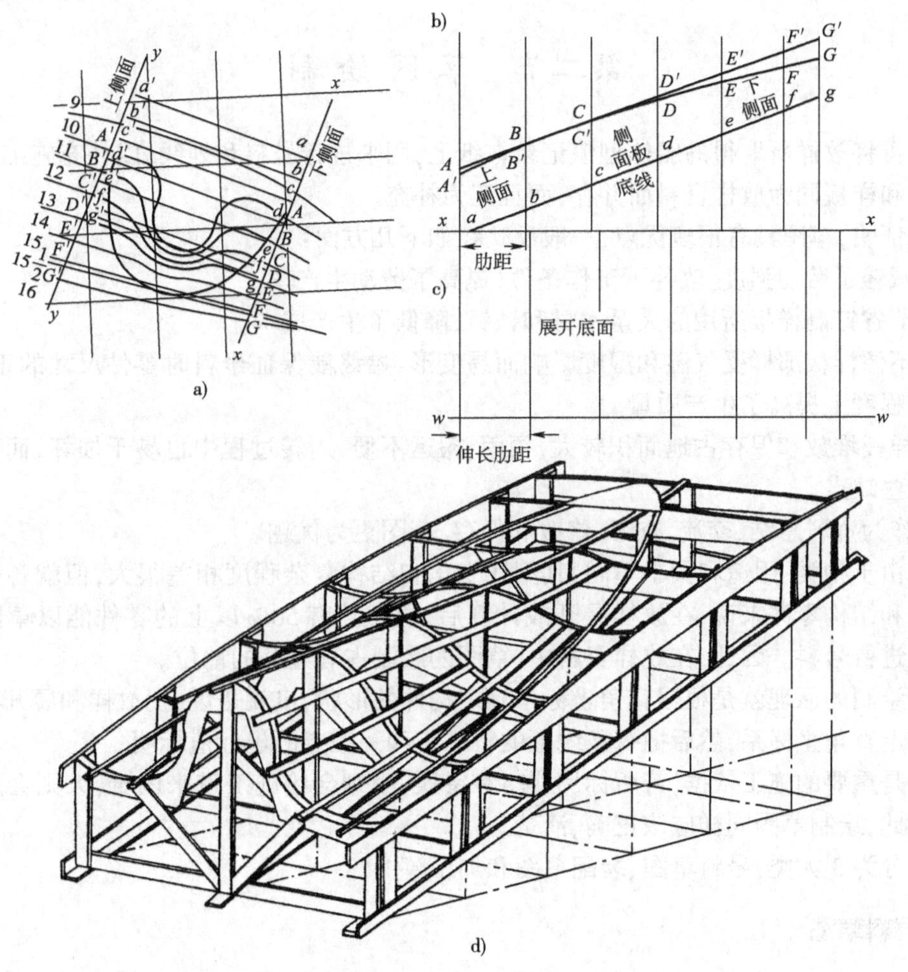

图 4-17　尾轴包板样箱的钉制

(1)在肋骨型线图上,根据尾轴包板的型线变化情况,在其接缝线外作垂直于 W 面且相互平行的上、下侧板理论面(相当于单斜切面),分别与肋骨型线相交得 A、B、… 和 A'、B'、… 各

点,过轴壳包板首、尾肋骨线交点 A 与 G 点,截取 $A_a = G_g = 500 \sim 800$ mm,得 a、g 点,按肋骨档等分 ag 后,过各等分点作下侧面线的垂线并与上侧面线相交,则 aa_1g_1g 为双斜切基准面。

(2)求出上、下侧面的真形,即在 V 面格子线上作出 $ab\cdots g$(及 $a_1b_1\cdots g$)的伸长肋距,再按 A_a、B_b、$\cdots$、G_g(及 A_1a_1、B_1b_1、$\cdots$、G_1g_1)截取后在格子线上画出 $AB\cdots G$(及 $A_1B_1\cdots G_1$)线,即得下(上)侧面真形图。

(3)作出样箱双斜切底面的真形图。在肋骨型线图上钉制每一档肋骨的肋骨剖面样板框,按纵倾角 α 对号立于底面图上。再将按照上、下侧面真形图钉制的样板框也立于底面图上,并与各肋骨剖面样板框连接。各种样框之间适当加支撑和牵条,以增加强度和刚度来保证型线光顺性,并将各水线、纵剖线、接缝线画上,即成尾轴包板样箱。双桨船舶的另一舷需按上述同样方法钉制对称的样箱。

由上可知,钉制样箱费时费料,因此,除必要外,凡可用平面样板或草图解决问题的,均不钉制样箱。

第二节　草图绘制

草图可将放样所取得的船体型值记录在纸上,用来进行号料和划线,以补充施工图纸的不足。草图和样板同为放样资料而并存,而且互为补充。

实践证明,草图具有很多优点,一般反映在如下几方面:

(1)减轻了劳动强度,改善了工作条件,提高了劳动生产率。

(2)节省钉制样板所用的大量木材和铁钉,降低了生产成本。

(3)不像样板那样受气温和湿度影响而易变形,始终能保证号料时零件尺寸的正确性,从而在一定程度上提高了生产质量。

(4)样板堆放和保存占地面积较大,领用、搬运不便,周转过程中也易于损坏,而草图可完全避免这些缺点。

(5)作为资料总结、交流、查考、修改和保存,草图更为优越。

船舶由于种类、用途和大小不同,其型线变化和结构复杂程度相差很大,但就各个船舶的船体外板和结构零件来说,在放样展开或计算后,通常约有 50% 以上的零件能以草图形式来代替样板进行号料。因此,在放样资料中,草图的绘制占有显著的地位。

草图绘制的原理就是根据直角坐标来确定构件的形状,也就是说,把放样和展开在地板上的构件加上直角坐标系,然后把每条线上的特殊点和一般点的坐标值标明。

草图是重要的施工依据,若所标尺寸略有错误,小则会给施工带来困难,大则会造成报废返工。因此,绘制草图同样应该正确、清楚。

草图分为 3 大类:号料草图、装配草图和加工草图。

一、号料草图

1. 零件草图的绘制

零件草图是号料草图中的一种,其绘制的简要步骤如下(图 4-18):

(1)按展开零件的图形特征,在图纸上的适当部位,绘两根互相垂直的细直线(相交处注

明 90°)作为直角坐标轴。若零件图形本身具有直角边,坐标轴就应选择在直角边上,使零件草图更为简明。

产品名称	图号	名称	件号	数量	牌号	规格
7500t 客货船	VHD413-113-17	外板	2	工件"对称"	3C	δ=18mm

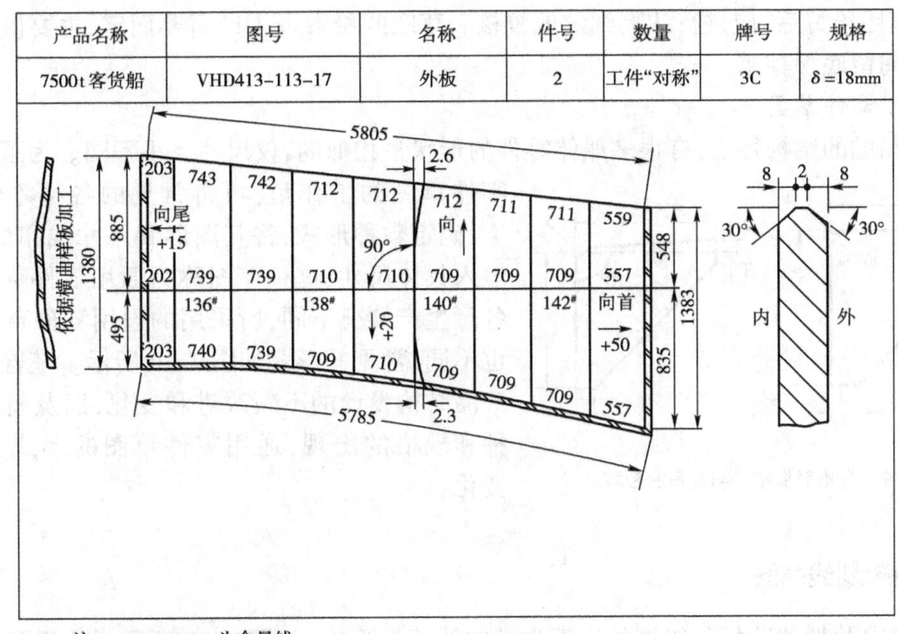

注:▱▱▱为余量线。

图 4-18　外板草图

(2)按图形画出展开零件的图形。图形尺寸并不要求严格地按比例,但给出的图形一定要能确切地反映出零件的形状特征。

(3)标注尺寸时,要考虑到下道工序的实际情况,应便于号料时划线,在图中不应出现需换算的尺寸。草图上的尺寸必须标注正确、完整、简洁、明了。

(4)标明零件所处的方位。如肋骨号码、向首、向尾、向中、向舷、向左、向右、向上向下等均应标注清楚。

(5)注明零件所需加放工艺余量的大小及方向。

(6)标注零件的施工工艺说明和加工符号。

(7)一般在图纸上画出表格,填写产品名称、分段名称、图号、零件名称、件号数量、材料牌号和规格等,见图 4-18。

在实际生产中还需注意一些习惯上的规定和要求,以便更好地掌握草图绘制方法。此外,绘制零件草图还应该注意如下事项:

(1)零件草图上的图形,习惯上规定以装有骨架的一面向上,草图的左端定为尾方向,右端定为首方向,上端为零件的上部。所以绘制船体外板零件的草图时,均以左舷外板零件为准。

(2)草图中所标注的尺寸均为展开净值,工艺余量应另外加放。

(3)零件如有肋骨弯度,其数值和方向均应标注清楚;零件上的开孔或切口,无论其对称与否,都应详细说明。

(4)在通常情况下,一个零件画一张草图。如果有些零件的形状相似,仅尺寸不同时,则

可绘制简要图形,再增设表格,列出各相似零件的件号、尺寸大小和数量。这样,在一张草图上,也可将多个零件表示清楚。

(5)草图绘好后,应进行认真细致地校核。草图的份数视生产需要而定,主要供各工序施工和放样间留底保存用。

2. 通用零件草图

根据船舶的结构特点,有很多船体零件的形状是相似的,仅尺寸大小不同。为了减少绘制零件草图的工作量,可将常见的各种零件分门别类,确定数种形式,将其图形和尺寸线印好,应用时填入具体尺寸,这种草图称为通用零件草图。由于各厂生产情况不同,所采用的通用零件草图的形式也不同,常见的形式如图 4-19 所示。随着今后船舶产品结构设计的不断改进和变化,以及新的材料品种和规格的出现,通用零件草图的形式也会有所变化。

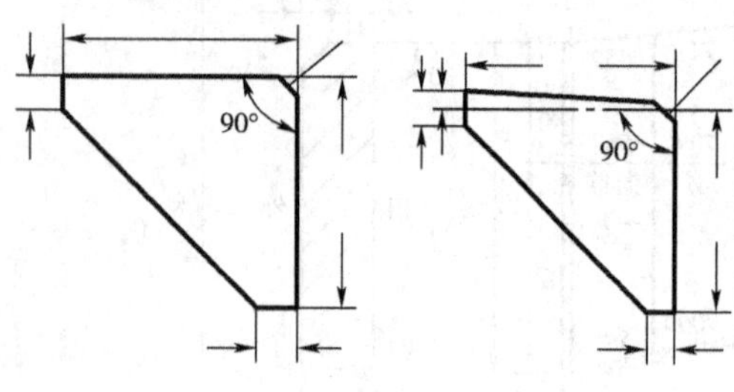

图 4-19　直角肘板零件与钝角肘板零件

二、胎架划线草图

(1)横向胎架的胎板与船体外表面为横向线接触形式,如图 4-20 所示。放样间除了为胎架制造提供胎板样板外,还要画出这种胎架的划线草图。不过这里均以理论面和理论线的尺寸为准,在具体制造胎架时,因胎板是与外板的外表面接触的,尤其是各列外板板厚不一致时,需扣除外板厚度,在应用胎板样板号料和使用草图组装时,均需注意这一点。胎架划线草图的绘制用图 4-20 为例加以说明。

胎板肋位	H_1	H_2	H_3	H_4	H_5	B_1	B_2
136	299	122	139	291	556	3514	2611
138	297	143	158	289	532	3482	2666
140	292	163	168	283	503	3449	2718
142	294	183	184	275	472	3415	2770
144	310	208	203	270	436	3377	2822
146	330	232	223	269	400	3338	2872
148	355	260	243	265	360	3296	2911
150	390	294	266	262	321	3252	2964
152	438	303	292	261	278	3203	3010
154	493	384	325	266	234	3154	3055
156	564	445	361	272	164	3101	3099
158	647	517	404	279	136	3043	3142
160	735	600	461	292	76	2984	3183

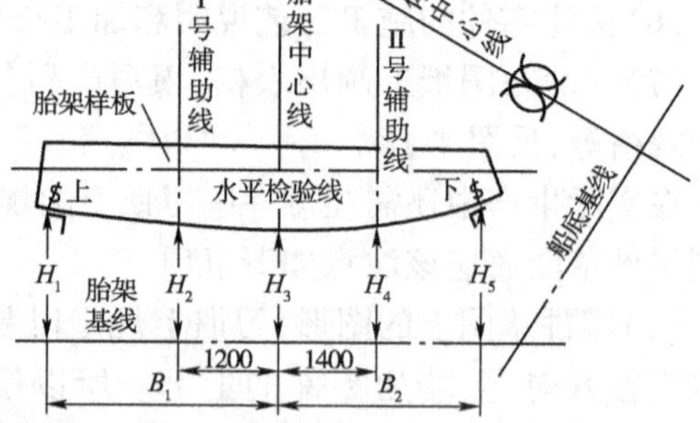

图 4-20　舷侧分段双斜切基准面横向胎架划线草图

图 4-21a)为舷侧分段的肋骨型线,先作胎架基准面 $ABCD$,即在最外侧肋骨线外适当距离 AB 直线大致平行整个分段的横向趋向,在最里侧肋骨线外适当距离作 $CD /\!/ AB$,然后作 $AD \perp AB$,$BC \perp AB$,且 BC 和 AD 分别距上下、纵缝线的最小距离为 50mm,按肋骨型线数等分 AD、BC,对应点连接起来即得胎架基准面与肋骨剖面的交线。再在整个分段宽度约 1/2 处作中心

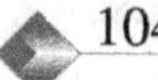

线垂直于 AB 线，并在适当部位作辅助线与中心线平行。量取中心线、各辅助线与每根肋骨型线及其对应基准线交点间的距离 H；还有上、下纵缝点到中心线的距离 B 等，填入图 4-21b）。量取纵倾角 α，求出基准线伸长间距，即可画出胎架草图，如图 4-20 所示。

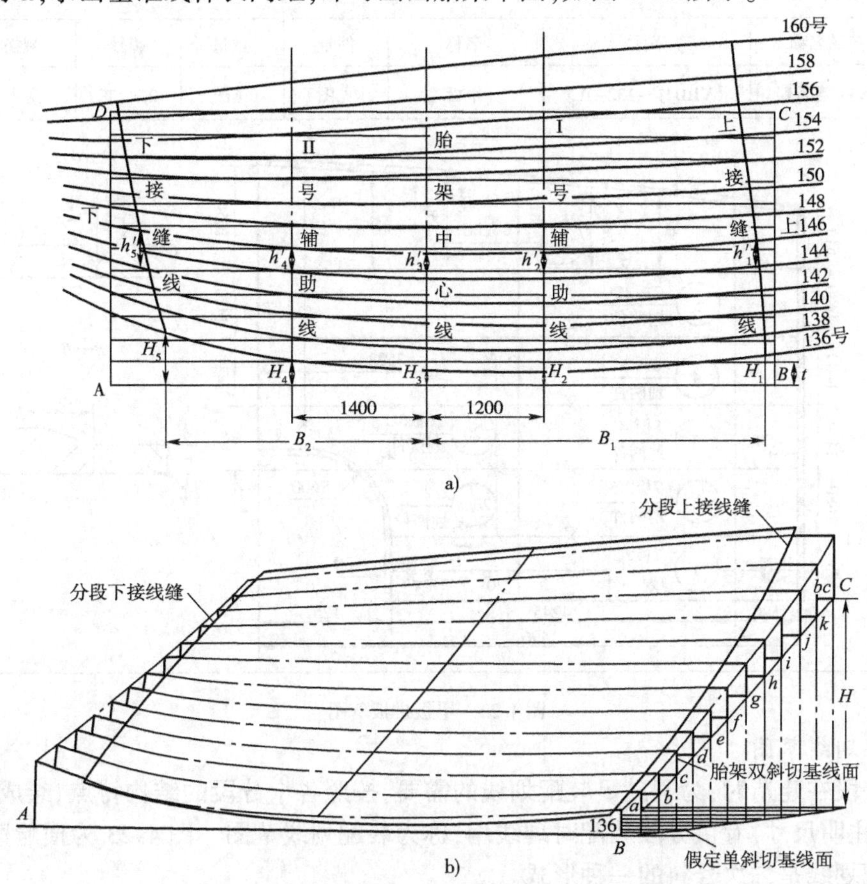

图 4-21 舷侧分段双斜切基准面的切取和取数示意图

（2）纵向胎架的胎板与船体外表面则为纵向接触形式，这种胎架多用于小型船舶采用整体建造法制造时，故胎架基准面的切取一般为平切形式，为了节约而在肋骨型线图上，作出基准面和胎板理论面的投影（它们均垂直于 W 面），然后在 V 面格子线上像求作纵剖型线那样画出纵向胎板的型线，再用类似于上述横向胎架划线草图的绘制方法画出图形，列出表格，标明尺寸即得胎架划线草图。

（3）支柱式胎架与船体外表面为点接触形式，这种胎架基准面的切取，一般为平切、正切或单斜切形式。它的胎架画结草图绘制起来较为简单，只要在肋骨型线图上的相应分段处选好基准面，作为基准线，并且作出垂直于基准线的胎架中心线及其相隔适当间距的若干辅助线。然后量取这些分别与各条肋骨线交点至基准线的高度值 H，并填入所绘草图上相应的表格中，即得支柱式胎架划线草图。

三、装配草图

1. 装配拼板草图

对于平直的或是曲度不大的板列及平面分段上的板列，例如，平行中体处的底部外板、舷

侧外板、内底板、平台甲板、各层甲板、中内龙骨板、纵、横舱壁板、上层建筑围壁板等都是由大量平直的钢板拼接而成的,故使用草图进行拼板后,在整块板列进行号料比较方便,这类草图称为拼板草图,如图4-22所示。

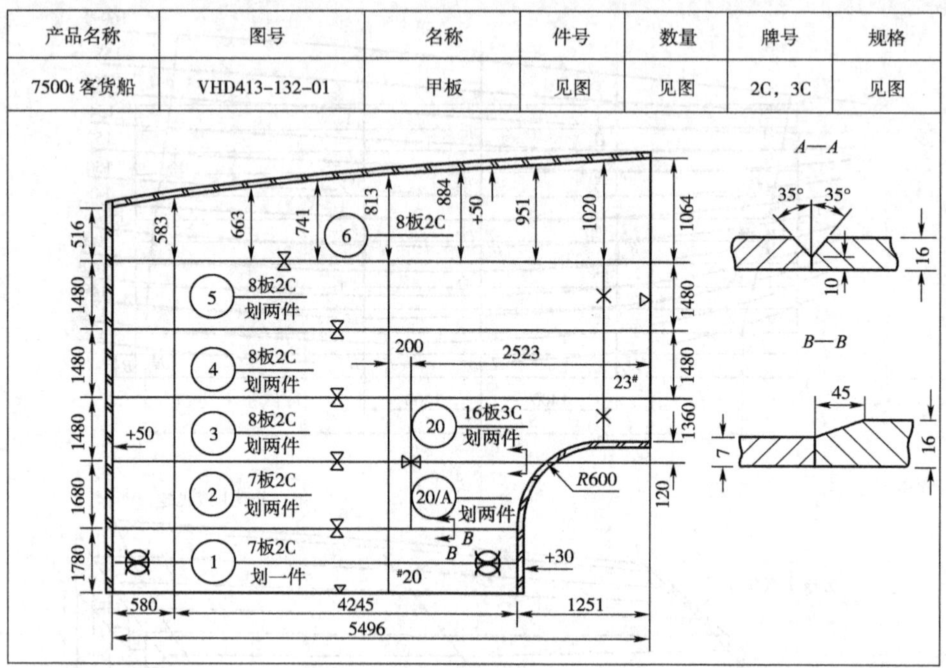

产品名称	图号	名称	件号	数量	牌号	规格
7500t 客货船	VHD413-132-01	甲板	见图	见图	2C，3C	见图

图4-22　甲板拼板草图

2. 装配划线草图

船体分段在建造时,为了满足装配划线的需要,按照各个分段的结构特点,绘成简明草图,列出表格,注明尺寸,专供分段装配时划线用,称为装配划线草图。图4-23为横舱壁装配划线草图。装配划线是二次号料的一种形式。

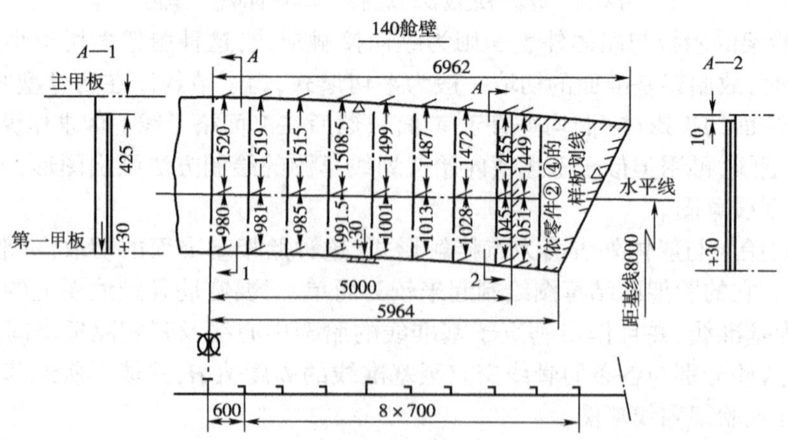

图4-23　横舱壁装配划线草图

3. 装配立体草图

在船体装配中,由于施工图纸不能很详细地表示出装配步骤以及焊接符号,因而需要绘制

一些指导装配工作的草图,称为装配草图。这种装配草图除了画成平面图形外,有些还画成立体图形。这种装配立体草图绘制起来十分麻烦,但对装配工作却带来很大的方便。

四、加工草图

加工草图是用于构件加工的一种草图,如逆直线草图就是用于型钢弯曲加工的一种草图。一般弯曲的型钢在加工时要根据弯曲的型值(对数控肋骨冷弯机来说)或弯曲加工样板(对自由成形的弯曲工艺来说)进行弯曲。若采用自由成形工艺弯曲型钢,还可采用逆直线的工艺方法。其原理是:如果在弯曲的型钢上作一根或几根直线(图4-24a),将这根型钢矫直时,这些直线就成为曲线了(图4-24b)。反之,如果在未弯曲加工的直的型钢上作出弯曲的准线,经过加工后,这些弯曲的准线分别变成为直线,同样可以据此获得准确的弯曲形状,这就是逆直线的原理。

应该指出,在绘制逆直线加工草图或按草图在型钢上画准线时,必须以型钢的中和轴为依据。当然,在型钢弯曲度不大时(例如甲板纵桁、舭龙骨等),其中和轴长度和型钢边线的长度相差不大,则可以近似地以边线为划线依据。如果型钢弯曲度比较大,可以用两根或两根以上的准线交叉(图4-24),但是这样做精度较差。如果型钢弯曲度很大(也就是曲率半径很小),可能要用到热加工,由于加热温度不均匀容易造成中和轴位置偏离,这时就不能用逆直线法。

现以肋骨为例说明逆直线草图的作法如下(图4-24):

(1)在肋骨型线图上以对应的肋骨型线为型钢的边线,根据所用型钢的规格而得出其中和轴距离边线的尺寸,从而画出中和轴的位置线。

(2)画出一根或几根直准线。

(3)等分中和轴实长线并过等分点作中和轴实长线的法线(垂线)。

(4)沿着这些法线量出中和轴到准线的距离$\Delta 1$、$\Delta 2$、$\Delta 3$…。

(5)在草图上画好直型钢并作出中和轴线且等分之,过各等分点作中和轴线的垂线,在垂线上对应截取$\Delta 1$、$\Delta 2$、$\Delta 3$…各线段得各准线点,将这些点连接起来即为逆直线之准线。

以上画成的逆直线草图可以取代肋骨加工样板,且提高冷弯加工工效。

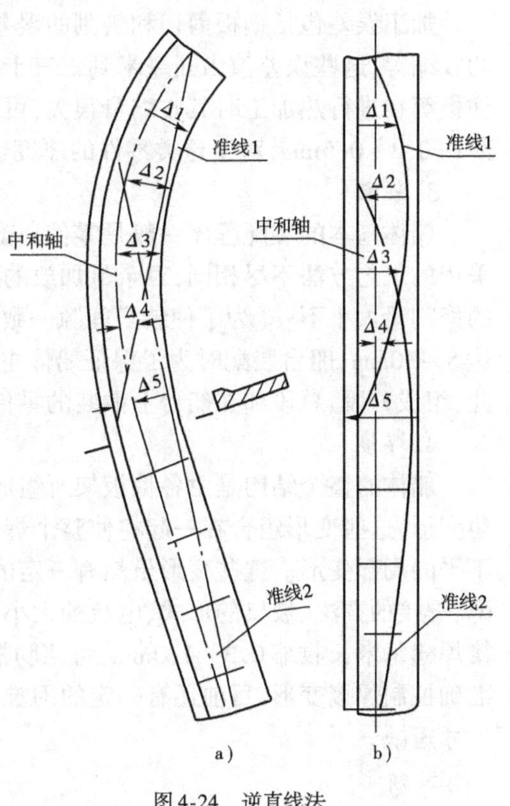

图4-24　逆直线法

第三节　船体结构的工艺余量

船体在建造过程中,由于其型线和结构的复杂性、生产工种的多样性、工艺设备的精确性、

操作人员的技术性、工艺程序的合理性等因素的影响,总会出现一定的误差,有时还会产生一定的施工变形。为了消除这些误差和变形对船舶产品质量的影响,在生产中采取加放余量的措施。所谓余量,就是船体零件、部件、分段或总段等,除了设计应有的准确尺寸外所附加的多余部分,用以弥补施工中可能出现的尺寸不足,这个多余部分就是船体结构的工艺余量。

一、影响船体结构工艺余量的因素

船体结构中的零件都需经过放样、号料、加工、装配、焊接和矫正等工序,最后建成整个船体。这样,各道工序中形成的误差和变形都对精度有所影响,因此,在放样展开后就应全面考虑各道工序的施工因素而适当加放零件余量。

1. 放样

对于船体外板和结构中型线变化较大的部分,特别是具有双向曲度而只能采取近似展开法展开甚至不能展开的外板,如从样箱上复制出零件展开图等,则误差较大。加之气候变化对样板变形的影响,这些因素造成的累计误差最大时可达10mm左右。

2. 加工

加工误差包括钢板剪切和气割的误差,钢板折边的误差,还有热加工的收缩以及压筋钢板的收缩等,这些误差值由几毫米到二三十毫米。对于型线曲度变化大的外板,如尾轴包板、首柱板等在进行热加工时其收缩量很大,可多达100mm。此外,热加工钢板每烧透一次,厚度减薄约0.2~0.5mm,对于这类零件的厚度也要加放余量。

3. 装配

船体基本的装配程序一般是零件→部件→分段→总段→整个船体。其中各个装配阶段所采用的工艺方法不尽相同,对余量加放的要求也不一致。在整个装配过程中,由于对零件边缘的修割量大小不一(为了使装配间隙一致),严重时可达10mm;分段和总段的装配误差累计可达5~30mm,船台装配时为了保证船体主尺度和控制总体变形而需加放余量及反变形值。因此,组成分段、总段和在船台上散装的零件均要相应地考虑误差影响而加放适当的余量。

4. 焊接

船体的整个结构是由各种板架所组成的。在焊接过程中,焊件会产生一定的收缩变形和角变形,这些变形组合在一起将使整个焊件缩短和扭曲而出现综合变形,局部上又会出现凹凸不平的局部变形。这些变形虽然有一定的规律,但它又与焊缝的多少、装配的质量、焊件的厚薄、焊接的方法、坡口的形式、电流的大小、焊接的速度及其工艺措施等因素有关,一般钢板对接焊缝每米长收缩0.3~1.0mm,每档肋框与外板间角接焊缝的横向收缩为0.3~0.8mm。要准确控制焊接变形,目前还有一定的困难,一般采用加放余量的办法来弥补焊接收缩而引起的尺寸短缺。

5. 矫形

船体在部件、分段或船台装配焊接后,均会引起一定的焊接变形,除了预防以外,最后一个有效措施就是火工矫正。即用氧炔火焰在变形的适当部位进行局部加热,至一定温度后用水骤冷,同时还可辅以恰当的锤击,使局部的凹凸不平得以矫平。一般分段制造完后,经过火工矫正,每档肋框间的自由收缩量为0.3~0.5mm。因此,船体在进行火工矫正焊接变形的同时,却又发生了新的收缩变形,还会使整个船体首、尾上翘。

综上所述，在整个船体建造过程中，各工序对船体构件尺寸都可能产生一定的误差影响，这些因素之间往往又相互影响和制约。但它们并不是一成不变的，在不同的场合下对误差的影响也不同。因此，在船体放样时加放零件余量，需综合考虑各种因素，定出较为合适的余量加放部位和数值。

二、船体构件余量的分类

1. 总段余量

总段在船台装配时，根据船体建造的总长度、船台装配的反变形值、总段环形接缝所处部位的型线变化程度、焊接收缩变形及火工矫正情况等而决定总段余量，一般加放在总段横向环形接缝端，余量大小为 30 ~ 50 mm（图 4-25）。

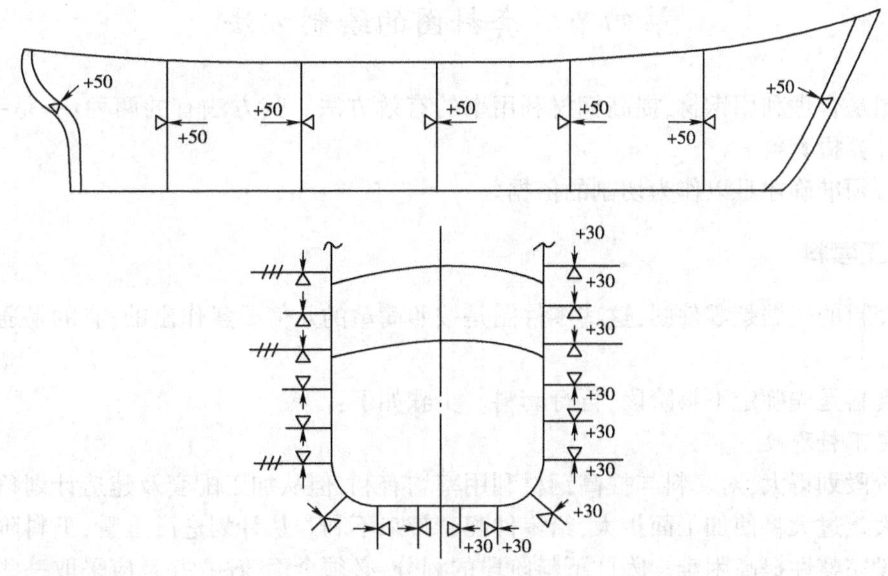

图 4-25　船体外板工艺余量

2. 分段余量

分段在合成总段或在船台装配时，根据总段形状和尺寸的要求，或根据船体建造公差、船台装配的反变形值、各分段接缝线所处部位的型线变化程度、焊接收缩变形及火工矫正情况等来决定分段余量，一般平直分段的大接缝边放 20 ~ 30 mm 的余量，底部和舷侧分段间大接缝对接余量放 30 ~ 50mm（图 4-25）。

3. 部件余量

部件余量一方面是要使部件在装配焊接结束后，经过火工矫正仍能保证其尺寸；另一方面是要使安装在分段或总段大接缝处的部件，保证其加放的余量部位和数值与该分段或总段的余量部位和数值相一致。因而，部件余量的数值范围在 10 ~ 100 mm。

4. 零件余量

零件余量需依据其本身的加工要求和由其装配成的部件、分段或总段的余量情况等综合考虑后决定，既要加放加工时需要的长度、宽度甚至厚度余量，又要保证在装配成部件、分段或总

段时所需要加放的余量,还要满足当其安装在分段或总段大接缝处时的余量要求(图4-25)。因此,位于分段或总段对接缝处的零件,其余量数值应顺次为:零件余量≥部件余量≥分段余量≥总段余量。

在确定各种船体结构工艺余量时,尚需注意:相互连接的总段、分段、部件或零件,在考虑余量时,只需放在一端(图4-25);否则,反而引起施工混乱。确定分段余量的方向时,需考虑便于装配与切割;要考虑到钢材的充分利用和加放余量的可能性;首、尾柱(或尾包梢板)零件与外板连接处,余量应放在外板上(图4-25),若反过来加放余量将增加这些零件成形加工的困难;对于梯形平面零件,余量应放在大的一端(图4-25),以确保零件的结构尺寸。

船体结构的各类工艺余量,在船舶的建造过程中,对于控制产品的施工质量有其积极作用。因此,对于船体结构工艺余量加放的范围及数值大小,应给予足够的重视。

第四节　套料图的绘制方法

套料图是合理利用钢材,提高钢材利用率的有效方法。其方法有的两种:一是手工套料,二是采用计算机套料。

套料必须准确才足以作为切割的依据。

一、手工套料

手工套料的依据是零件图,这些零件图是按照简单的几何要素作出的,有的是通过比例放样得出的。

手工套料是先确定下料阶段,再行套料。步骤如下:

1. 确定下料阶段

下料阶段划得大,对套料与提高钢材利用率均有利,但从加工配套及建造计划角度则不希望划得过大。过大将使加工面扩大,给零件配套带来不利。从计划进度上看,下料阶段过大也会造成分段完整性提高困难。因此下料阶段的划分,必须全面兼顾,并且应采取一些措施。如建立余料管理制度,则可相应把下料阶段划小一点,便于零件加工配套及计划;另外,采用成组技术,建立一套完善的编码系统,以方便加工与配套。这样,下料阶段就不必划得太小,对套料有利。套料前还应把计划要求、板厚分布、工厂生产实际三者经过综合分析研究之后,对下料阶段进行恰其分的划分,确定后即用表格形式列出。

2. 套料

套料包括套料卡、套料与余料汇总3个方面的内容。

(1)套料卡:套料卡应有存根栏,用虚线与套料卡隔开。钢材尺度一般可采用1:50或大一些比例在套料卡上划出。套料卡应包括:卡的编号,材料规格、件数与尺寸比例,卡的存根应具有套料卡号、分段号、总页数、材料尺寸、件数、重量、计划号料日期、实际号料日期、定额工时、实际工时以及签署等内容。

(2)套料作业:采用剪贴方式进行套料,先套大零件,后套小零件,但应注意按要求留下加工边缘余量及割路,每张卡片套料完毕即将存根剪下,作为生产管理的依据。凡已经剪下存根的卡片,说明尚有余量、还需进一步套料。套料图实例见图4-26。

(3)余料汇总:经套料后,剩下的余料,应该进行汇总分析,作为下一阶段优先套料用。或一个阶段号料将要结束时,将下一阶段的某些零件提前利用余料进行套料。

全船套料完毕后也应进行余料汇总,编成卡片,作为其他产品优先套料用。

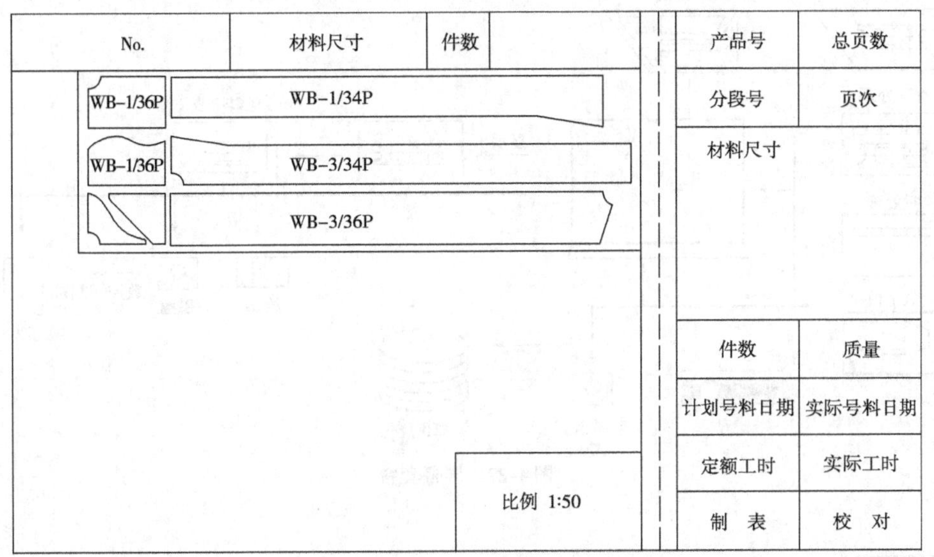

图 4-26 套料图实例

二、计算机套料

目前,已采用计算机全自动套料。计算机套料有 3 种方式:

1. 人工剪贴计算机辅助套料

计算机绘制一定比例的零件图,经剪贴成套料图,输入每个零件的基准点、方向点坐标和翻身信息。程序根据套料信息,自动找出每块套料钢板上相邻零件两两相关边,通过干涉处理,用变步长的迭代法确定与每个零件的最佳位置,确定零件之间间隙。然后依次进行切割路线优化,用比较法选择各封闭图形起始点,以形成统一坐标套料图磁盘,再由绘图机绘制切割图。

2. 人机交互套料

人机交互屏幕套料(图 4-27)应用较为广泛。屏幕套料的原理是,将钢板显示在屏幕上,操作人员通过光笔、键盘将零件调到屏幕上进行排列、套料,计算机自动选择切割路线和过桥,最后输出控制磁盘。零件图由计算机生成,并预先在存储器数据库内,钢板规格、形状与尺寸也预选存放在数据库中待用。

3. 计算机自动套料

数据库向计算机输入零件数量,识别编码和可用板材尺寸。计算机接着将所需零件按尺寸分类,计算重心,并使其外接一个多边形,板材尺寸分解成点光栅。程序利用随机数发生器将零件从大到小的一组零件“抛到”板材上去套料。根据所定标准对每个零件的位置进行检查,并把每种情况以最佳位置储存起来,直到不能将更多的零件安排到板材上去。零件最佳位

置精确定位后,进行自动"搭桥"用切割路线将零件切割边缘连起来,然后绘制切割图,输出切割磁盘,并记下余料尺寸。

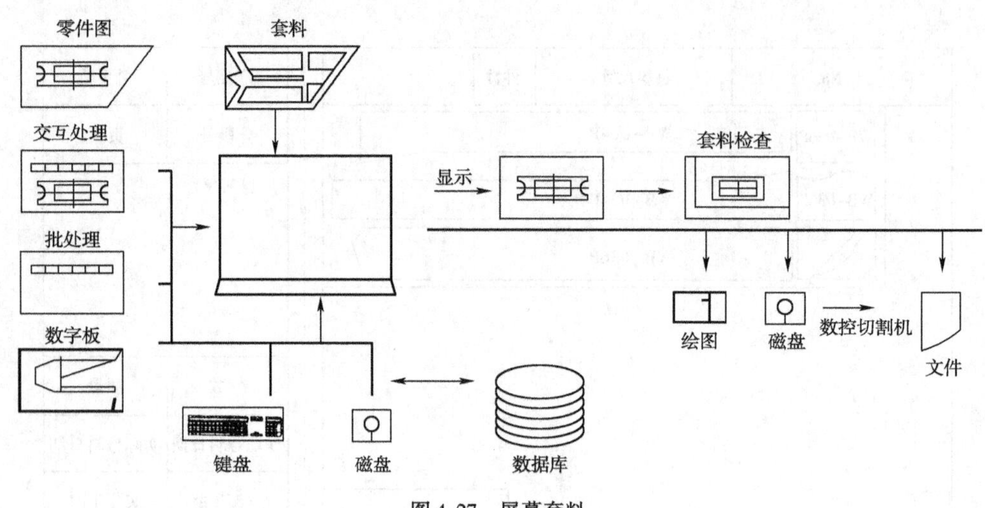

图 4-27 屏幕套料

SIKAOYULIANXI

一、简答题

1. 胎架有哪几种基准面?怎样切取这些基准面?

2. 草图绘制的主要内容和步骤是什么?

3. 草图有哪些种类?

4. 为什么要加放船体结构工艺余量?怎样加放余量?

5. 样板有哪些种类?

6. 为什么要套料?怎样进行数控套料?

二、选择题(单项选择题,即只有一个答案是对的)

1. 船体型线放样和构件展开工作结束后,接着要向船体生产车间提供放样资料。下面不是放样资料的是:(　　)。

A. 样板　　B. 草图

C. 磁盘　　D. 结构图

2. 对于纵横向弯曲度严重的外板、首柱尾柱板、轴壳包板等船体型线特别复杂而又不能近似展开的外板,需要钉制(　　)来供展开、号料、加工、检验用。

A. 平面样板　　B. 样箱

C. 草图　　D. 磁盘

3. 多用于底部分段、甲板分段、中部总段制造的胎架基准面选取的是:(　　)。

A. 平切基准面　　　　B. 正切基准面

C. 单斜切基准面　　　　D. 双斜切基准面

4. 凡是具有弯曲度的构件如外板等，都需按要求进行弯曲成形加工。为了保证加工的准确性，必须钉制：(　　)。

A. 号料样板　　　　B. 胎架样板

C. 装配样板　　　　D. 加工样板

5. 将放样所取得的船体型值与施工数据记录在图纸上，用来进行号料和划线，该图纸称为：(　　)。

A. 样板　　　　B. 草图

C. 磁盘　　　　D. 结构图

6. 为了弥补施工中可能出现的尺寸不足，在船体零件加工、部件、分段或总段装配过程中，除了设计应有的准确尺寸外一般附加了多余尺寸，该部分尺寸称为：(　　)。

A. 样板　　　　B. 草图

C. 余量　　　　D. 误差

7. 在钢板边框范围内合理排列船体零件，尽可能减少边角余料，充分利用钢材的方法称为：(　　)。

A. 草图　　　　B. 套料

C. 加工　　　　D. 装配

三、判断题(对的打"√"，错的打"×")

1. 船体型线放样和构件展开工作结束后，接着要向船体生产车间提供号料、加工、装配以及质量检验等用途的放样资料，如样板、草图和磁盘等，以作为生产依据和质量标准。(　　)

2. 选用钉制样板的材料和形式时，都要根据用途来决定，还要考虑精度要求、使用时间、生产批量、经济效益等方面，在大多数情况下使用木材来钉制样板。(　　)

3. 凡具有严重的双向曲度或展开后其零件轮廓线边缘呈曲线的船体零件，均需绘制草图进行号料。(　　)

4. 胎架基准面的切取，主要是根据船体各分段、总段或整个船体型线来决定的。平切与正切基准面胎架的制造和其分段、总段或船体的装配、划线、检验都较简便，因此被广泛采用。双斜切基准面胎架的制造和使用也比较简便，能使整个舷侧分段处于接近水平的状态，既降低高度又便于施工，也被广泛采用。(　　)

5. 船体在装配工序中，为了保证分段、总段和整个船体型线的准确性，有效地控制焊接变形，以提高其建造质量，常常采用胎架作为工艺装备。(　　)

6. 草图可分为号料草图、装配草图和加工草图3大类。(　　)

7. 逆直线草图不可以取代肋骨加工样板。(　　)

8. 位于分段或总段对接缝处的零件，其加放余量数值应顺次为：总段余量≥分段余量≥部件余量≥零件余量。(　　)

四、作图题

1. 按图4-28中型线进行三角样板的放样，并用示意图绘出其中#16三角样板。

2. 欲钉制图4-29所示外板的样箱(为斜样箱),请作出其底面板框、侧面板框及各肋骨剖面平面样板图,并作出样箱的角度样板图,最后用阴影线表示#7肋骨平面样板。

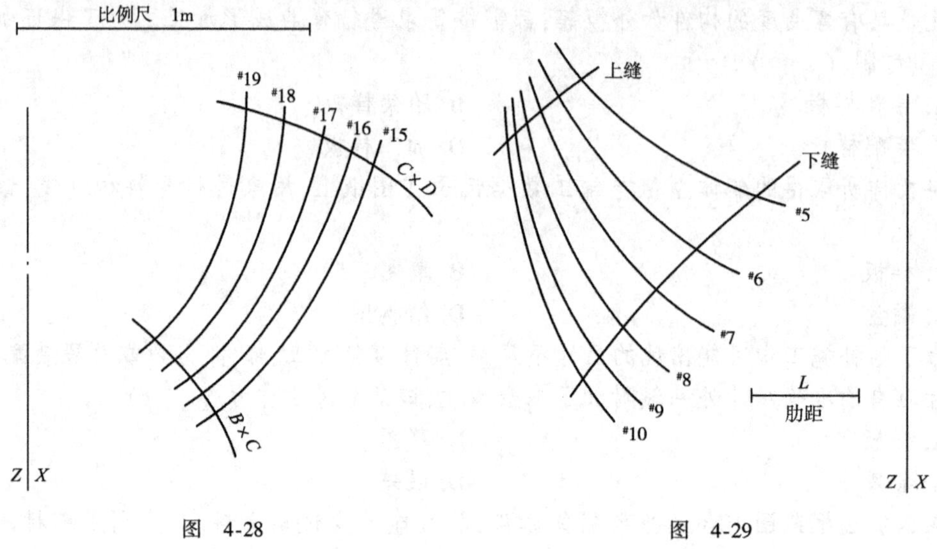

图 4-28　　图 4-29

第五章　船体数学放样

● **学习目标**

知识目标

1. 熟悉船体数学放样的基本概念;
2. 了解国内外比较著名的造船集成系统;
3. 了解船体型线的数学表达方法;
4. 了解船体型线光顺性判别准则、判别方法和光顺的方法;
5. 了解用测地线法展开船体外板的数学描述过程。

能力目标

能概略地了解船体数学放样的基本原理和方法,以便学习某种造船集成系统中的船体放样模块专业软件,进行操作技能的培训。

船体数学放样就是运用数学方程来定义船体型线或船体曲面并建立数学模型,以船体型表面的“数字表示”代替以手工几何作图法为特征的“图形表示”,然后以此为基础,模拟手工放样的原理和步骤,用数学方法进行船体型线的光顺、船体结构放样、板缝布置、构件展开、零件图形生成、样板尺寸及胎架型值的计算等工作。

要实现船体数学放样必须运用计算机技术,要将整个放样过程程序化,即要将用数学方法表示的各道放样工序编制成计算机程序并构成系统,通过计算机操作系统软件来完成放样的各项工作。因此,数学放样也可称为计算机放样。

船体数学放样是造船 CAM(Computer Aided Manufacturing)技术特有的内容,船体数学放样程序系统是造船 CAM 系统的子系统。

自 20 世纪 60 年代初研究成功数学放样以来,世界各造船国家竞相致力于造船 CAM 系统的研究开发,使造船 CAM 技术得到了飞速发展。从最早的线框几何模型发展到曲面几何模型,又发展到了现在的三维实体模型。而且,各造船国家已将所研制开发的 CAM 系统逐步发展为 CAD/CAM 集成系统,涉及船舶设计与制造的全过程。

到目前为止,世界上开发成功的造船集成系统达数十个以上,其中,比较著名的有瑞典 KCS 公司的 Tribon 系统、美国 PTC 公司的 CADDS 系统、挪威的 AUTOKON 系统等。我国造船集成系统开发研制工作起步较晚,投入使用的有沪东中华造船集团的 HD - SHM 系统和上海船舶工艺研究所的 HCS 系统。

要熟悉和掌握数学放样的实用技术,必须学习某种造船集成系统中的船体放样模块,进行操作技能的培训。本章仅对数学放样的基本原理和方法作初步介绍,适当学习和概略地了解有助于将来学习船体数学放样专业软件的操作应用。

第一节　单根型线的数学光顺

一、型线的数学表示

1. 样条函数的导出

为了得到描述船体型线的数学表达式,可以模拟手工放样中用木样条绘制曲线的特点,分析木样条的受力情况,由此导出它的数学表达式。

手工放样时,将样条用压铁逐点固定,弯成要求的曲线形状如图 5-1a)所示。假设样条横截面很小。则此时在某一型值点处横截面上的受力情况可近似看作如图 5-2 所示的情况。图中 W 为压铁对样条的有效正压力,R 为地板的反力,P 是由于有效正压力的作用使样条与地板之间产生的摩擦力,它与处在弯曲状态的样条所对应的回弹力 F 相平衡。

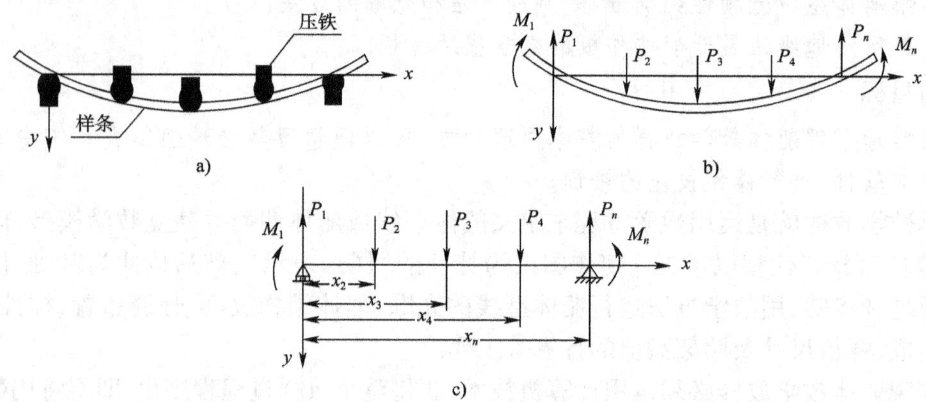

图 5-1　样条受力情况

根据木样条的受力情况,可以把它看成是一根弹性细梁,并假定其弯曲挠度很小。因此木样条就可简化为压铁压点处受集中载荷作用的小挠度等截面弹性细梁。

根据木样条的受力情况和有关假定,可将它简化成如图 5-1b)所示的受力情况,这种受力状况与材料力学中受若干集中载荷作用的弹性细梁相同(图 5-1c)。P_1、…、P_n 视为弹性细梁的支点反力,各压点的摩擦力 P_i 为作用在弹性细梁上的集中载荷(图 5-2),方向与 y 轴平行,x_i 为各集中力距原点的距离,M_1 和 M_n 为梁首末端的弯矩。

由材料力学可知,对于受集中载荷 P_i 作用的等截面弹性细梁,其曲率、弯矩、剪力和分布载荷强度之间有以下一些关系式,即

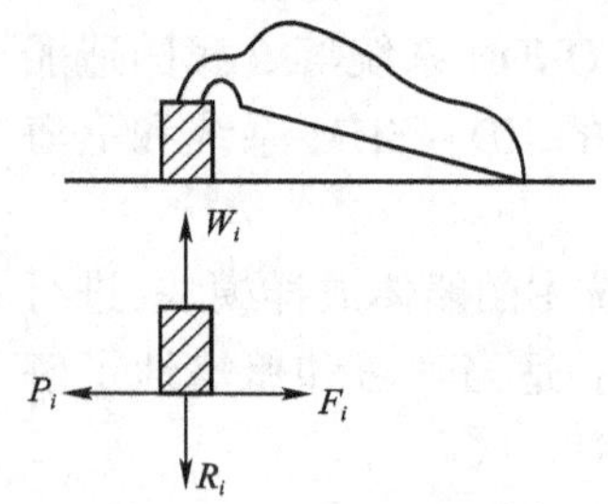

图 5-2　样条截面受力情况

$$
\begin{aligned}
EJ \cdot \frac{1}{\rho(x)} &= M(x) \\
\frac{\mathrm{d}M(x)}{\mathrm{d}x} &= N(x) \\
\frac{\mathrm{d}N(x)}{\mathrm{d}x} &= q(x)
\end{aligned}
\tag{5-1}
$$

式中：EJ——梁的抗弯刚度；

$M(x)$——梁在 x 点处所受的弯矩；

$N(x)$——梁在 x 点处所受的剪力；

$q(x)$——梁在 x 点处的分布载荷强度；

$\rho(x)$——梁在 x 点处的曲率半径。

此外，由微分学可知

$$\frac{1}{\rho(x)} = \frac{\frac{\mathrm{d}^2 y}{\mathrm{d}x^2}}{\left[1 + \left(\frac{\mathrm{d}y}{\mathrm{d}x}\right)^2\right]^{3/2}}$$

式中：y——梁的挠曲函数。

根据小挠度假定有：$\left(\frac{\mathrm{d}y}{\mathrm{d}x}\right)^2 \ll 1$，故上式可近似写为

$$\frac{1}{\rho(x)} \approx \frac{\mathrm{d}^2 y}{\mathrm{d}x^2}$$

再将其代入上述各关系式，可得

$$\begin{aligned} EJ \cdot \frac{\mathrm{d}^2 y}{\mathrm{d}x^2} &= M(x) \\ EJ \cdot \frac{\mathrm{d}^3 y}{\mathrm{d}x^3} &= N(x) \\ EJ \cdot \frac{\mathrm{d}^4 y}{\mathrm{d}x^4} &= q(x) \end{aligned} \tag{5-2}$$

由于样条仅受压铁的集中载荷作用，则在非压点处有 $q(x)=0$。由此可得当 $x_i < x < x_{i+1}$ $(i=1,2,\cdots,n-1)$时，有

$$EJ \cdot \frac{\mathrm{d}^4 y}{\mathrm{d}x^4} = 0 \tag{5-3}$$

由上述力学分析可知，只要对式(5-3)积分四次，即可得到样条的位移函数，当这种函数 $y(x)$用代数多项式表示时，它就是分段的三次多项式。此外，要求挠曲线必须是连续光滑的曲线，即在挠曲线的任意点上，有唯一确定的挠度和转角。由此导出的样条位移函数，在节点处的函数值(位移)、一阶导数(转角)和二阶导数(弯矩)都是连续的，故满足连续条件要求。由此得到的样条函数，是一个三次多项式。因此可以构造一个三次多项式，并使其点点通过型值点，即有 $y(x_i)=y_i, y(x_{i+1})=y_{i+1}$。

令

$$y(x) = y_i + m_{i,i+1}(x - x_i) + z(x)$$

式中：$m_{i,i+1} = \frac{y_{i+1} - y_i}{x_{i+1} - x_i}$

则 $z(x)$也是 x 的三次多项式，由于点点通过型值点，所以上式必有 $z(x_i) = z(x_{i+1}) = 0$。因此，$z(x)$必然能被$(x - x_i)$和$(x - x_{i+1})$所整除，被这两个因子整除后的商为一次式，因而可写成

$$z(x)=(x-x_i)(x_{i+1}-x)[A_{i,i+1}(x-x_i)+B_{i,i+1}(x_{i+1}-x)]$$

则得

$$y(x)=y_i+m_{i,i+1}(x-x_i)+(x-x_i)(x_{i+1}-x)[A_{i,i+1}(x-x_i)+B_{i,i+1}(x_{i+1}-x)]$$
$$(x_i\leqslant x\leqslant x_{i+1}) \tag{5-4}$$

式中只有 $A_{i,i+1}$,$B_{i,i+1}$为未知数,对上式求导数,得

$$y'(x)=m_{i,i+1}+A_{i,i+1}[2(x-x_i)(x_{i+1}-x)-(x-x_i)^2]+B_{i,i+1}[(x_{i+1}-x)^2-2(x-x_i)(x_{i+1}-x)]$$

$$y''(x)=A_{i,i+1}[2(x_{i+1}-x)-4(x-x_i)]+B_{i,i+1}[2(x-x_i)-4(x_{i+1}-x)]$$

将 $x=x_i$,$x=x_{i+1}$分别代入,得

$$\begin{cases}y'(x_i)=m_{i,i+1}+B_{i,i+1}(x_{i+1}-x_i)^2\\ y'(x_{i+1})=m_{i,i+1}-A_{i,i+1}(x_{i+1}-x_i)^2\end{cases} \tag{5-5}$$

$$\begin{cases}y''(x_i)=2(x_{i+1}-x_i)(A_{i,i+1}-2B_{i,i+1})\\ y''(x_{i+1})=2(x_{i+1}-x_i)(B_{i,i+1}-2A_{i,i+1})\end{cases} \tag{5-6}$$

令

$$\begin{cases}y''(x_i)=6c_i\\ y''(x_{i+1})=6c_{i+1}\end{cases} \tag{5-7}$$

将式(5-7)代入式(5-6)并求解得

$$\begin{cases}A_{i,i+1}=\dfrac{-(c_i+2c_{i+1})}{x_{i+1}-x_i}\\ B_{i,i+1}=\dfrac{-(2c_i+c_{i+1})}{x_{i+1}-x_i}\end{cases} \tag{5-8}$$

再将式(5-8)代入式(5-4),得

$$y(x)=y_i+m_{i,i+1}(x-x_i)-\frac{(x-x_i)(x_{i+1}-x)}{(x_{i+1}-x_i)}\cdot[c_i(2x_{i+1}-x-x_i)+c_{i+1}(x_{i+1}+x-2x_i)]$$
$$(x_i\leqslant x\leqslant x_{i+1},i=1,2,\cdots,n-1) \tag{5-9}$$

将式(5-8)代入式(5-5),得

$$y'(x_i)=m_{i,i+1}-(x_{i+1}-x_i)(2c_i+c_{i+1}) \tag{5-10}$$

$$y'(x_{i+1})=m_{i,i+1}+(x_{i+1}-x_i)(c_i+2c_{i+1}) \tag{5-11}$$

由式(5-10)、(5-11)和节点上的左右一阶导数相等条件得

$$m_{i,i+1}-(x_{i+1}-x_i)(2c_i+c_{i+1})=m_{i-1,i}+(x_i-x_{i-1})(c_{i-1}+2c_i)$$

经整理得

$$(x_i-x_{i-1})c_{i-1}+2(x_{i+1}-x_{i-1})c_i+(x_{i+1}-x_i)c_{i+1}=m_{i,i+1}-m_{i-1,i}$$
$$(i=2,3,\cdots,n-1) \tag{5-12}$$

从上式可知,它相当于材料力学中的连续多跨小挠度梁的三弯矩方程。因此,式(5-9)就是按上述分析导出的分段三次样条函数,式(5-12)则是求解样条函数系数的线性代数方程组。

由于未知数 $c_1,c_2,\cdots,c_n$ 共有 n 个,而式(5-12)三弯矩方程仅有 $n-2$ 个,要求出所有的系数 c_i,还需要增加两个端值条件。若样条两端的一阶导数为已知,则根据式(5-10)、(5-11)分

别取 $i=1$ 和 $i=n-1$ 可得

$$(x_2-x_1)(2c_1+c_2)=m_{1,2}-y'_1 \tag{5-13}$$

$$(x_n-x_{n-1})(c_{n-1}+2c_n)=y'_n-m_{n,n-1} \tag{5-14}$$

那么，通过式(5-12)～(5-14)可以建立求解 $c_1,c_2,\cdots,c_n$ 的线性代数方程组。这些 c 值称为样条函数式(5-9)的系数。

2. 样条函数系数$\{c_i\}$值的求解

从式(5-9)可知，在给定一组型值$(x_i,y_i)(i=1,2,\cdots,n)$的情况下，只要求出样条函数的系数$\{c_i\}(i=1,2,\cdots,n)$，即可用式(5-9)来描述所给定的曲线。

由上述三弯矩方程式(5-12)及端值条件式(5-13)、(5-14)，可以得到求解样条函数 n 个系数的线性代数方程组。将它写成矩阵形式，则可得

$$\begin{bmatrix} 2(x_2-x_1) & (x_2-x_1) & & & \\ (x_2-x_1) & 2(x_3-x_1) & (x_3-x_2) & & \\ & \ddots & \ddots & \ddots & \\ & & (x_{n-1}-x_{n-2}) & 2(x_n-x_{n-2}) & (x_n-x_{n-1}) \\ & & & (x_n-x_{n-1}) & 2(x_n-x_{n-1}) \end{bmatrix} \begin{bmatrix} c_1 \\ c_2 \\ \vdots \\ c_{n-1} \\ c_n \end{bmatrix} = \begin{bmatrix} m_{1,2}-y'_1 \\ m_{2,3}-m_{1,2} \\ \vdots \\ m_{n-1,n}-m_{n-2,n-1} \\ y'_n-m_{n-1,n} \end{bmatrix} \tag{5-15}$$

式(5-15)是一个系数矩阵为三对角矩阵的线性代数方程式。从上式中可以看出，其系数矩阵是一个对角占优的三对角矩阵，因此$\{c_i\}(i=1,2,\cdots,n)$有唯一解，可用追赶法求解，其求解过程如下：

由式(5-13)得

$$c_1+\frac{1}{2}c_2=\frac{m_{1,2}-y'_1}{2(x_2-x_1)}$$

将其简写成

$$c_1+a_1c_2=b_1$$

则

$$a_1=\frac{1}{2} \tag{5-16}$$

$$b_1=\frac{m_{1,2}-y'_1}{2(x_2-x_1)} \tag{5-17}$$

将上述简写式所表示的 c_1 代入 $i=2$ 的三弯矩方程(5-12)式得

$$(x_2-x_1)(b_1-a_1c_2)+2(x_3-x_1)c_2+(x_3-x_2)c_3=m_{2,3}-m_{1,2}$$

经整理得

$$c_2+\frac{x_3-x_2}{2(x_3-x_1)-a_1(x_2-x_1)}\cdot c_3=\frac{m_{2,3}-m_{1,2}-(x_2-x_1)b_1}{2(x_3-x_1)-a_1(x_2-x_1)}$$

将其简写成 $c_2+a_2c_3=b_2$，由此可得一般通式为

$$c_i+a_ic_{i+1}=b_i \tag{5-18}$$

其中

$$a_i=\frac{x_{i+1}-x_i}{2(x_{i+1}-x_{i-1})-a_{i-1}(x_i-x_{i-1})} \tag{5-19}$$

$$b_i = \frac{m_{i,i+1} - m_{i-1,i} - b_{i-1}(x_i - x_{i-1})}{2(x_{i+1} - x_{i-1}) - a_{i-1}(x_i - x_{i-1})}$$

$$(i = 2,3,\cdots,n-1) \qquad (5\text{-}20)$$

由式(5-14)得

$$c_{n-1} + 2c_n = \frac{y'_n - m_{n-1,n}}{x_n - x_{n-1}}$$

又由通式(5-18)得

$$c_{n-1} = b_{n-1} - a_{n-1}c_n$$

将其代入上式并整理得

$$c_n = \frac{y'_n - m_{n-1,n} - b_{n-1}(x_n - x_{n-1})}{(2 - a_{n-1})(x_n - x_{n-1})} = b_n \qquad (5\text{-}21)$$

所以

$$a_n = 0$$

综上所述,用追赶法求解样条函数系数 $c_i(i=1,2,\cdots,n)$ 的计算过程为:

(1)用 $m_{i,i+1}=\dfrac{y_{i+1}-y_i}{x_{i+1}-x_i}$ 计算 $m_{i,i+1}(i=1,2,\cdots,n-1)$;

(2)用式(5-16)、(5-17)、(5-19)、(5-20)计算 a_i 和 $b_i(i=1,2,\cdots,n-1)$;

(3)使用式(5-21)计算 c_n;

(4)用 $c_i=b_i-a_ic_{i+1}$,即可算出 $c_i(i=1,2,\cdots,n)$。

二、船体型线的数学光顺

用回弹法光顺船体型线时,是采用式(5-9)的样条函数作为描述船体型线的数学表达式,它的推导是以小挠度梁的假定为基础的。因此,在进行船体型线光顺之前,都需要进行坐标变换。

1. 型线光顺性判别准则

在船体型线放样中,用于判断船体型线光顺性的方法,已经形成了相当完整的人工作业模式。而且光顺性检查是放样中很重要的工作。所谓光顺性,反映在人们的思维中就是光滑而且和顺,是一种感观概念。它反映在手工放样中,就是当木样条点点通过有关型值点并用压铁固定起来,经过光顺性检查后,方能正式画出型线。在长期的手工放样实践中,已经总结出以下的型线光顺准则:

(1)型线上应没有不符合设计要求的折角点。

(2)型线弯曲方向的变化应符合设计要求,更不允许产生局部凸凹现象。

(3)型线弯曲程度的变化必须是均匀的。

(4)型线调整光顺后,各型值点应尽量接近原设计型值。

然而,在船体型线数学光顺时,乃是用数学方法来描述船体型线,并用所得的曲线函数来计算型线上的点和几何属性的。因此,可以根据手工放样的型线光顺准则,结合描述型线的函数几何属性与曲线形状的关系,得出数学光顺的型线光顺性判别和型值调整准则,即:

(1)型线的插值或拟合函数应满足函数及其一阶、二阶导数的连续条件。

(2)型线的曲率符号变化应符合设计要求,没有多余拐点。

(3)型线的曲率数值变化应该是均匀的。

(4)调整光顺型线时,应使各型值点的型值偏离达到最小。

2. 型线光顺性判别方法

从上述船体型线光顺应满足的准则可知,除了要求函数及其一、二阶导数必须连续外,主要是看曲线的曲率变化情况。就是曲线的曲率符号的变化,以及曲率符号相同时曲率的数值变化是否均匀。

1)弯向判别(判别是否存在多余拐点)

在回弹法中以相邻三点样条函数的二阶导数符号来判别船体型线的光顺性。在推导回弹法所用的样条函数式(5-9)时,是令 $y''(x_i)=6c_i$ 的。所以可直接应用相邻三压点上样条函数的系数 $\{c_i\}(i=1,2,\cdots,n)$ 建立光顺判别式,即

$$\begin{cases} c_{i-1}\cdot c_i<0 \\ c_i\cdot c_{i+1}<0 \end{cases} \tag{5-22}$$

若上式成立,说明该曲线存在弯向不适当。这时在相邻三个型值点上的 c 值之符号为+,-,+(或-,+,-),表明曲线有多余拐点,曲线在这三点处为由凹变到凸再变成凹(或由凸变到凹再变成凸)的形状。回弹法数学光顺中把这种现象称为小波动。

出现多余拐点,导致曲线不光顺的情况,还有大波动(+,-,-,+或-,+,+,-)、更大波动和近端波动(在曲线首末端附近出现多余拐点)等。大波动的判别式为

$$\begin{cases} c_{i-2}\cdot c_{i-1}<0 \\ c_{i-1}\cdot c_i>0 \\ c_i\cdot c_{i+1}<0 \end{cases}$$

这种大波动有时是设计意图的需要,有时为存在多余拐点,应视具体情况而定。

2)弯势判别

曲率符号相同时曲率数值的变化是否均匀,就是在没有多余拐点的条件下曲线是否光顺,这种判别叫做弯势判别。曲线的光顺性直接与木样条回弹力的大小有关。回弹力越小,曲线就越光顺。

对样条函数式(5-9)求导两次,并令 $c(x)=\dfrac{y''(x)}{6}$ 可得

$$c(x)=c_i+\frac{c_{i+1}-c_i}{x_{i+1}-x_i}(x-x_i)\qquad (x_i\leqslant x\leqslant x_{i+1})$$

$$M(x)=EJy''(x)=6EJc(x)=6EJ\left[c_i+\frac{c_{i+1}-c_i}{x_{i+1}-x_i}(x-x_i)\right]\qquad (x_i\leqslant x\leqslant x_{i+1})$$

$$N(x)=M'(x)=6EJ\cdot\frac{c_{i+1}-c_i}{x_{i+1}-x_i}\qquad (x_i<x<x_{i+1})$$

样条在 x_i 点上的回弹力 F_i 则为

$$F_i=N_{i右}-N_{i左}=6EJ\left(\frac{c_{i+1}-c_i}{x_{i+1}-x_i}-\frac{c_i-c_{i-1}}{x_i-x_{i-1}}\right)\qquad (i=2,3,\cdots,n-1)$$

现令

$$e_i = \frac{c_{i+1} - c_i}{x_{i+1} - x_i} - \frac{c_i - c_{i-1}}{x_i - x_{i-1}} \quad (i = 2,3,\cdots,n-1) \tag{5-23}$$

则

$$F_i = 6EJe_i$$

由于 $6EJ$ 是常数,所以 e_i 的变化就直接表示了 F_i 的变化。它在如图5-3所示的 $c-x$ 图上是表示相邻三压点间 $c(x)$ 的两根线段之斜率差,可近似地等于这两根线段的夹角 α_i(图5-3a)。由此可得

$$F_i = 6EJe_i \approx 6EJ\alpha_i$$

从图5-3a)中可看出,α_i 的变化直接反映了 c 值变化的均匀性,也就反映了曲线曲率数值变化的均匀性。图5-3b)表示当相邻两压点的 α_i 符号发生变更(e_i 的符号发生变更)时,$c(x)$ 的变化图形。在这种情况下,虽然 $c(x)$ 的符号都相同,但 $c(x)$ 值变化极不均匀,出现了双尖形图形。它表示在曲率符号相同时,曲率数值变化不均匀的情形。因此,这样的样条曲线一般是不光顺的。

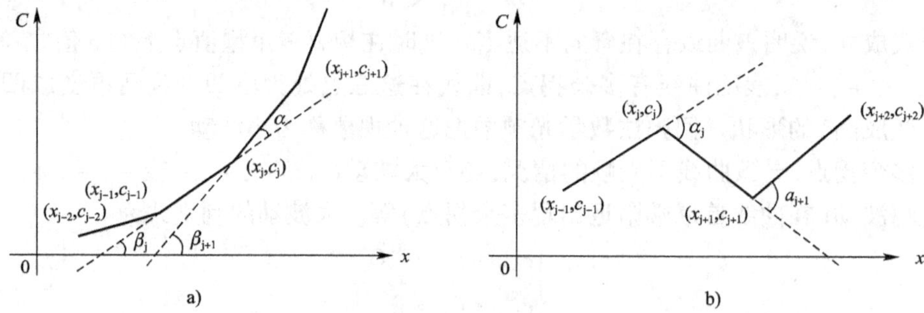

图5-3 $c-x$ 图

综上所述,我们可以得到在曲线曲率符号相同时,判别曲率数值变化是否均匀的数学表示式,即

$$e_i \cdot e_{i+1} < 0 \tag{5-24}$$

它表示相邻两压点附近的曲率数值变化过分剧烈,曲线不光顺,或称弯势不适当。

3. 影响向量和基样条函数

为了对样条不光顺处进行调整,根据样条函数的线性叠加原理,我们引入这样一组型值 $\{x_i, y_i^{(j)}\}(i=1,2,\cdots,n)$,它具有如下性质,$x_i$ 和样条函数中的 x_i 完全对应相等,而

$$y_i^{(j)} = \begin{cases} 0 & (i \neq j) \\ 1 & (i = j) \end{cases} \qquad 且\ y_1^{(j)\prime} = y_n^{(j)\prime} = 0 \quad (j = 2,3,\cdots,n-1)$$

为了求解过点 $\{x_i, y_i^{(j)}\}(i=1,2,\cdots,n)$ 所构成的样条函数的系数 $\{c_i^{(j)}\}(i=1,2,\cdots,n)$,应先了解求解样条函数系数的另外两种方法。

前述追赶法求解是先由上而下(消去),再由下而上(回代)得出 $c_n, c_{n-1}, \cdots, c_1$ 的,称为先下行再上行。而第二种解法是先上行再下行求解。其原理与第一种解法相同,由式(5-14)得

$$c_n + \frac{1}{2}c_{n-1} = \frac{y'_n - m_{n-1,n}}{2(x_n - x_{n-1})}$$

令

$$a_n^* = \frac{1}{2}, \quad b_n^* = \frac{y'_n - m_{n-1,n}}{2(x_n - x_{n-1})}$$

得通式

$$c_i + a_i^* c_{i-1} = b_i^*$$

及

$$a_i^* = \frac{x_i - x_{i-1}}{2(x_{i+1} - x_{i-1}) - a_{i+1}^*(x_{i+1} - x_i)} \tag{5-25}$$

$$b_i^* = \frac{m_{i,i+1} - m_{i-1,i} - (x_{i+1} - x_i)b_{i+1}^*}{2(x_{i+1} - x_{i-1}) - a_{i+1}^*(x_{i+1} - x_i)} \tag{5-26}$$

$$a_1^* = 0$$

$$b_1^* = \frac{m_{1,2} - y'_1 - (x_2 - x_1)b_2^*}{(2 - a_2^*)(x_2 - x_1)} \tag{5-27}$$

$$c_1 = b_1^*$$

用上述各式，则同样可求解出样条函数的全部系数。

第三种解法是先部分下行与部分上行，即先得到

$$c_i + a_i c_{i+1} = b_i \quad (i = 1,2,\cdots,j-1) \tag{5-28}$$

$$c_i + a_i^* c_{i-1} = b_i^* \quad (i = j+1, j+2, \cdots, n) \tag{5-29}$$

再在式(5-28)中取 $i=j-1$；式(5-29)中取 $i=j+1$，并代入 $i=j$ 时的式(5-12)，即可得

$$c_j = \frac{m_{j,j+1} - m_{j-1,j} - b_{j-1}(x_j - x_{j-1}) - b_{j+1}^*(x_{j+1} - x_j)}{2(x_{j+1} - x_{j-1}) - a_{j-1}(x_j - x_{j-1}) - a_{j+1}^*(x_{j+1} - x_j)} \tag{5-30}$$

再分别按式(5-28)、式(5-29)求出 $c_{j-1}, c_{j-2}, \cdots, c_1$ 和 $c_{j+1}, c_{j+2}, \cdots, c_n$。

从 $\{x_i, y_i^{(j)}\}$ $(i=1,2,\cdots,n)$ 所构成的样条函数特点可知，它适用于第三种解法求解 $\{c_i^{(j)}\}$ $(i=1,2,\cdots,n)$。由式(5-19)、式(5-20)、式(5-25)、式(5-26)、式(5-28)、式(5-29)及式(5-30)具体求解得

$$c_j^{(j)} = \frac{-\left(\dfrac{1 + a_{j-1}}{x_j - x_{j-1}} + \dfrac{1 + a_{j+1}^*}{x_{j+1} - x_j}\right)}{2(x_{j+1} - x_{j-1}) - a_{j-1}(x_j - x_{j-1}) - a_{j+1}^*(x_{j+1} - x_j)} \tag{5-31}$$

$$c_{j-1}^{(j)} = a_{j-1}\left[\frac{1}{(x_j - x_{j-1})^2} - c_j^{(j)}\right] \tag{5-32}$$

$$c_i^{(j)} = -a_i c_{i+1}^{(j)} \quad (i = j-2, j-3, \cdots, 1) \tag{5-33}$$

$$c_{j+1}^{(j)} = a_{j+1}^*\left[\frac{1}{(x_{j+1} - x_j)^2} - c_j^{(j)}\right] \tag{5-34}$$

$$c_i^{(j)} = -a_i^* c_{i-1}^{(j)} \quad (i = j+2, j+3, \cdots, n) \tag{5-35}$$

由于式(5-31)~式(5-35)表示了 y_j 改变时对 $c_1, c_2, \cdots, c_n$ 的影响，故称其为影响向量。以影响向量为系数构成的样条函数，称为基样条函数(*Cardinal Spline*)。从式(5-31)~式(5-35)可看出 $c_i^{(j)}$ 值是正、负相间的，$c_j^{(j)} < 0, c_{j\pm1}^{(j)} > 0, c_{j\pm2}^{(j)} < 0, \cdots$。同时因式中 a 值在 $0 \sim \frac{1}{2}$ 之间，故除 $c_j^{(j)}$ 及 $c_{j\pm1}^{(j)}$ 外，其余的 $c_i^{(j)}$ $(i=j-2, j-3, \cdots, 1$ 和 $j+2, j+3, \cdots, n)$ 都衰减很快，基本上可以略去不计。

由影响向量可进一步计算基样条函数的 $e_i^{(j)}$ 得

$$e_i^{(j)} = \frac{c_{i+1}^{(j)} - c_i^{(j)}}{x_{i+1} - x_i} - \frac{c_i^{(j)} - c_{i-1}^{(j)}}{x_i - x_{i-1}} (i, j = 2, 3, \cdots, n-1) \tag{5-36}$$

$e_i^{(j)}$ 在数值上是 $e_{j-1}^{(j)}, e_j^{(j)}, e_{j+1}^{(j)}$ 三者中较大的，其余衰减很快。

如果给定一组$\{x_i, y_i\}$$(i=1,2,\cdots,n)$和$y'_1$、$y'_n$,样条函数的系数为$c_1, c_2, \cdots, c_n$。现设某个$y_j$(正整数$j$取值$2,3,\cdots,n-1$)改变为$\bar{y}_j$,由此得到的样条函数系数为$\bar{c}_1, \bar{c}_2, \cdots, \bar{c}_n$。

为了在型值调整中考察样条函数调整前后变化情况,现讨论样条函数的线性叠加性质。

设原样条函数为$y(x)$,其离散型值点为$(x_i, y_i)$$(i=1,2,\cdots,n)$。对应的端点条件为$y'_1$与$y'_n$,可求得其系数为$c_1, c_2, \cdots, c_n$。

当j点调整1个单位,此时的基样条函数为

$$y^{(j)}(x_i) = \begin{cases} 1 & (i = j) \\ 0 & (i \neq j) \end{cases} \text{且 } y_1^{(j)'} = y_n^{(j)'} = 0$$

其影响向量为:$c_1^{(j)}, c_2^{(j)}, \cdots, c_n^{(j)}$。

当j点调整δy_j后所得的新样条函数$\bar{y}(x)$为

$$\bar{y}(x) = y(x) + \delta y_j \cdot y^{(j)}(x)$$

式中:$\delta y_j = \bar{y}_j - y_j$(调整量)。

将上式求导两次,并令$x = x_i$,得

$$\overline{y''}(x_i) = y''(x_i) + \delta y_j \cdot y^{(j)''}(x_i)$$

记$\overline{y''}(x_i) = 6\bar{c}_i$,$y''(x_i) = 6c_i$,$y^{(j)''}(x_i) = 6c_i^{(j)}$,得

$$\bar{c}_i = c_i + \delta y_j \cdot c_i^{(j)} \quad (i = 1,2,\cdots,n) \tag{5-37}$$

此即所谓线性叠加性质。

同理可证明

$$\bar{e}_i = e_i + \delta y_j \cdot e_i^{(j)} \quad (i = 2,3,\cdots,n-1) \tag{5-38}$$

4. 样条曲线不光顺时的型值调整

1)对出现多余拐点的型值调整

当曲线出现多余拐点时,可通过调整型值而将它消除。现以曲线在(x_j, y_j)处出现小波动为例来阐述其调整方法。

设c_{j-1}, c_j, c_{j+1}的符号为+,-,+,如图5-4a)所示,由式(5-37)得

$$\bar{c}_j = c_j + \delta y_j \cdot c_j^{(j)} \tag{5-39}$$

(1)首先令$\bar{c}_j = 0$,并代入式(3-39)得

$$\delta y_{j(1)} = -\frac{c_j}{c_j^{(j)}} \tag{5-40}$$

经过一次调整,即由图5-4b)调整成图5-4c)。如果这时c_{j-1}, c_{j+1}均未变号(图5-4c),即$\bar{c}_{j-1} \cdot c_{j-1} > 0$,$\bar{c}_{j+1} \cdot c_{j+1} > 0$,则第一步调整结束。

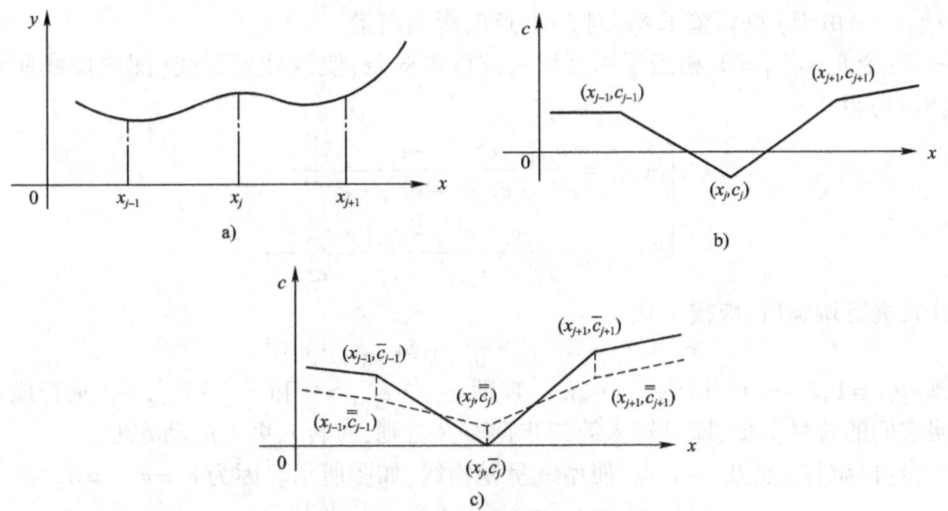

图 5-4　单型值调整消除多余拐点

(2)这一步调整是在第一步调整的基础上进行的,此时可取

$$\bar{\bar{c}}_j = \frac{1}{5}\min(\bar{c}_{j-1}, \bar{c}_{j+1}) \tag{5-41}$$

必须注意,选取时应取其绝对值最小者,然后再添上符号。如当 $\bar{c}_{j-1}, \bar{c}_{j+1}$ 均为负时,只在数量上取其小者,再添上负号即可。

由式(5-39)得

$$\bar{\bar{c}}_j = \bar{c}_j + \delta y_{j(2)} \cdot c_j^{(j)} = \delta y_{j(2)} c_j^{(j)}$$

则

$$\delta y_{j(2)} = \frac{\bar{\bar{c}}_j}{c_j^{(j)}} \tag{5-42}$$

经过这次型值调整后如果

$$\begin{cases} \bar{\bar{c}}_{j-1} \cdot \bar{\bar{c}}_j > 0 \\ \bar{\bar{c}}_j \cdot \bar{\bar{c}}_{j+1} > 0 \end{cases}$$

那么上述小波动便完全消失了,如图 5-4c)中虚线所示。

如果第一步调整时出现 $\bar{c}_{j-1} \cdot c_{j-1} < 0$,或 $\bar{c}_{j+1} \cdot c_{j+1} < 0$,则只调整一个型值点已不能消除小波动,而必须作为大波动来调整;如果第二步调整时出现 $\bar{c}_{j-1} \cdot \bar{\bar{c}}_{j-1} < 0$ 或 $\bar{c}_{j+1} \cdot \bar{\bar{c}}_{j+1} < 0$,这时应重新选取更小的 $\bar{\bar{c}}_j$,重新进行第二步调整,以使小波动完全消除。最后便可计算修改点的新型值为

$$\bar{y}_j = y_j + \delta y_{j(1)} + \delta y_{j(2)} \tag{5-43}$$

同时,用它代替原型值。

当型线出现大波动时,如 $c_{j-1}, c_j, c_{j+1}, c_{j+2}$ 的符号为 +, -, -, +。首先确定调整区间。由图 5-5 所示可知,其型值调整为 x_j 和 x_{j+1} 两点,即应采用双型值调整。由于调整两点时互有影响,则由线性叠加原理得

$$\begin{cases} \bar{c}_j = c_j + \delta y_j \cdot c_j^{(j)} + \delta y_{j+1} \cdot c_j^{(j+1)} \\ \bar{c}_{j+1} = c_{j+1} + \delta y_j \cdot c_{j+1}^{(j)} + \delta y_{j+1} \cdot c_{j+1}^{(j+1)} \end{cases} \tag{5-44}$$

式中: $c_j^{(j+1)}$——由于 $j+1$ 点调整了 δy_{j+1} 对 j 点的影响向量;

$c_{j+1}^{(j)}$——由于j点调整了δy_j对$j+1$点的影响向量。

第一步:令$\bar{c}_j=\bar{c}_{j+1}=0$,相当于用直尺去推移木样条,使该处呈直线(图中虚线所示)。联立解式(5-44)得

$$\begin{cases}\delta y_{j(1)}=\dfrac{c_{j+1}\cdot c_j^{(j+1)}-c_j\cdot c_{j+1}^{(j+1)}}{c_j^{(j)}\cdot c_{j+1}^{(j+1)}-c_{j+1}^{(j)}\cdot c_j^{(j+1)}}\\[2ex]\delta y_{j+1(1)}=\dfrac{c_j\cdot c_{j+1}^{(j)}-c_{j+1}\cdot c_j^{(j)}}{c_j^{(j)}\cdot c_{j+1}^{(j+1)}-c_{j+1}^{(j)}\cdot c_j^{(j+1)}}\end{cases}\tag{5-45}$$

依此式进行调整后,应按下式

$$\bar{c}_i=c_i+\delta y_{j(1)}\cdot c_i^{(j)}+\delta y_{j+1(1)}\cdot c_i^{(j+1)}$$

计算$\bar{c}_i(i=1,2,\cdots,j-1,j+2,\cdots,n)$,判别$c_{j-1}\cdot\bar{c}_{j-1}>0$和$c_{j+2}\cdot\bar{c}_{j+2}>0$是否成立,若成立则表明它们的符号不变,即可转入第二步调整。否则,应转入更大波动处理。

第二步:再调整j点及$j+1$点,使型线呈抛物线,如图所示。因为$\bar{c}_j=\bar{c}_{j+1}=0$。

$$\begin{cases}\bar{\bar{c}}_j=\bar{c}_j+\delta y_j\cdot c_j^{(j)}+\delta y_{j+1}\cdot c_j^{(j+1)}\\ \bar{\bar{c}}_{j+1}=\bar{c}_{j+1}+\delta y_j\cdot c_{j+1}^{(j)}+\delta y_{j+1}\cdot c_{j+1}^{(j+1)}\end{cases}\tag{5-46}$$

令

$$\bar{\bar{c}}_j=\bar{\bar{c}}_{j+1}=\frac{1}{5}\min(\bar{c}_{j-1},\bar{c}_{j+2})\tag{5-47}$$

同样应取其中绝对值最小者,然后添上其符号,代入式(5-46),再联立求解得到$\delta y_{j(2)}$,$\delta y_{j+1(2)}$。并按

$$\bar{\bar{c}}_i=\bar{c}_i+\delta y_{j(2)}\cdot c_i^{(j)}+\delta y_{j+1(2)}\cdot c_i^{(j+1)}$$

计算调整后的$\bar{\bar{c}}_i(i=1,2,\cdots,j-1,j+2,\cdots,n)$,并判别

$$\begin{cases}\bar{c}_{j-1}\cdot\bar{\bar{c}}_{j-1}>0\\ \bar{c}_{j+2}\cdot\bar{\bar{c}}_{j+2}>0\end{cases}$$

是否成立,若成立则大波动被消除,可计算修改点的新型值,并用它们代替原型值。

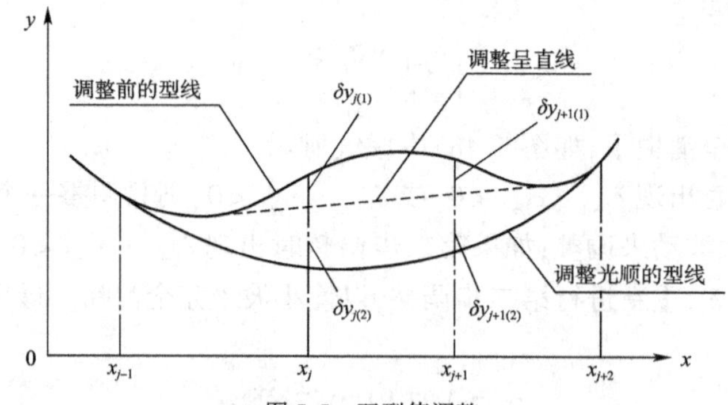

图 5-5 双型值调整

2)对于曲率数值变化不均匀的调整

若一根样条曲线已无多余拐点,但在(x_j,y_j)处出现曲率数值变化不均匀,即$e_j\cdot e_{j+1}<0$成立,如图5-3所示,因此需进行型值调整。调整的方法有两种,即单型值调整法和双型值调整法。

(1)单型值调整。单型值调整的基本思想是当$e_j\cdot e_{j+1}<0$成立时,则表明样条在j点与$j+1$点处的回弹力方向相反,曲率数值摆动过大,曲线不光顺。因此我们调整y_j,使$e_j\cdot e_{j+1}=0$。就是先将j点的压铁提起,使样条自然回弹至j点的回弹力$F_j=0$,然后仍将压铁压住。或者将j点的压铁提起,让样条自然回弹至$j+1$点的回弹力$F_{j+1}=0$,再将压铁压住。按以上两

种方法分别求出 j 点的调整量 δy_j。为了满足型值偏离最小的要求，最后选择其中数值较小者作为 j 点的调整量。令式(5-38)中 $i=j$ 得

$$\bar{e}_j = e_j + \delta y_j \cdot e_j^{(j)} \tag{5-48}$$

令 $\bar{e}_j=0$ 得

$$\delta y_j = -\frac{e_j}{e_j^{(j)}} \tag{5-49}$$

根据单型值调整第二种方法 $\bar{e}_{j+1}=0$ 得

$$\bar{e}_{j+1} = e_{j+1} + \delta y_j \cdot e_{j+1}^{(j)}$$

则

$$\delta y_j = -\frac{e_{j+1}}{e_{j+1}^{(j)}} \tag{5-50}$$

综合上述单型值调整的两种方法得到的 δy_j，选取其中数值最小者作为单型值调整的 δy_j，即

$$\delta y_j = \min\left(-\frac{e_j}{e_j^{(j)}}, -\frac{e_{j+1}}{e_{j+1}^{(j)}}\right) \tag{5-51}$$

必须注意，式(3-51)应取其绝对值最小者，然后再加上该数值的符号作为调整量 δy_j。求出 δy_j 后，即可求得该点的新型值 $\bar{y}_j$ 为

$$\bar{y}_j = y_j + \delta y_j \tag{5-52}$$

通过这一调整得到的新的样条函数，使该点的曲率数值变化不均匀现象完全消失。

对于这种情况的修改，还可采用同时调整 y_j 和 y_{j+1} 型值的做法叫双型值点调整，即手工放样时所谓“两借借”，其效果更好。

(2)双型值调整法。如图 5-6 所示，当在 j 点出现 $e_j \cdot e_{j+1}<0$ 时，令 $e_j \cdot e_{j+1}=0$，并取 $\delta y_j=-\delta y_{j+1}=\sigma$，调整 y_j 和 y_{j+1}。由线性叠加性质得

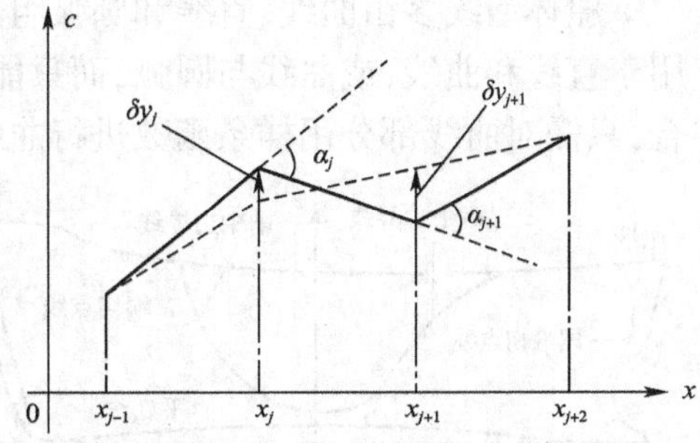

图 5-6　双型值调整消除曲线摆动

$$\bar{e}_i = e_i + \delta y_j \cdot e_i^{(j)} + \delta y_{j+1} \cdot e_i^{(j+1)}$$

当 $i=j$ 及 $i=j+1$ 时，有

$$\bar{e}_j = e_j + \delta y_j \cdot e_j^{(j)} + \delta y_{j+1} \cdot e_j^{(j+1)} = e_j + \sigma(e_j^{(j)} - e_j^{(j+1)}) \tag{5-53}$$

及

$$\bar{e}_{j+1} = e_{j+1} + \delta y_j \cdot e_{j+1}^{(j)} + \delta y_{j+1} \cdot e_{j+1}^{(j+1)} = e_{j+1} + \sigma(e_{j+1}^{(j)} - e_{j+1}^{(j+1)}) \tag{5-54}$$

由于 $\bar{e}_j=0$ 或 $\bar{e}_{j+1}=0$，故从上式可得

$$\sigma = -\frac{e_j}{e_j^{(j)} - e_j^{(j+1)}} \text{ 及 } \sigma = -\frac{e_{j+1}}{e_{j+1}^{(j)} - e_{j+1}^{(j+1)}} \tag{5-55}$$

故有

$$\sigma_{j,j+1} = \delta y_j = -\delta y_{j+1}$$

$$= \min\left(-\frac{e_j}{e_j^{(j)} - e_j^{(j+1)}}, -\frac{e_{j+1}}{e_{j+1}^{(j)} - e_{j+1}^{(j+1)}}\right) \tag{5-56}$$

调整量取上式中绝对值最小者，再添上它的符号，用它对 y_j 和 y_{j+1} 进行调整。调整后同样

应用线性叠加式,计算修改后的 $\bar{c}_i$ 和 $\bar{e}_i$

$$\bar{c}_i = c_i + \delta y_j \cdot c_i^{(j)} + \delta y_{j+1} \cdot c_i^{(j+1)} \quad (i = 1,2,\cdots,n)$$

$$\bar{e}_i = e_i + \sigma(e_i^{(j)} - e_i^{(j+1)}) \quad (i = 2,3,\cdots,n-1)$$

计算修改点的新型值

$$\bar{y}_j = y_j + \delta y_j \text{ 及 } \bar{y}_{j+1} = y_{j+1} + \delta y_{j+1}$$

并将计算的结果代替样条函数的系数和修改点的型值。

第二节　型线数学光顺流程

剖面线法船体型线数学光顺与手工放样步骤相似,实质上就是对手工放样的数学模拟。它也是根据原始型值,依次分别对横剖面、水线面、纵剖面上的各族型线,逐根地进行光顺计算;然后进行三向光顺,即检验每根型线在三个投影图上的型值是否一致,或看其误差是否在规定的允许范围内,否则就要反复修改光顺,直到三个投影图上的全部型线都符合要求为止;最后插值计算出肋骨型值;建立肋骨样条函数。

一、边界线的内容及作用

船体型线多由曲线、直线和圆弧组成,而由于它们连续性不同,因此数学光顺不能同时适用于直线和曲线,或曲线与圆弧,而只能对它们分别处理。直线和圆弧部分不必用样条函数拟合,只需对曲线部分用样条函数进行曲线插值。

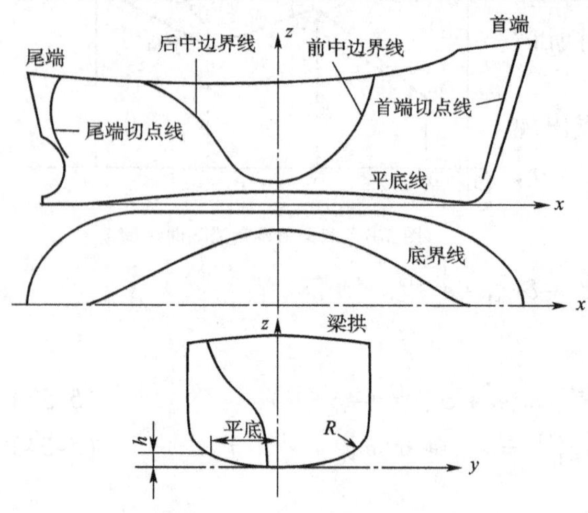

图 5-7　船体表面的边界线

为此,在单根曲线光顺之前,必须将型线的曲线部分与直线或圆弧分开。这部分工作由人工根据设计型线图来确定,即确定其边界条件。所谓边界条件就是曲线与其他型线(直线、圆弧等)拼接的几何要素(端点的坐标值、切线斜率等)。对应于船体型线上各端点(边界点)的连线,称为边界线。在船体数学放样中,首先需确定边界条件,也就是确定并光顺这些边界线,依次最终确定各船体曲线的端点型值和斜率等。

船体的边界线有平边线、平底线、端部切点线等,如图 5-7 所示。

(1)平边线。即型线图上各横剖曲线与最大半宽相切的各切点所连成的一条光顺曲线。从平边线上可以确定有关水线靠中的端值,以及横剖曲线靠最大半宽线的端值。

(2)平底线。即型线图上各横剖曲线与船底线相切的各切点所连成的一条光顺曲线。从平底线上可决定有关纵剖线样条函数的端值以及某些横剖曲线的端值。

(3)首、尾端切点线。即首、尾圆弧切线。它决定了首、尾水线曲线及横剖曲线的端值。

(4)折角线。一族型线上相应各折角点的连线。在该端点处型线的型值相等。

其他还有甲板边线、舷墙顶线、首尾轮廓线等也属于边界线。

二、型线的数学光顺流程

当边界条件确定后,便可对三个投影面上的各族型线进行光顺计算,也就是对型线进行三向光顺。所谓三向光顺,就是检查横剖线、水线及纵剖线上两两交点的同名坐标值是否一致,或者两者的误差是否在容许范围内,否则就要采取措施进行修改,如取两者同名坐标的某种平均值(算术平均值或加权平均值等)作为新的型值,再以此新型值重复单根型线光顺和收敛性检查,直到三个投影图上的全部型线都符合要求为止。

在数学光顺中,常见的三向光顺方法有三向循环光顺法,三向 V 型光顺法、二向转三向循环光顺法等。实践证明三向循环光顺法在数学光顺中收敛性优于二向转三向循环光顺等方法。其光顺流程如图 5-8 所示。

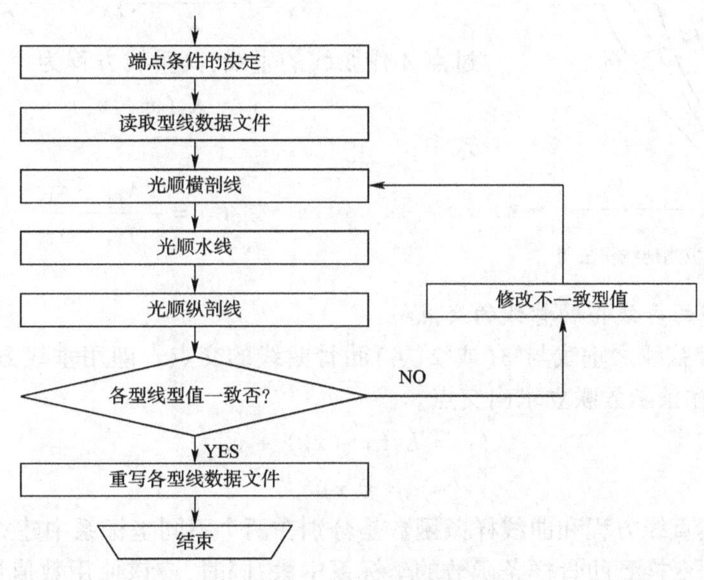

图 5-8　三向循环光顺法

另外,随着计算机及其支撑软件的发展应用,在有的船体型线光顺中采用了人机交互式的光顺方法。所谓人机交互就是工程师把一些信息输入到计算机中,计算机对输入信息进行处理后及时反馈给工程师,工程师对反馈信息进行分析和判断,并对错误或者不合理的部分进行修改、补充,然后把修改、补充的信息输入计算机,计算机处理后再反馈给工程师进行分析判断,直到满意为止的过程。在船体型线光顺中通过人机交互方式对型线进行光顺,并对一些不收敛或收敛速度很慢的型线进行人工干预,以达到尽快收敛并使型线光顺的目的。

第三节　外板的数学展开

船体外板的数学展开是数学放样的重要组成部分。它的任务是根据数学光顺给出的肋骨样条曲线(包括外板横缝)和外板纵缝线样条曲线,应用各种计算方法展开船体外板,并对展

开的外板进行钢板定位,提供数控绘图机和数控切割机所需的数控资料。

船体外板的数学展开方法,大致可分为模拟各种手工展开法,整个分段外板展开法及其他新研究的展开法(如切面法、微分测地线法等)三种类型。

本节所介绍的测地线法展开外板,就是一种模拟手工测地线的展开法。它采用数学计算式来描述手工展开过程,并依次按操作过程编写程序,供计算机作数学展开。

必须指出,能满足生产精度要求的外板数学展开方法是多种多样的。这里仅介绍一种,以便了解其基本原理。

一、测地线的数学描述

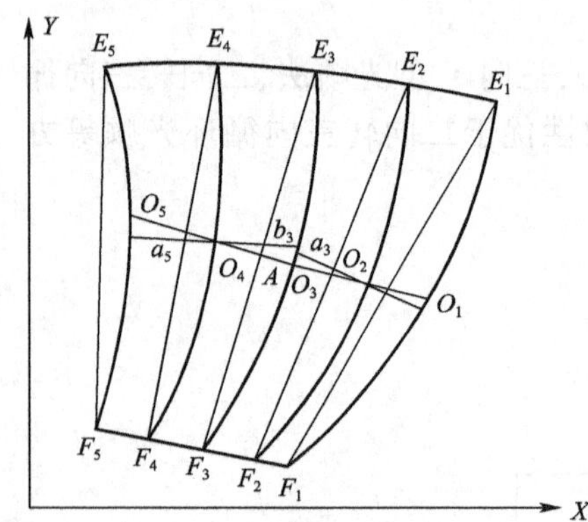

图 5-9 扇形板测地线作法

1. 作中间肋骨弦线的垂线

如图 5-9 所示,#3 肋骨弦线$\overline{F_3E_3}$的中点 A 的坐标为

$$x_A = \frac{x_{E_3} + x_{F_3}}{2}, y_A = \frac{y_{E_3} + y_{F_3}}{2}$$

过点 A 作弦线的垂线,其垂线方程为

$$y = K_3(x - x_A) + y_A \tag{5-57}$$

式中:

$$K_3 = -\frac{x_{E_3} - x_{F_3}}{y_{E_3} - y_{F_3}}$$

2. 求肋骨弦线的垂线与肋骨线的交点

例如求#3 肋骨弦线之垂线与#3(或#2、#4)肋骨曲线的交点。即用垂线方程式(5-57)与#3(或#2、#4)肋骨的样条函数联立求出交点。

$$\begin{cases} y = K_3(x - x_A) + y_A \\ y(x) = f(x) \end{cases}$$

从上式可知其直线方程和曲线样条函数是分别在两个不同坐标系中建立的,所以求解时,必须先将直线方程变换到肋骨样条函数的坐标系中去,同时,应该使用数值计算法(如牛顿迭代法或二分法等)求交点的近似解。

3. 求肋骨线弧长,并用此弧长求测地点

按手工测地线作法,过 O_2 作#2 肋骨弦线之垂线,分别交#1 肋骨线和#3 肋骨线于 b_1 和 a_3,以 b_1 为圆心,$\overset{\frown}{a_3O_3}$为半径作弧,交#1 肋骨线于 O_1,此点即为#1 肋骨线上的测地点。其中$\overset{\frown}{a_3O_3}$可通过对肋骨弧长求线积分而得。但由于 a_3 和 O_3 相距很近,且肋骨线曲率较小,故可用$\overline{a_3O_3}$代替,则

$$R = \overline{a_3O_3} = \sqrt{(x_{a_3} - x_{O_3})^2 + (y_{a_3} - y_{O_3})^2}$$

圆的方程为

$$(x - x_{b_1})^2 + (y - y_{b_1})^2 = R^2 \tag{5-58}$$

肋骨线方程为

$$y = f(x) \tag{5-59}$$

由于 O_1 既在圆周上，又在#1 肋骨线上，所以上两式联立求解，即可得交点 O_1 的坐标值。求解时同样先需经过坐标变换，变到一个坐标系中，并采用数值计算方法求出符合精度要求的近似解。

还应指出，圆与肋骨线相交，一般有两个交点，然而应用上述数值计算方法，一次只能求出一个交点。所以需要根据测地线的性质进行判别，才能求出所需之测地点。用相同的方法，可求得所求的测地点。

二、求肋骨弧长和上、下纵缝线、测地线实长的数学表达式

1. 求肋骨弧长

肋骨型线图上表示的肋骨弧长就是实长，可用求弧长的线积分公式计算。如图 5-10 所示，现设有一肋骨线 $\overset{\frown}{EF}$，在 xoy 坐标系中的方程为

$$y = f(x) = y_i + m_{i,i+1}(x - x_i) - \frac{(x - x_i)(x_{i+1} - x)}{(x_{i+1} - x_i)} \cdot [c_i(2x_{i+1} - x - x_i) + c_{i+1}(x_{i+1} + x - 2x_i)]$$

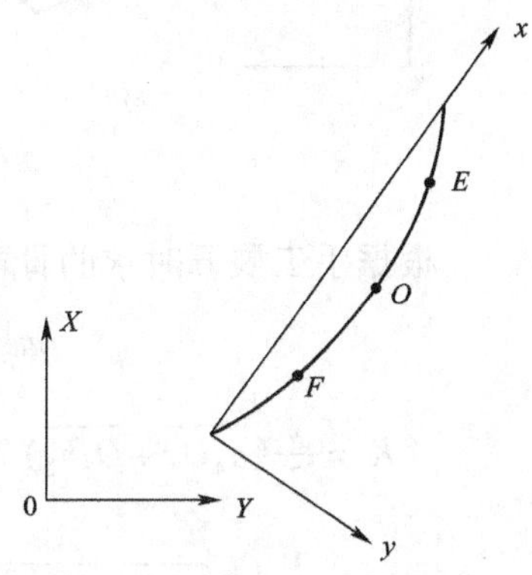

图 5-10　求肋骨线弧长

并设 E，F 两点分别是上下纵缝线与肋骨线的交点，O 为其上的测地点。则有

$$\begin{cases} \overset{\frown}{FO} = \int_{x_F}^{x_O} \sqrt{1 + (y')^2} \cdot \mathrm{d}x \\ \overset{\frown}{OE} = \int_{x_O}^{x_E} \sqrt{1 + (y')^2} \cdot \mathrm{d}x \end{cases} \tag{5-60}$$

上式积分有时非常复杂，甚至无法直接求解，因此用“辛普生公式”作近似计算，即能满足精度要求。

2. 上、下纵缝线及测地线各段实长的计算方法

上、下纵缝线和测地线都是空间曲线，同样可以用积分计算法求实长。但是它们都是较平坦的空间曲线（曲线曲率很小），可用空间折线长（一个肋距内为一段折线）来代替曲线的实长，这在一般情况下是足够精确的。

设 a、b 点分别是纵缝与 FR_i 和 FR_{i+1} 相邻两根肋骨线的交点，$\overset{\frown}{ab}$ 是纵缝在相邻两根肋骨之间的实长，以空间直线 $\overline{ab}$ 代替 $\overset{\frown}{ab}$，则

$$\overline{ab} = \sqrt{(x_b - x_a)^2 + (y_b - y_a)^2 + L^2} \tag{5-61}$$

式中：　L——理论肋距；

x_a、y_a、x_b、y_b——分别为肋骨型线图上 a 点和 b 点的坐标值。

运用上式即可求出上下纵缝线和测地线在各档肋骨间距内的实长。

三、求中间肋骨的肋骨弯度 s 和转角 α

1. 求肋骨弯度 s

如图 5-11 所示是一块菱形板在肋骨型线图上的投影，#3 肋骨为中间肋骨，$O_1 \sim O_5$ 为测

地线。

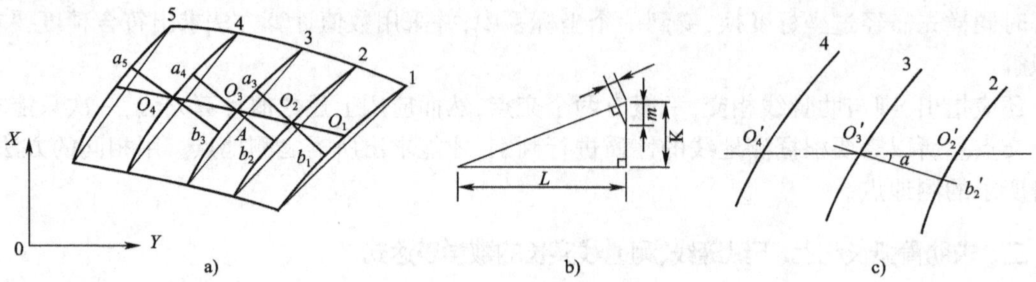

图 5-11　求肋骨弯度和转角

根据手工展开时求肋骨弯度的原理可得

$$m = \overline{O_3A} = \sqrt{(x_{O_3} - x_A)^2 + (y_{O_3} - y_A)^2} \tag{5-62}$$

$$\begin{aligned} K &= \frac{1}{2}(\overline{a_4O_3} + \overline{O_3b_2}) \\ &= \frac{1}{2}\left[\sqrt{(x_{a_4} - x_{O_3})^2 + (y_{a_4} - y_{O_3})^2} + \sqrt{(x_{O_3} - x_{b_2})^2 + (y_{O_3} - y_{b_2})^2}\right] \end{aligned} \tag{5-63}$$

根据图 5-11b)所示的几何关系可得

$$s = \frac{mK}{L'} = \frac{mK}{\sqrt{L^2 + K^2}} \tag{5-64}$$

式中：s——肋骨弯度值；

L——理论肋骨间距。

只要将式(5-62)和(5-63)求得的 m 和 K 值代入式(5-64)，即可求得中间肋骨之肋骨弯度值 s。

2. 求转角 α

展开扇形外板时，测地线与中间肋骨弦线垂直，α 值恒为 0。而在展开菱形外板时，由于测地线与中间肋骨弦线不垂直(图 5-11a)，故展开时需求其转角 α(图 5-11c)。图 5-11c)中 $\overline{O'_2O'_3}$ 是图 5-11a)中测地线段 $\overset{\frown}{O_2O_3}$ 的实长，$\overline{O'_3b'_2}$ 是图 5-11a)中 $\overset{\frown}{O_3b_2}$ 的实长，$\overline{O'_2b'_2}$ 是#2 肋骨上 $\overset{\frown}{O_2b_2}$ 的近似弧长。

根据余弦定理可得

$$\cos\alpha = \frac{(\overline{O'_2O'_3})^2 + (\overline{O'_3b'_2})^2 - (\overline{O'_2b'_2})^2}{2\,\overline{O'_2O'_3}\,\overline{O'_3b'_2}} \tag{5-65}$$

四、外板展开图的计算

有了上述数据，就可以作出外板展开图。其作法是先作中间肋骨的展开线，再向左、右方向展开。

为了能直接向数控绘图机或数控切割机提供数控资料，必须求出外板展开形状的各肋骨线与上、下纵缝线交点的坐标值；求出各肋骨线与测地线交点的坐标值。

在计算各点坐标值时，需定出坐标系，扇形外板是以展开图上的测地线为 x 轴，以中间肋

骨的展开弦线为 y 轴，以测地线与中间肋骨展开弦线的交点为坐标原点，如图 5-12a）所示。对于菱形外板，则是以展开图上的测地线为 x 轴，以测地线与中间肋骨线交点为坐标原点，如图 5-12b）所示。

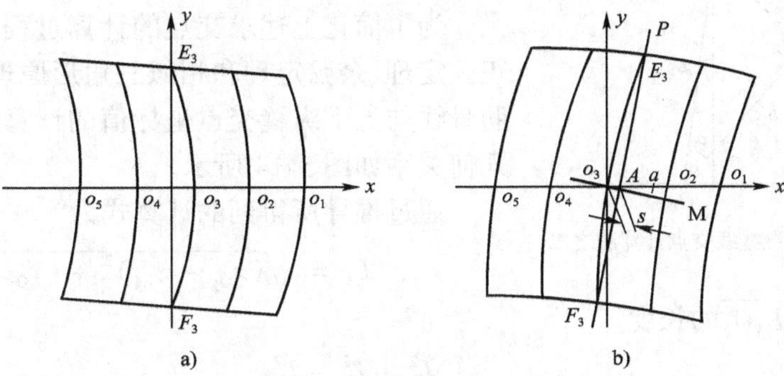

图 5-12　外板展开的坐标系

a）扇形板；b）菱形板

现以扇形板为例，说明各点坐标值的计算方法。

确定中间肋骨线在展开图上的各点坐标值时，首先应确定中间肋骨线与测地线交点 O_3 之坐标值。因为其坐标系是以测地线为 x 轴，故以坐标原点 O 沿测地线量取 $x_{O_3}=s$（肋骨弯度值），即得中间肋骨线与测地线的交点。在此基础上，根据测地线各段实长，即可定出其余各测地点的坐标值。

中间肋骨线与上下纵缝线的交点 E_3 和 F_3 在中间肋骨展开弦线上，如图 5-13 所示，故其 x 坐标值等于零。根据图中所示的几何关系，可得其 y 坐标的关系式为

$$y_{E_3}(\text{或}\ y_{F_3}) = \pm\sqrt{L^2 - s^2}$$

式中：s——中间肋骨的肋骨弯度值；

L——测地线上侧（或下侧）的中间肋骨线长度；

y_{E_3}、y_{F_3}——中间肋骨线与上下纵缝线交点 E_3 和 F_3 的 y 坐标值。

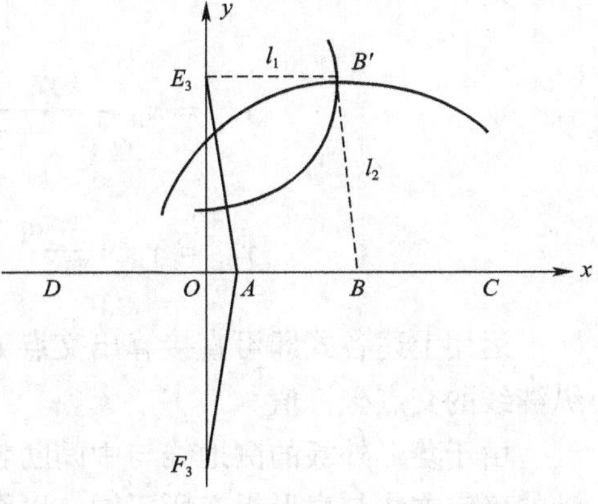

图 5-13　肋骨线与上下纵缝线交点计算法之一

上式根号前的正负号，根据选定的坐标系而定，可规定肋骨线与上纵缝的交点取正值，与下纵缝的交点取负值。

手工展开时是以纵缝线与肋骨线的交点为圆心，以纵缝线在相应肋距内的实长 l_1 为半径作圆，再以相邻肋骨线在测地线上的交点为圆心，以该肋骨线上侧或下侧的长度 l_2 为半径作圆，两圆相交得交点，如图所示。数学展开时，就是依此建立两个圆方程，并联立求解得肋骨线与上下纵缝线交点的坐标值。其圆方程为

$$\begin{cases}(x - x_{E_3})^2 + (y - y_{E_3})^2 = l_1^2 \\ (x - x_{O_2})^2 + y^2 = l_2^2\end{cases} \tag{3-66}$$

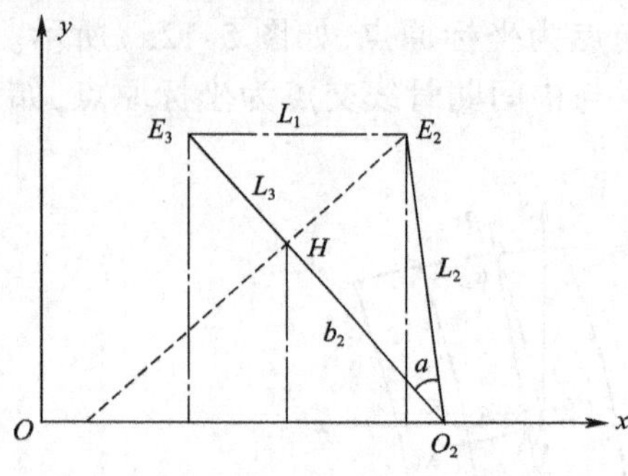

图 5-14 肋骨线与纵缝线交点计算法之二

两圆相交必有两个交点。可先解出两个解的 x 值,再根据展开的几何意义,选取 x 绝对值大的作为所要求的解,然后依此求得相应的 y 值。

为了简化上述求交点的计算过程,现介绍一种运用正弦定理、余弦定理和相似三角形原理推导得到的计算肋骨线与上下纵缝交点坐标值的计算式,导出计算式的几何关系如图 5-14 所示。

通过推导所得到的计算式为

$$L_3 = \sqrt{(x_{O_2} - x_{E_3})^2 + (y_{O_2} - y_{E_3})^2}$$

式中:L_3——线段$\overline{E_3O_2}$的长度。

$$b_2 = \frac{L_2^2 + L_3^2 - L_1^2}{2L_3}$$

式中:b_2——线段$\overline{O_2H}$的长度。

$$x_H = x_{O_2} - \frac{b_2(x_{O_2} - x_{E_3})}{L_3}$$

$$y_H = \frac{b_2 y_{E_3}}{L_3}$$

则

$$x_{E_2} = x_H - \frac{(y_{O_2} - y_{E_3})\sqrt{L_2^2 - b_2^2}}{L_3} \cdot \mathrm{sign}y_H \cdot \mathrm{sign}x_{O_2}$$

$$y_{E_2} = y_H + \frac{(x_{O_2} - x_{E_3})\sqrt{L_2^2 - b_2^2}}{L_3} \cdot \mathrm{sign}y_H \cdot \mathrm{sign}x_{O_2}$$

运用上述各式即可直接算出交点 E_2 的坐标值 x_{E_2},y_{E_2}。同理亦可求得所有肋骨线与上下纵缝线的交点坐标值。

由于菱形外板的测地线与中间肋骨弦线不垂直,故在展开图上坐标轴的选取,以及中间肋骨的确定方法与扇形板有所不同。以图 5-11a)所示外板为例,说明其中间肋骨线在展开图上的各点坐标值的确定方法(图 5-12b)。

取一直角坐标系 xoy,将中间肋骨#3 与测地线的交点 O_3 放在坐标原点上,测地线各段实长相应地量在 x 轴上,得 O_1、O_2、O_3、O_4 及 O_5 各点。

通过原点 O 作直线 M,其方程为

$$y = -\tan\alpha \cdot x$$

式中:α——转角,由式(5-65)可求得。

以原点 O 为圆心,肋骨弯度 s 为半径,其圆方程为

$$x^2 + y^2 = s^2$$

求解方程组

$$\begin{cases} y = -\tan\alpha \cdot x \\ x^2 + y^2 = s^2 \end{cases} \tag{5-67}$$

方程组有两个解，根据肋骨弯曲方向判别哪一组解是 A 点坐标。再过 $A(x_A, y_A)$ 作直线 M 之垂线 P，其方程为

$$y = \frac{1}{\tan\alpha}(x - x_A) + y_A$$

以坐标原点为圆心，以中间肋骨线上段实长为半径（$\overset{\frown}{O_3E_3}$）作圆，求得与直线 P 的交点 E_3，即展开图上中间肋骨线与上纵缝的交点。此点可通过求解下列联立方程而得

$$\begin{cases} x^2 + y^2 = l_{3上}^2 \\ y = \frac{1}{\tan\alpha}(x - x_A) + y_A \end{cases} \tag{5-68}$$

式中：$l_{3上}$——$\overset{\frown}{O_3E_3}$的实长。

解上述方程，可求出两个交点。故须进行判别，选取合乎要求的一个交点。同理可得交点 F_3，即中间肋骨线与下纵缝线的交点之坐标值。其余作法与扇形板相同。

SIKAOYULIANXI

一、名词解释

1. 船体数学放样。
2. 计算机放样。
3. 造船集成系统。
4. 船体外板的数学展开。

二、简答题

1. 国内外比较著名的造船集成系统有哪些？
2. 船体型线的数学表达方法是什么？
3. 船体型线数学光顺的判别准则是什么？
4. 船体型线光顺性判别方法有哪些？
5. 船体型线光顺的方法有哪些？
6. 在数学放样中，船体的边界线有哪些？
7. 什么是船体型线的三向光顺？其方法有哪些？
8. 船体外板的数学展开方法有哪些？
9. 怎样应用测地线法数学展开外板？

第六章　钢材预处理和号料

● **学习目标**

知识目标

1. 了解船体结构材料的基本性能;
2. 了解一般船体结构钢、高强度船体结构钢的等级分类、化学成分及力学性能;
3. 掌握钢材矫正的基本原理和矫正工艺;
4. 熟悉钢材表面清理与防护的基本原理和工艺方法;
5. 掌握普通号料、二次号料及套料的基本概念和操作方法。

能力目标

1. 能解释船用材料符号的含义;
2. 会利用矫平机、型钢矫直机对钢板、型钢进行矫平和矫正;
3. 会根据不同的构件选用不同的除锈方法;
4. 能使用平面样板对船体零件进行号料;
5. 能使用草图对船体零件进行号料。

船体经过放样后,船体生产就进入船用板材的预处理与号料阶段,在这个阶段中,首先要了解船用板材的基本知识,然后将船体放样后生成的船体零件图样画在预处理后的船用板材上。所以本章主要讲解的内容有:船用板材的种类、性能与规范要求,船用板材的预处理方法,船体零件号料方法。

第一节　船体结构对其金属材料的基本要求

造船材料分为金属材料和非金属材料两大类。

现代船舶的船体结构制造所用材料主要是一般强度船体结构钢、高强度船体结构钢、奥氏体不锈钢和双相不锈钢、复合钢板、Z向钢、铝合金、增强塑料等。根据中国船级社(CCS)《材料与焊接规范》(2012年)要求,所有金属材料必须在力学性能(强度、塑性、硬度、冲击韧性)、工艺性能(弯曲、焊接性)、化学成分、脱氧方法、交货状态(热处理)等方面符合规范要求。

由于船舶工作条件的特殊性和复杂性,因而对制造船体结构的金属材料提出了较高的要求,大致有以下几方面:

一、良好的力学性能

1. 强度

强度是金属材料在外力作用下抵抗断裂和变形的能力,以拉伸试验测得的极限强度和屈服强度表示。强度是材料力学性能中的一个重要指标,材料强度高就可减少船体构件的截面积,降低材料的消耗,相应地使船体重量减轻,从而有利于增加载货量和提高航速。

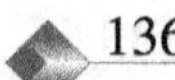

2. 塑性

塑性是金属材料在外力作用下产生塑性变形而不破坏的能力。塑性也是衡量船体结构材料好坏的一个重要指标,以拉伸试验测得的伸长率和断面收缩率表示。材料具有良好的塑性才能在制造过程中承受冷、热弯曲加工,在航行过程中避免船舶因局部受力而破裂。

3. 冲击韧性

冲击韧性是金属材料抵抗冲击载荷和脆性破坏的能力,以冲击试验测得的冲击值表示。造船材料特别重视低温(危险温度大致在0℃)冲击韧性,这是由于船舶工作条件的特殊性所决定的,一些船舶发生海损事故的重要原因就是由材料的脆性(冲击韧性过低)所引起的。因此,材料具有良好的冲击韧性才能确保航行的安全。

4. 疲劳强度

疲劳强度是金属材料抵抗外力反复作用下的能力,即在交变载荷无限次作用下不致引起破坏的能力。试验指出:若钢件在10×10^6次交变载荷作用下仍不破坏,则可认为它在无限次交变载荷作用时,材料也不会引起破坏。因为船舶在波浪上航行受到交变载荷的作用,如果材料疲劳强度不高,就可能发生破裂,这是十分危险的。此项指标未列入造船规范。

5. 硬度

硬度是金属材料抵抗比它更硬物体压入表面内的能力。以硬度试验测得的布氏硬度H_B或洛氏硬度R_c表示。必须指出,在一般情况下,强度指标和塑性指标是矛盾的。强度高的材料往往塑性差,同一种材料,当强度提高时(通过冷加工或热处理),塑性就要下降。因此,在选择材料时,必须作综合分析,既要考虑到主要的性能指标,又要照顾到其他性能指标。此项指标也未列入造船规范。

二、优良的工艺性能

所谓工艺性能是指材料对各种加工方法的适应性。在现代造船中,采用最多的金属材料加工方法是焊接与弯曲。因此,作为船体结构材料,必须具有良好的焊接性和优良的承受弯曲加工的性能。

三、良好的耐腐蚀性能

船体结构用金属材料在海水中具有较高的耐腐蚀性能,而目前的一般强度船体结构用钢和高强度船体结构用钢还不能完全满足要求,在海水中的腐蚀都比较严重,据统计碳素钢为0.1mm/年,含镍合金钢为0.08mm/年。因此,船舶设计时必须增放腐蚀余量,这就增加了船体自重和材料消耗。

从耐腐蚀观点出发,奥氏体不锈钢和双相不锈钢作为造船材料是比较理想的。

四、要经济可靠

造船材料要求成本低、品种多、质量好、保证大量供应。要满足这些要求,必须立足于国内,国产材料应有良好的供应经济性,如船板厚度进级可为0.5mm,角钢可以是不等边不等厚。也只有这样,才能保证充足的货源,满足我国造船工业的需要。

五、良好的试验性能

船体结构用金属材料只有经过严格的、全面的性能试验,才能保证船舶的建造质量和航行安全。其试验项目包括有:拉伸试验、冲击试验、冷弯试验、脱氧、晶粒度、化学成分检验及焊接认可试验等。这些试验项目的试验条件、方法、内容和目的应根据 CCS《材料与焊接规范》(2012 年)要求执行。

第二节　船体结构用钢材

一、一般强度船体结构用钢

内河与近海船舶(化学品船除外)的船体结构用钢材,采用一般强度船体结构用钢。根据《钢质内河船舶入级与建造规范》(2009 年)和《材料与焊接规范》(2012 年)的规定,将屈服点大于或等于 235MPa、低于 315MPa 的船体结构钢称为一般强度船体结构用钢,并分为 A、B、D、E 四个质量等级(即 CCSA、CCSB、CCSC、CCSD)。这四个等级的钢材的屈服强度在 235 ~ 315N/mm^{2}之间,抗拉强度在 400 ~ 520N/mm^{2}范围内,只是不同温度下的冲击功不一样而已。

A 级钢——要求 +20℃的冲击试验性能。

B 级钢——要求 0℃的冲击试验性能。

D 级钢——要求 -20℃的冲击试验性能。

E 级钢——要求 -40℃的冲击试验性能。

1. 对脱氧和化学成分的要求

船体结构用钢材的脱氧方法和抽样化学成分应符合表 6-1 的规定。

一般强度船体结构用钢的脱氧方法和化学成分　　表 6-1

钢材等级		A	B	D	E
脱氧方法厚度 t (mm)		$t \leq 50$,除沸腾钢外任何方法①;$t > 50$,镇静处理	$t \leq 50$,除沸腾钢外,任何方法;$t > 50$,镇静处理	$t \leq 25$,镇静处理;$t > 25$,镇静和细晶处理	镇静和细晶处理
化学成分(%)⑦⑧⑨	C②	≤0.21③	≤0.21	≤0.21	≤0.18
	Mn②	≥2.50	≥0.80④	≥0.60	≥0.70
	Si	≤0.50	≤0.35	≤0.35	≤0.35
	S	≤0.035	≤0.035	≤0.035	≤0.35
	P	≤0.035	≤0.035	≤0.035	≤0.35
	Al(酸溶)	—	—	≥0.015⑤⑥	≥0.015⑥

注:①凡经 CCS 和订货方同意,对 $t \leq 12.5$mm 的 A 级型钢,可用沸腾钢,但应在材料证书上注明。

②所有等级的钢均应符合:C% +1/6Mn% ≤0.40%。

③对于型钢,最大含碳量可为 0.23%。

④当 B 级钢作冲击试验时,其最低含锰量可降低至 0.6%。

⑤对 $t > 25$mm 的 D 级钢适用。

⑥对 $t>25$mm 的 D 级钢和 E 级钢,可采用总铝含量来代替酸溶铝含量的要求;此时,总铝含量应不小于 0.02%;经 CCS 同意后,也可使用其他细化晶粒元素。

⑦若采用温度－形变控制轧制(TMCP)状态交货,经 CCS 同意后,化学成分可以不同于表中规定。

⑧钢中残余铜含量应不大于 0.35%;铬、镍的残余含量各应不大于 0.30%。

⑨在钢材的冶炼过程中添加的任何其他元素,应在材料证书上注明。

2. 对热处理的要求

钢材的交货状态应符合表 6-2 的要求。

一般强度船体结构用钢的交货状态　　表 6-2

<table>
<tr><th rowspan="3">钢材等级</th><th rowspan="3">脱氧方法</th><th rowspan="3">产品形式</th><th colspan="5">交货状态①②</th></tr>
<tr><th colspan="5">厚度 t(mm)</th></tr>
<tr><th>$t\leqslant 12.5$</th><th>$12.5<t\leqslant 25$</th><th>$25<t\leqslant 35$</th><th>$35<t\leqslant 50$</th><th>$50<t\leqslant 100$</th></tr>
<tr><td rowspan="3">A</td><td>沸腾钢</td><td>型材</td><td>A(－)</td><td colspan="4">不适用</td></tr>
<tr><td rowspan="2">t≤50mm,除沸腾钢外任何方法;t≥50mm,镇静处理</td><td>板材</td><td colspan="4">A(－)</td><td>N(－),TM(－)③
CR(50),AR*(50)</td></tr>
<tr><td>型材</td><td colspan="4">A(－)</td><td>不适用</td></tr>
<tr><td rowspan="2">B</td><td rowspan="2">t≤50mm,除沸腾钢外任何方法;t≥50mm,镇静处理</td><td>板材</td><td colspan="2">A(－)</td><td colspan="2">A(50)</td><td>N(50),CR(25)
TM(50),AR*(25)</td></tr>
<tr><td>型材</td><td colspan="2">A(－)</td><td colspan="2">A(50)</td><td>不适用</td></tr>
<tr><td rowspan="3">D</td><td>镇静处理</td><td>板材,型材</td><td colspan="2">A(50)</td><td colspan="3">不适用</td></tr>
<tr><td rowspan="2">镇静和细晶处理</td><td>板材</td><td colspan="2">A(50)</td><td colspan="2">N(50),CR(50)
TM(50)</td><td>N(50),CR(25)
TM(50)</td></tr>
<tr><td>型材</td><td colspan="2">A(50)</td><td colspan="2">N(50),CR(50)
TM(50),AR*(25)</td><td>不适用</td></tr>
<tr><td rowspan="2">E</td><td rowspan="2">镇静和细晶处理</td><td>板材</td><td colspan="5">N(每件),TM(每件)</td></tr>
<tr><td>型材</td><td colspan="4">N(25),TM(25),AR*(15),CR*(15)</td><td>不适用</td></tr>
</table>

注:①交货状态:A:任意;N:正火;

CR:控制轧制;

TM(TMCP):温度—形变控制轧制;

AR*:经 CCS 特别认可后,可采用热轧状态交货;

CR*:经 CCS 特别认可后,可采用控制轧制状态交货。

②括号中的数值表示冲击试样的取样批量(单位为 t),(－)表示不作冲击试验。每一批量应取 1 组 3 个夏比 V 型缺口冲击试样进行试验。

③如采用 TMCP 状态交货,应经 CCS 同意。

3. 对力学性能的要求

一般强度船体结构用钢的力学性能应符合表 6-3 的规定。

一般强度船体结构用钢的力学性能 表 6-3

<table>
<tr><th rowspan="5">钢材等级</th><th rowspan="5">屈服点 R_{eH} 不小于 (N/mm²)</th><th rowspan="5">抗拉强度 R_m (N/mm²)</th><th rowspan="5">伸长率 A 不小于 (%)</th><th colspan="7">夏比 V 型缺口冲击试验钢材</th></tr>
<tr><th rowspan="4">试验温度 (℃)</th><th colspan="6">平均冲击功不小于(J)</th></tr>
<tr><th colspan="6">厚度 t(m)</th></tr>
<tr><th colspan="2">$t \leqslant 50$</th><th colspan="2">$50 < t \leqslant 70$</th><th colspan="2">$70 < t \leqslant 100$</th></tr>
<tr><th>纵向②</th><th>横向②</th><th>纵向</th><th>横向</th><th>纵向</th><th>横向</th></tr>
<tr><td>A</td><td rowspan="4">235</td><td rowspan="4">400 ~ 520①</td><td rowspan="4">22</td><td>20</td><td>–</td><td>–</td><td rowspan="4">34④</td><td rowspan="4">24④</td><td rowspan="4">41④</td><td rowspan="4">27④</td></tr>
<tr><td>B</td><td>0</td><td rowspan="3">7③</td><td rowspan="3">20③</td></tr>
<tr><td>D</td><td>–20</td></tr>
<tr><td>E</td><td>–40</td></tr>
</table>

注:①经 CCS 同意后,A 级型钢的抗拉强度的上限可以超出表中所规定的值。

②除订货方或 CCS 要求外,$t \leqslant 50$mm 时冲击试验一般仅作纵向试验,但钢厂应采取措施保证钢材的横向冲击性能。

③对厚度不大于 25mm 的 B 级钢,经 CCS 同意可不作冲击试验。

④厚度大于 50mm 的 A 级钢,如经过细化晶粒处理并以正火状态交货,可以不作冲击试验;经 CCS 同意,以温度—形变控制轧制状态交货的 A 级钢亦可不作冲击试验。

对于宽度 25mm、标距长度 200mm 的全厚度板状试样,其最小伸长率应符合表 6-4 的规定。

全厚度板状试样的最小伸长率 表 6-4

厚度 t(mm)	$t \leqslant 5$	$5 < t \leqslant 10$	$10 < t \leqslant 15$	$15 < t \leqslant 20$	$20 < t \leqslant 25$	$25 < t \leqslant 30$	$30 < t \leqslant 40$	$40 < t \leqslant 50$
伸长率 A(%)	14	16	17	18	19	20	21	22

二、高强度船体结构用钢

高强度船体结构用钢是普通低合金高强度结构钢中一个重要钢种。随着船舶吨位不断提高,因此就提出了使用高强度船体钢的要求。世界上虽然用于民船上的高强度钢从 19 世纪已开始,但真正获得应用,还是 20 世纪 60 年代。我国国产船舶中江南造船厂制造的“东风”号万吨船上曾较多地使用过高强度钢。1998 年,我国 CCS 规范中划分了高强度船体结构用钢的品种。屈服点大于或等于 315MPa 的船体结构钢称为高强度船体结构用钢,按其最小屈服点应力划分强度级别,每一强度级别又按其冲击韧性的不同分为 A、D、E、F 四级。规范规定适用于厚度不超过 100mm 的 AH32、DH32、EH32、FH32、AH36、DH36、EH36、FH36、AH40、DH40、EH40、和 FH40 等级的钢板和宽扁钢,规范规定还适用于上述等级的厚度不大于 50mm 的型钢和棒材。

1. 规范对高强度船体结构用钢的要求

规范对高强度船体结构用钢在脱氧方法与化学成分、热处理、力学性能及伸长率方面规定了要求。

(1)脱氧方法与化学成分。高强度船体结构用钢均应为经过细化晶粒处理的镇静钢,化学成分应符合表 6-5 的要求。

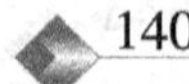

高强度船体结构用钢化学成分 表 6-5

等级		AH32,AH36,AH40,DH32,DH36,DH40,EH32,EH36,EH40	FH32,FH36,FH40
化学成分（%）	C	≤0.18	≤0.16
	Mn	0.90～1.60	0.90～1.60
	Si	≤0.50	≤0.50
	S	≤0.035	≤0.035
	P	≤0.035	≤0.035
	Al（酸溶）	≥0.015	≥0.015
	Nb	0.02～0.05	0.02～0.05
	V	0.05～0.10	0.05～0.10
	Ti	≤0.02	≤0.02（%）
	Cu	≤0.35	≤0.35
	Cr	≤0.20	≤0.20
	Ni	≤0.40	≤0.80
	Mo	≤0.08	≤0.08
	N	—	≤0.009（如含铝时，≤00.012）

（2）高强度船体结构用钢的力学性能应符合表 6-6 的规定。

高强度船体结构用钢的力学性能 表 6-6

钢材等级	屈服点 R_{eH} 不小于（N/mm²）	抗拉强度 R_m（N/mm²）	伸长率 A 不小于（%）	夏比V型缺口冲击试验钢材						
				试验温度（℃）	平均冲击功不小于（J）					
					厚度 t（m）					
					$t \leq 50$		$50 < t \leq 70$		$70 < t \leq 100$	
					纵向②	横向②	纵向	横向	纵向	横向
AH32	315	400～570	22	0	31	22	38	26	46	31
DH32				−20						
EH32				−40						
FH32				−60						
AH36	355	490～630	21	0	34	24	41	27	50	34
DH36				−20						
EH36				−40						
FH36				−60						
AH40	390	510～660	20	0	39	26	46	31	55	37
DH40				−20						
EH40				−40						
FH40				−60						

2. 高强度船体结构用钢的特点

1)良好的力学和工艺性能

(1)高强度:一般强度船体结构用钢的屈服强度在235N/mm^{2}以上,而高强度船体结构用钢的屈服强度在315N/mm^{2}以上。

(2)良好的韧性和塑性:为了防止断裂事故和低温下的脆断,高强度船体结构用钢具有较好的伸长率($A_5>20\%$),它在-40℃时的韧性不低于常温的50%,可以冷弯加工,能在严寒地区做工程结构。

(3)良好的工艺性能:作为船体结构用钢,具有优良的加工、焊接性能。

2)良好的化学性能

(1)低碳:为了保证较好的韧性、焊接性能和塑性,这类钢含碳量大都在0.20%以下。

(2)低合金:以锰为主要合金元素,Mn能推迟奥氏体冷却时铁素体的析出,有效地起到对铁素体固溶强化和细化晶粒。当含锰量不超过1.8%时,在低碳条件下仍可保持较高的塑性及韧性。

铌或钒为辅加合金元素,铌或钒可生成碳化物或碳氮化物。一方面在热轧时阻止奥氏体晶粒长大,另一方面在冷却过程中碳氮化物析出,进一步提高钢的强度。为了提高耐锈蚀能力,还加进适量的铜(0.71%~0.5%)和磷(0.05%~0.10%)。这类钢具有优良的抗腐蚀的能力。

3)良好的热处理性能

这类钢多用热轧并经过正火(或退火),以各种规格的型材或板材供应。通过冲压、焊接制造各种工程结构和零件,一般情况下不再进行热处理。

三、奥氏体不锈钢和双相不锈钢

能够抵抗大气腐蚀的钢叫不锈钢,通常不锈钢包括耐酸钢和耐热钢。耐酸钢能抵抗某些酸性介质的腐蚀,耐热钢在高温下具有良好的抗氧化性和高温强度。由于耐酸钢和耐热钢同时能抵抗大气的腐蚀,故习惯上也包括在不锈钢内。一般来说,不锈钢不一定耐酸,而耐酸钢则往往都是具有抵抗大气腐蚀的能力。但耐酸钢也不是无条件的总是不锈的,如铬镍耐酸钢在硝酸和有机酸中有较好的耐蚀性,而在盐酸和硫酸中则容易被腐蚀。又如含铬13%的不锈钢在室温下能抵抗硝酸的腐蚀,而将硝酸加热至沸腾,则这种钢就不耐蚀了。因此,除了钢的化学成分以外,介质的种类、浓度、温度和压力等,对不锈钢的耐蚀性也有很大的影响。

按化学成分不同分:不锈钢可分为铬不锈钢及铬镍不锈钢两大类。

按显微组织不同分:不锈钢又分为奥氏体型、铁素体型、马氏体型、奥氏体—铁素体型及沉淀硬化型五类。

不锈钢中,奥氏体不锈钢(构件使用温度不低于-165℃)、奥氏体—铁素体型不锈钢(双相不锈钢,构件使用温度在0~300℃之间)比其他不锈钢具有更优良的耐腐蚀性、耐热性和塑性,可焊性良好,是化学品船和液化气体船的液货舱和油、气、水处理用受压容器或其他构件应用的材料。船用不锈钢显著的特点是超低碳。

CCS《材料与焊接规范》2012年对奥氏体不锈钢和双相不锈钢的化学成分、力学性能、热处理作了规定。

1. 化学成分

奥氏体不锈钢的熔炼分析化学成分应符合表6-7,双相不锈钢的熔炼分析化学成分应符合表6-8。

奥氏体不锈钢的化学成分 表6-7

钢号	统一数字代号	化学成分(%)									
		C	Si	Mn	P	S	Cr	Ni	Mo	N	其他
022Cr19Ni10	S30403	≤0.03	≤1.0	≤2.0	≤0.045	≤0.03	18.0~20.0	8.0~12.0			
022Cr19Ni10N	S30453	≤0.03	≤1.0	≤2.0	≤0.045	≤0.03	18.0~20.0	8.0~11.0		0.10~0.16	
022Cr17Ni12Mo2	S31603	≤0.03	≤1.0	≤2.0	≤0.045	≤0.03	16.0~18.0	10.0~14.0	2.0~3.0		
022Cr17Ni12Mo2N	S31653	≤0.03	≤1.0	≤2.0	≤0.045	≤0.03	16.0~18.0	10.0~13.0	2.0~3.0	0.10~0.16	
022Cr19Ni13Mo3	S31703	≤0.03	≤1.0	≤2.0	≤0.045	≤0.03	18.0~20.0	11.0~15.0	3.0~4.0		
022Cr19Ni13Mo4N	S31753	≤0.03	≤1.0	≤2.0	≤0.045	≤0.03	18.0~20.0	11.0~15.0	3.0~4.0	0.10~0.22	
06Cr18Ni11Nb	S34788	≤0.08	≤1.0	≤2.0	≤0.045	≤0.03	17.0~19.0	9.0~12.0			10C≤Nb≤1.0

双相不锈钢的化学成分 表6-8

钢号	统一数字代号	化学成分(%)									
		C	Mn	Si	P	S	Cr	Ni	Mo	N	其他
022Cr22Ni5Mo3N	S22253	≤0.03	≤2.0	≤1.0	≤0.030	≤0.020	21.0~23.0	4.5~6.5	2.5~3.0	0.08~0.20	
022Cr23Ni5Mo3N	S22053	≤0.03	≤2.0	≤1.0	≤0.030	≤0.020	22.0~23.0	4.5~6.5	3.0~3.5	0.14~0.20	
03Cr25Ni6Mo3Cu2N	S25554	≤0.04	≤1.5	≤1.0	≤0.035	≤0.030	24.0~27.0	4.5~6.5	2.9~3.9	0.10~0.25	1.0≤Cu≤2.5
022Cr25Ni7Mo4N	S25073	≤0.03	≤1.2	≤0.8	≤0.035	≤0.020	24.0~26.0	6.0~8.0	3.0~5.0	0.24~0.32	Cu≤0.05

2. 力学性能

奥氏体不锈钢的力学性能应符合表6-9,双相不锈钢的力学性能应符合表6-10。

奥氏体不锈钢的力学性能 表6-9

钢号	在伸长为0.2%的规定非比例延伸强度 $R_{p0.2}$ ① (N/mm²)	在伸长为1.0%的规定非比例延伸强度 $R_{p1.0}$ ① (N/mm²)	抗拉强度 R_m ② (N/mm²)	伸长率 A_s (%)
022Cr19Ni10	175	215	480	40
022Cr19Ni10N	245	285	550	40
022Cr17Ni12Mo2	175	215	480	40
022Cr17Ni12Mo2N	245	285	550	40
022Cr19Ni13Mo3	205	245	520	40
022Cr19Ni13Mo4N	275	315	570	40
06Cr18Ni11Nb	205	245	520	40

注:①一般测定非比例延伸强度 $R_{p0.2}$。如合同另有规定,允许以非比例延伸强度 $R_{p1.0}$ 为交货条件。

②奥氏体不锈钢的抗拉强度上限应不超过表列值加200N/nm²。

双相不锈钢的力学性能　　表6-10

钢　　号	规定非比例延伸强度 $R_{p0.2}$ (N/mm²)	抗拉强度 R_m (N/mm²)	伸长率 A_s (%)	夏比V型缺口冲击试验		
				试验温度(℃)	冲击值(J)	
					纵向	横向
022Cr22Ni5Mo3N	450	620	25	-20	41	27
022Cr23Ni5Mo3N	450	620	25	-20	41	27
03Cr25Ni6Mo3Cu2N	490	690	25	-20	41	27
022Cr25Ni7Mo4N	550	790	20	-20	41	27

牌号表示方法说明:

(1)不锈钢钢号由合金元素符号和数字组成。对钢中主要合金元素含量以百分之几表示,而对钛、铌、锆、氮等,则按照合金结构钢对微量合金元素的表示方法标出。

(2)对钢号中碳含量的表示方法,当碳含量大于0.03%时,取两位小数表示。例如:平均碳含量≤$\omega_{(C)}$0.08%时,平均铬含量为$\omega_{(Cr)}$18%,镍含量为$\omega_{(Ni)}$9%的不锈钢,其钢号为06Cr18Ni9。当碳含量上限不大于$\omega_{(C)}$0.03%时,以三位小数表示。例如:平均碳含量≤$\omega_{(C)}$0.03%,平均铬含量为$\omega_{(Cr)}$19%,镍含量为$\omega_{(Ni)}$13%,钼含量为$\omega_{(Mo)}$3%的超低碳不锈钢,其钢号为022Cr19Ni13Mo3。具体不锈钢钢号见《不锈钢和耐热钢　牌号及化学成分》(GB/T 20878—2007)。

四、船体结构用其他钢材

1. 复合钢板

1)复合钢板

复合钢板指由基体材料和在其单面或双面上整体结合的薄层(覆层金属)所组成的板材。适用于化学制品运输船的容器和液货舱。

(1)基体材料:

①凡适合采用轧制或爆炸复合方法结合的碳钢或碳锰钢均可作为基体材料。若板材拟用作船体结构的一部分(如液货舱)或拟用于受压容器,则基体材料应符合CCS《材料与焊接规范》(2012年)的规定。

②制造厂应提供基体材料的化学成分、力学性能等资料。

(2)覆层金属:

①凡适合于预定用途的材料,均可作为覆层金属,如奥氏体不锈钢、铬钢、铝合金或铜镍合金等。

②制造厂应提供材料合格证书,并保证覆层金属的化学成分符合有关规定,如验船师有疑问时,可要求进行化学成分的复查。

③无论何种复合钢板,其覆层金属的厚度均应经CCS认可。

2)热处理

板材应以最适合于复合板两种材料的热处理状态交货。热处理工艺应经CCS认可。

3)粘合

(1)基体材料和覆层金属相互间应充分粘合。除另有协议外,粘合面积比例至少应达到

95%。如复合钢板在以后的焊接过程中发现焊接接头部位有未粘合的情况,应采取经 CCS 同意的方法进行粘合。

(2)覆层金属与基体材料的粘合质量应采用超声波检测来检查,板厚不小于 10mm 者要逐张检查,板厚小于 10mm 者由验船师确定。对所有距四周边缘宽度不小于 50mm 的区域应进行 100% 检测检查,中间区域应沿间隔 200mm 四方环线进行连续的检测检查。允许存在的单个未粘合区域面积应不超过 4000mm^2,且各单个未粘合区域之间的距离应不小于 500mm。

(3)覆层金属与基体材料的粘合强度可用剪切试验来确定。

4)力学性能试验

力学性能试验有拉伸、弯曲、剪切、冲击试验,试样和试验方法以及各种试验测得的强度数据均应符合 CCS 规范。

2. Z 向钢

1)Z 向钢

Z 向钢是在某一等级结构钢(称为母级钢)的基础上,经过特殊处理(如钙处理、真空脱气、氩气搅拌等)和适当热处理的钢材。适用于因结构中承受厚度方向拉伸载荷而对钢材厚度方向有性能要求的厚度不小于 15mm 的钢材与扁钢(简称 Z 向钢)。

2)标记

Z 向钢的标记是在母级钢的标记后面加上 Z 向钢等级。Z 向钢分为:Z25 和 Z35 两个等级,其中 Z 后面的数字为 Z 向钢规定最小厚度方向断面收缩率 Z_z 的指标值。如标记 EH32 - Z35 表示为具有最小厚度方向断面收缩率为 35% 的 EH32 级船体结构用钢。

3)Z 向钢性能

Z 向钢的化学成分除应符合母级钢的规定外,其含硫量还应不大于 0.010%,必要时,验船师可要求逐张进行含硫量检验。

按 CCS 规定进行厚度方向拉伸试验,其厚度方向的断面收缩率应符合表 6-11 规定。

Z 向钢的厚度方向断面收缩率　　表 6-11

等级		Z25	Z35
厚度方向断面收缩率 Z_z 不小于(%)	3 个试样平均值	25	35
	单个试样值	20	30

第三节　钢材的矫正

从钢材仓库里领取出来的钢板和型钢,需要经过矫正和表面清理与防护后,才能进行船体零件的号料工作,然后根据号料时所画的有关线条,依次进行切割(机械剪切或氧炔气割)和弯制,方成所需要的船体构件。通常号料前对钢材进行矫正、表面清理与防护称为钢材的预处理。

船体结构钢材在使用前,其表面常存有不平、弯曲、扭曲、波浪形等缺陷,这些缺陷使钢材在下料划线时,不可能获得所需要的下料精度,造成零件尺寸的偏差,从而影响后续工序的顺利进行。所以,钢材在下料和成形加工之前,必须对钢材进行矫正。

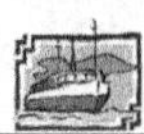

一、钢材变形的原因

1. 钢板轧制引起的变形

在轧制钢板时,当轧辊沿其长度方向受热不均匀,或者由于轧滚弯曲,轧辊调整设备失常等各种原因,都将造成轧辊之间的间隙不一致,从而导致钢材在宽度方向的压缩不均匀,于是钢材的每根纤维沿着长度方向的延伸就不相同。压缩大的部分其长度方向的延伸就大;压缩小的部分,其长度方向的延伸较小。相邻两纤维之间的不同延伸便产生了一种相互作用,延伸较多的这部分纤维,受相邻延伸较小的那部分纤维的阻碍,产生压缩应力。相反,在延伸少的那部分纤维中,产生拉伸应力。在压缩应力的作用下,延伸较多的这部分纤维就失去稳定,从而产生皱曲。

2. 运输、存放引起的变形

钢材在运输、存放过程中的不当也会产生局部皱曲,这些钢材在使用时均需进行矫正。对于为运输、储存方便而专门生产的卷板,在使用之前,就更需矫平,否则就根本无法使用。

二、钢材的矫正原理

由上可知,钢材的任何一种变形都是由于其中一部分纤维比另一部分纤维缩得短些或是伸得长些所致。因此,矫正就得将较短的纤维拉长或将较长的纤维缩短而使之一样长,但实际上一般都采取拉长纤维的方法,因为压缩纤维难以实现。

一般来说,非薄板的冷态矫正相似于梁的弯曲部分的矫直。为了使弯曲部分能够矫直,不仅要弯直,而且要向相反方向多弯一点才能克服梁的弹性变形,保证外力撤除后非薄板真正达到矫平的目的。所以,矫正时的弯曲曲率相当于弯曲变形的曲率,而过弯的曲率则相当于弹性变形的曲率,从弯曲梁多次交变方向弯曲的受力分析中可知,当钢板经过多次交变弯曲成小曲率时,可以使钢板在初始曲率的变形中所造成的力学性能不均匀性逐渐消除。对薄板的矫正主要是矫平其波浪形,它只能依靠把轧制时延伸较小的纤维部分拉伸到与延伸率最大的纤维一样长来消除,在多轴辊式矫平机上矫正时,由于钢板沿其厚度方向的不均匀延伸,从而出现不均匀的塑性伸长,延伸较小的纤维部分在轴辊中得到了较大的弯曲,因而得到了较大的塑性伸长,最后使钢板的全部纤维的伸长率趋于一致,从而达到矫正的目的。

型钢矫正则主要是通过对型钢施加横向外力,拉长其较短的纤维,使之与较长纤维的长度一致,也就是一方面使型钢的棱边矫直,另一方面使其翼板和腹板均矫平,从而达到型钢矫正的目的。

三、钢板的矫正工艺

1. 钢板矫正机的工作原理

钢板矫正使用多轴辊矫正机。船厂常用的矫正机是由 5 ~ 11 个工作辊组成的。矫正机工作时,先将钢板吊运至矫正机的辅助平台上,然后确定上辊的压下量,一般压下量不宜过大,以防钢板发生脆裂。设板厚为 t,压下量为 Δh,那么上下工作辊面的距离为 $t-\Delta h$,如图 6-1 所示。根据压下量调整上排工作辊的倾斜度,此时开动机器使置于矫正机出口端的钢板进入 6 与 7 辊间(图 6-1a),然后再开动上辊转角机构,使出口端的上下工作辊之间的距离正好是钢板的厚

度(图6-1b),停车退出钢板,将钢板从矫正机的1、2工作辊之间进入,这样,当钢板通过矫正辊后就能得到平整的钢板。若仍是不平可适当调整压下量,直至钢板平直为止。有时为了矫正工作的便利,调整好上辊的压下量和倾斜度后,钢板直接由6与7辊间送入,从1与2辊间退出,此时钢板必然发生上翘不平,但如果再从1与2辊间进入,从6与7辊出来,钢板也可被矫平直。

扁钢或小块板材,也可在矫正机上矫正,只要将相同厚度的扁钢或小块板材放在一块用作衬垫的钢板上(图6-2),然后使之通过矫正机,便能矫平(有时也需来回若干次)。

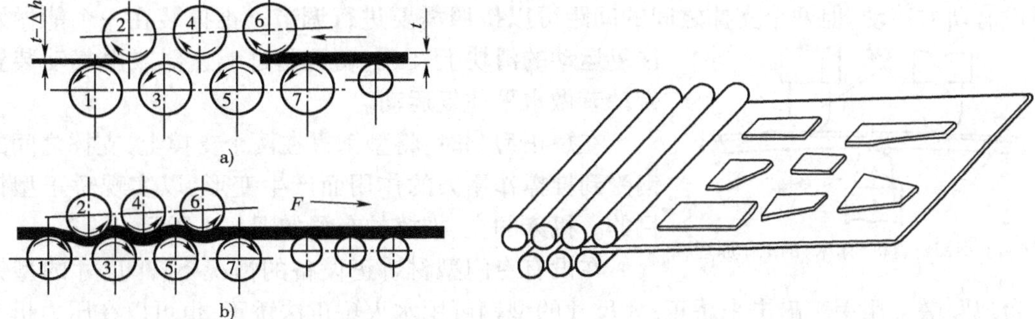

图6-1 钢板矫正

a)上辊调整;b)矫正

图6-2 小块板材在矫平机上矫正

2. 钢板矫正机的类型

根据上下工作辊轴的布置方式,钢板矫正机也有多种形式。

(1)上下列辊轴平行的矫正机。此类矫正机的上下两排辊轴排成互相平行而又叉开的两列,下辊轴1的位置固定,由电动机通过减速器和联轴铲带动着旋转,是主动辊。上列辊轴2则为被动辊轴,可一起做上下垂直方向的共同调节,以调整上下辊轴间的间隙。其前后端的两个辊轴称为导向辊,它不起弯曲作用,只是引导钢板进入矫正辊中,或者将钢板引出矫正辊,前导向辊除能与上辊轴一起做上下垂直方向的调节外,还被设计成能单独做上下垂向调节,有的甚至被设计成能单独驱动。对于后导向辊轴,为了使钢板能最后得以矫平直,可根据钢板的最后弯曲情况,也可被设计成能够单独做上下垂向调节,以达到正确控制矫正情况,如图6-3a)所示。

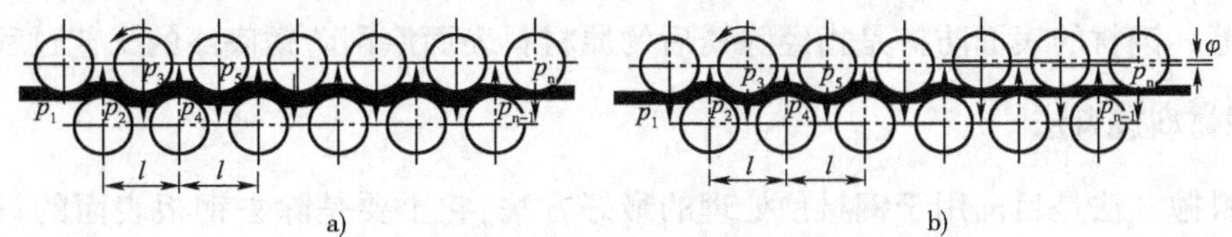

图6-3 矫平机类型

a)上下列辊轴平行的矫正机;b)上下列辊不平行矫正机

(2)上下列辊轴不平行的矫正机。此类矫正机的上下两列辊轴不是排成互相平行的,而是将上列辊轴排列成倾斜位置,使它与下列辊轴连心线之间形成一个不大的夹角φ,如图6-3b)所示。辊列之间的间隙向出口端逐渐增大。当被矫正的钢板通过上下两排辊轴时,钢板在辊轴间再弯曲的曲率逐步减小,以致达到最后一个辊轴时,钢板已接近于弹性弯曲的曲率,从而无须单独调节最后一个辊轴。矫正机中的上列辊除能沿高度方向做调节外还能对倾斜角φ进行调节。此类矫平机主要用于薄板矫平。矫平后钢板允许的误差见表6-12。

矫平后钢板允许的误差　　表6-12

钢板厚度(mm)	3~5	6~8	9~11	>12
允许翘曲度(mm/m)	3.0	2.5	2.0	1.5

四、型钢的矫正工艺

型钢主要是用型材矫直机(撑床)进行矫正的。机床的工作部分是两个支撑和一个推撑,支撑没有动力传动,但两个支撑之间的间距可以按照需要进行调节。推撑装在一个能做水平往复运动的滑块上,由电动机通过减速器或由气动装置来带动着做水平往复运动。

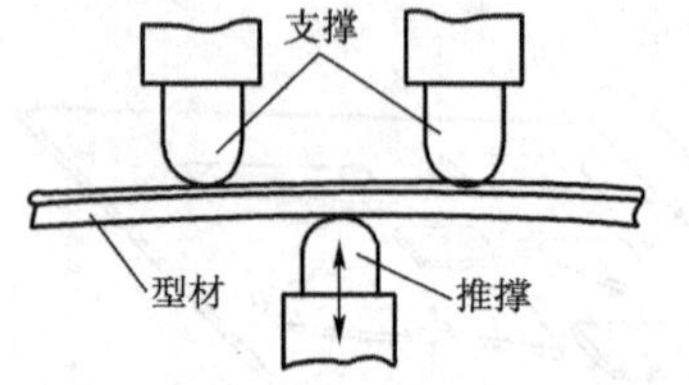

图6-4　型钢矫直机(撑床)的工作原理

在矫正型钢时,将型钢靠在两个支撑上,支撑之间的型钢受到推撑作用力的作用而产生变形,以实现矫正型钢的目的。机床的支、推撑的布置如图6-4所示。

在没有专门型材矫正设备的情况下,小尺寸的型钢可在平台或圆墩上用手工敲击来矫正;大尺寸的型钢可用水火矫正法矫正,也可以在压力机上进行矫正,但在压力机上矫正时需要配备符合型钢状态的压模。

近年来,国内外都在不断地研制矫正型钢的新设备,而且朝着一机多用的方向发展。

第四节　钢材的表面清理与防护

所谓表面清理,系指清除钢材表面的氧化皮和铁锈,俗称除锈。船用钢材在钢厂热轧时,会跟空气中的氧气直接起氧化反应,在表面形成一层完整的、致密的氧化皮。在以后的运输储存中,钢材表面会吸附空气中的水分,由于钢中含有一定比例的碳和其他元素,因而在钢材的表面会形成无数的微电池而发生电化锈蚀,使钢材表面产生锈斑。

目前我国船厂中采用的钢材表面清理方式有:用于钢材预处理的原材料抛丸法和酸洗法;用于二次除锈的分段喷丸法和带锈底漆;用于修船的水力除锈法以及现在仍然保留采用的手工敲铲法等。钢材的表面防护是指经除锈后的原材料表面涂刷防锈底漆的工艺过程。

一、原材料抛丸法

原材料抛丸法是目前用于钢材预处理的最好方法,它主要是除去钢板表面的氧化皮和铁锈,适合于组建钢材预处理的流水生产线。它是利用离心式抛丸机的旋转叶轮将铁丸或其他磨料高速抛射到钢材的表面上,使氧化皮和铁锈剥落的一种除锈工艺方法。

早期制造的抛丸机是立式的,如图6-5a)所示。立式抛丸机的结构简单,成本较低,占地面积小,除锈时丸粒不会铺积在钢材表面上,但是它需要翻板装置,进料要用小车拖动,表面除锈质量不均匀,钢板处于自由状态,改变形较大,不便于组成连续生产的流水线。因此,20世纪60年代初出现了卧式抛丸机,如图6-5b)所示。卧式抛丸机虽然占地面

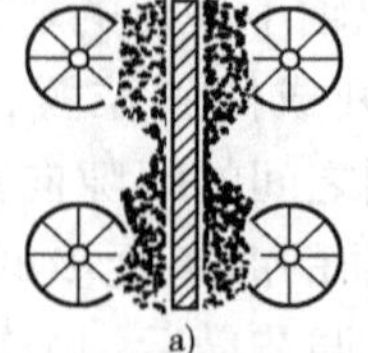

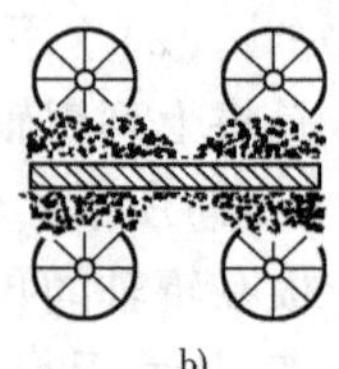

图6-5　抛丸机的基本形式

积较大，但它不需要翻板装置，表面除锈质量较均匀，可用传送滚道直接进料，便于组织钢材运输、矫正、抛丸除锈、喷涂防护底漆等工序的自动生产流水线，生产效率高，从而获得广泛应用。

离心式抛丸叶轮是抛丸机的关键部件，我国现有的定型叶轮直径有330、420、500mm三种规格，每个叶轮视直径大小装有6或8瓣叶片，其具体结构如图6-6所示。图中的分配阀是与叶轮同轴旋转的，其阀孔与叶片相对应，为了能够将铁丸集中抛射并能调整丸粒的抛射角度，在分配阀外有一同心的定向套环，其上开有一定向孔，定向套环固定在叶轮壳体上并能根据需要将定向孔调节到所需的角度方位上。丸粒由进丸管进入分配阀，当阀孔对准定向孔时，丸粒即从定向孔所指向的角度沿叶片所定空间抛出，从而达到调节丸粒流量与抛射角度的作用。影响叶片使用寿命的因素很多，它与叶片本身的材料、热处理工艺、表面质量有关，同时叶片的固定情况、振动与否对它也有一定的影响。目前国产叶片的使用寿命一般为200h左右，抛丸叶轮的总数根据生产量的要求和板材宽度而定，一般设4～8个。每侧的数量由钢板的宽度以及抛头的抛程而定。根据我国现有的抛丸叶轮性能参数，一般抛头中心至钢板的距离为700～1200mm，相应的抛程为1000～1500mm。抛头的布置应相互叉开，不能在同一垂直面上，以避免丸粒的互相干扰。

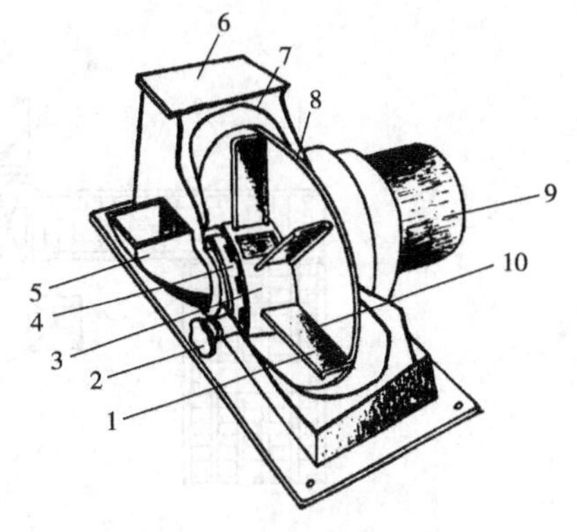

图6-6　抛丸叶轮结构示意图

1-叶片；2-进丸管开关；3-定向套；4-分配阀；5-进丸管；6-叶轮壳盖；7-防磨顶板；8-硬质合金背板（其上嵌有叶片，用销钉固定）；9-传动轴壳；10-固定叶片的销钉

采用卧式抛丸机除锈时，铁丸容易铺积在钢板的上表面，阻碍丸粒的抛射，降低抛丸除锈的效果。因此需要设置高压鼓风机或机械刮板随时清扫铺积在钢板上的铁丸，保证除锈工作顺利进行。

经过抛丸清理后的钢材应及时进行防护处理，一般根据湿度的不同，抛丸清理与防护处理之间的允许间隙时间为10～20min。因此，在此间隔时间内必须对清理好的钢材进行防护处理，其步骤如下：

（1）用经过驱除水分和油脂的压缩空气，把除锈后的钢材表面吹净。

（2）涂刷防护底漆，如富锌底漆、环氧铁红底漆等，也可以磷化处理，处理后钢材放入干燥槽内，再用约70℃的空气进行干燥处理。磷化处理后的钢材在15～20天内不会生锈。

下面介绍某一原材料抛丸法除锈喷涂底漆生产流水线的操作过程：先由电磁吊车或自动装卸运输车将钢材吊放到传送滚道上，滚道以3～4m/min的速度将钢材送至加热炉，加热后的钢材达40～60℃，这样有利于除去钢材表面的水分，并使氧化皮和锈斑疏松，既便于除锈又能使漆膜易粘附且快干；然后将钢材送入卧式抛丸除锈机进行表面清理；最后进入装置在滚道上、下两面的自动高压无气喷涂机，由电子自动控制装置操作喷嘴向钢板表面喷涂底漆，同时使喷嘴沿导轨迅速地做横向往复运动，其速度可在0～80m/min范围内做无级调速；喷涂底漆后，进入烘干装置；烘干后，以20～30m/min的速度在滚道上直接送到船体加工车间，或是自动传送到平板车上，由平板车将钢板自动送入加工车间，并且自动卸车后转回来接下一批钢材。

抛丸除锈的效率很高，可达800m^2/h，但不适于清理厚度在4mm以下的薄钢板，因其容易引起薄板变形。图6-7为钢板预处理流水线。

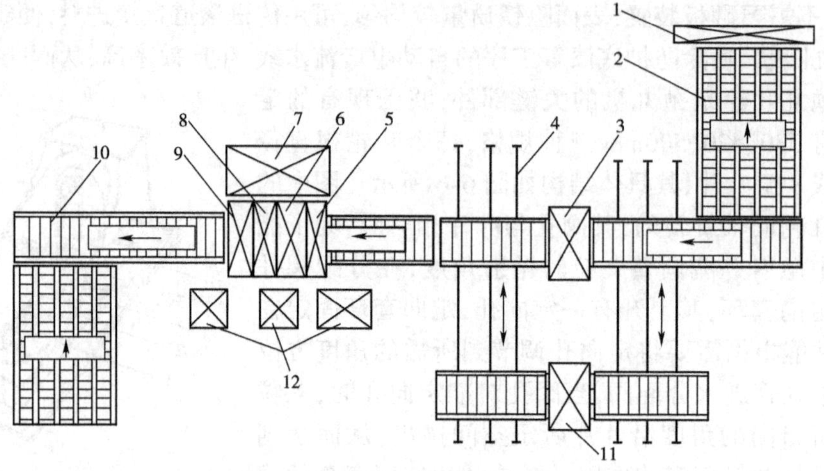

图 6-7　钢板预处理流水线平面示意图

1-电磁吊;2-钢板运送台;3-重型矫平机;4-轨道;5-预热装置;6-卧室抛丸除锈装置;7-吸尘装置;8-多头喷漆装置;9-烘干装置;10-传送滚道;11-轻型矫平机;12-控制台

二、原材料酸洗法

化学除锈法通常是指多工序的酸洗法,一般船体结构钢材的酸洗除锈磷化防护的工艺流程如下:

脱脂→酸洗除锈→冷水冲洗→中和处理→冷水冲洗→磷化处理→热水冲洗→自然干燥→补充处理→自然干燥

船体结构钢材绝大部分不沾或很少沾上油脂,故可省去脱脂工作。如果表面上有油脂污物时,可用松节油擦去,坚硬的污垢可用刮刀或钢丝刷除掉。

脱脂后的钢材即可放入装有盐酸、硫酸、磷酸或它们的混合液的酸洗槽内进行酸洗除锈,还有的用柠檬酸作为除锈液的。采用盐酸或硫酸除锈时速度较快,价格便宜,其中盐酸除锈的效果好,表面致密,硫酸对清除氧化皮的效果明显。但采用盐酸、硫酸时若浓度控制不当,即使加了缓蚀剂也会使钢材发生过蚀现象,而且酸液清洗不彻底时,涂刷油漆后腐蚀还会在漆膜内继续发展。盐酸因其浓度较低,因此耗量较多。采用磷酸除锈则没有上述缺点,只需进行一道酸洗工序就能在钢材表面上产生一层不溶于水的磷酸盐层,它即可以防止锈蚀的形成又为涂漆提供了良好的基底,但其成本较高。所以,相比之下,酸洗法除锈多采用硫酸作除锈液,它的酸洗化学反应式如下

$$FeO + H_2SO \rightarrow FeSO_4 + H_2O$$

$$Fe_2O_3 + 3H_2SO_4 \rightarrow Fe_2(SO_4)_3 + 3H_2O$$

$$Fe_3O_4 + 4H_2SO_4 \rightarrow FeSO_4 + Fe_2(SO_4)_3 + 4H_2O$$

与此同时,铁也同样溶于酸中

$$Fe + H_2SO_4 \rightarrow FeSO_4 + H_2\uparrow$$

因为 Fe_2O_3、Fe_3O_4 质硬,难溶于酸中,H_2 的作用一方面将 Fe_2O_3 及 Fe_3O_4 还原成 FeO,另一方面 H_2 的逸出可起到疏松氧化皮的作用。为了避免钢材的过蚀和析出过多的 H_2 而引起氢脆,并且为了改善劳动条件和节约酸液,还必须加入缓冲剂即 1.15g/L 左右的“若丁”,便能获

得较好的缓蚀效果。

酸洗槽中的酸液浓度是经常变化,为了保证酸洗质量,酸洗温度和浸渍持续时间也必须相应变化,在各种酸液浓度下较合适的酸洗温度和持续时间可参考图6-8。

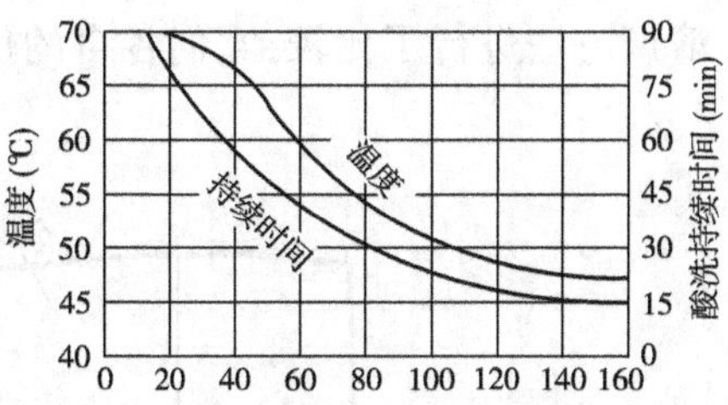

图6-8 酸液溶度与处理温度、时间关系曲线

酸洗清理后的钢材放入清水槽内浸洗3~5min,再用高压水冲洗,并用钢丝刷清除表面残渣。然后用3%~5%的Na_2CO_3溶液中和残酸,处理若干分钟。钢材出槽后再用清水冲洗,为了防止钢材沾水而生锈,最好将钢材再放入约95℃的热水槽中,过若干分钟后取出,用压缩空气吹干,以保证酸洗效果。

磷化处理是将经过酸洗的钢材,放入磷化槽内进行的。磷化槽中的溶液是一种以磷酸锰铁(俗称马日夫盐)为主要成分并含有硝酸锌、氟化钠等活化剂的水溶液,马日夫盐的分子式为:$Me(H_2PO_4)_2$,式中Me代表二价的Mn或二价的Fe,它在热水中进行着如下的分解反应

$$5Me(H_2PO_4)_2 \rightarrow 2MeHPO_4 + Me_3(PO_4)_2 + 6H_3PO_4$$

当钢材放入磷化槽后,表面的Fe与游离的H_3PO_4发生化学反应

$$Fe + 2H_3PO_4 \rightarrow Fe(H_2PO_4)_2 + H_2\uparrow$$

这样一来,破坏了分解反应的平衡,反应向右移动,结果形成一层主要由$MnHPO_4 \cdot 3H_2O$和$FeHPO_4 \cdot 3H_2O$所组成的又硬又脆难溶于水的混合磷酸盐膜层,因钢材表面的Fe参加了反应,故该磷酸盐膜层能与金属结合而覆盖其上。半小时左右,磷化处理完毕,取出钢材用热水冲洗干净,然后再自然干燥。接着用10%的清油和90%的汽油之混合液对钢材表面的磷酸盐膜层进行补充处理,填补其微孔,以提高防护作用,最后自然干燥。至此,钢材的酸洗除锈和磷化防护全部结束。

近年来我国研究成功"酸洗磷化一步法"除锈新工艺,它能在除去铁锈和氧化皮的同时,在钢材表面形成一层致密的铁系磷化膜。该工艺大大简化了酸洗工序,在同一酸洗槽内可完成除锈和磷化过程,节省了人力物力,也改善了劳动条件,减轻了环境污染,为化学除锈的自动化创造了有利条件。

酸洗除锈法除用于薄板外,主要用于处理管子、舾装件和形状复杂的零件部件,可作为抛丸除锈法的补充手段。

三、分段喷丸法

喷丸除锈多用于分段表面锈斑的清理,属于二次除锈。它是利用风管中高速流动的压缩空气将铁丸喷射到钢板表面上,使锈层和氧化皮剥离下来,从而达到除锈的目的。

由于铁丸的成本较高,使用后应予回收,以便循环使用。因此,喷丸除锈必须在专设的喷丸房内进行,如图6-9所示。喷丸房主尺度的选择,应以本厂所要建造的船舶中最大的分段尺寸为依据。在喷丸房内不仅要有喷丸的一套设备和工具,而且还要设置轨道和随船架,房外应设置起重机,以便配合进行分段的运送;并应有足够的遮雨场地供除锈后的分段涂刷底漆用。喷丸除锈后的分段必须在一天内涂刷底漆。

喷丸除锈法的生产率比手工敲铲法高,与抛丸除锈法相比,具有设备简单、维修方便的优点。问题是劳动条件仍然差,生产效率也不高,辅助工作量较大,属于半机械化生产,难于实现

自动化,尤其是需除锈分段的大小受到喷丸房主尺度的限制。表6-13对4种常用的钢板表面清理方法进行了比较,它们各自的优缺点形成了各自的特点。

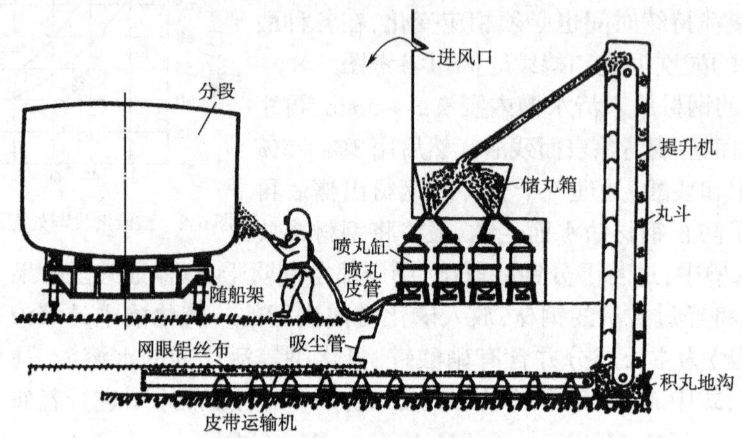

图6-9 船体分段除锈示意图

4种常用的钢板表面清理方法比较 表6-13

除锈方法	除锈质量	生产效率	设备及成本	劳动条件	二次除锈量	工艺特点
原材料抛丸(流水线)	(1)能除去氧化皮和锈层,表面清理质量与喷丸相近,但粗糙度略大,为40~50μm; (2)薄板易变形	生产效率很高,一般为60~200m²/h,最高可达800m²/h	设备较复杂,生产成本很低,约为喷丸的1/4~1/3	操作自动化,劳动强度大大减轻,抛丸室封闭,锈尘浓度很低,生产条件良好	较多,一般约40%,底漆质量优良时(如用富锌底漆)可降至30%	(1)生产过程短,可自动控制; (2)工艺过程从原材料处理开始,组成矫正、除锈、涂底漆、烘干流水线衔接,形成整个船体制造生产线; (3)有利于钢材的保养和集中管理
原材料酸洗	(1)钢板发白,表面光滑,油漆附着力较抛丸差; (2)操作控制不当时会造成钢板过蚀或氢脆等缺点; (3)除锈质量不能很好满足新型底漆的要求	40~100m²/h	设备较大,占地较多,成本与喷丸相近	产生大量酸雾,对人体健康和厂房设备均有损害,工作场地生产条件差,废水会污染环境	较多,平均为40%~50%	(1)工序繁多,且工艺过程不连续,不便于组成生产流水线; (2)处理钢材的尺寸受槽池尺度限制,不适于今后发展的需要; (3)需对废酸进行处理

续上表

除锈方法	除锈质量	生产效率	设备及成本	劳动条件	二次除锈量	工艺特点
分段喷丸	(1)能全部除去氧化皮和锈层,清理后的钢板表面呈暗灰色、粗糙度均匀,能增强油漆的附着力; (2)薄板易变形	一般为6～15m²/h 最高可达24m²/h	设备较简单,成本与手工除锈相近	半机械化操作,劳动强度仍然较大,生产条件较差,锈尘浓度大,一般为30～80mg/m³,超过卫生标准(10mg/m³)。实现机械化封闭操作后,劳动条件将大为改善	较少,为15%～20%	(1)工艺过程不连续,分段尺寸受喷丸房限制,不能适应大型船舶的需要,更不能适应建立自动生产流水线的需要; (2)舱内喷丸不易清理
手工除锈	质量差,很难除掉氧化皮	0.5～0.75m²/h	工具简单,成本较低	劳动强度大,安全保护差		

四、带锈底漆

带锈底漆又称反应底漆,它涂刷在生锈钢材表面上后能与铁锈发生反应,生成一层具有保护能力的薄膜,并成为底漆。它不仅可作二次除锈用,还可作整船涂装用。

带锈底漆一般用于二次除锈,对小型船舶也可作一次除锈防护用。使用带锈底漆可以免掉钢材表面的除锈工作,减少许多除锈的专用设备,节省大量工时,大大简化钢材的除锈与防护工艺,尤其是对于二次除锈,其效果更为显著。虽然它要在锈蚀存在的情况下才起作用,而且对氧化皮的清理还有困难,但是它在船体钢材的清理与防护工艺中是一项较有发展前途的新技术。

五、覆盖层保护法

在金属表面上使用覆盖层保护是防止金属腐蚀的最普通而又重要的方法。它的作用在于使金属与外界隔绝,以阻碍金属表面形成微电池,从外界创造条件来避免腐蚀的发生,故称为消极防护。

覆盖层一般应满足下列基本要求:结构紧密、完整无孔、不透电解质、附着力强、高强度、耐磨、分布均匀。

船体钢材所使用的覆盖层除磷化处理后的磷酸盐膜层外,主要是使用油漆。

船用油漆根据其用途不同,有防锈漆、防污漆、水线漆、甲板漆、船壳漆、船舱漆之分。其中,由于钢材从一次除锈清理后至最后涂装油漆的间隙时间较长,为了保护钢材在建造船体的期间不致生锈所涂刷的防锈底漆(又称保养底漆或车间底漆),要求具有如下性能:

(1)在进行气割与焊接时,不挥发毒气和恶臭,并不影响焊割质量及速度。

(2)漆膜的干燥硬化速度快,涂刷后3~5min即可吊运。

(3)漆膜的附着力强,耐加工性能好,不易损伤脱落,二次除锈的工作量少。

(4)漆膜的耐晒性好,保证涂刷底漆的工件在室外3~6个月内不生锈。

(5)底漆的喷涂性好,能适用于高压无气喷涂与静电喷涂法进行涂装,并具有良好的涂料配套适应性。

目前常用的防锈底漆有富锌底漆和环氧铁红底漆,前者呈锌白色,后者呈紫红色。

第五节 普通号料法

所谓号料就是在进行过预处理的钢材上,按照实际形状与大小画出船体零件的图形,并标注其船名、构件名称、有关结构线、加工符号、装配标记、施工余量等的过程。

号料有使用样板和草图进行的普通号料法,还有利用光学投影原理及其设备进行的光学号料法及自动号料法。号料的方法是随着船体建造工艺水平的不断革新与提高而不断地改进和简化的,特别是随着数学放样和数控切割机的发展,在船体建造工序中可以取消单独的号料工序。但是,在当前还仍然需要保留号料工序,以适应目前造船生产的需要。

普通号料法是指采用样板和草图进行号料的工艺方法。

一、样板号料

样板号料即将号料样板(平面样板或样棒等)平放于钢板或型钢上,用石笔依照样板画出船体零件的形状及各种标记符号,并按要求加放施工余量,然后用铳头或錾子作出永久性记号,揭去油毛毡后用色漆写上文字符号。

二、草图号料

进行草图号料时,首先在钢板上适当的位置画出相互垂直的两根坐标轴,然后根据草图上所标注的各个特殊点、过渡点以及余量点的坐标值,找点并连线,然后用铳头或錾子将切割线、加工线、装配线等敲出记号,并且用色漆写上文字与符号。

一般来说,样板号料适用于大批造船,草图号料适用于单船或小批量造船。对于一艘船来说,样板号料能解决复杂构件的号料问题,而草图号料只能解决简单构件的号料问题。它们的适用范围要根据船体结构的分类来选用,可参照表6-14选用。

号料方法的选用 表6-14

构件名称	号料方法
外板、甲板、内底板、甲板室、横舱壁、平台甲板等平直或稍有曲型的构件	草图
中龙骨、副龙骨、主机基座和锅炉基座的纵桁材	草图
全部型钢构件	草图、样棒
肋板	样板
曲型构件(肋板、宽肋骨、首尾部分加强纵桁、舷侧纵桁)	样板
复杂曲型的外板	样箱

三、号料注意事项

(1)号料前,钢板或型钢应进行预处理,矫正需符合下列技术要求:

钢板:板厚为5~8mm者,每米长度内允许不平度为2.5mm;板厚大于或等于9mm者,每米长度内允许不平度2mm。

型钢:每米长度内不平直度不大于2mm,全长范围内的不平直度不大于8mm。

(2)号料前,应验明来料规格(长、宽、厚度)与钢种牌号是否符合设计要求,以免造成返工浪费。

(3)号料时,应将样板或草图上所有的线条及符号都画到钢材上,要求简明清晰不得遗漏,特别是装配定位的对合线,还有加放的施工余量线,并且用铳头及錾子敲出印痕记号,再用色漆标明。

(4)号料时,为了充分利用钢材,必须合理排料(又称套料)。凡是要求钢材规格牌号相同的船体零件,应尽可能在同一张钢材上套料。套料时,不仅要考虑钢材的合理利用,还应熟悉加工设备的能力、尺度及加工方法,从而考虑套料后进行加工的可能性,如图6-10a)所示。否则,号料后无法进行加工,图6-10b)所示的排料情况就不便于剪切。又如型钢需用撑床进行弯曲加工时,型钢两端必须留出撑床两支点间距一半以上长度的余量(通常为200mm),否则型钢两端就无法弯制。对需折边的构件,将铳、錾等记号敲在内侧面,不然敲在外侧面的铳、錾眼处折边时会撕裂。

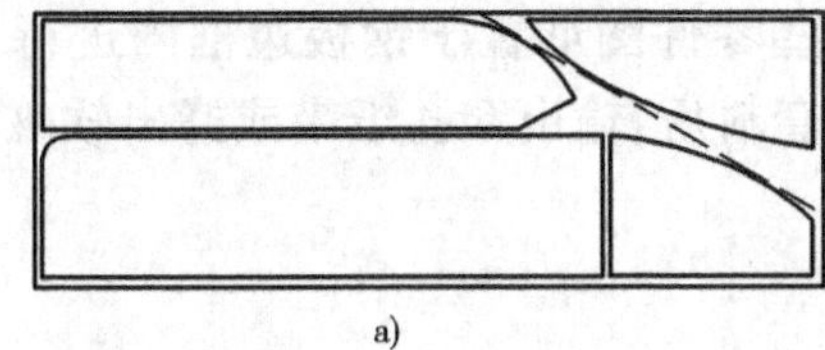

a)

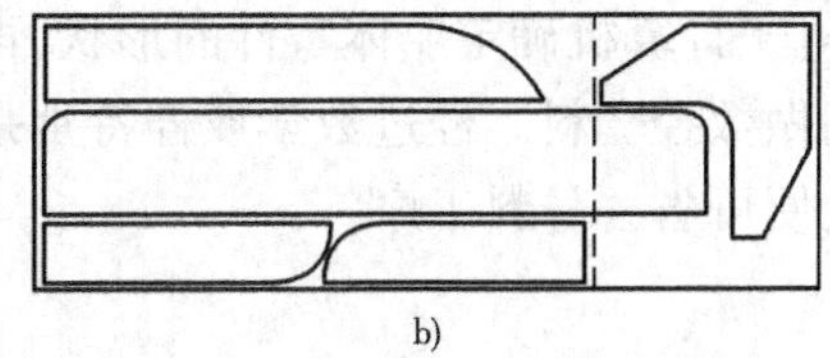

b)

图6-10　排料示意图

a)便于剪切;b)不便于剪切

(5)号料时,需气割的钢板割缝线取值一般为:板厚≤25mm,割缝线取3mm为宜;板厚>25mm时,割缝线则取4~5mm。此外,钢板边缘并非平直,所以号料时需留5mm作为板边拉直用。对于需刨边余量应不小于3mm。草图和样板上注明加放余量的地方,号料时需画出余量线,不得遗漏。

(6)凡左右对称的两块构件号料时,通常只做一块样板,号料时需注意正面号一块料后,将样板翻一个面后再号另一块料;草图号料时同样号一块正面的料后,把坐标轴中的任意一根反向后再号另一块料。

(7)凡是构件上的人孔、减轻孔、型钢穿孔、流水孔等切口应在号料时一起完成。

(8)对于曲型构件(如宽肋骨),号料时应标出检验线,或按放样要求画出逆直线,以便检查构件在加工、装焊后的曲型是否符合型线要求。

(9)需要进行冷弯或热弯加工的复杂曲型构件,号料时仅作初步划线并留有充足的余量,俗称号毛料。待制成船体构件后再进行精确划线,即二次号料。

(10)号料结束后,必须认真地进行检查,注意零件尺寸、开孔位置及数量、对称性、加工线、装配线、检验线等是否正确,如有遗漏或错误,应及时补画或改正,以免造成返工或报废。

四、二次号料

上述样板号料、草图号料以及复杂曲型构件号毛料等均为一次号料,即在原材料上划线。有些构件经过加工、装配、焊接后所制成的复杂构件、船体部件或分段,当其曲型要求很高时,例如横舱壁的边界轮廓线应保证符合船体型线,则在依次号料时所画的外形轮廓线暂时不切割,待板材与扶强材装焊结束进行二次号料,再予切割,这样可消除加工、装配、焊接中产生的误差,保证横舱壁曲型的正确性,从而保证船体型线的光顺性。又如首柱板在一次号料时,余量不能切割,待加工装配焊接部件后,再进行二次号料割去余量,这样,在首立体分段的装配或在船台装配中,首柱与外板的接缝线就以首柱边缘为基准边而在外板上画出余量线并切割之。因此,二次号料是在构件经过加工、装配、焊接后成为正确的构件和组成部件或分段时,再一次画出的切割线,故又称为装配划线。

五、船体零件的套料

为了充分利用钢材,减少余料,在船体号料过程中已广泛地应用套料技术。

将材料等级和厚度一样的船体零件置于同一张钢板的边框内进行合理排列的过程叫做套料(图 6-10)。最简单的套料方法是手工套料,也就是将船体零件的图形按一定比例缩小,剪成纸样,然后在同样比例的钢板边框内进行合理排列,最后据此在实际钢板上进行号料。

利用电子计算机确定船体零件的形状,再将这些零件图形置于钢板边框内进行合理排列的过程,叫做数控套料。经过数学放样特别是数控套料后,输出穿孔纸带或拷出软磁盘供数控切割使用,便可省去号料工序。

SIKAOYULIANXI

一、名词解释

1. 一般强度船体结构用钢。
2. 高强度船体结构用钢。
3. Z 向钢。
4. 不锈钢。
5. 钢材的预处理。
6. 号料。
7. 二次号料。
8. 套料。

二、选择题(单项选择题,即只有一个答案是对的)

1. 钢材矫正就是将较短的纤维拉长和将较长的纤维缩短而使之一样长,实际一般采取(　　)纤维的方法。

A. 压缩　　B. 拉长

C. 挤压　　D. 缩短

2. 对薄板的矫正主要是矫平其(　　),通常在多轴辊式矫平机上矫正。

A. 波浪形　　B. 折痕

C. 扭曲　　D. 弯曲

3. (　　)主要用型材矫直机进行矫正,方面使棱边矫直,一方面使翼板和腹板均矫平。

A. 厚板　　B. 薄板

C. 型钢　　D. 扁钢

4. (　　)是指经除锈后的原材料表面涂刷防锈底漆的工艺过程。

A. 钢材的表面清理　　B. 钢材的表面防护

C. 钢材的矫正　　D. 钢材的除锈

5. (　　)是现代用于钢材预处理的最好方法,它主要是除去钢板表面的氧化皮和铁锈,适合组建钢材预处理的流水线。

A. 带锈底漆法　　B. 分段喷丸法

C. 酸洗法　　D. 原材料抛丸法

6. 号料方法可分为普通号料法、(　　)和自动号料法。

A. 光学号料法　　B. 样板号料

C. 草图号料　　D. 套料

7. 一般来说,(　　)号料适用于大批造船,(　　)号料适用于单船或小批量造船。

A. 草图;样板　　B. 样板;草图

C. 普通;光学　　D. 光学;自动

8. 一般强度船体结构用钢分为 A、B、(　　)、E 四个质量等级。

A. C　　B. D

C. C1　　D. D1

9. 高强度船体结构用钢是普通低合金高强度结构钢中一个重要钢种。按其冲击韧性的不同分为 A、(　　)、E、F 四级。

A. B　　B. C

C. D　　D. G

10. 船用不锈钢显著的特点是(　　)。

A. 耐酸　　B. 耐高温

C. 超低碳　　D. 高强度

三、判断题(对的打“√”,错的打“×”)

1. 船体结构钢材在使用前,表面常存有不平、弯曲、扭曲、波浪形等缺陷。(　　)

2. 钢板矫正机的类型有撑床和压力机。(　　)

3. 表面清理是指清除钢材表面的氧化皮和铁锈,俗称除锈。(　　)

4. 抛丸机的形式有离心式和向心式。(　　)

5. 钢板预处理流水线的工艺流程是:钢板输入→加热除去水分→抛丸除锈→喷涂底漆→

烘干→输出。 ( )

6. 利用电子计算机确定船体零件的形状,再将这些零件图形置于钢板边框内进行合理排列的过程,叫做数控套料,再配以数控切割,可省去号料工序。 ( )

7. 复合钢板系指由基体材料和在其单面或双面上整体结合的薄层(覆层金属)所组成的板材。适用于化学制品运输船的容器和液货舱。 ( )

8. 除了钢的化学成分以外,介质的种类、浓度、温度和压力等,对不锈钢的耐蚀性也有很大的影响。 ( )

9. 按化学成分不同分:不锈钢可分为铬不锈钢及铬镍不锈钢两大类。 ( )

10. 样板号料即将号料样板(平面样板或样棒等)平放于钢板或型钢上,用石笔依照样板画出船体零件的形状即可,不需画出标记符号等。 ( )

四、简答题

1. 船体结构对其金属材料有哪些基本要求?

2. 船体结构用钢材有哪几类?

3. 高强度船体结构用钢有哪些特点?

4. 不锈钢的钢号是怎样确定的? 试举例说明。

5. 解释下列钢材等级与钢号的含义:AH36、BH36、EH36、DH36、FH36、FH40、022Cr17Ni-13Mo2N、022Cr25Ni16Mo3Cu。

6. 引起钢材变形的原因有哪些?

7. 钢材表面清理方式有哪几种? 各有什么特点?

8. 简述钢板预处理流水线的组成。

9. 简述磷化处理的原理及特点。

10. 号料时的注意事项有哪些?

第七章 船体构件加工

● **学习目标**

知识目标

1. 了解船体构件形状特征和分类；
2. 掌握常用船体构件的加工方法；
3. 熟悉船体构件边缘加工剪切、气割原理和工艺要求；
4. 熟悉船体板材冷弯成形加工、水火成形加工的原理和方法；
5. 熟悉船体型材构件的成形加工原理及方法。

能力目标

1. 能参与使用剪板机对船用钢板进行剪切；
2. 能根据板材的加工工艺要求，参与布置加工线及加工顺序；
3. 能使用气割炬对船用板材进行气割；
4. 能正确使用氧气瓶、回火防止器等气割用装备；
5. 能根据水火弯板原理参与加工船体双向曲度板。

钢材经过预处理和号料划线后，按其要求制造成各种各样的船体结构构件，这个工艺过程称为船体构件加工。

船体构件加工的方法，按加工时钢材的温度情况可分为冷加工和热加工两大类。冷加工是指钢材在再结晶温度（Fe－C 状态图中的二次结晶温度，即同素异晶转变温度约 727℃）以下时，对其施加一定的外力而发生断裂或塑变的工艺过程。热加工则是将钢材加热到 Fe－C 状态图中的二次结晶温度以上，利用船体结构钢材在高温时易与氧气燃烧和强度降低塑性增高的特性，进行分离或塑变的工艺过程。

船体构件加工的方法，从其构件特点和加工要求来看，可分为边缘加工和成形加工两大类，这样分类有利于了解船体构件加工工艺的特点。现将部分常见船体构件按形状特征的分类列于表 7-1 中，船体构件中加工方法分类如图 7-1 所示。

随着船体建造工艺的发展，船体构件的加工技术也有很大发展，主要趋向是：加工设备高效化，辅助工作机械化，工艺操作流水化，加工机床数控化。

本章主要介绍船体构件的边缘加工和成形加工。

部分常见船体构件按形状特征的分类 表 7-1

零件分类序号	分类名称			形状特征	零件图形	构件名称和所在部位
Ⅰ	板材	平直构件	大型	表面平、边缘直		中部外板、平甲板、平台板、内底板、舱壁板、房间及上层建筑围壁板等
Ⅱ			中型			中底桁、旁底桁、基座纵桁等
Ⅲ			小型			板条、T 型材的腹板与面板、小肘板等

续上表

零件分类序号	分类名称		形状特征	零件图形	构件名称和所在部位
Ⅳ	板材	平面非直边构件	表面平、边缘不直	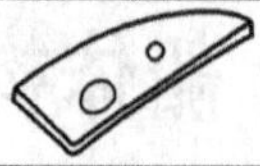	肋板
					舷侧纵桁、甲板纵桁、强横梁、强肋骨等的腹板
					肘板等
Ⅴ		单向曲度构件	横向曲度不变、边缘直(筒形板)		平行中体处的舭部列板等
			横向曲度变化、边缘直(锥形板)		首柱板、位于平行中体以外的舭部列板、烟囱板等
Ⅵ		双向曲度构件	帆形板		首尾端中间部分的外板等
			鞍形板		首柱上部外板等
			横向弯曲和扭曲		首尾底板等
			横向波形弯曲		轴包套处外板等
Ⅶ		复杂(空间)曲度构件	球面曲度		巡洋舰尾的尾包板、上层建筑及烟囱的流线型封头板等
			纵横双向波形曲面		轴包套处外板等
			扭曲和横向变化曲度		轴包板
			纵横双向弯曲及扭曲	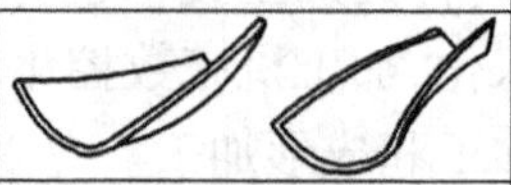	首、尾处舭部列板等
Ⅷ		具有折角的单向曲度构件	单折角或双折角、边缘直	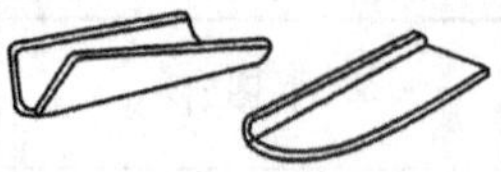	平板龙骨(*K* 行板)、折边的肋板、旁内龙骨、甲板纵桁、舷侧纵桁、强横梁、强肋骨等
			多折角、边缘直		槽形舱壁、压筋围壁

续上表

零件分类序号	分类名称		形状特征	零件图形	构件名称和所在部位
Ⅸ	板材	具有折角的复杂曲度构件	折角和扭曲	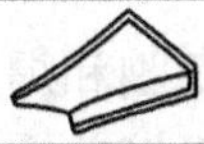	首部舷顶列板
			双折角和两翼曲度		尾部平板龙骨（*K*行板）
Ⅹ		平直构件	平直	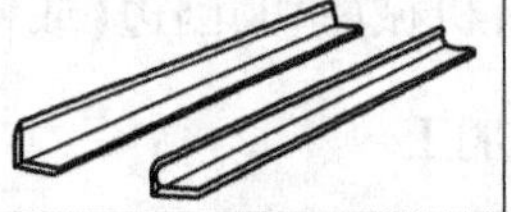	平行中体部位的肋骨、纵骨、舱壁与围壁扶强材、平台横梁、甲板纵骨等
Ⅺ		单向微弯构件	单向曲度	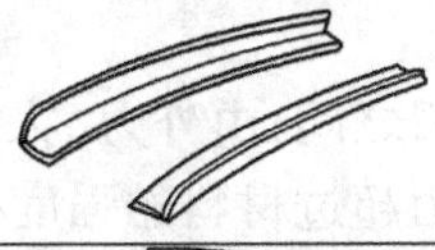	甲板横梁、首及平行中体以外的肋骨、底部纵骨等
Ⅻ		复杂曲形构件	大曲度或双向扭弯	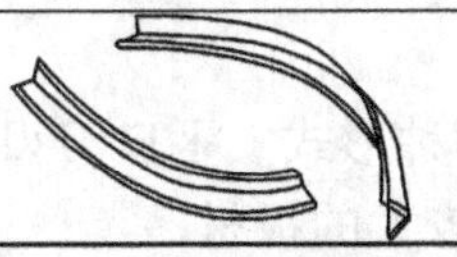	轴包套处的肋骨、尾部肋骨、首尾处的底部纵骨与舷侧纵骨等

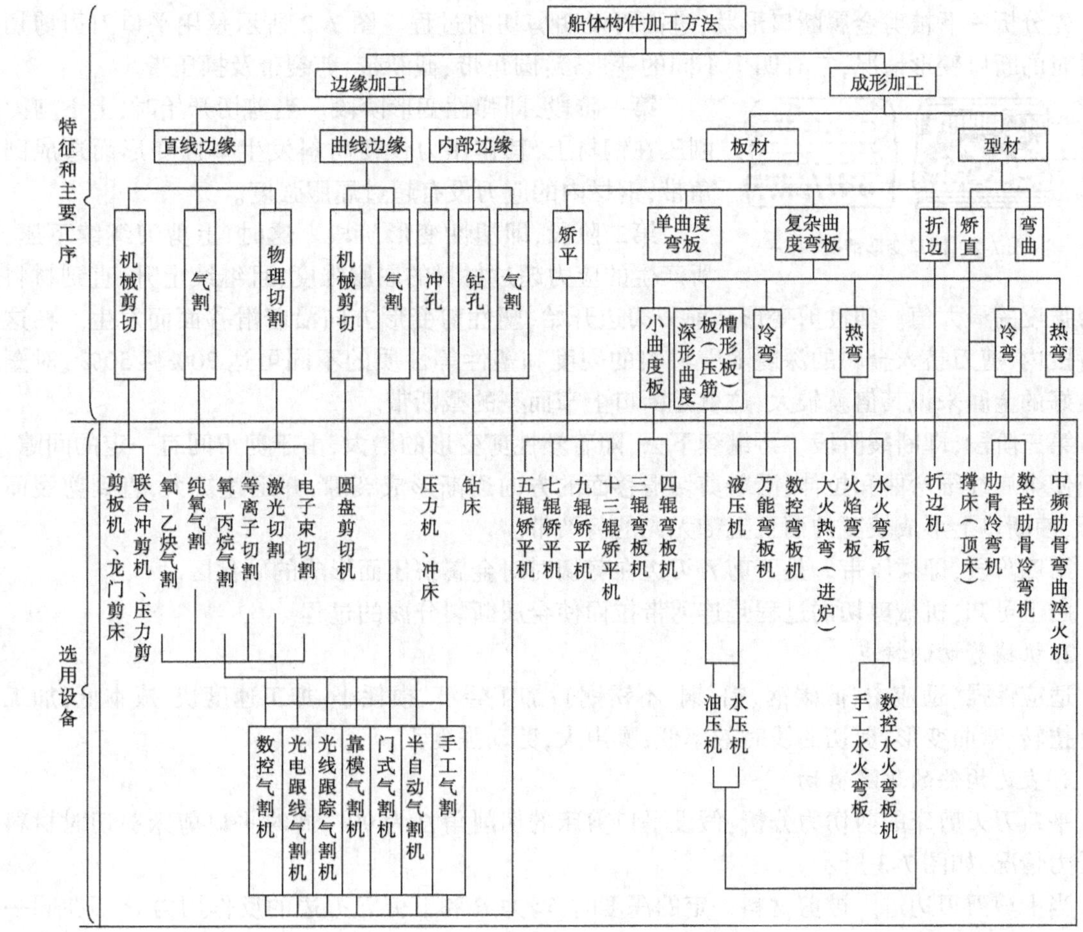

特征和主要工序

船体构件加工方法
- 边缘加工
  - 直线边缘：机械剪切；气割；物理切割
  - 曲线边缘：机械剪切；气割
  - 内部边缘：冲孔；钻孔；气割
- 成形加工
  - 板材：矫平；单曲度弯板；复杂曲度弯板
    - 小曲度板；深形曲度板（压筋）槽形板；冷弯；热弯
  - 型材：折边；矫直；弯曲
    - 冷弯；热弯

选用设备

剪板机、龙门剪床；联合冲剪机、压力剪；氧-乙炔气割；纯氧气割；氧-丙烷气割；等离子切割；激光切割；电子束切割；圆盘剪切机；压力机、冲床；钻床；五辊矫平机；七辊矫平机；九辊矫平机；十三辊矫平机；三辊弯板机；四辊弯板机；液压机；万能弯板机；数控弯板机；大火热弯（进炉）；火焰弯板；水火弯板；折边机；撑床（顶床）；肋骨冷弯机；数控肋骨冷弯机；中频肋骨弯曲淬火机

数控气割机；光电跟线气割机；光线跟踪气割机；靠模气割机；门式气割机；半自动气割机；手工气割

油压机；水压机

手工水火弯板；数控水火弯板机

图 7-1　船体构件加工方法分类

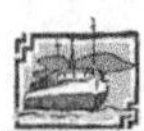

第一节　船体构件的边缘加工

船体构件的边缘加工是指进行边缘的切割和焊接坡口加工的统称。船体构件的边缘可分为直线边缘和曲线边缘。较厚的船体构件焊接前需在边缘开坡口,其坡口形式按焊接规范要求可分为I型、V型、K型、X型和U型等。

船体构件边缘加工的工艺方法有机械剪切、刨边(或铣边)和气割。

一、船体构件的边缘切割的机械加工

1.机械剪切原理

剪切工件的过程是将材料放在剪刃之间,由外力(人工、机械、液压等)带动两刃做相对运动,从而对材料施加一定的剪力,当剪力超过材料的强度极限时,材料就发生变形,最终沿刃口断裂分离。

机械剪切的刀刃有平口和斜口两种形式。平口刀刃用于剪切热态金属坯料及比较窄而厚的条材,斜口刀刃用于剪切宽厚比比较大的板材。

先分析一下被剪金属断口形状,进而再说明剪切的过程。图7-2所示是用平口刀刃剪切板材时的断口变形情况,它有四个不同的变形带:圆角带、截断带、剪裂带及揉压带。

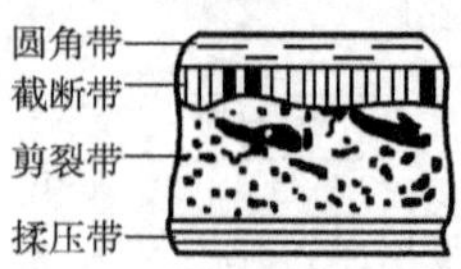

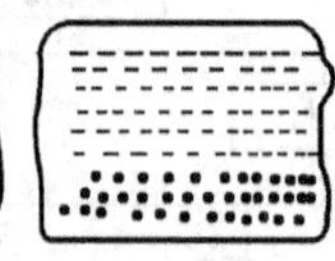

图7-2　断口变形情况

第一阶段,即弹性变形阶段。当剪切开始时,上下剪刀刚压在钢材上,其作用力仅使材料发生弹性变形而造成圆角带,钢材内的应力没有超过屈服强度。

第二阶段,即塑性变形阶段。这时,上剪刀继续下压,所产生的应力超过材料的屈服强度,且继续上升,直到材料抗剪强度的最大值。塑性剪变形从前刀刃边开始,塑性剪变形方向沿着滑移面而发生。在这个阶段内,剪刀挤入金属的深度随着材料的硬度和塑性等性质的不同可达20%~50%,对塑性良好的金属来说其值就较大,这就是断口上窄而亮的截断带。

第三阶段,即断裂阶段。再继续下去,随着塑性剪变形的增大,由于剪刃间有一定的间隙,因而使金属纤维弯曲和拉伸,沿着剪切滑移面的方向逐渐形成裂隙,并迅速扩大,直到剪裂而断开,使断口上形成较宽的而且毛糙无光的剪裂带。

第四阶段,即揉压带。是下剪刀刃边在剪切时对金属挤压而形成的硬化区。

由上可知,机械剪切的过程是连剪带拉而使金属断裂分离的过程。

2.机械剪切的特点

适应性强(适应中、低碳钢、铝、铜、不锈钢);加工经济、损耗小;加工速度快、成本低;加工时有扭转、弯曲变形;剪切曲线时效率低;噪声大,劳动强度大。

3.直边构件的边缘剪切

平口刀刃剪床的剪切力分析:假设平口剪床的切削角β为90°,此时平口剪床剪切时材料的受力情况,如图7-3所示。

当上剪刀刃边进入被剪材料一定的深度时,剪力P和下剪刀刃边的反作用力P不在同一直线上,相距为a,于是产生了图示的转动力矩$P \cdot a$,使材料旋转一个角度ϕ,随着这一转动趋

势的出现，又使上下剪刀产生一个垂直与剪切面的侧压力 T，并形成 $T \cdot b$ 的反力矩以阻止材料转动，当 $P \cdot a = T \cdot b$，即两力矩平衡时，材料就停止转动。

因为侧压力 T 太大时会使上刀刃产生向左的弯曲变形，致使间隙增大，同时使机床磨损加剧，甚至使上刀刃折断，而材料的旋转则会影响剪切的质量及操作的安全，因此，必须设法减少侧压力但又要防止材料旋转。为此，剪切时可在材料的一侧施加压力 Q 来解决。在实际操作中，压力 Q 一般就由剪床上的压紧装置得到。另外，当间距 a 变小时，则剪切效应显著，但过小则会使材料断裂部分挤坏，表面粗糙；但当间距 a 过大时，不仅易使材料翻转，而且又将造成切口卷弯拉毛。所以，上下剪刀的间隙 b（近似等于间距 a）可根据被剪金属的强度和材料的厚度来进行调节，一般可取材料厚度的 2% ~7%。

4. 曲边构件的边缘剪切

圆盘剪床剪切力的分析：圆盘剪床的剪力为一对圆形的刀刃，刀刃间可有一定的重叠部分，当圆滚刀做同速反向旋转时，材料被剪断。图 7-4 为圆盘剪床剪切时的受力情况。

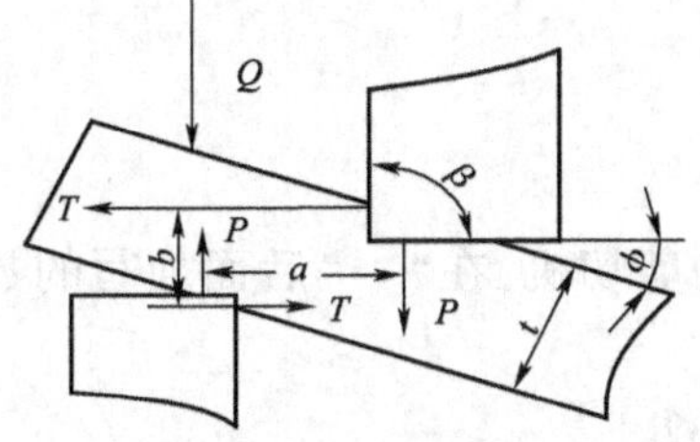

图 7-3　剪切时受力分析

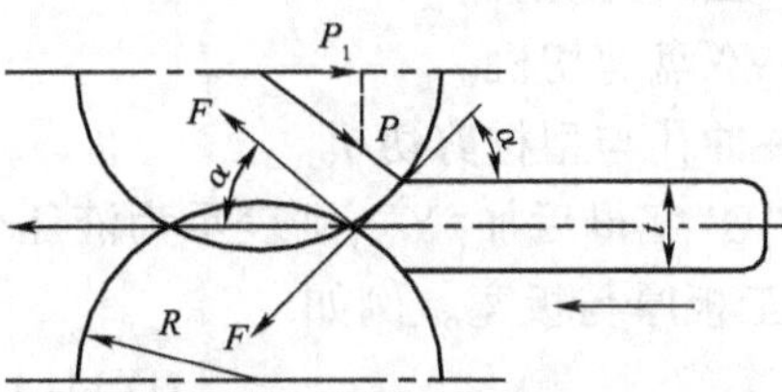

图 7-4　圆盘剪床剪切时受力分析

剪切时，由于滚刀与板料间的摩擦力 F 而引起的水平力 R，使板料被迫进入两滚刀之间而被剪开，与此同时，滚刀作用于板料的径向水平力 P_1，有使板料从中退出的趋势。要使板料顺利地进入滚刀之间，摩擦力 F 的合力 R 必须大于推出力 P_1。

即

$$R \geqslant 2P_1$$

而摩擦力

$$F \geqslant fP$$

式中：f——摩擦系数

又

$$R = 2F\cos\alpha$$

$$P_1 = P\sin\alpha$$

所以

$$2fP\cos\alpha \geqslant 2P\sin\alpha$$

化简得

$$f \geqslant \tan\alpha$$

由式可知：α 角的大小受到 f 值的限制，这就是圆盘剪的剪切条件。

此外 α 角的大小与材料的厚度和滚刀的直径有关，为使剪切能顺利进行，进料角 α 一般取为 7° ~14°，这时相应的滚刀直径为材料厚度 t 的 30 ~70 倍，即有

$$D = (30 \sim 70)t$$

5.剪切的主要工艺要求

(1)剪切前应根据工件的尺度和边缘特征选择合适的剪切机床,并核对机床的工作能力是否满足所剪材料的要求,同时还应根据工件的厚度调整上下刀片的间隙,并使其沿整个刀片长度内保持一致。

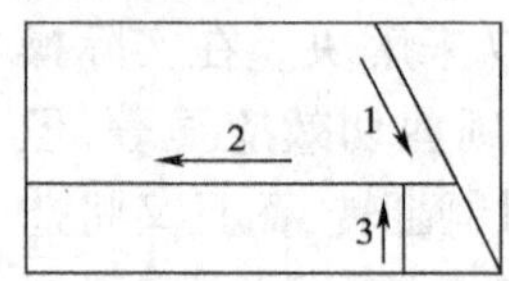

图7-5　剪切顺序图

(2)当一张钢板上排列多个零件时,应根据其排列情况预先确定剪切顺序,以使操作顺利进行,有利于保证质量。图7-5中数字即为剪切顺序。非此顺序,就不能保证剪切顺利进行。

(3)剪切时,应使工件的剪切线与下刀口边缘严格对准,以保证剪切边缘不发生偏差。对边缘不另行加工的零件,其剪断位置与划线位置的偏移应不超过1.0mm,端面不垂直度应不超过5°。

常用剪切机型号说明如下:

①Q11——剪切机。

②Q12——摆式剪切机。

③Q23——双盘剪切机。

④Q31——冲孔与型材剪切机。

若在上述“Q”字母后加“Y”,则表示为液压传动剪切机,在“-”后面加写的数字,表示剪切机的最大加工板厚与板宽。例如

$$QY11\text{-}12\times 32$$

式中:Q——剪切机。

Y——液压传动。

1——第一列,板料直线剪切机。

1——第一组。

12——最大加工板厚,$t=12$mm。

32——最大加工板宽,$b=3200$mm。

为正确选型,应根据使用中的工艺要求,逐步完善其机械化自动化程度,提高加工质量和生产效率,必须熟悉剪切机的工作原理、组成机构和掌握其性能。

二、船体构件焊接坡口的机械加工

刨边机和铣边机都是加工钢板构件直线边缘的专用设备。一般经过剪切和手工气割、半自动气割的平直船体板材构件,都可以在刨边机上刨出坡口,如I型、V型、U型、X型等坡口,只要更换不同的刨刀,旋转刀架至不同的角度,便可开出不同的坡口,亦可在铣边机上铣出I型坡口,供要求钢板边缘平直而整洁的自动焊使用。

无论是刨边机还是铣边机,整个机床大致上分为底座、弓形梁和传动机构3部分。底座牢固地安装在地基上,它的上部是一个很长的工作台。为了便于放置被加工钢板,在工作台的一边每隔3~4m设托架一个。弓形梁上装有许多向下压的千斤顶,分布于整个弓形梁的长度内,它们是用来在刨切或刨削钢板构件直边时,将钢板压紧的。传动部分则由电动机及其传动机构推动刀架完成切削运动、走刀运动、吃刀动作等。刨边机与铣边机的主要区别就在刀架及传动机构上。

1. 刨边机

由刨刀的主切削运动形成刀具的直线运动轨迹,再由其走刀运动将上述直线轨迹加以移动,即形成加工平面。一般因为船体钢板尺寸较大,所以加工时工件是固定的,由刨刀完成上述运动。

2. 铣边机

有两种铣削的主要方式:立铣和卧铣。立铣是用端铣刀完成的,卧铣则用圆盘铣刀。

无论哪种铣削方式,主切削运动均由铣刀的回转运动完成。为铣出一个平面,还得有铣刀轴线的移动——走刀运动,才能完成。

通常由于端铣生产效率较高,所以铣边机多采用端铣刀加工。显然,这种机床应具有使铣刀回转的传动机构,同时还应有铣刀头沿加工直边方向的走刀运动。一般铣刀盘直径较大,所以沿加工面内的走刀运动可以省略,铣刀盘上装有6~8把铣刀。

三、船体构件的边缘切割和焊接坡口的气割加工

1. 气割原理

所谓气割通常系指氧-乙炔切割或氧-丙烷切割。其实质是金属在氧气中燃烧。通常可将它分为预热→燃烧→去渣三个阶段。首先用调节好的预热火焰加热金属,使割缝起点的温度逐步上升,直至达到被割材料的燃点,然后,放出高压的纯氧流,使金属燃烧(即剧烈氧化),并将燃烧生成的熔渣(即金属氧化物)迅速被吹掉。连续不断地进行上述过程,就能在被割金属上形成一条光洁的割缝,而把被割材料分割开。

从气割过程的特点可知,只有满足下述条件的金属才能进行气割:

(1)被割金属的燃点应低于其熔点。这是最基本的可割条件。否则,金属尚未达到燃点就已开始熔化,变成液态,就不可能进行切割。低碳钢和低合金钢都属于燃点低于熔点的金属,所以它们具有良好的气割性能。

试验研究资料指出,黑色金属的含碳量对其燃点和熔点的影响很大。通常,随着含碳量的增加其熔点降低、燃点升高。一般含碳量低于0.7%的黑色金属都能满足气割过程是燃烧过程。

(2)氧化物的熔点应低于金属熔点,并且具有良好的流动性。否则氧化物不可能以液体状态自切割处排除,易产生粘渣等现象,妨碍切割过程进行。

(3)金属在氧气中的燃烧应是放热反应,且应能放出较大的热量。因为气割过程中上层金属燃烧放热对下层金属的补充预热作用是十分重要的。在气割过程中,预热焰的热量,约占气割总热量的30%,而气割过程中金属燃烧产生的热量约占气割总热量的70%。虽然排除熔渣时带走了部分热量,但是金属燃烧时所产生的热量仍然是预热被割金属的主要热源。如果是吸热反应,气割过程就不能连续进行。

(4)金属的导热率不应过高。否则预热火焰的热量和被割金属燃烧所产生的热量将从切割处迅速散失,使温度很快下降而低于燃点,使切割过程不能开始或者中断,甚至还会导致割缝过大。

(5)金属中不应含有使气割过程恶化的杂质。因为有的杂质会使氧化物熔点升高,有的会妨碍金属燃烧,有的则使割缝处金属性能变坏引起裂缝等等。例如,含碳量超过0.7%的

钢,必须将其预热到400~700℃时才能进行气割,否则会在割缝表面产生淬火组织,甚至出现裂纹。

2. 气割的特点

气割的特点主要有切割厚度大;切割形状方面适应性强;自动化程度高、噪声小、劳动强度低。

3. 常用气割方法

(1)手工气割法:手工气割常用工具是射吸式气割炬,如图7-6所示。它使用的氧气压力为0.4~0.6MPa,乙炔气的压力一般都低于0.156MPa。气割炬在工作时,慢风氧气通道进入喷射管,由径孔细小的射吸孔射出,使射孔周围的空间造成一个负压区,将聚集于该区的低压乙炔吸出,然后氧气与乙炔以一定的比例在混合室进行混合,并且以一定的流速从割嘴喷出。为了使较高压的氧气与低压的乙炔能够均匀的按一定比例(体积比例约为1:1)混合,并以相当高的流速喷出,割炬的喷射管和混合室都是特殊构造的。这种混合气体是供预热火焰用的,快风氧气则是供燃烧金属用的。国产射吸式气割炬分大、中、小3种型号,造船中常用小号。为了适应不同切割的需要,采用调换割嘴及调节慢风氧气阀顶针来改变喷射管孔径的方法予以解决,故对每种型号的割炬配备3种不同规格的割嘴,以切割不同厚度的钢板。

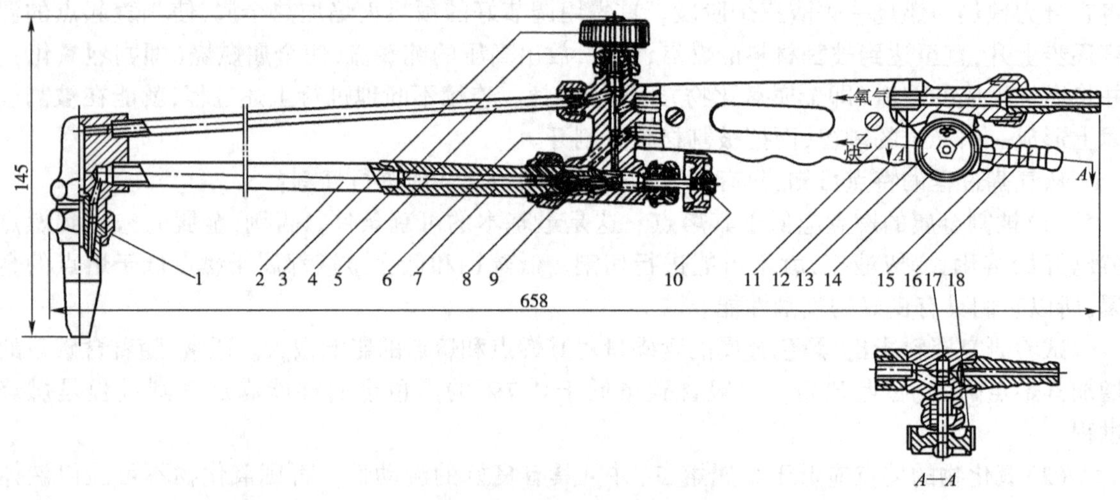

图7-6　国产射吸式气割炬的外形与构造

1-割嘴;2-混合气管;3-高压氧阀针手轮;4-高压氧阀针;5-高压氧气管;6-主体;7-射吸管;8-喷嘴;9-氧气阀针;10-氧气阀针手轮;11-手柄(内);12-手柄(外)13-乙炔气管;14-后部接体;15-氧气接头;16-乙炔接头;17-乙炔阀针;18-乙炔阀针手轮

割嘴的结构形式按内、外嘴间形成的预热焰孔道形状分成组合式与整体式两种(图7-7)。组合式由内外割嘴组合而成,内外割嘴间形成的预热焰孔道形状呈环形,故又称环形割嘴。

组合式

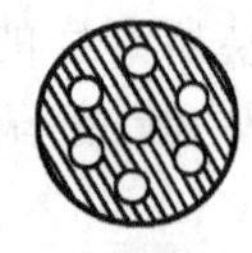
整体式

图7-7　割嘴结构形式

这种割嘴可以拆卸,便于割嘴的清理工作,预热面积大,可割厚板,但易回火。整体式因空眼呈梅状布置,故有称梅花式,该式内外割嘴连为一体,中心孔眼不易偏心,不易回火,操作安全,但预热焰热量分散,孔眼清理较难,一般常用组合式割嘴。内嘴中心孔道是快风高压氧喷出口,在预热火焰中心形成一条线状纯氧射线(风线),使割缝燃烧(剧烈氧化)成熔渣,并把它从割缝中吹掉。作为高速氧流通道的内割嘴中心孔道形式有 3 种:圆柱形割嘴因氧流出来要膨胀而使风线扩散,造成割缝偏斜;匀变截面孔道是仿照拉伐尔喷管设计的,氧气在里面能充分膨胀,故风线挺直细长,但加工困难;台阶式喷嘴孔道能使气体充分膨胀,割口平直,加工也比较简单,所以较为常用。

提高气割速度的主要途径是提高切割氧气的纯度,提高切割氧流的流速和动能,强化对切口的预热。从这几个方面出发,已研制出了一些新型的割嘴,如扩散割嘴、氧气屏割嘴等。

助燃气体 O_2不论从氧气瓶还是从管道输出,通过氧气软管进入割炬之前,必须经过压力调节器(即氧气表)把氧气压力降低到工作压力才能使用(图 7-8)。由制氧车间采取大气低温分离法制取的工业纯氧,纯度应达到 98.0% ~99.5% ,纯度越高,切割质量越好,速度又快,成本也低。灌入氧气瓶后的压力一般为 150 个大气压。氧气表的作用有两个:减压作用,即将氧气瓶内纯氧的 150 个大气压降低到 4 ~6 个大气压的工作压力后再输出使用;稳压作用,即保证气割过程中工作氧压稳定不变,不受瓶压下降的影响。通常使用的是反压式构造原理压力调节器,如图 7-9 所示。当旋动调节螺杆时,主弹簧通过弹性薄膜推动传动杆,打开减压活门,高压气体就进入低压室,低压室内充满气体后,对弹性薄膜产生反向压力,当压力达到一定限值时,减压活门关闭。若在出口处接上割炬,当气体从低压室流出时,低压室中气体压力降低,活门又会打开,以保持一定的压力。当工作完毕后,应完全松开螺杆,将低压室内的余气放净。调节螺杆的旋紧程度不同,低压气体的压力也就不同,这样就达到了调节压力的作用。氧气瓶和氧气表在使用中严禁沾着油污,以防自燃和爆炸事故。

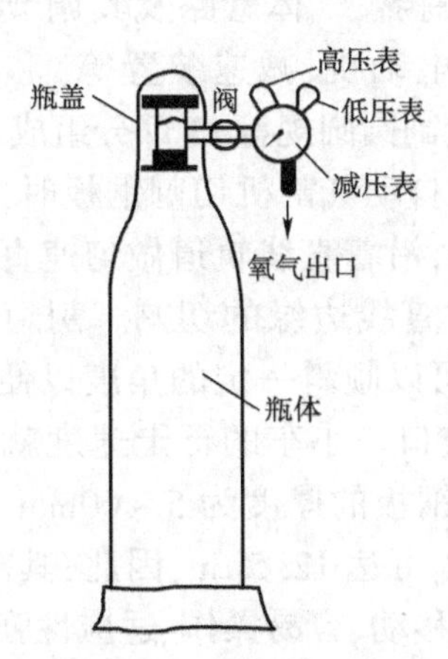

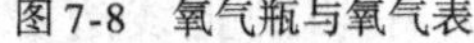
图 7-8　氧气瓶与氧气表

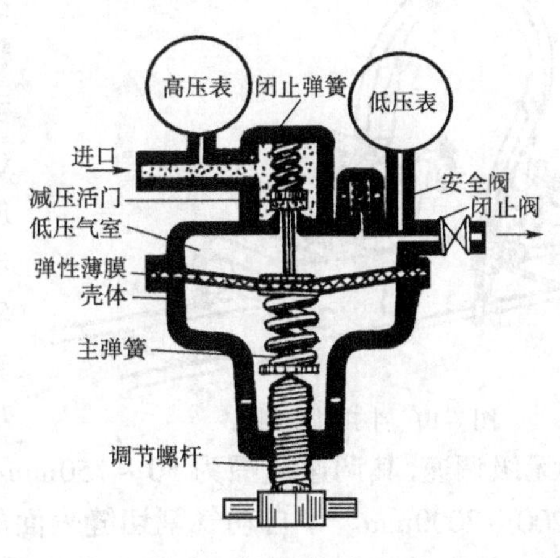

图 7-9　氧气表构造原理

可燃气体 C_2H_2是由购进的电石(CaC_2)放入乙炔发生站的乙炔发生器后,与水接触而产生的。灌入乙炔瓶备用或从管道输出使用,乙炔气通过乙炔软管进入割炬之前,也必须由压力调节器(即乙炔表)把乙炔压力降低到工作压力才能使用。乙炔瓶与氧气瓶相似,这种溶解乙炔气瓶是指装有专用瓶阀,佩戴专用瓶帽,带有安全装置(易熔合金塞),内充填料,注有丙酮用以储运溶解乙炔的压力容器。

乙炔瓶系移动式、可重复充气的钢质焊接气瓶。它由钢瓶体、填料、溶剂(丙酮)、溶解乙

炔及附件等组成。乙炔瓶内充填固型多孔状硅酸钙填料,在填料的孔隙内均匀地充装有一定量的丙酮溶剂,其作用有二:一是阻止乙炔分解,提高乙炔瓶的安全性能。因为乙炔分子被丙酮分子所隔离,即乙炔溶解在丙酮中时,在一定压力下乙炔不会爆炸,丙酮能降低乙炔的爆炸性。二是增大乙炔瓶的有效容积。即在相同容积的乙炔瓶中,填入丙酮比没有填充丙酮的乙炔瓶充气量要多得多。因而大大提高了乙炔瓶储运乙炔的实用价值。从外观上看,乙炔瓶较"矮胖",外表漆成白色,氧气瓶较"瘦长",外表漆成蓝色。乙炔表与氧气表相似。乙炔瓶的瓶装压力 2.45MPa,工作压力不得超过 0.15MPa,且工作气流的速度(即气体流量)不得超过 $0.05m^3/h \cdot L$(即 40L 乙炔瓶流速 $2m^3/h$),因此乙炔表的作用也是减压和稳压两方面。此外,除对乙炔气工作气流限压限速外,还规定乙炔瓶阀出口处的乙炔表之外,必须装置回火防止器,以防止使用中可能发生的回火给乙炔瓶带来危险。

所谓回火就是混合气体在割嘴内、割炬腔内向乙炔管蔓延燃烧。回火的根本原因是由于氧炔混合气体从割嘴内流出的速度小于混合气体的燃烧速度。乙炔燃烧速度一般为 14.5m/s,混合气体从割炬向外喷射的速度应不低于 50~60m/s,否则可能导致回火。由于氧气软管中压力较高,回火一般发生在乙炔软管中。如果回火侵入乙炔瓶使填料内部乙炔分解导致气瓶爆炸,其威力就像一颗炸弹。因此,一旦发生回火时,应迅速关闭快风氧气阀及乙炔阀或慢风阀使火焰熄灭。此外,应在乙炔表外和乙炔软管之间,设置回火防止器,以避免万一回火时可能引起的乙炔瓶爆炸事故。

回火防止器有湿式和干式两类。因为乙炔瓶逸出的乙炔气体纯度高,杂质较少,所以乙炔瓶广泛使用干式回火防止器。回火防止器应符合《溶解乙炔气瓶用回火防止器》的要求。

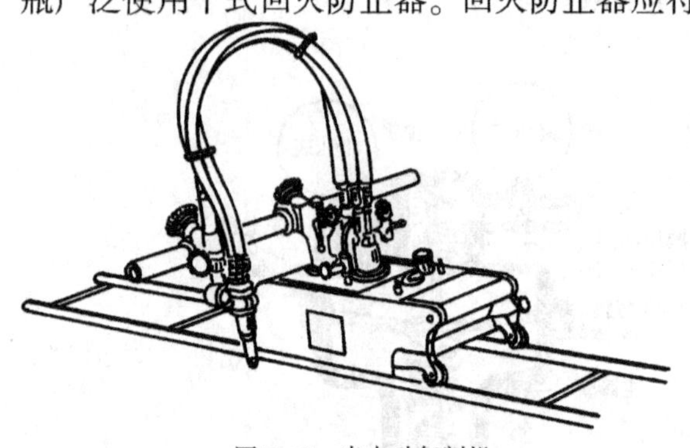

图 7-10 半自动气割机

(2)半自动气割机:半自动气割机由切割部分(包括割嘴、气体管路及其调节装置等)、动力部分(电动机、减速装置等)和辅助设备(直线轨道、割圆圆规等)3 部分组成,如图7-10所示。用半自动气割机切割钢板时,气割机由电动机驱动,沿着直线轨道做匀速直线运动而实现对构件直线边缘的切割。割炬可处于垂直位置,也可以倾斜一定的角度以便切割出 V 型或 X 型坡口。小车的行走速度就是切割速度,能进行无级调速,其调速范围为 50~750mm/min,切割钢板的厚度为 5~60mm,切割圆周的直径为 200~2000mm。半自动气割切缝表面的粗糙度 R_a 可达 12.5μm,因此,其割缝光洁,切割精度高。与自动气割机相比,它还具有设备简单、便于移动、容易操作、适应性强、投资小、易于扩大施工面等优点。目前,它是我国大部分中、小型船厂中切割直线边缘构件的主要设备。

(3)门式自动气割机:门式自动气割机是在两根固定导轨上设置一座坚固的"门"形支架,在支架上设置一套或数套切割装置。切割时,由电动机驱动门式支架以一定的速度沿导轨做直线运动(运动速度等于切割装置的切割速度),切割装置随门式支架的运动而切出一条或数条精度很高的直线割缝。我国某船厂自制的门式自动气割机在支架上装设了 12 条切割装置,可同时切割出 12 条平行直线边缘。

装在门式支架上的切割装置之间的间距，可按被切割工件的尺寸进行调整。一般每套切割装置上都要有三个割嘴，除切割平直边缘外，尚可一次割出 V 型、X 型、K 型、Y 型焊接坡口。现以 V 型坡口和 X 型、K 型坡口的气割加工为例说明其加工过程。

①V 型坡口。板边的气割加工，可以采用两个割炬，一个置于垂直位置以切割板缝，另一个和所加工表面成需要的角度，作切割坡口用，如图 7-11 所示。由图可见，能够用两种不同的方案来完成这种坡口的边缘加工。

方案Ⅰ：在切割方向上两个割炬相距 α，垂直的割炬 1 在前，进行直角切割，保证需要的坡口钝边。与加工表面成倾斜角的割炬 2 在后，并在距垂直割炬切割线 b 处移动，割出所需坡口。间距 α 依被切割板材的厚度不同而改变，以不使熔渣粘着板边的反面为原则。间距 b 则取决于被切割板的厚度、坡口角和钝边的大小。

方案Ⅱ：如图 7-11b）所示。

方案Ⅱ和方案Ⅰ比较，两方案切除金属的体积相同，但是，方案Ⅱ的切割速度稍高，因为间距 b 减小了，倾斜割炬切割时的预热情况比方案Ⅰ好，熔渣相应减少，而且容易从板边清除。其缺点是切割的板厚大于 40mm，其精度下降。因为此时割炬 2 的倾斜度稍有误差即会导致背面坡口角产生较大的误差。

②X 型和 K 型坡口。这类坡口是用三个割炬的割炬组来完成的。其割炬布置如图 7-12 所示，垂直割炬 1 在前，在其后面相距 α 处是切去下面斜棱的割炬 2，而距垂直割炬距离为 A 处的割炬 3 切去上面斜棱。间距 α 应尽可能小，以使割炬 1 和 2 的切割氧流不交叉为原则。割炬 1 和 2 的氧流经过同一个切割点的时间，应小到使金属还没来得及变冷，垂直切口壁还没来得及覆盖上凝结的氧化物薄层。否则，割炬 2 的氧流碰到垂直切口壁上变硬了的氧化物时，会损失一部分动能，沿着垂直切口壁转折向下而不能割出坡口。

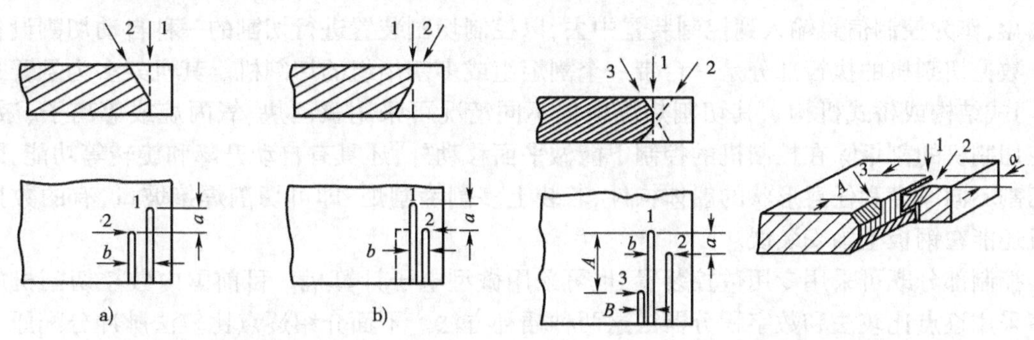

图 7-11　用双割炬开 V 型坡口

a）方案Ⅰ；b）方案Ⅱ

图 7-12　用三个割炬开 X 型和 K 型坡口

如果被切割的板材厚度不大，间距 α 值应为 10～12mm。由于割炬 3 的切割点已被割炬 1 和割炬 2 所预热，切割条件好，所以，它与割炬 1 的间距 A 应比 α 大得多。如果被切割的板厚在 30mm 和 20mm 之间时，A 值可取为 22～25mm。当然以上的 α 和 A 的数值并不是绝对的，还应根据采用的割嘴大小、氧流压力和切割速度做适当调整，割炬 2 和 3 的切割线到割炬 1 切割线的距离 b 和 B，取决于所切割板材的厚度、坡口角和所需钝边的大小。

随着被切割板材厚度的增加，切割速度必须降低，间距 α 和 A 也相应地减小。如果割炬 2

的切割开始点落不到割炬1的加热区内,则割炬1和2应装在一条直线上(在垂直于切割方向的平面内),即α值等于零,以保两个割炬同时加热某一部分金属。此时,割炬2不仅在垂直于切口的平面内倾斜,而且还朝割炬运动方向前倾12°~15°。

因此,应用高精度门式自动气割机切割直边构件,不仅加工精度高、切割速度快,而且还能将边缘切割和开坡口合并成一次完成,以代替原来刨边机的全部工作内容,省去原来冷剪切、半自动气割中拼板零件的二次加工,缩短船体构件的加工周期,节省大量的劳动工时。据某船厂分析,每艘25000吨级货船仅刨边工作一项,采用高精度门式气割机加工后,可比刨边机节省劳动工时5/6。

国外有的船厂为了进一步提高生产率,还试制了多门式气割机,七门式气割机便是一例。该机导轨长77m,工作总长度为60m。有3座主门(工作宽度2~2600mm)每座主门都可同时加工两块板的纵边。有4座辅门,辅门上的割炬能沿着辅门横向移动,依照顺序用来加工3对板的前后横边。这样,该机就能同时加工6块宽2600mm×长20000mm的钢板,可大大提高生产率。

此外,国外引进的高精度门式自动气割机,其割嘴与被割钢板的间距调好后,开始预热到打孔切割时,割嘴会自动升起,切割氧割穿钢板后再下降到正常距离随门架的移动而连续切割,当钢板因热变形而起伏变化时,割嘴也会自动升降以保持割嘴到钢板的间距为最佳距离。

由于高精度门式自动气割机不需要数控设备和光学技术,结构简单,使用方便,价格便宜,而且切割速度快、精度高。又便于同前后工序组成生产流水线,因此,是船体加工车间切割中、厚板直线边缘构件比较理想的设备。

(4)数字程序控制自动切割机:数控自动切割机是由控制部分和执行部分所组成。它是把被切割的曲线(及直线)用图形几何语言编制成构件程序,经通用电子计算机运算和编码而得到数控切割机的切割程序(简单图形也可以手工编制程序),然后穿孔制成穿孔纸带或拷入软磁盘,作为控制信息输入到控制装置中去,以控制切割装置进行切割的一种自动切割设备。

数控切割机的执行部分是一台带一个割炬组或多割炬组的切割机。其机架多为悬臂式结构、门式结构或桥式机构。其切割热源根据不同情况可采用氧乙炔、氧丙烷或等离子、激光。数控切割机的割炬除在控制机的控制下能做平面移动外,还具有自动升降和旋转等功能,因而能切割不同厚度和任意形状的船体构件,若装上多割嘴割炬,即可切割焊接坡口,有的数控切割机还能在钢板上画安装线。

控制部分既可采用专用数控装置,也可采用微型电子计算机。目前国内数控切割机的控制多采用逐点比较法和数字积分器法这两种插补方法。下面介绍逐点比较法脉冲分配原理。

插补控制时,割嘴每前进一步(一个脉冲当量,一般取1/50~1/10mm/脉冲)控制机都要完成以下4项工作:偏差判别、割炬进给、偏差计算、终点判断。

这里所谓偏差判别就是判别割炬位置相对于规定图形的偏差,以决定进给方向。进给是指按偏差判别所决定的进给方向来推动(纵向或横向)步进电机前进或后退一个脉冲。偏差计算是在割炬进给一个脉冲以后,在新的位置上计算出与规定图形的位置偏差,作为下一次偏差判别的依据。终点判断是判断切割点是否已到达切割程序规定的终点,如未到达终点,则再回到第一步进行偏差判别。不断重复上述过程,就可以切割出所要求的曲线(及直线)直到终点停机。

4. 气割的主要工艺要求

(1)割前应根据工件厚度选择合适的割嘴。

(2)切割薄板的割嘴宜后倾 30°~45°,切割厚板时割嘴宜前倾 10°~20°。

(3)为了减小零件在气割时的热变形,操作中应遵循:大型零件的切割,应先从短边开始;在同一张钢板上切割不同尺寸的零件时,应先割小件,后割大件;切割不同形状的零件时,应先割较复杂的零件,后割较简单的零件。

5. 其他切割方法

(1)等离子切割。等离子切割是以高温高速的等离子弧为热源,将被切割的金属局部加热熔化,并同时用高速气流将已熔化的金属吹掉,而形成狭窄切缝的一种过程。其典型装置如图 7-13。

在切割过程中,等离子弧是处于完全电离状态,它不再是由原子、分子构成,而是由带电离子组成,其整体仍保持电中性。它导电能力较强,能受电场和磁场的作用,它属于物质的第四态。

高温等离子切割的过程是靠金属熔化来实现的,不受材料熔点高低的限制,所以在现代工业上已成为一种有效的切割方法,特别是用于气割难于切割的金属材料,如铝、铜、镍、钛、不锈钢和高合金钢以及各种有色金属等。

(2)激光切割。激光切割是由激光器所发出的水平激光束先经 45°全反射镜变为垂直向下的激光束,后经过透镜聚焦,在焦点处聚成一极小的光斑,在光斑处会焦的激光功率密度高达 $10^6 \sim 10^9 W/cm^2$,处于其焦点处的工件受到功率密度这样高的激光光斑照射,会产生局部高温,达 10000℃以上,使工件瞬间熔化甚至气化,从而将工件割开。其示意装置如图 7-14 所示。

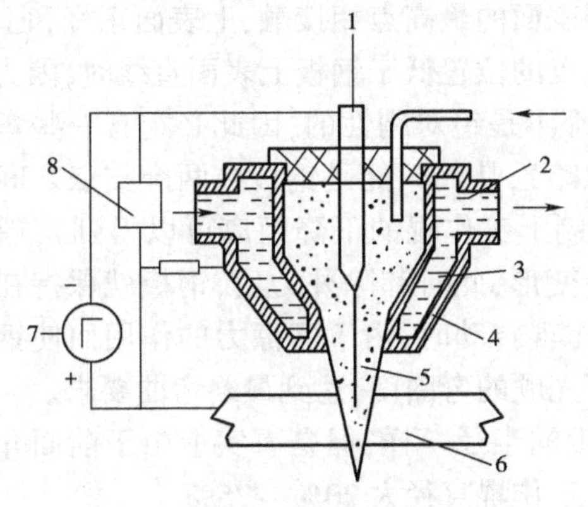

图 7-13　等离子典型发生装置原理图

1-钨极;2-气体压缩腔;3-冷却水;4-喷嘴;5-弧焰;6-被切工件;7-电源;8-振荡器

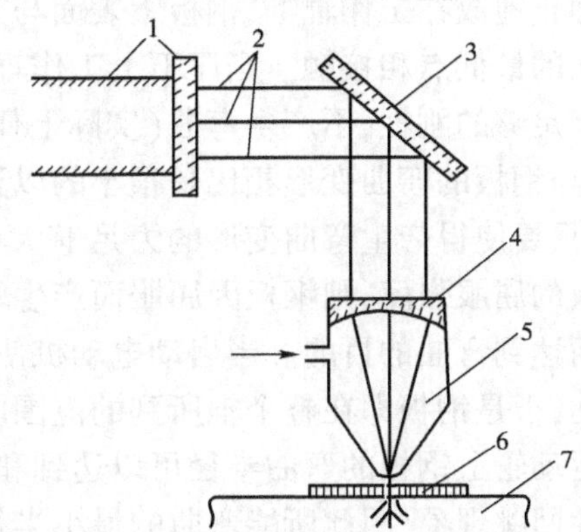

图 7-14　激光切割示意图

1-激光器;2-激光束;3-45°全反射镜;4-透镜;5-喷嘴;6-工件;7-工作台

激光切割主要被用来切割各种高熔点材料,耐热合金、超硬合金等特种金属材料,也可切割硅、锗等半导体材料和塑料等非金属材料。

第二节　船体板材构件的成形加工

船体非平直钢板构件较多,弯曲加工工作量较大。主要的成形加工方法有机械冷弯法和

水火弯板法。一般单向曲度板都采用机械冷弯法加工,而复杂曲度板则先用冷弯机械加工出一个方向的曲度(该方向曲度较大),然后再用水火弯板法加工出其他方向的曲度;若批量较大,则可在压力机上安装专用压模压制成形。本节主要介绍机械冷弯法和水火弯板法。

一、船体板材的冷弯加工

1. 简单曲度板的冷弯成形

具有圆柱形或圆锥形的单向曲度板(如平行中体处的舭部列板等)称为简单曲度板,可用三辊弯板机加工成形。

(1)辊弯机的分类:按工作辊方位分有立式、卧式辊弯机;按上工作辊受力形式分有闭式(上辊有中部支承轴)、开式(上辊无中部支承辊);按工作辊数目及布置形式分有四辊、三辊(对称式和不对称式);按工作辊调节方式分有上调式(垂直上调式、横竖上调式)、下调式(不对称下调式、对称下调式、水平下调式)。

(2)三棍弯板机工作原理:对称式三辊弯板机的上工作辊通常是被动辊,安装在可做上下移动的轴承内,从而能做垂直方向的调节,以使置于上下工作辊之间的板料得到不同的弯曲半径。下工作辊轴是主动的,安装在固定的轴承内,由电动机通过齿轮减速器带动,做同方向、同转速的旋转运动。大型辊弯机的上下垂直方向的调节是由机械或液压来完成的,在上工作辊的两端,有升降距离指示器,以便于观察。小型辊弯机则通常为手动调节,以简化结构。此类辊弯机机型较老,但结构简单、自重轻,是目前船厂中最常见的板材冷弯加工设备。

(3)三辊弯板机的加工工艺:钢板在三辊弯板机中辊弯变形的原理,可解释如下:先假定钢板静止地放在工作辊上,钢板下表面与下工作辊表面的最高点相接触,上表面正好和上工作辊表面的最低点相接触。当压下上工作辊,使最低点的位置低于钢板上表面直线时,因为工作辊具有足够的刚性,不产生弯曲(实际上任何物体都不是绝对刚性的,因此必定有一些弯曲变形,但与钢板的弯曲变形相比是很小的以至可以忽略),从而只能是钢板在两个支点之间产生弯曲,只要使得产生弯曲变形的力足够大(通过控制上工作辊的下降距离可以得到),超过相应钢板的屈服强度,则钢板因屈服而产生塑性残余变形,此时卸除外力后,钢板就保持在变形状态而达到弯曲的目的。当启动电动机使两下工作辊转动时,由于摩擦力的作用而使钢板不断移动,于是钢板即在整个辊所到的范围内形成了光顺的弯曲度,达到最终弯曲要求。

运动轮上钢板的弯曲半径可以达到和上工作辊的半径一样,但是事实上由于前面介绍过的弹性回跳现象,因此所能弯曲的最小半径要比上工作辊直径大20% ~25%。

(4)三辊弯板机典型结构:图7-15为弯制板材20mm×3000mm以下的中小型对称三辊弯板机,采用机械调节。支承两下辊筒的轴承装在左右机架中,下工作辊的轴端伸出机架外,通过齿轮、减速器与电动机连接,两下工作辊均由电动机驱动。控制操纵手柄,能使工作辊作正反方向的转动。

2. 复杂曲度板的冷弯成形

具有双向曲度或多向曲度的板称为复杂曲度板。其冷弯成形设备主要是液压机,也有少数船厂使用万能弯板机来弯制复杂曲度板,但是它要求操作技术高度熟练,而且成形质量不易控制,弯板的劳动强度大,因此使用并不广泛。对于双向曲度不大的构件,也可在三辊弯板机上进行冷弯。下面主要介绍液压机弯板中的有关问题。

根据使用的液体介质不同,液压机可分为油压机和水压机两类。油压机的压力是由油泵产生的,一般设有蓄压装置,所以结构轻巧简单。水压机一般都带有蓄压装置,能产生很大的压力但结构庞大复杂。因此,如果油压机的工作压力能满足加工要求,则采用油压机较为经济。

液压机是利用液体的不可压缩性,并能传递等压强的特点,通过一定的机构产生出巨大的工作压力。图7-16是液压机工作原理示意图。图中活塞 A_1 上的作用力 P_1 由液体介质传递给活塞 A_2,由于两活塞的压强相等,如果 S_2/S_1 的比值很大,就可以用较小的作用力 P_1 获得巨大的工作压力 P_2(即船体加工车间常用液压机的工作压力),中小型船厂多为 $(200 \sim 400) \times 10^4$N,大型船厂一般用 $(800 \sim 1200) \times 10^4$N,有的高达 3000×10^4N。

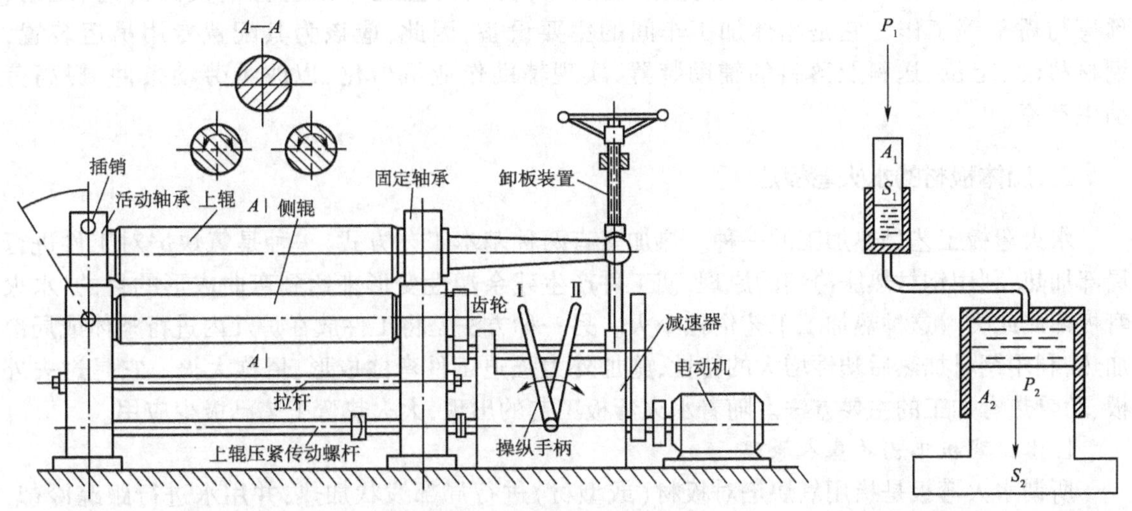

图7-15　机械调节对称三辊弯板机

图7-16　液压机原理简图

液压机的机构形式有悬臂式和框式两种。悬臂式液压机的工作面三面敞开,操作方便,但工作压力受到限制,框式液压机的工作空间受到一定限制,但其结构支承情况较好,因此大功率液压机多采用框式结构。

近年来,在框式液压机的基础上,研制成功一种可移压头压力机。其特点是压头和工作台均能根据使用要求进行横移和回转,这些动作既可单独进行,也可同时进行。这样可以调节构件加工是在最佳位置,不需人工搬移构件,而且能较为方便地加工各种复杂形状的构件。因此,这种机型很适合于复杂的大型构件的压弯。

利用液压机弯制复杂曲度板时,必须在压头上装设压模。因此,压模的形式和精度是影响构件成形加工质量的关键之一。由于船构件的形状复杂,尺寸不一,所以常将压模设计成长度为800~1500mm的通用压模,以便能弯制各种曲度的钢板。应该指出,用通用压模弯板时一般只能弯曲一个方向的曲度(如横向曲度),其他方向的曲度(如纵向曲度)可用水火弯板法弯曲。用压模压制板料前,要先进行空载试压,以检查上、下压模的对位情况及压模安装的牢固程度。对于较长的板材,需分成数段加压,此时相邻两加压段应重叠30~50 mm;若用通用压模进行较长板材的折边,还应注意每次折角角度不能太大,否则会产生裂缝,具体数值可参考有关资料。在产品批量较大时,则应制造专用压模。它不仅能保证构件成形质量,简化操作,

提高加工速度,而且在批量生产时经济上也较合理。

使用液压机弯制钢板时应校核机床工作压力能否满足要求,计算时可参考有关公式。在设计压模时,还应考虑板料压制后的"回弹"问题。消除回弹的办法是适当地改变压模工作部分的形状,使压制的构件回弹后刚好符合所要求的形状。

影响板材冷弯质量的另一个重要因素是板料冷弯加工线。一般加工线都是在冷弯之前划在已经号料的钢板上的。由于加工设备和构件形状各不相同,加工线的形式也不相同,因此,加工线的绘制应根据加工设备和构件形状来确定。用三辊弯板机或液压机(使用通用压模时)弯曲单向曲度时,无论是圆柱形板、圆锥形板,还是单向扭曲板(可视为斜置于圆柱面上的板),其加工线都是展开后的素线。

液压机不仅可以压弯各种不同曲形的船体构件,而且还可以进行钢板的折边、压角、预弯与矫平等工作。它是船体加工车间的主要设备,因此,应该为其配置专用吊运装置,钢材移动、定位、送料及落料的辅助装置,实现辅助作业机械化,以改善劳动条件,提高劳动生产率。

二、船体板材的水火弯板法

水火弯板工艺是热加工的一种。热加工有两种基本工艺方式,一种是氧炔焰对工件进行局部加热,利用钢材热胀冷缩的原理,使工件产生残余塑性变形来达到弯曲成形的目的,水火弯板即属此类。这种热加工工艺俗称小火。另一种方法是将工件放在炉灶内进行整体或局部加热,利用钢材加热后塑性增大的特性,施加外力强迫工件弯曲成形,俗称大火。它是过去外板、肋骨热弯加工的主要方法。随着水火弯板工艺的出现,大火热弯工艺已极少应用。

1. 水火弯板工艺的基本原理

所谓水火弯板是指用氧炔焰对板材(或型材)进行局部线状加热,并用水进行跟踪冷却,使板材产生局部塑性变形,从而将工件弯成所要求的曲面形状的一种热加工方法。由于水火弯板时,加热火焰的移动速度较快,故在加热处工件的厚度方向存在较大的温差,加热面的温度高于背面的温度,这种热场的局部性,使加热面金属在膨胀时受到周围冷金属的限制,因而在加热区产生压缩塑性变形;热源移除后,在板厚方向产生收缩变形的同时,钢板加热面产生拉应力,这相当于作用在平板上的外加弯矩,结果使板件产生弯曲变形(图7-17)。水火弯板就是利用板材在局部加热冷却过程中会产生角变形和横向收缩变形这一特点来达到弯曲成形的目的。用水跟踪冷却的作用在于加大这种变形,增加其成形效果。

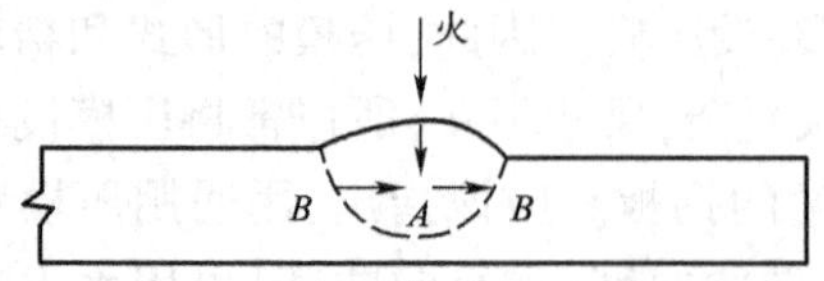

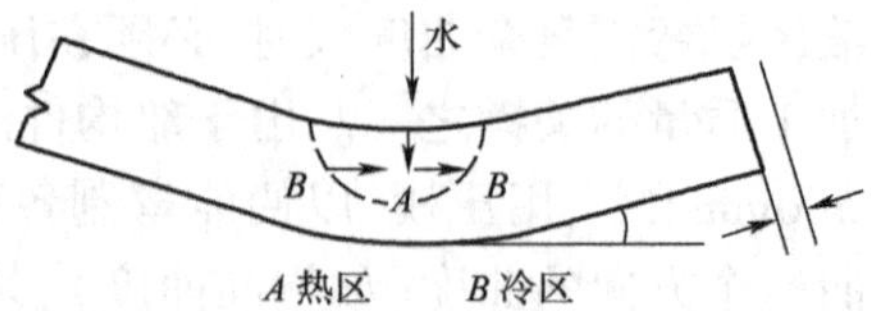

图7-17 水火弯板原理

2. 各种工艺因素对成形效果的影响

(1)加热线对成形效果的影响:水火弯板时,加热线的位置、疏密和长短对板材成形效果影响极大。加热线的位置正确与否直接关系到板材能否正确成形。对相同的板沿不同位置进

行线状加热,成形后的形状会完全不同。弯板时,加热线的位置主要取决于所需要的构件形状,因此,根据构件形状正确地确定加热的位置乃是水火弯板的关键。如在水火弯板中常遇到的帆形板和鞍形板则是最典型的例子(图7-18)。这两种板都是先用冷弯设备弯出横向曲度(因其曲率较大),然后用水火弯板法弯出纵向曲度的。所不同的是帆形板的加热线位于其横剖面的两侧,用水火收边的方法,依靠收边加热线的横向收缩变形及角变形(其中前者起主导作用)使构件两侧纵边缩短而得到纵向曲度的,但加热线不可跨越曲板横剖面的中和轴,否则会影响成形效果;而鞍形板则由于纵向曲度方向与横向曲度方向不像帆形板那样在同一面而是分别在两面,故其加热线位于曲板横剖面的中间,且在构件的背面,其角度变形数值甚小可忽略,是靠构件中间加热线的横向收缩变形而使构件纵向缩短来获得纵向曲度的,加热线同样不宜跨越中和轴。

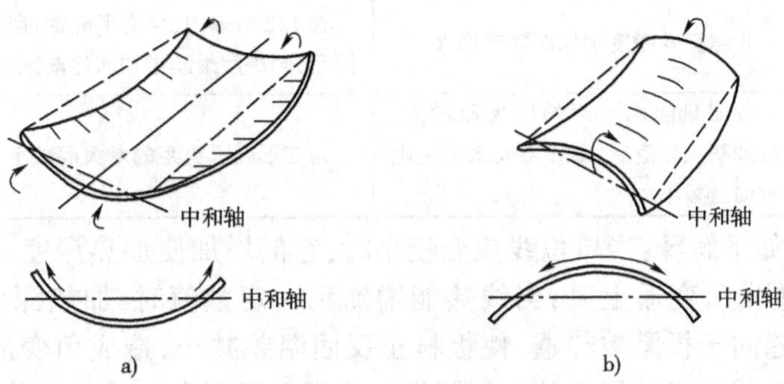

图7-18　加热线分布

至于加热线的长短、疏密则主要是影响构件的成形效果。一般来说,加热线愈密、愈长,那么产生的变形愈大、成形效果愈好。因此,当弯曲曲率较大时,加热线的位置可适当加密、加长。但因注意,加热线不可跨越构件横剖面的中和轴。

当前,在常规的水火弯板中,加热线的位置、疏密和长短一般由操作人员按经验而定,尚无理论规律可循,但国外正在研究按所需要的构件形状来确定加热线有关参数的数学模型,以便实现数控水火弯板。

(2)各种加热参数对成形效果的影响:所谓加热参数主要是指加热速度、烘嘴口径、加热温度、加热深度和水火距(即浇水点至火焰点的距离)。它们对水火弯板成形效果的影响见表7-2。其中加热速度是一个主要参数,对成形效果影响较大,应特别注意,尽量选用与板厚对应的最佳加热速度,以提高成形效果。同时又要注意不要使一次成形的角度过大(以不大于3°为宜),以免使板面出现折角,影响板面的光顺美观。

(3)冷却方式对成形效果的影响:目前,水火弯板的冷却方式有自然冷却、正面跟踪水冷却和背面跟踪水冷却三种。

所谓自然冷却就是在氧炔火焰进行局部加热后,让工件在空气中自然冷却的一种工艺方法,简称空冷。图7-19所示为空冷法弯板示意图。

从试验中可见,在单位线热能增加的情况下,角变形起初不断地增加,到某一临界值时达到最大值,然后随着线热能的增加反而下降。临界值与板厚有关,厚板的临界值比薄板较迟出现;横向收缩变形则随单位线热能的增加而直线上升。

各种加热参数对成形效果的影响　　表 7-2

加热参数	对水火弯板成形效果的影响	
	横向收缩	角变形
加热速度(决定加热量)	速度愈慢,收缩量愈大。在同一加热速度下,薄板收缩大于厚板	在一定的速度范围内,速度愈快,角变形愈大。但速度过快时,板面加热不足,角变形反而减小。故对应于每一板厚有一最佳加热速度,在该速度时角变形达到峰值。通常随着单位线热能的增加,薄板较厚板更快达到峰值
烘嘴口径(决定火焰功率)	烘嘴口径愈大,单位线热能愈强,横向收缩量愈大	烘嘴口径愈大角变形愈大
加热温度	随温度增高而增大,当温度超过900℃时,收缩量增大不显著	随温度增高而增大。薄板到达一定温度(约750℃)后,角变形的增大不显著
加热深度	收缩量随深度增加而略有增大	在1/2板厚内,角变形随深度增加而增大;超过1/2板厚后,随深度继续增加而逐渐减小
水火距(决定冷却速度)	收缩量随水火距的增大而增大。达到某一峰值后,继续增大水火距则收缩量减小	角变形随水火距的增大而减小

上述关系可作如下解释:当单位线热能较小时,它的增加使加热深度 α 增大,促使正反面塑变差值的扩大,造成角变形上升;当线热能增加到一定数值时,加热深度 α 已超过板厚的0.3~0.4倍,逐渐趋向于板厚被热透,使板材正反面温差减小,造成角变形下降。试验得出,加热温度为700℃时其热弯效果最佳。因厚板比薄板需要更大的单位线热能才足以达到这个转变点,故它临界点较迟出现。对横向收缩变形来讲,因为随着单位线热能的增加,正反面的压缩变形都会增加,正反面的压缩变形都会增加,所以平均收缩变形也将增大。

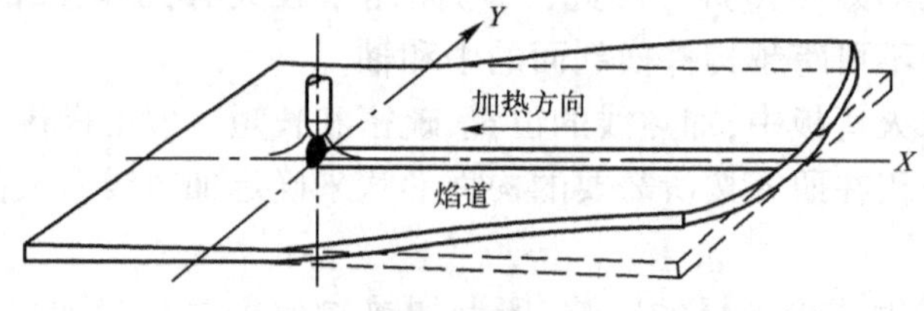

图 7-19　空冷示意图

空冷法的优点是操作简单,缺点是成形速度慢,而且在角度变形的同时会产生不必要的纵向挠度。

由于钢材本身的整体性,加热线上处在冷却过程中之金属的收缩变形,必然会迫使正处在加热过程中的金属产生一种附加塑性变形。这种附加变形对提高成形效果是很有利的,但是,在空冷法中这种附加变形所起的提高成形效果的作用,仅占最终成形的10%~20%。为了进一步提高成形效果,在火焰后面进行跟踪强迫冷却,加剧已加热部分的收缩,使附加变形的作用加强,因此产生了跟踪水冷却的水火弯板工艺。

正面跟踪水冷却法(图7-20),由于用水在正面喷射正在冷却的金属,加快它们的收缩,从而强化了对正在加热的金属的压缩作用,使其产生较大的附加变形,在火焰中心的附加变形可达最终角变形的80%左右;因此此法减少了热量向背面的传递,促使正反面温度的扩大,因而有可能提高角变形效果。但由于加热面的强制冷却,温度急剧下降,甚至使正面的温度低于背

面的温度,出现负温差,从而降低角变形的效果;而且,在附加变形的反作用力作用下,使正处在冷却过程中的金属受到附加拉伸作用而抵消部分收缩变形。因此,这种方法的角变形效果一般不如空冷法好。但其横向收缩变形却比空冷法大,成形加工所不需要的加热线纵向收缩变形也远比空气法小。

背面跟踪水冷却法(图7-21),就是在构件正面用烘炬加热,而在背面用冷水跟踪热源进行强制冷却的方法。因为它是背面强制冷却,因此增大了板材正反面的温度差值,故比上述两种方法的角变形大,成形效率高。

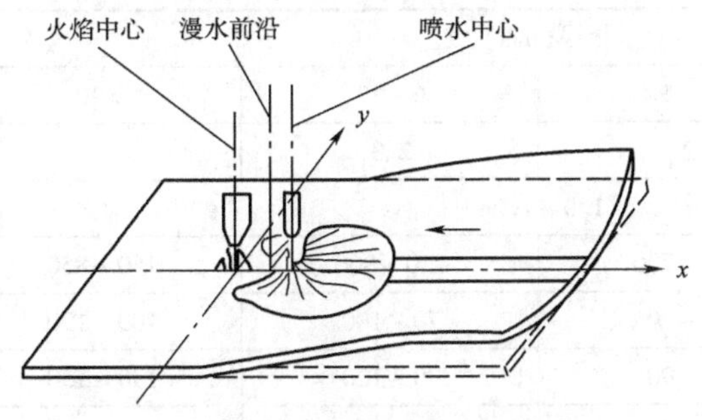

图7-20　正面跟踪水冷却法

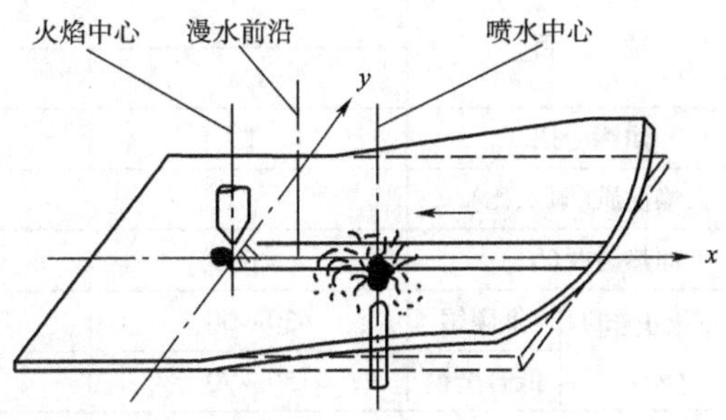

图7-21　背面跟踪水冷却法

综上所述,当加热速度等加热参数在一定范围内变化时,三种冷却方式相比较(图7-22):角变形效果以背冷最大,空冷次之,正冷最小;而横向收缩变形以背冷最大,正冷次之,空冷最小。总之,背冷的成形效果最高。但是,由于操作时需将板垫高,并在板下作业,十分不便,故在造船生产中应用较少。正冷角变形虽小于空冷,但它的横向收缩变形却大于空冷,总的成形效果还是比空冷好,因此,常见的复杂曲度板在水火弯板时,主要利用正面跟踪水冷却法的横向收缩变形来达到弯制构件纵向曲度。它还具有操作方便等特点,故是目前水火弯板法中最常见的冷却方法。

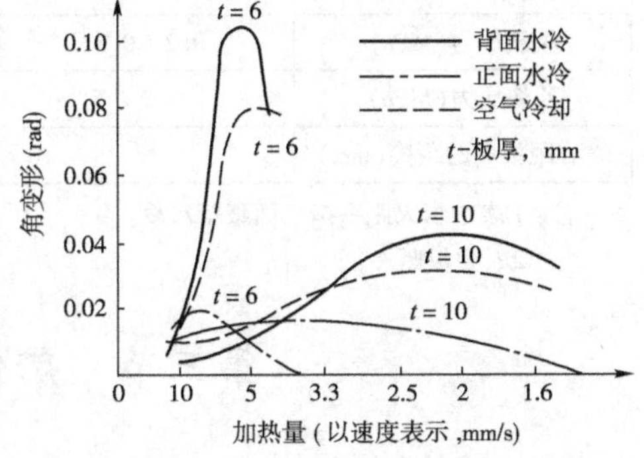

图7-22　加热速度与角变形的关系曲线

3. 水火弯板的主要工艺要求

(1)板前应根据构件的成形要求,在钢板上画出加热线。各加热线的起点应相互错开,不可在同一条直线上。

(2)根据构件成形要求来选择合理的加热参数。推荐选用表7-3所列的工艺参数。

(3)左、右形状对称的零件,其加热线位置、数量和长短应对称一致,操作也应对称进行。

(4)应尽量避免在同一部位重复加热,尤其是低合金钢。一般情况下,重复加热次数不得超过3次,否则,不仅影响成形效果,还会降低钢材的力学性能。

(5)新钢种采用水火弯板法需经过试验鉴定后才能进行。

总之,水火弯板工艺是我国各类船厂目前使用最广泛的弯板工艺方法之一,90%以上复杂曲度船壳板可以用该法进行弯曲加工。

然而,水火弯板工艺也存在比较严重的缺点。一是影响成形的因素较多,成形规律较难掌

握,目前主要依靠工人的实际操作经验进行加工,较难实现机械化、自动化;其二是生产效率较低,不能适应现代化造船的需要。因此,国内外正在研究数控水火弯板,以期实现板件成形自动化,提高劳动生产率,减轻劳动强度,彻底改变手工操作的面貌。

运用水火弯板的方法还可以进行焊接变形的矫正。如T形梁焊接变形的矫正、板架焊接变形的矫正等,一般称之为水火矫正。因其原理、影响因素及工艺参数均与水火弯板相近似,故不进行详细讨论。

水火弯板工艺参数　　表7-3

项目		板厚(mm)			
		<3	3~5	6~12	>12
烘嘴号码		1	2	2、3	4
火焰性质(氧炔比)		1.0~1.2			
加热温度(℃)		<600	650~700	750~800	750~850
最小水火距[1](mm)	低碳钢	30~50	50~70	70~100	100~120
	低合金钢	50~70	70~90	90~120	130~150
加热速度(mm/s)		20~30	10~25	7~20	4~10
加热深度(mm)		$(0.6\sim0.8)L_t$[2]			
加热宽度(mm)		12~15			
氧气压力(MPa)		0.2~0.3	0.3~0.4	0.5~0.7	
乙炔压力(MPa)		0.04~0.08			
焰心距板面的距离(mm)		2~3			

注:①表中水火距系指正面跟踪水冷。
②L_t为板厚。

第三节　船体型材构件的成形加工

一、型钢弯曲加工的特点

型材弯曲加工属于塑性弯曲。塑性弯曲时的应力应变状态是复杂的,同时由于材料强化,数学分析比较困难,在过去的理论研究和公式推导中,大都作过这样或那样假设,忽略了一些因素,所得的结论和公式是近似的。因此,在解决生产实际问题时,需视工况加以具体分析,合理运用其结论与公式。

下面介绍一下型材弯曲加工的特点和复杂现象,这些都是在研究设计型材弯曲机时所必须注意的问题。

(1)由于实际材料是不均匀的,故即使其他影响因素不考虑,这一不均匀因素也将导致弯曲回弹的复杂性,使预计回弹量困难。

(2)肋骨常用球扁钢和不等边角钢等制成,由于这类型材的截面不对称,弯曲加工时,往往产生"旁弯"的有害变形,使矫正工作量增大。

(3)由于船用型材的腹板高度相对较大,而板厚较小,在反弯时腹板边缘处受压应力作

用，常会因刚性不足而发生失稳，而产生皱折。

(4)对于面板较薄的角钢等，在弯曲加工时由于面板中的切向应力作用，不论角钢在正弯和反弯情况下，均会形成“倒边”的合力，使面板与腹板间的夹角变小。

二、成型方法的分类

1. 冷弯成型

(1)撑床冷弯成型。其原理同型钢矫直相似。

(2)三轮滚弯机滚弯成型。图 7-23 所示为三滚轮型钢辊弯机，是一种连续进给式型钢冷弯成型的专用设备。其弯曲原理与三辊弯板机相同，工作部分为三个滚轮，两个滚轮为主动轮，其上开有槽子，滚轮的轴承是固定的，不能移动，上滚轮为从动轮，可伸缩调节，以达到不同的弯曲半径。该三滚轮均可拆卸更换，以使滚轮上的槽形能符合相应加工型钢的尺寸和形状要求。

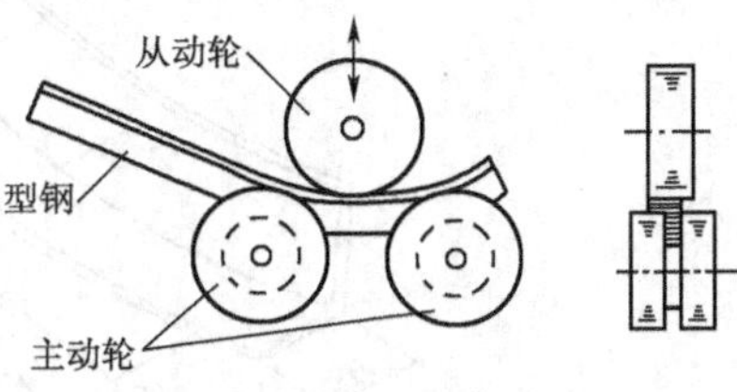

图 7-23　三轮滚弯机

(3)多模头一次成形数控肋骨拉弯机冷弯成形。图 7-24 所示为多模头一次成形数控肋骨拉弯机冷弯肋骨的示意图。该机由夹头、直流电动机、位置调节螺杆、模具夹头以及夹头和拉伸油缸等组成。

此种加工方法从自动化角度看比较简单，但由于不能预计型钢弯曲的回弹量，因而对于高腹板的船体肋骨，要准确地弯成所需要的曲线形状，也必须经过反复加工才能实现。此外，为了适应船体肋骨的最大长度(大型船只，长度可达 15m)，需要设备庞大、投资多。因此，一次成形加工方法的设想虽然很早，但直到 20 世纪 70 年代初，才开始在国外付诸实现。

(4)三支点肋骨冷弯机冷弯成形。肋骨冷弯机大都采用集中力弯曲原理，前述三滚轮连续进给式型钢辊弯机和撑床也属此类机型。

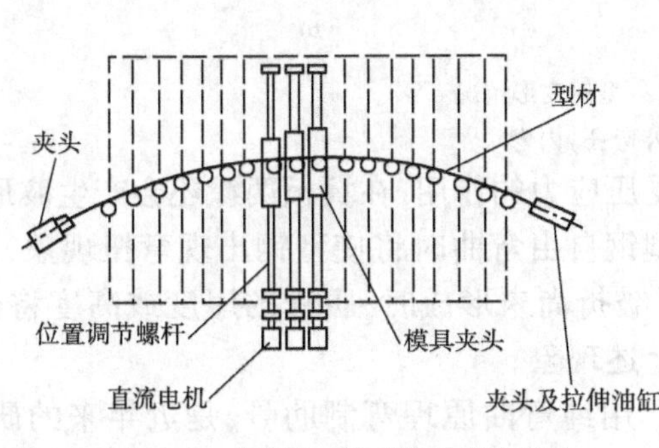

图 7-24　多模头一次成形肋骨冷弯机

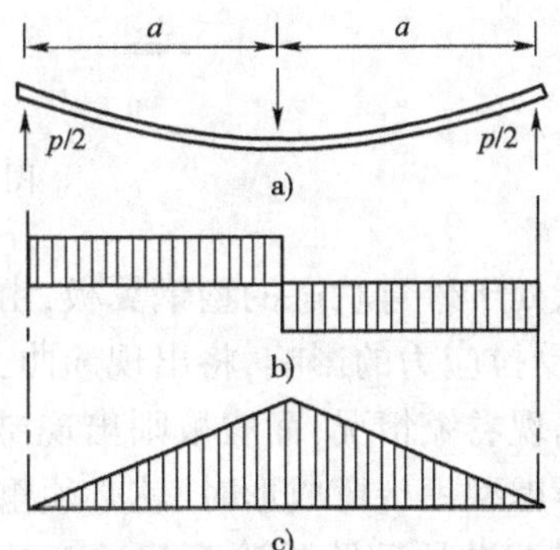

图 7-25　集中力弯曲时受力情况

a)受力示意图；b)剪力图；c)弯矩图

当梁上受到一个集中载荷作用时，梁就处于集中力弯曲状态，图 7-25 为集中力弯曲下梁的受力情况。因为有三个支点，所以，也称三支点弯曲。在集中力弯曲时，梁的每一个断面上均作用着弯矩和剪力，最大弯矩发生在集中力作用处。

根据弯曲力位置的不同，型钢弯曲分为外弯(图 7-26a)和内弯(图 7-26b)。型钢弯曲时，

由于型钢的中和轴与受力面不在同一平面上,所以在型钢上除弯曲力矩外,还有扭矩作用,使型钢截面产生畸变;外弯时型钢边所夹角度增大,内弯时缩小;同时由于弯曲时,型钢筋边与缘边的刚度不同,筋边不易变形,所以,当型钢外弯时,型材产生上拱,而内弯使产生下挠。

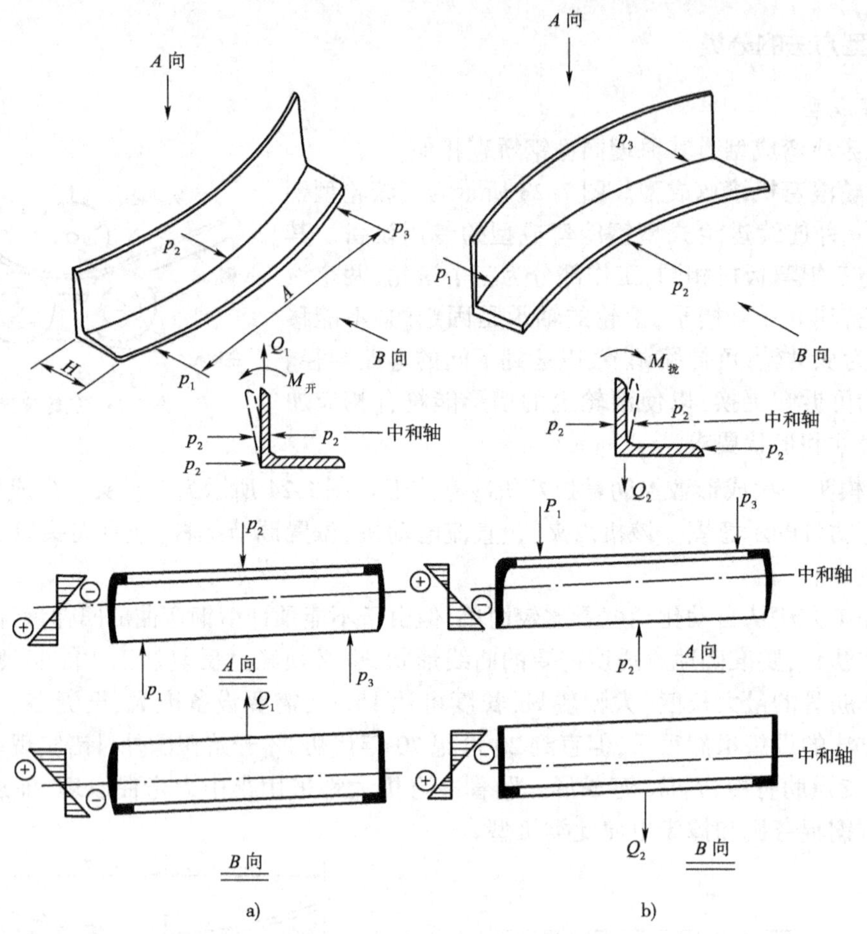

图7-26　型钢变形情况

a)外弯;b)内弯

此外,处于外弯状态的型钢翼板,由于受压应力的作用,在翼板两缘还会产生波形不平度,而腹板因受拉应力的影响,将出现翘曲,当型钢自由弯曲时将使型钢出现弯扭现象,型钢内弯时,翼板出现卷缩情况,而腹板则出现皱折(皱折尚未形成时,腹板的厚度或高度将会增大)。因此,在考虑型钢冷弯成形时,就必须重视上述现象。

(5)纯弯曲原理肋骨冷弯机冷弯成形。用纯弯曲原理弯制肋骨,是近年来的研究成果。力学中的纯弯曲系指在平面弯曲时,梁截面上只承受弯矩作用而没有剪力作用。为得到梁的纯弯曲,按材料力学的方法,只要在简支梁上对称地承受两个相等的集中力,梁在这一段内处于纯弯曲状态,因为纯弯曲时有四个受力点,所以纯弯曲也称四支点弯曲。

如果对同一种型钢分别进行集中力弯曲和纯弯曲试验,试验时,使梁横截面上的最大弯矩值保持相同,施加载荷的压头也相同,当型钢弯到相同的曲率形状后卸除载荷,比较两者的变形,可以发现:

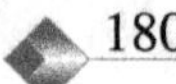

①型钢集中力作用处的压痕大小不一样。集中力弯曲时的压痕要比纯弯曲时的压痕大得多。当型钢在外力作用下产生弯曲的同时还产生压缩变形，压力越大，变形就越大，从而得出集中力弯曲较之纯弯曲压痕要大。

②纯弯曲原理冷弯型钢可获得光顺的肋骨曲线。因为，纯弯曲时梁的每一个截面上均受到相同的弯矩作用，所以各截面的变形也相同，因此梁的弯曲形状必然是某一曲率半径的圆弧曲线；相反，集中力弯曲时，最大弯矩发生在集中力作用处，梁只在该处发生局部变形。因此，当逐步地冷弯整根型钢时，根据纯弯曲原理冷弯的肋骨，其两边缘均为光顺的曲线，而集中力弯曲所得，则压痕显著，呈折线形，不光顺。

③使用纯弯曲能够加大型钢的每次进给长度，从而可以减少弯曲次数，提高加工速度。

采用集中力弯曲时，只能引起型钢在集中载荷作用处附近产生塑性变形。由于塑性变形区很小，加工时为了得到光顺的肋骨曲线，每次进给的型钢长度就不能太大，否则将产生明显的折线段，因此，加工一根肋骨往往就需要送进二三十次以上。

现在普遍采用纯弯曲方法，型钢纯弯曲时，塑性变形区的大小仅与中间两个集中载荷间的距离有关，距离大，塑性变形区就大，因此，利用纯弯曲来冷弯肋骨时，可以加大型钢的每次弯曲长度，这个长度大体上等于两个集中载荷间的距离。试验表明，用纯弯曲理论的机器加工肋骨比用集中力理论加工肋骨可提高工效一倍以上。

2. 热弯成型

型钢热弯时，先将按肋骨型线预先准备好的铁样固定在铸铁平台上的适当位置，然后从加热炉中取出已加热好的型钢（一般加热到900～1100℃），将其一端放在铁样的相应位置旁，在平台孔内插入一个铁堵，夹住角钢防止移动。再用羊角弯曲型钢，逐段地使它与铁样相吻合，并用铁马压牢。在热弯过程中还必须随时用平锤、弯锤等矫正型钢的翼板和腹板上产生的皱折和角变形（开尺或拢尺）。

此种方法由于所需设备简单，并且可以适用于任意曲线形状的肋骨，因此在一些小型船厂中仍采用。

3. 中频弯肋骨机热弯成型

这是我国在20世纪70年代初期为满足低合金钢型材制成的，肋骨需经调质处理（淬火加高温回火）而研制的一种新工艺，使弯曲、淬火合为一道工序。

此种方法，由于型材连续进给，因此对加工圆环形的肋骨具有一定效果。

热弯加工肋骨的主要缺点是劳动强度大、操作环境差、生产效率低、费用较高。从20世纪50年代中期开始，随着肋骨冷弯成型新工艺的出现，热弯成型已逐渐被淘汰。

第四节　船体加工流程的合理化

采用流水作业法组织生产既是现代化大工业生产的特点，也是实现生产过程机械化自动化的需要。为了有效地提高船厂生产效率，在设计建造新船厂或对老厂实行技术改造时，不仅应使船厂总体布置合理，使钢材进厂到船舶下水的整个生产过程形成流水作业，而且各车间内部的设计也要适应流水生产的需要。由于船体加工车间承担着将原材料加工成船体构件的繁

重任务,故内部布置必须合理。

一个加工车间的布置是否合理,目前尚无统一的衡量标准。从工艺角度看,主要应考虑合理选择和布置加工设备,保证工艺线路畅通,使构件在加工中没有往返运输和使运输线路最短,以利组成流水生产线,其次应尽量实现船体加工车间辅助作业机械化,因此,拟组建船体钢材成组加工区。

船体钢料加工虽属制造型,但其生产是按产品、分段组织的,各类零件所需的工作量并不均衡,实施成组技术不能过分强调提高设备利用率,而应着眼于理顺生产过程中的物流,降低制造成本。

1. 工艺流程

根据船体钢料加工流程,运用流程分析法,可形成船体零件组,并可同时建立相应的设备组,船体板材零件大致可分为四个加工族:

(1)刨边件。

(2)曲形大板件。

(3)平面板件。

(4)折边与小件。

按照这种分类,再加上型钢加工,可以得到钢料加工的五种典型工艺流程。

(1)刨边板工艺流程:根据刨边板尺寸、厚度、曲度进行分线加工,该流程能加工以下板件。

①拼板板:如上层建筑围壁板、甲板板、平台板、舱壁板、内底板,以及平行中体处的舷侧外板和外底板等。

②柱面板:如平行中体处的舭部外板、柱形桅杆板、弧形舷顶列板和转角围壁板等。

③棱柱板:如槽形舱壁板、箱柜折角板和棱柱形支柱板等。

(2)曲形大板工艺流程:因曲形大板多数是曲边板件,通常采用样板或草图号料,故不用数控切割设备。这类板件的加工根据其曲度而采用不同的成形设备。该流程可加工以下的几类板件。

①锥面板:如首尾外板、烟囱板、台形桅杆板、舭列板等。

②双向曲度板:如首尾外板、首柱板等。

③折角曲形板:如 K 行板、首部舷顶列板等。

④复杂曲度板:如球鼻首外板、轴壳包板、首尾舭列板、尾部外板、首柱板等。

(3)平面板件工艺流程:适用于平行边和平面曲边两组零件。先分别由多头切割机和数控切割机进行切割,再做矫平或成形加工,该流程可加工以下几类板件。

①平面曲度板:如水密和非水密肋板、曲边肘板、有减轻孔的肘板、曲边腹板和部分外板等。

②高腹板:如机座纵桁腹板、竖龙骨、双层底间断边纵桁和舱口围板等。

③带切口腹板:如机座纵桁腹板、甲板纵桁腹板、强桁梁腹板和边水舱腹板等。

④条形板:如T型材面板与腹板、加强扁铁等。

⑤曲形面板:如弧形面板、折角面板和减轻孔加强圈等。

(4)折边板与小板件工艺流程:分折边板和小板件两组。前者多数是通用肘板,批量较

大,用靠模或仿形切割;后者形状多样,一般号料后用剪切或火焰切割。该工艺流程可加工以下几类板件。

①折边板:如折边肋肘板、折边舷侧纵桁、折边甲板纵桁、折边旁内龙骨和折边强横梁等。

②折边肘板:如折边舭肘板、折边横梁肘板和折边舷墙肘板等。

③曲形折边板:如折边横梁肘板和折边舷墙肘板等。

④压筋板:如上层建筑压筋围壁板、非标准件盖板等。

(5)型钢件工艺流程:该流程可加工以下几类型钢件。

①直形型钢:如围壁加强筋、平台横梁、甲板纵骨、平行中体舷侧肋骨和舱壁加强筋等。

②曲形型钢:如普通肋骨、甲板横梁、斜横梁和底部纵骨等。

③扭曲型钢:如扭曲的底部和舷侧纵骨等。

2. 加工车间平面布置

根据上述几条固定工艺流程,可以进行车间平面布置的设计。但还要考虑物料搬运系统、材料与中间产品堆场以及分理场地,以平衡生产节奏、顺畅物流。鉴于船体钢料加工的特点,设计平面布置是应充分注意物流合理化,是加工区到装配区的运输路径最经济。

图7-27为某厂的船体钢料成组加工车间。图中:A跨为号料区。号料作为许多流程的第一道工序,要求有足够的面积来铺放号料钢材,所以几乎占据一跨的场地。A跨的北端也作为曲形大板的切割工位。B跨(延伸到A跨)内布置刨边板和曲形大板两种工艺流程,设有门式切割机和刨边机,并共用大型弯板设备。C跨为平面板件工艺流程区,其中的火工平台由轨道小车与曲形大板加工区相连。D跨为折边板9与小件板加工区。E跨则为型钢件加工区。

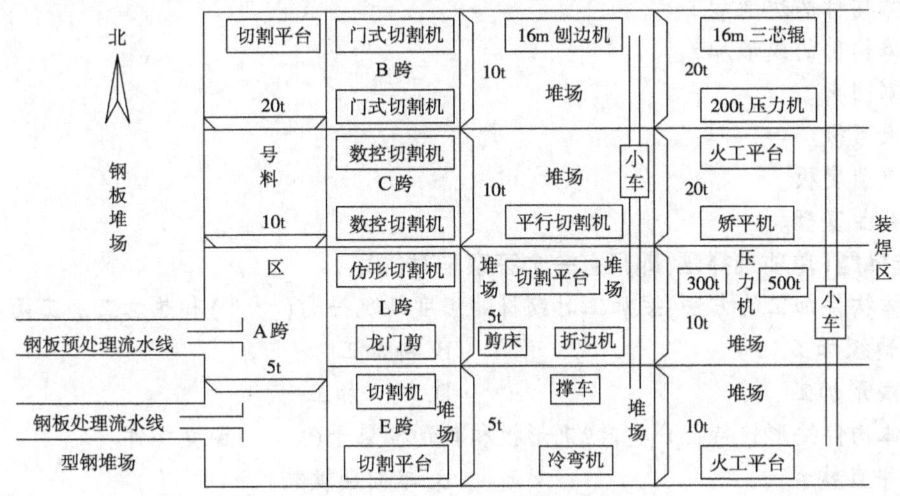

图7-27　钢料加工车间成组布置

加工设备的数量可有下式估算

$$N = \frac{W \cdot P}{305S \cdot C}$$

式中:N——设备台数;

W——全年加工钢料重量,t;

P——设备所加工的钢料重量百分比;

S——采用的工作班次;

C——设备每班生产能力,t/台、班。

每一设备所加工钢料占船体钢料重量百分比是个统计数据,随船型、船厂而异。

该车间物料搬运系统由跨内桥起重机和地面轨道小车构成。预处理后的钢材由出料小车送入号料区,再由桥式电磁吊进行堆置和铺放。加工过程的物料由各跨均与装焊区相接,加工后的板件和型钢件便可直接运往装焊区。物料在加工车间的越跨运输则由轨道小车承担,并用桥式起重机装卸。

加工区内的堆场可以用来堆放待加工钢材和已加工完但尚未运出的零件、余料以及废料等。号料区也具有堆场功能,尤其是号料区和各加工区的结合部,可以堆放已号料但未经加工的钢材。车间内部的堆场面积,一般至少能容纳一天待加工钢材和待运出零件的量。富裕的面积则可用来分理半成品和零件,有利于按工位、按分段集配零件和集中运输。

SIKAOYULIANXI

一、名词解释

1. 船体构件加工。
2. 船体构件的边缘加工。
3. 船体构件的成形加工。
4. 气割回火。
5. 水火弯板。
6. 简单曲度板。
7. 复杂曲度板。

二、选择题(单项选择题,即只有一个答案是对的)

1. 船体构件加工的方法,按加工时钢材的温度情况分为(　　)和热加工加工两大类。

A. 边缘加工　　B. 冷加工

C. 成形加工　　D. 坡口加工

2. 船体构件按形状特征分类时,帆形板和鞍形板属于(　　)曲度构件。

A. 平直构件　　B. 单向曲度构件

C. 双向曲度构件　　D. 复杂曲度构件

3. 曲边构件的边缘剪切使用(　　)。

A. 平口刀刃剪床　　B. 圆盘剪床

C. 刨边机　　D. 铣边机

4. 高温等离子切割是靠金属的(　　)实现的,不受材料熔点高低的限制,特别适用于气割难于切割的金属材料,如铝、铜、镍、钛、不锈钢和高合金钢以及各种有色金属等。

A. 燃烧　　B. 氧化

C. 气化　　　　　　　　　　　　　D. 熔化

5. (　　)切割主要被用来切割各种高熔点材料,耐热合金、超硬合金等特种金属材料、半导体材料和塑料等非金属材料。

A. 气割　　　　　　　　　　　　　B. 数控切割

C. 激光切割　　　　　　　　　　　D. 等离子切割

6. 简单曲度板的冷弯成形主要采用(　　)加工成形,复杂曲度板冷弯成形设备主要是:(　　)。

A. 三辊弯板机;液压机　　　　　　B. 折边机;水火弯板

C. 液压机;三辊弯板机　　　　　　D. 水火弯板;折边机

7. 型钢在三支点肋骨冷弯机成形时,当型钢外弯时,型材产生(　　)现象;当型钢内弯时,型材产生(　　)现象。

A. 失稳;皱折　　　　　　　　　　B. 内弯;外弯

C. 上拱;下挠　　　　　　　　　　D. 旁弯;倒边

8. 较厚的船体构件焊接前需在边缘开坡口,其坡口形式按焊接规范要求可分为 I 型、V 型、(　　)、X 型和 U 型等。

A. K 型　　　　　　　　　　　　　B. R 型

C. S 型　　　　　　　　　　　　　D. W 型

9. 船体单向曲度板一般采用机械冷弯法弯曲加工;量少的复杂曲度板先用冷弯机械加工出一个方向的曲度,然后再用水火弯板法加工出其他方向的曲度;批量较大的复杂曲度板加工,常常采用的方法是:(　　)。

A. 三辊弯板机加工　　　　　　　　B. 水火弯板法

C. 在压力机上安装专用压模压制成形　D. 机械冷弯法

10. 综合比较自然冷却法(简称空冷)、正面跟踪水冷却法(正冷)和背面跟踪水冷却法(背冷)等冷却方法,目前水火弯板法中最常用的冷却方法是:(　　)。

A. 正面跟踪水冷却法　　　　　　　B. 自然冷却法

C. 背面跟踪水冷却法　　　　　　　D. 强制风冷法

三、判断题(对的打"√",错的打"×")

1. 船体构件边缘加工的工艺方法有机械剪切、刨边和肋骨冷弯。　(　　)

2. 机械剪切的刀刃有斜口和平口两种形式,前者用于剪切热态金属坯料及比较窄而厚的板材,后者用于剪切宽厚比较大的板材。　(　　)

3. 气割的实质是金属在氧气中的燃烧。通常可分为预热、燃烧、去渣三个阶段。　(　　)

4. 船体构件主要的成形加工方法有机械冷弯法和水火弯板法。　(　　)

5. 影响水火弯板工艺成形的因素有加热线、加热参数和板材厚度。　(　　)

6. 气割用氧气瓶上的氧气表的作用有两个:减压作用和增压作用。　(　　)

7. 数控切割机的割炬除在控制机的控制下能做平面移动外,还具有自动升降和旋转等功能,因而能切割不同厚度和任意形状的船体构件。　(　　)

8. 激光切割主要被用来切割各种高熔点材料,耐热合金、超硬合金等特种金属材料,也可切割硅、锗等半导体材料和塑料等非金属材料。　(　　)

9. 液压机是利用液体的可压缩性,并能传递等压强的特点,通过一定的机构产生出巨大的工作压力。 ( )

10. 目前,水火弯板的冷却方式有自然冷却、正面跟踪水冷却和背面跟踪水冷却三种。 ( )

四、简答题

1. 试分析构件边缘加工时(采用机械法)的受力情况,应采取什么措施?
2. 简述金属气割的原理。
3. 金属能被氧炔气割的条件是什么?
4. 机械剪切和气割的特点各是什么?
5. 气割的主要工艺要求有哪些?
6. 水火弯板的主要工艺要求有哪些?
7. 试说明可展曲度外板加工线的确定方法。
8. 简述型材弯曲加工有哪些方法。

第八章　船体部件装焊

● **学习目标**

知识目标

1. 熟悉船体预装配工艺装备的种类和用途；
2. 熟悉船用胎架设计、制造方法和工艺步骤；
3. 掌握常用船体部件的装焊工艺步骤；
4. 了解船体部件烟囱的立式装焊方法和工艺步骤；
5. 了解船体部件流线型舵的安装技术要求。

能力目标

1. 能正确使用钢板平台、型钢平台、水泥平台等工艺装备；
2. 能根据船体部件线型，设计和制造胎架；
3. 能编制肋骨框架的装焊工艺流程；
4. 能编制主机和辅机基座的装焊工艺流程。

船体装配工艺随着造船材料和连接技术的发展而变化，目前的钢质船舶焊接船体的装配过程，大致由下列4个步骤组成：

(1)将各个船体零件装配焊接成船体部件。

(2)由船体零件和部件装配焊接成各种船体分段或总段。

(3)由平面分段、曲面分段和零部件装焊成大型立体分段或总段。

(4)在船台上(或造船坞内)将分段、大型立体分段和总段组装成整个船体。

前三个步骤通常称为船体结构预装配工艺。所谓船体零件是指经号料、加工后可供装配的船体构件，如肋骨、横梁、肋板、外板等。船体部件是指两个或两个以上的船体零件装焊成的组合件，如各种焊接T型梁、肋骨框架、尾柱、舵、带缆桩等。船体分段是由船体部件和零件组合而成的一部分船体，它又可分为平面分段、曲面分段、半立体分段、立体分段和大型立体分段，如隔舱壁、甲板、围壁等分段；曲面分段有舷侧、单层底、舭部等分段；立体分段有双层底、上层建筑、甲板室、边水舱、首部、尾部等分段；半立体分段则介于平面、曲面分段和立体分段之间，如舷侧带甲板边板、舷侧带部分隔舱壁、甲板带半高围壁等分段。船体总段是由船体分段、部件和零件组合而成的具有一定长度的船体环形封闭体。大型立体分段类似于船体总段。预装配不仅能使大部分的船体装配焊接工作移至室内进行，改善了劳动条件，提高了装焊质量，而且为建立专业生产流水线，实现装焊操作过程机械化创造了条件。

第一节　船体预装配的工艺装备

船体结构预装配焊接主要指船体部件、分段和总段的制造。在制造时，除了装配操作时需

要使用的工具与设备外,还必须配置便于进行划线、装配定位、焊接和检验的专用工艺装备,才能顺利地进行装配工作并保证装配质量。这些工艺装备,根据其工作面的不同,可分为平台和胎架两大类。

一、平台的种类和用途

平台是一个大而平坦的工作台。一般由型钢和钢板组成,并固定在专门的水泥基础上。它主要用于装配焊接船体部件、平面分段和带有平面基面的立体分段等的一种工作台,也可作为设置胎架的基础。为了保证船体部件和分段的制造质量,要求平台的基础牢固,具有足够的结构刚性,平台的四角水平偏差不得超过 ±5mm,平面不平度每米内不得超过 ±3mm。

用于船体装配的平台通常有钢板平台、型钢平台、水泥平台等6种。

1. 钢板平台(即实心平台)

它是在水泥墩上铺设22~24号槽钢(或工字钢),并在槽钢上铺设厚度在10mm以上的钢板而成的(图8-1),平台高度约300mm。对于用来建造小型船舶的钢板平台,其结构允许适当减轻一些。

这种平台一般用于绘制全宽肋骨型线图,供装配肋骨框架用。也可用作基座等船体部件和平面分段进行装配时的工作台。

2. 型钢平台(即空心平台)

它的制造要求与钢板平台相同,如图8-2所示。它可作为胎架的基础,也可用作平面分段装配时的工作台。若在其上安装许多固定式滚轮,则成为一种结构简单的固定滚轮式传送平台。它是平面分段装配流水线中的大型传送装置,也可兼作平面分段装配的工作台之用。平台高度一般与钢板平台相同,但在平面分段流水线的某些部位和首、尾立体分段倒装时,需要在平台下面工作,则这部分平台高度应不小于800mm。

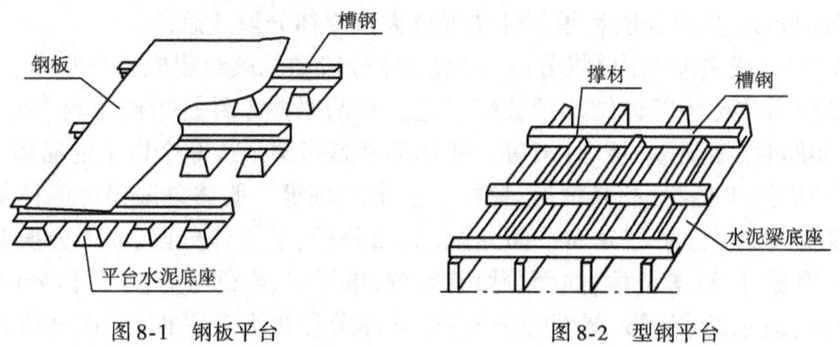

图8-1　钢板平台　　　图8-2　型钢平台

3. 水泥平台

它是用钢筋混凝土浇成的,并在其表面埋入许多T型钢,使T型钢面板表面与水泥台面平齐而构成整个平台表面的(图8-3),T型钢是作为电焊通路和安装拉桩固定胎架之用的。水泥平台的最大优点是基础牢固不易变形,所以一般用作胎架的基础,但这种平台也有缺点,如水泥台面高温后容易爆裂、预埋的T型钢容易锈蚀等。

4. 钢板蜂窝平台

这是一种表面有许多蜂窝状圆孔的平台(图8-4)。钢板蜂窝平台就是在钢板上开有蜂窝状圆孔,并在圆孔处加焊开有同样大小圆孔的腹板,它具有便于固定船体构件的优点,主要用

来装配焊接船体部件和组合件的，还可用于矫正变形。

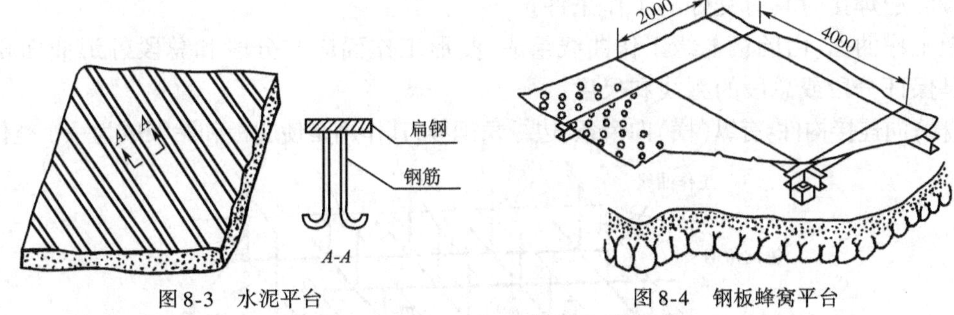

图8-3　水泥平台　　图8-4　钢板蜂窝平台

5.辊柱式输送平台

这种平台是由直径为100～150mm的钢管制作成辊筒，按1.0～1.5m的间距，平行地安装进钢板平台的开口中(图8-5)。有的平台还在辊筒支承梁下面设置升降用的油缸，使辊筒可上下调节，该平台主要用于钢板拼接和平面分段输送。

6.圆盘式输送平台

这种平台是将直径200～250mm的圆盘，按1.5～2.0m的间距，纵横交错地安装在钢板平台的开孔上(图8-6)。其主要用于钢板拼接和平面分段的运送。

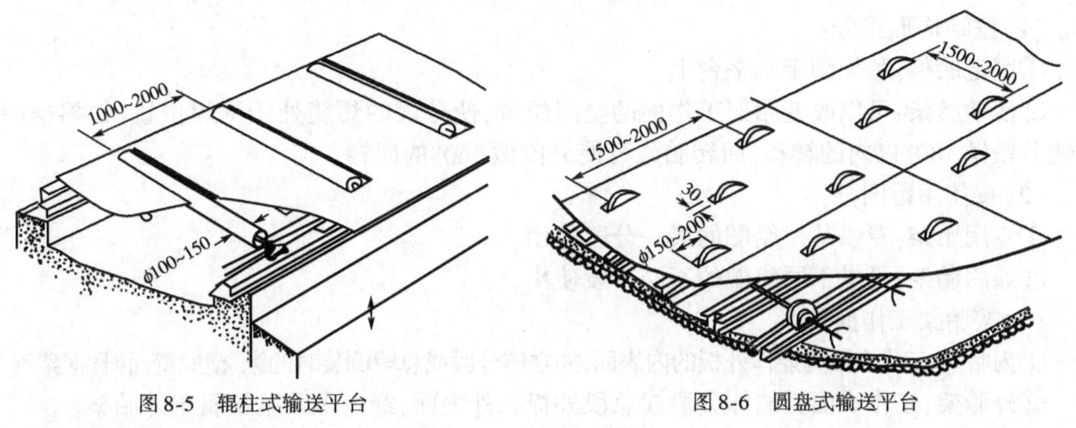

图8-5　辊柱式输送平台　　图8-6　圆盘式输送平台

二、胎架设计与制造

胎架是装配焊接曲面分段和带曲面的立体分段及总段的工作台。它的曲形工作面应与分段和总段外形曲面相符合，其作用是保证分段或总段的型线和尺度，并使分段和总段装配焊接时具有良好的工作条件。为了防止胎架在使用过程中产生变形而影响施工质量，胎架的制作除应保证其工作曲面的型线正确外，还应保证有足够的结构刚性。此外，必须对胎架作定期的检查和矫正。

1.胎架的组成

胎架是船体预装配工作重要的工艺装备，下面以平切基准面支点角钢式胎架(图8-7)为例介绍胎架的组成：

模(胎)板：由横向布置的多根(图中为7根)角钢组成，为了防止胎架在使用过程中产生变形而影响施工质量，必须使其具有足够的刚性。

胎架基准面:就是用来确定胎架工作曲面的基准面,由胎板底线组成,基准面形式应使分段和总段装配焊接时具有良好的工作条件。

胎架工作曲面:由胎板上缘工作曲线组成,曲形工作面应与分段和总段外形曲面相符合,其作用是保证分段或总段的型线和尺度。

纵(横)向连接构件:有纵(横)向牵条、边缘角钢等,其作用是使胎板和胎架成为一个整体。

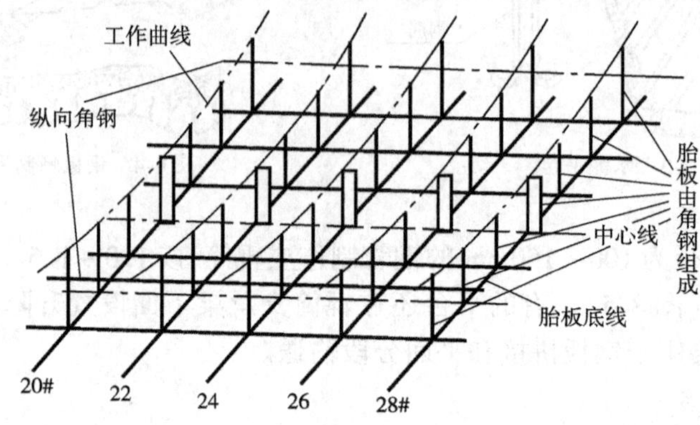

图 8-7　胎架的组成

2. 胎架的种类

(1)按结构形式分:

①固定胎架:胎架固定于平台上。

②活动胎架:可以改变胎架工作面的空间位置,使分段的焊缝处于平焊位置,如摇摆胎架可使分段做180°以内的转动,回转胎架可使分段做360°的回转。

(2)按使用范围分:

①专用胎架:专供某一船舶的某一分段使用。

②通用胎架:可供不同船舶的不同分段使用。

(3)按胎架工作面分:

①内胎架:工作表面为船体外板的内表面,如立体分段或总段倒装时的纵、横舱壁,肋骨框架等。

②外胎架:工作表面为船体分段或总段外板的外表面,绝大多数胎架属于外胎架。

(4)按胎架用途分:

有底部胎架、舷侧胎架、甲板胎架、首尾柱胎架、舵胎架、导流管胎架等。

制造胎架需要花费许多材料和工时,这在单船建造和小批量生产中,相对地提高了生产成本,延长了造船周期。因此,扩大胎架的通用性是船体建造的重要技术课题。

图 8-8 是我国某船厂使用的一种简易的通用胎架——框架式活动胎板胎架。它由角度框架和活动小胎板组成。一般有 30°、40°、50°及 60°等四种不同的固定角度框架,角度框架的斜向角钢上开有螺孔,用于固定活动胎板。

支柱式通用胎架由许多根可调节高度的支柱组成。胎架型线不需用样板划线,直接按胎架型值定出。支柱(图 8-9)由内外两根不同直径的钢管套接而成,在内外钢管上各按不同间距钻有数排销孔,以便按胎架型值调节支柱高度后,用销轴插入销孔加以固定。许多个支柱顶点构成的曲面就是胎架的工作曲面。

由于胎架的受力情况极为复杂,它不仅要承受船体分段或总段的重量,而且在施工中还受到各种变动因素(压载重物和分段焊接变形而产生的力等)的影响,所以目前都采用经验方法(参考以前制造的同类胎架)进行设计。

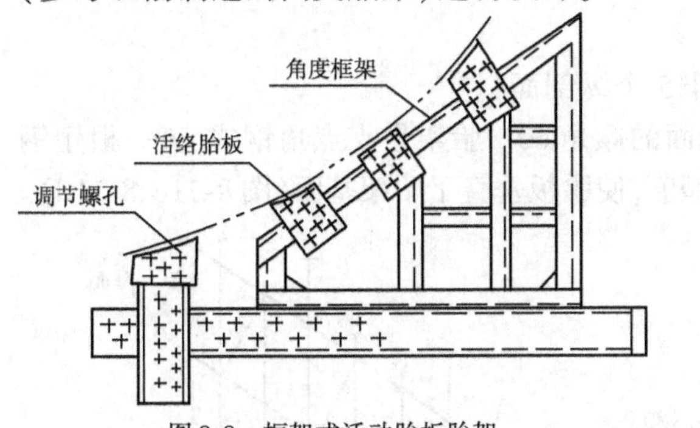

图 8-8　框架式活动胎板胎架

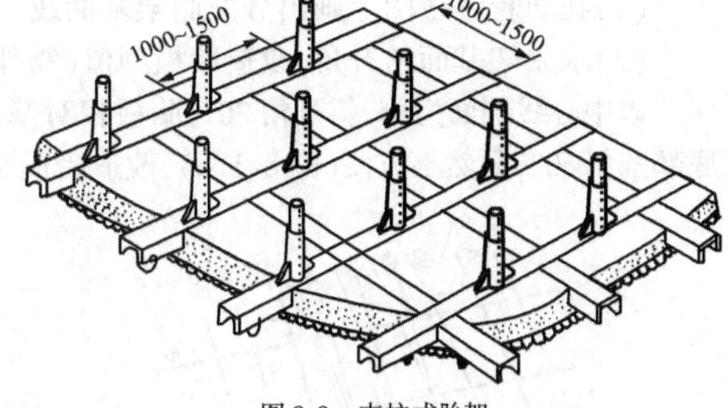

图 8-9　支柱式胎架

胎架设计与制造主要考虑以下几个方面:

1. 胎架基准面的选择

胎架基准面的选择,主要根据型线及其在肋骨型线图上的位置、施工条件、胎架用料等因素,经过综合分析后确定。通常,胎架基准面按其位置和有无纵向斜升,共分为六种类型,如图 4-5所示。

平切、正切和单斜切基准面都是其基准面垂直于肋骨剖面的,所以在肋骨型线图上呈一根直线。这类胎架的基准面无纵向斜升,故胎架模板(又称胎板)与胎架基准面垂直(图 8-10a),胎架模板的间距为肋骨间距或其倍数,这样,胎架制作和分段装配与检验都比较方便。但是,当分段纵向型线变化较大时(如靠近首尾部分的舷侧分段),将造成胎架高度急剧增加(图 8-10b),其结果不仅耗费更多的钢材,而且由于胎架纵向坡度大,分段装配工作也不够方便,还影响扩大自动焊的使用范围。因此,在选择胎架基准面时,要求胎架工作曲面的纵、横向倾斜度不超过 10°~20°。

平斜切、正斜切和双斜切基准面的共同点是基准面与肋骨剖面不垂直。沿纵向有一个倾斜角度,所以,胎架模板与基准面不垂直(图 8-10c),这类胎架的基准面有纵向斜升。这类胎架只用于纵向型线变化大的舷侧分段和底部分段,以克服这些分段在采用平切、正切和单斜切胎架时的缺点。由于这类胎架基准面与肋骨剖面不垂直,致使横向构件的装配操作复杂化,它的划线和装配都必须考虑胎架基准面与肋骨剖面夹角的影响,而且胎架制作也比较麻烦。

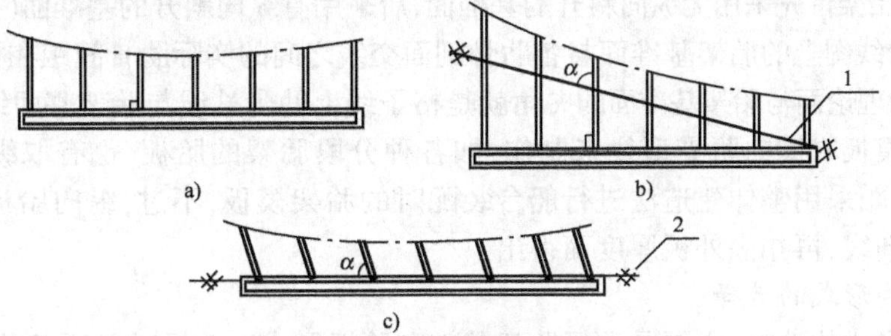

图 8-10　胎架基准面比较

1-胎架基线;2-胎架基线;α-胎架基准面与胎板的夹角

胎架制作与分段安装是一体的。因此,必须对斜升基准面胎架进行改造,使胎架制作简化,分段构件安装方便。

某舷侧分段如图 8-11a)所示,分段的胎架为双斜切基准面支点角钢式,它的设计大致步骤如下:

(1)在肋骨型线图上画出分段胎架基面线。

(2)求胎架基面斜升角,改造胎板型值(需作 5 个纵剖面)。

以中心线剖面为例,斜升角 30°,胎板相对基面的倾角 60°,胎架是支点角钢式,每一根角钢底部削斜 60°,显然不方便(图 8-11b),改造胎板型值,使胎板垂直于胎架基面(图 8-11c、8-11d)。

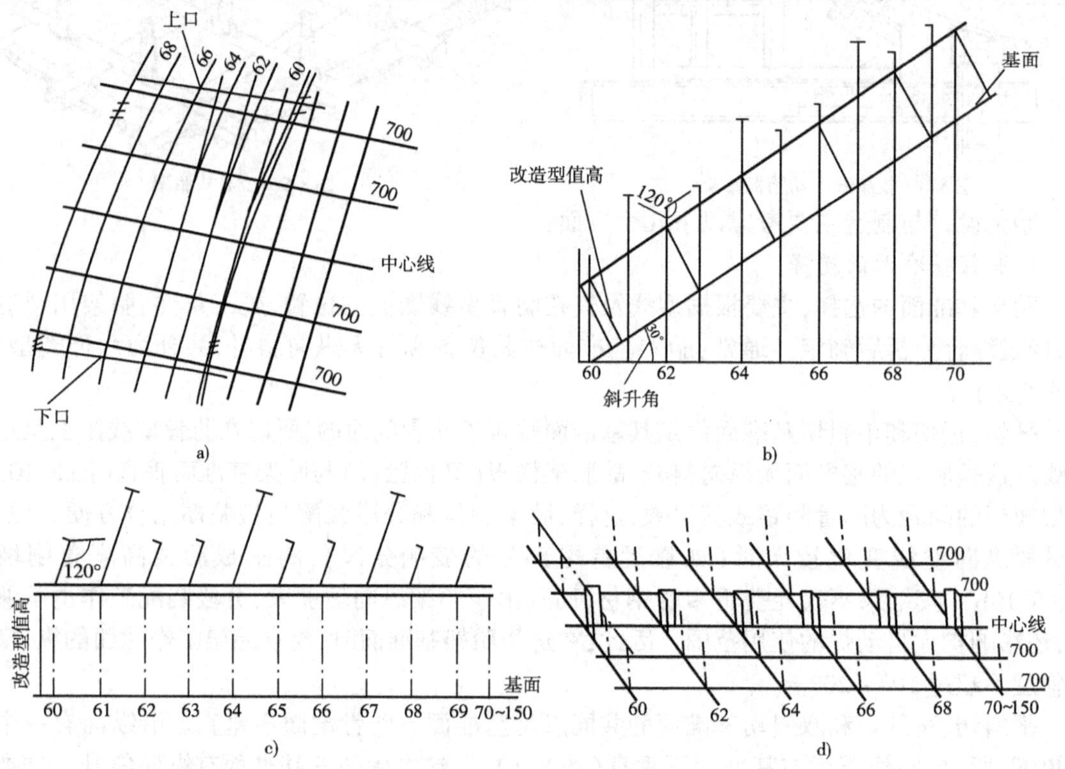

图 8-11　双斜切基准面胎架型值改造

(3)绘制型值表(扣掉板厚)。

(4)绘制生产(施工)设计图。

目前,通用胎架首先采用无纵向斜升的基准面,后采用有纵向斜升的基准面(通常选双斜切基准面),应将肋骨线图上的胎架基准面与各肋骨剖面交线之间的实际肋骨间距在样台格子线上求出,那么,胎板的理论面与胎架基准面的夹角就是格子线上肋骨站线与胎架基面线之间的夹角。

一般胎架模板取横向肋骨型线来制作,如各种分段胎架的胎板,也有取纵向型线来制作的,如中小型船舶采用整体建造法进行船台装配时的胎架模板,不过,纵向胎板的工作边缘线需先作出其纵剖线,再扣去外板厚度而得出。

2. 胎架结构形式的选择

胎架结构形式的选择,主要是选择胎架基础和胎板形式。选择时必须考虑其受力情况、分段的结构特点、生产批量和对胎架的使用要求。胎架通常由坚固的基础、胎架底座、胎架模板、纵向(或横向)牵条、边缘角钢等组成。为了便于进行分段装配工作,还设有胎架中心线划线架及拉马角钢等。

(1)胎架基础的选择:胎架基础对分段制造的质量影响甚大。它应有足够的承载能力,不能有下沉和变形。船厂常用的胎架基础有水泥墩基础、条形基础和水泥平台三种类型(图8-12)。

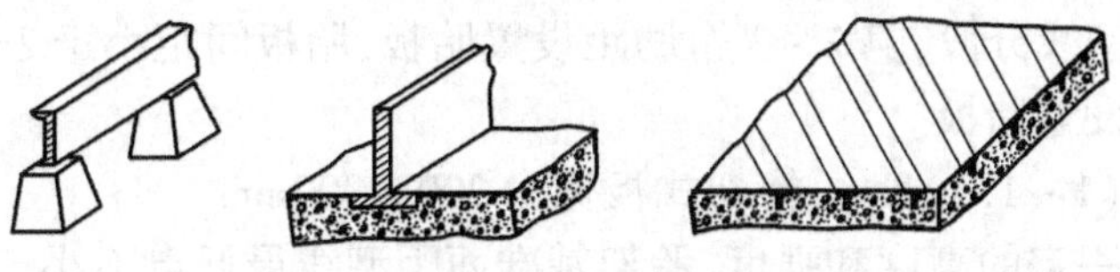

图8-12　胎架基础

(2)胎架胎板的选择:专用胎架的胎板形式有单板式、桁架式、框架式和支点角钢式四种类型(图8-13)。

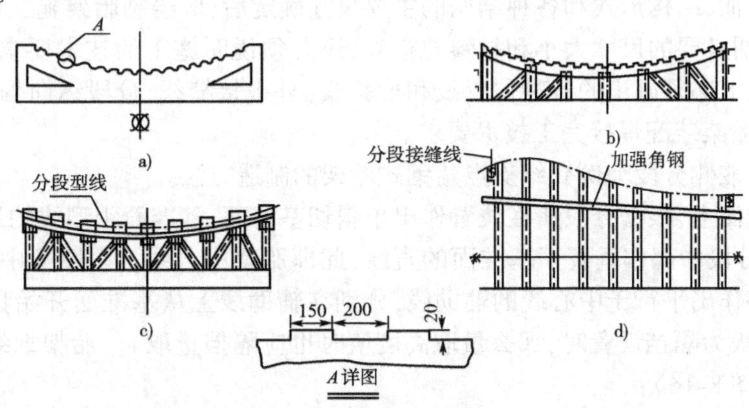

图8-13　专用胎架的胎板形式

通用胎架为了适应其工作曲面便于调整的要求,有框架式活动胎板胎架、支点角钢式胎架和支柱式胎架三种。当前主要采用支点角钢式胎架。

框架式活动胎板胎架(图8-8),是将上述框架式专用胎架上的固定小模板,改为用螺栓与角度框架连接的形式,这样就可通过拆换小胎板来增大其通用性。支点角钢式胎架则是通过割短和接长各支点的角钢来增大其通用性的。支柱式胎架(图8-9)虽然制作时消耗工时较多,但安装布置十分方便,适用于各种船舶的各种分段,可反复使用,从而节约大量的钢材和工时。这种胎架在每装一个不同的分段时,都需将胎架支柱按照型值调整一次。支柱式和支点角钢式胎架与分段外板为点接触形式。

3.胎架设计与制造的原则与要求

(1)胎架结构具有足够的强度和刚性。

(2)胎架模板或支柱顶点型值,其所形成的工作曲面应与分段的外形相一致。同时,应考虑纵、横向反变形数值和外板的厚度差。

(3)根据生产批量、场地面积、劳动力分配、分段制造周期等因素,选择适当的胎架形式和数量,并根据船体型线决定合理的胎架基面切取方法,以满足生产计划的要求,改善施工条件,扩大自动、半自动焊和其他高效焊接方法的应用范围。

(4)制作胎架应考虑节约钢材,节省工时,降低成本,尽量利用废旧料和边余料。同时,还要考虑胎架搬移、堆叠的方便性,以及在一定范围内的通用性和改装的可能性。

(5)胎架的模板间距应是肋骨间距的倍数,当分段结构为横骨架式时,板厚≥6mm时,取2~3倍肋骨间距,板厚<6mm,取1~2倍肋骨间距;当分段结构为纵骨架式时,可取2~3倍

肋骨间距,但一般≤1.5～2m。分段的构架位置必须设有模板,胎架的长、宽方向尺寸应大于分段尺寸。

对于轻型、简单型线分段,隔2～3个肋距设置胎板,胎板间距小于2m。对于重型、复杂型线分段,则每个肋距设置胎板。

桁架式板厚 $\delta=(1\sim1.5)\delta_{分段}$,桁架式板宽为200～300mm。

(6)胎架应具有一定的高度和强度,胎架基准面距型线最低点不小于800mm,方便施工人员进出。

(7)胎架上应划出肋骨号、分段中心(假定中心线)、接缝线、水平线、检验线等必要的标记。

在胎架基准面、结构形式和各种结构的主要尺寸确定后,应绘制胎架施工草图。在施工草图中,除了应标明必要的尺寸大小和材料规格外,还必须说明施工的技术要求。例如,专用胎架应注明在胎板上必须画出的各种位置线和检验线(外板接缝线、分段纵向构件位置线、中心线和水线等)及胎架装配焊接完工技术要求。

下面以某一舷侧分段为例介绍支点角钢式胎架的制造方法。

在肋骨型线图上,根据分段所在位置作出单斜切基准面,基准面距型线的最低点不应小于800mm,然后在分段中部作垂直于基准面的直线,此即胎架中心线。以胎架中心线为准,向两侧每隔一定距离作出平行于中心线的辅助线,分别在辅助线上从基准面开始量取到各肋骨线的高度值(若胎板为隔挡设置时,那么量取高度值时也应隔挡量取)。胎架划线制造时按下列具体步骤进行(图8-14):

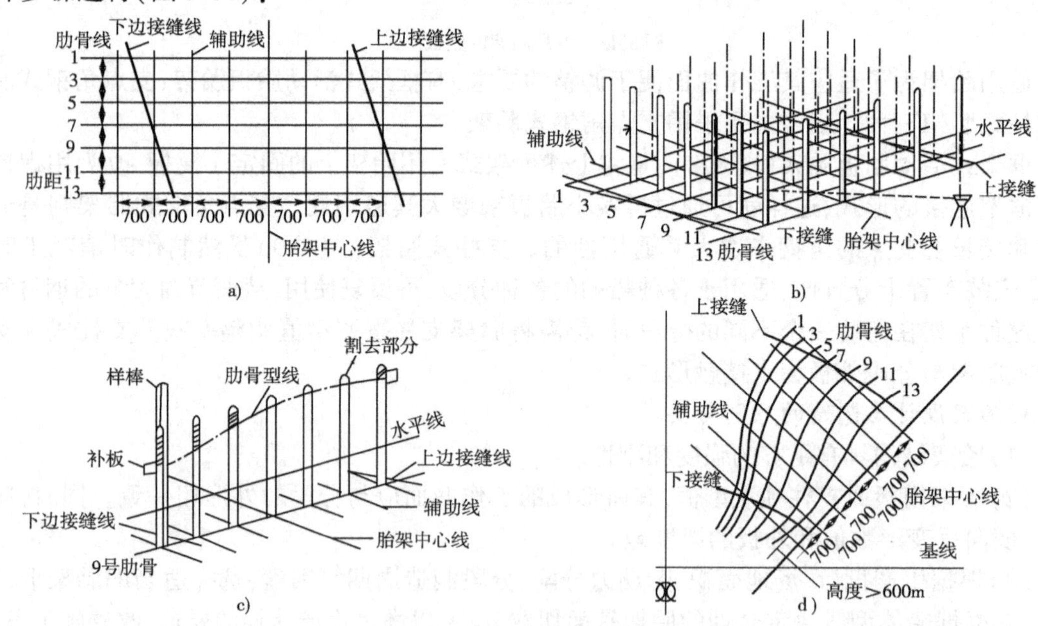

图8-14 胎架制造示意图

(1)在水泥平台或其他平台上画出肋骨位置线、胎架中心线、辅助线以及接缝线等。

(2)在每一档肋骨的肋骨线和各辅助线、中心线的交点上垂直竖立支点角钢。

(3)利用水平软管或激光水平仪找出一水平面,并在支点角钢上做出标记,作为量取胎架高度的基准面。

根据预先制作的高度样棒在相应的支杆上划线，然后割去其余量，并焊上支撑加强材等即成。

第二节　船体板的拼接

船体的各层甲板、平台、纵横舱壁、围壁、内底板和平直的外板等大面积平板，均可预先拼板，其过程为：

1. 铺板除锈

按照施工图纸（或草图）的要求，将钢板铺放在平台上，并核对钢板上所注的代号，首尾方向、肋骨号码、正反面、直线边缘平直度、坡口边缘的准备工作，在铺板过程中应尽量利用空余场地，尽可能将板排列整齐，以减轻拼板时拉撬钢板的工作。

钢板在拼接前，其边缘均须除锈（已进行抛丸除锈预处理工艺者除外），要求用砂轮除锈直至露出金属光泽为止，以保证焊接质量。

2. 钢板拼接

钢板拼接时，一般先将正确端的边缘对齐，用松紧螺钉紧固，对于薄板可用撬杠撬紧。如果不用松紧螺钉紧固，在定位焊时要先在中间和两端固定，然后再加密定位焊。

拼板时，在兼有边、端缝的情况下，一般先拼装边缝。若先拼装端缝，由于边缝尺度较长，定位焊的收缩变形较大，可能产生间隙，则边缝的修正量就较大。而在焊接时，为了减少焊接应力，应先焊端缝，后焊边缝。

采用自动焊时因起弧点与熄弧点处的焊接质量较差，为了消除这种缺陷，在钢板拼接整齐后，可在板缝两端设置引弧板和熄弧板，这种工艺板的规格一般为 100mm × 100mm 左右，厚度与所拼板厚度相当。

目前不少船厂已采用单面焊双面成型自动焊拼板工艺。这种工艺的反面成型有两种方法：一种是采用随焊机移动的滑块使板面成型，称为滑块焊接；另一种是用固定的衬垫使反面成型，称为压力架焊接。

滑块焊成型时两板间需留有一定的间隙 δ、δ_1，（表 8-1），δ 与 δ_1 的数值根据板的厚度而定，起弧端处的间隙为 δ，熄弧端处的间隙为 δ_1，且 $\delta > \delta_1$，因为焊接过程中板缝有逐渐增大的趋势，这种趋势将随板的厚度和长度的增大而增大。

滑块焊钢板间隙值（mm）　　表 8-1

板厚	6	8	10	12	14	16	18	20
δ	4	4	4	5	5	5	5	5
δ_1	3	3	3	4	4	4	4	4

滑块焊时，由于焊机小车在板缝中通过，故不进行定位焊，而是用梳妆马将钢板固定，在板缝两端各放一只，其余数只放在板缝长度等分处。梳妆马的规格约为 150mm × 80mm × 8mm 以上时，焊接时板缝的伸张力较强，在熄弧处的马板规格为 500mm × 100mm × 10mm，而其余的梳妆马均为一般规格。马板的定位焊应尽量焊在马板的同一侧两端，不能焊在靠近板缝处，以免影响焊机的焊接，也不能焊在马板两侧，否则不易被拆。当焊机到达马板附近时，即把马板敲掉。在两马板之间的钢板可能有不平之处，但焊机本身有压平钢板的装置，在钢板焊接前即

能将钢板压平。滑块焊的除锈要求可稍低些,一般只用风刷把铁锈除去,故可省工省时。

压力架焊接方法也是单面焊双面成型,但钢板的固定不是采用梳妆马或定位焊的方法,而是用压力架对钢板加压,使之固定,接着在焊缝两端装上引弧板和熄弧板再进行焊接。钢板之间在整条焊缝上的间隙是相等的。当钢板厚度在10mm以下时,间隙为4mm。

第三节 T型梁的装焊

T型梁由腹板和面板组成。船体结构中强肋骨、强横梁、舷侧纵桁、舱壁桁材和单底船的肋板、中内龙骨都是T型部件。T型梁分直T型梁、弯T型梁两类。凡是面板平直的为直T型梁,面板弯曲的为弯T型梁。一般都在平台上进行装焊,直T型梁多采用倒装法,弯T型梁则采用侧装法。对具有腹板扶强材的T型直梁,待腹板与面板组装妥后,将按扶强材的位置线来安装腹板扶强材。

一、直T型梁的装配步骤

直T型梁的装配步骤如图8-15所示。

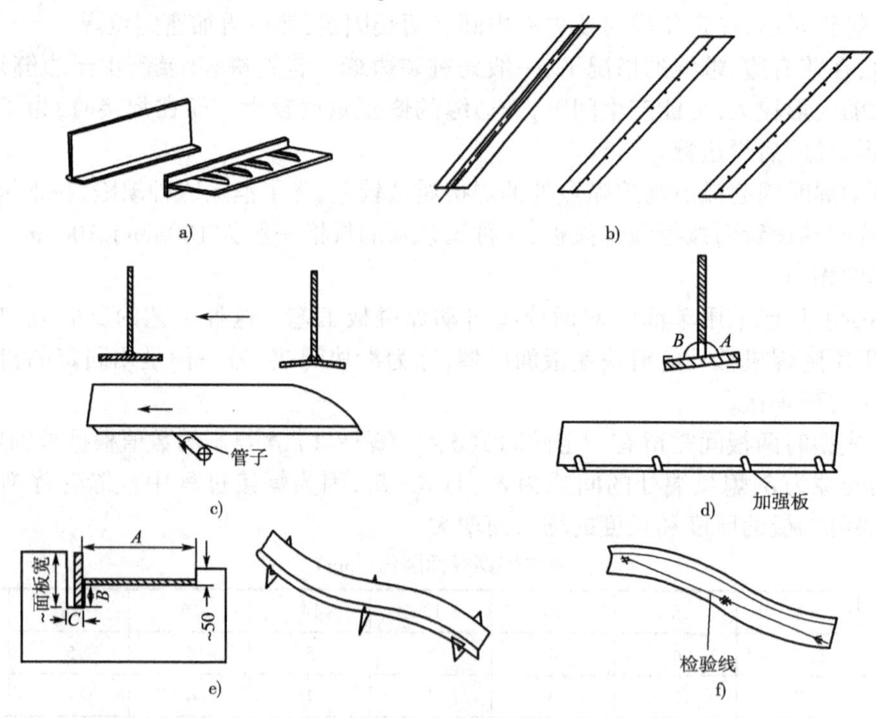

图8-15 T型梁装配图

1. 简要装焊步骤

胎架准备→面板、腹板预拼装→吊装面板→在面板上划线→腹板安装→焊接→检验→矫正。

2. 装焊步骤说明

先将面板和腹板在平台上整齐铺开,并按图纸要求检查规格尺寸是否相符,T型梁的面板和腹板需各自拼接的，应在组装前先予拼焊。板厚大于6mm的对接缝还要开坡口，拼接后的板材如有变形则需矫正，采用自动焊或半自动焊的，还需除净铁锈。

然后，按图纸要求确定面板与腹板的相对位置，并在面板上画出腹板的安装位置线。如对称T型梁面板上的腹板安装线，距离面板边线为1/2面板宽度±1/2腹板厚度，一般只画出一条线并标上厚度记号。对采用手工焊的，在面板上还要标出间断焊接符号，对连续焊的应注明焊接高度。

直T型梁常采用倒装法装配。在倒装过程中，可在腹板与面板定位焊一侧，预先加放一定的反变形，使夹角成"开尺"（大于90°），以抵消定位焊引起的角变形，还可将面板预先轧出反变形角度，以消除焊接角变形，这些反变形数值一般凭经验确定。为了消除装配时可能出现的腹板与面板间的间隙，可在面板下面垫一根钢管，上面垂向对线安放腹板，这样从一端向另一端边滚动边定位焊。也可以采用侧装法装配，这时只要当面板与腹板间的夹角经测量符合要求即可进行定位焊，并在面板与腹板间焊上临时加强材作为加强，以免焊接、吊运时引起部件的角变形。然后焊接，面板与腹板间的角焊缝一般为双面交错间断焊，采用手工电弧焊完成。特殊情况下，亦有单面或双面连续焊的，如果宽腹板上有扶强材，则须将腹板与面板装焊完后，再焊接扶强材与腹板的连接焊缝。

二、弯曲T型梁的装焊步骤

弯曲T型梁的装焊步骤仍如图8-15所示。

1. 简要装焊步骤

胎架准备（马板）→铺腹板→面板上划线→面板安装→焊接→检验→矫正。

2. 装焊步骤说明

弯曲T型梁大多采用侧装法，并需按照T型部件的形状制作搁架马板，图中A的尺度一般比腹板宽度小5~6mm，B等于面板安装线宽度，C则比面板厚度大10~15mm，马板的尺度还应按实际情况，考虑部件拼装后取出方便，并使马板具有足够的刚性。装配时，先将腹板铺在马板上，然后将面板插入，利用铁楔压紧，即可进行定位焊。为了保证部件的正确曲型，便于矫正焊接变形，在腹板号料时应作一根或两根检验直线，并打上标记，这样经过装配焊接后，只要按标记检验其直线度，即可判别部件曲型正确与否。面板与腹板的角焊缝形式与T型直梁相同，焊脚高度视板厚而定。

第四节 肋骨框架的装焊

肋骨框架分普通肋骨框架和强肋骨框架。普通肋骨框架由肋板、普通肋骨、普通横梁、梁肘板、舭肘板组成环形框架；而强肋骨框架由肋板、强肋骨、强横梁、肘板组成环形框架。两者装焊都采用侧装法。

肋骨框架装配前，应该先在钢板平台上画出左右对称的全宽肋骨型线图（图8-16）。型值由放样间提供，其画法步骤是：作出全宽肋骨型线图的格子线（包括辅助水线和辅助纵剖线），按放样型值依次逐根画出左右对称的肋骨型线及甲板梁拱曲线，再画出纵向结构线和外板接缝线。全宽肋骨型线图可按肋框形式与结构强弱来分开画出，或按不同总段（及立体分段）而

分别画出,以便平行作业,提高生产效率,至于分多少,怎样分,则要根据不同的建造方法来确定。这样,全宽肋骨型线图就作为肋框装焊时对线定位和检验的依据。

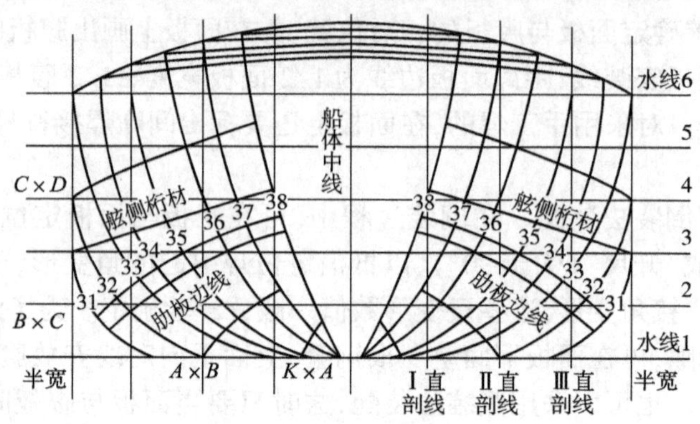

图 8-16 全宽肋骨型线图

一、普通肋骨框架的装焊

1. 简要装焊步骤

胎架准备→肋板、普通肋骨、普通横梁定位→梁肘板、舭肘板定位→划线→临时加强→焊接→检验。

2. 装焊步骤说明

装焊步骤如图 8-17 所示。

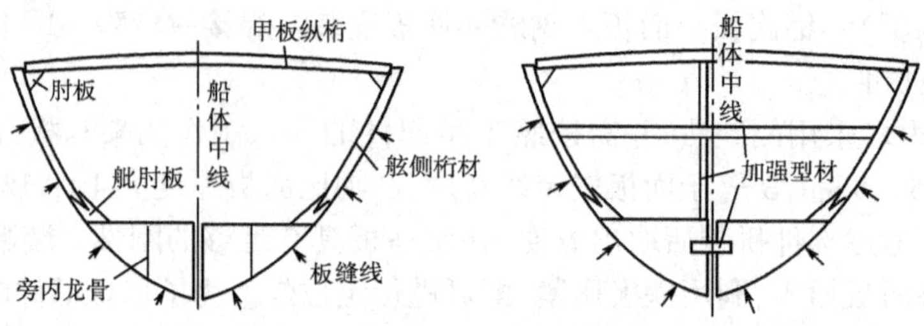

图 8-17 普通肋骨框架装配

普通肋框的结构简单而数量多,其装配焊接具体步骤为:

(1)肋板、肋骨、横梁定位。将同号的肋板、肋骨、横梁与同号型线对准,并用马板、铁楔固定。

(2)安装横梁肘板和舭肘板。安装应注意整个框架平整无扭曲现象。

(3)划线。普通肋框拼好,按肋骨型线上的中心线、纵向构件(甲板纵桁、舷侧纵桁、旁内龙骨)位置线、外板接缝线、水平线等记号,用铳印白漆标画在肋框上,供分段装配时定位和安装构件用。

(4)临时加强。为了保证分段型线的正确,防止肋骨框架变形,在肋骨框架拼妥后,需焊上临时加强型材。对于分段接头处的肋骨框架,一般起着假舱壁的作用,更需特别加强。临时加强应避开前述所画的各种线。

(5)焊接。将框架上面的所有焊缝对称焊好,吊运翻身后,再将另一面的所有焊缝对称焊好。普通肋骨框架的所有焊缝均为连续焊缝。

至此,普通肋骨框架装焊完毕。在装配甲板舱口处的肋骨框架时,因横梁是反向的,装配时应特别加以注意,以免发生差错。为了防止吊运时产生变形,对舱口区域的间断横梁及被中内龙骨断开的肋板均需作临时加强。

二、强肋骨框架的装焊

1. 简要装焊步骤

胎架准备→肋板、梁肘板定位→强横梁、强肋骨定位→嵌装肋板、梁肘板→焊接→划线→检验。

2. 装焊步骤说明

装焊步骤如图 8-18 所示。

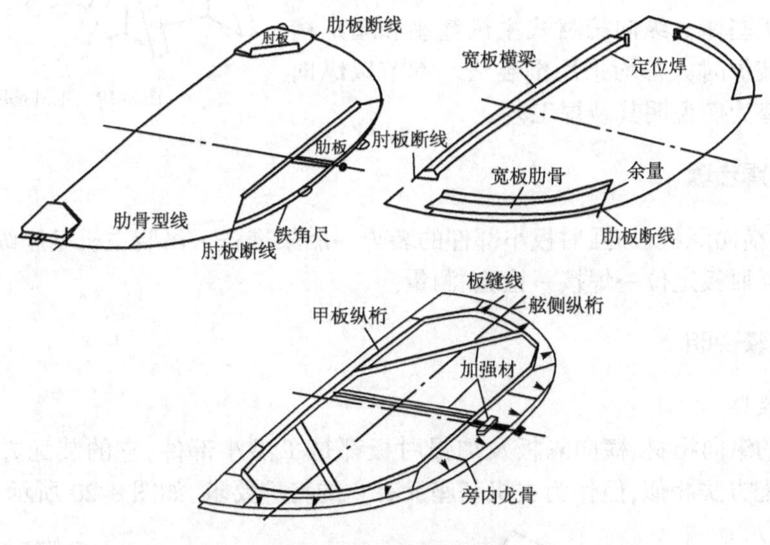

图 8-18　强肋骨框架装焊

强肋骨框架的装焊与普通肋骨框架不同,强横梁、强肋骨、肋板都是对接的,所以都要经过余量划线和切割后,再进行装配。它的装配焊接具体步骤如下:

(1)肋板及梁肘板的定位。将肋板和梁肘板先放到肋骨型线上,用木楔垫平,使腹板呈水平状态,用铁角尺将两端断线移画到肋骨型线上,再将肋板和肘板移开。

(2)强横梁与强肋骨的定位划线。方法与上述肋板定位相仿,随后在面板两端与平台进行定位焊,再将肋板、肘板的断线移画到强横梁与强肋骨上,切割余量并去渣。

(3)嵌装肋板与梁肘板。用角尺复验肋骨框架的外形是否与型线相吻合,如有局部凸出,需再进行修割。安装临时加强材及支柱后,再用铁角尺将纵向构架线、中心线、水平线、外板接缝线移画到框架上。

(4)焊接。对称焊接框架正面的所有对接焊缝,然后吊运翻身开槽(刨槽或铲槽)后,再对称焊接框架另一面的所有对接焊缝。

各种肋骨框架的外形应与型线吻合,允许误差为 ±1mm,考虑焊接收缩变形,装配时零件要放在肋骨型线的外缘,使其收缩后仍能符合型线要求。

肋骨框架拼装时应保持平整,不应有歪斜,肋骨框架装焊后,在吊运翻身时产生了变形,则需进行矫正,并再次按肋骨型线进行复验,合格后才能吊离。

第五节 主机、辅机基座的装焊

主机基座是专为船舶上动力设备主机设置的一个底座。根据不同类型的主机,主机基座的结构也有所不同,中小型船舶的主机基座由两列纵向桁材、多个横向隔板和加强肘板组成,称为纵向桁材式主机基座(图8-19)。而大型船舶的主机基座由两列箱形纵桁、多个横向隔板、加强肘板和主机润滑油舱等组成,称为箱形桁材式主机基座。纵向桁材式主机基座和箱形桁材式主机基座装焊时大都均采用倒装法。本节以纵向桁材式主机基座为例说明其装焊工艺。

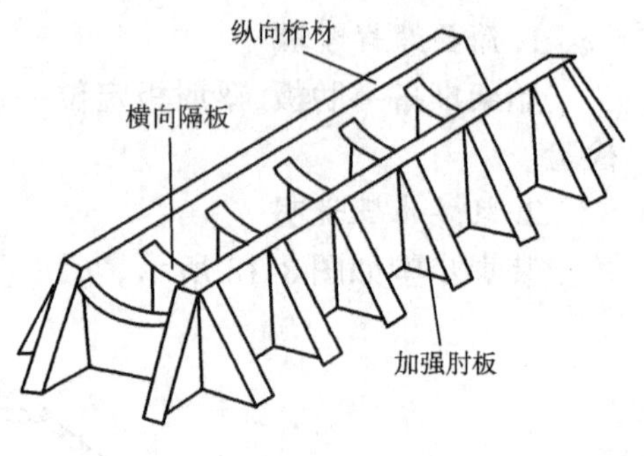

图8-19 主机基座结构

一、简要装焊步骤

纵向桁材、横向隔板、加强肘板小部件的装焊→胎架准备→吊装主机基座纵桁定位→横向隔板定位→加强肘板定位→焊接→检验、测量。

二、装焊步骤说明

1. 小部件装焊

主机基座的纵向桁材、横向隔板及加强肘板都是T型小部件,它的装配方法与前面介绍的T型梁的装配方法相似,但作为主机基座又有它的特殊要求,如图8-20所示。

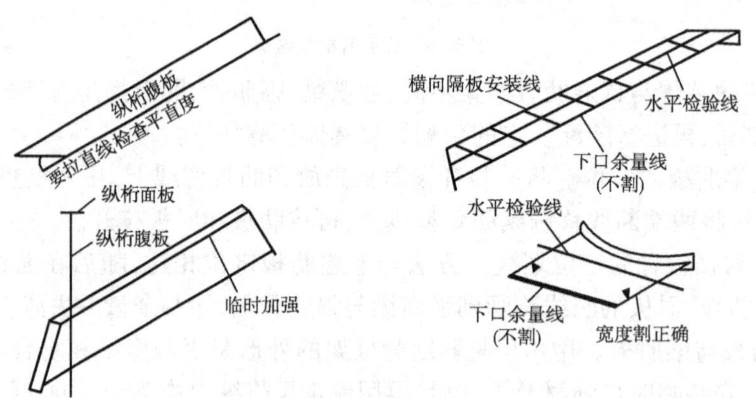

图8-20 小部件装焊

主机基座上表面的平整度要求较高,纵向桁材在装成T型小部件时,要认真检查腹板上口的平直度。纵向桁材的腹板与面板的相对位置,腹板不在面板的分中线上,在拼装时注意左、右两列纵桁材的对称。由于每列纵向桁材本身不对称,在电焊之前要采取加强措施,以防焊接变形及确保腹板与面板垂直。横向隔板和加强肘板的腹板是安装在面板的分中线上的。

小部件焊接以后,要经过火工矫正,特别是纵向桁材的矫正,其要求较高,需仔细复验,以确保机座上表面的平整。

纵向桁材的划线和加强肘板的安装对已焊妥及经矫正的纵桁,按样板或草图画出横向隔板和加强肘板的安装线、水平检验线和余量线。同样,对横向隔板也要进行划线工作,标出水平检验线正确的宽度线和下口余量线。

安装的双层底内底板上的基座,下口在同一水面上的,加强肘板可预先安装到纵向桁材上,不会影响基座总装。对于基座下口有型线而不在同一水平面内的,加强肘板暂时不装,可在分段装配或船体总装时再装。

基座纵向桁材和横向隔板的下口余量是考虑基座总装的需要而加放的,因此基座合拢时不割除,留待基座吊装时再切割。对于横向隔板的宽度尺寸要求较高,一定要在基座合拢之前切割正确,以确保基座的宽度与主机底脚宽度相符。

2. 主机基座的装配

主机基座的外形尺寸要求很高,特别是基座上表面的平整度。合拢时,对基准面的平整度要仔细检查,一般的平台由于变形较大,平整度差,所以主机基座的装配通常是在胎架上或经过刨光的铸铁平台上进行的。胎架可以比较简单,它的高度为500mm左右,以装配时便于操作为宜。下面以反造法装配主机基座为例阐明其工艺流程(图8-21)。

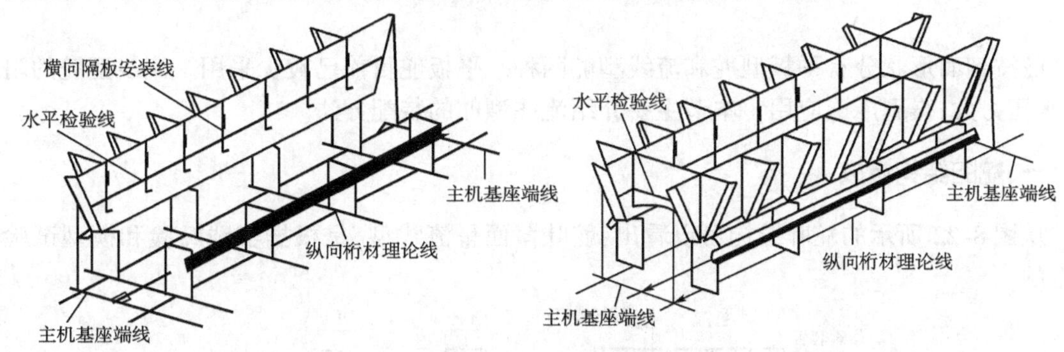

图8-21 主机基座装配

在平台上按照图纸尺寸画出基座的各种理论线,再按需要设置胎板,然后将纵桁中的一个倒吊着放上胎架,使纵向桁材在平台上的投影与平台上纵向桁材的理论线完全吻合。然后,将纵桁与胎架定位并固定,必要时可加设角钢支撑。以同样的方法将另一个纵向桁材倒吊上胎架进行定位,但不要与胎板固定,这是为了在宽度方向稍有伸缩,仅用临时支撑定位,以防纵桁翻落。

安装横向隔板是先将首、尾两块装上纵桁,使主机基座的宽度基本固定。安装时根据纵向桁材上的横向隔板安装线进行,并要使横向隔板的水平检验线与纵向桁材的水平检验线吻合。装配可借助松紧螺丝调节两列纵向桁材的宽度,使首尾横向隔板能方便地嵌入。横向隔板嵌入后,还需复验两列纵桁的间距,间距正确后方可进行定位焊。基座的四角定位后,再嵌入中间的横向隔板。

3. 主机基座的焊接

装配完毕后,即可进行焊接工作。由于主机基座的制造精度要求较高,因此在焊接时必须严格遵守焊接程序。

有些不设横向隔板的主机基座,只有纵向桁材和加强肘板,这类基座的装配较简单,可直

接在平台上装配而不必在胎架上装配。

主机基座在装配焊接结束后,拆去胎架上的定位焊,还需按照主机基座的水平检验线进行复测,然后根据变形情况,采用措施进行矫正,使之符合主机安装的要求。

辅机基座结构较简单,基座面积较小,一般不用胎架,而是直接在钢板平台上进行装配。但辅机的种类很多,各种基座的结构形式差异很大,而安装的位置也各不相同,有的安装在内底板上,有的安装在舷侧板上,有的倒置于甲板下面,也有的安装在舱壁上。所以,在装配前应对辅机基座的安装部位有所了解,还要明确是安装于右舷还是左舷,是首部还是尾部。另外,造两个同一类型的辅机基座时,需考虑是否左右舷对称等情况。

辅机基座的装配步骤与主机基座基本相似:

(1)装配T型小部件,焊后并予矫正。

(2)在平台上画出辅机基座的理论线。

(3)取辅机基座的底面或顶面作为基准面,在平台上正装或倒装,为了防止焊接变形,应作必要的加强。

装焊结束后要进行复测并矫正变形。

第六节　舵叶的装焊

舵按剖面形状分有平板型舵和流线型舵两种。平板舵目前已较少采用。流线型舵的阻力小,水压力大,得到广泛应用。本节主要介绍流线型舵的装配方法。

一、舵的结构组成

从图8-22所示的舵叶结构可以看出:舵叶截面呈流线型,是根据实践经验和模型试验而确定的。

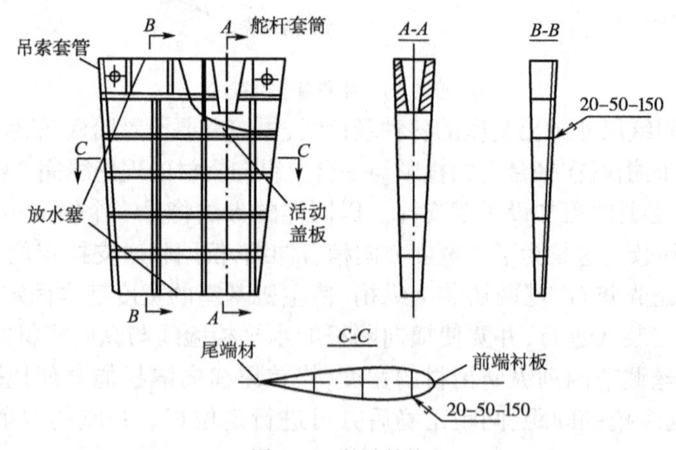

图8-22　舵叶结构

(1)舵板的一侧与水平隔板、垂直隔板以塞焊相连。所以,水平隔板与垂直隔板都装有面板。

(2)舵叶的尾端材由扁钢制成,以增加尾端的刚性,又起连接作用,使横截面逐渐减少,有稳定水流的作用。

(3)在首端舵板相接处,有一弧形的前端衬板。

(4)舵叶与舵杆是通过舵杆套筒(铸钢)相连接,连接处有活动盖板,四周的纵横隔板要求水密。

(5)顶板与下底板上有放水塞,供注水或充气试验其密性之用,或灌注防锈漆及灌油等用。另外还有吊索套管,供起吊舵叶用。

二、舵的质量要求

舵叶的质量要求是:舵叶的横剖面必须对称于中心面,否则,左右两侧的水流压力就不相等,会产生一个附加力矩,直接影响对舵的操作;舵叶表面必须光顺,无局部凸出或凹陷;整个舵叶中心面无扭曲,即四角平整,保持同一平面;舵叶应具有密性。

三、简要装焊步骤

舵叶的水平隔板和垂直隔板的预装→胎架准备→舵叶包板定位→上下铸钢定位→隔板定位→前端包板、尾端扁钢定位→焊接→另一侧舵叶包板定位→焊接→翻身封底焊→检验。

四、装焊步骤说明

流线型舵叶一般都采用卧式装配法,在胎架上进行。以图8-22所示的舵叶为例,可设置四档胎板,胎板的形状如图8-23所示,基准线离平台1000mm左右,胎板厚度不小于8mm。

舵叶的水平隔板和垂直隔板都是T型小部件,先进行装焊。装配之前,要进行放样,制好样板,按样板标画出中心线及构架对合线等(图8-24)。

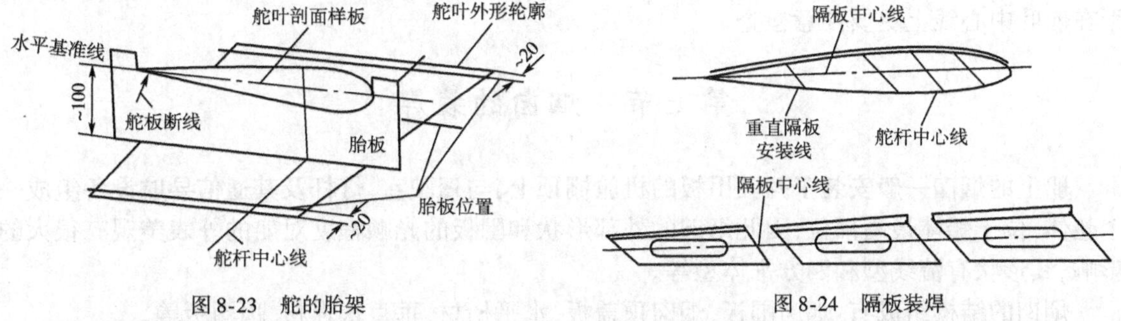

图8-23　舵的胎架　　图8-24　隔板装焊

因为舵叶的顶面大底面小,所以水平隔板的腹板与面板的交角不是直角,同样垂直隔板的腹板与其面板的交角也不是直角。因此,在进行T型隔板装焊时,要注意开拢尺,方向不能搞错。焊接以后,还需复查矫正。

舵叶板在胎架上进行拼接时,需用内卡样板检查其型线是否正确。板缝的内侧焊接可在板缝的反面用马板与胎架固定后进行。

舵叶构架安装次序如图8-25所示,先从中间水平隔板开始,并以此为中心,呈放射状交叉安装垂直隔板至上顶板及下底板。

安装构架时要注意:

(1)装水平及垂直隔板时,必须用水平尺将其中心线对成直角,而两种隔板与舵叶板是不垂直的。

(2)上顶板与下底板上的放水塞,需预先装焊好,并经过矫正。

(3)舵杆套筒的中心线及端面的垂直度要仔细检查和复验,并注意首尾方向。

(4)水平隔板与垂直隔板面板的连接要光顺,不能有局部凸起或凹陷。

(5)尾端材扁钢的安装位置,以保证舵叶的宽度要求为主,它与舵叶板的相对位置可以稍作修改。

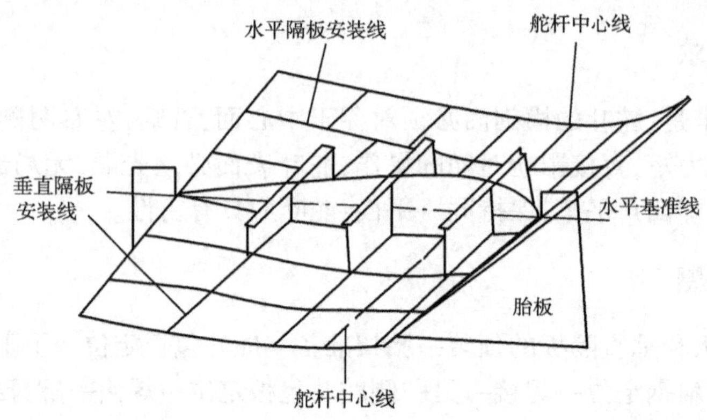

图 8-25 构架安装顺序

舵叶的构架装完后,即可按以下程序进行焊接,先焊水平隔板与垂直隔板间的面板对接缝及腹板角接缝后焊隔板与舵叶板之间的角接缝,最后盖上开好塞焊孔的另一侧舵叶板,以封闭舵叶。上舵叶板需按图示尺寸画好塞焊孔位置大小,并根据隔板安装的实际位置进行修正,以免塞焊孔不在构架面板上而产生脱孔现象。舵叶下面拆马后吊离胎架,翻身进行舵叶板的封底对接焊,然后将舵叶表面进行整理,局部凸起或凹陷都需矫正,马脚要铲平,特别是尾端材是否在舵叶中心线上更要注意检查。

第七节 烟囱的装焊

船上的烟囱一般安装于驾驶甲板的机舱棚顶上,与驾驶室、灯杆及其通信导航设备组成一个整体,位于船体最高部位,因此烟囱的外部形状和围板的光顺程度对船的外表美观有很大的影响,其形状有流线型和四方锥体型等。

烟囱的结构组成有:烟囱围板、烟囱顶盖板、水平桁材、垂直扶强材、顶圈板等。

烟囱的装焊方法:一般有立式装配法和卧式装配法(侧式装配法)两种。

本节以流线型烟囱立式装配法为例说明。

一、简要装焊步骤

胎架准备→烟囱顶板、水平桁材和下口加强撑圈的预装→在胎架上作出内胎架的投影线→水平桁材、烟囱顶板、下口撑圈定位→竖向加强材定位→烟囱围板定位→焊接→检验。

二、装焊步骤说明

(1)胎架准备。立式烟囱的胎架有三道内胎板:烟囱顶板、水平桁材和烟囱下口加强撑圈。这三道内胎板按脊弧(昂势)和水平投影进行定位,用加强材支撑牢固。

(2)烟囱顶板、水平桁材和下口加强撑圈预先按样板拼接妥,作为烟囱胎架的三道内胎板。对竖向加强材穿过处的切口都需切割正确。

(3)在钢板平台上作出三道内胎板的水平投影线,并在适当位置竖起临时支撑材,根据水平桁材及烟囱顶板、下口加强撑圈的高度与脊弧情况在临时支撑材上划线并安装马板,然后分别将下口加强撑圈、水平桁材和烟囱顶板与临时支撑材固定,并挂线锤检验之。

(4)将竖向加强材嵌入水平桁材和加强撑圈的对应切口间,并用肘板与烟囱顶板的扶强材连接。竖向加强材的腹板边缘(即与烟囱板相连接之边缘)应与水平桁材、加强撑圈的外缘平齐,不可凸出或凹入。以保证烟囱外壁板的光顺(图 8-26)。

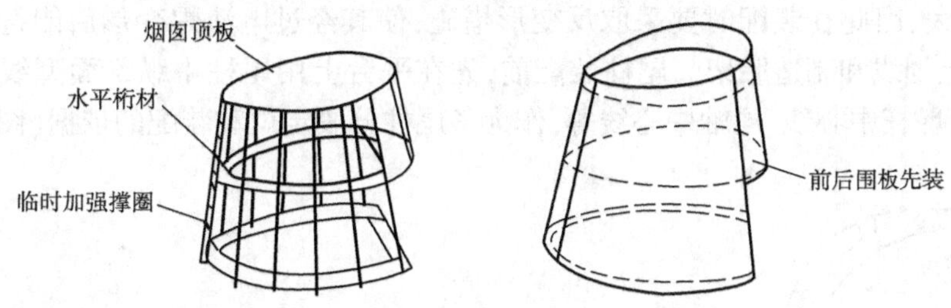

图 8-26 烟囱装配

(5)安装烟囱前、后围板后,再安装两舷侧板。前、后围板安装时应对准中心。最后安装烟囱帽、百叶窗等附件。

(6)烟囱装配好以后,即可进行焊接工作。一般先焊内部构架间的角接缝,其次焊烟囱围板间的对接缝(先内后外),再焊构架与围板间的角接缝。这些焊缝中大部分是立焊,但也有平焊、仰焊和横焊。

卧式装配法是将烟囱一侧置于胎架上进行焊接,其方法有些类似于舵的卧式装配法,不过另一侧围板与构架不用塞焊连接。

烟囱的立式、卧式两种装配方法各有特色。卧式装配法使烟囱高度降低,对装配焊接工作条件有所改善,效率较高,但制造胎架需要一定的工时。立式装配时,小部件经过焊接后有一定的变形,烟囱整体合拢时,构架是否能对齐,烟囱侧板是否能连接光顺,存在一些问题。因此,综合考虑,一般烟囱制造采用立式装配法为多。

第八节 尾柱和首柱的装焊

一、尾柱的装焊

尾柱由铸钢、锻钢制成,或与钢板组合而成。大型船舶一般采用铸钢结构。尾柱的形式复杂且受铸造设备的限制,所以要分成几段浇铸,再经过装配焊接而成为一个整体。

尾柱焊接采用电渣焊,焊时热量很大,容易产生变形。而尾柱又是舵和螺旋桨的支承,既需要有足够的强度,又要求外形正确,因此对尾柱的质量要求很高。为了保证装配质量和便于施工,一般尾柱装配都是在胎架上采用卧式装配法进行的,胎架设在平台上。下面介绍铸钢尾柱的装配方法。

1. 简要装焊步骤

平台上划出尾柱轮廓线、轴线、舵杆中心线、水线、肋骨线→竖立尾柱安装模板→吊装尾柱零件→开准对接坡口→吊对尾柱型线、尾轴与舵轴中心→装配定位→加强→焊接→拆除模板

定位焊→矫正变形→(焊缝热处理)→修顺与外板的搭接边缘→测量。

2. 装焊步骤说明

(1)接头端面的准备。以图8-27为例,该尾柱共分6段,有5个接头,采用电渣焊焊接。

接缝线面由放样提供样板,经过机加工切削平整,并在画线平台上标画出各段的中心线,作为装配的依据。接头端面除用机床加工外,也可用碳弧气刨、批铲、砂轮磨削等方法加工。在接头的下方需用40mm×90mm的方钢作衬底,固定于下口,焊接结束后拆除。尾柱各接头经过电渣焊后变形较大,因此在装配时要采取反变形措施,使其经过电渣焊变形后能符合质量要求。

(2)平台上划线和制造胎架。尾柱装配前,先在平台上用尾柱中纵剖面型线样板画出整个尾柱的轮廓线、舵杆中心线、尾轴中心线等,作为各尾柱分段定位和装配的依据(图8-28)。

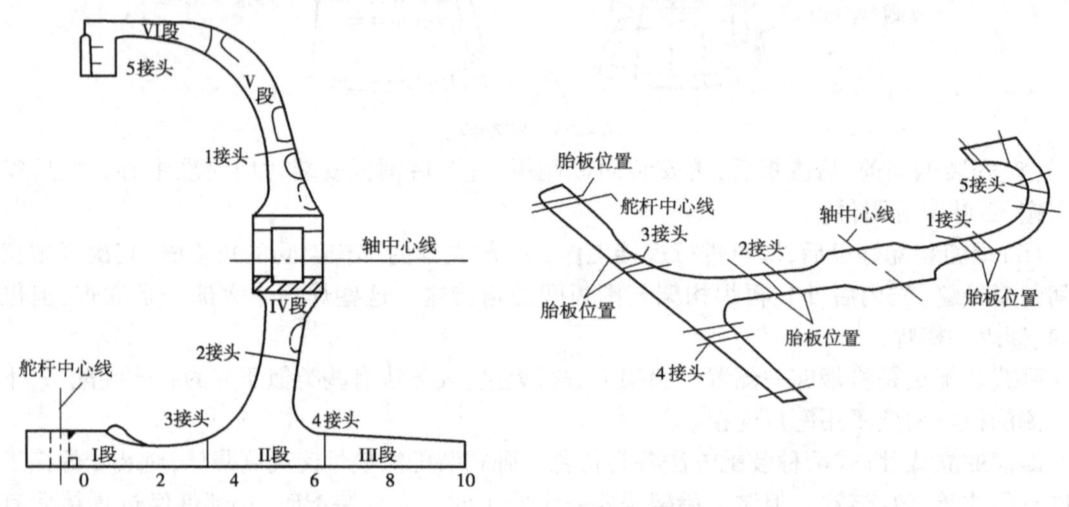

图8-27 尾柱分段示意图　　图8-28 绘制尾柱轮廓线

根据尾柱铸件的短线竖立胎板,一般是每段铸件两块胎板,考虑平稳也可竖3块胎板。胎板要求与平台垂直,支撑牢固。胎板竖立后,可用水平软管或激光水平仪标画出尾柱中纵剖面的水平线,根据这一水平基线和各处的尾柱断面样板,即可在各胎板上划线,并预放反变形值。复测认可后,进行准确切割,便制成了尾柱胎架。

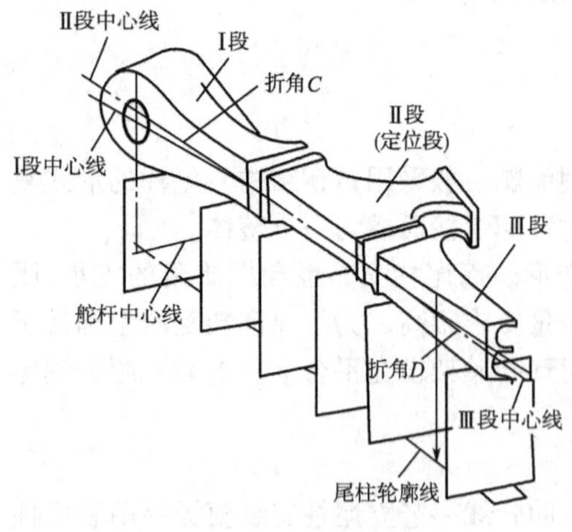

图8-29 I、II、III的装焊

(3)装焊尾柱。尾柱经电渣焊后,按照船舶建造规范的要求,必须对焊缝进行热处理,以消除内应力,稳定焊后的形状,防止再发生变形。小尾柱可整体放进炉内,而大尾柱则无法整体进炉,可分段进行热处理。

①I、II、III三段铸件的拼接(图8-29):先对II段进行定位,使II段的水平基线水平,外形轮廓与平台型线吻合,再将I段吊上胎架,使I段水平基线与水平线成一夹角C,大小则由3号接头间隙值来确定。此外,还需检查舵杆中心线是否正确。以同样的方法对III段进行定位。焊前还应将焊件与

平台用型钢牢固连接，以防焊接变形。进行电渣焊，焊后先进行这一组合件的热处理。

②Ⅴ、Ⅵ两段铸件的拼接（图8-30）：两段铸件的中心线也成一夹角，其大小由5号接头间隙值所确定，其他要求同前述。电渣焊结束后即可进行热处理。

③尾柱整体的合拢（图8-31）：先将Ⅳ段吊上胎架，定位时要放水平，并用线锤对准尾轴中心线，轴端面要垂直平台，与平台上的型线对应，固定后再吊上Ⅰ、Ⅱ、Ⅲ段组合件和Ⅴ、Ⅵ段组合件，这3大段的中心线也成一夹角，其大小由1号、2号接头间隙值来确定。待电渣焊结束后，这两个接头可就地进行热处理。

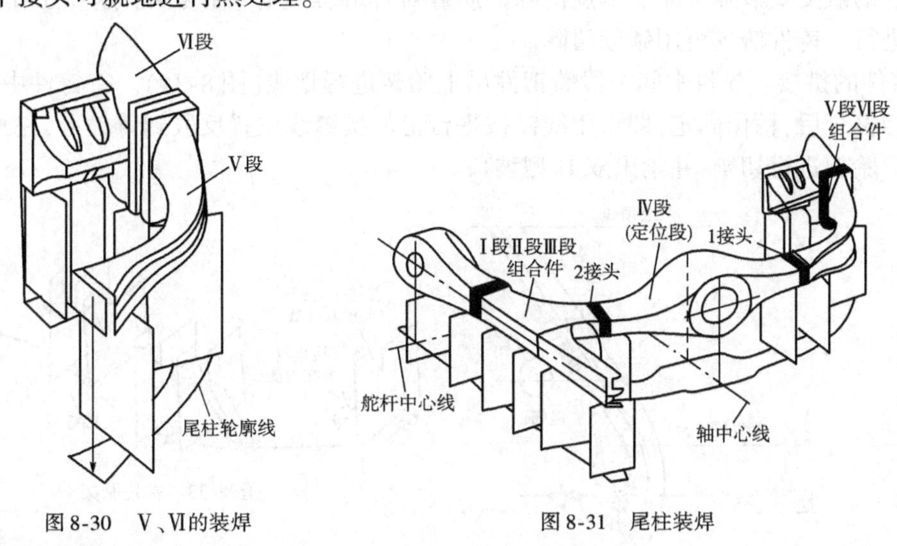

图8-30　Ⅴ、Ⅵ的装焊　　　图8-31　尾柱装焊

二、首柱的装焊

根据制造方式，首柱可分为锻造首柱、铸造首柱、钢板焊接首柱和由铸钢加钢板焊接混合组成的首柱等几种形式。

锻造首柱断面形状一般比较简单，常呈矩形。目前，锻造首柱仅用于小船上。钢板焊接的首柱重量较轻，便于维修，但容易变形，承受外力不大。铸造首柱能够承受较大型的外力，但重量大。目前，整个首柱都采用铸造的很少。较大型的船舶上，利用钢板焊接首柱和铸造首柱的优点，做成混合式的首柱。在设计水线附近及以下部分，型线较瘦削，承受外力大，强度要求高，采用铸钢，而在设计水线以上的部分，采用钢板焊接。

首柱装配在胎架上进行，有正装和侧装两种。所谓正装，它的胎架基面垂直于中纵剖面。这种方法适用于较平直的首柱。而侧装（卧式装配法）胎架的基面平行于中纵剖面。

现以某万吨船首柱为例，介绍首柱的装配方法（图8-32）。首柱为钢板焊接和铸钢件混合组成，采用卧式装配法。首尖舱平台以下部分由铸钢件焊接而成。

1. 简要装焊步骤

平台上划出首柱轮廓线、中心线、肋骨线、水线和直剖线→竖立首柱安装模板→吊装首柱零件（包括首柱包板）→开准对接坡口→装配定位→加强→焊接→拆除与模板间定位焊→矫正变形→测量。

2. 装焊步骤说明

（1）制造胎架。根据首柱型线样板在平台上划出首柱轮廓、铸件接缝线、胎板位置等。竖

立胎板,标出水平基准线,按首柱断面样板划出断面型线,并进行切割,其方法与尾柱胎架的制造方法基本相同,见图 8-33。

(2)接头形式:

①首柱铸件相接,采用双 U 型坡口的手工焊,因此接头形式不同于尾柱铸件的对接。采用双 U 型坡口形式,既能保证首柱的强度,又能减少焊接工作量,并可减小焊接变形。

②首柱铸件与船体外板的连接采用搭接形式。为了保证外板与铸钢件能牢固连接,在搭接部位铸件的渣皮要清除干净。渣皮清除的质量对焊缝强度有直接影响,这项工作要在铸件合拢之前进行。铸件渣皮可用碳刨清除。

(3)铸件的拼接。先将中间一段铸钢件吊上胎架进行划线(图 8-34)。待铸件中心线及外行轮廓线相符合后,稍作固定,即可用线锤按平台上的接缝线位置反驳到铸件上,并画出断线。将铸件吊下胎架进行切割,并割出双 U 型坡口。

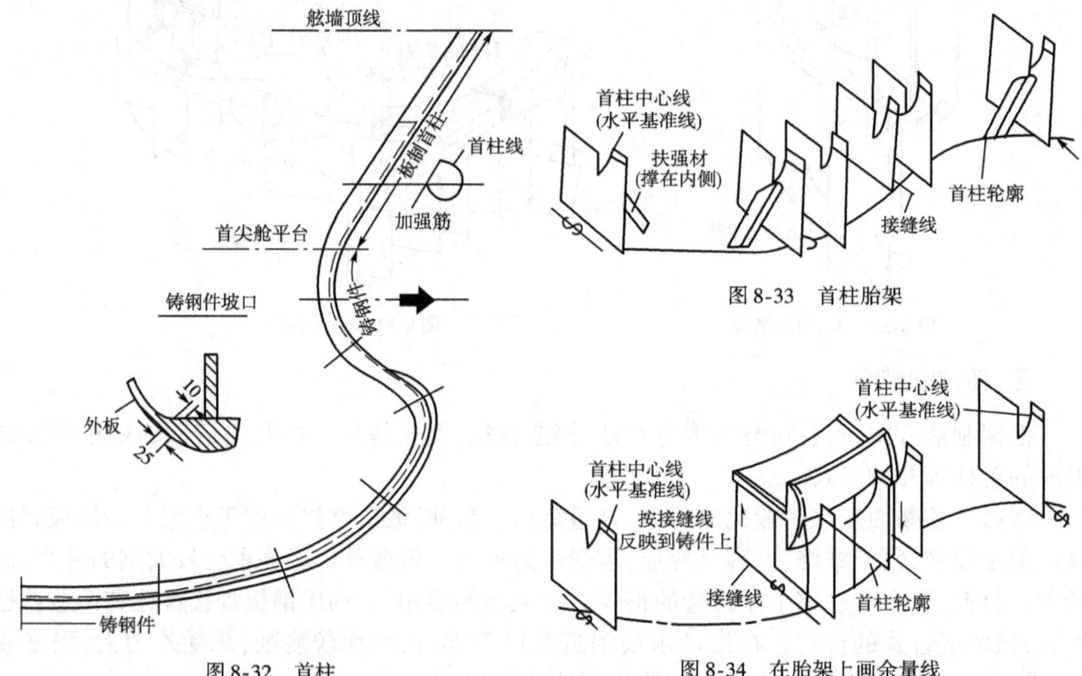

图 8-32　首柱

图 8-33　首柱胎架

图 8-34　在胎架上画余量线

在中段铸件吊出胎架后,将另两段铸件吊上胎架进行定位,以同样方法在此两段铸件上画出断线,并即在胎架上进行切割,接头也割成双 U 型坡口。

清理铸件接头处双 U 型坡口。将中间段铸件吊上胎架进行拼接时,要使接头处型线和顺,构件对准,以保证强度。拼装好的首柱(图 8-35),要与胎架或平台牢固连接,在接缝上加马板后再进行焊接。

按照上述方法,将首柱铸钢件逐段拼接。小合拢的段数是根据首分段建造工艺确定的。

在首尖舱平台以上一段首柱,是在胎架上由钢板拼焊而成,并采用卧式装配法。它的装配是按图 8-36 中所示的(1)~(4)程序。在装配之前用内卡样板对首柱板的形状进行复查,所有横向加强肘板都要用样板重新划线,肘板装上首柱板时,不能使首柱板有局部凸出或凹陷,以保持首柱型线的光顺。

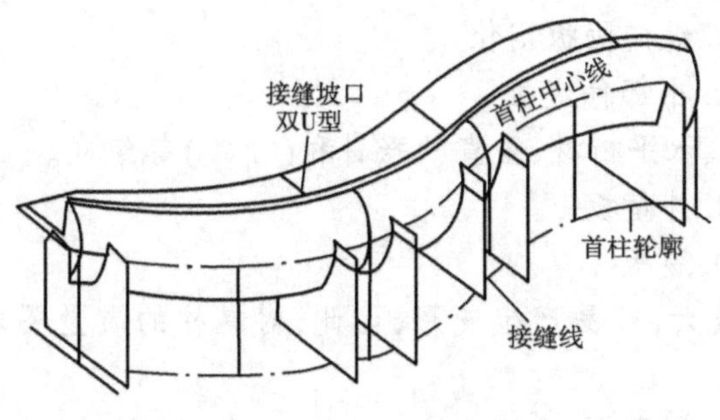

图 8-35　首柱的焊接

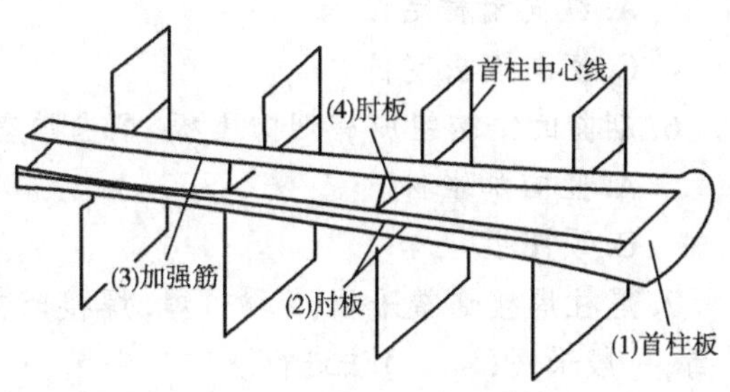

图 8-36　钢板首柱段装配

SIKAOYULIANXI

一、名词解释

1. 船体零件。
2. 船体部件。
3. 船体分段。
4. 船体总段。
5. 胎架。
6. 弯曲 T 型梁。

二、选择题(单项选择题,即只有一个答案是对的)

1. 胎架的组成主要有模板、胎架基准面、(　　)和纵横向连接构件。

A. 胎板　　B. 胎架工作曲面
C. 牵条　　D. 拉马角钢

2. 平切、正切和单斜切基准面都是其基准面(　　)肋骨剖面的,在肋骨剖面上呈一根直线。

A. 垂直　　B. 倾斜
C. 平行　　D. 不垂直

3. 拼板时,在兼有边、端缝的情况下,一般先拼装(　　),后拼装(　　)。而在焊接时,为了减少焊接应力,应先焊(　　),后焊接(　　)。

A. 端缝;边缝;边缝;端缝　　B. 端缝;边缝;边缝;端缝
C. 边缝;端缝;端缝;边缝　　D. 边缝;端缝;边缝;端缝

4. 直 T 型梁采用(　　)法装焊,弯曲 T 型梁采用(　　)法装焊。

A. 侧装;倒装　　B. 正装;侧装
C. 倒装;正装　　D. 倒装;侧装

5. 主机基座的装焊步骤:纵向桁材、横向隔板、加强肋板小部件的装焊→胎架准备→吊装

主机座纵桁定位→(　　)→加强肘板定位→焊接→检验→矫正。

A. 纵向桁材定位　　B. 纵向隔板定位

C. 横向隔板定位　　D. 小部件定位

6. 烟囱的结构组成有烟囱围板、烟囱顶盖板、水平桁材、垂直扶强材和(　　)等组成。

A. 竖向加强材　　B. 外壁板

C. 顶圈板　　D. 腹板

7. 尾柱焊接通常采用(　　)焊,焊接时热量大,容易产生变形,因此,对尾柱的质量要求很高,一般采用(　　)法进行。

A. 二氧化碳气体保护焊;侧造　　B. 埋弧焊;正造

C. 电渣焊;反造　　D. 电渣焊;侧造

8. 钢板蜂窝平台就是在钢板上开有蜂窝状圆孔,主要用来(　　)装配焊接,还可用于矫正变形。

A. 部件和组合件　　B. 船体分段

C. 船体总段　　D. 全船

9. 圆盘式输送平台,主要用于钢板拼接和(　　)的运送。

A. 船体部件　　B. 船体平面分段

C. 船体尾总段　　D. 全船

10. 外胎架是指工作表面为船体分段或总段外板的(　　),绝大多数胎架属于外胎架。

A. 型表面　　B. 外表面

C. 内表面　　D. 理论表面

三、判断题(对的打"√",错的打"×")

1. 船体预装配的工艺装备有船台和胎架两类。　(　　)

2. 船体装配的平台通常有钢板平台、型钢平台、水泥平台、钢板蜂窝式平台、辊柱输送平台等。　(　　)

3. 胎架按用途可分为内胎架和外胎架等。　(　　)

4. 专用胎架的胎板形式主要有单板式、桁架式、框架式和支点角钢式。　(　　)

5. 普通肋骨框架主要有肋板、强肋骨、强横梁、肘板组成的环形框架。　(　　)

6. 在装配甲板舱口处的普通肋骨框架时,横梁是反向的,装配时应特别注意以免发生差错。为防止吊运时产生变形,对舱口区域的间断横梁及被中内龙骨断开的肋板不需作临时加强。　(　　)

7. 舵按剖面形状分为平板型舵和流线型舵两种。舵叶一般采用正装法,在胎架上进行。　(　　)

8. 纵向胎板的工作边缘线需先作出船体的横剖线,再扣去外板厚度而得出。　(　　)

9. 支柱式和支点角钢式胎架与分段外板为点接触形式。　(　　)

10. 在较大型的船舶上,一般做成混合式的首柱,即在设计水线附近及以下部分,型线较瘦削,承受外力大,强度要求高,采用铸钢,而在设计水线以上的部分,采用钢板焊接。　(　　)

四、简答题

1. 船体装配大致可分为哪四个步骤?

2. 胎架设计与制造的原则与要求是什么？
3. 简述支点角钢式胎架的制造步骤。
4. 简述强肋骨框架的组成与装焊步骤。
5. 试说明流线型舵叶装配时的质量要求有哪些？
6. 说明流线型舵的装焊方法与步骤。
7. 简述首柱的装焊方法与步骤。
8. 说明烟囱管的装焊方法与步骤。

第九章　船体分(总)段装焊

● **学习目标**

知识目标

1. 掌握分段制造应完成的主要工作内容;
2. 掌握纵骨架式双层底分段正装与倒装制造过程;
3. 掌握横骨架式舷侧分段制造过程;
4. 掌握纵骨架式甲板分段的装焊程序;
5. 熟悉船体分段的焊接变形预防与矫正;
6. 了解横骨架式尾部总段制造程序;
7. 了解横骨架式首部总段制造程序;
8. 熟悉船体中部的底部、舱壁、舷侧、甲板各分段怎样组装成中部总段;
9. 了解船体总段的焊接变形预防措施。

能力目标

1. 能完成分段胎架设计;
2. 对船体分段,能:

(1)选择装配基准面;

(2)制定合理的装配程序;

(3)制定合理的焊接程序。

分(总)段装配焊接工作归纳起来有以下3项主要内容:

(1)选择分(总)段装配基准面和工艺装备(平台或胎架);

(2)选择合理的装配程序;

(3)选择合理的焊接程序。

下面仅就几种典型分(总)段叙述其制造过程和装焊要点。

第一节　底部立体分段的装焊

底部分段从结构形式上分为双底和单底两大类。内底边板又可分为平直、向下折角、向上折角、阶梯形等4种形式,如图9-1所示。由于底部分段的结构及钢板的厚度不同,因此装配方法有正装和倒装两种。正装法是以外底板为基准面,一般在胎架上装焊,因此能够保证底部

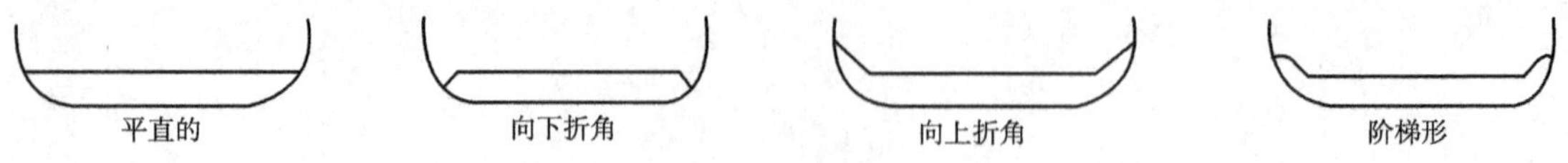

图9-1　双层底形式

的正确型线。对于单底结构或壳板较薄的底部分段,特别是成批生产这类结构的产品,多采用正装法。但正装法所用的胎架需耗费较多的辅助钢材和一定的工时,增加建造成本。倒装法是以内底板为基准面,在型钢平台或墩木上进行装焊的,它是利用肋板、龙骨等纵横骨架来保证底部型线的,其正确性比正装法要差些,但可省去胎架,故大多用于双底结构或单船生产。

下面重点介绍双层底立体分段(平直内底边板)的正装方法。

1. 制造胎架

根据第八章第一节介绍的胎架制造方法,将双层底立体分段的胎架做好。通常选择平切基准面(图 4-5a),并由坚固的基础、胎架底座、胎架模板、纵横向牵条、边缘角钢以及胎架中心线划线架、拉马角钢等组成,一般使用横向模板胎架如图 8-7、图 8-12 与图 8-13 所示。

2. 底板装焊

从 K 行板开始,依次将平直部分和曲形部分的外底板吊上胎架,并将接缝边的铁锈用砂轮清除干净。当 K 行板吊上胎架后,应使其中心线对准胎架中心线;其纵向位置以 K 板伸出端部胎架的长度来确定(当分段长度为一张钢板长度时),如图 9-2 所示。当 K 行板的纵横位置确定后,用马板固定于胎架上并与胎板贴紧。左右两侧平直部分外底板的拼接与在平台上拼板的方法基本相同,平直底板亦可先用自动焊拼妥后吊装;曲形外底板的装配可按次序一列列进行。装配两侧外底板时,其基准边与余量边通常为:以前一行已定位底板的纵缝为基准,与之相接的后一行未定位底板的纵缝为有余量边;横缝则以环缝线为准,画出切割线,对于奠基分段首尾横缝都须正确切割,对于非奠基分段则与奠基分段相近的一端留有余量,另一端则为基准边,也须正确切割。

曲形外底板装配时,一般是尽量把刚吊上胎架的后一列钢板插入已定位好的前一列底板下面。以便于进行套割(图 9-3)。套割时注意应使割嘴与钢板接缝成直角状并紧贴上层的板边,以保证割缝间隙正确而均匀,否则会出现斜边或间隙不均等现象,影响装配质量。当板材较厚不便插入时,可将两板边缘对平,以定位妥的板边为准,平行画出另一板的余量线再予切割。

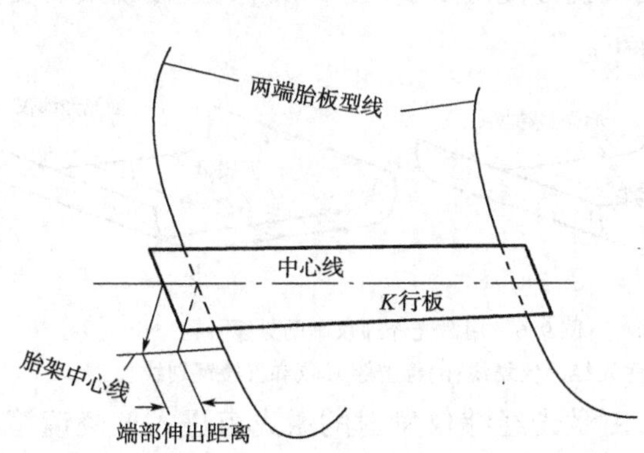

图 9-2　底板装配中的定位

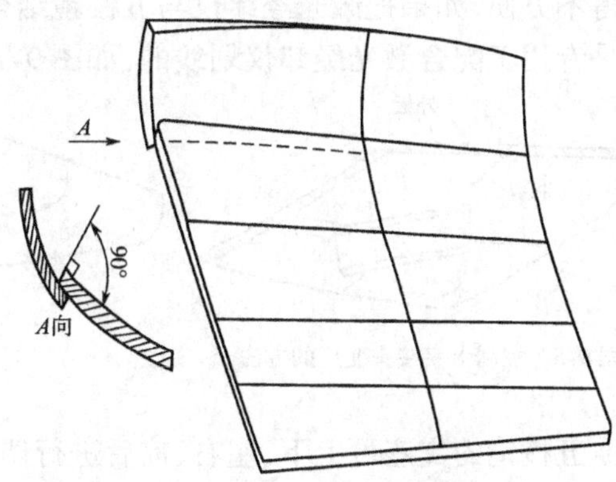

图 9-3　底板装配中的定位拼板套割法

拼接的板边需待平整后才能进行定位焊。如遇板缝不平,可用马板和铁楔楔平。板缝定位焊后应使外板与胎架用马板固定,但切忌与胎板直接用定位焊固定,以免分段完工后割除定位焊时割坏胎板线,或漏割定位焊后在分段吊离胎架时发生严重事故。凡外板与胎架贴紧的部位,可用“扁铁马”或“麻花马”固定,这两种马板都能保证分段与胎架具有弹性连接的作用,

要求其与胎板连接的焊缝焊在马板的下端且为一小段。对于脱空的部位,可用能调节的“螺杆马”或“弓形马”拉紧(图9-4)。

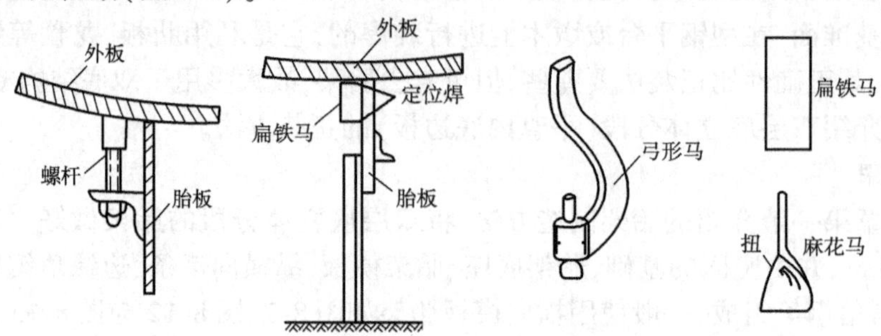

图9-4 底板与胎架的固定方式

底板拼装与固定应交错进行,平直底板可待全部拼装妥后,再用马板固定;曲形底板必须安装与固定交替施工,否则,全部曲形底板安装完毕再用马板拉紧,会出现曲形不尽相符,强行拉紧时产生过大的内应力,以致使底板接缝处定位焊崩裂。

分段底板铺设完毕后,即行焊接。平直底板的接缝可用埋弧自动焊焊接,焊前两端装上工艺板。曲形底板的接缝多用手工电弧焊焊接,有些需开坡口时,则在其反面加设定位焊,以保证板缝平整,凡十字接缝处,还需加设“梳状马”,此马不可直接跨在十字缝部位(图9-5)。焊接时应采取适当的焊接程序,以控制焊接变形。

3. 在底板上画纵横骨架线

根据胎架中心线在分段的两端标出中心点,连接该两点即得分段中心线。然后画出肋骨线,肋骨线的画法有下列几种:第一种是激光经纬仪法,即把胎架中心线复画到底板上后,用样棒或根据草图用钢卷尺在分段中心线上标出每档肋骨点后,过每一肋骨点架好激光经纬仪,校好水平,对准分段中心线,读取水平度盘角度 α,然后旋转90°,固定水平度盘,发射激光束,转动竖直度盘求得许多激光点,顺点连线即为肋骨线(图9-6a)。这种画法因要经常搬动仪器而显得不方便,如果把激光经纬仪与五棱镜结合划线就方便得多了(图9-6b)。五棱镜及其支座就是专用于配合激光经纬仪划线的,如图9-7所示。

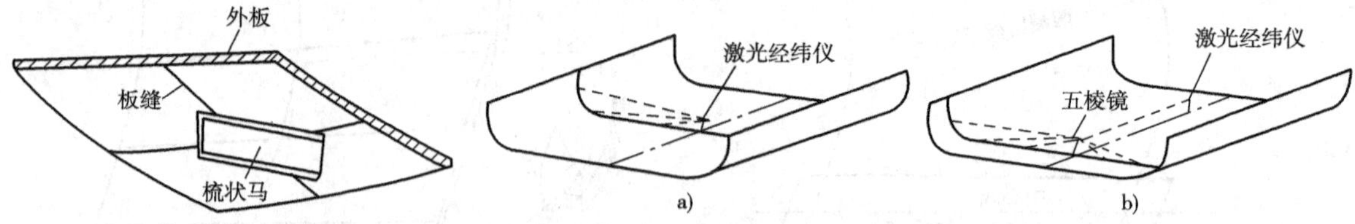

图9-5 控制十字接头变形的方法

图9-6 用激光经纬仪画肋骨线

a)激光经纬仪划线;b)激光经纬仪和五棱镜划线

五棱镜的支座可上下、左右、前后进行调节,由激光经纬仪发射的激光束进入五棱镜箱的进光口后,折射90°从出光口射出。五棱镜箱可旋转360°。支座的底脚装有磁铁开关,固定位置后打开开关就能使整个支座连同五棱镜牢固地吸附于钢板上。因此,只要把五棱镜及其支座放到中心线上某肋骨点处,激光经纬仪置于中心线上,发射的激光束投至五棱镜时,光束按90°折射到底板上,转动五棱镜,即可在底板上得出数点,连接各点即为肋骨线,如图9-6b)所示。第二种是拉线架吊线锤法,即从胎架拉线架上的已知肋位处拉根钢丝,在钢丝上吊线锤找出若干底板上的点,再用样条将这些点连接起来即得肋骨线(图 9-8 右)。第三种是基准线对线法,即将胎架基准面上标出的基准肋骨线用线锤复到底板上口边,以该点为准,用肋骨间距在上口线的展开样棒来画出上口线上的各肋骨点,打上标记,然后沿对应点子拉出钢丝,用吊线锤的方法找出若干点子,即可画出肋骨线(图 9-8 中)。第四种是拉线交面法,即利用肋骨平面画出肋骨线的方法。这种方法是已知底板上口线及中心线上的各肋骨点后,用两根粉线进行划线,即一根咬住一舷底板上口线及中心线上的对应肋骨点,并绷紧固定,另一根的一端咬住另一舷底板上口线的相应肋骨点,使另一端靠着绷紧的粉线移动,其线头与底板相交点的连线为肋骨线(图 9-8 左)。

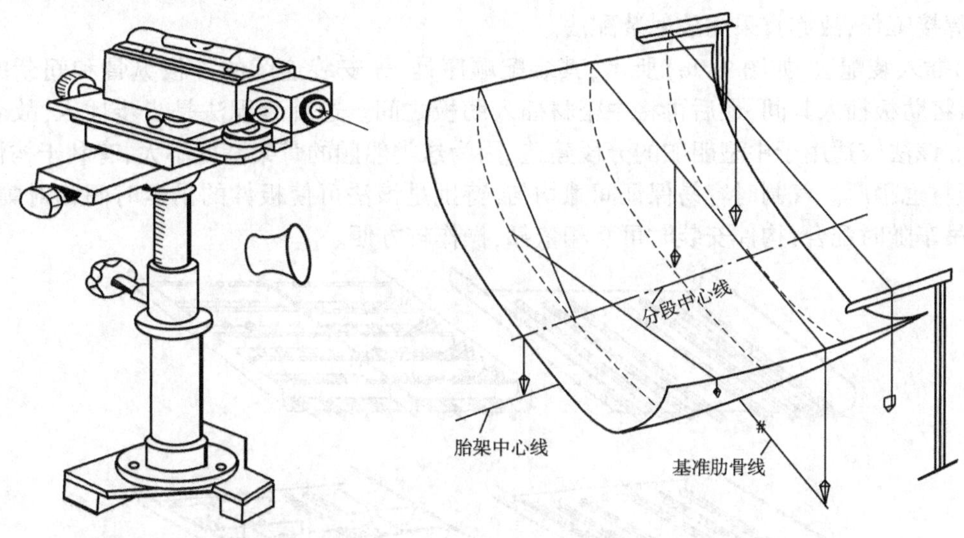

图 9-7　五棱镜及其支座　　图 9-8　底板上纵横向骨架划线法

纵向骨架线的画法是在基准肋骨线上画出纵向骨架点,将激光经纬仪对准该点,以肋骨线为准,旋转 90°后固定水平度盘,转动竖直度盘并发射激光束,在底板上定出若干点,然后顺点连线即得纵向骨架线。同样,画纵向骨架线也可将五棱镜放在基准肋骨线上某一纵向骨架点处,激光经纬仪置于基准肋骨线上,发射的激光束经五棱镜成 90°折射后找出若干点,再顺点连线画出纵向骨架线。或者根据草图展开尺寸或利用展开样棒在各肋骨线上标出点子,然后连接各对应纵骨架点即得纵向骨架线。

以上划线方法,根据实际情况任选一种。纵横骨架线画妥后,需进行复查,并作出标记。

4. 纵横骨架的安装

纵横骨架的安装有 3 种方法:

(1)分离装配法:如图 9-9a)所示,一般是将外底纵骨、旁桁材、中桁材等纵向构件分别对准外底板上相应的骨架线,用马板和铁楔将其压紧在底板上,随即定位焊固定,并用临时撑材来保持其垂直度。接着使用自动焊或半自动焊将其角接缝焊妥。这是一种边装边焊的先进工艺,其特点是有利于扩大自动焊或半自动焊的应用,提高焊接质量,减少分段的总体变形,对于板材较厚而又平直的分段甚为适用。纵向构件装焊妥后,再将肋板按对应肋号插入旁桁材之间,用马板或松紧螺钉压紧后,定位焊固定,再予焊接肋板与纵向构件之间的立角焊缝,以及肋板与外底板之间的平角焊缝。

(2)放射装配法:如图9-9b)所示,其装配顺序是,先装外底纵骨,接着安装中间肋板,并将邻近该肋板的旁桁材靠上,使之就位,然后再安装相邻的肋板及其邻接的旁桁材,最后插入中桁材即完成整个骨架的安装工作。这种装配法是从中央向四周扩展的,故名放射装配法。它适用于板材厚度较大,且高度在1m以上的双底结构。由于骨架较高,重量也相应增大,安装时需要吊车随时配合。这种高骨架结构若采用插入方式装配,需作难度较大的垂直切割以修整十字接头的间隙,由于骨架较高,数量较多,切割的劳动强度也较大。采用放射装配法虽需吊车随时配合,但可避免上述缺点。对于小型船舶而言,其骨架虽较低,有利于构件的插入,但由于板材较薄,在修整十字接头间隙时很难保证其质量,且修整后的间隙一般偏大,以致影响以后的焊接工作,故亦宜采用放射装配法。

(3)插入装配法:如图9-9c)所示,其装配顺序是,先安装连续的外板纵骨和间断的旁桁材,然后将肋板插入其间,最后再将中桁材插入肋板之间。这种装配法是步步插入,故名插入装配法。该法较适用于中型船舶的分段建造,因为这类船舶的骨架高度不大,有利于构件的插入,且板材也稍厚。气割时容易保证间隙均匀,特别是该法可使板件的吊运时间相对集中,也不需要吊车随时配合,构件安装时可互相依靠,操作较方便。

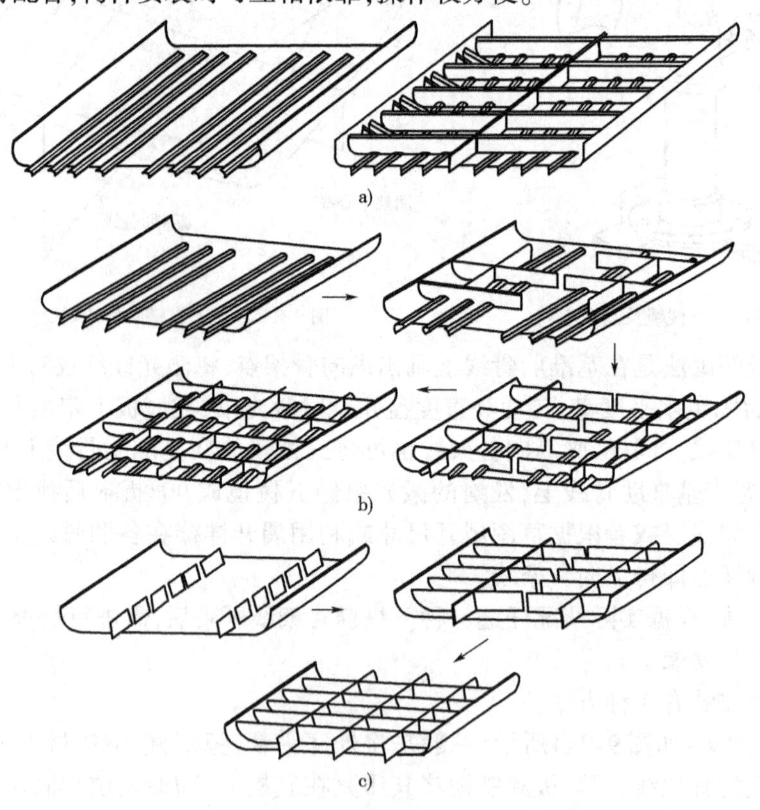

图9-9 纵横骨架安装法

a)分离装配法;b)放射装配法;c)插入装配法

5. 焊接

当采用分离装配法安装纵横骨架时,纵向(主向)构件边装边焊,多为单面连续焊,且中桁材、旁桁材、船底纵骨与船底外板的角接焊缝用自动角焊机或半自动角焊机施焊,其焊接程序

见图9-10。在外底板上安装肋板(交叉构件)后,则先焊肋板与中桁材、旁桁材、船底纵骨间的连续立角焊缝,其焊接程序见图9-11。然后再焊接肋板与船底外板的单面连续平角焊缝,其焊接程序见图9-12。

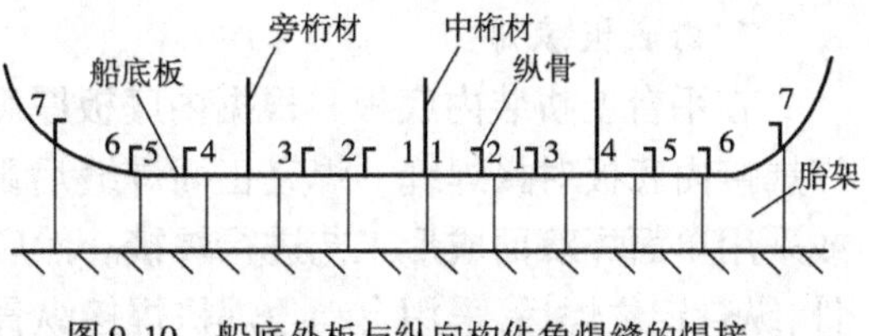

图9-10　船底外板与纵向构件角焊缝的焊接

当采用放射装配法或插入装配法安装纵横骨架时,通常是与船底外板连接的纵横骨架全部安装好后,再进行焊接。这时应先焊纵横骨架间的连续立角焊缝,然后再焊纵横骨架与船底外板连接的平角焊缝,通常为双面交错间断焊缝,其焊接程序如图9-13所示。

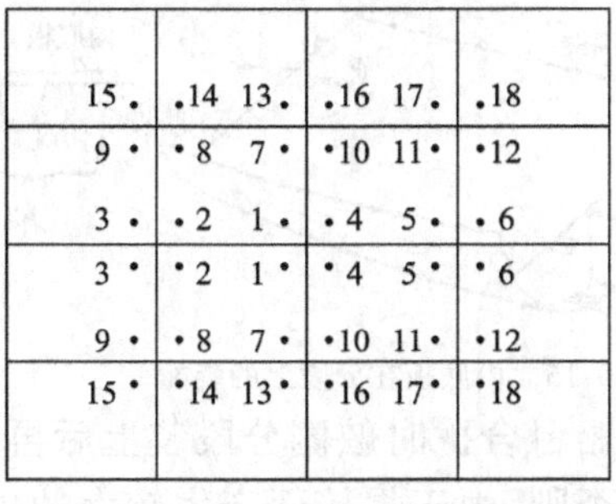

图9-11　肋板与纵向构件的立角焊缝的焊接程序

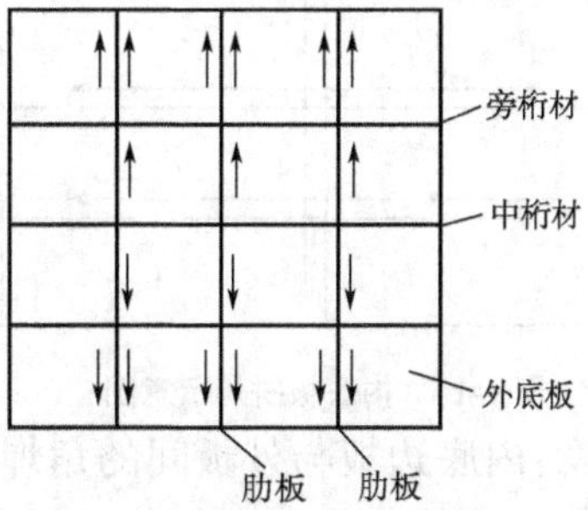

图9-12　肋板与外底板平角焊缝的焊接程序

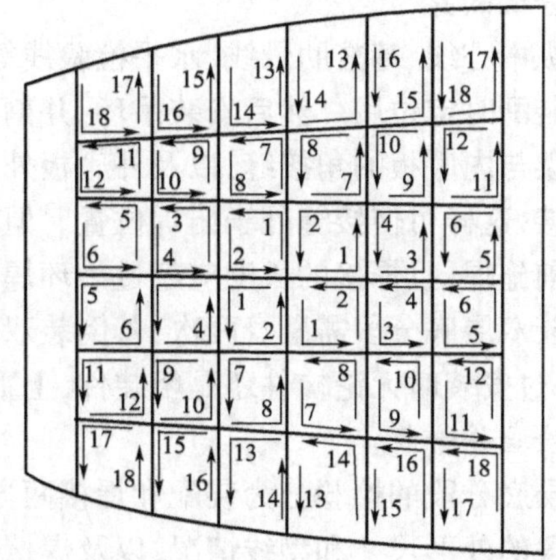

图9-13　双层底分段焊接程序示意图

为了减少焊接变形,施焊时要求双数焊工对称施焊,并严格按照焊接规范和焊接程序施工,还要采取预防焊接变形的有效措施,以保证分段的制造质量,因为分段焊接变形较难矫正。

6. 分段舾装

将预先经过模型放样并加工结束的双层底分段内的管系及其附件等也安装妥,至于安装在内底板上的舾装件,则在内底板装焊结束并待分段整个矫正完毕后再进行。这种在分段建造中将该分段内的舾装件也一起装焊妥的工艺,叫做分段舾装。它使舾装工程中的一部分提前到分段制造时完成,有利于改善劳动条件,缩短整个造船周期,只是增加了分段的重量。因此,在分段划分时,就要保证包括舾装件在内的各个分段的重量,在起重运输能力所允许的范围内。

7. 内底板装焊

在平台上拼装内底板。根据内底板厚度,不开坡口或预先开坡口,定位焊后,采用埋弧自动焊焊接内底板对接焊缝。焊完正面焊缝后翻板,并进行反面焊缝的焊接。焊接程序见图9-14。或采用单面焊双面成形工艺进行焊接。然后画骨架线和边界线。在焊妥的内底板上装配内底纵骨,纵骨定位焊后,采用自动角焊机焊接纵骨与内底板的角接焊缝。再画边界线并准确切割。

将内底板平面分段吊装到船底骨架上,并用定位焊将它与船底骨架、船底外板点焊定位,见图9-15。

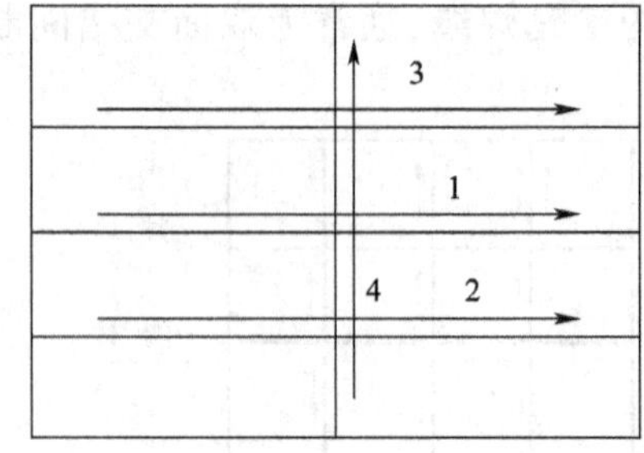

图9-14　内底板拼焊示意图

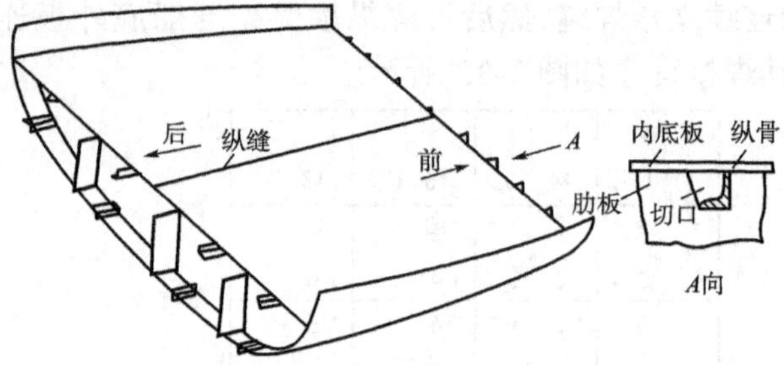

图9-15　内底板在分段上的装配

注意:内底边板与外板间的角焊缝不宜先焊,可待船台合拢时舷侧分段装上后再行焊接,这样可保证舷侧分段和底部分段接合处的型线光顺。否则,由于焊接而产生较大的角变形及外板边缘失去稳定性,致使舷侧分段在安装时发生困难。

8. 分段翻身

将纵中心线、基准肋骨线、水平检验线等定位线,复绘到双底分段外表面上,且作好标记,供船台装配时定位用。然后安装吊环,并割胎,即割除底板与胎架相连的马板。

骨架与内底板的角接缝,以及外底板外表面对接缝的碳刨开槽封底焊等可待分段翻身后进行焊接,这样可使接缝处于俯焊位置。但在吊环处的骨架与内底板间的焊缝,必须在分段吊离胎架前施焊,且焊接的长度应超过吊环焊缝长度的一倍以上,以保证分段吊运的安全。

正装双层底分段需翻身两次,若倒装双层底分段则只需翻身一次。而且倒装可在平台上进行,不过安装时无论构件还是舾装件,上下左右都是颠倒的,不能搞错。

9. 检验并涂装

双层底分段的检验分为装配和焊接两方面的检验,实际上贯穿于制造的全过程。装配质量指分段的外形尺寸和型线情况,以及焊接变形的火工矫正。焊接质量指焊缝的外部与内部没有缺陷,密性好。并为船体总装作好准备,如大合拢缝的标准边切割正确,余量边画有余量线,还有定位线、对合线等。

分段涂装在检验后进行,且按设计涂若干层漆料,但大接头处需留50~100mm宽的区域暂不涂装,待大合拢后再检验并涂装。最后一道面漆分段涂装时也不涂。

第二节　舷侧曲面分段的装焊

平行中体部分的舷侧分段因是平直的,可直接在平台上进行装焊,其装焊工艺也较简单。近首尾处的舷侧分段,沿纵横方向都有曲度,因而需要在胎架上进行装焊。

1. 制造胎架

舷侧分段所采用的胎架有正切、单斜切、正斜切和双斜切几种。采用正切和单斜切基准面胎架时,其装焊工艺与正装法的底部分段类似。采用正斜切和双斜切基准面胎架时,其装焊工艺比较复杂。现以双斜切胎架为例来加以说明。

2. 外板装焊

将已加工妥的外板铺放在胎架上,先将中间一行外板的前后位置对准(可根据端部胎板直接量取如图 9-16 所示),并使其纵缝对准胎架上的边接缝线,这时可用马板使之与胎架贴紧并固定。然后拼装相邻的各行外板,对准其位置并配合恰当后,也用马板固定之。板缝余量套割后用定位焊固定。拼接完毕后即可进行焊接工作。

3. 舷部纵横骨架划线

双斜切舷侧胎架上的划线常用激光经纬仪法,即在胎架外的平台上作垂直相交的两根直线 *AO* 和 0*B*,如图 9-17 所示,且使 *AO* 平行于胎架中心线,0*B* 与胎架中心线相交于 *C* 点,过 *C* 点架设激光经纬仪即可在外板上画出中心线。在 *OB* 线上以 *C* 点为准,可找出纵向构件位置点 *D*、*E*、*F*、*G* 等,用同样的方法,可以过这些点画出外板上的纵向骨架线。在中心线上用伸长肋距样条或草图、卷尺可找出各肋骨位置点。同理,在各纵向骨架线和分段纵缝线上也找出各肋骨位置点,用样条将相同肋骨位置点连接起来即为各肋骨线。

图 9-16 中垂直胎板为改造后的,有利于胎架制造。

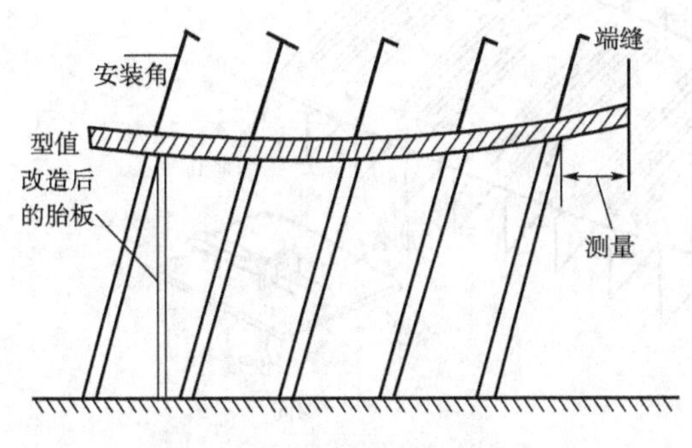

图 9-16 外板纵向位置的确定

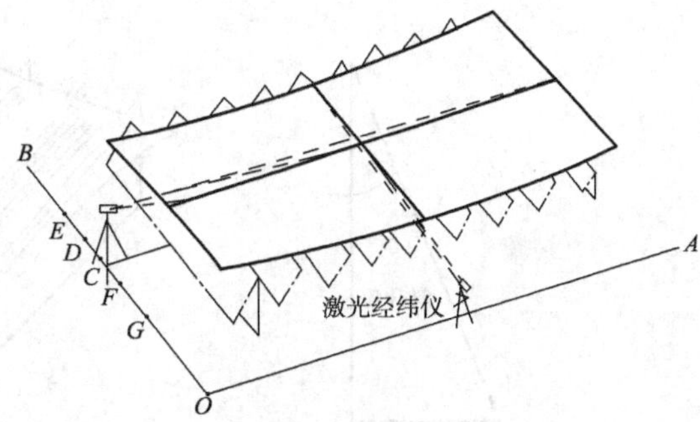

图 9-17 激光经纬仪法

4. 纵横骨架装焊

先将各肋骨对准相应位置,并在其一端用定位焊初步固定,然后用通用角度样板(图 9-18)校正其与外板之间的夹角,方法见图 9-16 ~ 图 9-19 所示,将通用角度样板调至 θ 角,横骨架外立面靠紧通用角度样板立杆面,通用角度样板水平杆水平,并用马板和铁楔将肋骨逐段与外板贴紧,同时用定位焊将肋骨固定(图 9-21)。横骨架的安装也可用(图 9-20)样板校正其与外板之间的夹角,采用哪种样板,视使用情况定。

在肋骨安装后,即可安装间断的舷侧纵桁,并将强肋骨插入其间,用“马”楔紧后即行定位焊(图 9-22)。也可采取安装一段舷侧纵桁后,再安装一档强肋骨的放射装配方式,这样有利于保证舷侧纵桁与强肋骨之间的装配间隙。

当舷侧分段带有甲板边板时,若甲板边板与肋骨采用叉口形式连接,则在安装甲板边板前,应在甲板插入处的肋骨翼缘碳刨开槽(槽宽与甲板边板厚度相当),甲板边板也应在肋位

处开出与肋骨腹板厚度相等的槽,然后对准插入,并用角度样板检查甲板与舷侧的夹角,用松紧螺钉拉紧后即行定位焊,同时装上临时支撑(图9-23a)。也有甲板边板与舷侧肋骨采用补板形式连接的(图9-23b)。前述构件之间的叉口连接形式,装配比较麻烦,但构件插入后互有依靠,不需吊车长时间配合,且接头处较易施焊,水密性好,并可省去水密补板,减少焊缝,是一种工艺性较好的连接形式。

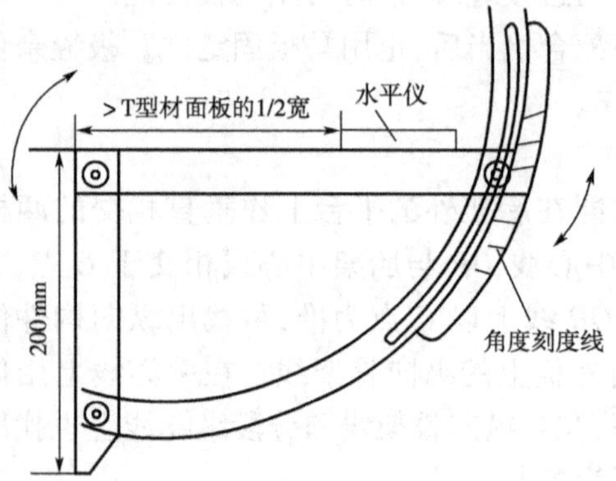

图9-18 通用角度样板

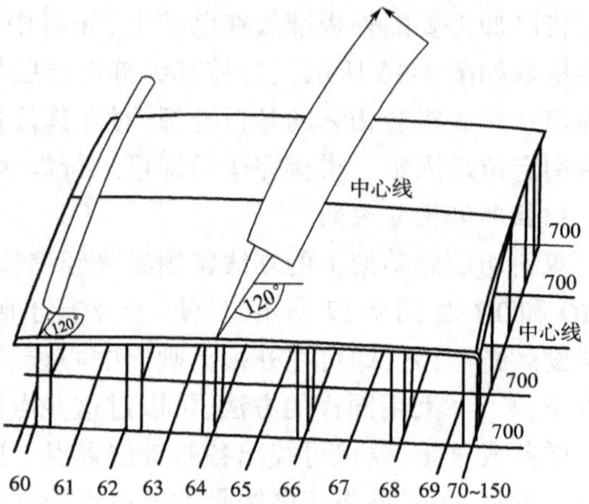

图9-19 横骨架安装角

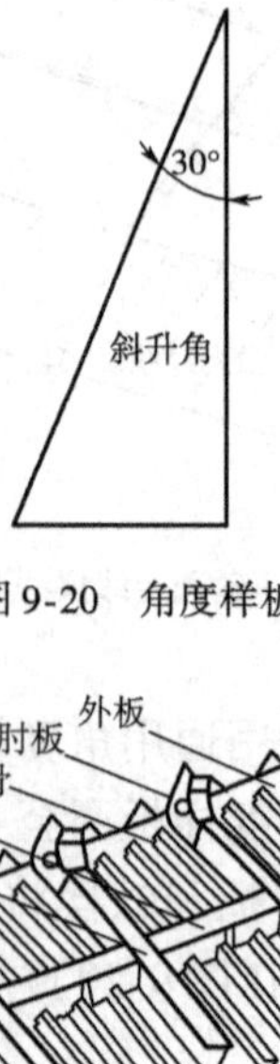

图9-20 角度样板

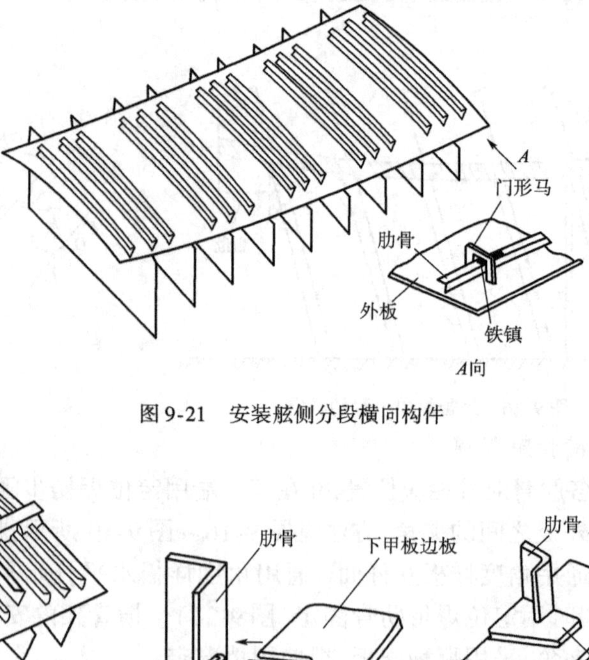

图9-21 安装舷侧分段横向构件

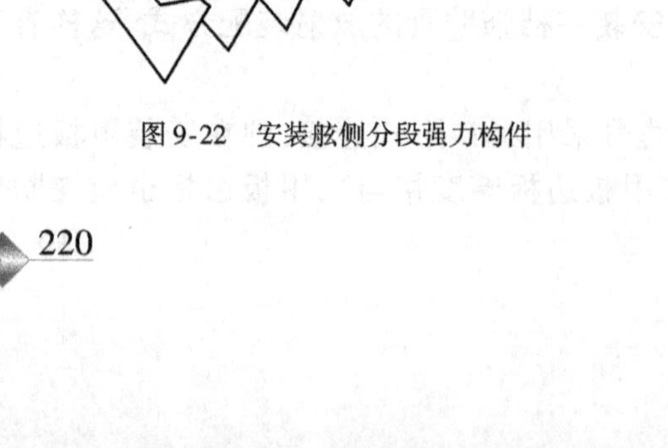

图9-22 安装舷侧分段强力构件

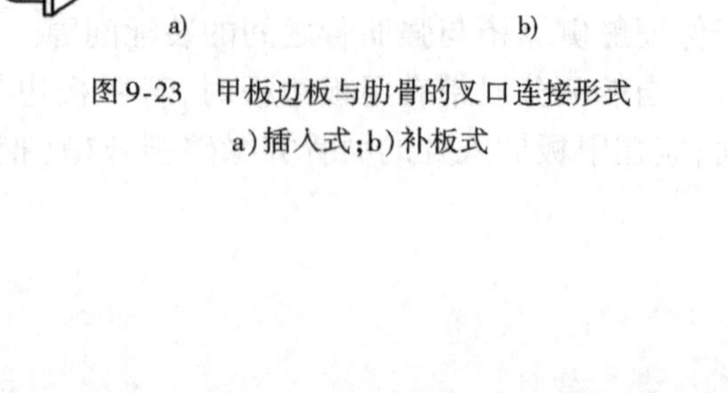

图9-23 甲板边板与肋骨的叉口连接形式

a)插入式;b)补板式

5. 焊接

舷侧分段外板的对接焊已在前面完成,这时先进行构件之间的对接缝焊接,再进行构件之间的立角缝焊接,最后焊接构件与外板的角接焊缝。构件间的立角焊缝和构件与外板的角接焊缝的焊接程序见图 9-24 和图 9-25。

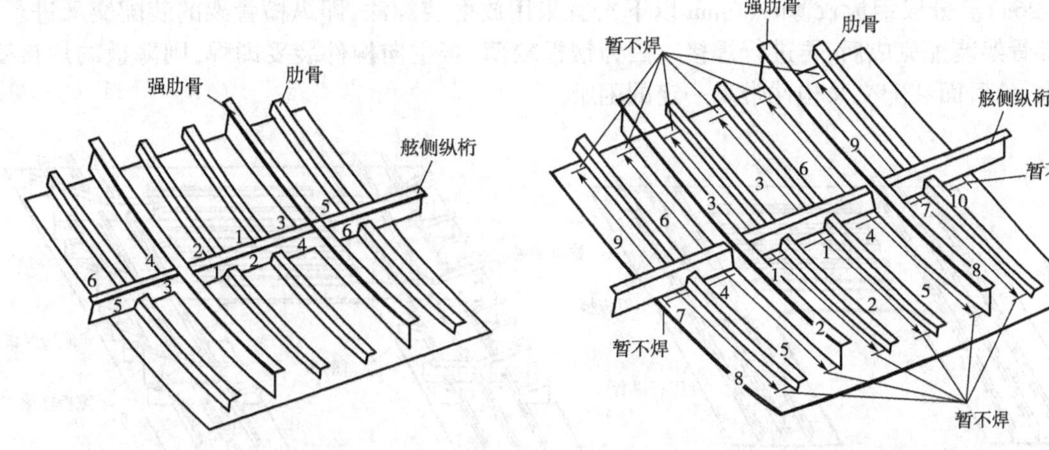

图 9-24　构件间立角焊缝的焊接程序　　　图 9-25　外板与构件间角焊缝的焊接程序

同底部分段一样,构件装配焊接亦可根据具体情况采用分离装配法,并采用自动焊或半自动焊焊接构件与外板的角接焊缝。

6. 分段舾装

将预先放样加工好的管系及其附件、辅机基座等舾装件在相应位置安装完毕,同时将临时加强材也安装妥。

7. 分段翻身

当舷侧分段纵横骨架和舾装件装焊结束后,应将胎架中心线、基准肋骨线、水平检验线等复绘到舷侧分段外表面上,并作出标记。然后,将吊环安装好,即可拆去舷侧分段与胎架连接的马板,把舷侧分段吊离胎架,翻身后进行外板外表面接缝碳刨开槽后的封底焊,密性试验后进行分段涂装,再提交船台合拢。

第三节　甲板分段的装焊

甲板分段由甲板板、横梁、强横梁、甲板纵桁、舱口围板等组成,甲板分段的型线虽是双曲度的但较平坦,因此甲板分段的装配工作比其他分段简单些。

1. 制造胎架

胎架采取平切基准面,可用简便的支柱式胎架,而钢板较薄的甲板分段以采用框架式胎架为宜。甲板分段胎架是取甲板的梁拱和脊弧形状而制成的。甲板分段采用倒装法制造。

2. 拼甲板板

甲板分段的甲板板拼装有两种方法:一种是较薄的钢板在平台上先行拼妥或部分拼妥,焊接采用单面焊双面成型的自动焊,然后再吊上甲板胎架。另一种是较厚的钢板在胎架上进行甲板板的拼接,其方法与前述分段拼板相似。

3. 纵横骨架划线与安装

甲板分段的划线与底部分段相同。因甲板分段是倒装,故需注意骨架的左右位置应与图中相反。纵横骨架的安装可采用分离装配法。若分段是纵骨架式结构,可先装纵向构件,焊接后再装焊横向构件;若分段是横骨架式结构,则先装横向构件,焊接后再装焊纵向构件(图9-26a)。分段钢板较薄时(6mm以下),宜采用放射装配法,即纵横骨架的装配交叉进行,待全部骨架装配完成后,再进行焊接。因为钢板较薄,若主向构件装妥即焊,则薄板的焊接变形较大,给后面装配交叉构件带来一定的困难。

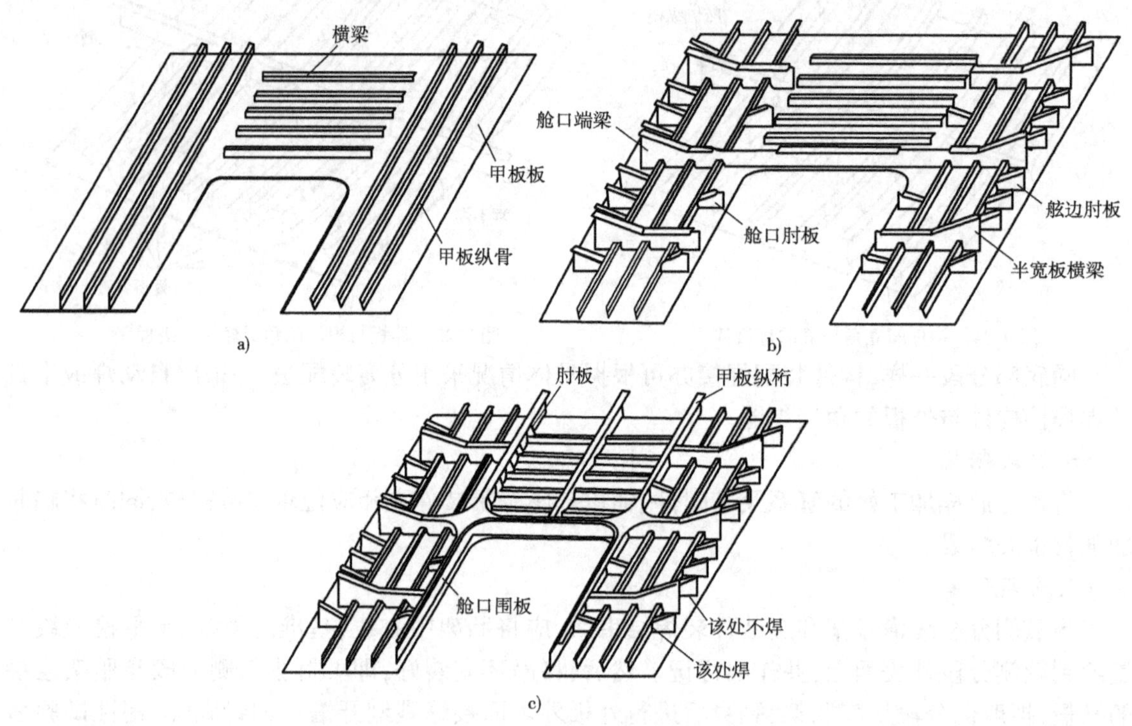

图9-26　甲板分段的安装

a)安装横梁与甲板纵骨;b)安装舱口端梁与半宽板横梁;c)安装舱口围板与甲板纵桁

在装配过程中,甲板舱口处的肘板应在舱口围板插入前先装,否则安装较困难(图9-26b)。另外,舷边的梁肘板如果在甲板分段上安装时,不应焊接,仅作临时定位,只要吊装翻身阶段不致跌落即可(图9-26c),因为船台装配时,如果梁肘板与舷侧分段的肋骨无法对齐,还可略为借对。

4. 分段翻身

根据分段大小和结构特点,在甲板分段吊离胎架之前,一般在舱口处必须加强,在舱口围壁间断区域的纵桁应作临时连接(图9-27)。总之,在分段骨架间断处是起吊时容易发生变形的地方,均应适当加强。在甲板板上画出甲板中心线和基准肋骨线,然后翻身封底焊。检验合格后再进行分段涂装。

此外,上层建筑(或甲板室)分段多采用倒装法建造,其装配工艺与甲板分段的倒装法类似。

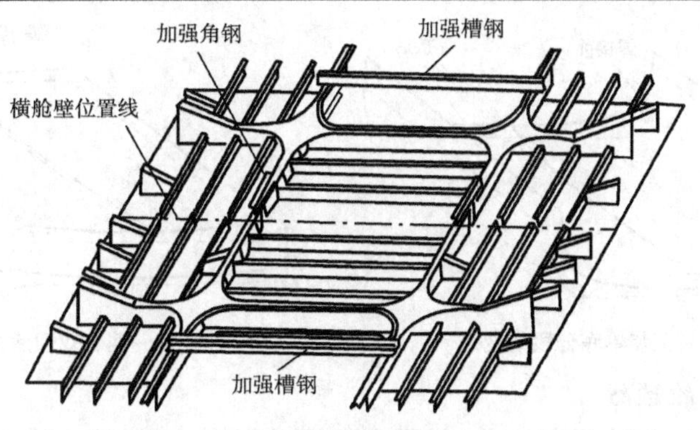

图 9-27　甲板分段的加强

第四节　分段焊接变形及预防

1.分段变形的原因

分段在装配焊接后,往往会产生纵向及横向的收缩和翘曲变形,主要原因是因为焊缝位置不对称于中和轴,因此焊缝冷却收缩量不一致,以及在装配焊接过程中的工艺措施不当等因素。由于分段的结构形式与建造方法各不相同,其变形也不一样。

例如:正装的双层底分段的变形,如图 9-28 所示,其变形的主要原因是:

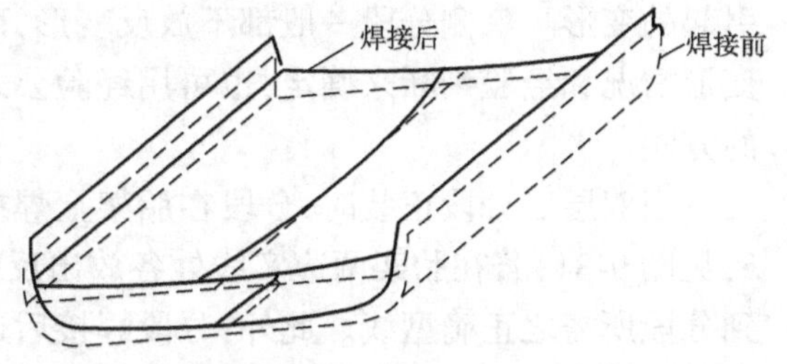

图 9-28　正装双层底分段的变形

(1)外底板纵横缝对接焊引起分段纵横方向的收缩。

(2)纵横骨架与外底板的角焊缝引起的分段纵横方向收缩及上翘变形。

(3)纵横骨架间垂向角焊缝引起的分段纵横方向收缩及上翘变形。

(4)分段建造中因装配间隙及焊接坡口角度偏大,或焊缝尺寸过大以及不正确的焊接程序而引起分段的变形。

(5)内底板纵横缝对接焊引起的向中收缩、向上翘曲变形(散装时)。

(6)分段翻身后,纵横骨架与内底板的角焊缝引起分段向内的变形,以及外板封底焊使外板向外的变形。由于吊离了胎架,分段总的变形以这一种影响最大。

正装的单底分段变形的主要原因与上述(1)至(4)相同,其装配焊接后的总变形如图 9-29 所示。

倒装的双层底分段,其总变形与正装的双层底分段相反(图 9-30),主要是由于外底板纵缝的横向收缩而引起。另外,骨架间相互连接的垂向焊缝,也使分段产生收缩及上翘,故分段舭部外板向上、向外变形,对某些刚性较差的分段还易引起扭曲变形。

以上为厚板分段的焊接变形情况。若分段钢板较薄,则焊接后除产生上述的总变形外,还会出现分段的局部变形。这主要是因为薄板的刚性较差,焊缝处的收缩应力超过了板材的临界点而使其失去稳定性的缘故,这种局部变形多呈波浪形。

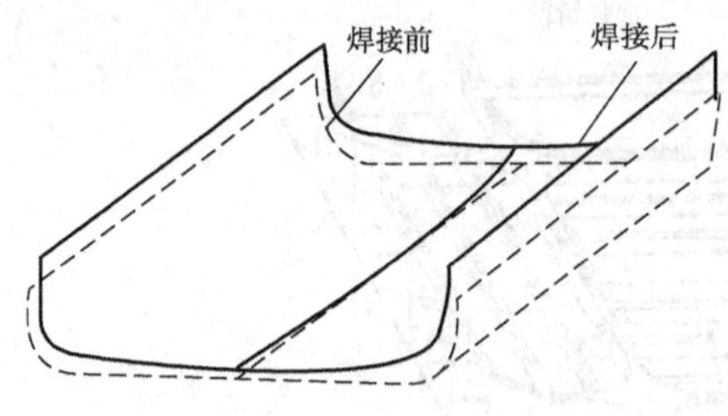

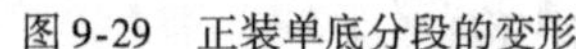

图9-29　正装单底分段的变形

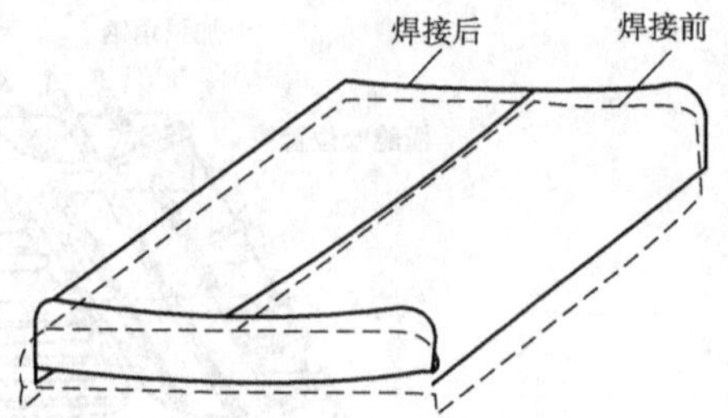

图9-30　倒装双层底分段的变形

2. 分段焊接变形的预防

焊接变形是焊接工艺的固有特点,分段在装焊过程中,不可避免地会产生纵横方向的翘曲及收缩变形。这些变形不仅影响船体外形的美观,也影响船体的性能和强度。从工艺角度看,分段的变形将给船体总装工作带来很大困难。因此,采取一定的措施,控制和减少分段变形,减轻火工矫正工作量和保持分段完工尺度的正确性就显得非常重要。一般分段变形的预防措施有以下几种:

(1)反变形法:底部、舷侧、甲板等分段在装配焊接后脱离胎架时,总有一定的变形。一般说来,在施工工艺条件相同的情况下是有一定规律的。因此,可以在胎架制造中,事先根据分段变形的趋势,将胎架模板放出一定数值方向相反大小相等的反变形量,用以补偿由于焊接所引起的变形。舷侧分段一般都不放反变形,而底部分段反变形量可以根据过去所制造的分段变形情况和经验判断来确定,也可用经验公式计算得出。下面介绍由经验来确定反变形数值的方法。

当双层底分段正装时,分段在胎架上焊接后的变形,横向往往是两舷向中翘离胎架,记为 S,见图9-31,若在胎架两边实线处各放出反变形值 S,如图中虚线所示,便可使焊接后恰好达到分段所需之正确型线。此外,分段焊接后还有纵向翘曲变形,由于结构情况和板缝关系,其变形量较横向为小。一般为了简化制造工艺,纵向反变形问题可不予考虑。如对完工分段的变形情况有较高要求,则在胎架制造时也应放反变形值。图9-32为正装双层底分段胎架纵向放反变形的情况。

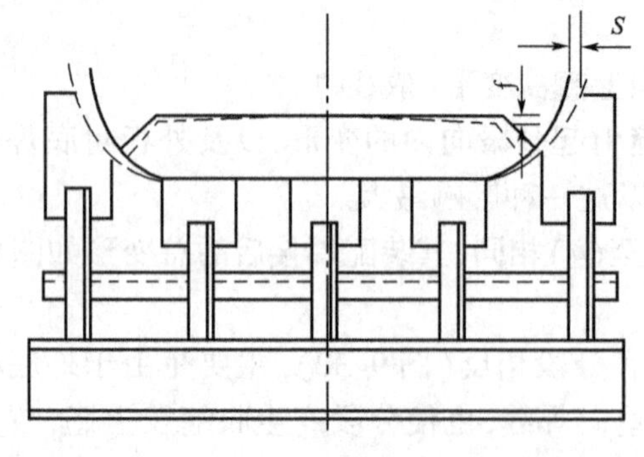

图9-31　正装胎架横向放反变形

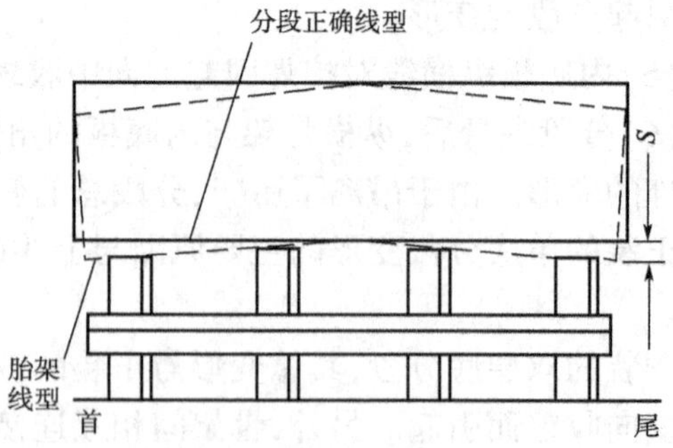

图9-32　正装胎架纵向放反变形

单底分段正装时,纵横向放反变形的方法与双层底正装法相同。

当双层底分段倒装时,分段在胎架上焊接后的横向变形往往两舷离开胎架平面而向上翘曲,如图9-33所示,将距离胎架之 S 值作为反变形值,即图中虚线形状,使焊后恰好达到分段

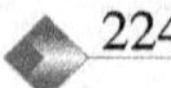

所需之正确型线。纵向反变形值放法与图9-32所示刚好相反。

胎架放反变形后,对分段骨架的号料样板,应按照反变形后的型线进行修正,以免造成骨架与板材间的焊缝间隙增大。

分段在长度和宽度方向的收缩变形,使分段长度较理论长度为短,一般采取加放骨架间的收缩量来解决。通常横骨架式船体,从分段中间肋骨开始,向首尾端划线时每档肋距加大0.5~1mm,以补充焊接收缩变形,但这种方法不便于施工。目前,除对横骨架式小型船舶采用此法外,一般都是在分段大接头处加放余量来补偿。

(2)刚性固定法:当分段胎架型线复杂,不适于采用反变形法或由于其他情况而无法采用时,可采取临时增强分段刚性的方法,即将分段四周和中部用马板与胎架固定,以此来强制减少分段的焊接变形。对易于变形的结构部位,还可以采用临时加强装置。例如对于甲板较薄、宽度较大的长江旅游船,在骨架焊接前可在一定的肋距中加装临时宽梁及纵桁,以增加分段本身的刚性。又如制造底部分段时加装压排,双底分段端部加装假肋板等,都能起到临时增强分段刚性的作用。

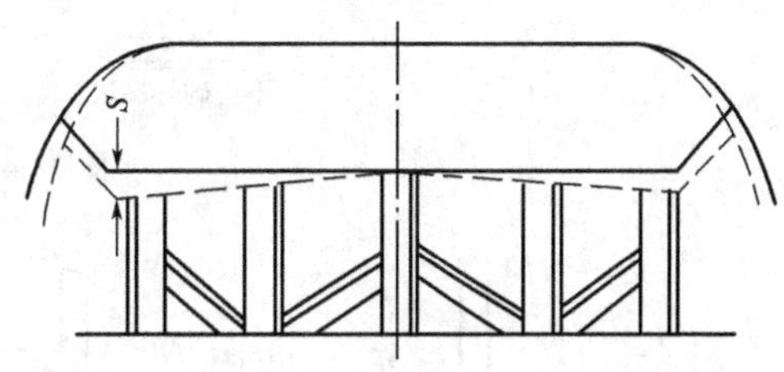

图9-33　倒装胎架横向放反变形

分段在吊运及翻身过程中,为了防止发生变形,也要结合上述情况采取临时加强措施。

(3)改进装焊工艺:广泛采用分离装配法、箱形框架装焊法,扩大自动焊与半自动焊的使用范围,可同时达到提高焊缝强度及减少变形的目的。对5mm以下的薄板结构,可采用半自动点焊、二氧化碳气体保护焊等工艺进行角接缝的焊接工作。

(4)制订并严格遵守工艺规程:采用合理的焊接程序能使焊接热量分布均匀,减少分段的变形。一般多采用从分段中间向前后左右同时施焊的方法,并且对长焊缝采取逐步退焊、跳跃焊等焊法。必须指出,还应合理安排装配与焊接阶段的交替程序,分段结构应装配到具有足够的刚性后才开始施焊,对于容易产生总体变形的分段结构,这一点尤其重要。例如,底部分段不正确的焊接程序会导致热量集中,容易造成变形(图9-34)。

(5)掌握正确的焊接规范:焊接规范与焊接变形有很大关系。所谓焊接规范,在手工电弧焊中主要是指焊接的电流强度、焊条直径与牌号、焊波层数、电弧电压、电流种类、焊接速度、直流电焊中的极性等方面的选择。一般来说,焊条直径小,采用焊接电流也小,即输入分段的热量较少,因而焊接变形也较小。而焊件输入热量不仅取决于焊接规范,也取决于焊件的焊缝规格。必须指出,在焊接过程中应使焊缝规格符合设计要求。不适当的、过大的焊脚,不仅浪费了焊条,又增加了焊接热量,扩大了热影响区域,加大了焊接变形。例如肋板与中桁材角焊缝设计要求焊脚高度为4mm,实际却焊了7mm,其焊缝截面积要比原来大3倍,如图9-35所示,必然会加大焊接变形。

$$\frac{4\text{mm 角焊截面积}}{7\text{mm 角焊截面积}}=\frac{(1/2)\times4\times4}{(1/2)\times7\times7}\approx\frac{1}{3}$$

(6)正确的装配间隙与坡口角度:装配间隙与焊缝坡口角度是影响焊接变形的主要因素,因为直接影响到金属熔敷量和焊接热量,从而决定分段变形量。正确地掌握它们,对减少分段变形有着极其重要的意义(图9-36)。

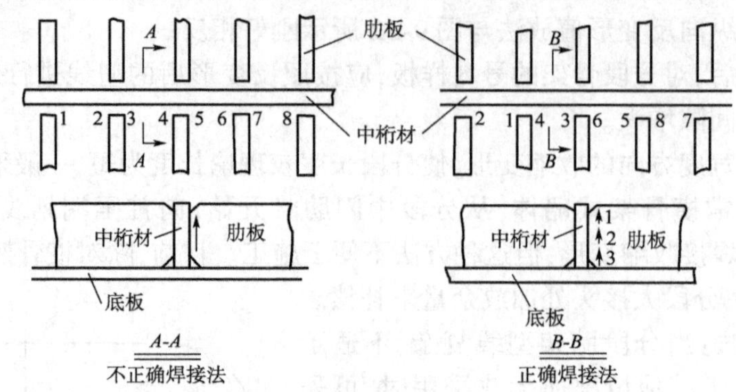

图 9-34　底部分段焊接程序比较

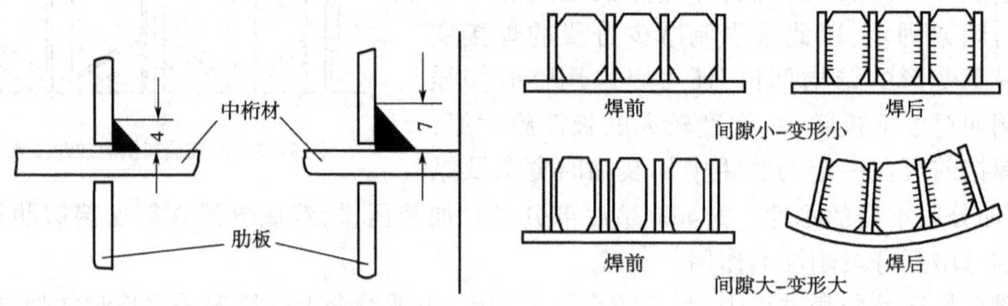

图 9-35　中桁材与肋板角焊比较　　图 9-36　装配间隙对变形的影响

3. 分段焊接变形的矫正与处理

分段完工后,由于各种因素的影响,即使焊前采取了各种措施,往往也难免有一定的变形。因此,矫正变形也就成为必要的工序了。矫正方法如下:

正装与倒装双层底分段,其变形趋势已如上述。对这些变形可于分段翻身后,将搁置分段的墩木放在靠近两舷的地方,并在中间加压重物(图 9-37)再配合水火矫正。

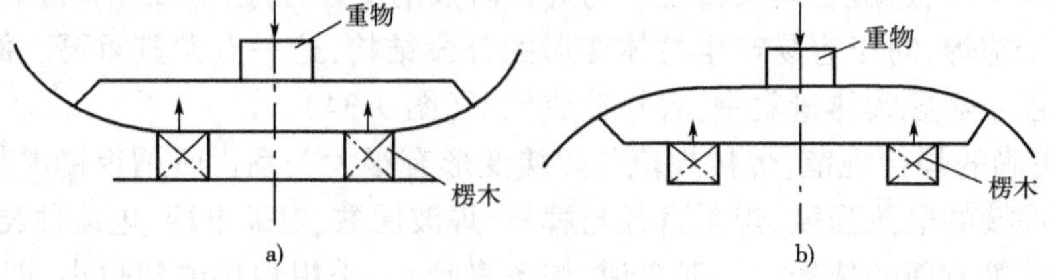

图 9-37　双层底分段变形后的矫正

a)反造双层底分段;b)正造双层底分段

若分段宽度缩小过多,则会影响分段在船台上的对接工作。在采用上述方法的基础上,将分段邻近端部处的肋板与外板的角焊缝割开,采用螺钉压排将外板拉出,使分段对接型线光顺,如角接缝空隙太大,应采取措施补救。对形成肋骨型线明显突出者,可用水火矫正方法解决。

第五节　总段装配与焊接

总段装焊通常步骤为:

船体零部件→船体分段→分段舾装→船体总段→总段舾装。

一种方法是以甲板胎架为基础倒装,先装甲板、肋骨框架、舱壁和纵向构件,再安装船体外板,然后进行总段舾装而成总段,这种方法多用于装配首、尾总段。另一种方法是以底部分段为基础正装,在其上安装舱壁、舷侧和甲板等分段,并进行总段舾装而成总段,这种方法多用于装配船中总段。

一、首、尾总段的装焊

首、尾部总段一般采用倒装法制造。如果首、尾部总段重量太大,还可沿第二甲板处切开而成上下两个立体分段,其装配方法与总段倒装法基本一样。首、尾总段倒装可简化胎架,改善工作条件,但总段翻身比较复杂。现介绍尾总段的装焊方法,首总段的装焊方法与此类同。

1. 制造胎架

倒装法制造总段时采用甲板胎架,制造方法与甲板分段装焊相同,只因为总段的重量较大,所以甲板胎架用料更大。

2. 甲板拼板及划线

将甲板板铺放在胎架上,由中间向两舷逐行铺放和拼接甲板板,并用马板与胎架拉紧,然后进行自动焊接甲板对接缝。

根据草图尺寸或半宽样棒和肋距样棒或用激光经纬仪,在甲板上画出中心线、纵横骨架线、斜肋骨线及甲板边缘轮廓线。经复查核对无误,即可将甲板轮廓切割正确,同时把舵管筒孔割妥(图 9-38)。

3. 骨架装焊

骨架装焊如图 9-39 所示,按以下步骤进行:

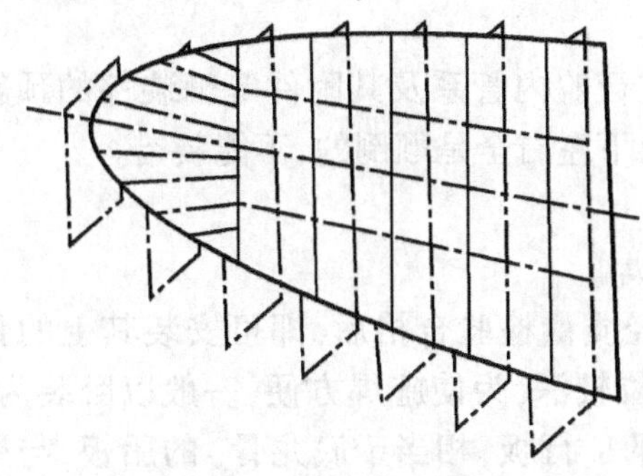

图 9-38　甲板拼板及划线

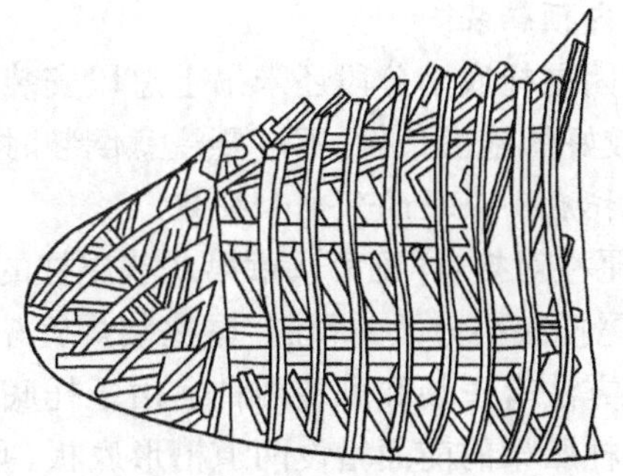

图 9-39　纵横骨架的安装

(1)肋骨框架安装:将装焊妥并经矫正的肋骨框架依次倒立在甲板上,先将两端的肋框安放对准,用少量定位焊暂时固定,同时加设临时支撑以保持其与基面的垂直度。为了保证生产安全,一般待肋框全部吊装结束,再用马板与甲板一一压紧,用定位焊固定后进行半自动焊焊接横梁与甲板的角接缝。

(2)斜肋骨框架、甲板纵桁及 0 号横舱壁的安装:先安装 1 ~ 2 个斜肋骨框架,对准其位置后用定位焊固定。接着将 0 号横舱壁吊入定位,以斜肋框作依靠,使之与甲板拉紧,便可进行定位焊固定。随后可一边安装其余斜肋框,一边进行甲板纵桁的安装,这类构件安装时,同样要对准其位置线和保证它的垂直度。

(3)舵管筒、舷侧纵桁及封头横舱壁的安装:在安装舵管筒前,应将其中的暗焊缝先焊妥

(图9-40),然后放上舵管筒,修正其边缘即行固定。

安装舷侧纵桁时,可先在肋框的舷侧纵桁位置上装几只临时搁架,再将舷侧纵桁从内部插入肋骨间,以0号横舱壁为准,修正舷侧纵桁的端部后即行固定,然后依次向首安装,并同时校正肋骨框架的垂直度,便可进行固定。

修正舷侧纵桁的另一端后,便可将封头横舱壁吊入定位,使之紧靠舷侧纵桁的端头,并用少量定位焊暂行固定,待舱壁中心线及垂直度校正好后,再与甲板固定。

4. 舷侧顶板的装焊

为了使尾总段的构件具有良好的焊接条件,可先安装舷侧顶板,与骨架连成一体,保证骨架焊接时具有足够的刚性,然后焊接纵横骨架间的角焊缝和骨架与甲板之间的角焊缝(当前面未焊时)。

安装舷侧顶板时,应先在其上画出甲板边线,沿此线焊上两只"靠山马"(图9-41),然后吊上总段定位,使之与甲板边板和肋骨等贴紧,即行固定。

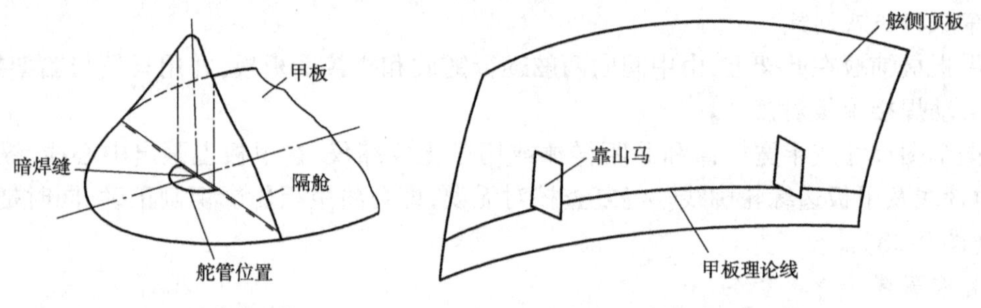

图9-40 舵管筒安装　　图9-41 舷侧顶板的安装方法

5. 舱内预舾装

这时因尾托底小分段还未吊上总段安装,进行舱内管系及其附件等舾装件的预舾装比较方便,有较好的施工条件,不过要注意倒装时,上下左右全是颠倒的,不能装错。

6. 尾托底小分段的预制和安装

(1)尾柱对接:详见第八章第八节尾柱的装焊。

(2)尾托底小分段的预制:尾柱装焊完毕,经质量检验合格后,即可安装其上的骨架和外板。装配方法有正装和卧装两种。由于托底部位较深,为使施焊方便,一般以卧装为好,这样只需在尾柱胎架的前面增设两道槽形底板(尾部K行板,相当于底龙骨)的胎板,与尾柱胎架共同组成尾托底小分段的胎架。

卧装时,先将槽形底板与尾柱搭接及塞接并焊妥,然后将平台上的肋骨线用线锤复画到尾柱和槽形底板上,即可对应安装肋板,并加撑固定。此时可安装上侧的一行外板,定位后便将其与槽形底板、尾柱等相连接的焊缝焊妥,最后装焊下侧的外板。然后在槽形底板外表面上画好中心线和基准肋骨线等并作好标记。尾托底小分段如图9-42所示。

(3)尾托底小分段在尾总段上的安装:首先在0号横舱壁处装上托架以便支承尾托底小分段,同时在胎架中心线两端架设激光经纬仪或竖立拉线架,其高度应超出尾柱基线300~400mm。然后将尾托底小分段翻身吊上(图9-43),以尾总段的封头横舱壁为准,定好托底小分段的前后位置,同时必须校对舵杆中心线前后位置;在两端用激光经纬仪或在拉线架上拉出一根钢丝,用线锤校对托底小分段上中心线位置,并进行调整以使尾柱中心线、尾轴中心线和甲板中心线在同一垂直平面内;再用水平软管校正尾柱基线及尾轴中心线的高度,校正时,一般以尾轴中心线为准,若轴孔留有足够余量时,则应适当照顾到尾柱基线的正确尺寸。在进行尾托底小分段高度定位时,考虑到焊接、火工矫正等的收缩影响,一般应将尾轴中心线高度较理论值高度抬高 3 mm 左右(即放反变形)。

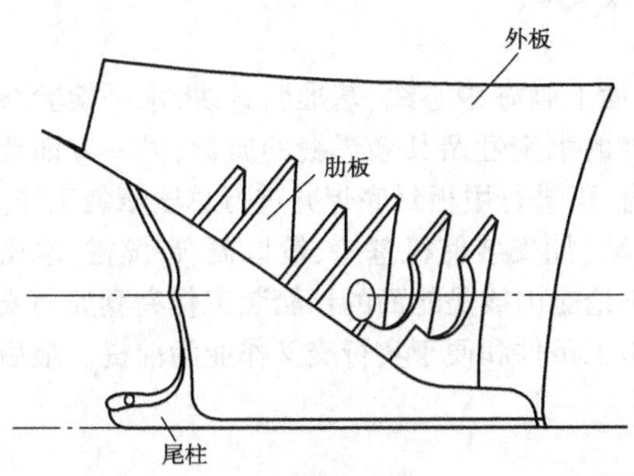

图 9-42　尾托底小分段

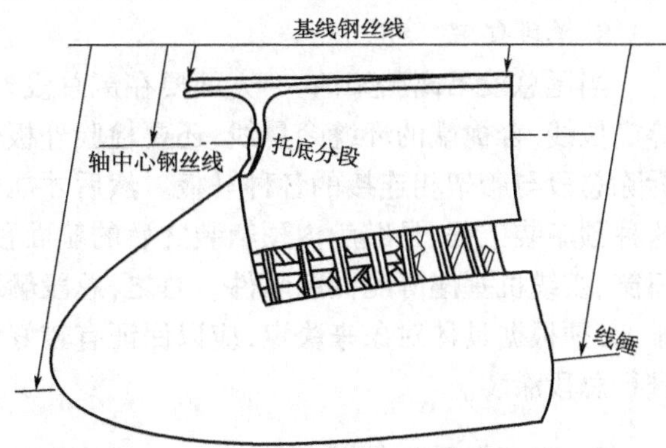

图 9-43　尾托底小分段的安装

当尾托底小分段在总段上的位置确定后,先将尾柱及托底小分段与横舱壁固定,然后依次固定每一档肋板和肋骨,检查合格后即可进行焊接。

7. 外板安装和满档板装焊

尾总段因其航行性能方面的要求,一般比较瘦削,故舱内空间狭小,施工条件差,在逐行安装舷侧顶板至托底小分段之间的外板时,必须预留一块外板暂不安装,以改善内部通风条件,待内部工作全部完成后再进行安装,这块暂留外板叫满档板。满档板要求四周均留有余量。

尾总段安装完除满档板外的全部外板后,即可进行焊接工作。除前面已焊之焊缝外,这时应进行外板舱内对接缝的焊接,对接缝的外表面需用碳弧气刨开槽后进行封底焊,还要焊接纵横骨架与外板间的角接缝。另有一种做法是为了防止总段焊接变形,待总段全部构件(除满档板外)安装结束后才进行焊接,这样施焊条件较差,但控制焊接变形要好些。尾总段的焊接程序为:先焊纵横骨架之间、骨架与托底骨架间的接缝,后焊甲板、外板的舱内对接缝,再焊纵横骨架与甲板、外板的角接缝,最后在外板外表面碳刨开槽后进行封底焊。

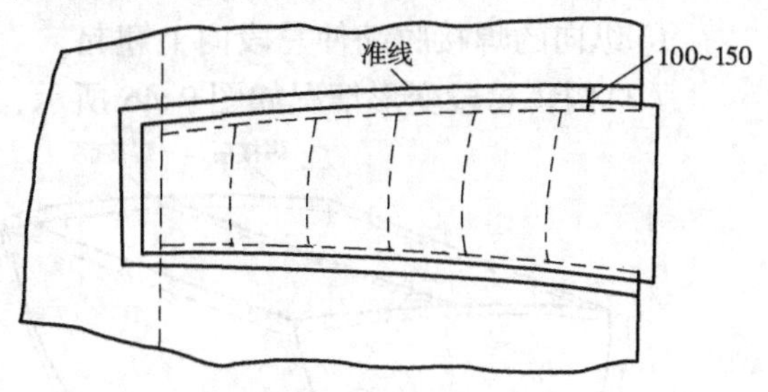

图 9-44　满档板的安装

满档板安装有两种方式:一种是套割法,即将满档板覆在总段上对好位后,与骨架贴紧并定位焊固定,这时由舱里向外沿着外板边缘直接套割。这种方法简便,但气割条件太差,切割技术要求也较高,处于半仰割状态。另一种是准线法,如图 9-44 所示,在满档板覆上之前,先在外板的上下口及尾端量画 150mm 或 100mm 间距的准线,并在下面适当位置焊上两只“定位马”,然后吊上满档板,对准位置与骨架贴紧并定位焊固定,再由准线向满档板量画 150mm 或 100mm 间距的余量线,接着由外向里沿着余量线切割满档板的余量,再进行拼缝定位。在舱内进行满档板与其他外板和内部骨架接缝的焊接,一般先焊横缝,再焊上纵缝,然后焊接满档

板与骨架的角接缝，最后修割下面纵缝的余量，定位并焊接下纵缝。这样焊接时能自由收缩，以减少焊接应力。最后进行满档板外表面接缝的碳刨开槽和封底焊。

尾总段在船台装配中要与其他总段合拢的这一端，所有纵向构件与外板、甲板间的角焊缝以及外板、甲板间的纵接缝，都应保留一段长度（通常为150～250mm）暂不焊接，以便在船台装配时用于借对和借直，以保证与其他总段间的型线接顺。

8. 总段舾装

当尾总段吊离胎架前，一方面要在尾总段外表面上画好中心线、基准肋骨线、水平检验线等定位线，合拢端的环缝余量线，还要检验外板焊缝的水密性及其余焊缝的质量；另一方面要拆除总段与胎架相连接的各种马板。然后才能翻身，再进行甲板封底焊并进行总段舾装工作。这种预舾装工程，是继舱内预舾装之后的舱面预舾装，如安装舵机基座、舱口盖、带缆桩、水密门窗、绞缆机基座等舱面舾装件。总之，总段舾装不论舱内或是舱面的预舾装工作究竟如何安排，必须根据具体对象来决定，应以保证有较好的施工条件和便于实行交叉作业为前提。最后进行总段涂装。

二、中部总段的装焊

中部总段一般采用正装法制造。因为中部总段是由底部分段，左、右舷侧分段，舱壁分段，甲板分段以及舾装件等组成的；各个分段在组装成总段之前，分别先在平台上或胎架上进行装配焊接工作，然后再在底部胎架上采用正装法组装成总段。该法最适宜于型线平直的中、小型船舶，它既充分发挥了分段装焊能改善工作条件、扩大自动焊及半自动焊、提高装配焊接质量、加快装焊速度等优点，又能减少船台装配焊接和舾装的工作量而缩短船台周期。中部总段的装焊方法与第十章船体总装中船台装焊工艺的塔式建造法相似，故此处不再赘述。

三、总段的焊接变形及预防

1. 总段变形的原因

(1) 正装总段变形情况如图9-45所示，其主要原因为：

①骨架焊接后产生宽度方向的收缩。

②甲板与舷侧的焊接收缩，使甲板的梁拱减小。

③纵向的焊接收缩使总段向上翘起。

(2) 倒装总段变形情况如图9-46所示，其主要原因为：

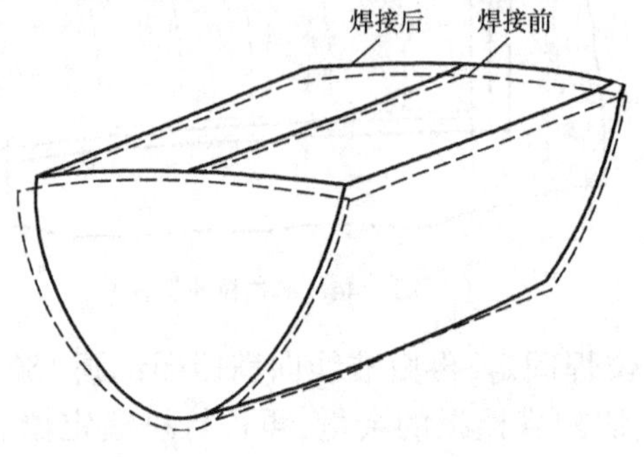

图9-45　正装总段的变形

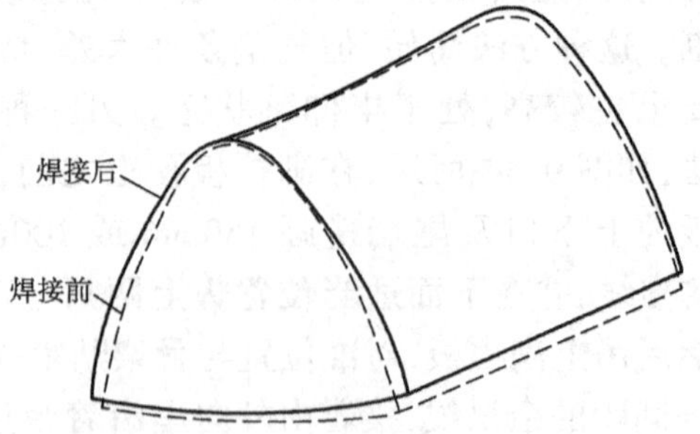

图9-46　倒装总段的变形

①由于总段外板纵向焊缝的横向收缩,而使甲板梁拱增大,但总段总的高度减小。

②纵向的焊接收缩使总段两端向上(船底)翘曲。

当总段钢板较薄时,除产生上述总的变形外,还会出现波浪式变形,因薄板比厚板的刚性差,容易失去稳定性。

2. 总段变形的预防

总段变形的预防措施和分段预防变形的措施相同,可参照实行。通常采用刚性固定法,如设置假舱壁等;采用先进装焊工艺,遵守工艺规程;选用正确的焊接规范,注意装配间隙及焊接坡口等。但是,因为各种因素的影响,总会产生一定的总段变形。总段的变形一般较难处理,对于个别变形严重,并影响其与前后总段对接者,需割开修顺。总段一般在宽度方向变形较多,此时可将甲板与外板的角焊缝或舭部外板的纵接缝割开拉顺,所割长度视具体情况而定,但至少要超过一档肋距,以利于接头光顺。

第六节　分段和总段的吊运与翻身

一、分段和总段吊运翻身概述

分段和总段的吊运与翻身是船体建造过程中的一项重要工作。为了将分段和总段中的焊缝置于俯焊位置,需要将分段和总段翻身;在进行船台装配时,需要将完工的分段和总段吊运到船台上去。因此,船厂一般都应配备起重运输设备。由于分段和总段的尺度与重量都较大,在吊运过程中,若考虑不周,会使分段或总段发生变形,甚至造成严重事故,因此,事先要做好周密的分析研究。在分段和总段吊运翻身过程中,一般要考虑以下几方面的问题:

(1)分段和总段的加强措施。

(2)分段和总段重量大小(包括舾装件与加强材)及吊车的许可负荷。

(3)吊运翻身方式。

(4)吊环数量、强度及其安装位置。

(5)钢索的许可负荷和钢索间的夹角。

二、分段和总段的加强措施

防止分段和总段在吊运中产生变形,必须确保分段和总段的刚性,即在吊运外力作用下,分段和总段不丧失稳定性。因此,刚性差的分段和总段必须适当加强。加强材的布置根据分段和总段的形状、结构特点及翻身方式来确定。

对于近似正方形的分段,应选择分段的主向构件方向进行翻身。近似长方形的分段,则选择短边方向翻身,如果短边方向是交叉构件,刚性较差,则进行适当加强。对于两端宽度相差较大的分段,由于分段两端吊环受力不均匀,宽端比窄端受力大,宽端钢索张角较大,水平分力也较大,易使宽端失去稳定性,故宜采取纵向翻身。舱壁、舷侧等分段应选择和骨架平行的方向起吊与翻身,并在骨架的垂直方向布置加强材。甲板分段的尺寸一般都比较大,结构刚性较差,吊运前除考虑加强外,还可以采用吊排(图 9-47),使钢索产生的水平分力由吊排来承受,以免甲板失稳。上层建筑和甲板室等分段尺度较大,骨架较弱,钢板也较薄,这类分段的内部

都应很好地加强。双层底分段和首、尾总段因形成封闭体,板架较强且互相牵制,其刚性较好,可少加强或不加强。中部总段在两端环形接缝处如无横舱壁时,应设假舱壁来加强。

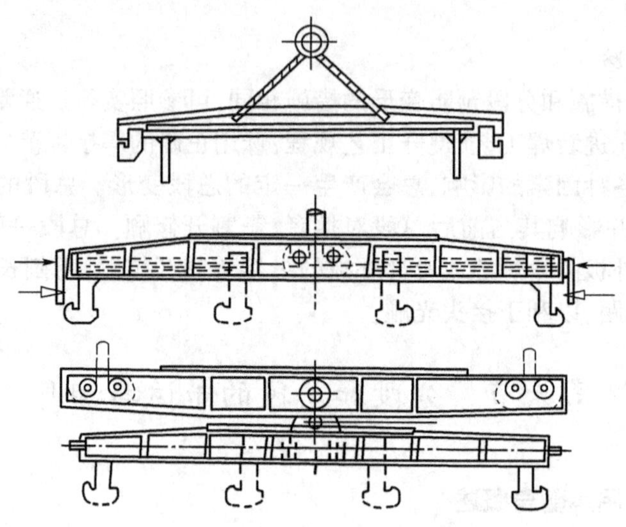

图 9-47　吊排

分段对接的接头,有的是骨架超出板材,有的是板材超出骨架。若翻身支承边是板材时,则该边应用型钢加强,让型钢成为翻身的支承点。若翻身支承边为骨架时,则不需加强,但需在分段下垫好墩木,其高度应超过骨架的伸出长度,以免骨架在翻身时受损。

三、分段和总段重量大小及吊车许可负荷

吊运前,应尽可能正确地估算出分段和总段本身、舾装件、起吊工具(吊环、钢索、卸扣等)和加强材等的重量。当分段和总段重量在吊车许可负荷能力内,才是安全的;如果超过了吊车能力时,则应考虑采取措施(如两台吊车联吊等),以确保吊运的安全。

在车间内用行车吊运分段时,应注意行车的起吊高度(图 9-48)。高架吊车吊运分段和总段时,需要注意吊车的起重幅度。如 75t 高架吊车,其起重力臂为 20m,但有效幅度只有 15m(图 9-49)。分段尺寸不超过有效幅度时,才能回转方便。另外,还必须注意在相应力臂时的起重量。如 75t 高架吊车,当力臂为 20m,起重 75t,当力臂伸到 30m 时,起重量则下降到 50t。又如 40t 高架吊车,当力臂为 20m 时,起重 40t,当力臂增加到 30m 时,起重量则下降到 26t。因此,在船台装配时,若用吊车安装距离较远的分段时,便需注意力臂和起重量的关系。

此外,还应注意留有必要的吊运翻身场地的面积,以保证翻身的安全。

四、吊运翻身方式

吊运翻身的方式有两种:空中翻身和落地翻身。

当分段重量在一台吊车许可负荷范围内时,可采取空中翻身方式,如图 9-50 所示。

图 9-51 是总段的空中翻身,与底部分段的吊运翻身方式类似。

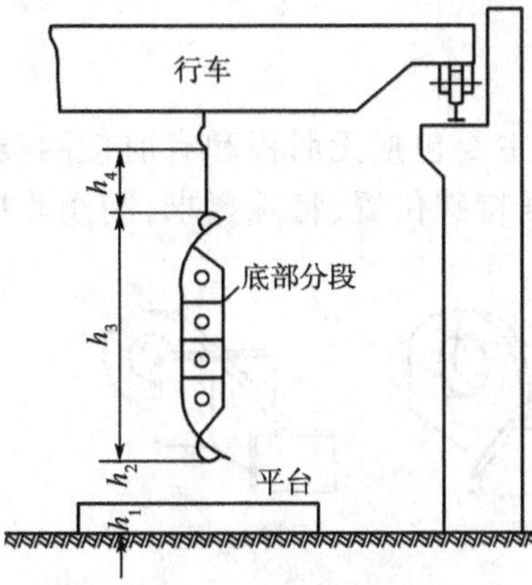

图 9-48　行车的起吊高度 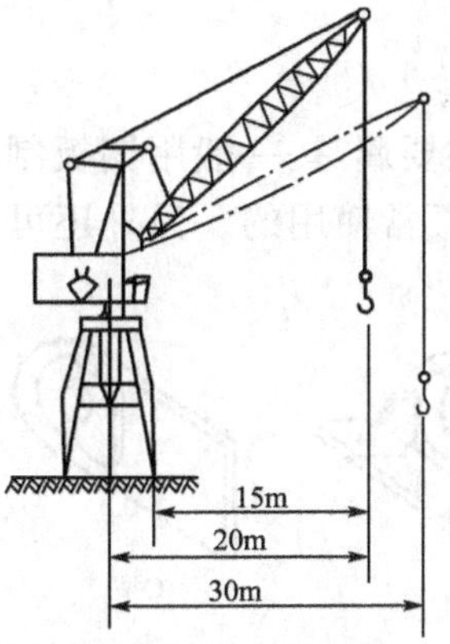　　图 9-49　高架吊车的起吊幅度 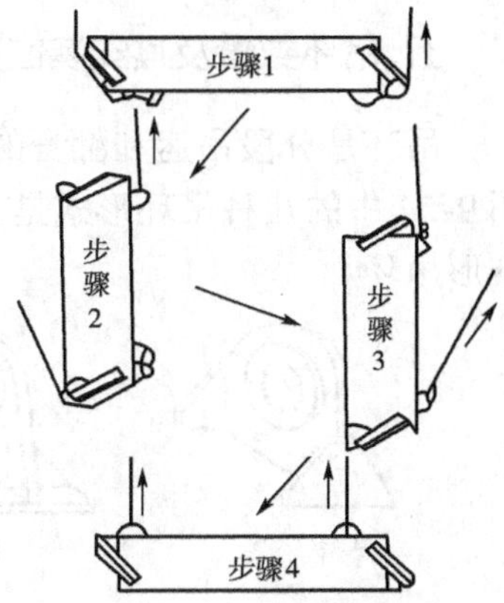　　图 9-50　底部分段的空中翻身

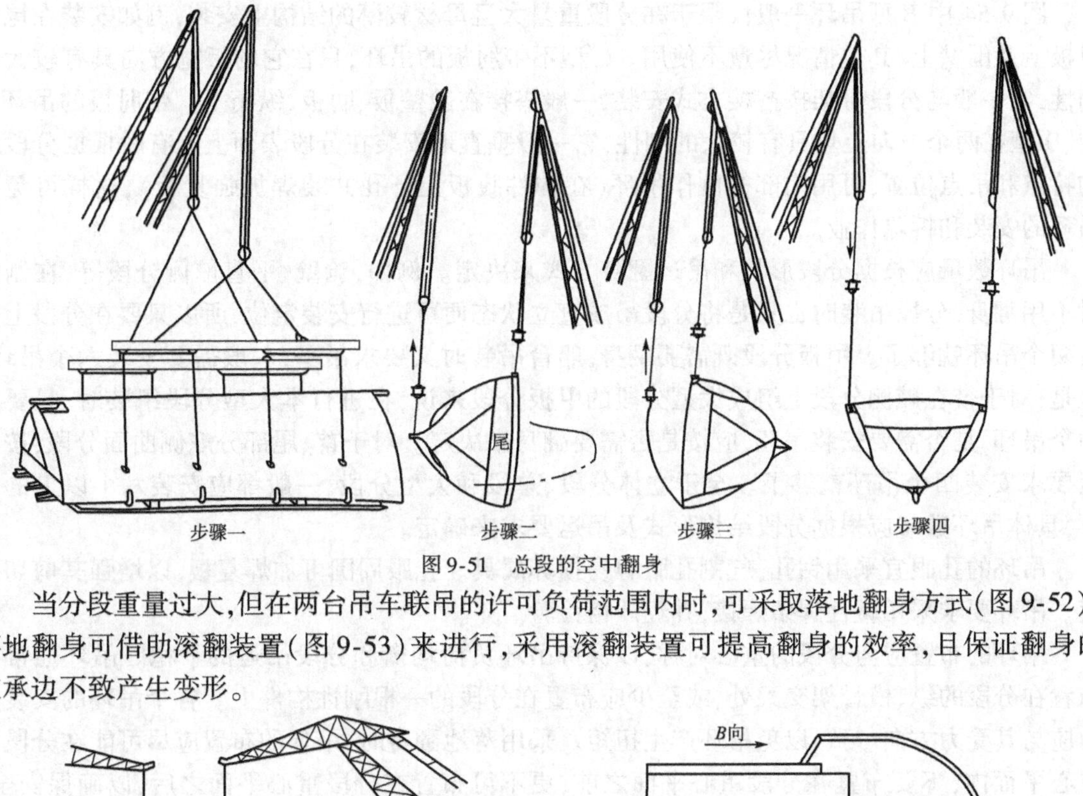

图 9-51　总段的空中翻身

当分段重量过大,但在两台吊车联吊的许可负荷范围内时,可采取落地翻身方式(图 9-52)。落地翻身可借助滚翻装置(图 9-53)来进行,采用滚翻装置可提高翻身的效率,且保证翻身的支承边不致产生变形。

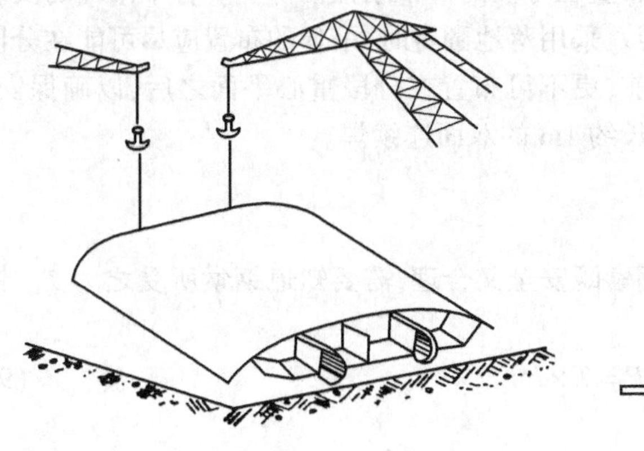

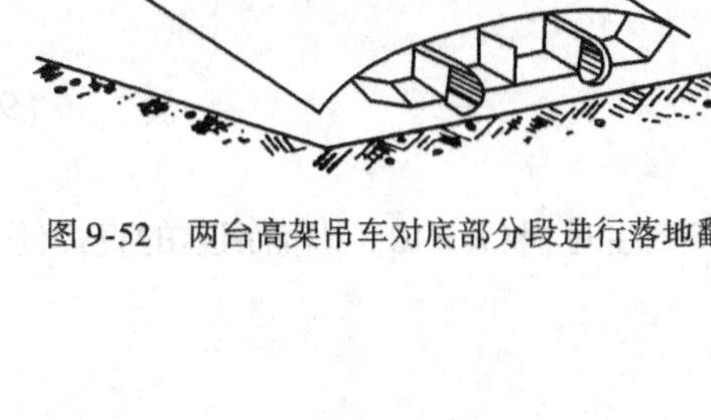

图 9-52　两台高架吊车对底部分段进行落地翻身

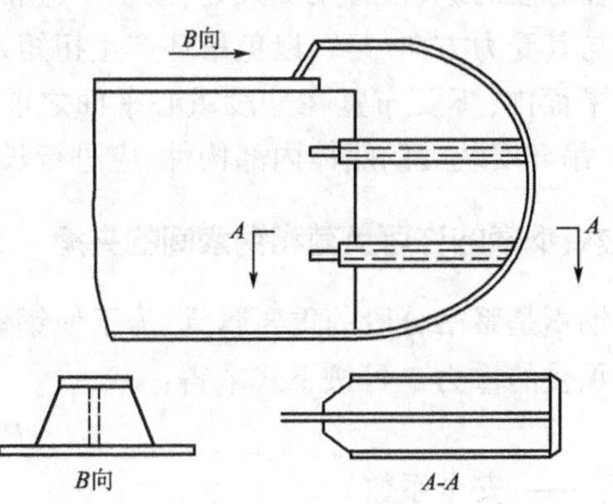

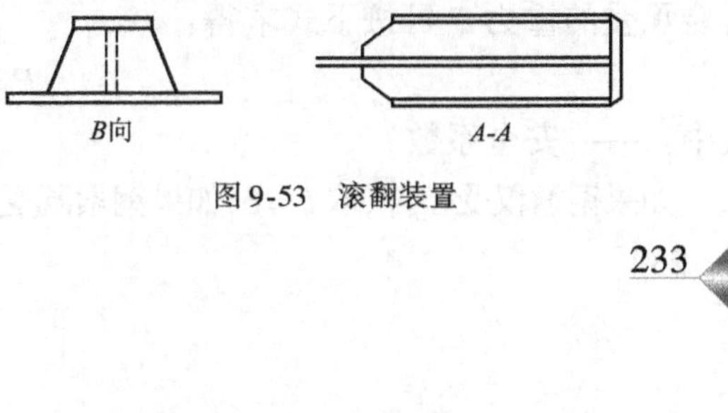

图 9-53　滚翻装置

五、吊环数量及其安装位置

吊环是分段吊运和翻身的主要属具,一般用钢板制成,它主要包括无肘板和有肘板两类。图9-54中的几种吊环形式是工厂常使用的。另外还可以根据特殊位置、特殊要求,制作非标准形吊环。

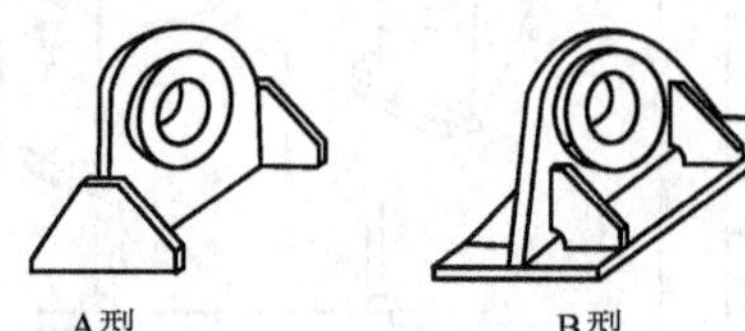
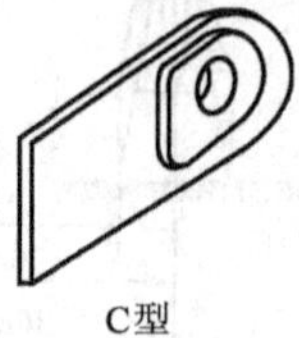

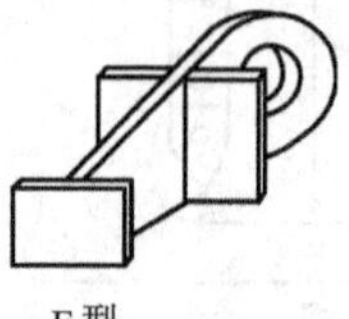

图9-54 吊环形式

图9-54中B型吊环一般仅限于在分段重量大且母材较薄的结构上安装,例如安装在尾楼甲板上及围壁上,其他情况尽量不使用。C型不带肘板的吊环,只在它的板宽方向具有较大的钢性,它一般与分段骨架按搭接方式安装,一般搭接在舱壁板、肋板、纵桁上。带肘板的吊环A型、D型在两个方向上均具有较大的刚性,它一般垂直地安装在分段表面上。有时根据分段结构特点和吊点位置,可用内部构件作吊环(在构件腹板上开孔并装焊加强复板),这样可免去吊环的安装和拆除作业。

吊环数量应根据分段形状和吊运翻身方式来决定。例如,舱壁、平直舷侧分段等,在制作时不用翻身,分段吊装时也只是将分段吊成直立状态便可进行安装定位,所以只要在分段上安装两个吊环就够了。甲板分段既需要翻身,船台吊装时又要求吊平,一般需要安装六个吊环;但是,对于带在舷侧分段上组成大型分段的甲板分段来说,在进行本大型分段组装时,只要用两个吊环,是否需要安装吊环,应按是否需要翻身来决定。对于首、尾部分舷侧曲面分段,按吊运要求安装四个吊环就够了。至于立体分段、总段和大型分段,一般都应安装六个以上的吊环,具体吊环数量应根据分段结构形式及吊运要求来确定。

吊环的孔眼宜采用钻孔,气割孔眼容易损坏属具。孔眼周围可加焊复板,以增强其剪切强度。吊环要求采用碱性焊条焊接,并经严格检验。

吊环的布置应与分段的重心对称,以保持吊环负荷均衡和分段吊运的平稳。吊环通常应布置在分段的纵、横骨架交叉处,或至少应布置在分段的一根刚性构件上。各个吊环的安装方向应与其受力方向一致,以免吊环产生扭矩。采用落地翻身时,吊环的布置应尽可能在分段的重心平面内,不要布置在分段重心平面之前,更不可布置在分段重心平面之后,以确保安全。此外,吊环安装处的船体内部构件,应进行长约1m的双面连续焊。

六、钢索的许可负荷和钢索间的夹角

钢索是系吊分段的重要属具,为了使钢索既安全又合理,需要知道钢索所受之力T。钢索所能承受的重力P可按下式求得:

$$P = T \times k \tag{9-1}$$

式中:k——安全系数。

如果钢索仅受拉伸,取$k=6$;如果钢索既受拉伸又有挠曲时,取$k=10$。因而钢索的直径便为:

$$(4P/\pi D^2) \leqslant [\sigma] \text{或} D \geqslant \sqrt{4p/\pi[\sigma]} = \sqrt{4kT/\pi[\sigma]} = K\sqrt{T} \qquad (9\text{-}2)$$

式中：　　$[\sigma]$——钢索受拉伸时的许用应力；

$K=\sqrt{4k/\pi[\sigma]}$——与钢索材料及其布置有关的系数。

钢索的长度应根据分段尺寸而定。一般不应使吊运钢索的夹角大于90°,只在个别情况(如分段尺寸甚大),夹角可允许适当增大,但不得超过120°,此时需计算水平分力对分段变形的影响。

SIKAOYULIANXI

一、问答题

1. 纵骨架式平直内底边板的双层底分段怎样正装制造?

2. 纵骨架式阶梯形内底边板的双层底分段怎样倒装制造?

3. 图9-55为某船横骨架式向下折角内底边板的双层底分段结构简图,单船建造时若在型钢平台上进行装焊,试述:

(1)怎样选择装配基准面?

(2)怎样选择合理的装配程序?

(3)怎样选择合理的焊接程序?

4. 第3题若为单层底分段,纵横骨架均为T型梁结构时,应当怎样制造?

5. 图9-56为某船舷侧分段型线,其纵向曲度较大,请合理设计胎架。要求:

(1)绘出胎架基准面、中心线。

(2)外板厚10 mm,按1:10绘出各块胎板,并用阴影表示出#7胎板。

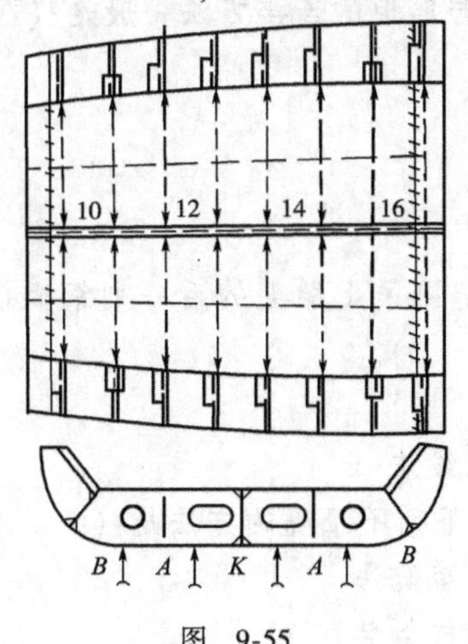

图　9-55

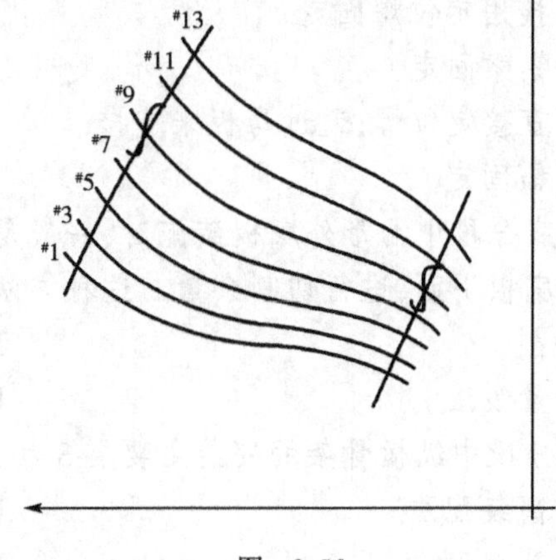

图　9-56

6. 第5题若为横骨架式舷侧分段,应当怎样制造?

7. 试述纵骨架式甲板分段的装焊程序。

8. 图9-57为一横骨架式甲板分段结构简图,试述该分段合理的装焊步骤。

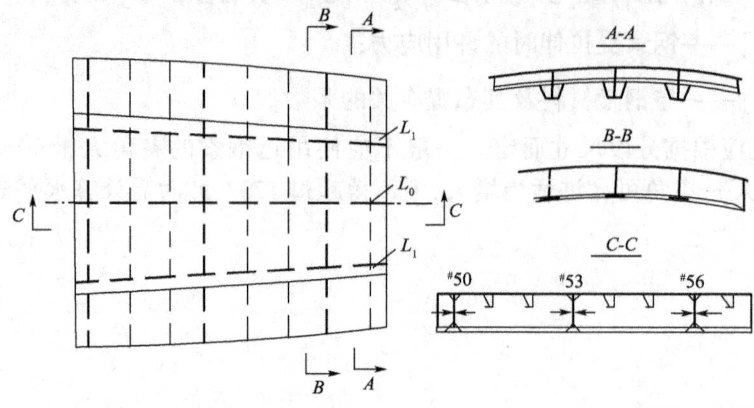

图 9-57

9. 船体分段的焊接变形怎样预防与矫正?

10. 横骨架式尾部总段怎样制造?

11. 横骨架式首部总段怎样制造?

12. 船体中部的底部、舱壁、舷侧、甲板各分段怎样组装成中部总段?

13. 说明船体尾总段装配过程中切除满档板四周余量所采用准线法的基本过程。

14. 船体总段的焊接变形怎样防止?

15. 船体分段和总段的吊运与翻身应考虑哪些问题?

16. 吊环应当怎样设计与制造?

二、选择题(单项选择题,即只有一个答案是对的)

1. 船底分段中的 K 行板是:(　　)。

A. 内底边板　　B. 内底中心板

C. 外底边板　　D. 外底中心板

2. 在胎板式胎架上制造船体分(总)段时,船体板与胎板的连接方法一般是:(　　)。

A. 直接用定位焊固定

B. 用钢索固定

C. 不直接定位焊,通过马板来连接

D. 不需固定

3. 双层底分段中曲形外底板装配时,一般是尽量把刚吊上胎架的后一列钢板插入已定位好的前一列底板下面,进行切割余量。这种方法叫:(　　)。

A. 套割　　B. 借对

C. 余量线法　　D. 标准线法

4. 船体分段中纵横骨架的安装主要有3种方法。下列不正确的方法是:(　　)。

A. 分离装配法　　B. 放射装配法

C. 插入装配法　　D. 正装或倒装法

5. 当甲板分段的钢板较薄时(6mm以下),宜交叉装配纵横骨架,待全部骨架装配完成后,再进行焊接。这种装配方法是:(　　)。

A. 分离装配法　　B. 放射装配法

C. 插入装配法　　D. 正装或倒装法

6. 上层建筑(或甲板室)分段的装焊工艺与甲板分段的类似,一般采用的建造方法是:(　　)。

A. 正装法　　B. 倒装法

C. 卧装法　　D. 其他方法

7. 在船体分段装焊过程中,要求尽可量将该分段范围内的舾装件也一起装焊妥的工艺,叫做:(　　)。

A. 分段舾装　　B. 分段翻身

C. 胎架制造　　D. 舾装件制造

8. 船体分(总)段在吊离平台或胎架前,都要在外表面上画好定位线。这些定位线是:(　　)。

A. 中心线、基准肋骨线、水平检验线等　　B. 余量线

C. 切割线　　D. 检验线

9. 船体尾部托底小分段的预制最佳装配方法是:(　　)。

A. 正装法　　B. 卧装法

C. 倒装法　　D. 放射装配法

10. 尾总段装配过程中,在逐行安装舷侧顶板至托底小分段之间的外板时,必须预留一块外板暂不安装,以改善内部通风条件,待内部工作全部完成后再进行安装,这块暂留外板叫:(　　)。

A. 满档板　　B. 马板

C. 临时加强板　　D. 熄弧工艺板

11. 在分段和总段吊运翻身过程中,不需要考虑的问题是:(　　)。

A. 是否要采取加强措施　　B. 如何安装吊环

C. 选择什么装焊程序　　D. 吊车的许可负荷

12. 在吊运翻身过程时,如中部总段在两端环形接缝处无横舱壁时,应设(　　)来加强。

A. 假横舱壁　　B. 假纵舱壁

C. 真横舱壁　　D. 真纵舱壁

三、判断题(对的打"√",错的打"×")

1. 船体分(总)段的制造一般只需制订其装配与焊接程序,其他如平台或胎架的选择、焊接变形的预防与矫正、预舾装、吊运与翻身方法等不必考虑。(　　)

2. 双层底分段的内底边板都是平直的,没有向下折角、向上折角或阶梯形等形式的,因此,全部都可以倒装制造。(　　)

3. 船体分(总)段的装焊工艺一般要求边装边焊,即装配好一个构件,就焊接好该构件与其他构件连接的所有焊缝。(　　)

4. 舷侧分段装配好后,应先进行骨架之间的对接缝焊接,再进行骨架之间的立角缝焊接,最后焊接构件与外板的角接焊缝。(　　)

5. 实施分段舾装,有利于改善舾装条件,缩短整个造船周期,但是却增加了分段的重量。权衡利弊,要大力推行分段舾装。(　　)

6. 甲板分段一般采用正装法制造。(　　)

7. 分段在装配焊接后,往往会产生纵向及横向的收缩和翘曲变形,主要原因是因为焊缝位置不对称于中和轴,在装焊过程中的工艺措施不当等因素所造成。 ( )

8. 一般来说,船体分(总)段的焊接变形是不可避免的。但可以采取一定的措施,尽量控制和减少焊接变形,完成分(总)段的制造任务。 ( )

9. 船体分(总)段的焊接变形没有规律可循,不能用加放反变形的方法予以预防和控制。 ( )

10. 一般来说,分段的焊接变形可以矫正,而总段的焊接变形没办法矫正,若变形严重,则只能报废。 ( )

11. 船体尾总段装配过程中的满档板四周均应留有余量。 ( )

12. 尾总段与其他总段合拢的一端,所有纵向接缝,都应保留一段长度(通常为150~250mm)暂不焊接,以便在船台装配时用于借对和借直,以保证与其他总段间的型线接顺。 ( )

13. 核算分段或总段的重量时,只需计算其本身的重量,不必考虑舾装件、起吊工具(如吊环、钢索、卸扣)和加强材等的重量。 ( )

14. 吊环通常应布置在分段的纵、横骨架交叉处,或至少应布置在分段的一根刚性构件上。 ( )

第十章　船体总装

● **学习目标**

知识目标

1. 熟悉船体总装设施；
2. 了解船体总装的方式；
3. 掌握船台装焊前需做的各项准备工作；
4. 熟悉在纵向倾斜船台上用塔式建造法进行船体总装时，其基本装焊工艺要点；
5. 了解船体总装时的焊接变形原因；
6. 了解船体建造精度管理的基本内容与要求。

能力目标

1. 能编制在纵向倾斜船台上用塔式建造法进行船体总装时的装焊工艺；
2. 能编制总段建造法的总装程序；
3. 能编制整体建造法的总装程序；
4. 能比较塔式建造法、总段建造法和整体建造法的适用范围；
5. 能制订船体总装时的焊接变形控制措施。

船体总装是在部件装焊、分段或总段装焊的基础上，最后完成船壳整体装配的工艺阶段。它对保证船体建造质量，缩短船舶建造周期有着直接的关系。

第一节　总装设施——船台和船坞

船台和船坞是将各个零件、部件、分段或总段组装成整个船体的场所，位于船体装焊车间附近，同时又濒临水域。

1. 船台

船台是陆地上船舶建造的场所，又是依靠下水装置将船舶移至水域的场所，一般可分为倾斜船台和水平船台两类。

(1)纵向倾斜船台(图 10-1)：这是目前船体建造和下水采用最普遍的一种形式，船台平面具有一定的倾斜度(即船台坡度)，通常取 1/14 ~ 1/24。为便于分段在船台上总装，船台上通常配备有下列工艺装备。

①船台中心线槽钢：位于船台中心线上，槽钢上画有中心线及肋骨线等标志，作为分段或总段定位的依据。

②高度标杆：设置在船台的两侧，其上标有基线、水线、甲板边线及其他有关高度的检验线，作为分段安装高度的基准。

③船台拉桩：埋置在船台地面上，供分段定位时拉曳用。

④脚手架:设置于舷外和舱内(图 10-2)。

⑤墩木:供搁置船体用,常见的有木墩、水泥墩和铁墩(图 10-3)。还有可调节式铁墩,见图 10-4,其图中 10-4a)是一种活动升降钢墩木,图中右半边表示升高时的情形,左半边表示降低时的情形;10-4b)是一种机械调整式墩木,通过液压千斤顶带动下斜楔平移,使上斜楔做升降移动,以调节墩木的高度;10-4c)是一种船底千斤顶。但是使用这些装置时,在分段定位和纵横焊缝焊好后,必须加上普通墩木支顶船舶,以免千斤顶产生集中负荷。

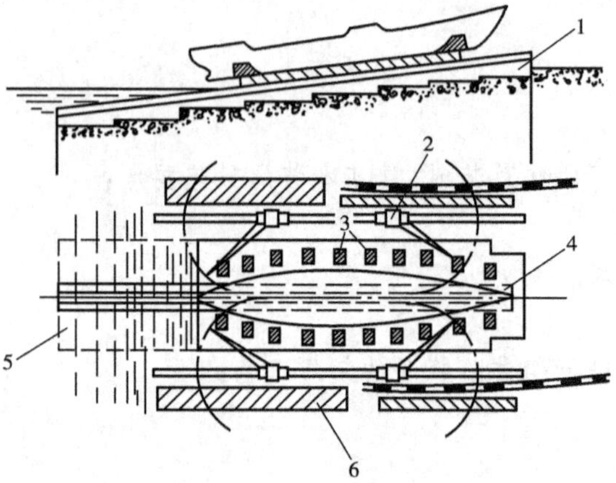

图 10-1 纵向倾斜船台

1-船台;2-起重机;3-脚手架;4-滑道;5-浮台;6-配套场地

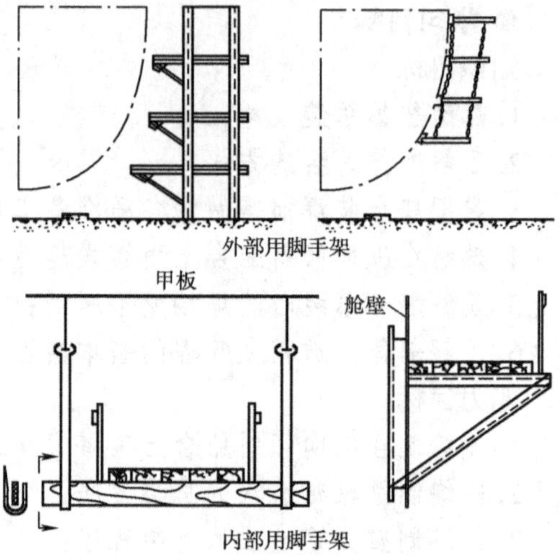

外部用脚手架

甲板 舱壁

内部用脚手架

图 10-2 造船用脚手架

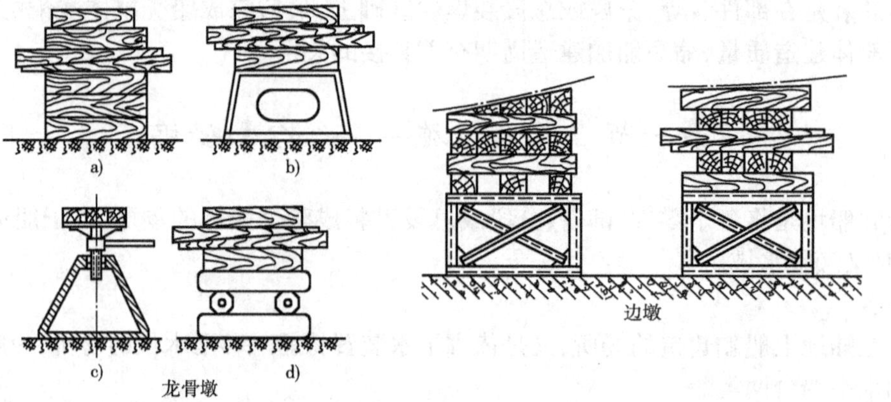

a) b) c) d)

龙骨墩

边墩

图 10-3 墩木

船台上除了配置高架吊车及其主要工艺装备外,还必须配置电力、压缩空气、氧气、乙炔、水及蒸汽等动力供应设施。

(2)水平船台:船台表面呈水平状态的船台,通常与机械化滑道、升船机、浮船坞等下水设施结合使用,其基建投资大,占地面积也多;优点是能排列多个船台,装焊工作方便,下水安全可靠,并可以双向使用,能下水,也能上排,因此常见于中型船舶修造厂。

水平船台除了应具有倾斜船台的工艺装备外,还须有以下两种工艺装备。

①船台肋骨线槽钢:它是沿全船的基准肋骨线处,横向嵌埋在船台两侧的槽钢(图 10-14),

作为分段或总段安装定位时,决定纵向位置用。

②移船设备:由船台小车和钢轨组成(有的采用钢柱滚道代替船台小车)。船台小车有纵移和横移两种运动方向,是利用小车本身的液压顶杆来进行不卸载的轮子自动或手动转向90°所实现的(图10-5)。它又分自动小车和非自动小车两种。

必须指出,在纵向倾斜船台或造船坞内采用串联建造法时,还必须配置相应的移动和控制船体尾段的工艺装备。

随着船舶向大型化发展,采用纵向倾斜船台造船不但在船体装配和下水工艺方面带来很大的困难,并且大型船台的造价也十分昂贵。故目前排水量在10万t级以上的船舶大多采用造船坞来建造。

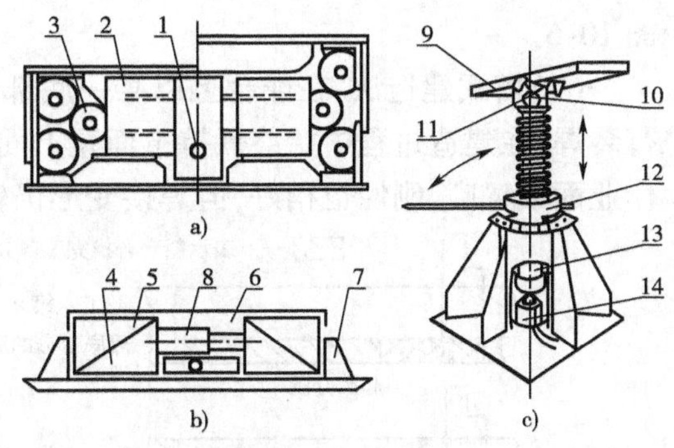

图10-4 可调节式墩木

1-作用蜗杆轴;2-作用螺母;3-作用滚轮;4-下斜架;5-上斜架;6-拉紧板;7-支撑板;8-滚压千斤顶;9-船底支承台;10-头球部;11-支承;12-安全螺母;13-螺杆;14-可移油压千斤顶

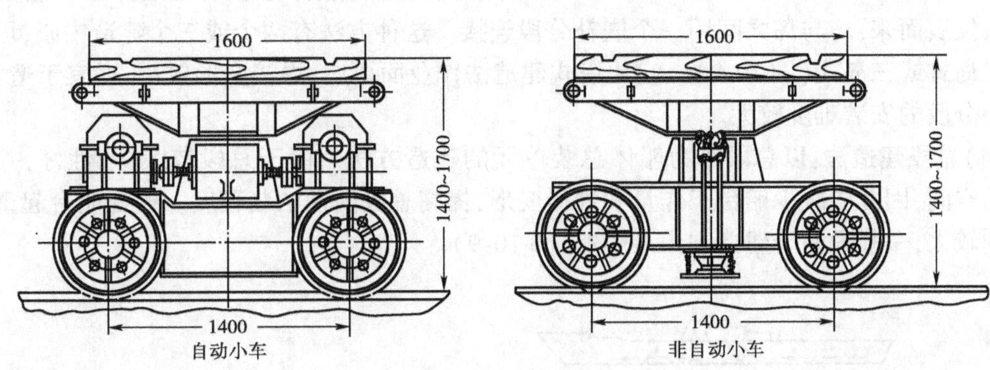

图10-5 船台小车

2.船坞

船坞是低于水面、端部设有闸门、在闸门关闭后能将水排干,以从事船舶修造的水工建筑物。它具有水平船台的一些优点,同时由于坞面低于地面,可降低坞边吊车的高度,且能大大简化船舶下水工艺。

根据坞的深度,船坞分为两种:浅的用于造船,称为造船坞;深的用于修船,称为修船坞。造船坞一般都配置横跨船坞的大跨距大举力的龙门式起重机,而坞侧有大面积的预装配区。

第二节 船体总装方式

1.单艘船建造

(1)水平建造法:在船台上先将船底分段装焊完毕,再向上逐层装焊直至形成船体的造船方法。它由整体造船法演变而来,将零部件上船台散装改为以分段为单元上船台安装。这种

建造方法船台周期较长,焊接变形较大,难以采用预舾装,可用于建造船台散装件较多的船,见图 10-6。

(2)塔式建造法:在船台上以某一底部分段为基准分段,由此向前后左右,由下而上地进行装焊,在建造过程中始终保持下面宽上面窄的宝塔形状,见图 10-7。与水平建造法相比,其作业面较宽广,刚性也稍好,但焊接变形仍较大。

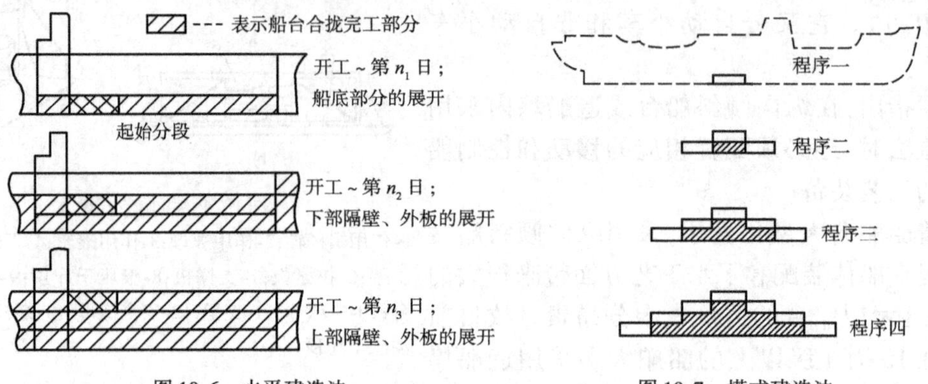

图 10-6　水平建造法　　图 10-7　塔式建造法

(3)岛式建造法:有两个或两个以上基准分段同时进行船体总装的建造方法。它由塔式建造法发展而来,岛与岛之间用一个嵌补分段连接。这种方法有两个或三个建造中心,可分别称为二岛式或三岛式(图 10-8)。它比塔式建造法作业面更广,焊接变形较小,适宜于造大船,但嵌补分段的安装难度较大。

(4)总段建造法:以总段作为船体总装单元的建造方法。由于总段较大,刚性好,并有较完整的空间,因此能减少船台工作量和焊接变形,提高总段内预舾装程度。但受船台起重能力的限制较大,一般只用于建造中小型船舶(图 10-9)。

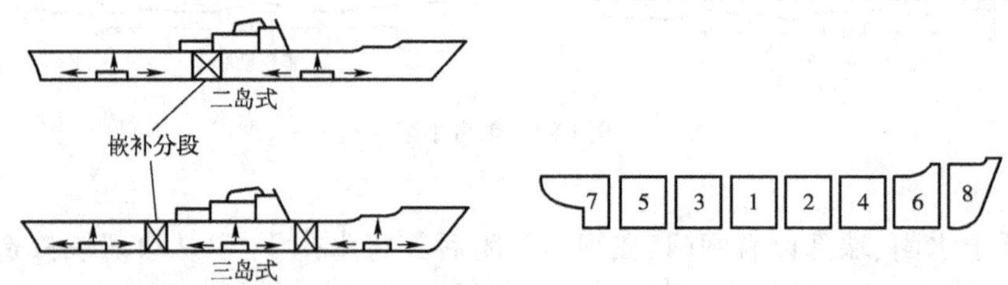

图 10-8　岛式建造法　　图 10-9　总段建造法

(5)两段建造法:也称两段建造水上合拢法或坞内合拢法。它是将船体分为两段,在船台上分别建成后下水,然后再合拢成整个船体(图 10-10)。

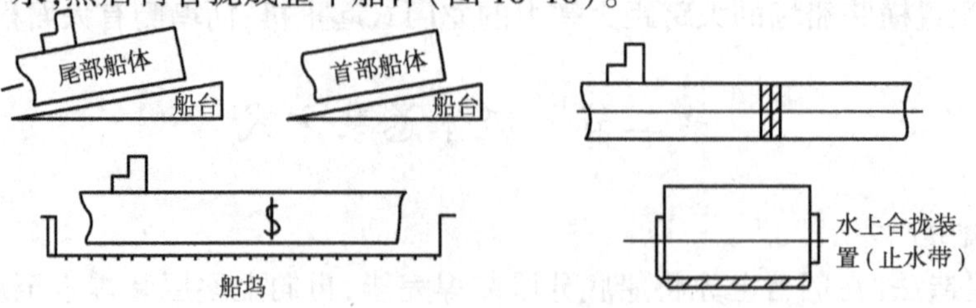

图 10-10　两段建造法

2. 批量船建造

(1)串联建造法:当第 1 艘船在船台末端建造时,第 2 艘船的尾部在船台前端同时施工;待第 1 艘船下水后,便将第 2 艘船的尾部移至末端,继续安装其他分段,形成整个船体。与此同时,可在船台前端开始第 3 艘船尾部的施工,见图 10-11。

此法的实质是将船体分为前后两个不同的建造区(岛),后艘船岛按塔式法建造,然后移位,因此岛与岛之间不必嵌补,而是直接进行对接,从而能提高船台利用率,缩短船舶建造周期;但需增加专用的移船装置,且移位要求较高。

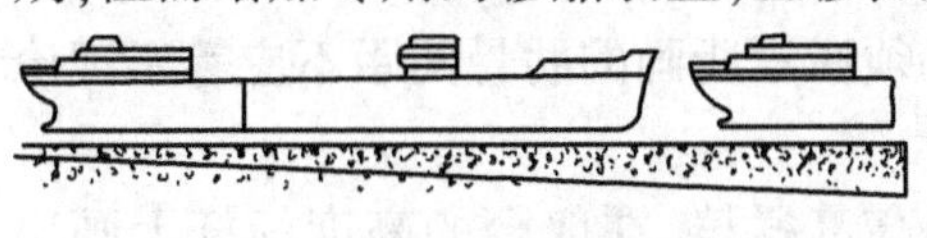

图 10-11　串联建造法

采用串联建造法的船台长度约为 1.5 倍船长,适用于批量建造大、中型尾机型船。这是考虑到尾机型船的机舱和泵舱均位于尾部,尾段提早形成有利于早期舾装工作的开展。

(2)三阶段建造法:这是 20 世纪 70 年代建造的船厂所采用的一种造船方式。它以在坞中舾装为目的,将建造工程分为几个阶段,以使船体和舾装的作业量均衡,并在坞中进行主机安装和试车,出坞后可立即进行试航。以三工位方式为例,它将船舶建造工程分为船尾建造、船首和平行中体建造、舾装工作 3 个建造阶段,有直线式,如图 10-12a)所示;也有侧坞式,如图 10-12b)所示。

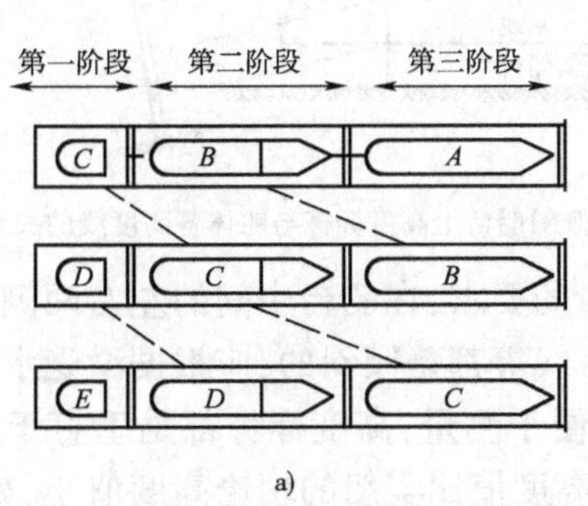

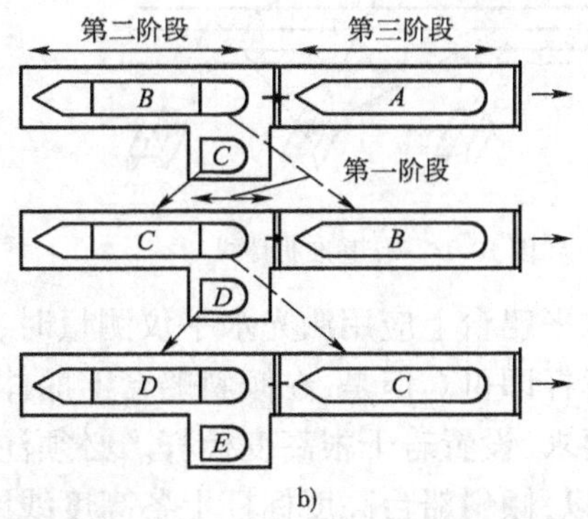

图 10-12　三阶段建造法

a)直线式;b)侧坞式

第三节　船台装焊的准备工作

我国绝大多数船厂均在船台上进行船体总装。船台装配的准备工作,是保证船体总装的施工质量和进度的重要措施,必须切实做好。该准备工作分为船台上的和船体上的两部分。

1. 船台上的准备工作

(1)船台中心线。通常可用激光经纬仪在船台中心线槽钢上画出船台中心线,见图 10-13。操作时,将激光经纬仪安置在船台中心线的端点 B,对中整平后,发射激光点到槽钢上(应超越船

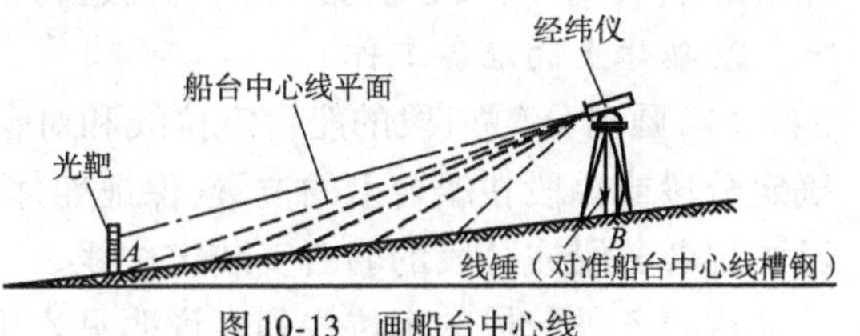

图 10-13　画船台中心线

的尾端),每隔1.5~2m画出一点,然后将所有点子连成直线,即为船台中心线。

在没有激光经纬仪的船厂中,则可用拉钢丝吊线锤的传统方法来画出船台中心线。

(2)船台肋骨线。在倾斜船台上一般不设船台肋骨线槽钢,只在船台中心线槽钢上逐档或间隔5档画出肋骨位置线,并用色漆标上肋骨号码。

在水平船台上先在船台中心线上画出基准肋骨线的位置,然后用激光经纬仪(及五棱镜)在船台肋骨线槽钢上作出基准肋骨线。没有激光经纬仪时,可用几何学中作垂线的方法作出基准肋骨线(图10-14)。

当船体基线倾斜时,因为它与船台中心线不平行,必须注意所画的肋骨间距不应等于理论肋骨间距值。

(3)绘制高度标杆上的高度线。根据放样间提供的高度样棒,在船台的高度标杆上画出基线、水线、甲板边线等全部理论高度线,作为水平软管、激光水平仪或激光经纬仪进行船台铺墩、分段吊装定位和检验的基础。

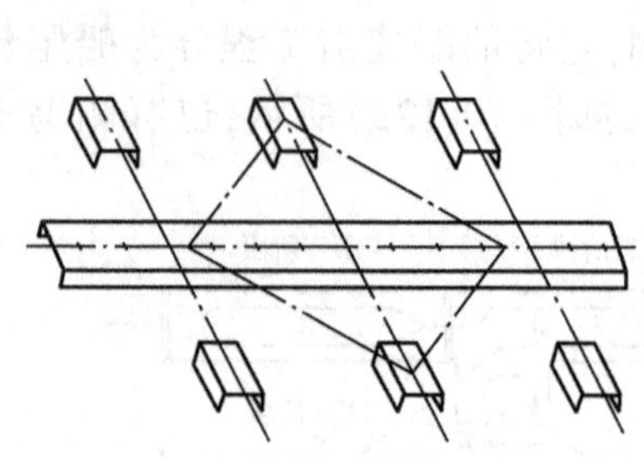

图10-14 作基准肋骨线

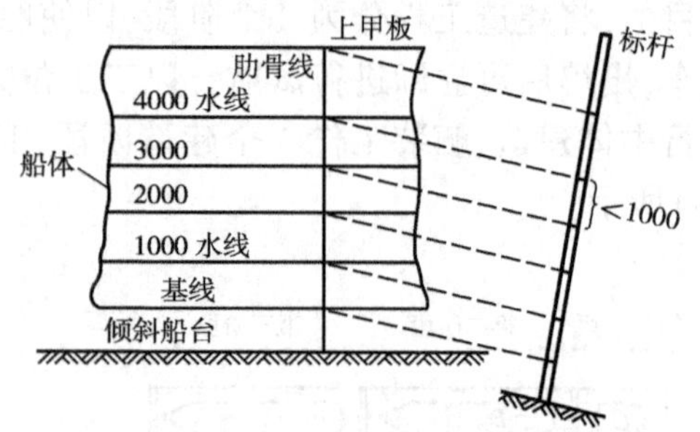

图10-15 倾斜船台上高度标杆与船体各高度线的关系

在水平船台上应用激光水平仪测量时,根据测量的要求,在船台中间的左右两侧各设置一根高度标杆即可。但是,在倾斜船台上船体基线和水线等都是倾斜的,应根据激光水平仪转站测量的要求,设置若干根高度标杆。必须注意,为了便于测量,高度标杆都是垂直于水平面设置的,所以,倾斜船台高度标杆上各高度线距基线的高度值比实船的理论高度值小,如图10-15所示。其各高度线距基线的高度值 h 可按下式求得

$$h = H \cdot \cos\alpha$$

式中:H——实船各高度线距基线理论高度值;

α——船体基线与水平面的倾角。

至于各高度标杆的基线,可利用激光经纬仪根据龙骨坡度将望远镜调至所要求的倾角 α 来画出。

此外,在准备工作方面,对船台两侧设置的高架吊车以及供施工用的压缩空气、水管、电路、乙炔、氧气、蒸汽等系统管路,均需进行检查。

2. 船体上的准备工作

(1)画出分(总)段的船台定位线和对合线:这项工作是属于船体结构预装配的任务,用来确定分段或总段在船台上的位置,保证船体尺度的正确性。因此,在船台装配前必须检查是否已画出各分段或总段的船台安装定位线。

现将各种分段的定位线列表说明见表10-1。

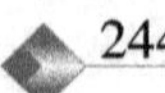

各种分段的船台定位线　　表 10-1

分段种类	船台安装定位线
船底分段	分段中心线； 分段基准肋骨线； 分段水平检验线； 内底板上舱壁位置线
舷侧分段	水线 1 ~ 2 根(高的舷侧分段上下边各画一根)； 甲板边线； 分段基准肋骨线(与船底同号)； 舱壁位置线
甲板分段	分段中心线； 分段基准肋骨线(与舷侧同号)； 舱壁位置线
舱壁分段	分段中心线； 水线 1 ~ 2 根

分段对合线是作为分段与分段对接时对准用的。通常在分段左右或上下各画一根与分段大接缝线垂直的短直线。对接的两个分段上的对合线位置应统一(图 10-16),以便对准定位,否则失去对合线的意义。

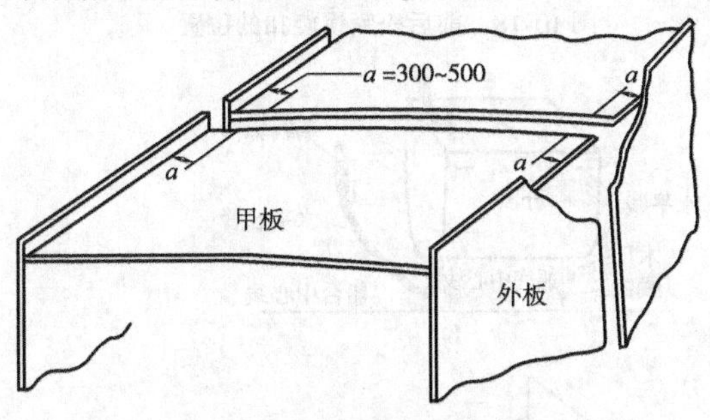

图 10-16　甲板分段对合线

(2)船台装配临时支撑的设置：临时支撑的作用在于保证分段在船台装配时的位置和型线,并作为分段和总段的支承装置。例如,当舷侧分段未跨及舱壁时,则需要安装 1 ~ 2 道部分假舱壁,作为吊装舷侧分段的依靠。在安装甲板分段时,如果甲板分段没有适当的支撑结构(支柱、舱壁或甲板边板等),则需设置适当数量的临时支柱,作为吊装甲板分段时的依靠。采用总段建造法时,如果总段端部无舱壁或强肋骨框架,便要设置假舱壁以增强总段吊运时的刚性,保证总段大接缝处的正确型线。因此,临时支撑的安装,有些是在船体结构预装配中进行的,有些是在船台装配时进行的,属于船台装配的准备工作。

假舱壁不论是部分的还是整体的,临时支撑不管长的还是短的,都是用废旧钢板、钢管、型钢等制成。它们的制造和安装都要花费一定的材料和工时,应尽可能少用或不用。如果建造一艘船舶需要花费大量的临时支撑材,这在一定程度上反映了分段划分和船台装配方式存在某些问题,需要加以改进。

(3)安装吊环：按照第九章第六节的要求,布置和装焊好起重吊环。

第四节　船台装焊工艺

现以在纵向倾斜船台上用塔式法建造万吨级船体为例,说明船台装焊工艺的要点。

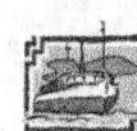

1. 基准分段的定位

基准分段是船台合拢起始点,其选择应使船台上舾装工作与船体建造能同时完成。由于机舱舾装工作量大,一般常把起始点选在机舱及其附近,以便使机舱部船体尽早形成,尽早开展舾装工作。

基准分段通常是底部分段,吊运底部分段到船台上相应的位置处,这些地方事先按照底部分段强骨架位置和基线高度铺设好墩木,在墩木上放置能移动和升降分段用的油泵弹子盘(图10-17),水平船台可利用船台小车,亦可在墩木上放置涂有牛油的钢板等。而被吊运的底部分段,应在其*K*行板外表面的前后端肋板处焊两只眼环,并各装两只松紧螺旋扣,以便调整底部分段的前后和左右位置时用(图10-18)。这样吊上船台相应位置处的底部分段必须对好船台上的各种线(图10-19),定位好后再予固定。

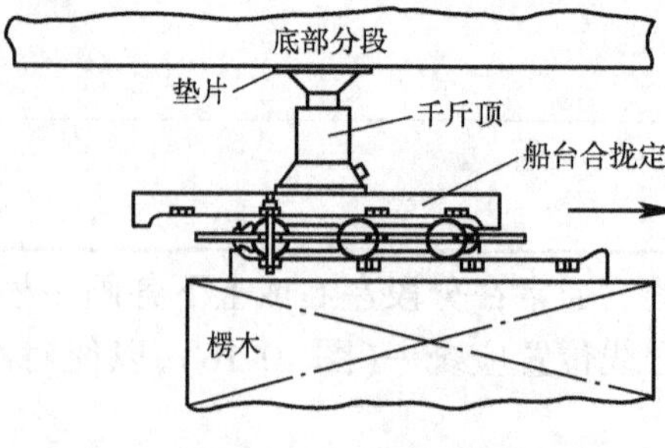

图10-17　弹子盘油压千斤顶

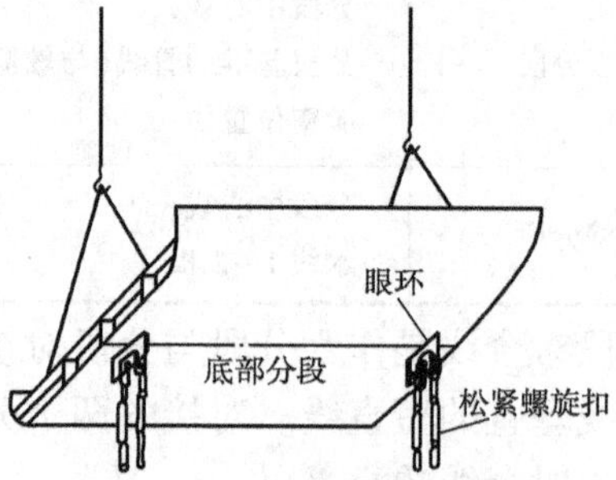

图10-18　前后松紧螺旋扣的位置

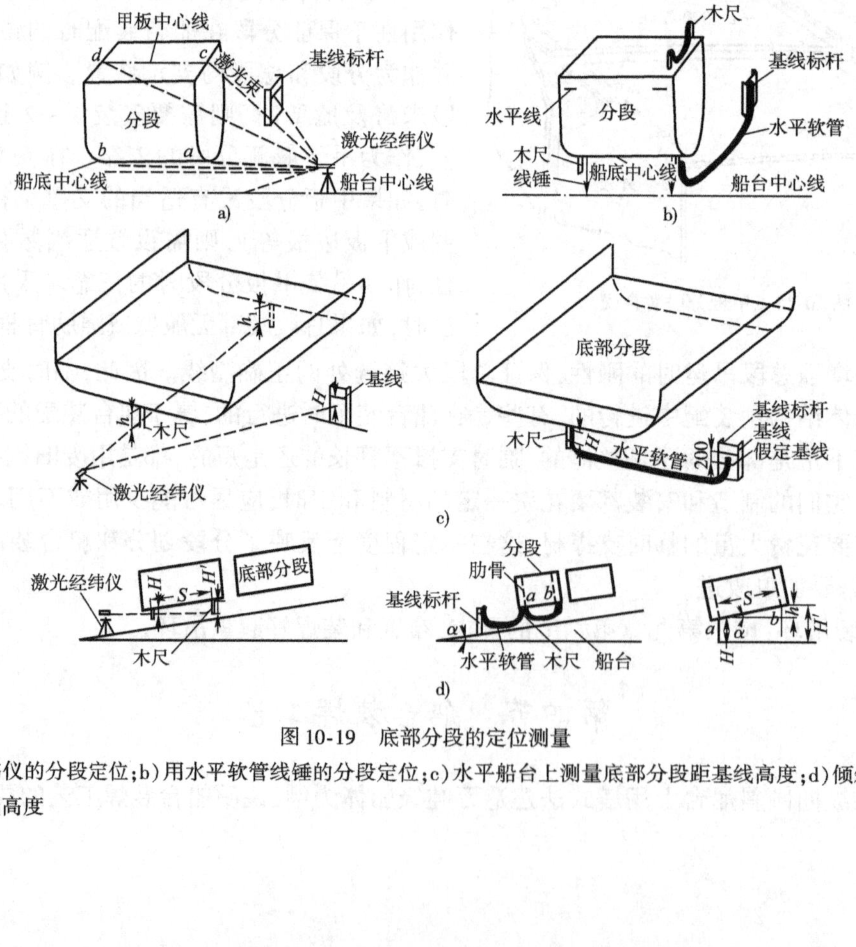

图10-19　底部分段的定位测量

a)用激光经纬仪的分段定位;b)用水平软管线锤的分段定位;c)水平船台上测量底部分段距基线高度;d)倾斜船台上测量部分段距基线高度

(1)使分段定位肋骨线对准船台上相应的肋骨线,以确定分段长度方向上的位置(图10-20)。

(2)使分段中心线对准船台槽钢中心线(图10-19),以确定分段宽度方向上的位置。

以上两种定位一般都采用线锤检验,如发现偏差,可利用船台上的拉桩作为力点,用松紧螺钉进行前后左右调节。

(3)校正分段基线高度。一般可用水平软管或激光经纬仪,以高度标杆为基准。从船底测量分段的高度,以确定分段在高度方向上的位置(图10-19)。如有偏差,可用油泵顶高或将木楔放松来调节。测量高度时应注意船体的倾斜度。

(4)测量分段左右水平检验线,以确定分段的左右水平度,方法同高度的测量与调节。

以上几项调整工作互有影响,因此需反复多次,直到各个方向都符合要求为止。

2. 相邻底部分段吊装

(1)定位:其方法与基准分段的定位基本相同。考虑到大接头端部放有余量,新吊装的分段应离开基准分段一段距离(图10-20)。然后根据两分段肋骨检验线间的距离与船台上两肋骨检验线间的距离的差值,可求出应该切除的余量值。如采用无余量上船台工艺,则可直接靠拢、定位。

(2)拉拢与对接:当分段大接缝余量割除,并对坡口进行加工后,便可将分段向基准分段拉拢,再一次测量分段位置,最后将大接缝用电焊进行点焊(定位焊),安装大接头附近的内部骨架。大接缝处坡口加工的方法可用风动批凿、气割或碳弧气刨。坡口一般开在内面。

(3)焊接:为防止变形,通常应左右对称地进行焊接,并且应装配好若干个分段后再开始焊接,以使船体刚性增大,不易产生上翘变形。内面先焊,外面扣槽封底焊。

(4)拍片检验:拍片部位由检验员确定,拍片比例按工艺要求,军品高些,一般为5%～8%;民品低些,一般为3%～5%。

总装时的技巧是:分段接缝在进行定位焊时,往往会产生骨架与骨架对不准的现象,这时可将一根骨架与板间的定位焊拆去约一档肋距,或将相对接的两根骨架与板间的定位焊都拆去,而将其借直或借对(图10-21)。

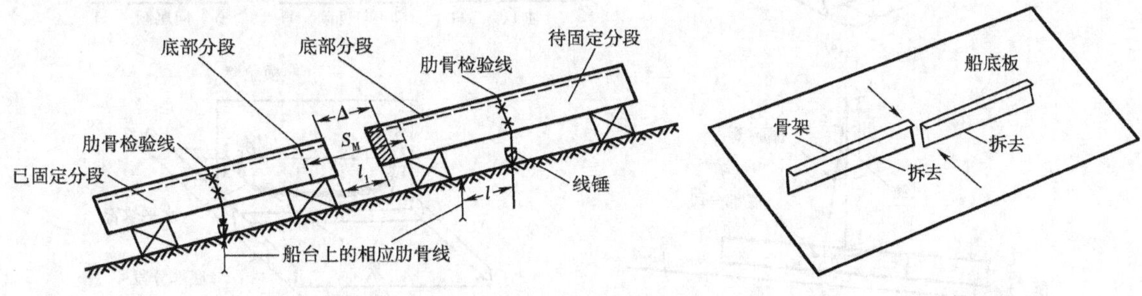

图10-20　船台上画余量线方法　　图10-21　骨架的借对

外板定位焊到舭部产生圆势不对(图10-22a)时,可将焊缝接头处割开(在分段制造时,大接缝处纵缝都应留150～250 mm不焊),从下向上逐渐装配,最后将伸长出来的多余部分切割掉(图10-22b)。为了防止焊接变形,外板定位焊后应加装梳状马。一般纵骨架式结构,可少装梳状马,而在型线弯曲处适当增加。

3. 舱壁分段吊装

舱壁分段有纵舱壁及横舱壁两种。底部分段对接后,在该区域内先装纵舱壁,然后将横舱

壁靠上,这样安装较方便。也有先装横舱壁,后装纵舱壁,再将另一端横舱壁装上的交叉装配法。

(1)内底板上划线。

(2)吊装横舱壁(下口有余量):为防止横舱壁倒下,并调节其与内底板间的垂直度,可在前后用松紧螺旋扣固定,吊装纵舱壁也一样,见图 10-23。

(3)定位:下口对准内底板上画好的肋骨线,上口挂线锤,测定其夹角;左右对准中心线;高低方向可预先放高些,与高度标杆对照后,决定应该切除的余量值;水平度可用玻璃软管测量,见图 10-24。

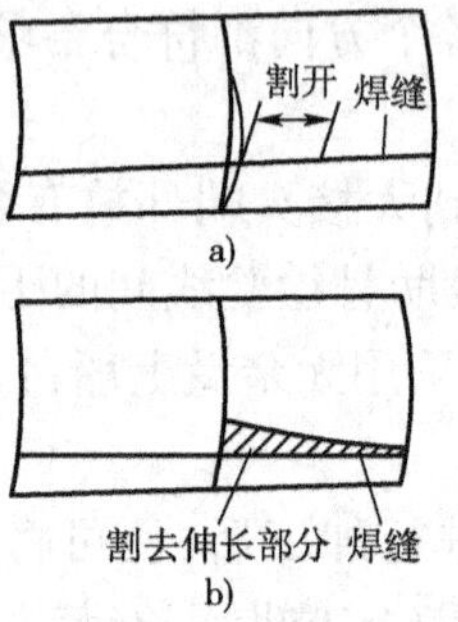

图 10-22　舭部接缝

a)割开焊缝接头;b)切除伸长部分

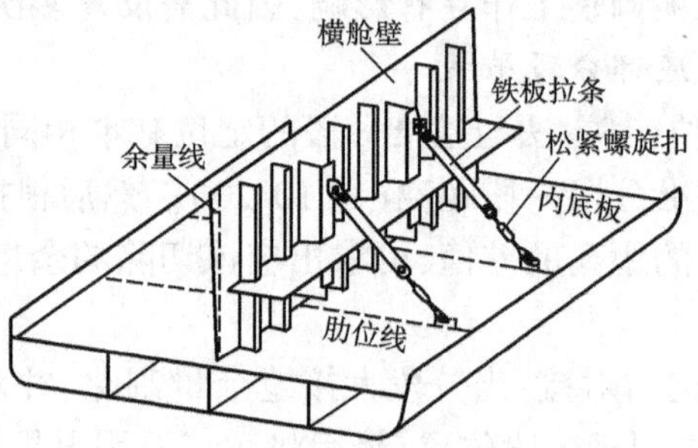

图 10-23　纵舱壁的安装

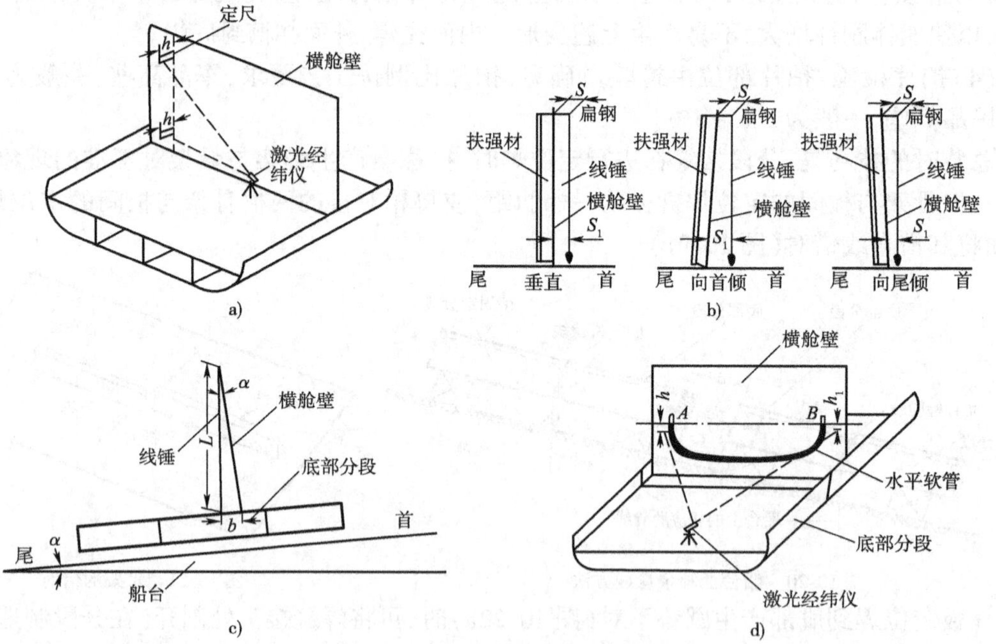

图 10-24　横舱壁的定位测量

a)用激光经纬仪测量舱壁垂直度;b)水平船台上用线锤测舱壁垂直线;c)倾斜船台上用线锤测舱壁垂直度;d)舱壁水平位置的测量

(4)割除余量:特别应注意舭部横舱壁余量的割除,量取余量值时,应从铅垂方向量(图 10-25)。

(5)定位焊:在内底板上是从中间开始,向两舷展开的。对槽形舱壁则应先定槽形转角,后定平直部分。

纵舱壁的装配方法基本上与横舱壁的装配方法相同。当纵舱壁装配完毕,首尾两端若有余量则需划线切割正确,以便靠上横舱壁。

4. 舷侧分段吊装

舷侧分段的安装一般以横舱壁为支撑。若该区域没有横舱壁,可用假舱壁替代,以帮助舷侧分段的定位,如图 10-26 和图 10-27 所示。

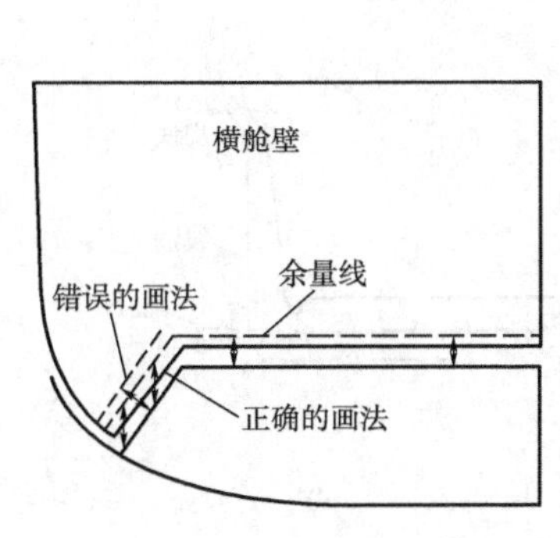

图 10-25　画内底边板处的横舱壁余量线

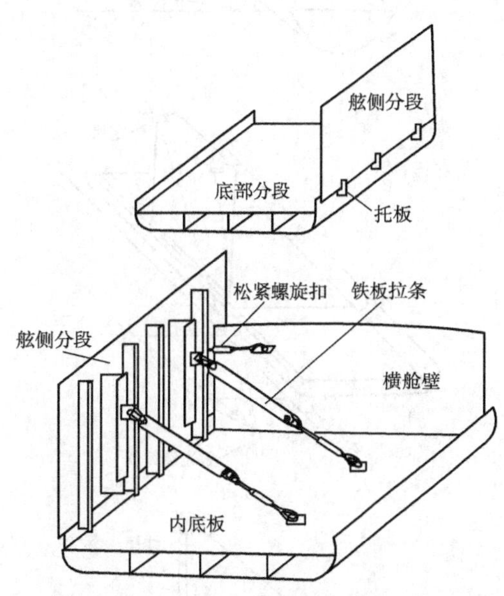

图 10-26　舷侧分段的定位

舷侧分段的定位与其他分段相仿。当高度线与甲板边线有出入时,应以甲板边线高度为准。

对于横向倾斜度较大的部分舷侧分段,在画下口余量线时,要特别注意。如图 10-28 中,$P_1 \neq P$,应按 P 画,不应按 P_1 画。

舭部骨架连接的结构有 3 种形式:第 1 种是肋骨与内底板通过舭肘板连接,如图 10-29a)所示。舷侧分段的肋骨伸到内底板上需对准内底板上的对应肋骨线,然后将舭肘板装上。第 2 种是强肋骨与舭肘板对接,如图 10-29b)所示。装配时先将舭肘板对好外板型线,若圆势不对,应检查外板是否光顺,如果外板光顺,可修正舭肘板;若外板圆势不光顺,则需矫正外板,光顺后再装舭肘板。第 3 种是肋骨与舭肘板搭接,如图 10-29c)所示。当肋骨高度等于或小于 100mm 时,肋骨与舭肘板的搭接长度应不小于两倍肋骨高度;当大于 100mm 时,则不小于 1.5 倍肋骨高度且不得小于 200mm。

5. 甲板分段吊装

只需将甲板分段吊上,对准下面的舱壁、舷侧分段即可。如果甲板分段的端缝余量留在先装分段,则以后装甲板的端缝为准,进行套割(图 10-30)。如果余量留在后装分段上,则应在先装的甲板端部预先画好准线,距离为 100mm 或 150mm,作为割除余量的依据。

6. 首尾分段吊装

中、小型船舶的首尾分段,一般均以总段形式在船台上合拢。大型船舶,在起重能力较小的情况下,可分成几段在船台上合拢,如图 10-31 所示。图中编号为分段吊装顺序。

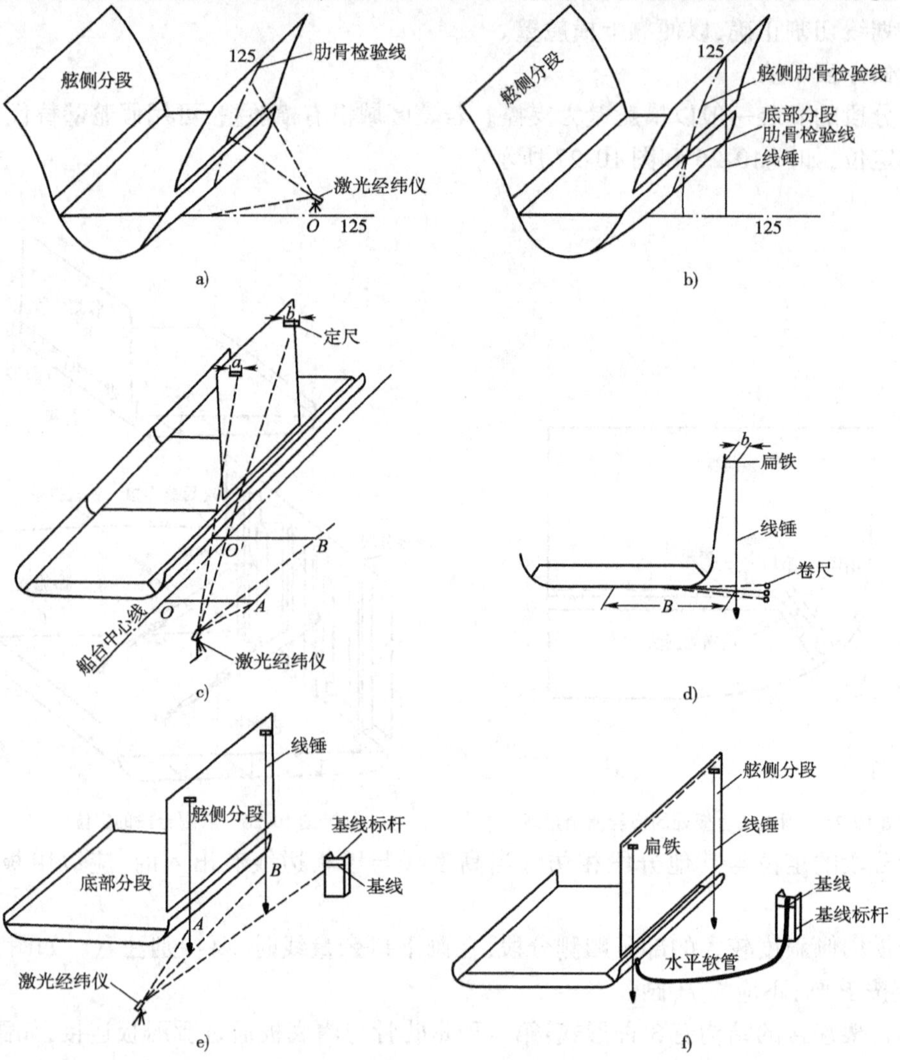

图 10-27　舷侧分段的安装测量定位

a)用激光对准分段肋位线;b)用线锤对准分段肋位线;c)用激光经纬仪测量舷侧分段半宽;d)舷侧分段半宽的测量;e)用激光经纬仪测量舷侧分段高度;f)水平船台上测量舷侧分段高度

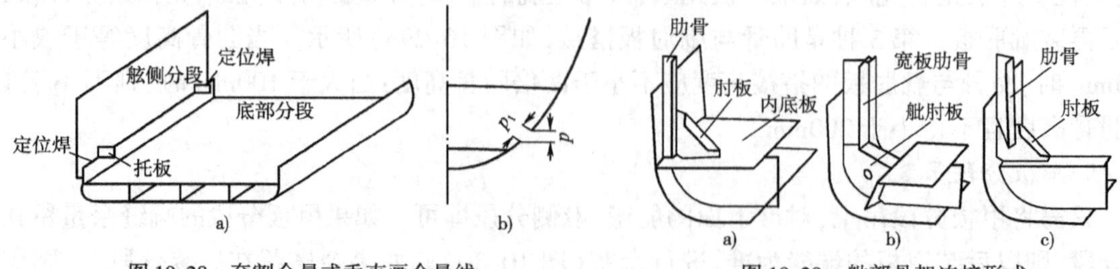

图 10-28　套割余量或垂直画余量线

图 10-29　舭部骨架连接形式

a)肘板连接;b)舭肘板对接;c)肘板搭接

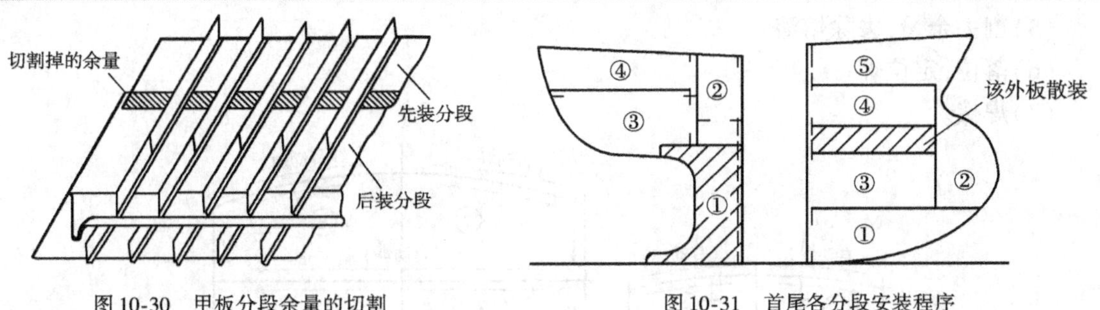

图 10-30　甲板分段余量的切割　　图 10-31　首尾各分段安装程序

7. 焊接

(1)分段纵向大接缝的焊接。

①先焊横向构件间的连接焊缝。如梁肘板与横梁或肋骨,舭肘板与肋骨或肋板或内底边板。

②再焊板与板的舱内纵向大接缝。如甲板边板与舷侧顶板,舭部列板与舷侧外板,内底边板与外底板。

③然后焊骨架与板材的角接焊缝。如肋骨框架与外板、甲板及内底边板在纵向大接缝处的角接焊缝。

④最后在外板外表面碳刨开槽后焊接板材纵向大接缝。如甲板与舷侧顶板、舭部列板与舷侧外板,这样便形成了环形总段。

(2)总段横向大接缝的焊接。

①总段环形接缝焊接前,先将总段间的纵向构件的对接焊缝焊完,然后才进行环形接缝焊接,最后焊接内部构件与船体外板、甲板、内底板等的角接焊缝。

②环形接缝在十字接头的焊接程序,应先焊纵向焊缝,后焊环形焊缝。

③船体外板的对接焊,先焊接有构件一侧的内面焊缝,焊完后,再将外板外表面接缝采用碳弧气刨开槽,吹净焊根,然后进行手工封底焊。内底板和甲板对接焊,如果采用坡口向下,应先采用手工仰焊焊接有坡口一面的焊缝,焊完后采用埋弧自动焊进行平焊封底焊;如果采用坡口向上,正面焊缝采用埋弧自动焊时,应先用手工焊打底。焊完正面焊缝后,用碳弧气刨在反面接缝开槽,吹净焊根,再进行手工封底焊。

④总段环形接缝焊接时,应由双数焊工在船的左右同时对称施焊。总段环形接缝的典型焊接程序见图 10-32。

8. 上层建筑吊装

凡是有条件的,应采用上层建筑整体吊装工艺,这样可以改善施工条件,平行作业,扩大预舾装,从而缩短造船周期。

上层建筑若采用分层吊装时,其具体程序如下:

(1)在甲板上画出围壁位置线。

(2)将上层建筑分段吊上甲板。下口因留有余量,所以分段放置高度比定位高度略高。

(3)定位。可借助松紧螺旋扣、油泵等工具,对准中心线、肋骨线、围壁位置线,并调整左右水平、前后高度等。

(4)根据高度差画出下口余量切割线。

(5)割去余量,去除熔渣。

(6)落位,定位焊。

(7)焊接。

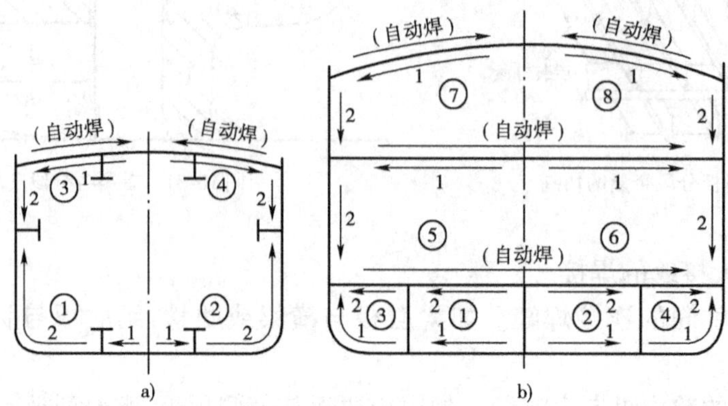

图 10-32 总段环形接缝的焊接程序

a)单底总段;b)双层底总段

9. 舾装与涂装

对分段大接缝焊接好的舱室开展舾装工作,如内装、机装、电装,以及舱室外的舾装工作即外装。

对分段大接缝焊接质量进行密性试验和拍片检验合格后,可开展船上涂装,在船舶下水前应完成绝大部分涂装工程。

10. 竣工测量

船舶下水之前,船体建造、舾装和涂装工程基本完成,必须进行船舶主尺度、船底基线以及船体型线的测量,并绘制竣工图样,对施工中改变了原设计的地方,一一记录下来,以备参考和改进。

上面介绍的是塔式建造法,下面分别介绍一下我国各中小船厂较常采用的总段建造法和整体建造法。

1)总段建造法

总段建造法在船台上常从船中总段开始,依次向首尾方向进行总装。一般应使尾部装配工作先于首部完成,以便提早进行机舱和轴系等的安装工作。

当奠基总段的位置检验合格后即可固定之,其余总段依次向首尾方向吊装,同样要保证各方向位置的正确性。各总段余量的划线切割和余量加放原则与塔式法装配时的底部分段余量处理方法相同,不过在总段上船台前亦可割去装配余量,仅留有焊缝收缩补偿量,即无余量总装。

2)整体建造法

对于没有起重运输设备的小型船厂建造小型船舶,或虽有起重运输设备但采用分(总)段建造法不能明显收益的小型船舶,可采用整体建造法制造。

整体建造法要求用船台胎架来保证船体型线和尺寸。船台胎架有纵向和横向两种。纵向胎架根据船体纵剖型线来制造,横向胎架根据船体肋骨线来制造。胎架的选用根据船体型线的复杂程度和船厂的习惯做法来决定,一般采用如图 10-33 所示的船台纵向胎架,因为它相对

横向胎架来说，可节省辅助材料和减少生产工时。

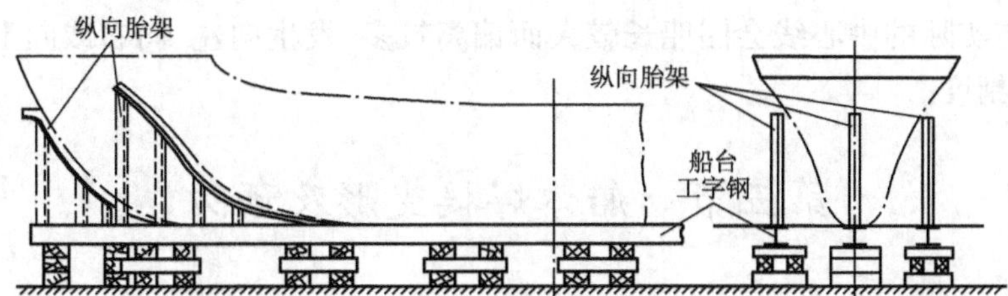

图10-33　整体建造法的船台纵向胎架示意图

(1)整体建造法的船台装配焊接工艺。

①铺底板：先铺K行底板(平板龙骨)，由中部向前后至首尾柱；同时向左右并向前后铺其他各行底板。

②在底板上画出纵横骨架位置线。

③安装纵横舱壁。

④安装肋骨框架和纵向桁材。

⑤安装左右舷侧顶板。

⑥安装甲板边板和其他各行外板(但每舱均留一块舭部满档板不装，以作为舱内外的通道，这样便于施工)。

⑦安装其余甲板板。

⑧进行船体的舱内焊接。

⑨安装舭部满档板。进行船体外板及甲板接缝的封底焊。

⑩进行船体的密性试验。

⑪安装上层建筑(或甲板室)并焊接之。

⑫进行船台舾装工作。

⑬进行船舶涂装工作。

(2)几个问题。

①纵向胎架一般采用3道简单的框架式结构是为了省工省料。但仅仅靠这3道框架组成的纵向胎架是不可能保证船体型线的，可是由于依靠横舱壁、肋骨框架和纵向桁材组成的内部骨架作为内胎架，这样就能保证船体型线，这就是整体建造法采用相当简化的船台纵向胎架仍能满足施工质量要求的原因。

②外板安装并不是从底板到舭板再到舷板。而是当内部骨架装好后，立即把舷侧顶板装上。因为它离船体中和轴较远，安装后能加强由横舱壁、肋骨框架和纵向桁材所组成的内胎架的纵向坚固性。

③外板及甲板的余量均用套割法切割。一般平板龙骨和舷侧顶板、甲板边板的纵向边缘都是标准边，与之相邻或朝向它们的外板及甲板纵边留余量，另一边不留余量，因此舭部外板的两条纵边均留余量。而外板及甲板的横向边缘是第一个上船台的那一列板，其两端均为标准边，其余的板凡与之相邻或朝向它们的这一端留余量，另一端不留余量。

不论采用何种建造法造船，在船台装配焊接妥后，都需要进行完工测量并绘制竣工图纸，留作资料保存。完工测量主要测定实船的主尺度。测定船体中心线时，最好在夜晚进行，因为

白天阳光照射角度不同,船体的甲板与船底、左舷与右舷受热情况不同,膨胀伸长也不同,所以测定的中心线与实际的中心线会因船长较大而偏离较多,发生向左、向右或向上弯曲及扭曲的现象,影响测量精度。

第五节 船体焊接变形及预防

1. 船体变形的原因

船舶在船台上建造时,其变形也具有一定的特点。例如,船体龙骨线向下挠弯,而首尾端向上翘曲;船体首尾上翘及大接缝处的横向收缩,形成船舶总长度缩短;此外,还有船体中纵剖面的左右变形。究其变形原因,大致为:

(1)船舶首尾上翘的原因。

①由于船底结构较强,故船体的中和轴位置偏于船底,而大部分焊缝(包括上层建筑和舾装件等焊缝)却又分布在中和轴上侧,焊接后使船体上部受到压缩应力,导致整个船体产生两端上翘的变形。

②位于中和轴上侧的甲板结构较船底为弱,特别是上层建筑的板材较薄,焊后变形大;同时,火工矫正的工作量也大,造成较大的收缩,增大了船体的上翘。一般来说,火工矫正所引起的船体总变形比焊后收缩所引起的更大。

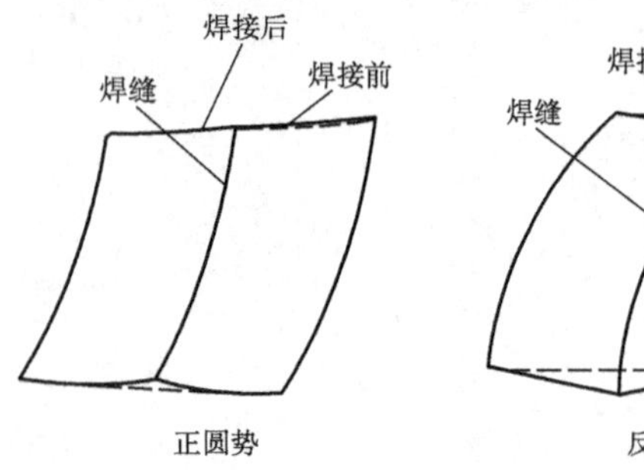

图 10-34 大接缝的焊接变形

③一般船体中间的重量较大而两端较轻(尾机型船除外),更易形成两端上翘。

(2)船舶总长缩短的原因。

①由于横向大接缝焊后收缩以及首尾上翘而形成的总长缩短。

②分段余量不足。

(3)分段大接缝的凹凸变形。

如图10-34所示,船体接缝,特别是大接缝,因焊接收缩变形,型线曲率有缓坦的趋势。一般正圆势接缝焊接后,型线向内凹进,反圆势焊缝则向外凸出。

2. 船体变形的预防措施

在船体建造过程中,避免和减少船体总变形是一个重要的问题。

一般所用的预防措施有以下几种:

(1)船底基线预放反变形:船底基线预放反变形是以底部奠基分段为基准,向首尾逐段由小至大放低一定的反变形。其数值大小可根据经验以光顺曲线作出,并且要考虑施工的可能性。

预放反变形应在第一艘船舶建造的基础上,进行测量得出数据,那么在以后建造同类型船舶时,则需在相同的施工条件下预放由上艘船测得的反变形数值,才比较可靠。一般反变形数值如下:

①塔式法建造时的反变形值:大船的上层建筑钢板较厚,火工矫正量少,相应变形也小,可取为 $L/2000$;而中小型船舶可取为 $L/1000$。L 是首尾端间的最大水平距离(总长)。

②总段建造时的反变形值：对中小型船舶，每10m长内放 -6～-10mm（向下加放）；对大型船舶，每10m长内放 -5～-8mm（向下加放）。

③反变形实例如图10-35所示。

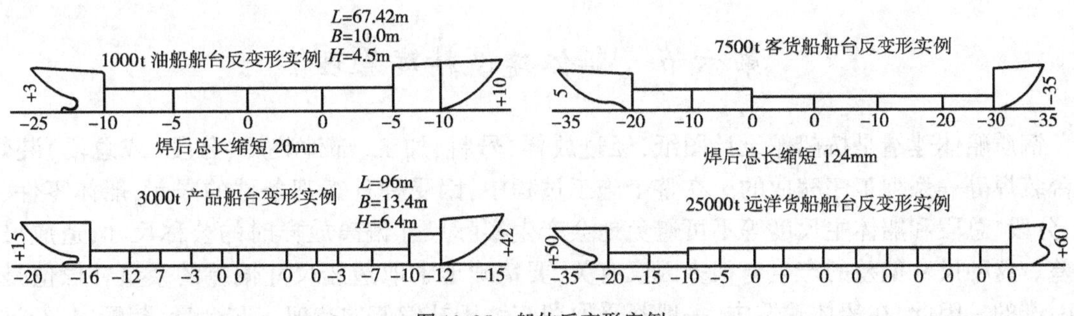

图10-35 船体反变形实例

(2)为了保证船体总长度，在大接缝处的肋骨间距可适当加大，以抵消焊接后船体总长的缩短。横骨架式船体大接缝肋距，可放 +5～+10mm，纵骨架式船体大接缝肋距，可放 +10～+20mm。一般分段之间的接缝（纵向）可放 +5mm。

(3)提高装配质量。严格控制各分段对接缝间隙、构件连接间隙和焊缝坡口的大小，它们必须符合工艺要求，避免由于过大的装配间隙而增大焊接变形的数值。

(4)严格遵守工艺规程。包括船台装配与焊接的先后程序及其工艺要求，减少由于安装程序不当而增大船体变形。此外，还必须保证正确的焊缝规格，过大的焊脚尺度，既浪费焊条，又会造成不必要的额外变形。同时，分段在吊上船台前，应将能进行的焊接工作尽量完成，并将分段矫正好，以减少船台上因焊接与矫正工作量增多而引起的变形。

(5)采取必要的工艺措施。如为了防止船体首尾上翘，可在首尾分段上压重物，并在首尾分段下面用松紧螺旋扣与船台上的拉桩固定，即用强制的方法来减少船体上翘变形的数值。各分段在船台进行对接焊时，可用各种马板加强（图10-36），或采用水火弯板法。将接头处的外板于焊前作出反变形，其方法为：当外板呈正圆势时，可在外板外表面上的骨架位置附近（约距骨架3～4mm），用氧炔火焰沿骨架方向加热，使外板形成图10-37中虚线所示的反变形（其大小约为2～5mm）待封底焊接后，接缝处型线即可光顺。对于外板呈反圆势部分一般不加放反变形，个别的可向内稍加反变形，这对横骨架式底部分段较为适用，对舷侧分段采用得更多。

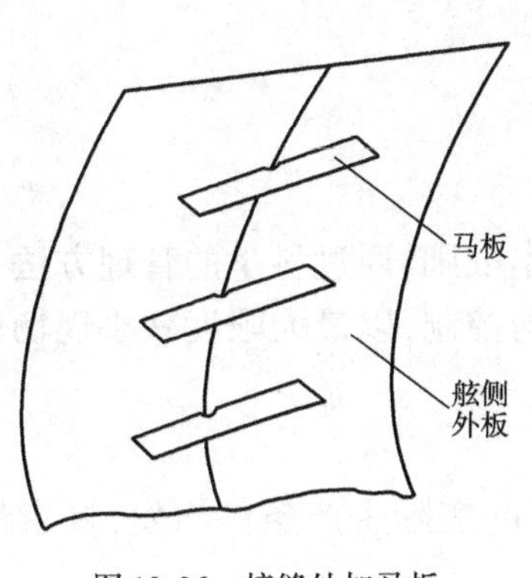

图10-36 接缝处加马板

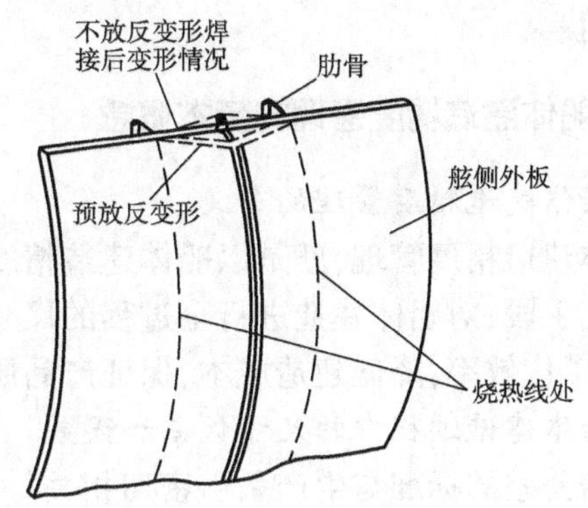

图10-37 外板对接缝放反变形

(6)改进建造工艺。尽可能减少船台焊接工作量,扩大分段施工范围,采用自动焊、半自动焊、气体保护焊等焊接工艺,提高焊缝质量,减少焊缝返修量,以达到减小船体总变形的目的。

第六节　船体建造精度管理

钢质船体建造是按船舶设计图纸,经过放样、号料、加工、部件装焊、分段(或总段)装焊、船台装焊等一系列工序完成的。在整个施工过程中,因受种种客观条件的限制,船体零件、部件、分段、总段和船体主尺度等不可避免地会产生实际尺寸偏离放样时的公称尺寸,造成尺寸偏差。这种尺寸偏差的产生与很多因素有关,要精确地求取造船尺寸偏差的余量补偿值是相当困难的。因此,在船体建造中,一般都采取留有大于补偿值的造船工艺余量,装配中,经过定位、测量、划线后再切除实际多余的余量。船体建造余量分为总段余量、分段余量、部件余量、零件余量和其他余量,其大小是通过实际工作中积累的经验来制订的。船体构件的余量是为补偿构件在各工序中所产生的误差而留的尺寸裕度,它保证了各工序作业的顺利进行和建造质量。

在取得大量生产实践测量数据的基础上,运用数理统计方法,研究、制订、修改和完善船体建造公差标准,采用无余量的造船方法,有利于减轻劳动强度和缩短船台周期。因此,在船体建造过程中,利用公差标准来控制施工精度,利用加放工艺余量来补偿施工变形。

一、我国船体建造精度管理的状况

我国从20世纪70年代初期就开始了船体建造精度控制技术的研究和实践,在国内各大船厂不同程度地取得了一些成果和经验。实施船体建造精度管理经过了三个发展阶段:

(1)分段上船台前进行预修正以适应船台装配的尺寸精度要求(俗称分段无余量上船台装配)。

(2)对平直分段进行建造全过程的尺寸精度控制与对曲面分段进行预修正后上船台相结合。

(3)对全船所有分段进行建造全过程的尺寸精度控制。

国内精度控制水平已经基本上达到内部构件无余量号料、全船分(总)段无余量上船台装配(大合拢)。

二、船体建造精度管理的基本概念

1. 船体建造精度管理的含义

船体建造精度管理,就是以船体建造精度标准为基本准则,通过科学的管理方法与先进的技术工艺手段,对船体建造进行全过程的尺寸精度分析与控制,以最大限度减小现场修整工作量,提高工作效率,降低建造成本,保证产品质量。

2. 船体建造过程中的尺寸偏差和误差

造船公差的标准与生产条件密切相关。必须从船厂的实际生产条件出发,探索最佳的余量和公差标准,作为造船生产的指南。

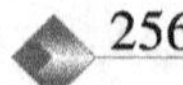

(1)尺寸偏差:指制造的零部件或分段测量得到的实际尺寸与公称尺寸之间的偏差。

(2)误差:分为随机性误差、规则性误差(系统误差)和草率性(粗大性误差)误差3种。

所谓随机性误差,一般是指在测量一批同样的零部件或分(总)段中发现的误差,它是各种生产因素的综合结果。实际调查统计表明,这种误差具有一定的规律性。

所谓规则性误差,是指生产过程中固定的误差。如在工艺过程标准化的情况下,焊接一批同样分段所产生的焊接变形,对于每个分段而言基本上是固定的。在用气割机切割一批同样的板件时,对于每块板件来说,其热变形也是固定不变的。又如冷加工机床、测量仪器及工具的系统误差,实际上都是固定的等。

所谓草率性误差,是指生产过程中,由于操作人员的疏忽大意,发生工作错误所引起的误差。

精度标准是以随机性误差为主要依据而制定的,故在分析误差的性质时,应将规则性误差和草率性误差加以排除。

3.船体建造精度标准包括的内容

船体建造精度标准一般安排“标准范围”及“允许极限”两档。其主要内容包括:对钢材表面缺陷的规定;放样、划线和号料的精度;零部件制造精度;分段制造精度;船台安装精度;焊缝质量及外形质量等要求。

4.船体建造精度管理的理论基础

船体建造精度管理的理论基础是数理统计、尺寸链理论;技术核心是尺寸补偿量的加放,使之以补偿量取代余量;管理内容是健全精度保证体系、建立精度管理制度、完善精度检测手段与方法、提出精度控制目标、确定精度计划、制定预防尺寸偏差的工艺措施等。

三、船体建造精度管理

船体建造精度管理的目的,是根据造船的最终质量要求,应用统计分析的原理和方法,制定出各工序中每个零件、部件、分段直至总段的最合理的公差,以控制和掌握零件与分段的尺寸精度,保证制造精度均在公差范围以内。实施造船精度管理,必须做好下列各项基础工作。

(1)鉴定加工设备的精度。

(2)鉴定和统一检测量具的精度。

(3)测定气割割缝值,以确定零件切割割缝的补偿值,保证零件的切割尺寸精度。

(4)测定各种焊接变形。包括:

①压力架拼接焊缝的收缩值。

②分段铺板焊缝的收缩值。

③分段装焊后纵横向的收缩值。

④船台大接头纵横向的收缩值。

⑤掌握各种收缩变形的规律,计算误差和系统补偿值。

(5)测定热弯成型外板的变形,以便掌握变形规律,计算加工补偿值。

(6)编写各种工艺文件和标准。

(7)建立各种必要的规章制度,以提高工作效率和保证产品质量。

(8)加强技术培训和教育工作,不断提高操作者、管理人员的专业技术和业务水平。

船体建造精度管理的水平等级的提高在很大程度上受船厂的生产技术、管理水平、设备能力、工人技术素质、建造船舶的类型与等级、经济合理性等一系列因素的制约。它是当代造船的重大新技术之一,是船厂现代化科学管理的重要内容,也是企业发展生产、加快科技进步的客观需要。

思考与练习 SIKAOYULIANXI

一、问答题

1. 船体总装设施有哪些?你见过其中的哪些设施?

2. 船体总装方式有哪些种类?

3. 船台装焊前需做哪些准备工作?为什么?

4. 在纵向倾斜船台上用塔式建造法进行船体总装时,其装焊工艺要点有哪些?

5. 试述在水平船台上某 $L_{右}$ 立体分段的装配过程(左侧段还未装)。$L_{右}$ 段的结构及其所装部位见图 10-38,$L_{右}$ 段站号为:$^{\#}40^{+400}$ ~ $^{\#}50^{+400}$。

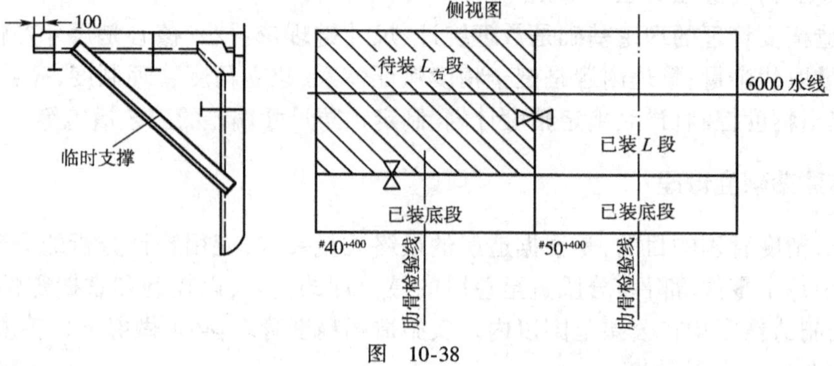

图 10-38

6. 在水平船台上安装"F"型立体分段 $F_{3右}$(图 10-39),其他分段均已安装完毕。试述 $F_{3右}$ 立体分段定位安装的步骤。

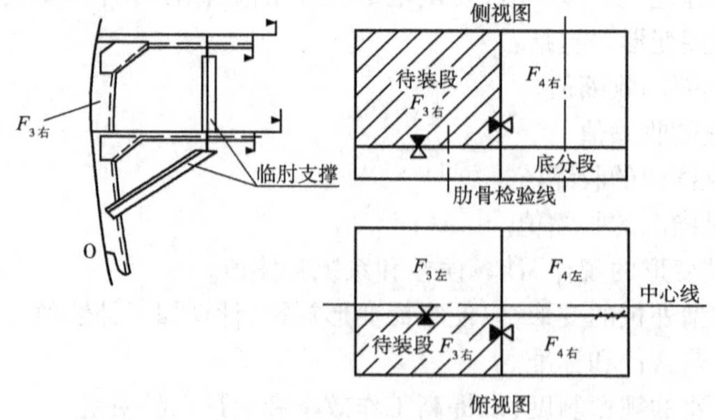

图 10-39

7. 试述图 10-40 所示的尾总段在水平船台上的安装程序及注意事项。

8. 图 10-41 所示为某船在船台大合拢时的一个环形大合拢缝简图,请标出其焊接顺序并说明焊接方法。

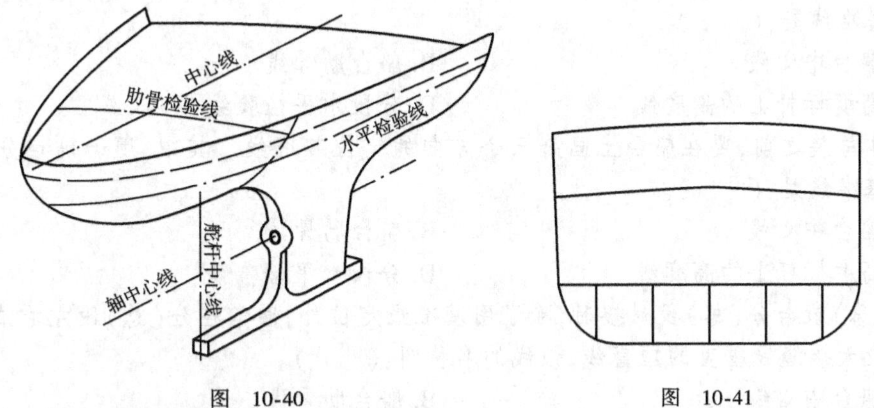

图 10-40　　图 10-41

9. 试述总段建造法的总装程序。

10. 试述整体建造法的总装程序。

11. 船体总装时的焊接变形原因及其预防措施是什么?

12. 图 10-42 所示为某船船台装配顺序图,除底部分段无余量船台装配外,其余分段及总段均为有余量船台装配,试标出各分段船台装配余量的位置(可用△为标准边,▲或→为有余量边标注)。说明:采用塔式建造法时,首、尾为总段,中部为双层底立体分段及由两个舷侧和甲板组成的门形分段;圆圈内的序号为船台装配顺序号。

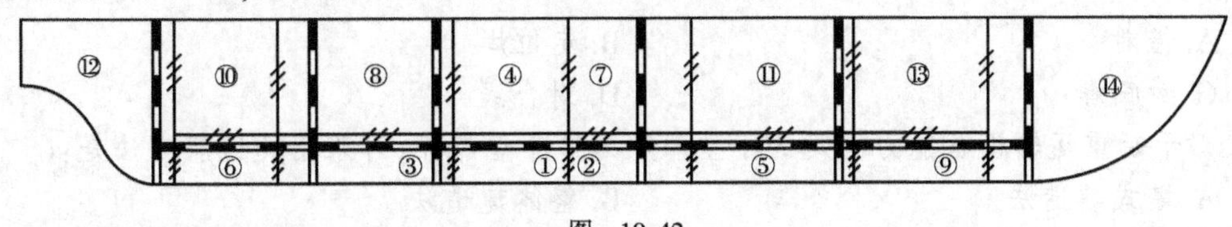

图 10-42

13. 什么是造船公称尺寸、尺寸偏差?

14. 船体建造过程中的误差分为哪几种?请分别予以说明。

15. 实施造船精度管理要做好哪些基础性工作?

16. 简述控制薄板焊接变形的主要工艺措施。

二、选择题(单项选择题,即只有一个答案是对的)

1. 将各个零件、部件、分段或总段组装成整个船体的装配场所是:(　　)。

A. 船台或船坞　　B. 平台或胎架

C. 部件装配区　　D. 分段装配区

2. 一般只用于建造中小型船舶的建造方法是:(　　)。

A. 水平建造法　　B. 塔式建造法

C. 岛式建造法　　D. 总段建造法

3. 船体总装之前,要在船台上画好三个方向的定位基准线。其中,用于确定分(总)段前后位置的基准线是:(　　)。

A. 船台中心线　　B. 船台肋骨线

C. 高度标杆上的高度线　　D. 分段水平检验线

4. 船体总装之前,要在船台上画好三个方向的定位基准线。其中,用于确定分(总)段左右位置的基准线是:(　　)。

A. 船台中心线　　B. 船台肋骨线

C. 高度标杆上的高度线　　D. 分段水平检验线

5. 船体总装之前,要在船台上画好三个方向的定位基准线。其中,用于确定分(总)段上下位置的基准线是:(　　)。

A. 船台中心线　　B. 船台肋骨线

C. 高度标杆上的高度线　　D. 分段水平检验线

6. 分(总)段与分(总)段对接时,除了用基准线定位外,通常在分(总)段左右或上下各画一根与分段大接缝线垂直的短直线,该线的名称叫:(　　)。

A. 船台中心线　　B. 船台肋骨线

C. 对合线　　D. 水平检验线

7. 船台装配时,最先吊上船台进行装配的分段名称叫:(　　)。

A. 基准分段　　B. 首部总段

C. 尾部总段　　D. 甲板分段

8. 船台装配时,对接分段之间往往会产生骨架与骨架对不准的现象,这时可将一根骨架与板间的定位焊拆去约一档肋距,或将相对接的两根骨架与板间的定位焊都拆去,再进行装配。这叫:(　　)。

A. 借对　　B. 定位焊

C. 封底焊　　D. 对合线

9. 对于起重运输设备能力不足的小型船厂建造小型船舶,可采用的造船方法是:(　　)。

A. 塔式建造法　　B. 整体建造法

C. 总段建造法　　D. 岛式建造法

10. 船体建造过程中,由于操作人员的疏忽大意,发生工作错误所引起的误差是:(　　)

A. 随机性误差　　B. 规则性误差

C. 草率性误差　　D. 客观性误差

三、判断题(对的打"√",错的打"×")

1. 船舶在船台上建造好之后,都是用大型吊车吊到水域(即船厂码头)去的。(　　)

2. 根据深度,船坞分为两种:浅的用于造船,称为造船坞;深的用于修船,称为修船坞。(　　)

3. 船底分段上的定位线是分段中心线、分段基准肋骨线、分段水平检验线和内底板上舱壁位置线。(　　)

4. 甲板分段上的定位线是分段中心线、分段基准肋骨线、水线1~2根和舱壁位置线。(　　)

5. 舱壁分段上的定位线是分段中心线、分段基准肋骨线和水线1~2根。(　　)

6. 船台装配时,没有必要设置用于临时支撑的装置,如设置假舱壁或临时支柱等。(　　)

7. 船台装配时,最先吊上船台的基准分段通常是底部分段,其四周一般都没有余量。(　　)

8. 船台装配时,焊接总段环形接缝应由双数焊工在船的左右同时对称施焊。(　　)

9. 船舶在船台上建造时，其总体变形常常是：首尾上翘，总长缩短和船体中纵剖面的左右变形。（　）

10. 为了保证船体总长度，可适当加大在大接缝处的肋骨间距，以抵消焊接后船体总长的缩短。（　）

11. 尽可能采用自动焊、半自动焊、气体保护焊等焊接工艺，能提高焊缝质量，减小船体总变形。（　）

12. 精度标准是以规则性误差为主要依据而制定的，故在分析误差的性质时，应将随机性误差和草率性误差加以排除。（　）

第十一章 船台无余量装配

● **学习目标**

知识目标

1. 掌握船台无余量装配的含义及意义;
2. 掌握“一刀齐”“水平企口”工艺概念;
3. 了解船台无余量装配对分段划分的要求;
4. 了解船台无余量装配时,在船台上应做好的准备工作;
5. 了解各分段加放的工艺余量一般布置位置及数值;

能力目标

1. 会使用船台无余量装配的检测工具;
2. 会使用激光经纬仪和五棱镜进行分段预修整划线;
3. 会使用激光经纬仪进行船台分段定位。

船台装配俗称“大合拢”,是船体结构整体装配的工艺阶段。在船体建造中,船台装配是一道技术性强、质量要求高的关键工序。长期以来,世界各国的一些船厂一直采用在分段一端放20~50mm的余量,吊上船台两次定位、划线、切割、合拢的工艺。这是一道被广大造船工人视为费时最多、劳动强度最大、工作环境最差、严重影响船台周期和船体质量的“老大难”工序。

对于船台装配这道“老大难”工序,世界各船厂都提出了各自解决的办法,于是船台无余量装配(即分段无余量上船台合拢)工艺在世界各国造船业中发展起来。

第一节 余量布置原则

一、船台无余量装配工艺的发展概况

当代造船工艺发达的日本等国,在控制分段的施工误差和施工变形方面取得了较好的进展,因而日本等国的一些船厂在建造大、中型船舶时,控制造船各道工序的施工误差,施放适量的工艺余量,实现了船舶平行中体部位分段的无余量制造和船台无余量装配(即分段无余量上船台合拢),而在型线复杂的首、尾部的分段仍采用在一端放20~30mm余量进行两次定位的工艺。

我国一些船厂,从20世纪70年代开始,应用经纬仪或激光经纬仪这种比较精密的检测工具,对分段实行预修整(即采用经纬仪或激光经纬仪在分段制造完工后画出分段余量线,并采用半自动割炬把余量割除),达到船台无余量装配,收到了较好的效果。

二、船台无余量装配的意义

船台无余量装配工艺,比原来带余量大合拢两次定位工艺的优点是明显的。

(1)使原来两次定位改为一次定位,减少吊装时间50%以上,减少船台装配工作量30%以上,这样就降低了船台装配的劳动强度,提高了生产效率和船台大吊车的利用率,并缩短了船台周期。

(2)分段大接头处的余量由于是在胎架上(或平台上)用半自动割炬切割,并一次开出焊接坡口,生产条件好,劳动强度低,有利于电焊质量的提高,有利于安全生产和文明生产。

要实行船台无余量装配,有两条途径:一是通过分段预修整达到船台无余量装配,二是通过加放补偿量使分段无余量制造来达到船台无余量装配。通过分段无余量制造来达到船台无余量装配,对船体建造中的放样、加工、装配等各道工序的精度要求都很严格。目前,造船技术比较发达的日本等国,一般只能在建造船舶平行中体部位分段时才能实现,即便如此,在船台装配时也存在一定的修整工作量,其首、尾部位的分段仍然采用带有余量的两次定位工艺。我国绝大多数船厂采用的是通过分段预修整的方法来达到船台无余量装配。与此同时,也在积极探索通过分段无余量制造达到船台无余量装配的方法和经验。

通过分段预修整达到船台无余量装配的造船工艺,在我国造船工业中,采用的时间虽然不长,但发展非常迅速。

三、船台无余量装配对分段划分的要求

在采用船台无余量装配工艺时,分段划分除了考虑船厂吊运能力、船体结构强度、施工工艺的合理性等一般划分原则外,还有两点需要特别引起注意:一是尽量采用"一刀齐"工艺,二是尽量采用"水平企口"工艺,这将给船台无余量装配工作带来很大的方便。

所谓"一刀齐"工艺,即是在分段划分时,把分段大接头处的板和骨架的接缝安排在同一横剖面内,而不是像过去那样交错开的。这样划分的优点是:

(1)使分段在进行预修整时望光、划线变得非常简便,同时,又可防止或减少划线差错,容易保证划线质量。

(2)使分段船台吊装方便、迅速,容易到位,大幅度减少船台吊车使用的时间,减少船台装配拉拢对接分段的工作量,并有利于管理部门灵活安排生产计划。

"水平企口"工艺,是指将底部分段与舷侧分段的接缝线(即底部分段企口线),尽量安排成具有一定高度且与船底基线平行的水平直线。这样,可以简化分段定位、装配等操作,不易出错。

四、分段余量布置的原则

自从1920年发明焊接技术,第二次世界大战时使用焊接技术造船以来,船舶制造的工艺发生了根本的变革,由铆接演变为焊接,装配工艺由所谓"板板"装配发展到"块块"装配(即分段造船法)。由于焊接技术及水火弯板工艺的采用,带来了大量热能,常常引起严重的船体变形和收缩;又由于不管是手工操作,还是机械自动作业,每道工序中总难免会存在施工误差,因此,控制施工变形和减少施工误差,就成了造船生产中迫切需要解决的问题。通常所采用的办法是,对船体零件、分段等加放工艺余量。

在造船中,工艺余量分为补偿余量和切割余量两种。大于造船尺寸基础数值所规定的余量,并供随后生产工序加以补偿而不切除的,称为补偿余量。例如,许多船厂为了保证船舶总长度,放样时在每一肋距加放0.5~1mm的余量,这种余量就是补偿余量。大于造船尺寸基础

数值所规定的余量,并在随后的生产工序中进行切除的,称为切割余量。

为了进行分段预修整,实现船台无余量装配,必须对分段加放适当的工艺余量。余量布置的原则如下:

1. 舷侧分段

分段外板的大接头处,加放切割余量 30 ~ 50mm;分段内部外板的其他纵缝和横缝,均不放余量(也可考虑放 1 ~ 2mm 的补偿余量);分段内的骨架等结构(包括肋骨、舷侧纵桁、甲板边板等)在大接头处,加放 30 ~ 50mm 的切割余量。

2. 双层底分段(也包括单底分段)

(1)平直区域的双层底分段:分段外壳板大接头处(包括横向接头和转圆板上口),加放 30 ~ 50mm 的切割余量;分段内部外板的其他纵缝和横缝,均不放余量(也可考虑放 1 ~ 2mm 的补偿余量),平直区域的外板还可采用先拼板后整体参加分段装配的方法;分段内的骨架等结构(包括内底板,各纵桁,内、外底纵骨)在大接头处,均放 30 ~ 50mm 的切割余量。

(2)接近首、尾的双层底分段:分段外板除大接头处加放 30 ~ 50mm 切割余量外,还在满档板的一端放 20 ~ 50mm 的切割余量;分段内部外板的横缝放 10 ~ 30mm 的切割余量,纵缝可不放余量(也可考虑放 1 ~ 2mm 的补偿余量);分段内的骨架等结构在大接头处,均加放 30 ~ 50mm 的切割余量。

3. 尾立体分段

外板在大接头处,与首、尾柱相接之处、满档板,以及分段内部外板的横缝,均加放 30 ~ 50mm 的切割余量;分段内部外板的纵缝,可不放余量(也可考虑放 1 ~ 2mm 的补偿余量);分段内的骨架等结构(包括各底部纵桁、甲板纵桁、舷侧纵桁、各纵骨、甲板、平台、内底板等)在大接头处,均放 30 ~ 50mm 的切割余量。

4. 舱壁分段

在直接与外板装焊处,不加放余量;在直接与双层底、甲板和平台装焊处,加放 30 ~ 50mm 的切割余量。

5. 甲板分段

甲板板及各甲板纵桁、纵骨在大接头处,均加放 30 ~ 50mm 的切割余量。

6. 上层建筑分段

分段中的板及骨架在大接头处,均加放 30 ~ 50mm 的切割余量;内部的接缝均不放余量。

第二节　船台无余量装配工艺

现以在纵向倾斜船台上用塔式法建造万吨级船体为例,说明船台无余量装配工艺的要点。

一、辅助标杆法的原理

分段预修整的船台无余量装配工艺,具有很大的优越性。但在倾斜船台上实施这一工艺时,如果还是沿用挂铅锤、换算冲势等陈旧的检测工具和方法,就会大大影响它的应用和推广。

现在,我国各船厂除了采用常用的检测工具外,已广泛使用经纬仪、激光经纬仪、准直仪、水准仪等精度较高的检测工具。在生产过程中,也有的船厂把激光经纬仪与五棱镜装置等辅

助仪器配合使用,效果更好。

激光经纬仪在基面为水平的工作面上,进行测量工作很方便,但如果基面是倾斜的呢？我国船厂摸索出了一种方法,那就是通过调节激光经纬仪的三个安平螺旋,引用辅助标杆,激光经纬仪可以直接在倾斜船台上较方便地完成划线、定位、测量等工作,这种方法为辅助标杆法。

现以坡度为1/20的纵向倾斜船台为例,说明辅助标杆法的原理。这时在该坡度的船台上,船体的水平、垂直构件,如双层底分段的内底板和横舱壁、下甲板等,均与水平面和铅垂面成2°51′45″的倾角(即1/20的斜度对应的倾角)。

激光经纬仪轴线之间是呈水平和铅垂的关系。在倾斜船台上,如果采取仅将仪器的视准轴调到与船台坡度相平行的位置上,那么,由于视准轴与竖轴不再保持垂直,因而,当转动仪器照准部时,则激光束的运动轨迹就是一个以竖轴为中心线的圆锥面。显然,这是不能用来解决船台上所需要解决的问题的。如果能把激光经纬仪的轴座基面(即上基面)调整到与船台基面相平行,则激光经纬仪的特性(除个别特性外)就能完全应用于船台,借以取代线锤等工具进行分段定位和检测划线工作。

根据仪器的结构和性能,只要调节仪器的三角基座底板(即下基面)上的安平螺旋,就完全可以调成与水平面成2°51′45″的倾斜面,如图11-1所示。仪器安平螺旋的调节范围为60mm,能满足调小角度(8°以内)倾斜面的要求。

为简化操作,如果把仪器的轴座基面(即上基面)调平,并使下基面上的两只安平螺旋的轴心边线*AB*与船体肋骨线平行,这样只需调节第三只安平螺旋*C*,使上基面以*AB*为旋转轴而转动,就能获得上仰或下倾的与水平面成2°51′45″的倾角。这种调节方法称为第一调节法,如图11-2a)所示。同理,也可使*AB*平行于船体肋骨线,并固定*C*点,而同向调节安平螺旋*A*、*B*,就可获得上仰或下倾的与水平面成2°51′45″的倾角。此一调节方法称为第二调节法,如图11-2b)所示。同样,还可使*AB*平行于船台中心线,并固定*C*点,而反向调节两安平螺旋*A*、*B*,也可获得上仰或下倾的与水平面成2°51′45″的倾角。这一调节方法为第三调节法,如图11-2c)所示。

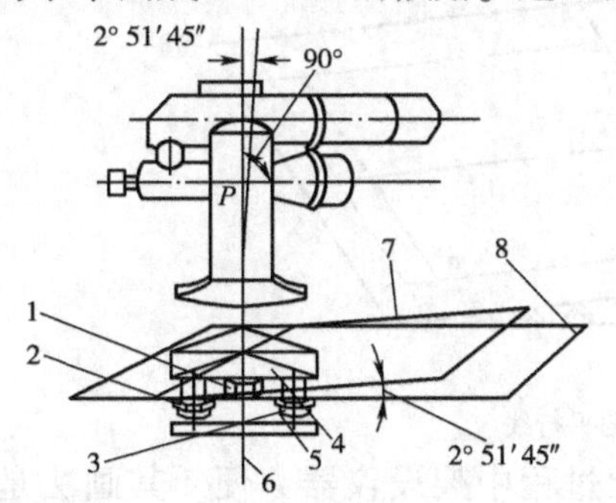

图11-1　激光经纬仪基面调斜示意图

1-安平螺旋*B*;2-安平螺旋*A*;3-安平螺旋*C*;4-上基座面;5-下基座面;6-铅垂线;7-终止位置(船台平行面);8-初始位置(水平面)

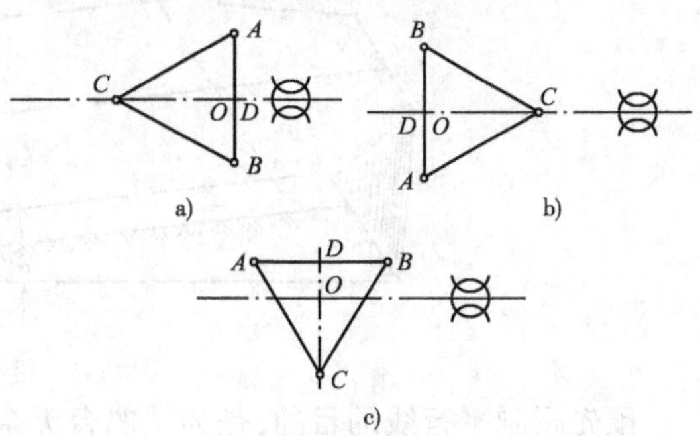

图11-2　激光经纬仪上基面调斜的三种特殊位置

a)第一调节法;b)第二调节法;c)第三调节法

利用以上三种调节方法,使上基面*ABC*转动2°51′45″倾角后的重心*O*、横轴与竖轴交点*P*(见图11-1,假想点*P*为激光发射点)的位置,同在水平状态下有所不同,而在空间产生了位移。根据仪器的几何尺寸,可以算出位移的数值。三种不同的调节方法,其位移的数值也各不

相同。同时还要注意,由于仪器上基面已经倾斜,因而其竖盘读数不能再反映实际数值,从而不能使用。于是,轴座基面的转动角度须靠树立辅助标杆来显示,故称激光经纬仪的这种应用方法为辅助标杆法。当把激光经纬仪的上基面调成与水平面成2°51′45″的角度后,若将激光束置于90°角位置,而仪器的照准部做360°旋转,则激光束扫出的平面便成为与船台上表面平行的等高。若将仪器照准的纬向回转部分固定于某一位置,然后转动激光器,则激光束扫出的平面,将成为在该位置上与船台上表面垂直的经向平面。实践证明,在倾斜船台上,利用激光经纬仪,引用辅助标杆,画船台中心线的垂直线(角尺线),其精度可达10″,即在20m范围内的偏差为1mm。这完全能够满足造船的精度要求。

这样,可以利用辅助标杆法解决倾斜船台上的一系列问题。例如画制船台上已合拢好的双层底分段的水平企口线,进行底部分段、横舱壁、甲板分段等的船台定位,画制分段的环形断面线,测量船长,画制水线、水尺等。

二、船台无余量装配的准备工作

为了使船台上的船体安装工作保质保量地完成,必须切实做好船台无余量装配前的准备工作。船台无余量装配的准备工作分为船台和船体两个方面。船体方面的准备工作分别在以下各部分内容中叙述,下面主要介绍船台上的准备工作。

船台无余量装配前在船台上的准备工作,除了绘制在第十章第三节中介绍的船台中心线、船台肋骨线以外,还需做以下准备工作。

1. 绘制船台中心线两侧的平行线

当船台中心线和各分段基准肋骨线及首、尾的肋骨线画好后,在船台中心线的两侧,且距船台中心线 $B/2+0.5\text{m}\sim1\text{m}$ 处(B 为船宽)各画船台中心线的平行线一根,如图11-3所示。

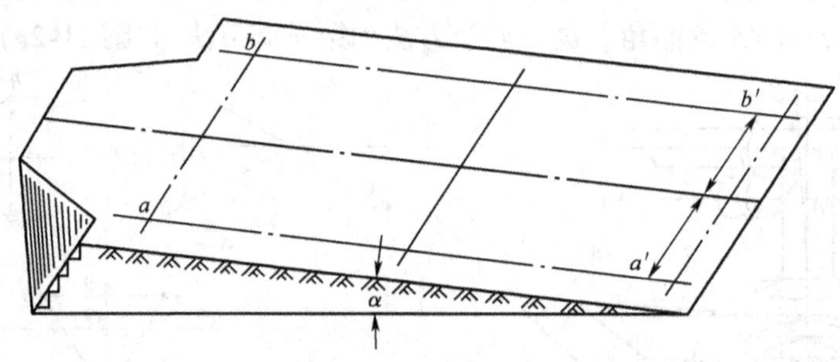

图11-3 船台中心线的平行线

预先画制平行线的目的,是为了船台无余量装配过程中架设仪器方便。其画法是在船台中心线首、尾端处的垂直线上,分别量取 $B/2+1\text{m}$ 得 α、b、α'、b'4 点,然后,应用激光经纬仪,分别画出直线 αb 和 $\alpha' b'$,并打上铳凿记号。

2. 铺放墩木

在船台上需按墩木布置图铺放墩木,用以搁置分段。为了便于在船底进行工作,因此要求墩木有一定高度,通常为1~1.8m。布置在船体中纵剖面下的墩木称为龙骨墩,而位于两侧者称为边墩。

墩木有金属墩、水泥墩和木墩三种类型。其中金属墩、水泥墩一般用于墩的下部,木墩用

于墩的上部。

为了测量船底挠度的方便,注意将龙骨墩的横向断面安排成“口”字形(图11-4),以便让激光束在船长范围内能穿过,这给全船挠度测量带来了很大方便,且利于保证测量精度。

3. 在龙骨墩上画制船底基准线

采用船台无余量装配工艺,船台上不需要单独树立高度标杆,而只需在龙骨墩下部(因为龙骨墩下部一般为钢质或水泥墩木,刚性好,不易变形)画上船底基准线即可。

划线方法如图11-5所示,在船台顶端中心线处架设激光经纬仪(注意:激光经纬仪的高度要高于墩木的高度,否则,激光束被墩木挡住而无法进行划线),应用辅助标杆法把仪器调平置中后,再调成船台坡度,射出激光束并左右转动,在每个龙骨墩上画出α、b两点,连接αb即为龙骨墩上的船底基准线。图11-5中,h为船底距激光束的距离,量取时注意用冲势样板和水平尺配合,否则,会出现误差而影响基准线的精度。

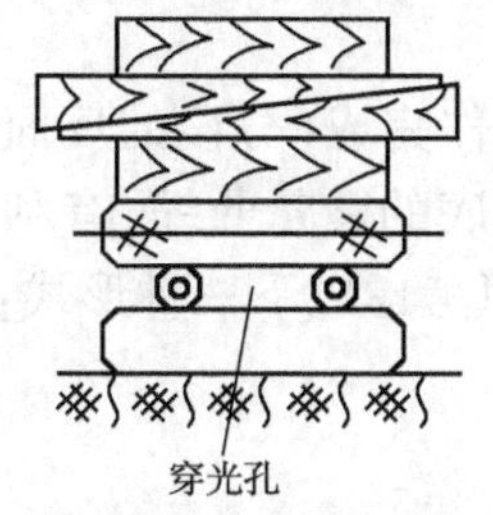

图11-4　龙骨墩横向断面示意图

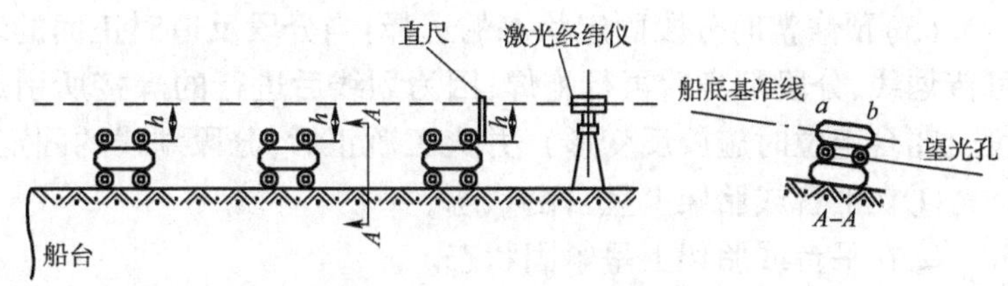

图11-5　画制船底基准线

三、船台无余量装配的顺序

船台无余量装配的顺序,一般来说,是与传统的船台装配顺序相同,只是在其中增加了底部分段企口线的划线与余量切割,首、尾部环形断面的划线与余量切割等工序。例如,船台无余量装配采用塔式装配法时的装配顺序大致如下:

(1)吊装底部分段的奠基段(即中心塔)。

(2)吊装毗邻的底部分段。

(3)底部分段企口线的划线与余量切割。

(4)吊装舱壁分段(下甲板以下)。

(5)吊装下甲板分段。

(6)吊装舷侧分段。

(7)吊装舱壁分段(下甲板以上)。

(8)吊装上甲板分段。

(9)在船台上按上述顺序完成所有底部分段、舱壁分段、舷侧分段及甲板分段合拢之后,对与首、尾立体分段相邻的环形断面进行划线与余量切割。

(10)吊装首、尾立体分段。

以上所述装配顺序不是绝对的,各个船厂有所不同,这与各船厂的工艺习惯有关。

四、船底分段的预修整及船台一次定位

如前所述,为了望光、划线和船台吊装的方便,船底分段(以双层底分段为例)最好采用

“一刀齐”工艺,即分段的内底板、外底板、各纵桁、内底纵骨、外底纵骨都断于同一横剖面内。双层底分段制造可采用正造或反造两种方法,对于建造民用船舶来说,一般采用反造法较多。所以,以反造法为例来介绍双层底分段的预修整工作。

1. 预修整前的准备工作

(1)分段装配中的准备工作:双层底分段开始装配时,即内底板(水舱面)在平台上或胎架上展开后,最好用激光经纬仪测画内底板上的中心线和两端的断头线,并打上铳凿作为记号。这样做的好处是:有利于今后分段无余量划线时,能找到准确的中心线作为望光划线的基准线,有利于检测和计算分段制造后的变形量和收缩量,有利于在分段制造中保证结构线与内底板中心线相对位置的准确性。

(2)画出船底中心线:当分段装配完毕尚未处于自由状态时,根据分段内底板上的中心线,用线锤移至船底 K 行板上画出船底中心线。若分段高度大于2.5m,则应用激光经纬仪来完成以上画中心线的工作,以确保船底中心线的准确度。

(3)预修整时分段固定状态的选择:当分段反造时正面的装焊工作完成(分段的反面焊缝可待划线、分段翻身后再行施焊,因为划线后进行的焊接所引起的外底的微量收缩,有利于分段上船台定位时施放反变形),并火工矫正后,分段划线的固定状态可考虑以下三种形式:

①在平台或胎架上呈自由状态。

②在平台或胎架上呈紧固状态。

③吊离平台或胎架正放在供划线专用的托架上。

目前,在我国各船厂中采用第一种固定状态(即在平台或胎架上呈自由状态)较多。其原因有二,一是操作简单,二是当分段处于自由状态时,消除了因外力而产生的变形,这对保证分段断面划线的准确性来说是有利的。但应注意,当分段呈自由状态时,可能会产生微量的横倾和纵倾。分段横倾对分段断头面划线影响一般不大,不必调整,而分段纵倾则会造成分段断面与船体横剖面(基准面)产生一个角位移。因此,当分段在采用此种固定状态时,必须在划线前先测量其变形情况并记录。若分段底部首、尾处的高度差大于5mm,则需要用油泵调整其水平度,因为分段底部平面是分段断头面划线和船台定位的基准面,它不平则会直接影响分段断面划线和船台定位的精度,故切不可忽视。

在我国某些船厂里也有采用第二种固定状态的。它的优点是:在划线工作前无须做准备工作。其缺点是:采用这种固定状态,因底部分段断面是在其与平台或胎架呈紧固状态下进行的,当其呈自由状态时,就会出现纵倾变形,使分段断面不垂直船体中纵剖面。为了弥补这一不足,只得在划线时采用加放一定数值的反变形。加放反变形给分段断头面划线带来很大麻烦,使划线操作极其烦琐,而且也很不容易画正确,因而在分段定位时常常出现接缝不吻合的现象,合拢质量不易保证。因此,这种固定状态只适用于刚性特别好的底部分段、甲板分段和舷侧分段中的平面分段。

第三种固定状态是最理想的固定状态。因为它是在包括分段翻身后的反面焊缝全部焊完及火工矫正工作全部结束之后,将分段正放在供划线专用的托架上,这对保证划线质量提供了有利条件。但由于这样做,需要增加吊运、场地、定位等辅助工作量,因而,目前在我国的船厂采用的还不多。但随着船台无余量装配工艺的发展,各船厂会创造条件采用此种固定状态,以保证分段的无余量划线质量。

(4)分段预修整划线时间的选择:分段无余量划线时间的选择与划线地点有关。如果划线地点是在车间内场进行,划线时间可不受限制,随时均可进行。如果划线地点是露天外场,特别是在炎热的季节里,由于太阳的直接照射将会使分段(特别是薄板分段)因受热不均而产生较大的变形,所以,为了消除温度不均匀而产生的变形,在炎热的季节里最好选择在早晨对分段进行划线。

(5)确定分段实长:在进行分段无余量划线前还必须确定分段的实长。分段的实长等于分段的理论长度与加放在分段两端大接头的收缩补偿量之和。

船底分段采用正造法时,预修整工作与反造法类同。

2. 预修整步骤

(1)架设仪器:对于底部分段进行无余量划线,仪器安放位置有如下 3 种:

①仪器的第 1 种安放位置(图 11-6)是安放在分段龙骨底板(反造时)或内底板(正造时)两端的中心线上。采用这种安放位置时,因为仪器定位瞄准线就是分段的中心线,这不仅操作方便,而且在画分段断头线时可减少累积误差,从而相对容易保证望光划线质量。另外,对胎架周围的场地也没有什么要求。但是,在采用此种安放位置时应注意在望光划线时,其他工种不得同时在分段上进行操作,否则会引起分段振动而使仪器走动产生划线误差。这种仪器安放位置适用于 3000t 以上客货轮底部分段的预修整划线,目前,在我国许多船厂广泛采用此法。

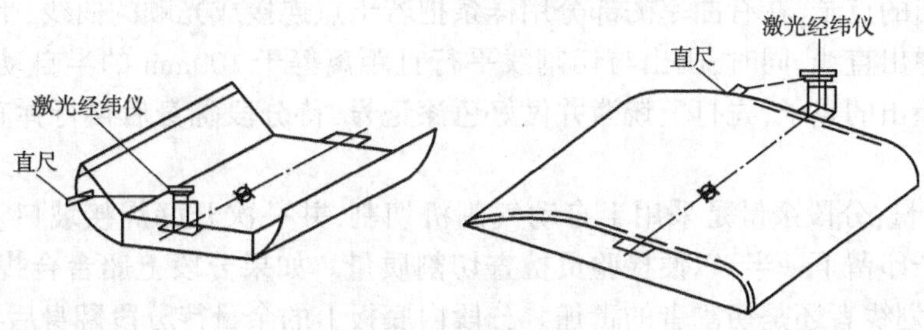

图 11-6　仪器安置在分段上

②仪器的第 2 种安放位置(图 11-7)是安放在胎架中心线上(分段的首、尾处)。其优点是仪器不直接与分段接触,在操作过程中不会因分段振动而使仪器走动;缺点是仪器定位瞄准线是胎架中心线,胎架中心线与分段中心线的不平行度会使望光、划线造成偏差。另外,在胎架的两头需要有适当的架设仪器的场地。这种仪器除了适用于大、中型底部分段外,还特别适用于首、尾立体分段的预修整划线。

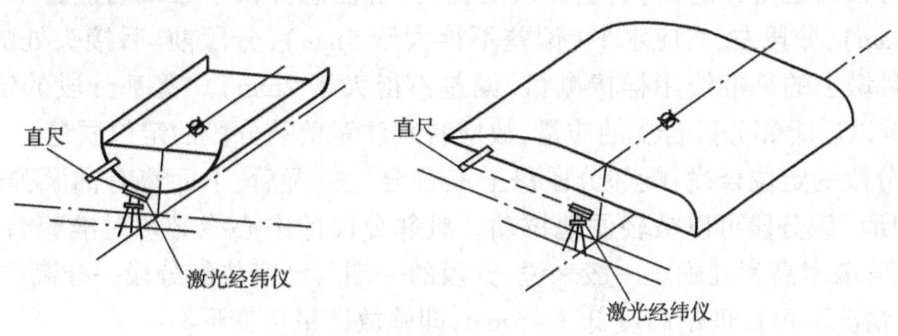

图 11-7　仪器安置在胎架中心线上

③仪器的第3种安放位置(图11-8)是安放在分段一侧的胎架基础平台上。仪器的定位瞄准线距胎架中心线的距离为 b = 分段半宽 +2.5m,是与胎架中心线平行的直线。此种安放位置最大优点是能弥补激光经纬仪的2m最短视距及工作死角的不足,适用于型线瘦、半宽不到2m的分段。其缺点是累积误差较大。因此,在采用此种仪器安放位置时,对胎架的中心线的延伸和平行线的划线必须精心操作。

从上面的介绍可知,仪器的3种安放位置各有其优缺点,应根据各船厂的具体情况(例如分段装配工艺、场地条件等)来决定。仪器安放位置确定后,将仪器架设在选定的定位瞄准线上,便可对分段进行划线工作。

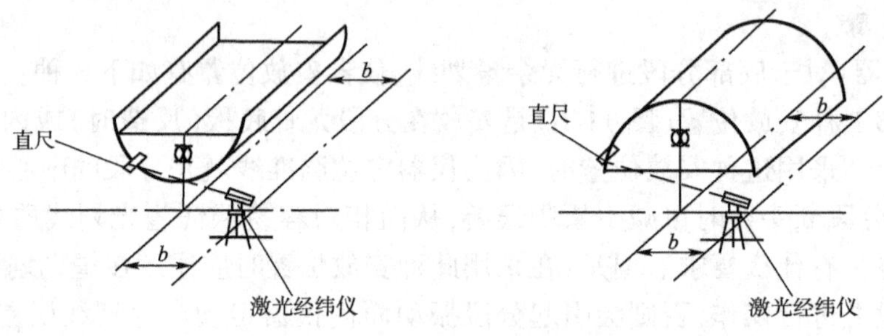

图11-8 仪器安置在胎架的一侧

(2)分段划线:在分段船底中心线处架设好激光经纬仪,进行分段断头面的划线。其方法是利用激光望出的点子,在有曲率的部分用样条把若干点连接成光顺的曲线,平直部分用直尺画出或用粉线弹出直线,同时,画出与切割线平行且距离等于100mm的半自动气割机的轨道线。内底板上望出的点子,先打上铳凿并做好色漆记号,待分段翻身后再行弹直线(或用直尺画直线)。

(3)切割余量:分段余量是采用半自动气割机切割,并一次开好焊接坡口。切割时,要求切割线上的铳子印留下一半,以便检验员检查切割质量。如果分段上船台合拢时出现质量问题,便可分清是划线者还是切割者的责任。分段内底板上的余量待分段翻身后再行切割。

分段的余量切割后,即为无余量分段。此时,分段的预修整工作即告结束。但应注意,这里所指的双层底预修整只是在分段两端的横向大接头处进行的,而双层底分段与舷侧分段相接的水平企口线,留待船台双层底分段接拢后再行划线。这样做的好处是,消除双层底分段大合拢中焊接变形对下道大合拢工序的影响。

3. 船台一次定位

(1)奠基分段的选定和定位:奠基分段定位时,应注意分段中心线与船台中心线吻合(偏差不得大于2mm),分段左、右应水平(偏差不得大于5mm),分段前、后接头处的墩木高度须准确(根据龙骨墩上的基准线用样棒测量,偏差不得大于2mm)。奠基分段的定位质量的好坏,将直接影响以后毗邻分段合拢的质量,故应特别注意奠基分段的定位质量。

(2)毗邻分段的定位合拢:毗邻分段吊上船台合拢位置后,下面垫有油泵弹子盘(见第十章图10-17),所以该分段可以被轻便地拉动。毗邻分段的中心线必须对准船台中心线,并使分段左、右水平,墩木高度准确。一般来说,分段的一端与已定位的分段一样高,另一端的高度在条件许可的情况下可比理论高度低3~5mm,即施放微量反变形。

(3)内底板上修正中心线的划线:当双层底分段接拢并焊妥后,为了下一步安装横舱壁、

甲板分段的需要,必须在内底板上重新根据船台中心线画修正中心线。

双层底分段船台无余量装配的优点是:吊装到位,对接方便,大接头装配质量好,焊接质量容易保证,劳动强度大大减轻,劳动效率可提高一倍以上。

五、双层底水平企口线的划线

如前所述,为了给安装舷侧分段创造有利条件,在双层底对接成一条龙并画好内底板修正中心线后,便可分区域进行双层底的水平企口线的划线工作(也可在一部分分段接拢焊接后,就分区间进行水平企口线的划线)。现以某船为例来介绍双层底水平企口线的画法。

该船双层底水平企口线按不同高度分为四个区域:尾部高水舱区域 F12 ~ F41,机舱区域 F41 ~ F69,中部低水舱区域 F69 ~ F159^{+600},首部高水舱区域 F159 ~ F188。现叙述低水舱区域水平企口线的划线,该区域为 F69 ~ F159^{+600},水舱面长 68.10 m,最大宽度为 20.68 m。其具体操作步骤如下(图 11-9):

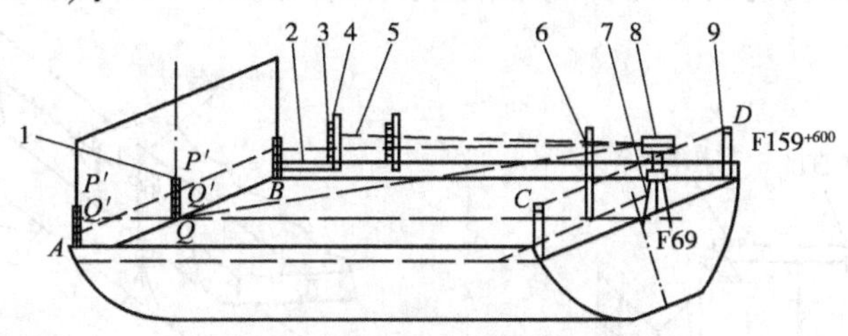

图 11-9　双层底水平企口线的画制

1-标尺;2-水平企口线;3-水平尺;4-划线样板;5-照准线;6-标尺;7-支架;8-激光经纬仪;9-标杆

(1)将仪器支架(自制)固定于 F69^{+600} 断面的内底板中部。

(2)将激光经纬仪安装于仪器支架上,使其对准内底板中心线(即内底板的修正中心线),而使两只安平螺旋 A、B 轴的连线平行于肋骨线,即与内底板中心线垂直,随之将其固定。

(3)在 F69 处设标杆三根:内底板中心线处一根,左右舷处各一根。

(4)将激光经纬仪对中调平,激光斑在 F69 处的三根标杆上得投影点 P',然后将激光束调成与水平线成 2°51′45″的夹角。于是,激光斑又在中心线处的标杆上得投影点 Q,再把 Q 修正到 Q',使 QQ' = 1.58mm。这时,再将激光经纬仪调平,激光斑又回到 P',接着再调节螺旋 C,使激光斑从点 P' 移到 Q'。然后左右旋转激光管,在左右舷标杆上也得到 Q'。如果左右舷标杆上的 $P'Q'$ 也相等,则激光经纬仪的上基面已经调成船台坡度(2°51′45″)。此调节法即为辅助标杆法。

(5)量取水平企口线的高度为 200mm,在划线样板上画定激光照准线。为减少由于样板倾斜所造成的误差,而在样板上绑一水平尺,使划线样板保持垂直位置,以保证所画出的每一点都在同一个平面内。这样每当激光斑照射到样板的照准线上时,便可画定一点,然后连成一线。

(6)画好左舷企口线后,让激光斑再回到中部,若仍与初始点重合,就说明仪器未曾走动。

(7)继续画制右舷企口线。画完后,也让激光斑回到中部进行检验,若仪器没有走动,则整个划线过程是可靠的。

(8)再用光学水平仪来检验所画的水平企口线。

(9)用样条将望光所得的点连接成光顺的线,并打上铳凿记号,同时还可画出与切割线平行且距离等于100mm的轨道线。用半自动切割机切割余量,水平企口线处的接缝边不开焊接坡口。若开了焊接坡口,在吊装舷侧分段时,由于分段重力,焊接坡口容易被损坏,而且此处开了焊接坡口,反而给装配工作带来不便。故此处不开焊接坡口为好,而采用碳弧气刨工艺为宜。

另外,在建造大型船舶时,若在平行中体区画制水平企口线,可采用一种操作简单的方法,即将仪器用自制专用支架安放在企口板上缘(图11-10),将仪器对中(企口线),调平,然后在竖盘水准器水泡影像吻合的情况下转动望远镜,将竖盘数置于87°8′15″的位置上(指在坡度为2°51′45″的船台上),发射激光束,并根据企口线理论高度在划线样板上画定激光照准线,便可进行划线。注意此法只适用于平行中体区域,而不能用于具有曲度的区域。

此外,在建造具有边水舱的大型船舶时,若在曲度区域的底部分段上画制水平企口线,还可以把激光经纬仪与五棱镜装置配合使用,进行划线,如图11-11所示。

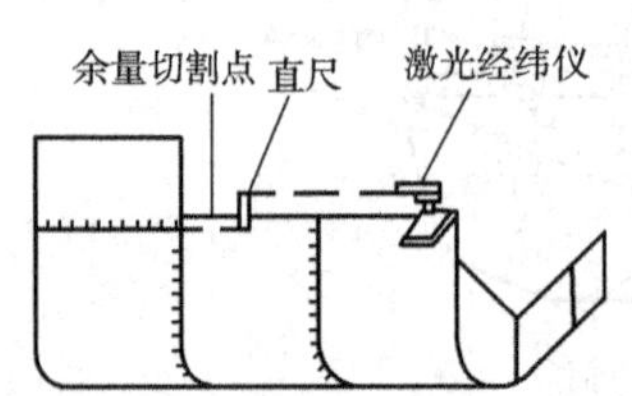

图11-10 平行中体水平企口线的画制

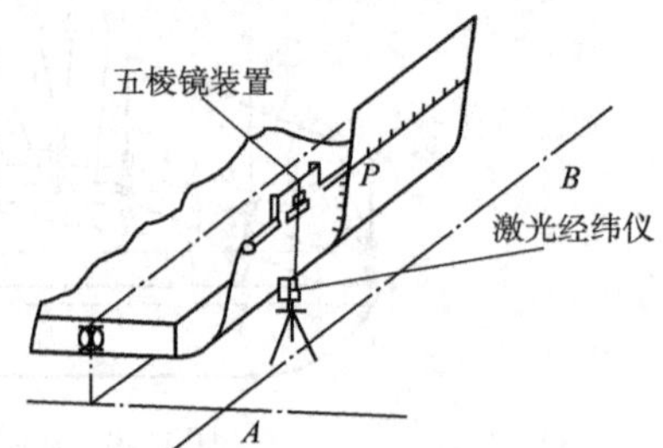

图11-11 激光经纬仪与五棱镜装置配合

六、横舱壁的预修整及船台激光定位

当双层底分段合拢焊接后,必须先测量双层底中内底板的变形并记录好数据,变形包括横向变形和纵向变形。只有掌握了双层底中内底板的变形情况后,才可进行横舱壁的预修整工作和船台定位。

横舱壁的预修整及船台激光定位步骤如下:

(1)测量全船各横舱壁处内底板中心线的纵向变形挠度使用值Δ。

(2)间隔一定距离(一般为内底纵骨间距),测量横舱壁位置处内底板上的横向变形情况。

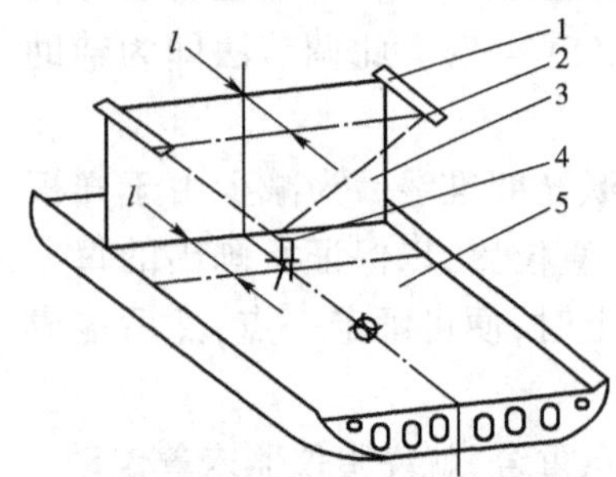

图11-12 横舱壁的船台激光定位

1-划线样板;2-照准线;3-横舱壁;4-激光经纬仪;5-内底板;l-自选距离

(3)根据内底板中心线处的纵向挠度情况,对该横舱壁中心线的理论高度值进行修正。修正值即为该处内底板中心线的纵向变形挠度值Δ,Δ可为正数、零、负数。

(4)对横舱壁高度值进行修正后,再根据该处内底板的横向变形情况,进行横舱壁下口的余量划线和余量切割。

(5)船台激光定位。

将不带余量的横舱壁吊上船台安装定位。其中心线对准内底板中心线,横向对准内底板上的横舱壁安装位置线,并保证横舱壁与内底板垂直。在此过程中,用激光经纬仪进行测量并复验,如图11-12所示。

纵舱壁预修整的基本原理和操作方法与横舱壁相同，只要注意按双层底的纵向变形情况划线即可。

七、甲板分段的预修整及船台激光定位

1. 甲板分段的预修整

在采用船台无余量装配工艺时，甲板分段一般是采用"一刀齐"工艺的。而甲板分段的制造一般均采用反造法，其胎架一般是水平的或是具有抛、昂势的。当甲板板在胎架上拼拢并焊妥后（指完成正面焊），一般是用激光经纬仪画制甲板中心线与肋骨线（即横梁线），并验甲板中心线与肋骨线的垂直度，以保证分段预修整时划线的正确。当分段装配完工并经火工矫正后（此时甲板板反面的焊缝尚未焊接，但对划线影响不大），即可开始进行预修整工作。其步骤如下：

（1）确定分段实长：甲板分段的实长是根据双层底相应肋位的实长而确定的。

（2）架设仪器：仪器架设的位置类似于双层底分段划线时的位置，即有 3 种安放位置：

①利用自制的仪器架固定于分段前、后端的甲板纵桁上。

②利用三脚架架设在分段前、后端胎架的中心线上。

③利用三脚架架设在分段一侧的胎架中心线的平行线上。

根据各船厂的具体条件可选择其中一种。

（3）画制分段断头线：仪器安放位置选定后，根据基准线（即甲板中心线或胎架中心线、胎架中心线的平行线）定位瞄准，并根据分段实长确定断头位置，然后画定分段两端的断头线并打上铳凿，做好记号。

（4）切割余量：首先，根据断头线切除分段骨架（各纵桁、纵骨等）两端的余量。甲板板余量的切除分两种情况处理：

①甲板基准段在分段翻身后，就将甲板板的余量切除，并按要求开好焊接坡口，然后吊上船台安装定位。

②甲板毗邻段在分段翻身并吊上船台定位后，再切割其两端的余量，并开好坡口。

这样处理的好处是，减少甲板分段翻身停放的时间，有利于分段翻身场地的周转，同时，甲板板的余量还可以起临时"靠山马"（定位）的作用。否则，在分段定位时还得装焊临时的"靠山马"。

2. 甲板分段船台激光定位

（1）基准分段定位：其两端均无余量，定位时要注意其中心线及前后位置与相应的双层底一致。

①定中心线：将激光经纬仪架于双层底内底板中心线处，调整仪器使激光束处于中纵剖面内，移动甲板，使甲板中心线与激光重合即可。前后两端中心线的定位方法均一样。

②定冲势（即前后位置）：如图 11-13 所示。

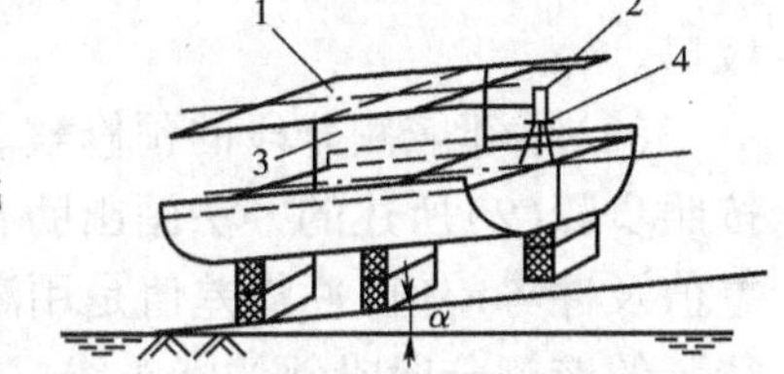

图 11-13　甲板分段的船台激光定位
1-甲板；2-划线样板；3-横舱壁；4-激光经纬仪

第 1 步：将仪器架于双层底内底板中心线处（与甲板分段端部相应肋位处），并将激光经纬仪用辅助标杆法调成船

台坡度。

第2步：量取仪器中点到选定肋位的距离，并根据这一距离在划线样板上画出激光照准线。

第3步：调整仪器使激光束处于横剖面内，并使激光束分别打到甲板左右处的划线样板上，移动甲板分段，使样板上的激光照准线与激光斑重合。这样，甲板前后位置就能正确地定下来。

（2）毗邻甲板分段定位：

①定中心线：分段一端的中心线与已装好的基准段中心线重合，分段另一端的中心线的定位法与基准段相同。

②定冲势：其方法与基准段相同，主要是检验甲板分段与双层底相应肋位的一致性，为舷侧分段船台一次定位提供第一手资料和创造良好条件。

八、舷侧分段的预修整及船台激光定位

制造舷侧分段的胎架，除了平行中体部分的平直舷侧板外，其他部位凡具有曲度的分段一般均采用单斜切胎架，主要是考虑船台无余量装配时划线方便。

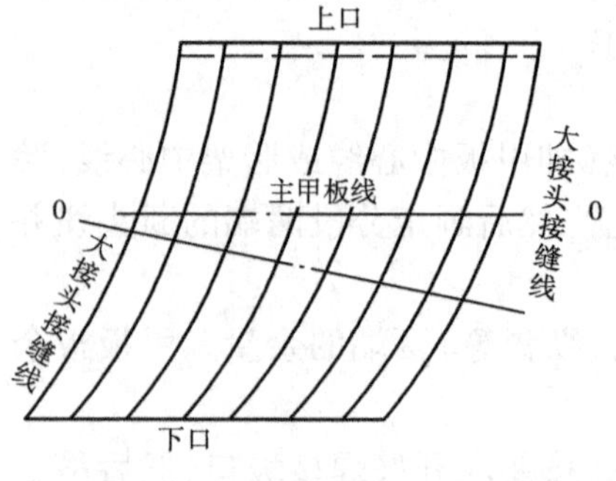

图 11-14　舷侧分段预修整划线示意图

如图 11-14 所示，舷侧分段预修整的实施步骤如下：

（1）制造好胎架，然后舷侧板上胎架拼拢并焊接（反面的焊缝尚未施焊，其后焊焊缝的收缩甚微），再应用激光经纬仪开始划线工作。

首先，画出分段的基准线及前后理论断头线和肋骨线，再根据基准线分别量到主甲板边线和分段下口线（即水平企口线）的实长（事先在放样台上量好并做好样棒），每隔两档肋位量一点，并用样条把若干点连接成光顺的主甲板边线和舷侧板下口线。

（2）在船台已合拢好的双层底上，测量双层底每一肋位处水平企口线到水舱面（内底板）的实长，以及肋骨与双层底接合处的内底板的水平差值，此差值为制造双层底分段时焊接变形所致。

（3）定位段的预修整。所谓定位段即是第一对上船台安装的舷侧分段。当其肋骨、舷侧纵桁等骨架及其所带的甲板边板装焊完毕并经过火工矫正后，根据测量所记录的数值，以舷侧板下口线为基准画出肋骨断头线，并切割其余量。分段外板的前后断头线及下口线均按步骤（1）中画定的线进行切割余量，其前、后断头线处按要求开好焊接坡口，而下口线处不开焊接坡口。

（4）毗邻舷侧分段的预修整。当毗邻舷侧分段的骨架等装焊完毕并经火工矫正后，即可按照步骤（2）所述的办法画出肋骨断头线。再根据已装好的毗邻舷侧分段与双层底相应肋位差值及冲势差值（冲势差值是用激光经纬仪使用辅助标杆法进行测量的，如图 11-15 所示），对待装的舷侧分段毗邻的断头线进行修正。这样，可以逐段地消除舷侧分段大合拢时产生的误差，防止定位误差累积而确保舷侧分段合拢的质量。外板的另一端及下口线则按步骤（1）画定的线切割余量。下口线处不开焊接坡口，前后断头线处按要求开好焊接坡口。

(5)船台激光定位。船台上安装每一舷侧分段时都必须有校正线,即预先选定分段内的某一肋位和某一水线,以便检验该分段里甲板肋位与双层底肋位的一致性以及分段的高度正确与否。舷侧分段的船台激光定位与检测如图11-15所示。舷侧分段船台无余量装配对于定位段的定位精度要求比较高,否则会影响毗邻分段的安装精度。

九、船台上首、尾部无余量环缝的画制

船台上首、尾部环缝是指与首、尾立体分段毗邻的底部分段、舷侧分段、甲板分段组成的大接头,该大接头一般留有30~50mm的余量。在首、尾立体分段吊上船台合拢之前,必须将这个大接头处的余量切除。要保证船台上这个大接头环形断面的划线质量,即既要使两段合拢接缝平面一致,又要与船体中纵剖面严格垂直,就需要采用精确度较高的测量技术。主要采用直接利用激光经纬仪画制和采用激光器与五棱镜配合画制两种方法。下面介绍直接利用激光经纬仪画制的方法。

如图11-16所示,将激光经纬仪架设于离接缝线300~500mm的船台中心线上,应用辅助标杆法将仪器调成船台坡度,仪器发射的激光线面便是一个垂直于船体中纵剖面的平面,该平面即为划线时的参考平面。以该参考平面为基准,测量出接缝线位置。划线时要注意,在曲度大的部位多望一些点子(一般间隔200~300mm望一点),然后用样条把这些点连成光顺曲线,并画出切割轨道线(一般距切割线100mm)。划线完毕后,用半自动切割机切割余量,并按焊接工艺要求一次性开好坡口。划线前的准备工作是,在大接头区域搭好脚手架。

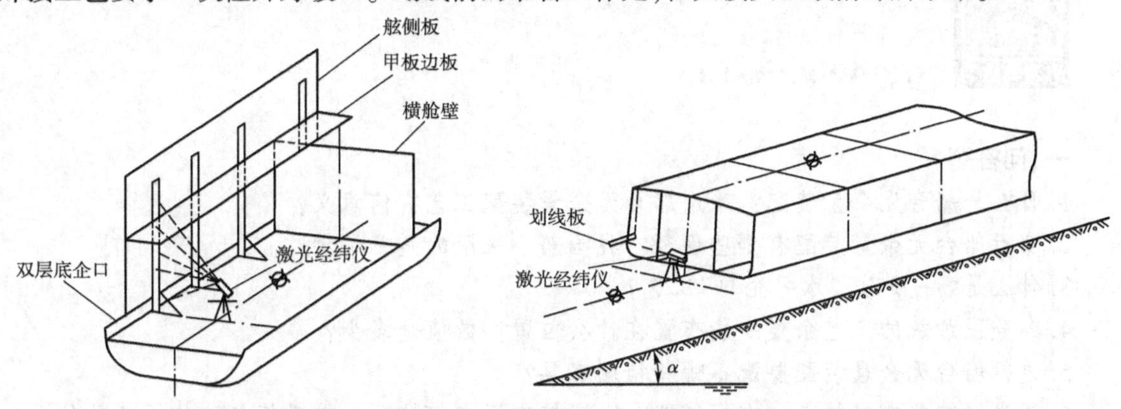

图11-15　舷侧分段的船台激光定位

图11-16　船台上画制首、尾部无余量环缝

若用此法在船台中心线上架设激光经纬仪对正船台中心线有困难时,如有龙骨墩阻碍视线,可将激光经纬仪架设于与船台中心线距离为500~700mm的平行线上。

十、首、尾立体分段的预修整及船台激光定位

1. 首、尾立体分段的预修整

首、尾立体分段的预修整基本上与双层底分段的相同,但首、尾立体分段的高度比一般双层底分段高得多,因而分段在胎架上的水平度特别是前后的水平度,对于预修整划线时的质量有较大的影响,故在划线前必须仔细测量分段在胎架上的水平度。若在测量中发现不平,则应用油泵调整直至水平。在首、尾立体分段进行预修整划线时,仪器一般安放在分段一端的胎架中心线上或分段一侧胎架中心线的平行线上。因此,分段中心线延伸到基础平台上的准确度,

也是影响分段预修整划线质量的重要因素之一,切不可粗心大意。此外,望光时应注意在曲度大的部位,多望一些点子(一般间隔 200 ~ 300mm 望一点),以便能精确地连接成光顺的曲线来,然后打上铳凿并画出鲜明的记号,用半自动切割机切割余量,并按要求开好焊接坡口。

2. 尾立体分段船台激光定位

如图 11-17 所示,将激光经纬仪架设于船台中心线上,使激光束处于中纵剖面内,然后移动首或尾立体分段,使分段中心线与激光斑重合,另一端则与已装好的毗邻分段重合。至于立体分段的高度和左右的水平度是预修整划线时确定好了的,合拢定位时只须对准中心线即可。

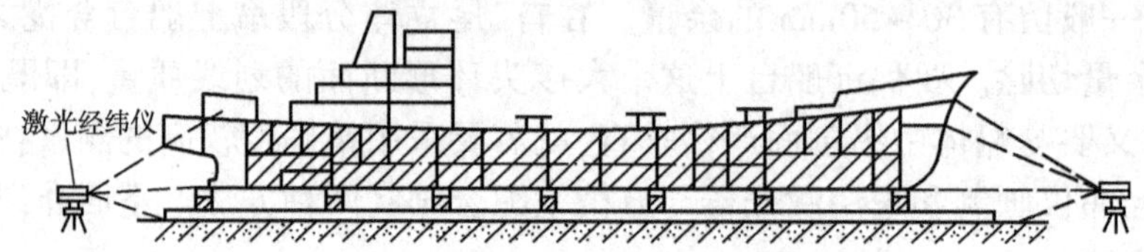

图 11-17 首、尾立体分段的船台激光定位

利用激光经纬仪进行首、尾立体分段船台定位,其中心线与船台中心线的偏差可控制在 3 ~ 8mm以内,而采用线锤定位时其偏差大致在 20 ~ 30mm 或更大一些。因此,首、尾立体分段的船台激光定位精度很高,完全能满足需要。

思考与练习 SIKAOYULIANXI

一、问答题

1. 什么是船台无余量装配? 采用船台无余量装配工艺有何意义?
2. 实行船台无余量装配有哪些途径? 我国船厂采用的是哪一种?
3. 什么是"一刀齐""水平企口"工艺?
4. 各分段加放的工艺余量一般布置在什么位置? 数值是多少?
5. 进行船台无余量装配要配备哪些检测工具?
6. 激光经纬仪有何特点? 在倾斜船台上直接应用有何技巧? 辅助标杆法的原理是什么?
7. 进行船台无余量装配,要在船台上做好哪些准备工作?
8. 船台无余量装配的顺序与传统的船台装配顺序有何不同之处?
9. 预修整划线时,分段有哪几种固定状态? 如何选择?
10. 预修整划线时,激光经纬仪可以架设在分段的哪些位置上? 如何选择?
11. 什么是切割轨道线? 有何作用?
12. 分段预修整划线后,还要做哪些工作?
13. 船底分段如何进行船台激光定位?
14. 什么时候画制双层底分段的水平企口线? 为什么?
15. 如何画制双层底分段的水平企口线?
16. 横舱壁如何进行预修整及船台激光定位?

17. 甲板分段如何进行预修整及船台激光定位?

18. 舷侧分段如何进行预修整及船台激光定位?

19. 如何在船台上画制与首、尾立体分段对接的无余量环缝?

20. 首、尾立体分段如何进行预修整及船台激光定位?

二、选择题(单项选择题,即只有一个答案是对的)

1. 船台装配是船体结构整体装配的工艺阶段,俗称:(　　)。

A. 大合拢　　B. 中合拢

C. 总段装配　　D. 分段装配

2. 采用经纬仪或激光经纬仪在分段制造完工后画出分段余量线,并采用半自动割炬把余量割除,以达到船台无余量装配。这种方法是:(　　)。

A. 分段预修整　　B. 分段无余量制造

C."一刀齐"工艺　　D."水平企口"工艺

3. 在分段划分时,把分段大接头处的板和骨架的接缝安排在同一横剖面内,而不是像过去那样交错开。这种工艺称为:(　　)。

A."一刀齐"工艺　　B."水平企口"工艺

C."套割"工艺　　D."对合线"工艺

4. 在分段划分时,将底部分段与舷侧分段的接缝线(即底部分段企口线),尽量安排成具有一定高度且与船底基线平行的水平直线。这种工艺称为:(　　)。

A."一刀齐"工艺　　B."水平企口"工艺

C."套割"工艺　　D."对合线"工艺

5. 在造船中,工艺余量分为补偿余量和切割余量两种。大于造船尺寸基础数值所规定的余量,并供随后生产工序加以补偿而不切除的,称为:(　　)。

A. 规则性误差　　B. 规则性误差

C. 切割余量　　D. 补偿余量

6. 在船台上需按墩木布置图铺放墩木,用以搁置分段。布置在船体中纵剖面下的墩木俗称为:(　　)。

A. 腰墩　　B. 龙骨墩

C. 边墩　　D. 旁墩

7. 舷侧分段外板的大接头处,一般加放的切割余量数值是:(　　)。

A. 0.5~1mm　　B. 30~50mm

C. 300~500mm　　D. 500~900mm

8. 许多船厂为了保证船舶总长度,放样时在每一肋距加放补偿余量,其数值一般是:(　　)。

A. 0.5~1mm　　B. 30~50mm

C. 300~500mm　　D. 500~900mm

9. 分段预修整的余量一般用半自动气割机切割。划线时,要求画出与切割线平行的气割机轨道线,其距离是:(　　)。

A. 0.5~1mm　　B. 5~10mm

C. 100mm　　D. 900mm

10. 在炎热的季节里,在露天外场进行薄板分段预修整划线时,选择划线的最佳时机是:(　　)。

A. 早晨　　B. 中午

C. 夜晚　　D. 随时都可以

三、判断题(对的打“√”,错的打“×”)

1. 实行船台无余量装配,有两条途径:一是通过分段预修整达到船台无余量装配,二是通过加放补偿量使分段无余量制造来达到船台无余量装配。前一种方法比后一种方法容易实现。(　　)

2. 通过严格控制船体建造中的放样、加工、装配等各道工序的精度,使装配成的分段没有余量,可以直接上船台进行无余量装配。这种方法称为分段无余量制造。(　　)

3. 实行船台无余量装配,有两条途径:一是通过分段预修整达到船台无余量装配,二是通过加放补偿量使分段无余量制造来达到船台无余量装配。这两种方法都容易实现。(　　)

4. 在造船中,工艺余量分为补偿余量和切割余量两种。大于造船尺寸基础数值所规定的余量,并供随后生产工序加以补偿而不切除的,称为补偿余量。(　　)

5. 船台无余量装配只需要在船台上绘制好船台中心线、船台肋骨线即可。(　　)

6. 分段预修整的船台无余量装配工艺不需要使用辅助标杆,就可以直接在倾斜船台上方便地完成划线、定位、测量等工作。(　　)

7. 双层底分段制造可采用正造或反造两种方法。对于建造民用船舶来说,一般采用反造法较多。(　　)

8. 船台无余量装配的顺序,一般来说,各个船厂有所不同,这与各船厂的工艺习惯有关。(　　)

第十二章　船舶舾装和涂装

● **学习目标**

知识目标

1. 了解船舶舾装作业的内容；
2. 熟悉船舶舾装作业的分类；
3. 熟悉船舶舾装工艺阶段划分；
4. 了解船舶腐蚀类型及其腐蚀原理；
5. 熟悉船体反腐蚀的具体措施；
6. 熟悉船舶涂装的方式及特点；
7. 熟悉分段涂装内容和注意事项；
8. 了解码头涂装内容和注意事项。

能力目标

1. 能进行舾装作业工艺阶段的划分；
2. 能编制分段涂装施工文件。

第一节　船舶舾装

船舶舾装的含义是指船体结构之外的所有安装工艺，即将各种船用设备、仪器、装置和设施等安装到船上的生产过程。因此，现代船舶舾装可以定义为对船体进行系统化安装和处理的生产活动。

一、船舶舾装的内容

船上安装的各种机械、仪器、装置和设施等统称为船舶设备。船舶设备名目繁多，但按功能可分为以下10大类：

(1)机舱设备：船上产生动力用的各种设备和附属设施(即动力装置)，包括主机、轴系、各种辅机、锅炉、箱柜和其他装置等。

(2)航行设备：船舶航行用的各种设备，包括各种航行仪器、通信设备，以及声、光、形(如球形、锥形等)和旗等信号装置。

(3)舵设备：船舶操纵用的设备，包括舵叶、舵杆、舵柄、舵盘、舵机和转舵机构等。

(4)锚设备：船舶在锚地停泊用的设备，包括锚机、锚链、掣链器、导链轮、弃链器、锚链管和锚等。

(5)系泊与拖曳设备：船舶在泊位停泊和在航行中拖带用的设备，包括导缆孔、导缆器、带缆桩、卷车、绞车等系泊设备和拖钩、弓架、承梁、拖缆孔、拖柱、拖缆绞车等拖曳设备。

(6)起货设备：船舶装卸货物用的设备，包括起货机、起重柱、吊杆、钢索、滑车、吊钩等。

(7)通道与关闭设备:船上通行和通孔关启用的设备,包括楼梯、栏杆、各种门窗、人孔盖、舱口盖和货舱盖等。

(8)舱室设备:船员和旅客用的各种设备,包括家具、卫生用具、厨房设备、冷库设备、空调装置等。

(9)救生设备:船舶在海难中救生用的设备,包括救生艇、吊艇架、起艇机、救生筏、救生圈和救生衣等。

(10)消防设备:船上发生火灾时报警和灭火用的设备,包括报警装置、灭火系统、消防用品等。

此外,还有特种设备如横向侧推装置、防摇鳍、滚装跳板等设备。

船舶在舾装阶段除了根据要求安装各种设备以外,还需要用各种材料对船体表面直接进行工程处理,称作船体表面工程。根据工程处理的不同目的,船体表面工程分为3类,即:

(1)防腐蚀处理:船体里外表面根据不同要求涂上各种涂料,使钢材表面与腐蚀介质隔离。同时还在船底部安装牺牲阳极或采用外加电流保护装置,使船体表面极化而免遭腐蚀。

(2)防火绝缘处理:船体舱壁、甲板和隔壁等表面涂敷防火材料或隔热隔音材料,使舱室与火源、热源和噪声源等隔离,为船员和旅客提供安全与舒适的工作和休息环境。

(3)舱室装饰处理:围壁、天花板和地板涂敷适当的涂料和敷料,或者选用合适的预制板或复合板,以美化环境,增强舱室的适居性。

近年来,国内外普遍采用复合岩棉衬板系统来分隔居住舱室,这种衬板系统同时具有防腐、放火、绝缘和装饰功能,已成为舱室分隔工程的新材料、新工艺。

二、舾装作业的分类

近年来,随着船舶生产设计的推广,我国造船界对舾装作业分类的认识比较一致,即根据船、机、电3个主要专业类别将船舶舾装分为船装、机装和电装3大类。每一大类还可以再细分,例如船装通常可分为内装、外装和涂装3类,习惯上内装和外装又称为船体舾装;机装可以分为管装、机装和铁舾装等。

1. 船装

船装是指船体舾装和船舶涂装两类的作业,包括除机舱设备和全部电气以外的所有安装和处理工作。由于船装作业涉及的设备庞杂,系统众多,区域广泛,专业面又很杂,为了便于舾装作业的组织与管理,根据其作业的对象、区域和性质的不同,将船装作业进一步划分为内舾装、外舾装和涂装3类。

内舾装作业包括绝缘、敷料等的敷设,舱室非钢质围壁、天花板、门、窗、家具、卫生设备等的安装,以及厨房、冷库、空调设备的安装等等。其作业范围主要是在上层建筑舱室内部,因而称为内舾装,也叫住舱舾装,简称内装。

外舾装作业包括舵设备、锚泊设备、起货设备、通道设备、关闭设备、救生设备、消防杂件、自然通风部件,以及各种管路等的安装。此外,根据不同用途船舶的需要,还可以包括拖曳设备、集装箱绑扎装置、活动甲板、延伸跳板、防滑天桥和各种特殊装置的安装。因为这些设备分布在上层建筑以外各层甲板上,所以称为外舾装,也叫甲板外舾装,简称外装。

涂装作业主要是指钢材的预处理,船体分段及各种钢铁构件的二次除锈、清理和油漆喷涂

以及船体完工涂装等工作。对于新造船舶，涂装作业应自始至终贯穿于整个建造过程。

2. 机装

机装为机舱舾装的简称。机装作业的范围通常限于从机舱舱底到烟囱这一竖向(机舱)区域和从主机到螺旋桨这一纵向(轴隧)区域之内，但也包括机舱以外与机舱有关的其他工程。机装作业的内容包括机舱管系、消防管系、通风管系、压载管系、输油管系、蒸汽管系等的安装，机座、油水箱柜的安装，轴系装置和主机的安装与校中，各种辅机和锅炉的安装，机舱格栅、梯子、扶手、起重梁和吊环等的安装，以及机舱中机修用的机床安装等。

3. 电装

电装即电气舾装。电装作业系从事全船电气安装工作。如装焊接电气设备和电缆的紧固件、贯通件以及密封装置，敷设电缆、电气设备接线及设备填料密封，舱壁和甲板电气密封装置的密封，电缆端头的加工和接线，电气设备的试验与调整等。

船装、机装和电装作业不仅包括外场(即在分段或船上)的安装、调整与试验，而且还应包括内场(在车间里)的加工与组装。如家具制作、管件弯制、铁舾装件制作、单元组装、电器配套等，都由相应的职能车间或工段在内场完成。

三、舾装工艺阶段划分

现代造船已普遍采用分段建造法建造船体，采用区域舾装法进行船舶舾装，即按照单元→分段→船上的方式进行船舶设备、系统的安装。如图12-1所示，典型的舾装工艺阶段为：舾装件采办→单元组装→分段舾装→船上舾装→动车和试验。每一阶段还可以根据需要设若干个小阶段，例如分段舾装阶段设“带骨面”(翻身前)和“非带骨面”(翻身后)两个小阶段。

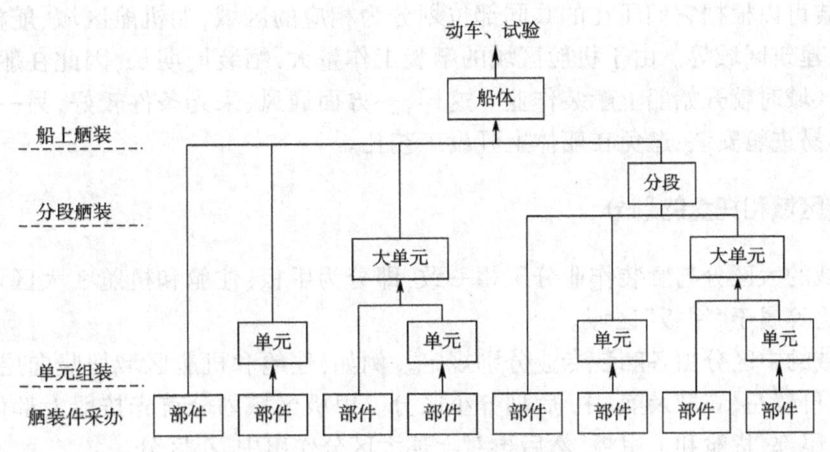

图12-1　舾装工艺阶段及流程

1. 舾装件采办

舾装件采办包括订购、外协和自制3种途径。如柴油机、雷达等机电设备可以向专业厂家订货，螺旋桨、锚等本厂无能力加工的舾装件，可以委托外厂代为加工，而有些舾装件如通风管等则由本厂自行制作。舾装件经采办后，按其所属的单元、分段或船上区域编组装入托盘，在需要时运往安装现场。

2. 单元组装

单元是指一个与船体结构脱离的基本舾装区域。在同一舾装区域内的元件预先组装成一个整体,这一工艺过程称为单元组装,或称单元预舾装。因为单元与船体结构无关,所以单元组装可以在车间内进行,作业条件较好。同时由于不受船体作业的干扰,工期容易得到保证。采用的单元有设备单元、管件单元、箱柜单元、阀件单元、配电板单元等。

3. 分段舾装

在分段(包括总段)建造的适当阶段,将分段所需的舾装或单元安装到分段上,这一工艺过程称为分段舾装,或称分段预舾装。分段舾装是以船体分段为舾装区域的,可以在室内或室外的平台上进行安装。与在船台上或码头的船上舾装相比,工作环境和作业姿势有所改善,并可减少使用脚手架,因而能提高工作效率,缩短舾装周期,保证安装质量,且有利于安全生产。采用分段舾装工艺要求在船体分段划分时考虑到舾装件的区域性,分段的重量也要计入舾装件的重量,还要规定船体作业与舾装作业的工作顺序,以免相互干扰。分段舾装的典型实例,如双层底分段中装入各种管子,甲板分段的顶面安装管子、风管、电缆固定架等,上层建筑总段内进行内舾装等。

4. 船上舾装

船体在船台(或船坞)总装期间的船台预舾装以及下水后在码头舾装期间的码头舾装,这两个阶段的舾装工作统称为船上舾装。理想的船上舾装件仅限于:

(1)过大或过重而不能在分段上安装的舾装件或单元。

(2)容易碰坏或易受天气影响、在舱室遮蔽之前安装可能损坏的舾装件。

(3)分段与分段之间的舾装件,单元与单元之间的舾装连接件。

船上舾装可以根据它们所在的共同部位划分为相应的区域,如机舱区域、舵机舱区域、甲板区域、上层建筑区域等。由于机舱区域的舾装工作量大,舾装周期长,因此在船体大合拢形成机舱敞开区域时就开始船上舾装作业。这样,一方面通风、采光条件较好,另一方面大型设备、单元也容易进舱安装,避免在船体上开设工艺孔。

四、舾装区域和托盘的划分

舾装区域的大区分与舾装作业分工相一致,即分为甲板、住舱和机舱3大区域。首尖舱、尾尖舱和货舱等属于“甲板”区域。

舾装区域的中区分由各舾装专业分别规定。例如,住舱和机舱区域按竖向层次划分中区分,同一层次再按左、右舷及前、中、后划分小区分。甲板区域划分首先按船上部位作大区分,即分出首部、尾部、货舱和上甲板,然后再对上述大区分作出中、小区分。

经划分后的区域内的舾装工作,可再根据舾装件的类型(或所需工种)划分为舾装托盘,如管件托盘(管子工)、风管托盘(薄板工)、格栅托盘(装焊工)和设备托盘(钳工)等。同类托盘还可以根据安装件的数量、重量及工作量再划分为若干个小托盘。其划分的原则:如管件不超过30根、重量不超过5t、工作量约为80工时(两个人一周工作量)等。托盘划分的例子见图12-2。

由上述各种分类法可见,舾装托盘包括了工艺阶段、责任部门、舾装区域、工作类型和工作量等生产信息。船厂可以根据实际需要,开发一个托盘编码系统,那么,舾装任务包就像船体分段那样可以用代码来表示,从而给舾装生产的计划与管理带来了极大的方便。

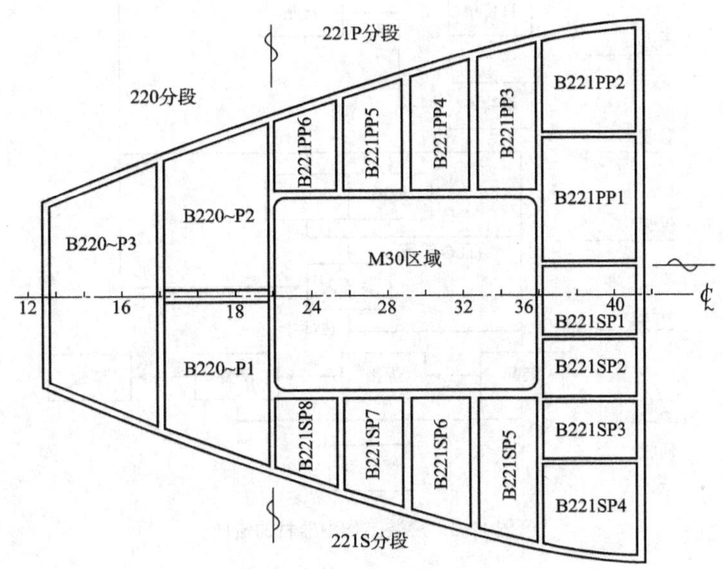

图 12-2　机舱下平台舾装托盘划分图

五、托盘管理

托盘管理是船舶舾装的一种科学管理方法。它包括3个方面的工作,即托盘划分、托盘集配和托盘发送。

1.托盘划分

托盘划分分作两步。首先,在详细设计阶段,结合船体分段划分和船体总装计划编制工作,按工艺阶段和舾装区域,初步制定托盘划分方案。这一工作可以借鉴类似船舶的托盘划分方案。其次,在生产设计阶段,以区域综合布置图为基础,根据托盘划分初步方案,按作业顺序及工作量,最终确定托盘划分,编制托盘清单。

2.托盘集配

托盘集配包括托盘材料的准备和集中两个阶段。材料准备就是根据详细设计编制的系统材料表对舾装进行分类,区分各种舾装件的采办途径,即订购、外协或自制。材料集中(即舾装件入库)后,根据托盘交付期计划的日程要求,按生产设计编制的托盘材料表将所有安装件集中装入托盘。

3.托盘发送

托盘发送就是根据托盘交付期计划的日程安排,适时地将区域舾装所需的整套材料运至生产现场,交给施工人员,完成托盘管理。

舾装工作中托盘材料与非托盘材料的流向如图12-3所示。图中的配套清册包括非托盘材料表和托盘材料表。配套人员通常在托盘开工前便接到出库指示,然后联系运输工具,装好托盘,并且在施工前将托盘送到现场。

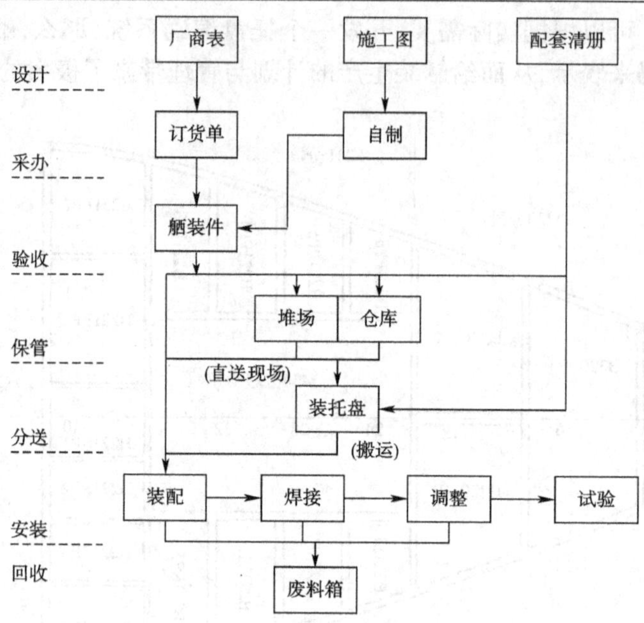

图 12-3 舾装工作中器材的流向

第二节 船舶腐蚀与防护

钢铁制成的船舶,长年累月地航行于茫茫大海之中,会不同程度受到各种腐蚀介质的侵蚀,发生不同程度的腐蚀。

腐蚀会对船舶带来很大的损坏,会降低船舶结构的强度。当船舶的钢铁腐蚀到一定程度时,船体的强度会下降到不足以抵御海洋风浪给予船体的巨大冲击,则海难事故便不可避免。当船舶的各种设备腐蚀到一定的程度时,设备不能正常工作与运转,则由此会产生各种各样的事故,严重时会使船舶在海洋中失去控制,失去自救能力,造成惨祸。因此,船舶腐蚀到一定程度时,只得报废,失去其使用价值。

钢铁船舶在海洋中的腐蚀是不可避免的,但其腐蚀的速度则是可以控制的。如果能够控制其腐蚀的速度为原来应该发生的腐蚀速度的1/10,则船舶的寿命将延长为原来的10倍,因此,船舶必须控制其腐蚀速度,也就是说船舶必须防护。

通常,人们将涂料的涂覆称为涂装。为使涂料良好地附着于被涂的表面,则对被涂表面需要进行认真的表面处理。目前,造船界将船舶的涂料涂覆和涂覆前的表面处理的整个工艺方法与过程,以及与此相关的技术上、管理上的全部活动统称为船舶涂装工程。

一、金属腐蚀

金属对于人类的重要性是人所共知的。可以说没有金属就没有现代的人类文明。

当金属与其周围的介质发生了化学反应或电化学反应以后,就会形成金属的化合物,使金属失去原有的光泽、强度、韧性等,金属便受到了破坏,这就是金属腐蚀。许多国家在各自国内腐蚀的调查中,发现由于腐蚀而造成的经济损失高达国民经济总产值的3% ~4%,这是十分

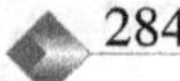

惊人的。因此,各国都对腐蚀的研究极为重视,针对腐蚀情况,积极采取各种防护措施,以尽量减少腐蚀造成的损失。

金属腐蚀一般可分为化学腐蚀和电化学腐蚀两大类。

1. 化学腐蚀

化学腐蚀是由金属表面与介质发生化学作用而引起的,它的特点是在作用进行过程中没有电流产生。化学腐蚀可分为以下两点:

(1)气体腐蚀:金属在干燥气体中(表面上没有湿气冷凝)发生的腐蚀。气体腐蚀一般是指在高温时金属的腐蚀,例如轧钢时生成的氧化皮、内燃机活塞的烧坏等。

(2)在非电解质溶液中的腐蚀:金属在不导电的液体中发生的腐蚀,例如金属在有机液体(如乙醇、石油等)中的腐蚀。

2. 电化学腐蚀

电化学腐蚀是由金属表面与介质发生电化学反应而引起的,在作用过程中有阴极区和阳极区,在金属与介质中有电流流动。电化学作用有时单独造成腐蚀,有时与机械作用、生物作用共同产生腐蚀。电化学腐蚀有大气腐蚀、在电解质溶液中的腐蚀等,其原理如下。

(1)原电池:经过人们的一系列研究,已经确定金属在电解质溶液里所发生的腐蚀,是由于金属表面发生原电池作用引起的。因此,这一类腐蚀,通常叫做电化学腐蚀。当两种不同的金属放在电解质溶液内,并以导线连接,可以发现导线上有电流通过。这种装置称为原电池,例如伏特电池(图12-4)。伏特电池的两个电极——锌板和铜板,在硫酸(H_2SO_4)溶液中具有不同的电极电位,因而在它们之间存在着一定的电位差,该电位差导致了电流的产生。

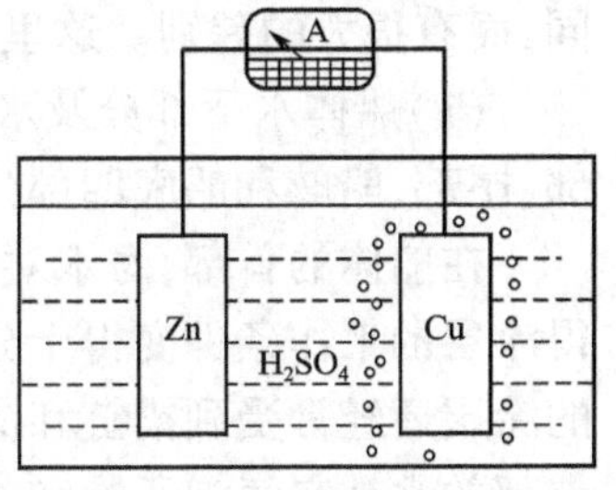

图12-4　伏特电池示意图

在伏特电池的两极上,分别进行着如下的电极反应:

锌电极上,锌电位较低,失去电子,氧化成为离子进入溶液

$$Z_n \rightarrow Z_n^{++} + 2e$$

铜电极上,酸中的氢离子接受电子,还原成为氢气逸出

$$2H^- + 2e \rightarrow 2H$$

$$2H \rightarrow H_2 \uparrow$$

在伏特电池中可以看到,电极电位较低的锌作为阳极,不断失去电子而成为离子进入溶液(即不断受到腐蚀),而电极电位较高的铜,则作为阴极仅起着传递电子的作用,使 H^+ 离子放电成为 H_2 逸出,而铜本身没有发生变化。因此,金属在电解质溶液里,只有当其构成了电池中的阳极时,才会不断受到腐蚀。

(2)宏电池:宏电池是一类肉眼可以看到电极的腐蚀电池,宏电池有以下几种类型。

①电偶电池:由不同的金属在同一电解质溶液中相互接触而成。如前面所述的伏特电池,钢铁的船体和铜制的螺旋桨在海水中构成了腐蚀电池,钢铁的船体和它上面安装的锌合金阳极(牺牲阳极)在海水中构成的腐蚀电池等。在电偶电池中,总是电位较低的金属成为阳极而受到腐蚀。如果两种金属的电极电位的差距愈大,则电位低的金属的腐蚀速度就愈快。

②浓差电池:同一种金属与相同的电解质溶液相接触,如果电解质溶液的浓度不同,将形

成所谓的浓差电池。金属的电极电位与金属的离子浓度有关,如果电解质的溶液含有金属本身离子的溶液,那么溶液愈稀,金属的电位愈低;溶液愈浓,电位愈高。因而金属处于浓度低的部位将成为阳极受到腐蚀。在浓差电池腐蚀中,最有实际意义的是氧浓差电池(也称为充气不均匀电池)。氧浓差电池是由金属与含氧量不同的溶液相接触而形成的。

在实际中常常碰到这类腐蚀。如静止在水中的铁桩,往往是水面以下一些部位腐蚀比较严重。这是因为这里的含氧量低于水面与大气交界处的含氧量,成为氧浓差电池中的阳极区。船舶的水线区域特别容易受到腐蚀,其中原因之一也是形成氧浓差电池的缘故。

(3)微电池:从理论上讲,单一金属在电解质溶液里只能形成双电层,不会产生腐蚀。而实际上除金、铂等少数特别惰性的金属外,几乎所有的金属单独置于电解质溶液里,都会发生电化学腐蚀。这是因为金属表面的电化学性不均匀,从而产生了许多极微小的阴极和阳极,构成了无数的微电池的缘故。

二、船舶腐蚀

船舶腐蚀情况根据船体各部位所处的腐蚀环境、船舶航行海域、船龄以及维护保养程度不同,而有很大的差别。这里重点讨论船体各部位在所处腐蚀环境中的腐蚀。

(1)船体水下部分及水线区的腐蚀:船体水下部分,根据腐蚀介质的作用条件,可分为首部、尾部、船舷和船底四部分。

在船体的首部,海水对壳体产生较大的流体动力作用,特别是对速度比较高的船舶。这使得涂层的工作条件变得十分苛刻。在首部泡沫翻滚的波浪区,涂层首先遭到破坏。另外,首部的涂层还经常受到锚链和漂浮物的撞击。当运输船和工程船的航行速度为10~20kn时,船体首部的水被空气泡所饱和。这里的腐蚀过程不受供氧的扩散控制。

船体中部的船舷外壳表面受到比首部小的流体动力作用,但是这个区域的涂层在船靠码头时特别容易遭到破坏。

在螺旋桨所产生的强烈水流作用下,船尾部壳板和舵叶上遭到明显的局部流水动力的作用。在许多情况下,这会引起结构的冲刷腐蚀破坏。由于船体和由铜合金制成的螺旋桨接触,船尾特别是在端部,所发生的阳极极化是引起腐蚀破坏的重要因素。氧向桨叶(阴极)的充分供给,增加了这个腐蚀电池的工作效率。

船底部位,由于附着海洋生物,故易产生氧浓差电池而引起坑蚀。同时,海洋生物的排泄物除了助长腐蚀之外,随其积累还会侵入船体涂膜中,从而将涂膜破坏,也会造成严重后果。此外,由于和水翼、声呐罩等不锈钢结构接触,局部的阳极极化也是可能的。

水线区的船体外壳处于特别苛刻的条件之下。在这个区域,涂层破损的可能性最大。除了各种漂浮物和系泊作业破坏涂层之外,在港口水面上经常存在的石油产物浮层也会促使涂层破坏。这个区域的外壳处于干湿交替条件下,遭到水和空气的交变作用,这大大增强了腐蚀介质的侵蚀性。

船体结构的水下部分、焊缝部位常常发生严重的腐蚀。当焊缝金属的电位低于船体壳板的电位时,焊缝金属成为腐蚀电池的阳极,而面积较大的外壳板成为有效的阴极,这导致焊缝金属的腐蚀速度大大增快。因此船舶进坞时常发现焊缝的增强量处低于外壳表面。但是,随着焊条性能的改进,从材质本身来说,多数情况是焊缝金属并不比母材更容易腐蚀。这时,焊

接的热影响、残余应力是诱导腐蚀的主要原因。特别是埋弧焊等自动焊部位，与手工焊接比较，其输入热量大，母材热影响区的耐蚀性明显降低。

大量的调查数据还表明，腐蚀最大值通常在交变水线区。腐蚀速度平均值一般与船舶类型的关系不大，大致为0.1～0.15mm/a。

船体外壳水下部分最大腐蚀损耗和最严重的溃疡状腐蚀，往往是电腐蚀——船舶的异常腐蚀。电腐蚀就是由外来电流引起的腐蚀。在船舶修造过程中，这种外界电流往往是很大的，引起腐蚀的程度也是十分严重的，所以必须给予足够的重视。

电腐蚀的实例很多。例如某海军运输艇，交付使用后仅5个月就发现漏水，经上排检查，发现船体水下部分到处都是深度不等的腐蚀坑和麻点，有十多处已腐蚀穿孔。尤其是距水线300mm以下的壳板破坏更为严重，有的焊缝已整条烂穿。很显然，在正常情况下是不可能腐蚀到如此程度的。经分析，这种破坏是由电腐蚀引起的。

产生电腐蚀的主要原因在于船舶在码头安装或漂浮中修理用电时，供电线路接线不正确，或船停泊在水域内有杂散电流的作用。有些船厂对停靠在码头的船舶进行电焊时，采用了如图12-5所示的错误接线法，即将电焊机的负极接在码头上，而不是直接接在被焊船体上，船体与码头之间仅靠钢缆导电。这样，电焊时，电焊电流从焊机正极经焊枪、船体后，有一部分电流经钢缆、码头而进入接地导线返回电焊机负极，但另一部分电流则从船体进入江水或海水，再经码头进入地线返回电焊机负极。不言而喻，后一电流即为引起电腐蚀的电流，它起着电解船体的作用。

工厂水域存在杂散电流电场时，位于该电场的船舶水下船体部分，分别被杂散电流阴极极化（电流流入处）和阳极极化（电流流出处），电腐蚀便在阳极极化区发生，如果杂散电流的电场较强，则船体水下部分就会严重的腐蚀破坏。

针对产生电腐蚀的原因，在船体焊接施工时，应严格按图12-6接线。即电焊机负极应通过电缆直接与被焊船体连接。该电缆应具有足够的横截面积和完好的绝缘。此外，焊机负极与码头应完全绝缘，最好焊机放置在被焊船上，从而彻底切断引起电腐蚀的电流回路。

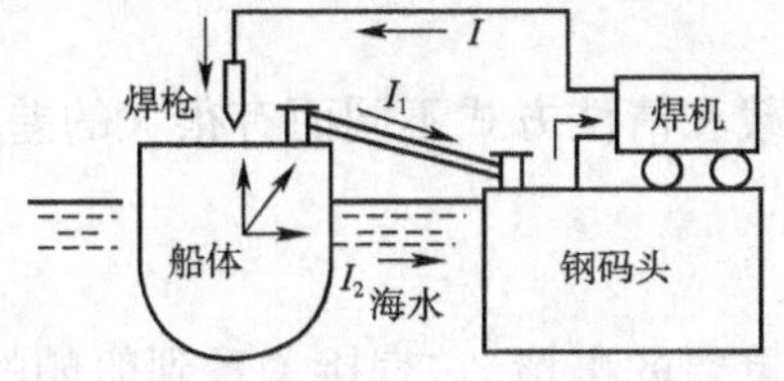

图12-5　电焊时负极错接码头引起电腐蚀示意图

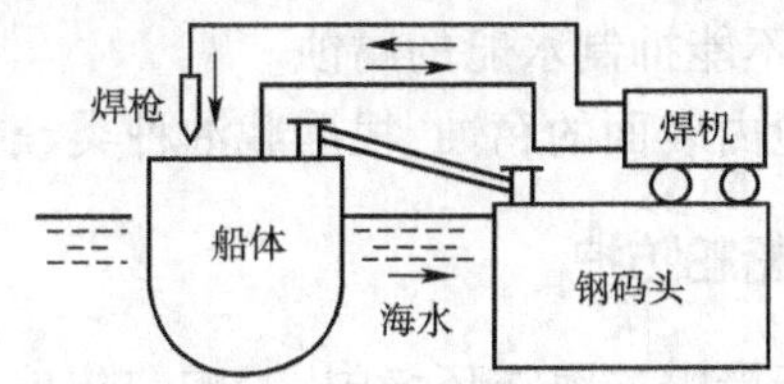

图12-6　焊接正确接线示意图

（2）船体水上结构的腐蚀：船体水上结构，包括干舷、甲板和上层建筑。主要受到海洋大气、海水飞沫、雨雪、冲洗甲板时所用的海水以及凝结水的腐蚀。水在各种难以维护的地方聚集并长期存在，也是船体水上结构局部腐蚀破坏的重要原因。

海洋大气存在大量氯化物，这就加剧了凝结水对结构的侵蚀性。海水飞溅到船体水上结构并干燥之后，在表面留下一层吸水的薄盐层，它使结构表面保持潮湿状态，并促使结构腐蚀。

甲板的形状会影响水在甲板上的集散。在平坦的甲板上很容易形成难于排水的死角。在具有斜坡的甲板上，当用来排除流水的流水孔布置不合理时，会使水聚集在最低部位。甲板在没有排水沟的部位因积水而造成的腐蚀，通常比排水通畅的部位高3倍以上。

船体结构在装配制作过程中,通常对钢板采用氧炔焰加热继之以水冷却的方式来矫正钢结构的焊接变形。特别是在船舶的上层建筑部位,这种火工矫正最为频繁。试验和实践表明,火工矫正部位的金属组织结构发生了变化,而耐蚀性比其他部位要大大降低。因此,即使表面涂装的涂层膜厚一样,火工矫正部位涂膜的破坏比一般部位都早,腐蚀速度要快。

(3)船体内部结构的腐蚀:根据使用条件不同,船舶内部舱室的腐蚀有很大的差异。

工作舱和居住舱,这里通常可以有效地限制水对船体结构的长期作用,所以一般看不到船体结构的明显腐蚀破坏。但是,如发生淤水排泄不畅,如清洗水进入甲板敷层下面,则也会发生和甲板结构同样的腐蚀。

卫生舱,包括浴室、盥洗室、厕所,这里的侵蚀条件比较严重,经常被100%湿度的空气、凝结水和冲洗水作用。在甲板的下部,围板和其他长期有水作用的舱壁表面上,容易发生早期腐蚀破坏,腐蚀速度为0.095~0.3mm/a。

货舱中,由于所装载货物的作用,加上冷凝水和积水的作用,涂层往往受到破坏,从而造成货舱壁和内底板的腐蚀。

从抗蚀性的观点来看,最不安全的是难于维护保养的船体内部结构,如首尖舱、尾尖舱、压载水舱、锚链舱、污水井和机舱、泵舱的双层底部位。

在首尖舱、尾尖舱和其他压载水舱中,早期的防腐措施是刷涂水泥浆,水泥下面的钢板往往被严重腐蚀,其速度可达0.4mm/a。

机舱双层底,在高温高湿作用的同时,主机、辅机振动和冲击所产生的应力作用,也使其腐蚀加剧。特别是在锅炉下部,腐蚀更为严重。

锚链因锚链夹带泥土和海水,且因其拖入拖出之际的磨损作用,以及对涂层的破坏,所以腐蚀也相当严重。

用于装载各种侵蚀介质的液舱,其腐蚀和防护问题为造船和航运部门最为关注。早期建造的船舶,由于没有良好的防腐措施,这些液舱的腐蚀特别严重。

淡水舱与前所述压载舱一样,以往采用涂刷水泥浆方式保护,由于保护涂层的透水性和不稳定性,不能抑制水舱的腐蚀。

油舱内表面的腐蚀,根据载油种类、航线、压载和清洗方式不同而有很大的差异。

三、船舶防护

处于严酷的海洋环境中,船舶的防护是十分重要的事情,它直接关系到船舶的使用寿命和航行安全,近二十年来越来越受到各有关部门的重视。

船舶的防护主要采用两种方式,即涂层保护和阴极保护。

1.涂层保护

采用合适的船舶涂料,以正确的工艺技术,使其覆盖在船舶的各个部位,形成一层完整、致密的涂层,使船舶各部位的钢铁表面与外界腐蚀环境相隔离,这种防止船舶腐蚀的措施,称之为船舶的涂层保护。

涂层保护对于船舶来说是一种应用最广泛、历史最悠久、最经济、方便有效的防护方法。

船舶涂层保护的合理性、科学性、有效性、经济性是极为重要的,其关键在于合理的涂层配套系统,正确的施工工艺技术,科学的管理方法。

2. 阴极保护

对于船舶中与海水直接接触的部位,采用比钢铁的电极电位更负的金属或合金,与钢铁船体电性连接,使其在整体上成为阴极;或给钢铁船体不断地加上一个与钢铁腐蚀时产生的腐蚀电流方向相反的直流电,同样可使其在整体上成为阴极,并且得到极化,便可使钢铁船体免受腐蚀,即得到保护,对于这样的保护措施,称之为船舶的阴极保护。

对于船舶的阴极保护来说,主要有牺牲阳极保护和外加电流保护两种。

船舶的阴极保护通常用于船体外板和压载水舱,是与涂层保护相结合的联合保护。

(1)牺牲阳极保护:牺牲阳极是一种比船体的钢铁电位更负的金属或合金,当它与船体电性连接后,依靠自身不断腐蚀溶解(牺牲),产生电流使船体获得阴极极化而受到保护。船用牺牲阳极有两大种类——锌合金和铝合金。

(2)外加电流保护:船舶的外加电流保护是以直流电源通过辅助阳极对船体施加保护电流,使船体成为阴极并获得极化,免受腐蚀的一种保护技术。

第三节　船舶除锈工艺

一、钢材表面处理质量的评定

涂装前钢材表面处理质量的控制主要包括两个方面的内容,即钢材表面的清洁度和粗糙度。

1. 表面清洁度的评定

为了能正确、方便地评定钢材在除锈之后的表面处理质量,许多工业发达国家都先后制定了钢材除锈的质量标准,其中最著名的是瑞典工业标准《涂装前钢材表面除锈图谱标准》(SISO 55900),长期以来为世界各国所采用。我国 2011 年修订颁布了国家标准《未涂覆过的钢材表面和全面清除原有涂层后的钢材表面的锈蚀等级和处理等级》(GB 8923.1—2011)和船舶行业标准《船体二次除锈评定等级》(CB 3230—2011)。

1)国家标准《未涂覆过的钢材表面和全面清除原有涂层后的钢材表面的锈蚀等级和处理等级》

国家标准“GB 8923.1—2011”是等效采用的国际标准“ISO 8501 - 1:2007”而制定的。该标准将未涂装过的钢材表面原始锈蚀程度分为四个“锈蚀等级”,将未涂装过的钢材表面,以及全面清除过原有涂层的钢材表面除锈后的质量,分为若干个“除锈等级”。钢材表面的锈蚀等级均以文字叙述和典型样块的照片,共同确定。

(1)锈蚀等级。除锈前,钢材表面原始锈蚀状态对除锈后的表面外观质量评定,具有一定影响。同时,不同除锈程度的钢材,欲达到同一除锈等级,所花费的清理费用也是不同的。因此,该标准根据钢材表面氧化皮覆盖程度和除锈状况,将其原始锈蚀程度分为 4 个等级,分别用 A、B、C 和 D 表示。

①A 为大面积覆盖着氧化皮而几乎没有铁锈的钢材表面。

②B 为已发生锈蚀,并且部分氧化皮已经剥落的钢材表面。

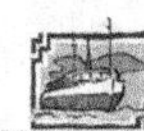

③C 为氧化皮已因锈蚀而剥落，或者可以刮除，并且有少量点蚀的钢材表面。

④D 为氧化皮已因锈蚀而剥离，并且在正常视力观察下可见轻微点蚀的钢材表面。

（2）除锈等级。该标准对喷丸（砂）或抛丸除锈、手工和动力工具除锈，以及火焰除锈过的钢材表面清洁度规定了除锈等级，并且分别以字母“S_a”“S_t”和“F_1”表示。字母后面的阿拉伯数字则表示清除氧化皮、铁锈和涂层等附着物的程度等级。

①喷射或抛射除锈：该项国家标准对喷射或抛射除锈过的钢材表面，设有 4 个除锈等级，每一等级的文字定义如下：

a. S_a1 轻度的喷射或抛射除锈钢材表面应有可见的油脂和污垢，但是没有附着不牢的氧化皮、铁锈和涂层等附着物。

b. S_a2 彻底的喷射或抛射除锈钢材表面应无可见的油脂和污垢，并且氧化皮、铁锈和油漆层等附着物已基本清除，其残留物应是牢固附着物。

c. $S_a2.5$ 非常彻底的喷射或抛射除锈钢材表面上应无可见的油脂、污垢、氧化皮、铁锈和油漆涂层等附着物，任何残留的痕迹应仅是点状或条纹状的轻微色斑。

d. S_a3 使钢材表观洁净的喷射或抛射除锈钢材表面应无可见的油脂、污垢、氧化皮、铁锈和油漆涂层等附着物，该表面应显示均匀的金属色泽。

②手工和动力工具除锈：“GB 8923.1—2011”对用手工和动力工具，如用铲刀、手工或动力钢丝刷、动力砂纸盘和砂轮等工具粗修过的钢材表面设有两个除锈等级，每一等级的文字定义如下：

S_t2 彻底的手工和动力工具清理，在不放大的情况下观察时，表面应无可见的油脂和污垢，并且没有附着不牢的氧化皮、铁锈和油漆涂层等覆盖物。

S_t3 非常彻底的手工和动力工具清理，同 S_t2，但表面处理应彻底的多，表面应具有金属底材的光泽。

③火焰除锈：该项标准对于火焰除锈只设一个等级。火焰除锈在我国用得很少。这种除锈方式是先使用氧炔火焰对被处理钢板进行加热，氧化皮和厚锈因与钢板的热膨胀系数不同而剥落。加热作业后，应以动力钢丝刷清除加热后的附着物。由于火焰加热的作用，除锈后的表面可能呈现不同颜色的暗影。该等级文字定义如下：

F_1 在不放大的情况下观察时，表面应无氧化皮、铁锈和油漆涂层等附着物，任何残留的痕迹仅为表面变色（不同颜色的暗影）。

标准中，表示钢材表面原始锈蚀程度的典型样板照片有 4 张；表示喷射或抛射除锈、手工和动力工具除锈以及火焰除锈所达到的除锈等级照片有 24 张。这些照片标有除锈前原始除锈等级和除锈后的除锈等级的符号。例如，钢材原始锈蚀等级为 B 级，经喷砂除锈至 S_a2 级，则相应的照片标示为 BS_a2。

该项标准中不含 AS_a1、AS_a2、AS_t2 和 AS_t3 级照片，因为这些处理等级是不能实现的，而现有的照片足以表示钢材表面锈蚀等级和处理等级。钢材表面锈蚀等级和除锈等级典型样块的照片，为评定这些等级提供了清晰、直观的依据。

2）船舶行业标准《船体二次除锈评定等级》

船用钢材进行一次除锈后，为了防止其在船舶建造过程中的锈蚀，均应涂上车间底漆，钢材经号料、加工、制成分段后，会造成一部分车间底漆的破坏而重新锈蚀，这些部位在进一步涂装前必须进行“二次除锈”。为了能正确评定二次除锈的质量等级，中华人民共和国工业和信息化部2011年修订发布了船舶行业标准《船体二次除锈评定等级》（CB 3230—2011）。该项行业标准将二次除锈前钢材表面状态分为4类，然后根据以不同方式除锈之后钢材表面清洁程度，将二次除锈质量分为若干等级。与GB 8923.1—2011一样，该标准中二次除锈前钢材表面状态和二次除锈质量等级均以文字叙述和典型样块的照片共同确定。

（1）二次除锈前钢材表面状态。涂有车间底漆的船体钢材表面在进一步涂装防锈漆之前需要进行二次除锈的部位，一般是焊接部位、火工矫正或其他原因引起底漆烧损部位和表面已重新锈蚀部位。因此，该标准二次除锈前钢材表面状态分为4类：

W 涂有车间底漆的钢材经焊接作业后，重新锈蚀的表面；

F 涂有车间底漆的钢材经火工矫正后，重新锈蚀的表面；

R 涂有车间底漆的钢材，因暴露或擦伤而重新锈蚀的表面；

G 涂有车间底漆的钢材，车间底漆完好或仅附有少量白色锌盐的表面。

（2）二次除锈质量等级。目前各船厂实施船体二次除锈的手段主要分为两大类，一类是喷丸或喷矿渣砂除锈，另一类是用动力工具，包括用风动砂纸盘和各种形状的风动钢丝刷等进行除锈。因此，船体二次除锈的质量等级也按这两大类分别设置。

①喷射磨料二次除锈质量等级：该标准设置有3个质量等级。

彻底的除锈 S_a2 采用轻度磨料喷射清理的方式清楚锈、锌盐和其他污物，但表面允许留有车间底漆和少量锈迹，经清理后，外观相当于 WS_a2、FS_a2、RS_a2 或 GS_a2 级的彩色照片。

非常彻底的除锈 $S_a2.5$ 采用磨料喷射清理的方式彻底清除几乎所有的锈和其他污物，仅留有轻微的痕迹，经清理后，其外观相当于 $WS_a2.5$、$FS_a2.5$、$RS_a2.5$ 或 $GS_a2.5$ 级的彩色照片。

扫砂除锈 GS_s 采用磨料喷射清理的方式清除钢材表面的污物，经清理后，其外观相当于 GS_s 级的照片。

②动力或手工工具二次除锈质量等级：该项标准对采用动力或手工工具进行二次除锈的质量设置有2个等级：

彻底的除锈 S_t2 采用动力钢丝刷或动力砂纸盘清除几乎所有的锈和其他污物，但局部仍可看到少量锈迹，经清理后，外观应相当于 WS_t2、FS_t2、RS_t2 或 GS_t2 级的彩色照片。

非常彻底的除锈 S_t3 采用动力钢丝刷或动力砂纸盘彻底清除锈和其他污物，仅留有轻微的痕迹，表面应具有金属光泽，经清理后，外观应相当于 WS_t3、FS_t3、RS_t3 或 GS_t23 的彩色照片。

标准中，对应于钢材表面的四类锈蚀状态给出了27张用于定义钢材表面锈蚀状态及钢材表面二次除锈质量等级的典型样本彩色照片，其中，锈蚀状态为G的选取了车间底漆颜色为红色和灰色两种典型样本彩色照片。

2. 表面粗糙度的评定

1）表面粗糙度等级

标准将涂装前钢材表面经喷射清理形成的粗糙度分为“细级”“中级”和“粗级”3个等级。粗糙度低于“细级”的称作“细细级”，高于“粗级”的称作“粗粗级”。这两个延伸等级，工业上一般不使用。表面粗糙度等级划分列于表12-1。

表面粗糙度等级划分　　表 12-1

级别	代号	定　义	粗糙度参数值 R_y(μm)	
			丸状磨料	棱状磨料
细细		钢材表面所显现的粗糙度小于样块区域 1 所显示的粗糙度	<25	<21
细	F	钢材表面所显现的粗糙度等同于样块区域 1,或介于区域 1 和区域 2 所显示的粗糙度	25 ~ 40	25 ~ 60
中	M	钢材表面所显现的粗糙度等同于样块区域 2,或介于区域 2 和区域 3 所显示的粗糙度	40 ~ 70	60 ~ 100
粗	C	钢材表面所显现的粗糙度等同于样块区域 3,或介于区域 3 和区域 4 所显示的粗糙度	70 ~ 100	100 ~ 150
粗粗		钢材表面所显现的粗糙度等同于或大于样块区域 4 所显示的粗糙度	≥100	≥150

注:F、M、C 这三个等级,足以满足涂装对表面特征的要求。

2)表面粗糙度的评定方法

评定表面粗糙度的步骤是:先清除待测钢材表面的浮灰和碎屑,然后根据喷射清理所用的磨料,选择合适的表面粗糙度比较样块,将其与被测表面的某一区域进行对照,依次将被测表面与样块进行目测比较,必要时用放大倍数不大于 7 倍的放大镜观察,确定比较样块上高于和低于被测表面粗糙度的两部分,根据表 12-1 就可以得出被测表面的粗糙度等级。如果目视评定有困难,可采用触摸法对被测表面的粗糙度作出正确的评定。方法是用指甲背面或夹在拇指和食指之间的木制触针在被测表面和样块表面交替划动,根据触觉来判定表面粗糙度等级。目前仍有不少设计和施工部门仍采用传统的方法测量表面粗糙度,如采用带有探针和千分表的粗糙度测量仪器来测量,应该说这种测量方法目前尚有一定的实用价值。

二、钢材的表面预处理

在现代造船中,船舶涂装前钢材的表面处理分两个阶段进行:一是钢材进厂后,加工之前对原材料先进行处理,除去表面的氧化皮和锈蚀,涂上车间底漆,确保钢材在加工过程中不继续腐蚀。另一阶段的处理则是在钢材加工并制成分段或进而合拢成船舶整体时,要进行涂装前所作的钢材表面处理,这在造船工业中通常称之为“二次除锈”。

1. 钢材抛丸预处理流水线

造船用钢材预处理的方式有抛射磨料处理、喷射磨料处理和酸洗处理三种方式。其中,要获得高效率的自动化流水作业,目前还只有抛射磨料处理方式。

钢材抛丸预处理流水线总体上有两种类型:一是钢板预处理流水线(见第六章第三节),另一种则是型钢预处理流水线(见第六章第三节)。两者工作原理是一致的,只是由于型钢表面比较复杂,抛丸机的抛头位置安放应有一特定的角度,且型钢的宽度则大大小于钢板的宽度,故型钢流水线的抛头数量较钢板流水线为少,辊道的宽度亦小于钢板流水线的辊道宽度。

2. 喷丸处理

喷丸处理是以压缩空气为动力，将磨料以一定的速度喷向被处理的钢材表面，以磨料对钢材表面的冲击和磨削作用，将钢材表面的氧化皮、锈蚀产物及其他污物除去的一种高效率的表面处理方法。

喷丸处理可以直接处理钢铁原材料，在没有抛丸预处理流水线的条件下，代替预处理流水线对原材料进行预处理，或对预处理流水线难以处理的超厚板材进行预处理，然后配以手工涂装车间底漆。但喷丸处理的主要对象则是未经过原材料预处理的钢材，所组合成的分段、舾装件、结构件等的表面处理，并配以手工涂装防锈漆。此外，喷丸处理也是二次除锈的重要工艺手段。

喷丸处理一般在喷丸房内进行，由压缩空气带动喷丸缸内的磨料，经喷丸胶管、喷嘴，射向被处理的钢材表面。磨料通常使用钢丸、钢丝段、棱角钢砂或它们相互以一定比例掺和的混合磨料。颗粒直径以0.8～1.2mm为宜。磨料需反复回收使用。回收方法有气力回收和机械回收两种。

喷丸处理工艺要求：

(1)准备工作。进行分段喷丸处理以前，应做好以下准备：

①清除分段内杂物、垃圾与积水。

②检查分段搁置情况，是否平稳，是否影响人员进出。

③根据操作需要，搭置好脚手架。

④排去储气柜和油水分离器内的积水与污油。

⑤喷丸缸内加满磨料。

⑥接好喷丸胶管及喷嘴，检查胶管有无破损，接头是否牢靠，并使喷枪到位。

⑦接好低压手提照明灯具。

⑧穿戴好个人防护用品。

⑨关闭喷丸房大门。

(2)喷丸操作：

①开启全室通风机，使室内全室通风。

②开启皮带输送机、斗式提升机(气力回收系统则此项可略)。

③开启喷丸缸压气阀，再开进气阀，然后打开出丸阀，并使出丸量与进风量达到较佳混合比。

④喷丸操作应分块进行。先下后上、先内后外、先难后易，喷枪应与被处理表面形成75°～85°夹角，喷嘴与表面的距离以300mm左右为宜。

⑤喷丸结束后先关闭出丸阀，待胶管内剩丸排尽再关闭进气阀，然后打开排气阀，排除缸内剩气。

⑥排除积存在分段内的磨料，用真空回收机将磨料吸入容积分离器，然后将容积分离器内铁丸排放到集丸地坑中。

⑦开启气力回收装置，回收集丸坑内磨料(机械回收装置则此项可略)。

⑧关闭磨料回收装置(机械回收装置应先关皮带输送机，后关斗式提升机)。

⑨关闭全室通风机。

⑩质量检查及进行缺陷修补。

⑪拆除喷丸管与低压照明,开启喷丸房大门。

3. 酸洗

对于钢材原材料预处理来说,酸洗处理常为没有抛丸处理流水线的中小船厂所应用,也为一些大船厂在处理薄板、管材上应用。当然,酸洗处理应用技术较多的还是舾装件和零部件的除锈。

酸洗是应用无机酸或有机酸与钢铁表面的氧化皮(其分子式为 Fe_3O_4,实际是 Fe_2O_3 与 FeO 的复合氧化物)、铁锈(氧化铁和氧化亚铁的复合水合物)进行化学反应,生成可溶性铁盐,然后将其从钢铁表面清除的工艺手段。

酸洗中发生的化学反应如下

$$Fe_2O_3 + 6H^+ \rightarrow 2F^{++} + 3H_2O$$

$$FeO + 2H^+ \rightarrow Fe^{++} + H_2O$$

酸洗中除了酸对氧化皮和铁锈的反应以外,酸还将与铁进行反应析出氢,其反应式如下

$$2H^+ + Fe \rightarrow Fe^{++} + H_2 \uparrow$$

这一析氢反应有利也有弊。有利的是当氢分子从铁的表面产生并从铁表面析出时,对铁表面的氧化皮与铁锈产生剥离作用,使其离开铁的表面,并且刚析出的氢还原性强,能将Fe_2O_3还原成 FeO,而 FeO 更易溶解于酸,从而提高了酸洗除锈的速度。不利的是,由于氢原子体积很小,很容易扩散到铁的基本内部,导致产生“氢脆”。

酸洗工艺方法有浸渍法、喷射法和酸膏法。造船钢材(板材、型材、管材)及舾装件、零部件的酸洗,均采用浸渍法,其工艺过程大致如下:

(1)除油:除油采用碱液加乳化剂。常用配方为磷酸三钠 8%、氢氧化钠 1%,乳化剂 0.5%,清水 90.5%。温度一般为 70 ~ 80℃,时间约 1h(根据油腻程度可适当缩短或延长)。但当表面沾有大量油污杂质时,应事先刮除。

(2)热水浸洗:除油后,沥去碱液,将工件浸入热水槽,热水槽的温度在 80 ~ 90℃,时间约 2min。

(3)酸处理:从热水槽吊出的工件,即浸入酸槽,酸槽内配以酸、缓蚀剂、润湿剂等。酸液温度一般为 40 ~ 60℃,浸渍时间根据工件锈蚀情况控制,一般为 0.5 ~ 4h,避免时间过长而引起过蚀现象。

随着酸槽内酸的工作时间增加,酸度会降低,缓蚀剂亦会消耗,应及时补充。此外,搅拌有利于提高除锈速度和降低消耗。

(4)冷水浸洗:工件从酸槽吊出,应进入清水槽,用冷水浸洗,除去附在上面的酸液。浸洗时,应让工件上下运动以提高清洗效果,浸洗时间约 1 ~ 2min。

(5)中和处理:经冷水浸洗的工件,表面仍带有少量稀酸,应浸入稀碱液中中和。稀碱液可用碱面或水玻璃配制,浓度视需要而定(水玻璃浓度可取 0.5%)。

(6)冷水漂洗:经中和处理后,工件还得用冷水再漂洗,洗去中和液和表面形成的少量盐分。

(7)磷化处理:酸洗后钢铁表面呈活化状态,极易在空气中腐蚀,通常应作磷化处理,使钢材表面形成一层不溶于水的金属(铁)磷酸盐膜,保护钢材在短时期内不锈蚀。磷化液采用酸

式磷酸盐和磷酸并添加缓蚀剂。磷化液的配比应根据所需磷化膜的厚度决定。

通常造船用钢材、零部件酸洗后表面磷化膜一干燥立即涂漆。磷化膜可薄一些，这时，磷酸与磷酸盐浓度可适当低些，处理时间可短一些。

三、二次除锈与表面清理

建造船舶的钢材在原材料表面处理并涂上车间底漆以后，将经过划线、号料、加工、装配等阶段，最后组装成分段。通常，分段上船台(船坞)以前应该进行涂装。

经过预处理的钢材组成分段后，总有一部分钢材表面的车间底漆由于焊接、切割、机械碰撞或因自然原因受到破坏，导致钢材表面重新锈蚀。分段合拢后，在区域涂装阶段，也总有一部分分段上涂装好的涂层，由于上述同样的原因遭到破坏而发生重新锈蚀。这样，分段涂装也好，区域涂装也好，都有一个再次进行表面处理的任务。这个再一次除锈，在造船涂装工程中称之为“二次除锈”。

在二次除锈时，车间底漆或原来已有涂层虽然没有损伤，但不免受到各种污染，其表面需要进行涂装的话，则应进行相应的清洁处理，这称之为“涂装前的表面清理”。

1. 二次除锈的方式

在现代造船中，低效落后的手工工具铲刮的除锈方式已趋淘汰，只是在修船除锈中还被局部保留着。新造船的二次除锈通常采用喷射磨料(喷丸或喷砂)处理和动力工具打磨处理两种方式。

喷射磨料处理方式的效率高、质量好，但需要一整套设备。而动力工具打磨处理方式，则具有工具轻巧、灵活方便、应变能力强等特点，但处理速度较低，处理后表面粗糙度较小，不适合一些特殊的高性能涂料的施工。因此，造船厂需根据船舶涂层配套的特点和工厂设备劳力负荷的实际情况统一平衡，将两种除锈方式有机结合，相互补充，做到质量、周期、效益统筹兼顾。

1)喷射磨料处理

喷射磨料处理通常分为喷丸处理和喷砂处理两类。喷丸处理的磨料一般为钢丸、铁丸、钢丝段、棱角钢砂等。喷砂处理的磨料有河砂、石英砂、熔铜矿渣砂(俗称铜矿砂)等。由于喷石英砂易使操作工人患上矽肺病，故被禁止使用。

喷丸处理一般都在磨料能够回收的喷丸房内进行，故适合于分段的二次除锈。喷砂处理的磨料大多不回收，因此可在室内进行分段二次除锈，也可在室外现场进行区域涂装前的二次除锈。成品油船的特殊涂装工程，均采用舱内喷砂处理。喷丸处理和喷砂处理采用的设备都一样，两者的区别仅在于使用的磨料不同。

2)动力工具打磨处理

动力工具打磨处理，是指采用各种风动或电动的除锈工具，依靠动力马达高速旋转或往复运动带动打磨器具(砂轮、砂纸盘、钢丝刷盘、气铲等)，磨削或打击需要涂装的表面，达到清除铁锈及其他杂物的一种机械清理方式。

动力工具体积较小，重量较轻，便于个人携带和操作，应变能力较强。与陈旧的手工工具敲铲除锈的质量相比，动力工具打磨处理具有除锈质量好，生产效率较高的优点。然而，这种除锈方式毕竟属于人工操作的半机械化作业，比喷射磨料处理的生产效率低、除锈质量差、表

面粗糙度小,所以受到一定的限制,特别是对于一些特殊的高性能涂料,动力工具打磨处理不能适应涂料对表面处理的质量要求。

动力工具的动力源有气动和电动两种。电动工具的能源供应方便,但在船厂为防止漏电引起触电事故时,一般均使用气动工具。为有效发挥工具能力,压缩空气的压力应大于0.5MPa。

(1)动力除锈工具:造船厂常用的气动除锈工具主要有以下4种:

①直柄砂轮机:直柄砂轮机可安装$\phi25 \sim \phi150$mm的各种砂轮。大型号的直柄砂轮常用于焊缝修磨、毛边倒角;小型号的直柄砂轮机常用于修磨凹形弧面,也可装上笔型钢丝刷用于狭小舱室内结构件、边角和小孔的除锈。

②端型平面砂磨机:端型平面砂磨机可安装$\phi100 \sim 180$mm各类砂纸盘或相应规格的盆形钢丝刷盘,可进行大平面的打磨处理,也可利用砂纸盘的侧边对焊脚处进行打磨,这是船厂应用最广的一种动力除锈工具。端型平面砂磨机装上砂纸盘后,通常称为动力砂纸盘;装上盆形钢丝刷后,通常称为动力钢丝刷。动力砂纸盘和动力钢丝刷是船厂动力工具方式进行二次除锈的代表性工具。

③带锥齿轮的平面砂磨机:带锥齿轮的平面砂磨机亦有多种型号,其功能与端型平面砂磨机一样,区别在于发动机轴线与砂纸盘轴线不在同一直线上,而是构成一定的角度(90°、100°、120°等),操作灵便,操作者不易疲劳。

④气铲:气铲也称风铲、风镐,是一种往复式打击工具,用于铲除电焊飞溅、焊瘤、马板焊脚,将焊接处和其他不平整处铲平。

此外,还有风锥、敲锈枪和旋转式敲锈轮等,大多用于修船除锈。

(2)动力工具打磨处理的工艺要点:

①观察打磨作业环境,做好脚手架、照明等辅助工作,准备好打磨工具、风管接头和个人劳动保护用具。

②清理周围环境(包括分段内的垃圾、杂物与积水)。

③在端型平面砂磨机或带锥齿轮的平面砂磨机上安装砂纸盘,对焊缝区、火工烧损区、自然锈蚀区作彻底打磨至呈现金属本色。打磨作业应遵循先难后易、先下后上的原则。

④对车间底漆完好的部位做轻度打磨,除去表面的锌盐(对含锌车间底漆而言)或表面老化层(对不含锌的车间底漆而言)。

⑤对于区域二次除锈来说,应将焊缝两侧和烧损区、自然锈蚀区的周围涂层打成坡度,以利于修补涂层叠加时的附着。

⑥换装碗形或碟形钢丝刷盘,对焊缝、烧损区和自然锈蚀区进行彻底旋刷,以除去细孔内的黄锈。

⑦用直柄砂轮机(小规格)装上束状(笔型)钢丝刷,对角、小孔周围及以上工具难以到达的部位进行旋刷,除净黄锈。

⑧用风铲将焊缝周围零星铁鳞与少量焊缝夹渣除净。

⑨清扫垃圾和灰尘。

⑩用碎布或纱团蘸取溶剂除去表面油迹。

最后,提交质量验收。

3)其他方式

除了喷射磨料处理和动力工具打磨处理两种主要方式以外,二次除锈还有许多其他方式,现分述如下:

(1)真空喷丸(砂)处理:真空喷丸(砂)处理需要专用的真空喷丸(砂)机。真空喷丸(砂)机由磨料室、真空回收室、真空引射器、喷枪及锥形罩和吸丸吸管等组成。真空喷丸(砂)处理是利用压缩空气引射,将真空室内空气抽去,使与真空室相连的吸丸管与喷枪锥形罩内产生负压差,从而将喷枪内喷出的磨料和除下的铁锈一起吸入真空器内。

真空喷丸(砂)处理最大的优点是不污染环境,尤其是在船舶舾装阶段,喷砂处理不仅影响其他工种的作业,而且对已经安装好的机械、仪表会带来损害,采用真空喷丸(砂)就无这些顾虑。但是,真空喷丸(砂)效率较低,对于凹凸不平的表面和角落则难以回收磨料和尘埃。

(2)湿式喷砂处理:湿式喷砂处理是一种(二次)除锈的新技术,在磨料(砂)中添加一部分水,以全湿的磨料喷射到被处理的表面,可有效地除去氧化皮、锈蚀、旧涂层等。其优点是可大大减少喷砂现场的尘埃飞扬,有益于环境保护和操作者的健康。

湿式喷砂处理后,钢材表面呈潮湿状态,易产生返锈现象,故在水中应添加一定量的缓蚀剂(约为水量的1%)。

湿式喷砂处理设备,可利用一般喷砂设备改装,空气压力应为0.6~0.8MPa,水的消耗量为5~60L/h,根据被处理表面的原始状态和清理等级要求,其清理速度为10~16m^2/h。

(3)水(磨料)喷射处理:水(磨料)喷射处理也是一种(二次)除锈的新技术,是利用夹带磨料(砂)的水,在0.6~0.8MPa的空气压力下喷射到被处理的表面,能有效地除去氧化皮、锈蚀、旧涂层等。其优点是不仅可大大减少喷砂现场的尘埃飞扬,有益于环境保护和操作者的健康,还能避免磨料与金属打击时产生火花,有利于安全作业。此外,水(磨料)喷射处理时可同时除去被处理表面水溶性盐类,在修船表面处理时,可分层除去质量劣化、附着力降低的涂层。

水(磨料)喷射处理可以在天气条件较差的情况下(如湿度过高)进行。由于处理后钢板表面有大量的水存在,很易产生返锈现象,故在喷射处理的水中添加一定量的缓蚀剂(约为水量的1%)。

水(磨料)喷射处理之后,表面将被潮湿的污浆污染,应趁其仍潮湿的时候立即用淡水冲洗干净。用于冲洗的水无疑需要加入缓蚀剂,缓蚀剂的用量约为水量的5%。冲洗后,应设法使表面尽快干燥、涂装。由于表面干燥后,将残留一部分缓蚀剂,故涂装的底漆应能抵御少量缓蚀剂的存在而不影响质量。

2.涂装前的表面清理

二次除锈以后,涂装工作之前,为确保涂料与被涂表面之间的附着力,需要对被涂表面进行清理。

涂装前表面清理的主要工作内容为:除水、除盐、除油、除尘以及除去其他杂物、污垢。其工艺要求如下:

(1)除水:采用布团、棉纱擦去,或用经过除去油分和水分的压缩空气吹干。

(2)除盐:采用清水冲洗干净,然后除去水分,使表面完全干燥。

(3)除油:用清洁的、蘸有溶剂的布团或棉纱仔细擦去。

(4)除尘 :用毛刷刷去或压缩空气吹净。

(5)其他:被涂表面的锌盐、粉笔或油漆记号,以及其他杂质均应同时予以除去。

第四节　船舶涂装工艺

一、船舶涂装的特点

由成千上万吨钢铁和数以千万计的设备、仪表、构件、设施组成的船舶,它的建造是一个非常复杂的过程。造船不可能像在陆地上建造楼房那样,从地基开始一层层地往上堆砌。这是因为船舶建造需要在陆地上,而建成后需要置于水中,这就决定了造船工艺的特殊性,也带来了船舶涂装与一般钢铁构造物涂装的不同点。另外,船舶的庞大与复杂,也给船舶涂装带来许多特点。不了解船舶涂装的特点,就不能根据它的特点设计、制造出高质量的船和高质量的涂层,因而就不能很好地保护船舶。

造船是一个非常复杂的过程。要经历分段制造与预舾装、船台或船坞内合拢、下水、码头舾装与系泊试验、试航等过程。而船舶的涂装则要与整个造船工艺过程相适应。在每一造船工艺阶段中确定其相应的涂装工作内容。从钢材号料加工前开始,一直到交船,整个造船过程均贯穿着涂装。图12-7是船舶涂装的工艺程序。

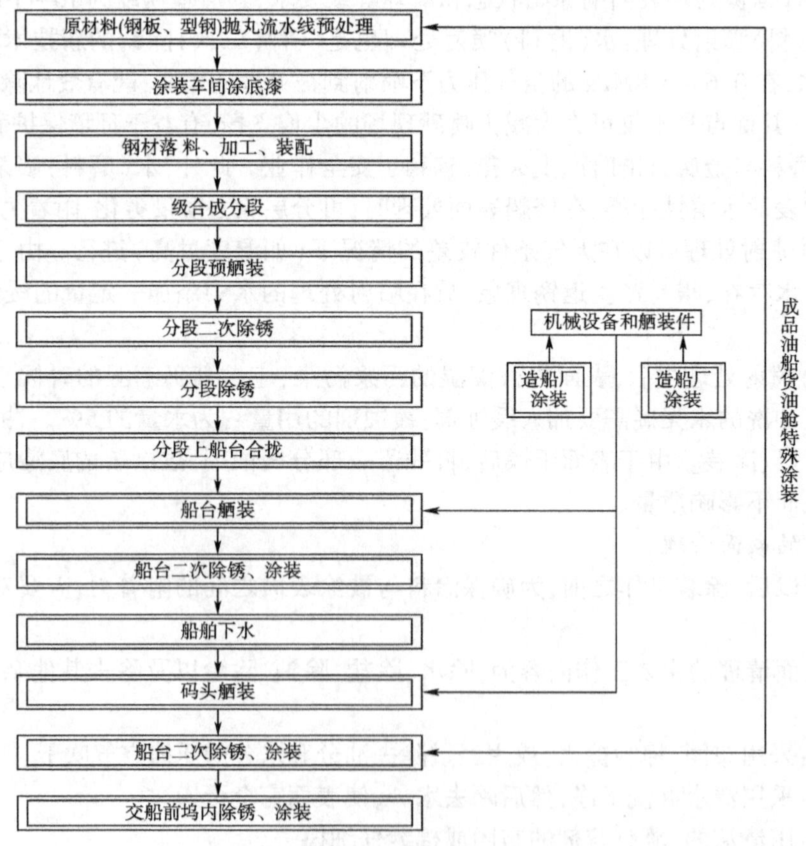

图12-7　船舶涂装工艺程序

从船舶涂装工艺程序图来看，造船的第一项工序是涂装，且在造船的全过程中自始至终贯穿着涂装，所以，造船必须自始至终十分重视涂装工作。加之涂料的多样性，管理的复杂性，安全的重要性，涂装的地位显而易见。

二、涂装方式

涂装是使涂料在被涂表面均匀成膜的工作过程。随着涂料工业的不断发展和人们对涂层的防锈、装饰等性能要求的不断提高，涂装技术亦随之不断发展提高，涂装方式亦日趋多样化、现代化。根据涂装工作的环境、场所、被涂物的形状、大小和涂料的性能、特点，涂装方式有刷涂、辊涂、压缩空气喷涂、高压无气喷涂、静电喷涂、浸涂、淋涂、电泳涂装、粉末喷涂等多种方式。各种涂装方式均有其特点与长处，也有一定的缺点与局限性。

在船舶涂装作业中，主要采用刷涂、辊涂、压缩空气喷涂和高压无气喷涂等方式，其中高压无气喷涂以其特别高的涂装工作效率成为船舶涂装作业中应用最广的涂装方式。

1. 刷涂

刷涂是一种最简单的手工涂装方式。刷涂工具简单、操作方便、灵活、适应性强、应用较为普遍。但刷涂费时费力，工作效率低，因而在大面积施工中往往被淘汰。

刷涂的优点在于可涂装喷涂工具难以到达的地方和喷涂难以确保膜厚的地方，如各种沟槽、泄水孔、通气孔的边缘、型钢反面和狭小区域。在大面积喷涂前，上述部位应先刷涂1~2道。

刷涂还具有较强的渗透力，能使涂料渗透到细孔和缝隙中去，而当被涂表面有少量潮气时，刷涂能排挤水分，使涂料较好地粘附于表面。

刷涂的另一个优点是涂料浪费少，对环境的污染也较少。

刷涂对于干性快、流平性较差的涂料不太适合，易留下明显的刷痕而影响涂层的平整性与美观。

刷涂时，使用漆刷蘸取适量的涂料，分配在相应的被涂表面范围内，先横向扩展，然后纵向理顺，使涂料分布均匀。亦可先纵向扩展，再横向理顺，循序渐进，不要遗漏。漆刷用好后，如属物理固化涂料，可将涂料尽量排除，然后垂直悬浸在清水中，下次使用时，甩干水分即可。如属化学固化涂料，则应用溶剂洗净后垂直悬浸在同种溶剂中。注意不要使毛刷干固或使刷毛弯曲、凌乱。

2. 辊涂

(1)辊涂适合于因某些原因而难以喷涂的大平面的涂装。

(2)辊涂的效率低于喷涂，但高于刷涂。

(3)辊涂的涂料浪费亦少，对于环境污染也较少。

(4)辊涂另一突出优点在于可在较长距离进行作业，减少一部分搭脚手架的麻烦。

(5)与刷涂相似，辊涂亦有较好的渗透力。

(6)对于结构复杂和凹凸不平的表面，辊涂方式则受到限制，因而辊涂在船舶涂装中往往应用于船体的外板、甲板和上层建筑外表。

3. 压缩空气喷涂

压缩空气喷涂是利用压缩空气，将涂料从壶形容器中吸引(或压迫)至喷枪。在0.2~0.5MPa的压力下，涂料在喷嘴处与空气混合并雾化，喷射到被涂表面，得到均匀分布的涂层。

压缩空气喷涂的效率比刷涂和辊涂高得多,也较容易获得比较均匀的涂层。

用于压缩空气喷涂的涂料要比刷涂和辊涂的涂料稀薄些,因而在一般涂料中需添加一部分水剂。在喷涂时,涂料喷逸到空气中和从被涂表面弹回到空气中均有一定数量,因此,涂料的浪费较大,对环境的污染也较大,并且它没有刷涂、辊涂那种渗透性,故涂层附着力亦不如刷涂、辊涂。

当有大风时,涂料吹散引起的浪费就更多。

喷涂时,所用压缩空气的压力、喷嘴的口径和角度、喷涂距离和稀释剂添加量等,可根据涂料产品说明书的要求来调整。喷枪运行的速度可按膜厚要求与成膜情况而定。

使用的压缩空气必须经过过滤,除去水分和油分,以免混入涂料之中影响涂层质量。喷枪、容器和涂料经过的管路,在喷涂结束后,要立即用溶剂洗净,以备后用。

4. 高压无气喷涂

高压无气喷涂通常是利用压缩空气作为动力驱动高压泵,将涂料吸入并加压至10~25MPa,通过高压软管和喷枪,最后经过呈橄榄形孔的喷嘴喷出。当涂料离开喷嘴时,雾化成很细的微粒,喷射到被涂表面,形成均匀的涂膜。

由于涂料是通过高压泵被增至高压,而涂料本身不与压缩空气混合,这与用压缩空气雾化涂料的压缩空气喷涂完全不同,因此称为高压无气喷涂。

由于涂料压力高,涂料射向被涂表面后能渗透到细孔里面,因此,涂层附着力好。良好的雾化,能获得光滑致密的涂层。

高压无气喷涂的最大优点是效率高,比刷涂或辊涂高几十乃至上百倍。对于需要大面积涂装的船舶来说,涂装效率的大大提高,可缩短一定的造船周期。因此,现代化的造船离不开高压无气喷涂。

高压无气喷涂的缺点是涂料喷逸损失较大,特别是在有大风的情况下,涂料吹散损失更多。在喷涂表面形状复杂、宽度较小的物件时,损失也较大。与刷涂相比,高压无气喷涂通常要多用20%~30%的涂料。

另外,涂料在喷嘴出口处的压力很高,射出的速度很大,很容易刺穿皮肤,造成伤害,应特别引起注意。

三、涂装工艺

由于船舶建造的特定工艺程序不同于一般工业产品的生产,决定了船舶涂装工程也应有与造船工艺程序相适应,而又不同于一般工业产品涂装的特定的工艺程序。通常在造船的整个过程中,涂装工作(包括表面处理)分为以下工艺阶段:①钢材预处理和涂装车间底漆;②分段涂装;③船台涂装;④码头涂装;⑤坞内涂装;⑥舾装件涂装。

各个工艺阶段,应根据船舶涂料的配套与特点、船厂的设备能力、建造周期及工作习惯等确定其具体工作内容,这一任务将由船舶涂装设计和涂装生产设计来解决。

1. 钢材预处理和涂装车间底漆

对于钢材预处理和涂装车间底漆工艺阶段的工作特点与工作要领,详见第六章第三、四节,此处不再重述。

2. 分段涂装

分段涂装是船舶涂装中最主要和最基本的一环,除了特种船舶的特殊部位(如成品油船的货油舱），船体的各个部位，在分段阶段都要进行部分或全部涂层的涂装。不管船体某一部位需涂装多少层涂料，其第一层即与钢材直接接触的一层，都要在分段上进行涂装，因而船舶涂装质量的好坏，首先取决于分段涂装的质量。

船体分段有平面分段和立体分段两大类。立体分段结构比较复杂，表面处理与涂装工作的难度亦高一些，应特别注意施工质量与安全。

分段在结构完整性交验后即可进行分段的表面处理和涂装。随着生产设计的不断深化，分段涂装应在预舾装工作完成后进行。

分段涂装最好在室内涂装工场进行，可不受气候变化的影响。若船厂条件有限，则应在气候条件合适的情况下进行。分段涂装作业时，应注意以下问题：

（1）造船分段的搁置，既要考虑到造船工艺（装配、电焊、预舾装等）的需要，又要考虑到涂装作业的需要。应尽量避免高空作业、顶向作业，应有利于表面处理（二次除锈）作业时的磨料清理，有利于人员进出和通风换气，必要时应增设工艺孔。分段露天作业时，应尽量避免周围污染源的影响和避免涂装作业时产生的粉尘、漆雾对周围可能产生的污染。

（2）分段涂装作业时，要确认船体结构是否完整，焊接、火工矫正、焊缝清理工作是否结束，特别是分舱标记、水线水尺等标记是否焊好，机电管系的预舾装工作是否完成等，以避免涂装结束后再进行上述工作而破坏了涂层。

（3）分段涂装前，对分段的大接缝、尚未进行密性试验的焊缝以及不该涂漆的部位与构件（如外板或液舱内已装好的牺牲阳极、外加电流保护用的电极等），应用胶带或其他包覆材料进行遮蔽。

（4）分段涂装结束后，应在涂层充分干燥之后才能启运。对分段中非完全敞开的舱室，应测定溶剂气体的浓度，在确认达到规定的合格范围以内后，才能启运。

（5）分段上船台前，与墩木相接触部位的涂层必须充分干燥。墩木处必须垫上一层耐溶剂性能好的聚乙烯或聚酯薄膜（一般厚度为0.1mm左右），以免墩木擦伤涂层。

3.船台涂装

在船台上合拢以后直至船舶下水前这一过程中的涂装作业。该阶段涂装主要工作内容为：分段间大接缝修补涂装，分段涂装后由于机械原因或焊接、火工原因引起的涂层损伤部位的修补，以及船舶下水前必须涂装到一定阶段或需全部结束之部位的涂装。建造进度与工作条件许可的话，可以对某些舾装工作完整性较好的舱室做完整性涂装。船台涂装应特别注意以下问题：

（1）船台涂装作业以及后面将介绍的码头涂装与坞内涂装均为露天作业，要尽量利用好天气抓紧工作，并严格做好环境温度和湿度管理。

（2）分段间的大接缝及分段制造阶段未做涂装的密性焊缝，应在密性试验结束以后进行修补涂装。

（3）修补涂装时，修补区域的涂料品种、层数、每层的膜厚要与周围涂层一致，并按顺序涂装。修补区域的周围涂层要事先打磨成坡度，叠加处要注意平滑，避免高低不平。

（4）如船舶下水后直到交船将不再进坞，则水线以下的部位（包括水线、水尺）应涂装完整。船底与船台墩木或支柱接触的部位要进行移墩涂装，以保证这些部位涂层的完整。

（5）船体外板的脚手架、下水支架，往往有一部分焊在外板上，下水前需切割拆除，磨平焊脚，作好修补涂装。

(6)船体外板涂装时,对牺牲阳极、声呐探测器、螺旋桨、外加电流保护用的电极等不需涂装的部位,应作好遮蔽,避免被涂料污染。

4. 码头涂装

码头涂装是船舶下水到交船前停靠在码头边进行舾装作业阶段的涂装。除了必须在坞内进行的涂装作业外,该阶段应该对全船各个部位作好完整性涂装。

由于码头舾装阶段各专业各工种作业交织在一起,电焊、火工作业较多,并且许多舱室已达到封闭状态,涂装作业又往往是大面积施工,溶剂挥发量大,因而危险性较大,要十分重视通风防爆工作。此外,由于码头舾装作业的特点,还必须注意以下事项:

(1)船体外板水线以上区域,应在临近交船前涂装(亦可在进坞时涂装)。涂装前,为防止舷旁排水孔流出的污水对涂装作业的影响,应设置适当的临时导水管导流,或以木栓塞住排水孔,直至涂装结束、涂膜完全干燥为止。

(2)不同涂层的交界处(如水线区与干舷区之间)为防止不同涂层不合理叠加而渗色、咬底等弊病,应当按生产设计规定的正确顺序进行叠接。

(3)液舱内部大多在分段制造阶段已做过的涂装,在船台阶段往往由于舾装工程的原因来不及修补,故多数在码头阶段修补涂装。由于液舱往往分布在船底,首、尾或船的两侧,船舶下水后有部分舱壁的外侧浸于水中,故舱内容易结露,所以要采取措施(如通风、除湿),杜绝潮湿表面涂装。实在难以避免结露的部位,要留待进坞时涂装。

(4)机舱内部情况复杂,管路、阀件布置密集,大多在分段制造阶段已作好涂装,码头阶段仅作修补和最后一道面漆。机舱设备在系泊试验动车以后,油水难免流入舱底,增加了清洁工作的困难,故舱底涂层修补工作应赶在试车前结束为宜。

(5)甲板分为室内甲板和露天甲板两类。码头舾装阶段甲板上人员走动频繁,又往往堆积许多舾装材料,布满了电缆和供气软管,故无论室内还是露天甲板的涂装,应越接近交船期越好。施工时应分区域进行,不要影响通行。施工好的表面在涂层完全干燥以前应禁止人员通行。涂层干燥后最好敷上覆盖物,避免过多践踏,以免影响交船时的整洁与美观。

5. 坞内涂装

坞内涂装主要是对船体水线以下区域进行完整性涂装,也做一些码头舾装阶段来不及进行的涂装工作。船舶下水时因为离交船期还有一段较长的时间,船底防污漆一般不应结束涂装,故进坞时往往还需涂装2~3道防污漆。坞内涂装需注意以下事项:

(1)船舶下水后到进坞这一段时间,水线以下区域会受到水域内各种物质的污染。涂装前应先用高压水认真冲洗,除去污泥、杂物,若有油腻污染,则应用溶剂擦净。有些水域含有较多的二氧化硫,会导致下水前已涂装好的防污漆发黑,则应用砂皮纸擦去发黑严重的部位。如船体表面有海洋生物附着,则应轻轻刮除,刮除时要避免损伤已有的涂层。

(2)船舶一进坞,就应将压载放尽,否则在外板上会凝结水珠,影响涂装。

(3)船底外板与坞内墩木接触的部位,在整体涂层施工结束后,原则上应作移墩处理,然后逐道修补涂装。但由于整体涂层刚刚施工完毕,涂层还不十分坚硬,移墩可能会导致新的涂层压伤,故有些船东不一定希望移墩,此时可不作移墩处理,但应向船东提交一份坞墩布置图,表明船底哪些部位与坞墩接触造成涂层不足,船东可在下次进坞时,要求船坞方面排墩时避开这些部位,补足所缺的涂层。避免坞内涂装时移墩的最好办法是在船舶下水前,将船底平底区

的中心区域(坞墩密集区)的涂层施工完毕。

(4)外板首部区域的涂层易被锚链擦伤,中部区域则易被码头边楞木擦伤,这些擦伤部位常常产生锈蚀,进坞时要重新除锈、补漆。由于补漆工作从头做起,涂层数量较多,需要较长时间,故一进坞就得抓紧这方面的工作。

(5)水线、水尺、船名、港籍名以及船壳外的各种标记应仔细刷涂,在出坞放水前应完全干燥。

(6)坞内涂装时,舷旁排水孔的处理方法与码头涂装一样。

6. 舾装件涂装

船舶舾装件种类很多,如桅杆、舱口盖、吊货杆等大型舾装件,也有许多如管系附件、电缆导架、扶手、栏杆等小型舾装件。

大型舾装件,往往采用经过预处理并涂有车间底漆的钢材制成,其涂装往往与船体涂装相似,经过二次除锈,然后逐层涂装。小型舾装件,往往采用酸洗除锈后,镀锌、镀铬、镀铜或直接涂上防锈底漆。

大型舾装件也好,小型舾装件也好,上船安装前,多数涂上底漆,面漆待安装后再涂装。这是由于在安装过程中难免因焊接或机械原因损伤涂层,且面漆与周围船体结构同时涂装会有较好的外观效果。舾装件的涂装,应注意以下事项:

(1)任何舾装件,除规定不必涂漆的之外(如不锈钢制品、有色金属制品、部分镀锌件等),上船安装前,都必须事先经过表面处理和涂好防锈底漆(有的则可以涂完面漆),不允许未经表面处理和涂装的钢质舾装件上船安装。

(2)舾装件上船安装所涂的底漆,原则上应与其所安装部位的底漆相同。如上船安装前已涂好面漆,则所涂面漆除涂装说明书有特别规定外,一般应和周围的面漆相同。

(3)外购设备或一般舾装件,应在定购前向制造厂提供表面处理和涂装的技术要求,对涂料品种、膜厚、颜色等应作出认真仔细的规定,必要时可派员前往检查验收。

(4)舾装件上船安装后,会发生局部涂层破坏,应当用同类型的涂料做好逐层修补。

(5)对一些安装范围广泛、通用性强的舾装件,往往上船安装前难以分清楚各种舾装件的安装部位,为避免所涂底漆与今后安装部位面漆涂装不配套,可涂通用性强的环氧类底漆(其最长涂装间隔时间应大于6个月)或车间涂底漆后上船安装。

(6)舾装件安装后,最终与周围一起涂装面漆时,要注意保护好不该涂漆的部位(如机械活动面、铭牌等)。

锚机、绞车、艇架、舷梯等设备,往往是向专业制造厂订购的,这些设备到厂时一般均已涂装完毕,故安装时应注意涂层的保护。

SIKAOYULIANXI

一、简答题

1. 什么是船舶舾装?

2. 船舶舾装作业分为哪几类?

3. 什么是舾装区域?怎样划分舾装区域?

4. 船舶腐蚀类型有哪几种?其腐蚀原理是什么?

5. 船体结构各部位的腐蚀情况有什么特点?

6. 船体反腐蚀的防护措施有哪些?

7. 船体钢料表面清洁度和粗糙度怎样评定?

8. 钢材表面预处理有哪几种除锈方式?

9. 船体结构二次除锈有哪些除锈工艺?

10. 涂装前还要做哪些表面清理工作?

11. 船舶涂装的特点是什么?

12. 船舶涂装的方式有哪些?各有什么特点?

13. 在造船的整个过程中,涂装工作分为哪几个阶段?

14. 钢材预处理和涂装车间底漆的内容和注意事项是什么?

15. 分段涂装内容和注意事项是什么?

16. 船台涂装内容和注意事项是什么?

17. 码头涂装内容和注意事项是什么?

18. 坞内涂装内容和注意事项是什么?

19. 舾装件涂装内容和注意事项是什么?

二、选择题(单项选择题,即只有一个答案是对的)

1. 船体结构之外的所有安装工艺,如将各种船用设备、仪器、装置和设施等安装到船上的生产过程,统称为:(　　)。

A. 船舶舾装　　B. 船舶涂装
C. 船舶装配　　D. 船舶设计

2. 船舶在舾装阶段除了根据要求安装各种设备以外,还需要用各种材料对船体表面直接进行工程处理,其中不包括:(　　)。

A. 防腐蚀处理　　B. 防火绝缘处理
C. 舱室装饰处理　　D. 机舱舾装处理

3. 外舾装作业包括:(　　)。

A. 舵设备　　B. 锚泊设备
C. 卫生设备　　D. 起货设备

4. 典型的舾装工艺阶段为:(　　)。

A. 舾装件采办→单元组装→分段舾装→船上舾装→动车和试验
B. 舾装件采办→分段舾装→单元组装→船上舾装→动车和试验
C. 单元组装→舾装件采办→分段舾装→船上舾装→动车和试验
D. 舾装件采办→单元组装→船上舾装→分段舾装→动车和试验

5. 已发生锈蚀,并且部分氧化皮已经剥落的钢材表面属于:(　　)。

A. A 级　　B. B 级
C. C 级　　D. D 级

6. 涂装前钢材表面经喷射清理形成的粗糙度分为:(　　)。

A. 精细级、超细级和中级　　B. 细级、中级和粗级

C. 超细级、粗级和超粗级　　D. 细级、中级和高级

7. 在钢材加工并制成分段或进而合拢成船舶整体时,要进行涂装前所作的钢材表面处理,这在造船工业中通常称之为:(　　)。

A. 一次除锈　　B. 二次除锈

C. 喷砂　　D. 喷丸

8. 船舶涂装作业中效率最高的涂装方式为:(　　)。

A. 刷涂　　B. 辊涂

C. 压缩空气喷涂　　D. 高压无气喷涂

9. 船舶涂装质量的好坏,首先取决于(　　)的质量。

A. 钢材预处理和涂装车间底漆　　B. 分段涂装

C. 船台涂装　　D. 码头涂装

10. 分段涂装前,对分段的大接缝、尚未进行密性试验的焊缝以及不该涂漆的部位与构件应:(　　)。

A. 打磨处理　　B. 喷涂底漆

C. 用胶带或其他包覆材料进行遮蔽　　D. 直接裸露

三、判断题(对的打"√",错的打"×")

1. 船舶在舾装阶段除了根据要求安装各种设备以外,还需要用各种材料对船体表面直接进行工程处理。　(　　)

2. 舾装区域的大区分与舾装作业分工不一致,不按照甲板、住舱和机舱来进行区域划分。　(　　)

3. 托盘发送就是根据托盘交付期计划的日程安排,将区域舾装所需的整套材料运至生产现场,交给施工人员,完成托盘管理。　(　　)

4. 将船舶的涂料涂覆整个工艺方法与过程,以及与此相关的技术上、管理上的全部活动统称为船舶涂装工程。　(　　)

5. 化学腐蚀是由金属表面与介质发生化学作用而引起的,它的特点是在作用进行过程中没有电流产生。　(　　)

6. 船舶的外加电流保护是以交流电源通过辅助阳极对船体施加保护电流,使船体免受腐蚀的一种保护技术。　(　　)

7. 涂装前钢材表面处理质量的控制主要包括两个方面的内容,即钢材表面的清洁度和粗糙度。　(　　)

8. 该标准根据钢材表面氧化皮覆盖程度和除锈状况,将其原始锈蚀程度分为四个等级,分别用 A、B、C 和 D 表示。　(　　)

9. 国家标准对喷射或抛射除锈过的钢材表面,设有四个除锈等级。　(　　)

10. 船舶下水时因为离交船期还有一段较长的时间,船底防污漆一般不应结束涂装,故进坞时往往还需涂装 2 ~ 3 道防污漆。　(　　)

第十三章　船舶下水与试验

● **学习目标**

知识目标

1. 掌握船舶下水可分为哪几大类;
2. 了解重力式下水的力学原理;
3. 熟悉密性试验的几种方法;
4. 熟悉系泊试验的主要内容;
5. 了解倾斜试验的目的和方法。

能力目标

1. 能参与进行船舶下水;
2. 能参与进行船舶密性试验;
3. 能参与进行船舶试验。

船舶下水是当船体建造工程大部分完工之后,利用某种下水设备,将船舶从建造区移至水域区的工艺过程。

由于船台(或造船坞)的施工条件要比舾装码头优越得多,所以应当想方设法尽量扩大下水前的船舶完工量,以提高造船的综合生产能力,缩短造船的总周期。

随着造船工艺的发展,预舾装工艺的应用达到相当高的程度。目前,在一般船厂中,下水前的船舶舾装完工量往往可达70% ~80%,甚至超过90% ~95%。

在船体建造完毕或船体某一区域的装配焊接及火工矫正等工作全部结束后,即可进行船体的密性试验。密性试验的目的是检查外板、舱壁等的焊缝有无渗透现象,以保证船舶的航行安全;还可通过密性试验,分析焊接缺陷产生的原因,为某些工序提供改进意见。其次,对于船舶设计上要求作强度试验的船体结构,还具有检验其在静载荷作用下,船体结构强度好坏的作用。

系泊试验(包括倾斜试验)和航行试验的目的是检查船体、机械设备、电气装置及动力装置的制造和安装情况,并鉴定其质量,使船舶具备试航条件,并测定实船重心位置;然后航行试验测定极限状态下,船舶的各项性能指标。

为了船舶下水,船厂根据自身的条件和生产的要求,可选择各种不同的下水方式和下水设施。按船舶下水原理可分为:重力式下水、漂浮式下水、机械化下水和衬垫式下水4大类。

第一节　船舶下水方式及设备

船舶下水前应完成如下建造工作:

(1)应能保证船舶下水时具有足够的纵向强度和横向强度。

(2)应完成船体上甲板以下的船体密性试验,并检验合格。

(3)必须完成船体内部与船底板、舷侧外板直接连接的设备(如海底阀等)和推进器、舵、尾轴出口处等一切水下工程,以及下水前必需的带缆设备、救生设备等的安装工作。

(4)完成船体型线和主尺度的测量检验工作,船体外壳水下部分的油漆工作,载重线和吃水标志的绘制工作。

(5)下水资料完整。

一、重力式下水

依靠船舶本身的重力在斜坡滑道上产生的分力(下滑力),并借助于一定的下水设备,使船舶滑移到水中,称为重力式下水。常用的重力式下水有以下几种:

1.纵向涂油滑道下水

纵向涂油滑道是船台和滑道合一的下水设施。它出现最早,使用历史最长,也是目前国内外常用的一种下水方法(图13-1)。

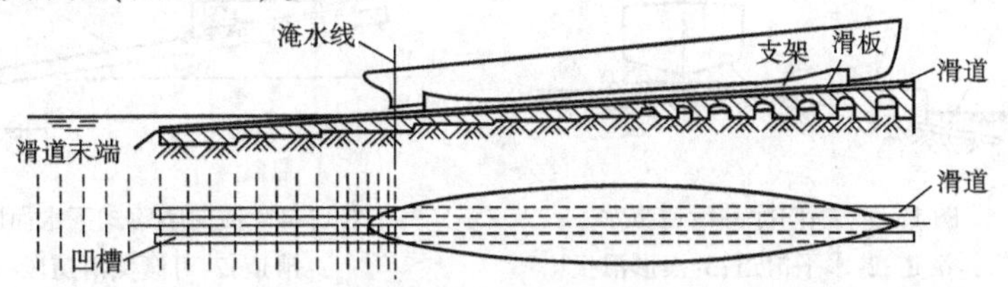

图13-1　纵向涂油滑道

船舶下水时,首先将龙骨墩、边墩和支撑全部拆除,使船舶重量移到滑板和滑道上,再松开制动装置,船舶便连同滑板和支架一起借助重力沿着滑道滑入水中。船舶依靠自身的浮力漂浮在水面上。为了便于滑板在滑道上滑行,在滑板和滑道之间涂上一定厚度的下水油脂,以减小摩擦阻力,故称为纵向涂油滑道下水。

这种下水方法对不同的船舶下水重量、不同的船型都能适应,能用于数十吨到万吨以上的各类船舶的下水,而且还具有工艺设备简单、建造费用较少、维护管理方便等优点。但是,它的下水工艺比较复杂,尾浮时会产生很大的首端压力;它在水中的滑程较长,要求水域宽度应不小于3倍船长。对于水域比较狭窄的厂区而言,可将船台建成与水流方向斜交形式。

由于这种下水方法的使用经验丰富,技术资料完整,所以它是目前比较成熟的下水工艺方法之一。

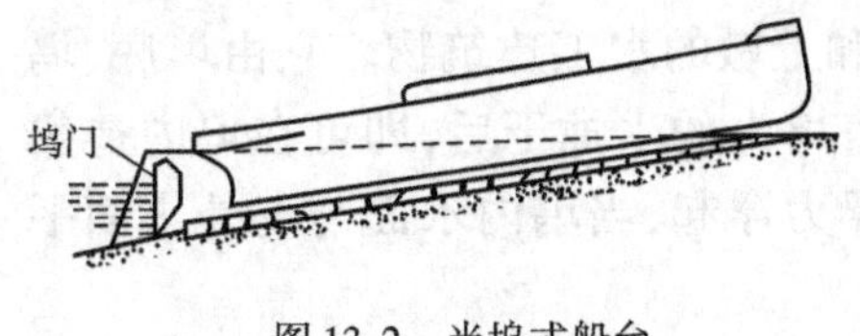

图13-2　半坞式船台

在使用纵向涂油滑道的倾斜船台上建造大型船舶时,为了充分利用船台水上部分,又不使船台前端部超出厂区的地面过高过长,在滑道后端可加一坞门,以免船台后端浸水而影响操作,这种形式是纵向涂油滑道和倾斜船台派生出来的半坞式船台,见图13-2。

2.纵向钢珠滑道下水

这是日本早在1947年就开始采用的下水方法。它的特点是用钢珠代替下水油脂,变滑动摩擦为滚动摩擦,既进一步减少滑板与滑道之间的摩擦力,钢珠又可以重复使用,从而获得较好的经济效益。

由于钢珠的滚动摩擦系数比油脂的滑动摩擦系数小,下水时容易启动。因此,滑道坡度可

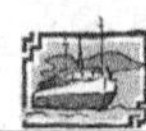

以相应减小。

纵向钢珠滑道下水装置和纵向涂油滑道一样,适用于各种类型船舶的下水。

3. 横向涂油滑道下水

横向涂油滑道与纵向涂油滑道相似,也是利用滑道和滑板进行下水的。其差别在于它是沿船宽方向滑移的,船舶首先进入水中的不是尾端,而是船舷一侧。

这种下水装置一般有两种类型。一种是滑道伸入水中的,下水时先将船舶拖曳到楔形滑板上,然后沿滑道滑移到水中(图13-3),船舶在下水过程中始终保持水平状态;另一种是滑道不伸入水中的,滑道末端在垂直岸壁处中断,下水时船舶连同滑板、下水架一起坠入水中(图13-4),然后依靠船舶本身的浮力和稳性而趋于平衡。船舶的坠落高度一般为1~3m,故称为横向坠落式下水。

图13-3 横向涂油滑道下水

1-倾斜滑道;2-水平滑道;3-楔形滑板

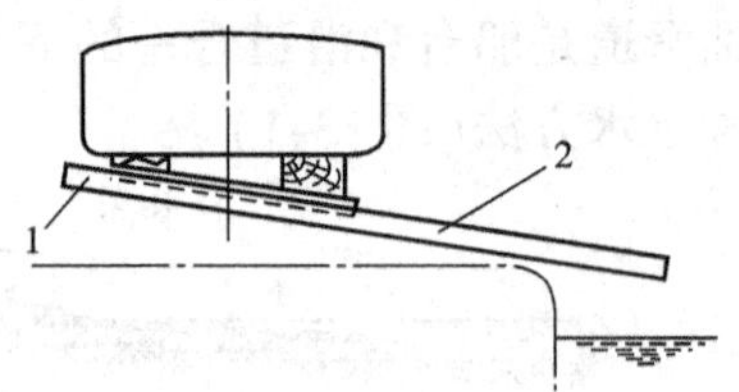

图13-4 横向坠落式下水简图

1-滑道;2-可倾侧滑道段

横向下水的船舶是一侧先入水,浮力的增加和船舶在水中的运动阻力比纵向下水大得多,需要的水域宽度和滑道的水下长度比纵向下水小得多。同时,它也没有纵向下水那种尾浮时产生的首端压力。但是,它占用船厂岸线较长,使岸线不能充分利用;所用的滑道数量多,滑板的下滑速度可能不一致,容易使船身偏移,甚至产生滑板脱出滑道的事故,下水安全性较差。在采用坠落式下水时,存在着船舶受力很大,横摇剧烈,对船体强度和稳性要求较高等缺点。这是横向涂油滑道一直没有得到很大发展的主要原因。

二、漂浮式下水

将水注入船舶建造场所,依靠浮力将船舶浮起的下水方法,叫做漂浮式下水。常见的漂浮式下水方法有以下几种:

1. 干船坞下水

干船坞(图13-5)是一种利用漂浮原理进行船舶下水和上墩的水工建筑物。它由坞底、坞墙、坞门和水泵站等组成。利用坞门把坞室和水域隔开,将坞内的水抽干后,即可在坞内造船或修船。船舶下水时,首先将水注入坞室,船舶依靠水的浮力浮起,当坞内水面与坞外水面平齐时,即可移开坞门,将船舶拖曳出坞。

利用干船坞下水,船舶始终平稳地处于自然浮起的状态。所以它是一种简易而又安全的下水方法。但是,由于干船坞的建筑工程量大,投资费用高昂,故主要被沿海船厂用来修理船舶。

2. 造船浅坞

新造船舶的空船重量比修船时的船舶重量小,如果只需要满足新造船舶浮起的要求,就可以把坞深造得浅一些,以便节省大量的基本建设投资。根据这个原则建成的干船坞,叫做造船浅坞(简称造船坞),见图13-6。

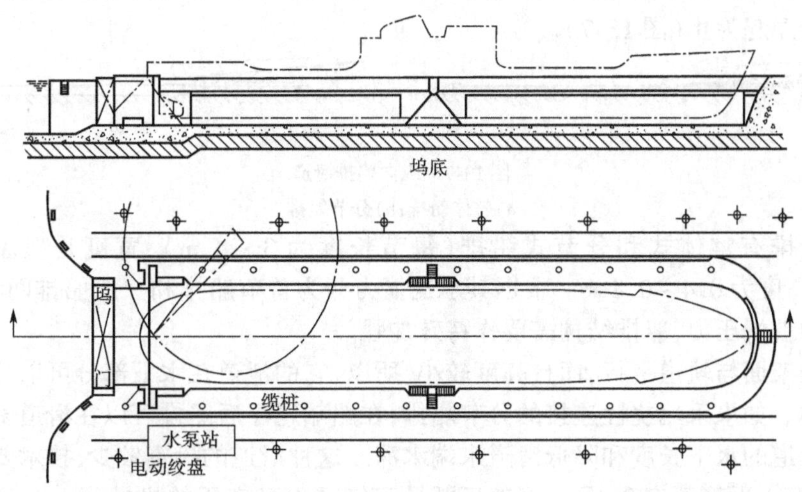

图 13-5　干船坞

随着船舶大型化，新造船的主尺度和重量不断增大，如果仍然采用纵向涂油滑道的倾斜船台或半坞式船台造船，势必要增加船台前端标高和船台起重设备的起吊高度，从而大大增加船台和起重设备的投资，增加分段吊装工艺的复杂性。如果采用造船坞建造大型船舶，不仅可以克服倾斜船台和半坞式船台前端过高，纵向涂油滑道下水工艺复杂，水域宽度不易满足等缺点，而且还具有以下优点：

(1)船舶建造时处于水平状态，使施工操作方便。

(2)起吊高度降低，便于采用大起重能力、大跨距的起重设备。

(3)设置中间分隔坞门以后，可以采用串联建造法造船。

(4)可以利用坞墙设置各种造船机械化装置，提高船体建造的机械化程度。

(5)漂浮式下水操作简单、安全。

图 13-6　造船浅坞

鉴于以上所述，即使造船坞的建造费用较高，也仍然是建造大型船舶时船体总装和下水的主要设施。

三、机械化下水

运用机械化设施完成船舶下水的工艺过程，叫做机械化下水。随着造船技术的发展，下水操作的机械化程度不断提高，出现了名目繁多的机械化下水设施和下水方法。最常见的有以下几种：

1. 纵向船排滑道机械化下水

这种滑道是由纵向涂油滑道演变而来的。船舶在带有滚轮的整体船排或分节船排上建

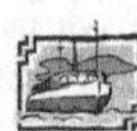

造,下水时,借助卷扬机通过钢索和滑轮牵引载着船舶的船排,沿倾斜船台上的轨道进入水中,直到船舶完全浮起为止(图 13-7)。

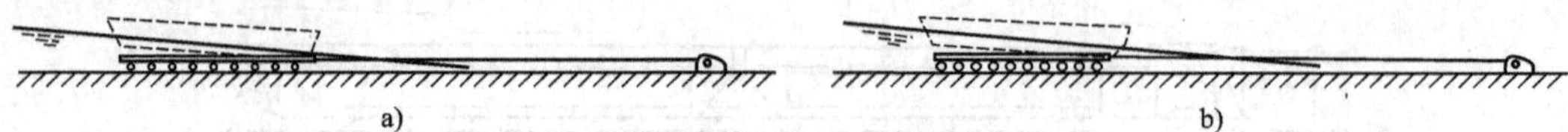

图 13-7 纵向船排滑道

a)整体船排;b)分节船排

所用的船排有整体式和分节式船排(每节长度为 3 ~4 m),宽度是典型产品船宽的 50% ~80%,高度为 0.4 ~0.8 m。根据其承建能力分为首节船排和一般船排两种。因为前者要承受较大的首端压力,船排结构需要作特殊加强。

因为船排架面与轨道平行,而且高度较小,所以,它的滑道在水下部分可以缩短,滑道末端水深可以较小。如果采用挠性连接的分节船排,在船舶尾浮后船排可以在滑道末端靠拢,能够进一步缩短滑道的水下长度和降低滑道末端水深。这种滑道的投资较少,技术要求不高,土建施工较简单,下水平稳而安全,是小型船厂既易于实现而又实用的机械化下水设施。但是,它在船舶尾浮时,会产生较大的首端压力;由于船排高度较小,在船底下操作很不方便,所以只适用于小型船舶的下水和上墩。

为了提高船排滑道的利用率,适应批量造船的需要,出现了带有横移坑和多船位水平船台的纵向船排滑道,这就摆脱了滑道与倾斜船台合一的原始形式。

图 13-8 是一种带液压摇架和横移区的纵向船排滑道布置图。下水时,首先将船舶从水平船台移至横移车上,拉曳横移车将船舶移至滑道区与液压摇架对准(此时的液压摇架成水平状态),将船移到液压摇架上,然后调整摇架两端的液压千斤顶,使摇架倾斜成与滑道相同的坡度,即可将船移入水中。

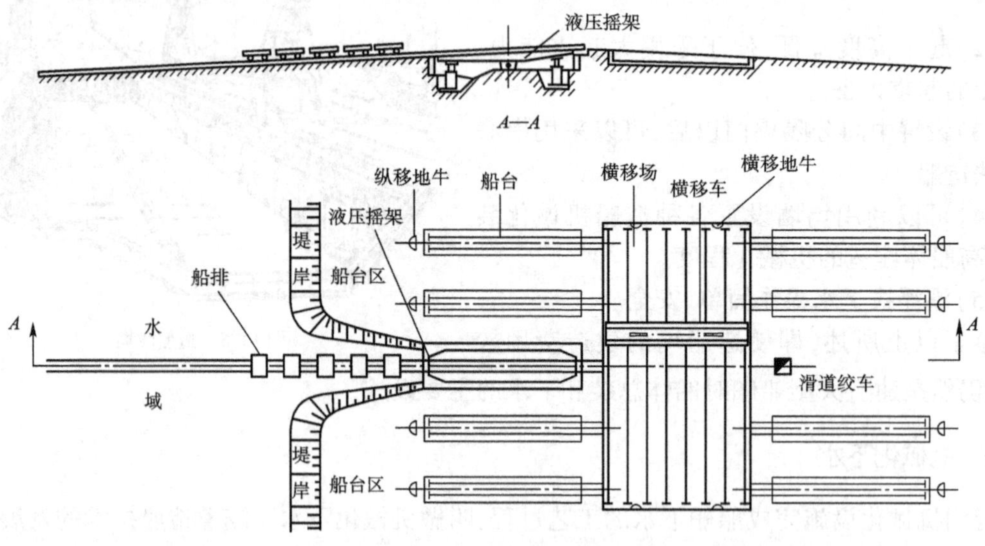

图 13-8 带液压摇架的船排滑道

2. 双支点纵向滑道机械化下水

这种滑道是用两辆分开的下水车来支承下水船舶的,它可以直接将船舶从水平部分拉曳到斜坡部分(图 13-9),并将船舶移入水中。滑道可以为圆弧滑道或变坡度滑道,以缩短其长

度。这种滑道的水平部分与斜坡部分，用圆弧形连接起来，以便移船时较平稳地过渡。

这种滑道设备简单，施工方便，操作容易，但因其整个船长仅由两辆小车支承，船舶因自重引起的作用力相当于简支梁的受力状态。在船长和下水重量较大时，对船体纵向强度影响较大，而且在尾浮时会产生较大的首端压力，所以这种滑道只能用于具有足够纵向强度的小型船舶下水和上墩。

3. 楔型下水车纵向滑道机械化下水

这种滑道具有一辆架面是水平或近似水平（微向后倾）的楔型下水车（图 13-10），因此，船舶下水时不会产生首端压力，简化了下水工艺，适用于较大船舶的下水和上墩。把它用横移区和多船位水平船台连接起来，可以提高滑道的使用效率，是一种比较理想的纵向机械化下水设施。这种滑道的最大缺点是下水车尾端过高，要求滑道末端有较大的水深。在水位变化大的内河船厂，由于滑道水下部分过长，滑道末端标高过低，导致水工建筑施工困难，建筑费用较大，而且滑道末端容易被淤泥覆盖，选用时应充分考虑水域的水文条件。

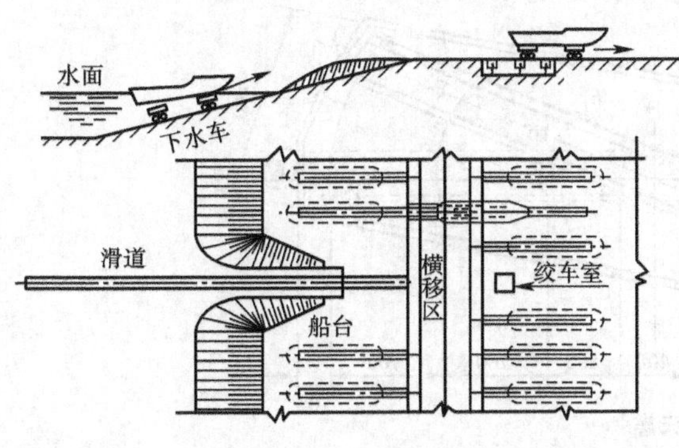

图 13-9　双支点纵向滑道

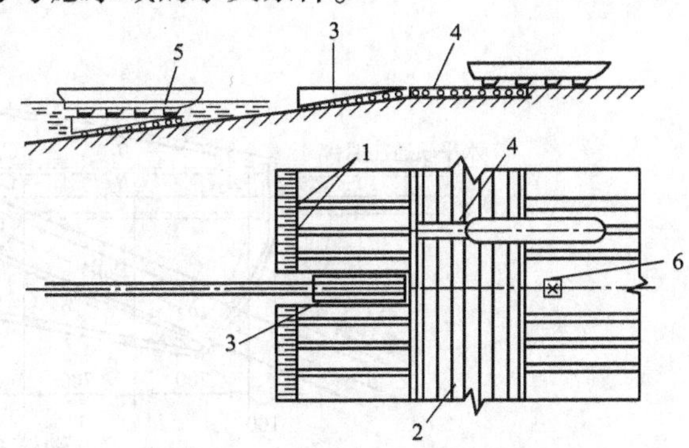

图 13-10　楔型下水车纵向滑道

1-船台；2-横移坑；3-楔形下水车；4-横移车；5-船台小车；6-绞车室

4. 变坡度横移区纵向滑道机械化下水

这是我国设计和建造的一种机械化下水滑道。其横移区由水平段和变坡段两部分组成（图 13-11）。水平横移区侧翼布置有多船位水平船台，因移船的需要，横移区内的横移车轨道呈水平状态，故称水平段；侧翼无船台的横移区，其轨道只有中间一组仍为水平，其他各组均带有坡度，而这些轨道坡度能使横移车在横移过程中，逐步改变其纵向水平为纵向倾斜状态，最后与纵向倾斜滑道接轨，故称其为变坡段。

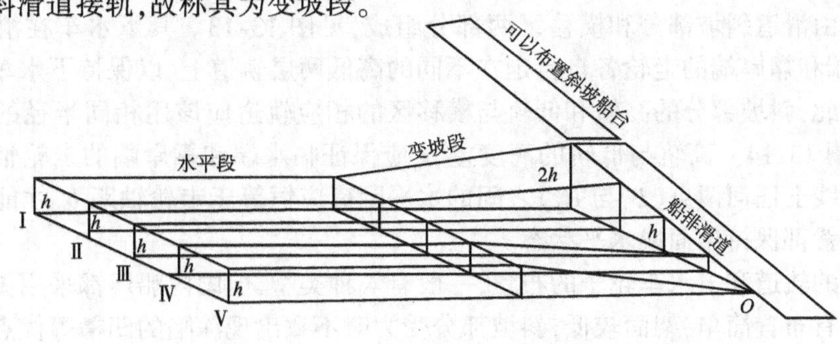

图 13-11　变坡度横移区纵向滑道

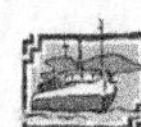

它的特点是在下水滑道纵向的前端,可相应地建设一座倾斜船台,由于横移车具有变坡功能,在水平段可以实现与水平船台衔接,也可以在变坡段末端实现与纵向倾斜船台和滑道的衔接。为了使横移车在变坡段能保持横向水平,变坡度轨道均采用高低两层轨道的形式。其次,这种滑道是用船台小车兼作下水车的,故滑道水下部分可较短,滑道末端水深可较小,滑道建设投资较低。但是,它在船舶尾浮时有较大的首端压力。

这种滑道适用于中、小型船舶(纵向强度较弱者除外)的下水和上墩。

5. 转盘式纵向滑道机械化下水

这也是一种变坡度纵向滑道,不过,船舶由水平位置逐步改变成倾斜状态,不像变坡度横移区那样在横向平移过程中,使船首升高船尾下降来实现的,而是靠转盘式移位装置在螺旋形轨道上旋转一个角度来实现的,见图 13-12。转盘式移位装置旋转成水平位置时,与水平船台衔接,旋转成倾斜位置后,与纵向倾斜滑道衔接。这种滑道同样也只适用于中、小型船舶(除纵向强度较弱者外)的下水和上墩。

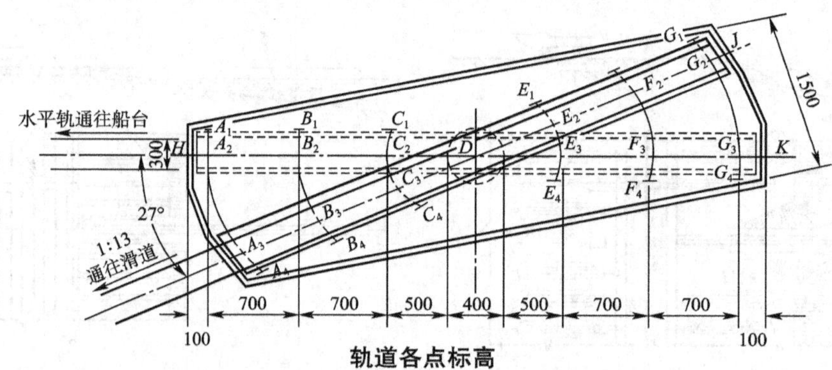

轨道各点标高

点　名	标　高	点　名	标　高	点　名	标　高
A_2、B_2、C_2、D_2、E_3、F_3、G_3	23.500	C_3	22.962	A_4	21.477
H、K	25.00	E_2	24.308	B_4	22.015
I	23.308	F_2	24.577	C_4	22.554
J	26.692	G_2	25.115	E_1	24.446
A_3	21.885	A_1、B_1、C_1	23.968	F_1	24.585
B_3	22.432	E_4、F_4、G_4	23.092	G_1	25.532

图 13-12　转盘式纵向滑道

6. 高低轨横向滑道机械化下水

这种滑道由滑道斜坡部分和横移区两部分组成,见图 13-13。其下水车在滑道斜坡部分移动时,临水端和靠岸端的走轮各自行走在不同的高低两层轨道上,以保持下水车的架面处于水平状态。为此,斜坡部分的高轨和低轨与横移区的相应轨道应该用相同半径的圆弧平滑地连接起来,见图 13-14。高轨与低轨的高度差 h_n 应保证临水端和靠岸端的走轮轴处于同一水平面。过渡曲线上任何两点(B_1 与 H_1)之间的水平距离应恒等于走轮轴距 b,才能使下水车在下滑的任何位置都保持架面成水平状态。

这种滑道的轨道和下水车轮子的布置,一般有 4 种类型,但国内船厂都采用图 13-14 所示的形式。它具有布置简单,架面较低,斜坡部分受力时不致出现深陷的凹槽等优点。它能在横移区侧面布置多船位水平船台,机械化程度较高,操作简单,下水和上墩过程平稳可靠,对水域

宽度和深度的要求都比纵向下水小得多,下水和上墩最大重量可达4000~5000t。但是,其斜坡部分的轨道基础复杂,铺轨精度要求高,故造价较高。

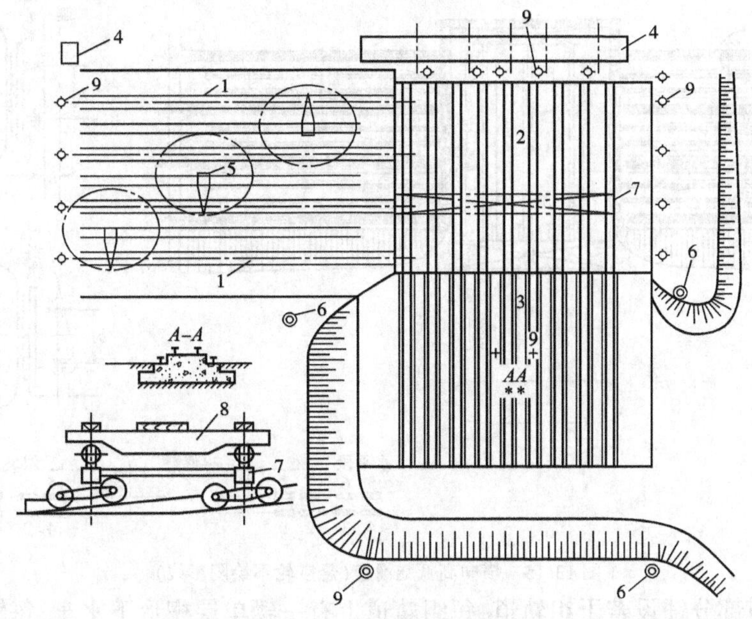

图13-13　高低轨横向滑道

1-船台;2-横移区;3-滑道斜坡部分;4-绞车室;5-高架吊车;6-电动绞盘;7-下水车;8-船台小车;9-地牛

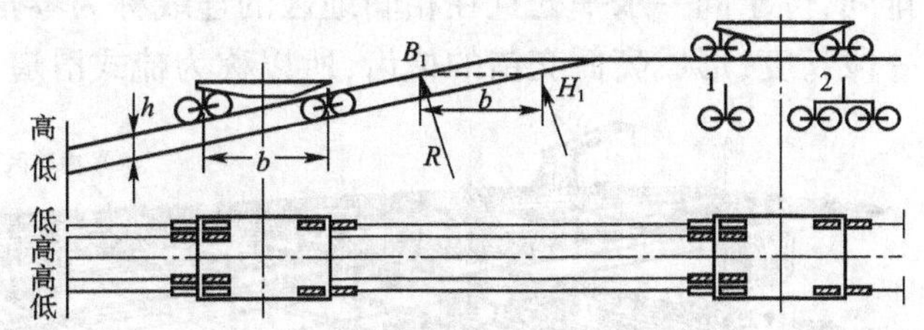

图13-14　高低轨横向滑道过渡部分

7. 高低腿横向滑道机械化下水

它是在高低轨横向滑道的基础上发展起来的,工艺原理如图13-15所示。每组设置两根轨道,一根是横移区的水平轨道,另一根是滑道区的斜坡轨道,对应于每组轨道,下水车都设有一组走轮,如图中的1~6为低腿(短腿)走轮,7、8为高腿(长腿)走轮。当下水车在横移区移动时,走轮1~4在水平轨道上行车,走轮5~8悬空;当下水车进入过渡段时,走轮1、2先脱轨,最后3、4脱离水平轨道,与此同时,走轮7、8与5、6相继进入斜坡轨道。为了保证下水车缓顺过渡和下水车架面在斜坡轨道上呈水平状态,过渡段轨道应该用适当的圆弧切接,高低腿走轮的高度差 h 应由滑道坡度和轮距 b 来求得。它既适于船舶下水,又能使船舶上墩。

由上述可知,采用高低腿滑道,可以减少斜坡部分每组轨道的数量,简化水工建筑物,减少水下施工工作量,特别对水位差较大的内河船厂,因其滑道的水下部分较长,采用这种滑道更显得有利。

8. 梳式滑道机械化下水

梳式滑道也是一种机械化的船舶横向下水和上墩设施。它由斜坡滑道和水平横移区两部

分组成,并和横移区侧翼的多船位水平船台相连接。船台小车和下水车都是单独使用的。

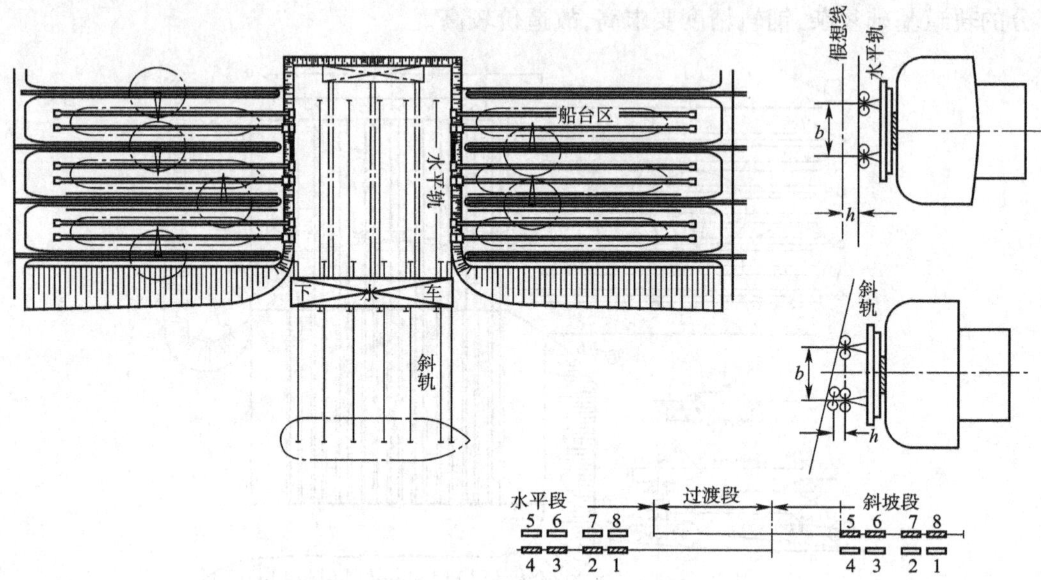

图 13-15 横向高低腿滑道(悬空轮不绘阴影线)

在斜坡滑道部分铺设若干组轨道,每组轨道上有一辆单层楔形下水车,每辆下水车由单独的电动卷扬机牵引。为了能将水平船台上的下水船舶转载到楔形下水车上,将斜坡滑道部分与横移区的轨道相间排列,位于同一水平处且在相间地区的连线称为零轴线,水平轨道和斜坡滑道互相伸过零轴线一段长度,形成高低交错的梳齿,所以称为梳式滑道,见图 13-16。

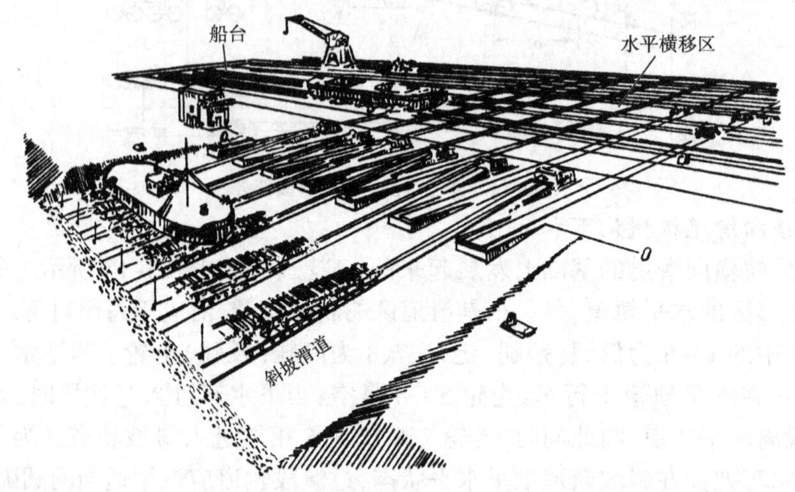

图 13-16 梳式滑道鸟瞰图

船舶下水时,将船舶置于船台小车(图 10-5)上,开动船台小车做纵向移动,待船舶移到横移区的纵向轨道与横向轨道交接处的适当位置,启动船台小车下部的液压千斤顶,小车的 4 个走轮脱轨提升,将轮架旋转 90°后,再松开千斤顶,走轮便落到横向轨道上。开动船台小车将船舶横移到零轴线处,启动船台小车上部液压千斤顶,使船舶略为升高,然后开动卷扬机使楔形下水车沿滑道上行托住船底,降下船台小车上部液压千斤顶,并移开船台小车,船舶即落在楔形下水车上,最后开动卷扬机将楔形下水车连同下水船舶送入水中。楔形下水车的轮压小(一辆下水车的走轮多至30只),使斜坡滑道的施工精度要求较低;各区土建独立性较大,可以分期施工分期使用。但是,船台小车结构复杂,维修保养麻烦;下水时船台小车的走轮转向和在零轴线处的换车操作较麻烦。所以,梳式滑道适用于中、小型内河平底船舶的下水和上墩。

9. 升船机下水

升船机就是紧靠下水岸壁设置的一个承载船舶的升船平台。它是借助液压或电动绞缆机做垂直升降的下水设施。根据升船平台与船台轨道的相对位置,可分为纵向和横向两种类型。图13-17是横向升船机的布置图。

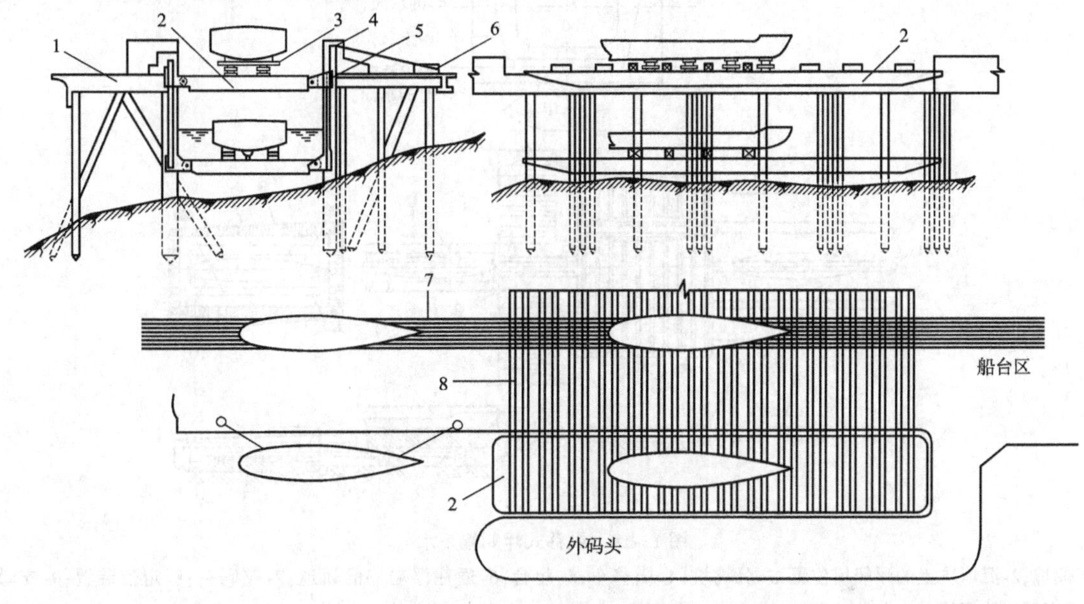

图13-17　横向升船机

1-外码头;2-升船平台;3-移船小车;4-滑车;5-平台定位闩;6-升船卷扬机;7-纵移钢轨 8-横移钢轨

船舶下水时,首先借助绞缆机使升船平台与横移轨道对准,并用定位闩固定,再将船舶移至升船平台上,解除定位闩,然后开动绞缆机,将升船平台连同下水船舶降入水中,船舶即自行浮起。反之,亦可使船舶上墩。

升船机的结构紧凑,占地面积小,因此,特别适用于厂区狭小、岸壁较陡、水域受限制的船厂。此外,升船机还具有操作平稳可靠,生产效率高,能适应船舶建造流水作业的工艺要求,适合定型批量生产等优点。但是,升船机对下水船舶的主要尺度限制较大,不适用于水位差较大的船厂。对于定型批量生产的沿海中、小型船厂,是一种比较理想的机械化下水方法。

10. 浮船坞下水

利用浮船坞进行船舶下水时,首先把浮船坞对准岸上的移船轨道,再将下水船舶沿轨道移入浮船坞内,然后将浮船坞拖曳至沉坞坑处,使之下沉,船舶则自行浮起。

根据船舶移入坞内的移动方向,浮船坞下水可分为纵移式和横移式两种类型。纵移式浮船坞的中心线与移船轨道平行(图13-18),船舶移入坞内时是沿船长方向移动。这种方式可采用双墙式浮船坞。横移式的浮船坞中心与移船轨道相互垂直,船舶从横向移入坞内。这种方式多数采用单墙式浮船坞,亦可采用一舷坞墙可拆的双墙式浮船坞。即船舶要入坞时,将可

拆的坞墙拆除,船舶移至坞内后,再将坞墙安装上。例如,美国利顿工业公司所属英格尔斯船厂采用水平船台造船和利用60000t举力的浮船坞下水,显示了大型船舶横向机械化下水的优越性,见图13-19。该厂船台与下水设施的独特之处在于船体总段和整个船体都在水平船台的平车上建造,利用船台上纵横双向轨道可以进行船体的纵横向移动。当船体总段对接后准备下水时,船舶可以安全地通过横移轨道横移至浮船坞内。当船舶移至浮船坞前,借码头上的200t起重机将船坞右舷墙拆卸,然后船舶横移入船坞内。起重机再将船坞右舷墙装上浮船坞,浮船坞进入深水区,沉坞浮船,完成船舶下水任务。

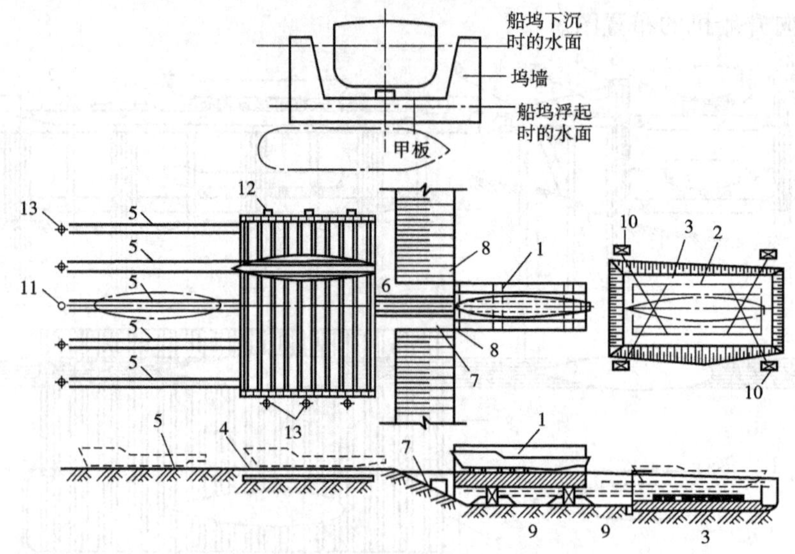

图13-18 纵移式浮船坞下水

1-浮船坞;2-沉坞坑上的浮船坞位置;3-沉坞坑;4-横移车;5-船台;6-通往浮船坞的轨道;7-突码头;8-定位装置;9-支墩;10-固定浮船坞用锚;11-电动绞盘;12-电绞车;13-地牛

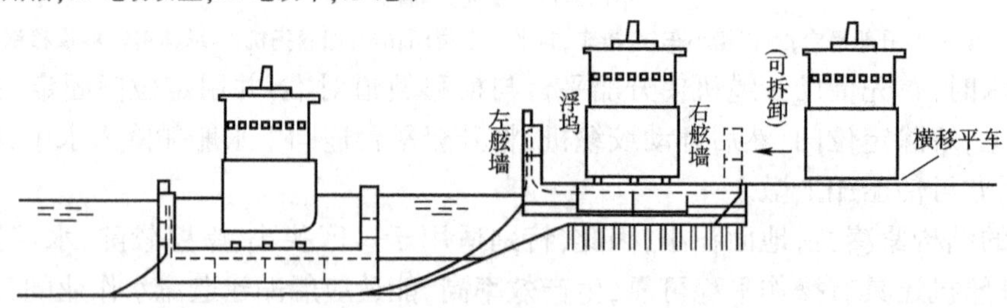

图13-19 水平船台与浮船坞横向下水

四、衬垫式下水

1.气囊下水

船舶下水时,先用若干直径较大的支承气囊将船抬高,拆除船舶建造时所用的龙骨墩和边墩,再置入滚动气囊,并将支承气囊中的空气放掉。然后利用绞车使船舶坐在滚动气囊上移向水域。这种方法适用于小型船舶的下水。因为气囊可以添加和搬走,船舶可按需要随意停止或转向,故对水域狭窄、水位变化较大的船厂较为适用。该法设备简单,对船台和滑坡的要求不高,故投资极少,它不仅可用于船舶下水,亦可将船舶从水域拖上船台进行修理。

2. 水垫下水

船舶置于设有水垫装置的墩木上，水垫装置与高压水管相连。下水时，水垫装置通入高压水，使泄漏水流在装置与地面间形成水垫，将船舶微微托起，再由牵引装置将船舶拖曳入水。该法要求水边滩地有足够的承压能力以防水压损耗过大、过快。水垫下水在美国已有应用，我国尚未采用。

第二节　纵向涂油滑道下水工艺

纵向下水一般是船尾先入水。这是因为尾部型线较丰满，可以获得较大的浮力而易于浮起；当全船离开滑道时，在滑道末端可能产生船首跌落现象，因滑道末端有凹槽，加之船首型线较瘦削，可不致触碰滑道；船在水中滑行时，因尾部在前而阻力较大，可以缩短船舶的冲程。

一、下水过程

根据船舶下水的运动特点和受力情况，通常可将下水过程分为以下4个阶段：

(1)船舶开始滑动到刚和水面接触。

(2)从和水面接触到开始尾浮。

(3)从尾浮开始到完全漂浮。

(4)从漂浮滑行到完全停止。

二、受力分析

纵向涂油滑道下水的船舶运动状态和力学现象，一般当作静力学问题来考虑，其下水过程各阶段的力学现象分析如下。

1. 船舶开始滑动到刚和水面接触

在这个阶段中，船舶的运动方向与滑道平行，见图13-20。设滑道坡度为β，龙骨坡度为α，船舶的下水总重量(包括下水架和滑板等的重量在内)为D_c，船舶重心为G，下水油脂静摩擦系数为μ_0，下水支架反力为R。此时，R和D_c大小相等，方向相反，而且作用在同一直线上。

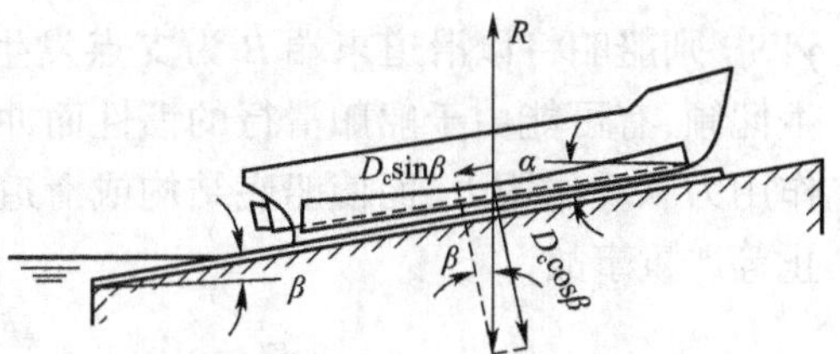

图13-20　下水第一阶段示意图

从图中可以看出，要使船舶在滑道上能够自行下滑，必须使下水总重量产生的重力沿滑道方向的分力$D_c\sin\beta$大于滑板和滑道之间的摩擦力$\mu_0 D_c\cos\beta$，即

$$D_c\sin\beta > \mu_0 D_c\cos\beta$$

则

$$\tan\beta > \mu_0 \tag{13-1}$$

由于β值很小，故$\tan\beta\approx\beta$。因此，$\beta>\mu_0$就是船舶能够自行下滑的必要条件。因为β值对于每一滑道都是已知的定值，所以，下水油脂的静摩擦系数μ_0乃是决定船舶是否能够自行下滑的重要条件。

2. 从和水面接触到开始尾浮

在这个阶段中,船舶的运动方向仍与滑道平行(图 13-21)。这时由于船尾已入水,产生了浮力 γV(γ 为水的密度,V 为船体排水体积),作用在浮心 C 上。它随船舶的下滑而逐渐增大。D_c则作用在重心 G 上。设 γV 与 D_c以及支架反力 R 距首支架端点 A 的距离分别为 t_c、t_G和 ι_R,则船舶在此阶段中,力和力矩的平衡关系可用下式表示

$$R = D_c - \gamma V \tag{13-2}$$

$$R \times t_R = D_c \times t_G - \gamma V \times t_c \tag{13-3}$$

在船舶下滑过程中,浮力力矩的不断增加,可能产生以下两种运动状态。

(1)船尾上浮:随着船舶的下滑运动,γV 将不断增加,当船舶滑程 S 达到某一数值时,将出现浮力和重力对端点 A 的力矩相等的情况,$\gamma V\ t_c = D_c t_G$,这时船尾开始上浮,称为尾浮。若假定船体是一个刚体,则船尾就逐渐绕着支架端点 A 旋转上浮。这就是船舶纵向重力式下水所希望出现的正常尾浮现象。

现将式(13-2)代入式(13-3)得

$$t_R = \frac{(D_c \times t_G - \gamma V \times t_c)}{D_c - \gamma V} \tag{13-4}$$

在开始尾浮的瞬间,因为 $\gamma V\ t_c = D_c t_G$,而且 $D_c - \gamma V \neq 0$,则从式(13-4)可得 $t_R = 0$。根据船体是一个刚体的假定,反力(首端压力)$R = D_c - \gamma V$ 将集中作用在首支架端点 A 处(实际上首支架和船体还有一定的接触面积)。这种作用力是一个相当大的瞬时动载荷,如果处理不当,有可能发生损坏支架或船体局部结构等的不良后果。尾浮时首端压力尺可在下水计算中用上述公式求出,一般认为,尾浮时首端压力 R 值通常是下水重量 D_c的 18% ~30%。因此,纵向滑道下水时,必须计算首端压力并采取相应措施。

(2)船舶仰倾(俗称尾弯):如果船尾入水后浮力增加较慢,当船舶重心 G 经过滑道末端时,若出现重力对滑道末端的力矩 $D_c S_G$大于浮力对滑道末端的力矩 $\gamma V S_c$的现象,即 $D_c S_G > \gamma V S_c$,则船舶将以滑道末端 B 为支点发生仰倾现象,见图 13-22。在下水过程中,如果船舶发生仰倾,有可能由于船舶滑行的惯性而冲入水底;也可能由于船底和滑道末端产生很大的集中作用力和反作用力,而使船底结构或滑道末端遭到破坏,甚至搁置在滑道末端上而导致下滑中止等严重事故。

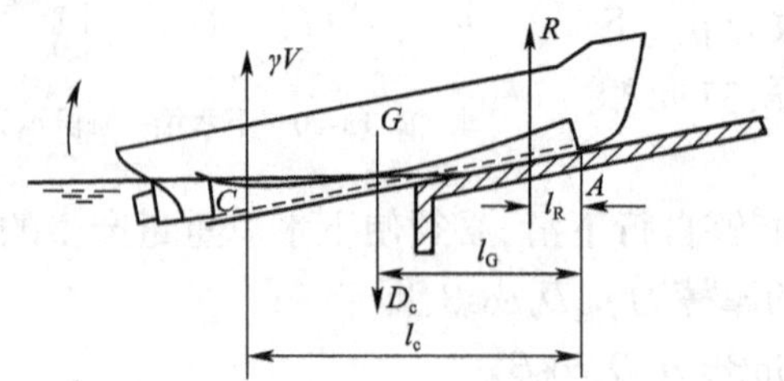

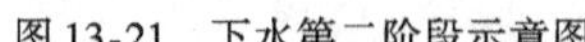

图 13-21　下水第二阶段示意图

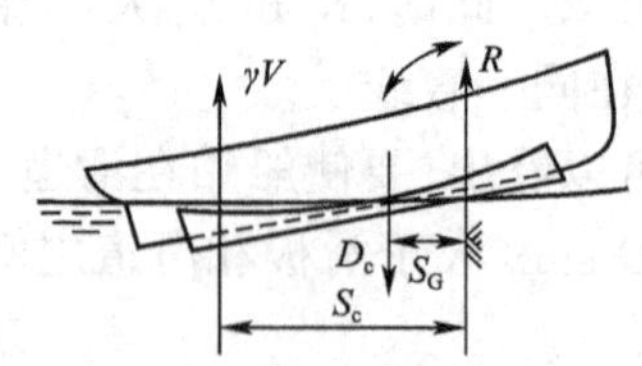

图 13-22　船舶仰顷现象示意图

对于具体的下水船舶和下水滑道而言,其船体重心位置和滑道坡度都是固定的。因此,首端压力的变化及是否会产生仰倾现象,主要取决于浮力 γV 的大小和浮心 C 的位置。而这两者又取决于船舶的龙骨坡度和滑道末端水深。所以在下水计算中,首先应该认真选择龙骨坡度和下水时间(因潮汐水位变化将引起滑道末端水深的变化),然后再考虑是否要采取其他工艺措施。

3. 从尾浮开始到完全漂浮

根据前述假定，这个阶段的首端压力将完全集中作用在首支架上，其力和力矩的平衡关系如图13-23所示，并可依此得出计算式

$$R = D_c - \gamma V \tag{13-5}$$

$$D_c t_G = \gamma V t_c \tag{13-6}$$

当 $D_c = \gamma V$，即 $R = 0$ 时，则船舶完全浮起。船舶在这个阶段中可能出现以下两种情况。

(1)在首支架经过滑道末端之前，船舶已经完全浮起，顺利地在水中滑行。这是我们希望出现的正常情况。

(2)在首支架离开滑道末端的瞬间，船舶浮力仍小于下水总重量，因此，出现船首猛然跌落的现象，叫做首跌落。

船舶产生首跌落时，由于动力作用，船首将突然下沉，其下沉深度将达到首吃水的1.5～2倍。在下水过程中应该尽量避免产生首跌落。因为它可能引起首部结构与滑道末端相碰撞，毁坏首部结构和滑道末端。为了避免这种碰撞事故，通常在滑道末端开一凹槽(图13-24)。但是，这种凹槽在水工建筑结构处理上比较复杂。因此，应尽可能在船台设计时根据典型产品的下水要求，适当选取滑道末端标高，而不采用这种凹槽结构形式，并在船舶下水时，采取必要的工艺措施来避免产生首跌落。

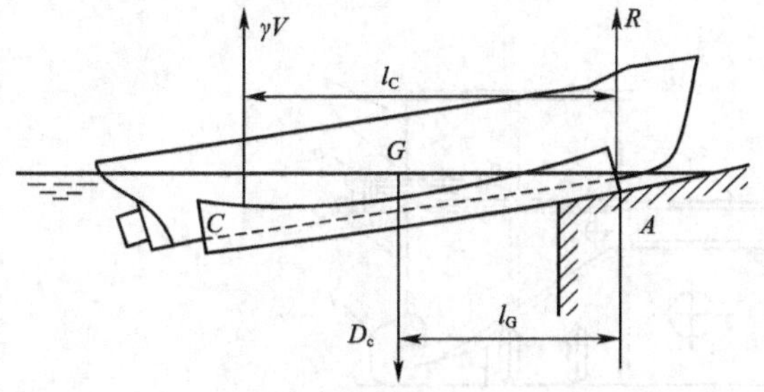

图13-23　下水第三阶段示意图

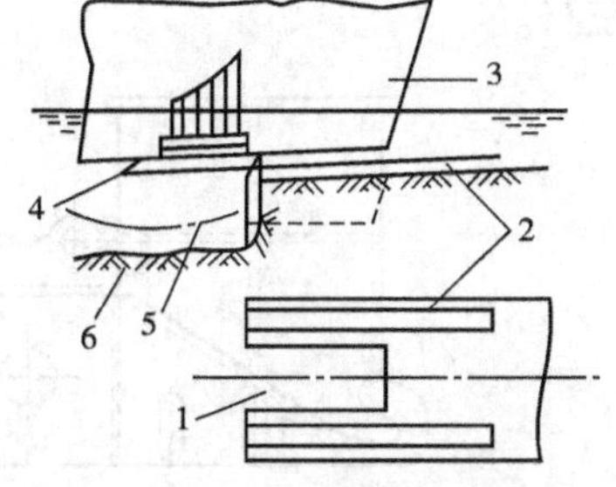

图13-24　滑道末端凹槽

1-凹槽；2-滑道；3-船首；4-滑板；5-首端轨迹；6-河床

4. 从完全漂浮到船舶停止滑行

下水船舶全浮后，由于惯性作用将在水中继续滑行。由于船舶受水和其他作用的阻力，其滑行速度将逐渐减小，直到船舶停止滑行。实践统计证明，船舶的这段自由冲程约为船长的2～3倍。

有时由于厂区水域宽度较窄，不能满足船舶自由冲程的要求，若让船舶自由滑行，则可能发生下水船舶撞到对岸或水域中的其他锚泊物和设施上，此时必须采取工艺措施，将船舶自由冲程控制在一定的范围内。因此，在下水准备时，必须了解船舶自由冲程的长度和厂区水域条件，以便确定是否要采取制动措施。

三、下水装置

从下水过程分析可知，须有相应的下水设施和工艺措施，才能保证船舶顺利下水。

采用纵向涂油滑道下水时，其下水装置的布置如图13-25所示。船舶支承在下水支架上，而下水支架则由置于滑道上的滑板来承托。在滑道两侧还设有止滑器，以便有效地控制船舶

下水启动。船舶下水时,首先拆除下水墩木,使船舶重量落在下水支架上,再松开止滑器,滑板便连带船舶和下水支架沿滑道滑入水中。

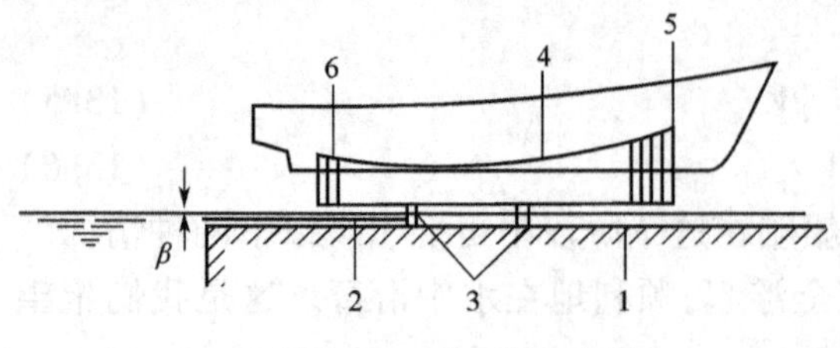

图 13-25　下水装置示意图

1-滑道;2-滑板;3-止滑器;4-中间支架;5-首支架;6-尾支架

1. 下水墩木

下水前,需将船舶从建造墩木移到下水墩木上,并对建造墩木处的船底板补漆。下水墩木既要临时支撑下水船舶重量,又要便于迅速拆除,以确保船舶能安全迅速地坐落到下水架上。为了改进原有的下水墩木的使用性能,提高拆除效率和减轻劳动强度,广泛采用下述两种改良后的下水墩木。

(1)砂箱下水墩木:砂箱墩木由一个侧面开有插门的凸底铁箱组成,箱内装满碎石。拆墩时,只要打开插门,碎石即自行外流,在它上面的墩木也随之降落。这种墩木具有拆墩迅速、安全可靠、劳动强度低等优点,所以应用广泛。但是,由于拆墩时碎石撒满船台,增加了下水后船台清理工作量。

(2)活络铁墩:其构造与组成如图 13-26 所示。拆墩时,只要将安全插销拉开,并用手锤将止动闸刀向上击落,解脱拉力铰链的约束,滑箱即沿箱体座上的斜面滑下,使墩木高度降低 100mm 左右。

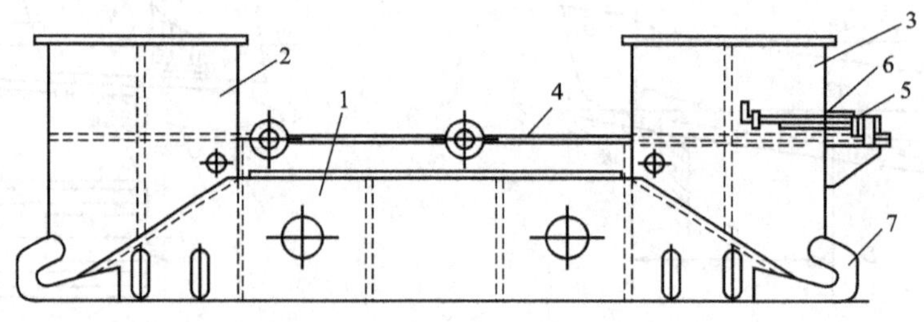

图 13-26　活络铁墩

1-箱体座;2-左滑箱;3-右滑箱;4-拉力铰链;5-止动闸刀;6-安全插销;7-安全钩

这种活络铁墩的特点是不需装碎石,拆卸方便,可同时作为建造墩木实现一次排墩,缩短下水准备和下水操作时间,而且还可避免砂尘飞扬和减轻船台清理工作量。

2. 滑道

滑道是支承下水船舶、滑板和下水支架等重量的基础,也是船舶下水的轨道。

根据滑道设置的数量,纵向倾斜船台可分为单滑道型、双滑道型和多滑道型。单滑道型只在船台中心线上设置一根滑道,双滑道型则在船台中心线两侧各设一根滑道,多滑道型以上述单滑道或双滑道为主滑道,两旁设置副滑道。副滑道一般较短、较窄。我国船厂多数采用双滑道型船台滑道。下面讨论双滑道型船台滑道。

决定纵向涂油滑道的主要参数有滑道坡度、滑道中心距、滑道长度、滑道宽度、滑道末端水深和滑道的载荷分布等。

(1)滑道坡度:滑道坡度的选择主要应保证下水时船舶能够自行下滑,同时还应保证船舶能及时尾浮,避免过大的首端压力,降低工程造价和便于进行船台作业等。

从船舶能够自行下滑、及时尾浮和降低工程造价(缩短水下滑道长度)等要求出发,应选

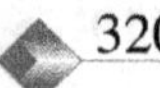

择较大的滑道坡度;若从避免过大的首端压力和便于进行船台作业等要求出发,则要求减小滑道坡度。因此,应在保证船舶能自行下滑的前提下,权衡其他因素的影响,选择较为合理的滑道坡度。一般滑道坡度的范围,小型船舶为1/12～1/14,中型船舶为1/16～1/20,大型船舶为1/20～1/24。

(2)滑道中心距:滑道中心距的大小约在(1/3～3/7)B(B为船宽)范围内,一般取1/3B,对平底船最大可取至1/2B。目前的趋势是滑道宽度增加,但滑道中心距减小,甚至有用单滑道下水的。

(3)滑道长度:滑道长度是水上滑道长度和水下滑道长度之和。

3. 滑板

滑板是船舶下水时承载船舶和下水支架在滑道上滑行的下水装置。它由200mm×200mm或者300mm×300mm的松木方用螺栓连接而成。每块滑板长度为6～8m或3～4m。其端部下缘都加工成圆角,以免在下滑时与滑道卡住。使用时,可以根据所需要的长度一块块滑板用连接件连接起来。

为了防止滑板从滑道滑出,在两组滑板之间要求装设适当数量的撑木或松紧螺旋扣,以保持滑板间距。

滑板的总长度(包括各块滑板之间的间隙在内)应略大于全部下水支架的长度,通常取船舶垂线间长的80%～90%。

4. 下水油脂

从下水过程第一阶段的分析可知,下水油脂的静摩擦系数μ_0是决定船舶能否自行下滑的重要条件。由于下水总重量所引起的滑道单位面积压力相当大,所以,下水油脂必须满足下列技术要求:

(1)具有足够的承压强度。要求油脂在各种气候条件下,其静压强度不低于(1.5～2.5)10^5Pa,以保证在下水总重量的作用下,不受破坏。

(2)具有较小的摩擦系数。即油脂在各种压力情况下的静摩擦系数不得大于0.035,以保证船舶自行下滑。

(3)油脂对滑道和滑板的附着力强,浇涂后不产生龟裂和剥落。

(4)在气温变化时性能稳定。气温超过30℃时,油脂不软化;低于-5℃时,不产生龟裂。

(5)与海水接触时不起化学反应。

(6)配制时对杂质的敏感性不大。

下水油脂一般分为承压和润滑两层。承压层的主要作用是承受船舶下水时作用在油脂上的压力,并保证表面平整,有助于润滑。根据地区和下水季节的气温不同,承压层用不同重量比例的石蜡、硬脂酸、松香等调制而成。润滑层的主要作用是保证滑板与滑道间的润滑,减小它们之间的摩擦力。常用的润滑剂有3号、4号工业钙基脂、松香基润滑油、水肥皂和机油等。

5. 下水支架

下水支架是支承船舶重量,保持船舶平稳下滑的重要下水装置,它对船体的支承长度约占船长的80%,船体两端各约10%船长的长度悬空。下水支架按其所处的位置可分为首支架、中间支架和尾支架三部分。

(1)中间支架和尾支架:中间支架和尾支架主要是承受下水船舶的重量,而不考虑承受特

殊荷重,故其结构形式的确定,是以所在部位的船体型线特点为基础的。在型线丰满处由普通墩木作支撑。

船尾由于悬伸部分的重量较大,设计水线以下的型线较瘦,因此尾支架通常由几根钢质下水横梁组成。下水横梁的两端搁在滑板上,中央部位通过垫木托住船底龙骨板。

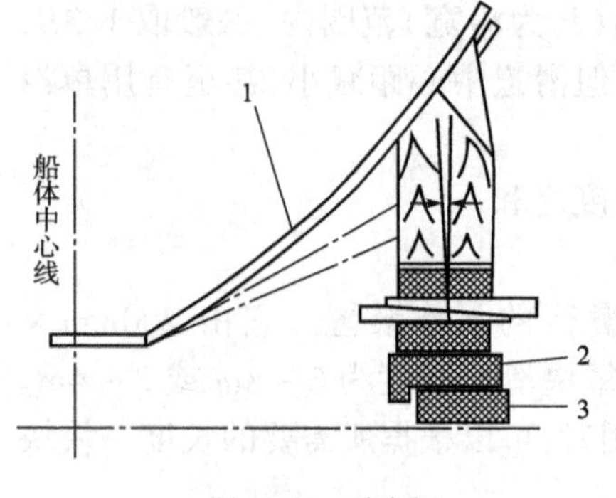

图 13-27 首支架
1-外板;2-滑板;3-滑道

下水支架一般应布置在船体局部结构较强的骨架节点处,以便将所受的压力分散到较大的承压面积上,否则,容易引起船体的局部变形。

(2)首支架:由于船舶尾浮时要承受很大的首端压力,因此,首支架(图 13-27)要有足够的强度,并要布置在船体结构横向刚度较大处,还应对船体内部结构作相应的临时加强。在该处船壳板外加一层钢托板并在钢托板与船壳间填塞质地柔软的木板;将钢托板与首支架连接在一起,以便分散所承受的首部反力(图 13-28a)。

图 13-28 钢质回旋支架为了避免首端压力集中作用在首支架前端很小的面积上,以至造成首支架崩塌事故,在首支架下端设置挤压衬板来扩大承压面积。衬板一般选用质地松软的木材,其排列间距前大后小,船舶尾浮时因前端衬板间距较大,承压能力较小,所以挤压衬板从前端开始顺次被压缩,使船舶绕首支架转动时,始终支承在整个首支架的承压面积上。在采用钢质首支架时,上节自由支承在下节上,在尾浮时上下两节可相对转动(图 13-28a),从而使船舶绕首支架回转。但是,这种支架在保养不妥而锈蚀或连接轴受力变形时,都容易产生转动失灵的事故。所以,有的船厂改用图 13-28b)所示的钢质箱形圆凹槽受力铰点结构的回转支架。船舶尾浮时,其上半部自由支承在下半部的凹槽中并做相对滚动。这种支架的使用效果良好,安全可靠,对维护保养也要求不高。

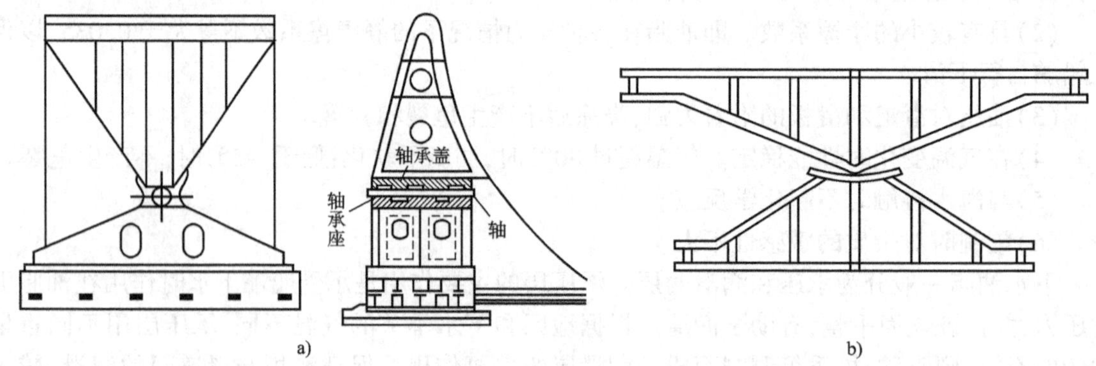

图 13-28 钢质回转支架

(3)取消首支架的下水工艺:在纵向涂油双滑道下水中,由于船体首部型线瘦削,需要特制的首支架作支承装置。常规的下水计算把船体和下水支架均看作刚体,尾浮时船舶以首支架为支承点进行转动,于是尾浮时所产生的巨大的首端压力,主要由首支架来承担。为了分散巨大的首端压力,保证船体和首支架不致被破坏,就要求首支架结构特别坚固和复杂。同时,首支架制作难度大,要耗用大量的木料,船舶下水后还需要拆除,增加了船台的工作量。

实际上,船体和下水支架都不是刚体,尾浮时船体在中垂弯矩作用下,会产生变形,下水支架在首端压力的作用下,也会产生变形,而使首端压力分布在比较大的支承面积上。于是便提出了船舶取消首支架下水,就是完全取消首支架,不需要任何下水横梁,而只使用普通墩木的下水新工艺。根据船体首部型线,适当缩短首部滑板长度,使下水支架首端第一个墩木的位置适当后移到船体较丰满处。这样可将巨大的首端尾浮压力分布在很长范围内的弹性支座上,也即较为均匀地分散到较大面积的普通墩木上,使墩木所承受的压力处在许用压力的范围内。

6. 止滑器

当船舶逐步从下水墩木移置到滑道上时,为了对船舶下水进行有效的控制,保证下水操作的安全,必须在滑板外侧装设止滑器。

止滑器通常都是左右对称地布置在船舶重心附近。其操纵钢丝绳一般用麻绳连接。只要砍断麻绳,止滑器便解锁,船舶即可下滑入水。

第三节　纵向钢珠滑道下水工艺

纵向钢珠滑道下水与纵向涂油滑道下水的区别,仅在于以钢珠代替油脂。

早在20世纪40年代,日本就研究和采用了钢珠下水装置。当时,因缺少滑道用的动物油脂,且油脂的消耗量又很大,故以钢珠来代替。实践证明,船舶使用钢珠下水是安全可行的。

钢珠下水装置主要是由钢珠、保距器和轨板组成,如图13-29所示。它的主要优点是:钢珠可以重复使用,并可节省大量油脂,不污染环境;变滑动摩擦为滚动摩擦,进一步减少了滑板与滑道之间的摩擦力,船舶更容易下水,同时,其摩擦系数较稳定,不受承压时间长短和气候温差变化的影响;钢珠及其装置可以统一规格,实行标准化,也便于保管。其缺点是:耗费钢材较多,初始投资较大;带有轨板的滑板较重,拆除与安装都不方便;对滑道精确性要求较高。因此,虽早在20世纪50年代末国内某船厂就对钢珠下水装置进行了一系列试验,并采用这种方法下水了一艘小型非机动船,但仅是一种试验,没有进一步推广使用。

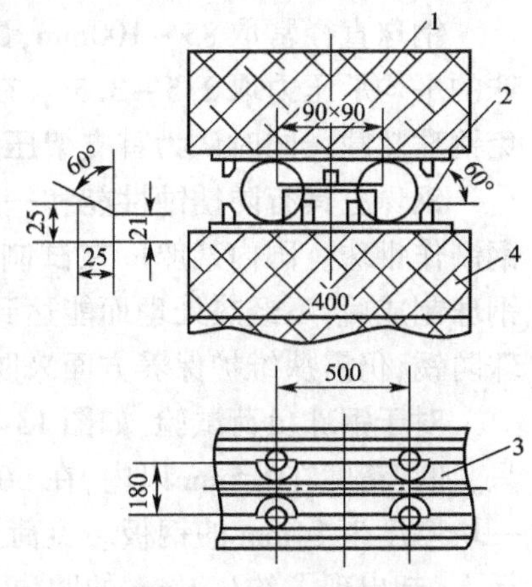

图13-29　钢珠滑道下水装置

1-滑板;2-轨板;3-保距器;4-滑道

到20世纪80年代初,由于所造船舶日益大型化,油脂消耗以及对河道水质的污染也日益严重。因此,不仅为了减轻劳动强度和节约经营费用,从环境保护的角度也急需要改变油脂下水的方式。从而促使国内一些船厂对钢珠下水工艺进行深入研究。某船厂趁改造扩建之机,将其原有纵向倾斜船台油脂滑道改建为钢珠下水滑道,并于1986年7月成功地下水了一艘载重42000t的散装货船。

半坞式船台滑道常采取钢珠下水装置。这是因为,船在下水以前需预先将船舶由船台墩木转换到滑道上,然后,开启坞门,引水入船台内,待潮水涨至平潮时下水,故滑道承受船重的时间较长。这对于钢珠下水装置并无影响,而对于油脂却有影响。因为油脂的承压时间长,静摩擦系数就会增大,甚至油脂被挤出滑道,发生失油现象,从而影响到船舶的顺利下水。此外,在半坞式船台滑道上建造船舶,因有挡水闸门,船舶尾柱距滑道末端的距离较小,相应滑板的

后端距滑道末端的距离也较小,船舶在滑道上的滑程比较短,在这段滑道上所排列的钢珠数量可以少一些,这样便于掌握钢珠的移位,有利于船舶顺利下水。若没有闸门,尾柱常布置在滑道末端以上一般约 50 ~60m 处,滑板后端距滑道末端较远,船舶在滑道上的滑程也较长,则在这段滑道上所排列的钢珠数量比较多,且系水下作业,滑道精确度及钢珠安装位置都不易检查,安装难度大。同时,在滑板迅速地经过水下滑道段上的钢珠时,若滑道与滑道的接头处高低不平,船舶就会有振动和响声,钢珠受力将很不均匀,难于掌握钢珠的移位规律,落于滑道末端河床处的钢珠数量也会增加,这对于船舶下水都是不利的。

半坞式船台滑道采取钢珠下水装置时,从钢珠的摩擦系数来说,船舶启动时,其静摩擦系数较小,在 0.009 ~0.010 范围内。在启动的瞬间,钢珠仅需克服滚动摩擦,因此,摩擦阻力小。启动后,由于钢珠既有滚动,又有位移,以致钢珠接触保距器而增加滚动阻力。另外,钢珠受压产生局部变形,也会使摩擦系数增大,甚至可达 0.035 以上。船舶滑行时的钢珠摩擦系数由小变大,然后趋于稳定。当摩擦系数趋于稳定时,在 0.02 ~0.03 之间。

1. 钢珠

钢珠直径大小与承受压力的大小有关。钢珠的许用负荷,按统计资料如下式所示

$$P = 125d \tag{13-7}$$

式中:P——钢珠许用负荷,kg;

d——钢珠直径,cm。

钢珠直径常取 85 ~100mm,试验的极限载荷为 40 ~50t。考虑下水时的运动状态,每个钢珠的平均承压力取 2.5 ~3.5t。在滑道的尾浮加强区段,因承受首支架压力,故应加密钢珠,以免钢珠超载。同时认为首支架压力系瞬时载荷,钢珠承载能力常取 18 ~25t。

钢珠应具有防锈蚀性能和一定的韧性,能够承受船舶滑行时的冲击力。国外一般用高铬钢制作钢珠。国内某船厂在试制钢珠时,考虑到高铬钢价格高,故选用了 35 号优质碳素钢。钢珠制成后,不经热处理而能达到一定的硬度,以及在 -5℃左右,能保持一定的韧性。对于钢珠防锈,仍需从维护保养方面来防止锈斑。

对于钢珠负荷试验,如图 13-30 所示,曾用 35 号优质碳素钢车制成直径 85mm 的钢珠两只,加工精度在0.5mm以内,在 50t 压力机上进行试压。试压时,在钢珠的上方和下方,各放置一块厚度为 14mm 的钢板。负荷加至 10t,经卸载后检验,都没有发生永久变形,而在 14mm 钢板上,却出现了约 0.5mm 的凹痕。继续加压至 45t,经卸载后,测得 z 方向有0.5mm变形,x 和 y 方向测不出变形,而在 14mm 钢板上,却出现了约 2mm 的凹痕。按钢珠试压的情况来看,它的承载能力是基本上满足要求的。钢珠的精密度要求较高,车制钢珠直径的误差应在 ±0.5mm 以内。钢珠表面由于锈蚀斑点的凹痕,只允许在 1.5mm 以内。钢珠卸载后应没有永久变形、裂纹、压痕及其他机械损伤。对钢珠精确度要求较高的主要原因,是在于减少摩擦阻力及避免个别钢珠因承压过大而损坏。钢珠阻力与钢珠的滚动摩擦、位移摩擦、钢珠与保距器的摩擦及保距器位移的摩擦阻力有关。同时,它也与接触钢珠的钢板硬度和滑道面的平整度有关,特别是在滑道与滑道的接头处,应避免不均匀沉陷,否则,将阻碍钢珠滚动。

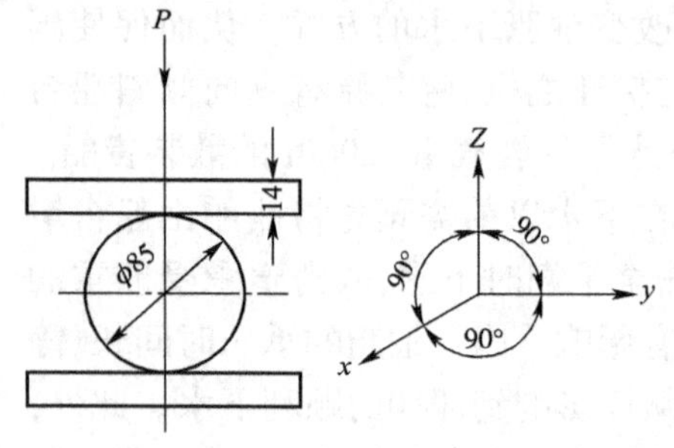

图 13-30 钢珠试压图

在钢珠和滑道符合技术条件的情况下，按国内外的试验资料，其静摩擦系数一般可取0.01，动摩擦系数可取0.025。

关于滑道承压强度，钢珠滑道则比油脂滑道的承压能力大。例如，钢珠平均压力以3t计，滑道在同一面积上若布置12个钢珠，则滑道平均负荷可达36t，这就超过了油脂滑道的正常承载能力。在滑道尾浮时的首端加强区，钢珠平均的瞬时载荷以15t计，该区段在同一面积上若布置18个钢珠，尾浮时的首端加强区负荷可达270t，这也超过了油脂滑道在尾浮时的首端加强区的瞬时载荷。

滑道上所布置的钢珠列数，按船舶重量大小，可分成两列、三列或四列等。图13-31所示为三列钢珠布置。一般船舶下水重量在3000t以下者，取两列钢珠；在3000～8000t范围内，取三列钢珠；在8000t以上者，取4～6列钢珠。在尾浮时的首端加强区，可适当地增加钢珠列数。

2.保距器

由于滑道在接缝处的不平度以及制作钢珠的误差，船舶在滑行过程中，有很多因素会引起某些钢珠负荷不均，相差很大，甚至无负荷现象，使其滚动混乱，从而失去应有的相对位置。保距器就是为了防止钢珠发生混乱滚动，而用来保持各钢珠的相对位置。保距器与轨板如图13-32所示。

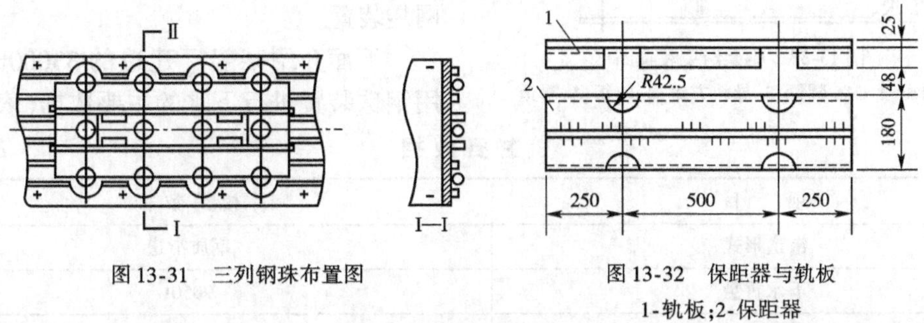

图13-31　三列钢珠布置图

图13-32　保距器与轨板
1-轨板；2-保距器

船舶滑行时，保距器与钢珠随着船体以较慢的速度移动，其移动速度为2/5～1/2的船体滑行速度。为了减少保距器与轨板之间的移动阻力，有的在保距器上还装了滚柱。滑道上按负荷大小区段应布置钢珠列数不同的保距器，或调节保距器之间的间距，如在承受首支架压力的范围内，保距器就应该加密。

在下水过程中，保距器虽然不会受到船舶重量的作用力，但为了以其自重来减小其上下方向的跳动，还是应该采用较大的槽钢来制作保距器。

3.轨板

保距器内排列钢珠，钢珠分别与滑道和滑板的接触面上还有钢板，该钢板称为轨板(图13-32)。

轨板可用螺栓固定在滑道和滑板上。在滑道轨板接头处，应预留伸缩缝，以适应不同季节的温差变化。在轨板接头处，还应安装钢质垫板，以免滑道在轨板接头处，因承受钢珠载荷，产生不均匀压缩变形，而阻碍钢珠滚动。在轨板上还需焊接导轨方钢，以防止钢珠横向移动。在滑道轨板上，每列钢珠有两条导轨方钢，例如，两列钢珠，则焊接4条方钢。在滑板的轨板上，则仅在轨板的两侧，各焊接1条导轨方钢，为了减小摩擦阻力及避免钢珠受到损伤，导轨方钢与钢珠之间，需预留10mm间隙，并将钢珠与方钢相邻近的边角切成45°～60°斜角。有了导轨

方钢,就不会发生钢珠脱轨现象。

轨板中钢板厚度与钢珠平均压力和滑道材料性质有关,应合理选择。滑道尾浮时的首端加强区段的轨板应适当地加厚,一般为16~20mm,最厚的甚至有30mm。滑道其余区段的轨板厚度,一般为12~14mm,也有的用16mm。在滑道的潮差段,特别是海水对钢铁有较强的锈蚀作用时,以设置防锈钢板为宜。

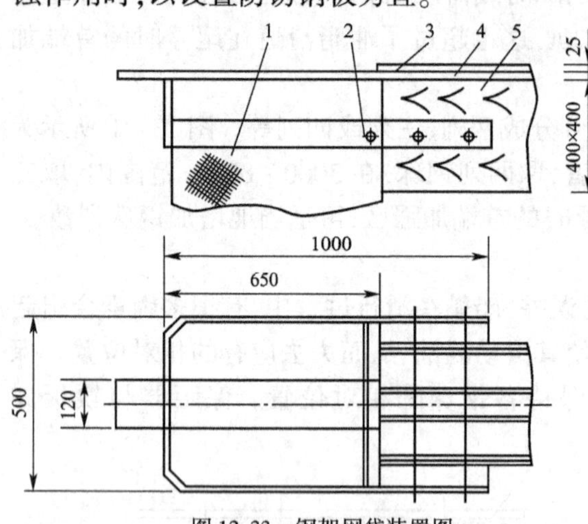

图13-33 钢架网袋装置图

1-网袋;2-ϕ16圆钢;3-导轨方钢;4-轨板;5-滑道

4. 钢架网袋

船舶滑行时,由于钢珠的回转移动,在滑道末端区段,钢珠较密集,并约有2/5的钢珠装置会从滑道末端落下。为了防止钢珠在水中滚失,故在滑道末端设置钢架网袋,如图13-33所示,以承接下落的钢珠。钢架网袋应在滑道向下的延伸面以下,以免滑板碰撞钢架网袋。滑道末端设置钢架网袋处的河床水深,应满足承接钢珠装置的要求,决不能阻碍船舶滑行。船舶下水以后,待退潮时取出钢珠网袋装置。

下面介绍某船厂建造的33000t油船,采用钢珠装置进行下水的主要数据(表13-1)。

主要数据 表13-1

项目		相关数据
滑道形式		钢质滑道
下水重量		9050t
首支架压力		2350t
滑道总长		187.29m
滑道中心距		9.24m
滑道宽度		0.90m
滑道末端水深		3.25m
滑板长		167.44m
船舶下水后	首吃水	1.28m
	尾吃水	3.56m
平均吃水		2.42m
钢珠总数		3996个
滑板下的钢珠数		3828个
每个钢珠的平均承压力		2.7t
尾浮时钢珠的瞬时最大承压力		22.91t
保距器落于水中数		130个
钢珠落于水中数		1560个

另外,某船厂曾在单根滑道上进行了钢珠下水试验,测算出摩擦系数的变化情况,以及钢珠从滑道末端落下的数量。其基本情况是:滑道坡度1/24,滑道上每间隔1m,设置保距器1个,附有4个钢珠。滑板长度10m,试验负荷7t。滑板下的每个钢珠平均静压力0.3t。启动下滑力为230kg。船舶下滑启动时,摩擦系数为0.009,接着迅速而急剧地上升,在第3s末达到最大值0.031,然后又骤然下降,至第4s末,摩擦系数趋近于常数,其平均值约为0.025。船舶下滑速度在第21s末达到最大,为3.12m/s。整个滑行过程基本平稳,并只有1/4的保距器和钢珠从滑道末端落下。

第四节 船体密性试验

在我国造船行业中,密性试验方法有水压试验、冲水试验、气压试验、煤油试验、冲气试验、冲油(油雾)试验等方法,下面分别进行介绍。

1. 水压试验

水压试验为各国船级社所认可的密性试验方法之一,即逐舱灌水并在船外观察焊缝处有无渗漏现象。其技术要求为:

试验时,一般将水灌至表13-2所规定的高度,15min后,在该压头下检查有关结构和焊缝,不应有变形和渗漏现象。试验时,当外界气温低于0℃时,则应采取加热措施,使试验介质温度保持在5℃。

水压试验表 表13-2

序号	试验部分		试验压头要求
1	首尾尖舱、双层底舱、底边舱(作水舱时)		至空气管顶高度
2	作空舱用的尖舱		至满载水线高度
3	深舱、燃油舱、顶边舱		至舱顶以上2.5m或溢流管高度,取较大者
4	液货舱		至舱顶以上2.5m高度
5	隔离空舱		至舱顶以上2.5m高度
6	泵舱		至满载水线高度
7	海底阀箱	无吹洗设备	至干舷甲板以上1m高度
		有吹洗设备	至干舷甲板以上2.5m高度
8	舵、导流管		至顶板以上2.5m高度(舵叶可横放)
9	舱壁水密门		至干舷甲板高度,可于安装前进行试验

水压试验同时可收到强度试验的效果,且其渗漏效应比较直观和明显,因而安全可靠,一般船厂均积累了较为丰富的实践经验。但水压试验必须在舱室完整的情况下才能进行,通常在船台上或船坞内进行,此时会受脚手架、照明、天气、温度等影响;舱室注水需对船体附加墩木、临时支撑等;相邻舱室要交叉注水,而每一舱室的注水和排水要消耗很长时间,使舱室内不能进行其他工作;舱室注水后,若发现严重的渗漏缺陷,必须排水,修复缺陷后,需重新注水检查;试验完毕排水后,在骨架之间留有不易排净的积水,会增加焊缝的锈蚀。因此,水压试验仅用于新设计的新型船舶需要做强度试验的舱室,此时密性试验和强度试验可一起完成,一举两

得。不过作为单纯的密性试验,船厂已很少采用了。

2. 冲水试验

冲水试验也是各国船级社认可的密性试验方法之一,即在板缝一侧冲水,在另一侧观察焊缝处有无渗漏现象。其技术条件为:

冲水试验在喷水出口处的压力至少为0.2MPa,喷头至试验部位的距离为1.5m。

冲水试验主要用于水密门和窗、舱盖、舷侧板、甲板、轴隧、舱壁、甲板室顶的露天部分和外围壁等水密构件的密性试验。由于冲水使大量自来水散失,造成船舶及船台(船坞)上环境污染,不利于文明生产,故用冲气、冲油(油雾)试验所代替。

3. 气压试验

气压试验也是各国船级社所认可的密性试验方法之一,即密封试验舱并充以一定压力的压缩空气(通过减压阀充入),在焊缝另一面涂以起泡剂(肥皂液),观察有无渗漏起泡现象。其技术要求为:

表13-2所要求的水压试验可以用气压试验代替。气压试验的压力应不小于0.02MPa,但不应大于0.03MPa。试验时一般可充气到0.02MPa,保持压力15min,检查压力无明显下降后再将舱内气压降至0.014MPa,然后喷涂或刷涂肥皂水进行渗漏检查。

对于全部液舱均采用气压试验的船舶,在完成气压试验后,至少应对每种结构形式的液舱中的一个做水压试验。但对于货船中标准高度的双层底舱和液货船中远离货舱区域的液舱,如验船师对气压试验结果感到满意,可免做水压试验。

采用气压试验与采用水压试验相比,可以大大简化密性试验过程,降低成本,节省时间,效果可靠。但一定要在舱室完整的情况下进行,不过无法对舱室做强度试验;试验前要对船体结构最弱部分的受力情况进行核算,并采取限压及安全装置,以避免试验压力过高而发生舱室破损事故;查漏时,需涂起泡液(肥皂液),注意不能遗漏;当外界气温低于0℃时,应将肥皂液加热后使用,或采用不冻起泡液。

4. 煤油试验

煤油试验也是各国船级社认可的密性试验方法,即在焊缝的一侧先涂白粉,然后在另一侧涂上煤油,过一定时间后观察白粉上有无油渍。其技术条件为:

(1)试验前,焊缝反面涂上宽度40~50mm的白粉溶液,待干燥后才可检查。

(2)船体结构中煤油试验的作用时间应符合表13-3的规定,试验时周围气温低于0℃或焊缝为双面焊时,煤油作用时间应比表13-3所列规定增加1倍。

煤油试验时间 表13-3

焊缝厚度(mm)	温度在0℃以上时经受煤油作用时间(min)			
	平焊缝		垂直焊缝	
	油密	水密	油密	水密
<6	40	20	60	30
6~25	60	30	90	45
>25	90	45	120	60

(3)焊缝厚度在6mm以下时,应在涂煤油后立即进行一次检查,并按表13－3中规定时间进行第二次检查;焊缝厚度在6mm以上者,就在涂煤油10min后进行第一次检查,并按表13-3

中规定时间进行第二次检查。

(4)在白粉层上不出现煤油痕迹者为合格。

煤油试验,在试验前要做充分的准备工作,试验时间较长,试验后还得清除白粉,试验工作较为烦琐。大面积采用显然不经济,多用于中、小型船舶。

各国的造船规范对密性试验几乎都有一条相同的规定,即"在船体未经密性试验之前,不应对水密焊缝进行涂刷油漆或敷设绝缘材料。"这条规定对造船厂采用分段法(或总段法)造船的工艺带来很大的麻烦,即当分段(或总段)装焊完工除锈后进行涂装时,要将水密焊缝(自动焊焊缝可例外)处留出,或用胶水纸覆盖住,待船台(船坞)合拢直到结束密性试验后,才可再进行涂装。这样既影响油漆效果、耗时费力,又难保证水密焊缝处的除锈、油漆质量。而且,如前所述,密性试验全部都在船台(船坞)上进行,还会受脚手架、照明、天气、温度、湿度等的影响。这样,密性试验直接影响着船舶建造周期和建造成本。为了解决这一矛盾,各国船厂先后在分段建造中就着手对水密焊缝进行密性试验。例如,日本一些船厂采用真空密性试验法以及用空气检验的密性试验法对水密焊缝进行密性试验;我国有些船厂采用冲气试验、冲油(油雾)试验在分段装焊结束后即进行水密焊缝的密性试验,然后再进行分段除锈、涂装工作,只需在分段大接头处留出一定宽度(一般为200mm左右)不涂油漆。分段上船台(船坞)大合拢后,只需进行大接头处的密性试验。这样,分段上的涂装效率就可以大大提高,而且分段上船台(船坞)合拢后省掉大量除锈、涂装人工;船台(船坞)密性试验范围大幅度减少,对缩短船台(船坞)周期极为有利。冲气试验、冲油(油雾)试验通过对比试验和实船应用已得到我国CCS、德国GL、英国LR验船师的认可。

5.冲气试验

冲气试验是在焊缝的一侧冲气,在另一面涂上起泡剂(肥皂液),若发现起泡,即表明该处焊缝存在缺陷。我国CCS规范规定:冲气试验用的气压不应低于0.4~0.5MPa,气流就直冲焊缝,空气软管末端应有喷嘴,喷嘴离焊缝间隙不大于100mm。实践证明,冲气试验检查焊缝缺陷的敏感性胜过煤油试验,故用冲气试验代替冲水试验是完全可靠的,但必须确保冲气与涂肥皂液及观察的协调一致。实践证明:冲气试验除在检查角焊缝、对接缝时有较好的敏感性外,特别是对检查水密舱纵骨穿过处的补板焊缝具有良好的敏感性,有其独到之处。

冲气试验的技术条件可简要归纳为:

(1)冲气前用测压表检查压缩空气管内的气压,必须大于或等于0.5MPa。

(2)冲气时,喷嘴距焊缝应为50~100mm,喷嘴必须反复来回5次以上,逐段冲气,反面涂起泡剂(肥皂液),涂起泡剂者必须与冲气者协调一致,并仔细检查焊缝上是否有气泡产生,起泡处作出标记,以便修整。

(3)肥皂液应有适当浓度,即20℃时,表面张力系数4×10^{-4}N/m。

(4)如气温低于0℃时,则应采取防冻措施后,才可进行冲气。

6.冲油(油雾)试验

冲油试验又称油雾密性试验,是在气雾密性试验和冲水试验的基础上发展而来的。

气雾密性试验是采用喷雾装置喷射出具有一定压力的气雾,利用压力气雾的渗透性来检查船舶舱室水密性的一种密性试验方法。试验前检查喷雾装置喷出的气雾状态,安装在待试验舱室舱口盖板上,开启水源和压缩空气的控制阀,使气雾压力稳定在40kPa。此时,只需在

被试验舱室外焊缝处喷射水流,沾湿焊缝后,焊缝中若有细小微孔即会出现翻泡现象,有的则呈现串堆状的泡沫。关闭压缩空气和水源的控制阀,让安全阀自动漏雾降压,在极短时间内,即可电焊修补,然后再次在短时间内进行第二次检查。

油雾密性试验是用煤油和压缩空气通过喷雾装置产生油雾而进行工作的,因为煤油的渗透力远比水和气雾强,所以不必像气雾密性试验那样对整个舱室的焊缝同时进行检查,而可以像冲水试验那样进行,应用于分段建造中,故称冲油试验。

冲油试验的技术条件如下:

(1)焊缝冲油密性试验所用的煤油须经过滤,清除杂质。

(2)焊缝在试验前须除去水渍、油漆、焊渣及其他覆盖物。

(3)喷油嘴口径不大于16mm,喷嘴离焊缝距离50~100mm,喷嘴移动速度为5~10m/min。

(4)管路中压缩空气的压力不小于0.3MPa。

(5)喷油后3~5min(气温在20℃以上)或10~15min(气温在20℃以下),在焊缝另一面检查其有无渗漏现象。

综上所述,建造中、大型船舶时,船体的密性试验最好分散进行(即化整为零),在内场或平台上于分段制造完后就进行水密焊缝的密性试验,试验的方法可选择冲气试验、冲油(油雾)试验、煤油试验等方法;在船台(船坞)上只进行大接头区域的密性试验,在双层底或首、尾尖舱区域可采用气压试验(当建造批量生产的第一艘船时,应采用水压试验),舷侧板、甲板区域及水密舱壁可采用冲油(油雾)试验。船体密性试验分散进行,第一,可以将大部分在船台上或船坞内进行的难度较大的密性试验作业,移到分段装配阶段中进行,大幅度地减少船台(船坞)密性试验范围,对缩短船台(船坞)周期极为有利;其次,由于密性试验在工作条件良好的内场或平台上进行,故能提高密性试验的质量,同时还能减轻劳动强度;第三,在分段装配过程中已完成密性试验的地方即可进行舱室涂装,所以能使舱室的涂装质量得到提高,而且涂装工作的生产效率也可得到提高。

第五节　系泊试验和航行试验

一、系泊试验

系泊试验是在船厂码头上进行的,船舶基本上处于一种静止状态,又受到码头堤岸的限制,因此,主机、辅机、轴系、各种设备、系统等都不能进行全负荷运转试验,这是系泊试验的局限性。

系泊试验的内容很多,工作量很大。为了缩短试验周期和节约人力、物力,一般机械设备在装船前必须进行严格的台架试验(台架试验一般应由产品制造厂进行,并向船厂提交试验报告。产品制造厂未做台架试验,船厂应在车间补做),把缺陷消除在系泊试验之前。另外,把系泊试验与船舶建造收尾工作适当地交叉进行,也是缩短试验周期的有效措施。在安排试验项目时,一般原则是:主要的、复杂的、新型的、应急施救的机械设备先试验;同一动力来源的设备同时试验;在整个试验中,应以试验时间较长的设备为主体,交叉地进行其他设备的试验。

最后还要进行倾斜试验以测定船舶的实际重心位置。

系泊试验时,应当主要抓住“四机一炉”(即主机、辅机、锚机、舵机和锅炉),因为它们是船舶生命力的所在。对其他的各种设备也必须逐一进行试验,因为它们是密切相关、有机联系的。例如,在试验主机时,要求所有泵、管路的工作可靠,畅通无阻。又如,在倾斜试验时,要求船体设备的安装基本完成。

1.主机码头试车

主机是船舶的心脏,无论在系泊试验或航行试验中,主机都是主要考查对象。主机码头试车的目的就是为了检查船舶动力装置的制造和安装质量,为船舶试航奠定基础。

1)主机动车应具备的条件

(1)为主机服务的四大系统(即燃油、滑油、海水、淡水系统)必须提交验收。

(2)清洁各过滤器、主机各部分并检查安装质量,测量与调整活动部分的间隙。

(3)必须使用的燃油、滑油、清水应准备好。但是,燃油、滑油舱不能注满,以免油舱由于受热汽化产生高压造成危险。

(4)柴油发电机组已提交验收,能正常供电。

(5)确保船舶有一定的吃水深度。

2)主机平衡试验与负荷试验

主机动车后,应首先校正各缸平衡,即通过试车反复调整各气缸的热工参数(压缩压力、爆炸压力、排气温度等),使各气缸的功率基本相同。各缸平衡后进行负荷试验,一般规定需进行25%、50%、75%、100%等不同工况的负荷试验。实际上,在码头试车时,常以100%负荷运转4h,如果运转基本正常(如未发生增压器损坏、严重咬缸等问题)则认为试验合格。

2.发电机试验

发电机组供全船用电,由动力机(柴油机)和发电机组成,并分为主发电机(常用)和应急发电机(备用)两类。

试验时,首先对柴油机在额定负荷下,调整好各缸的负荷,使其基本相等。柴油发电机组的调速器性能之优劣是确保发电机正常供电的关键。调速器的功用是当发电机负荷突然变化时,确保柴油发电机组的转速很快稳定下来,从而保证稳定供电。一般要求柴油发电机组的负荷在0%→100%→0%的变化过程中,机组转速的瞬时变化值≤10%,转速稳定值偏差≤5%,时间不超过10s。

当柴油机试验结束后,则对发电机做50%(0.5h)、75%(0.5h)、100%(4h)、110%(1h)的负荷试验,以考验其工作的可靠性。此外,还需要做几台机组的并车供电试验。

3.空压系统试验

空压系统包括压气机和空气瓶,其数量及能量(功率)视船舶类型和大小而定。如7500t客货船上配有主压气机2台、副压气机及排污压气机各1台、主空气瓶2只、排污空气瓶1只。

试验时,首先对压气机(工作压力下)进行1h运转试验。对管路的安全阀按规范做精确的调整。

空气瓶的密性试验是一项重要而繁复的工作,要求在工作压力下承压24h压降小于0.5%;或将充满空气的空气瓶浸于静水中30min无漏气(未发现气泡)现象,则认为试验合格。对管路一般需进行2h的密性试验。

4. 起锚设备试验

船舶停泊时,锚和锚链受到周期性的高拉伸负荷和海水的严重腐蚀,在抛锚与起锚时,还受到附加的冲击负荷和强烈的磨损。因此,锚和锚链在安装到船上之前,必须经过严格的试验,并确信其具有良好的质量和足够的强度。为此,对锚链需进行拉伸试验,对锚除做拉伸试验外,有时还需进行跌落试验。

当锚和锚链安装上船以后,还必须进行起锚设备试验,目的是检查起锚设备的能力、安装质量及工作可靠性。

1)起锚机运转试验

起锚机全速(正、倒车)运转1h,以检查锚机的质量及运转可靠性。对于电动起锚机还应检查其发热情况及电动机的防水性能。

2. 抛锚试验

抛锚试验有机械抛锚和自由抛锚两种,试验时分别做左、右锚的抛锚和起锚,并初步测定起锚速度,一般起锚速度应不小于9m/min。

试验中,锚链和链轮的跑合是一个重要问题,如果发现锚链跑合不好,必须进行检修调整,直到跑合良好为止。另外,对锚机在工作时的振动和锚机离合器离合动作的轻便性、迅速性以及制动装置的制动效能,均应作仔细的检查试验,直到满足使用要求为止。

5. 操舵设备的检查与试验

操舵系统是船舶操纵的重要设备,如果舵机发生故障,操舵失灵,船舶航向便失去控制。因此,试航前必须对操舵设备进行全面的检查与试验,以确保舵机工作的可靠性和操舵的灵活性、轻便性。

目前,舵机的传动有两种形式:电动和液压传动。液压传动比电动传动的功率大、操纵精确,适用于大船。电动传动常用于中、小型船舶。为确保航行安全,每艘船舶还必须备有一套(手动或机动)应急操舵装置。由于内河江面狭窄、水流较急,故内河船舶要求备有3套操舵设备,一般是两套机动,一套手动。

操舵设备试验时,首先将舵机连续左、右转动1h,以检查整个设备的安装质量及工作可靠性。舵由一舷转到另一舷(左→右或右→左)所需要的时间,是衡量操舵设备轻便性和灵活性的一个标志,一般最长时间不得超过28s。而人力应急操舵装置也要求不超过1min。对于由机械操舵转换为人力操舵的方便性与可靠性也应进行初步试验,一般要求转换时间不超过2min。

6. 辅助锅炉

船舶辅助锅炉的作用是产生蒸汽供全船人员生活(食用、洗涤、取暖等)及主机燃油加热等用。

锅炉试验的主要内容是测定蒸发量,检验蒸汽安全阀的可靠性和自动控制系统的灵敏性。辅助锅炉的蒸发量经测试后应当符合设计与使用要求。锅炉蒸汽安全阀的起跳值一般为工作压力加上30kPa(当工作压力小于1MPa时)。大型船舶的辅助锅炉都是自动控制的(点火、给水、喷油均自动化)。因此,必须对自动控制系统进行全面检查与试验,务必确保其工作的可靠性。如果辅助锅炉由手工操纵控制,则试验时一定要先开风、慢喷油,这是一条必须遵守的安全操作规程,其目的是除去余气压力,否则就可能会引起锅炉的爆炸。

7. 船舶救生设备试验

船舶救生设备包括救生艇、救生筏、救生圈、救生衣等。所有救生设备都在系泊试验时提交验收。

1)救生艇试验

(1)每批救生艇抽一艘做稳性试验,要求艇的倾斜不超过10°。

(2)每批救生艇抽一艘做强度试验,试验过程如下:

①将空艇吊起后沿龙骨拉线,测定中垂度,同时测量艇的宽度。

②艇内平均分布重物,其重量相当于全部额定乘员(每人以75kg计)和属具重量的125%,把艇吊起5min,测量艇的宽度和龙骨中垂度,与空艇时相比较,其变形要求不超过空艇时的1/400,并要求重物取出不留存永久变形。

③每艘艇做密性试验。试验时艇上载足额定乘员和属具重量并浮于水面2h,检查艇内进水情况。要求木质艇进水低于内龙骨上边缘,金属艇和塑料艇不得有任何漏水现象。

④干舷试验。要求空载大于$0.6H$,满载时大于$0.4H$(H为艇型深)。

⑤救生艇的每只空气箱都作密性试验。

2)吊艇架试验

(1)每批吊艇架抽一副连同其上的吊艇属具(吊艇索和滑轮等)一起做负荷试验,其强度必须保证,并用作图法检查当船向任何一舷倾斜15°时,救生艇能否安全下水。

(2)吊艇架的试验负荷等于总工作负荷(总工作负荷 = 艇重 + 艇内属具重量 + 滑轮和索具重量 + 额定乘员重量)。要求悬挂负荷试验10min,试验结束后不应有损坏或变形。

(3)每副吊艇架包括吊艇机及其手动或自动制动器,装上船后应做降落试验。降落试验后要求吊艇架的各部分不应有失效或损坏。

3)救生筏试验

(1)每只救生筏(不论材料和结构)强度应保证其在存放位置(滑架上)或相等高度滑下或投入水中(投掷试验)时不致损伤。

(2)每批救生筏中抽一只做稳性试验和浮力试验,救生筏的空气箱应经严格的水密试验。

4)其他救生浮具的试验与救生筏类似

8.消防系统的检验

消防系统有:水灭火系统,蒸汽、CO_2、泡沫等灭火系统。水灭火系统的检验为:

(1)对消防水栓及其他器材应检查其数量、规格、分布位置及安装情况,必须符合规范和图纸规定。

(2)对管系应按一定的试验压力进行水压试验。

(3)消防水泵的功能、排量和输水管内的水压均应符合规定要求。

(4)射水功能试验:试验时,开放一定数量的消防水栓,并装上规定规格的消防水带和喷嘴,其喷出的水流,向上喷射的高度应超出最高层上层建筑12m以上,试验延续时间为45min。

(5)对自动喷水系统的自动报警装置也应做必要的检查。

此外,对于蒸汽灭火系统、CO_2灭火系统、泡沫灭火系统等均应作相应的试验。

9.起货设备试验

船舶起货设备有电动和液压两种。液压与电动相比具有升降平稳、无噪声、并可无级调速等优点,具有一定的先进性。

1)起货机空载试验

起货机以全速(正、倒车)空转1h,并进行多次变速、换向和制动试验,以检查起货机的装配质量和运转可靠性。对电动起货机还需进行电动机的发热试验,并在试验前后测量绝缘电阻。

2)起货设备的负荷试验

起货设备在船上装妥后,首先进行静负荷试验,试验负荷按表13-4的规定办理。

起货设备的静负荷试验 表13-4

工作负荷(t)	试验负荷(t)	工作负荷(t)	试验负荷(t)
20以下	工作负荷×1.5	50以上	工作负荷×1.1
20~50	工作负荷+5		

试验时,将等于试验负荷的重物挂于吊货钩上,吊起后保持悬吊时间10~20min。吊杆应放在与水平线成15°仰角的位置(重型吊杆为25°)上。静负荷试验后再进行动负荷试验:

(1)将等于工作负荷110%的试验荷重挂于吊钩上,做连续5次的升降试验。

(2)将吊杆或回转起重机的悬臂连带试验荷重,由一舷向另一舷来回转动1~2次,以显示其工作的灵活性。

(3)试验绞车和起重机的制动装置,视其能否使荷重停留在任何高度。

如果设计为双杆联合操作者,尚需将吊杆放置在实际可能工作的最小仰角位置,然后将等于双杆联合工作负荷110%的试验负荷,从舷外吊入舱内,再从舱内吊回舷外,来回吊送3~4次,试验结束后,联动部件应拆下检查,视其有无损伤。

10. 倾斜试验

系泊试验时还必须做倾斜试验,其目的就是确定船舶重心的正确位置,以便计算船舶在不同装载情况下的稳性。因为在船舶设计阶段很难精确地计算出船舶的重心位置,同时在建造过程中,船舶重量常有变更,所以船舶在建成、改装或大修以后,其实际重心位置就要通过倾斜试验予以确定。

1)倾斜试验原理

设重物P由一舷移至另一舷,距离为l,故而产生倾斜力矩$M_{倾斜}$,横倾角为θ,总重心G_0和浮心C_0也相应移至G_1和C_1,从而形成恢复力矩$M_{恢复}$与之平衡(图13-34)。

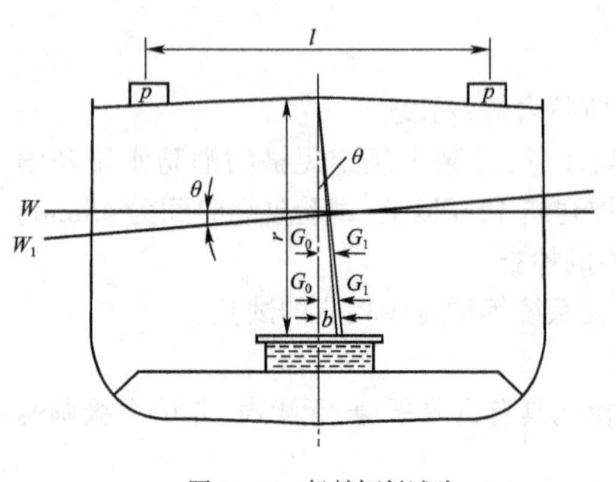

图13-34 船舶倾斜试验

根据力矩平衡条件

$$M_{倾斜} = M_{恢复}$$

即

$$Pl\cos\theta = D \cdot G_0G_1 = Dh\sin\theta$$

则

$$h = Pl/D\tan\theta \qquad (13\text{-}8)$$

式中,P、l和排水量D均为已知,若能确定$\tan\theta$即可求得初横稳性高度h值。

根据所求得的h值和已知排水量D之浮心高度Z_c以及横稳性半径r(由静水力曲线查得),即可求得船舶重心高度Z_G

$$Z_G = Z_c + r - h \tag{13-9}$$

移动重物通常可分为4组，对于大型船舶则分为6组，对称地布置于甲板两侧，如图13-35所示。若分为4组，则每组重量应为$P/2$；若分为6组，则每组重量为$P/3$。移动重物应是形状规则、重心一致、重量小而均等，并且易于搬动的生铁块、钢锭等。

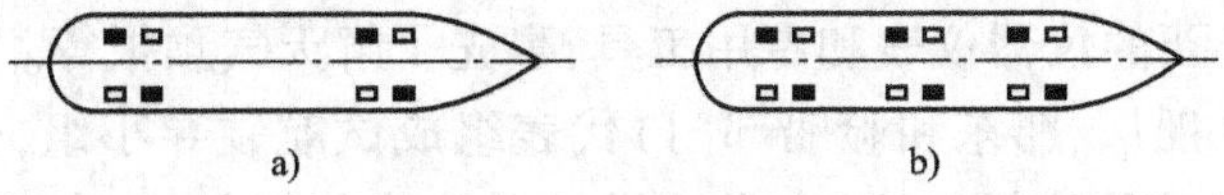

a)　　b)

图13-35　移动重量分布位置

为使倾斜试验测得的初稳性高度具有足够的精确性，需正确选择产生小横倾角的倾斜力矩，因为这样方可利用稳性高度计算公式，但为了减少误差，横倾角也不宜过小，一般大约为3°，其相应移动重物的重量大约相当于排水量的1%。

2）倾角测量方法

（1）悬锤测量法：为了减少悬锤偏移距离的读数误差，一般均设两个悬锤，对于大船则设三个悬锤，分别悬于首、中、尾的中心线上，悬锤量具见图13-36。

根据已知悬线的长度λ和已测得的线锤偏移距离b，即可求得

$$\tan\theta = \frac{b}{\lambda} \tag{13-10}$$

（2）U形管法：U形管即水平软管，不过两个玻璃管上有刻度（图13-37）。根据两个玻璃管间的水平距离B和水平面总的变动高度差值K，即可求得

$$\tan\theta = \frac{K}{B} \tag{13-11}$$

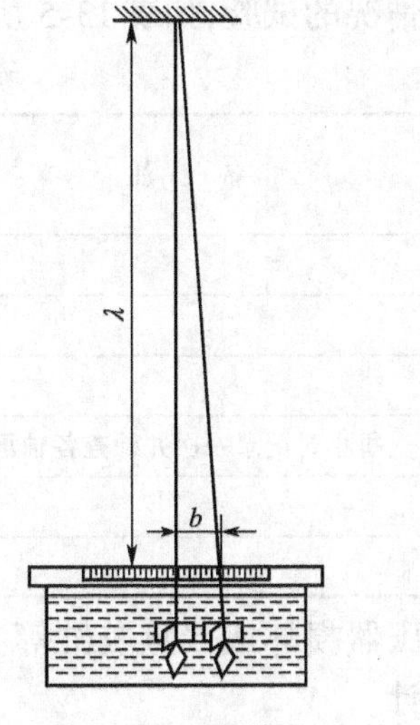

图13-36　悬锤量具

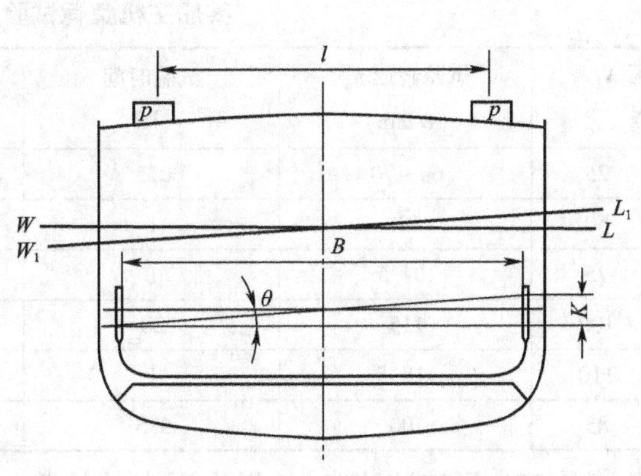

图13-37　U形管量具

11. 其他

系泊试验的内容很多，除前面介绍的外，还有水密门窗、舷梯、舱口盖以及声、光信号设备、卫生设备等均应做必要的检查与试验，即使是栏杆、扶梯、扶手等也不可忽视，若稍有疏忽，则可能在使用中出现事故。

二、航行试验

1. 试航前的准备

试航前,对主要机械设备做再一次检查,并带足燃料、滑油、淡水以及生活给养和救生器具,同时应配备各种必要的仪器仪表和专用工具,事先了解天气预报等。

特别是应由三方(船厂、船东和验船部门)代表组成试航领导小组,全面领导试航交船任务。对于新建船舶(尤其是首制产品)应邀请设计单位参加试航,以便取得第一手资料,考核各项技术指标是否达到设计要求,作为今后改进技术设计工作的依据。此外,船厂对试航全过程要作详细记录,为编写产品说明书提供实际数据。

2. 主机航行试验

在航行试验中,主机是主要考核对象。

(1)主机平衡试验及其调整。所谓主机平衡试验,就是将主机各缸进行调整,使各缸功率接近相等,因为气缸的热工参数是与其发出的功率成正比的,所以,这个目的是通过调整各缸的热工参数来实现的。

平衡试验是在主机全负荷的工况下进行的,经过 0.5h 左右运转即停车,在停车前将主机各缸的热工参数(爆炸压力、压缩压力、排气温度)详细记录下来,以便各缸间进行相互比较,并与原设计数据对照。如各缸热工参数相差较大,则需进行调整。调整方法是提前喷油(燃烧时间增加,热工参数提高)或滞后喷油(减少燃烧时间,降低热工参数)。

(2)主机负荷试验。主机负荷试验目的是考核主机持续运转的可靠性,确保船舶有较好的续航能力。对735kW 以上的船用柴油机一般要求在全负荷工况下正常连续运转20h。如国产某一散装货船在轻载试航时,对主机进行了 6 种不同负荷情况的试验,如表 13-5 所示。

某船主机负荷试验 表 13-5

试验负荷 N_1 (%)		试验转速 n_1 (r/min)	试验时间 (h)	备 注
正车	25	60 ~ 70	0.5	
	50	91	1	
	75	104.5	1	
	100	115	20	每小时记录一次并检查各轴承
	110	118.5	1	
倒车	85	100	0.5	

在全负荷的 20h 运转试验中,如果出现大的故障(如增压器损坏或严重咬缸等),则待修复后再重新进行 20h 的运转试验。如果故障较小,则 20h 累计。

(3)主机性能试验。主机性能试验包括 3 个方面:

①操纵性能试验:有启动、换向、调速、限速等试验项目。

②使用性能试验:有最低稳定转速、临界转速、停缸试验等项目。

③可靠性能试验:有超速、倒车等试验项目。

主机航行试验后还需进行拆验。一般至少拆验 1 ~ 2 个气缸,并对缸套、活塞、活塞销轴

承、主轴承、推力轴承等零件进行仔细的检查,如有破损应调换或修复。当主机拆验装复后,还需在码头上进行2~3h的全负荷检查,必要时再进行一次航行试验。

3.测速试验

船舶的速度是船舶的重要性能指标。它直接影响船舶的周转期、运输能力和续航能力,因而也是决定船舶运营经济效益的一个重要参数。船舶速率通常以"节"(kn)(1节=1海里/小时,即1kn=1n mile/h)计算。

测速试验的目的是为了确知船舶处于不同载荷状况(轻载、重载)和不同螺旋桨转数下的航速及其相应的主机功率、螺旋桨推力,从而求得转数、航速、功率和推力间的关系。船舶测速试验通常是使主机处于25%、50%、75%、100%、110%的工况下进行。

船舶测速试验是在规定的测速区域进行。我国沿海测速区大致分布在上海、舟山、青岛、大连和广州等地。测速区域的岸边装有标杆,标杆之间的距离是人为设定的,可根据不同的船舶速率,选择不同的测速区。通常速率在20kn以下的船舶选择测量里程1n mile的标杆。如图13-38所示,4根标杆分两组固定于岸上,标杆FB_1至FB_2之间的距离即为测量海里,标杆$RB_1 \sim FB_1$,应平行于$RB_2 \sim FB_2$。另外,在测速线上设置导航浮标$T_1 \sim T_6$,船舶沿箭头所示的方向行驶,测速员站在船上一固定位置,通过望远镜观察标杆FB_1和RB_1,重合一瞬间,按开秒表,当FB_2和RB_2重合时,按止秒表。这是利用三点连成一直线的原理求出一地到另一地的船舶航行时间。于是,船舶的速率为

$$V(\text{速度}) = \frac{L(\text{距离})}{t(\text{时间})} \tag{13-12}$$

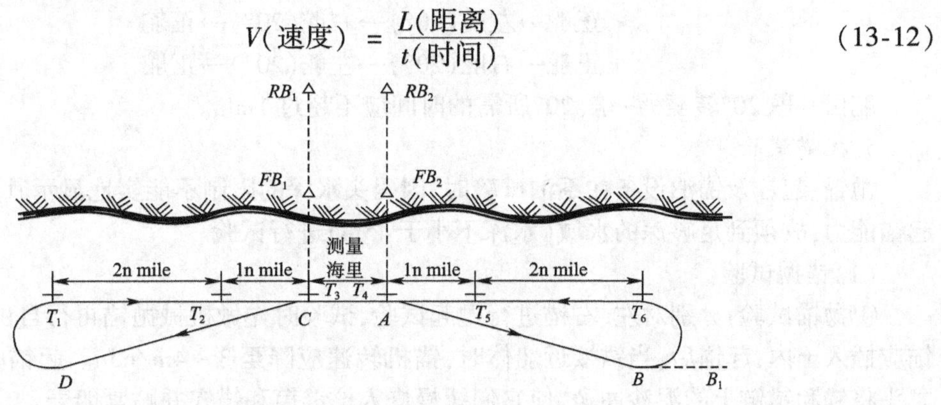

图13-38　测速航线

在测速时,由于受到水流、风力等因素的影响,因此不可能以单次行程来决定船舶的实际速度,为使测速结果具有一定的正确性,要求在同一螺旋桨转数和同一主机功率下做多次往复的测速试航,最好是4~6个航次,一般都按3个航次来决定船舶的速率。

4.操舵试验

操舵试验的目的是为了鉴定舵操纵的轻便性、灵活性(船舶应舵性能)及其工作可靠性,并为驾驶人员掌握船舶的航行、回转、入港和起锚等操纵性能提供切实可靠的依据。

(1)主用操舵装置的操舵试验。在试航中进行正车和倒车的操舵试验,并测定在下列各种操舵情况下的时间周期:

正舵→左满舵

左满舵→正舵

左满舵→右满舵

右满舵→左满舵

正舵→右满舵

右满舵→正舵

试验时要求在最大正车航速和最大吃水条件下,对于平板舵从一舷的35°转到另一舷的35°,对流型线舵则从一舷的32°转到另一舷的32°,所需时间不应超过30s;对内河船舶的要求更高,所需时间不应超过15s。此外,对舵机装置及其附件也需做再一次的检验。

为使船舶适应不同航道的航行,应作前进"Z"形操舵试验,试验以不同航速(全速、中速、低速)和不同舵角(10°、20°、35°)分别进行,并测定舵偏转至一定舵位时,以及首方位每偏转2°时所需的时间,为驾驶人员提供操舵数据。

倒车操舵试验时,一般以半速倒行,先操左舵回转一圈后,即转右舵回旋,也回转一圈,然后将舵转至正中,再做相反方向的试验,分别测定其回转轨迹。

(2)备用操舵装置的操舵试验。船舶一般均具有双重操舵装置,故需进行主用操舵装置转换为备用操舵装置的应急转换试验,即设主用操舵装置在某一假定舵位失灵,操舵人员(2~3人)立即将备用操舵装置的舵轮急转至相应舵位,继以敏捷动作啮合离合器,将备用操舵传动轴接合,然后回舵至零位。自主用操舵装置失灵至备用操舵装置可用的转换时间应不超过2min。

备用操舵试验时,船舶以最大正常航速的一半(但不小于6kn)的速率正车前进,然后进行:

正舵→左舵(20°)→右舵(20°)→正舵

正舵→右舵(20°)→左舵(20°)→正舵

舵由一舷20°转至另一舷20°所需的时间应不超过1min。

5. 抛锚试验

抛锚、起锚及锚泊设备在系泊试验时,因码头水深的限制不能实地显示其起锚速度和最大起锚能力,故须到足够深的水域(水深不小于45m)进行试验。

(1)锚抛试验:

①抛锚试验:分别对左、右锚进行抛起试验,试验时先做机械抛锚再行自由抛锚。抛锚时,锚应插入土内,起锚后,当锚接近船体时,锚机转速应降至3~4m/min。起锚时还要用高压水龙头将锚和锚链上的泥沙冲净,使它们缓慢进人锚链筒和锚穴并贴紧船壳。

另外,需测定起锚速度及锚机原动机工作参数。对于电动起锚机,除测量电动机在各挡速度下的电流、电压和转速外,还应进行制动器和过负荷保护装置的调整,并测量在热、冷状态下的绝缘电阻及各部分温度。在抛锚和起锚过程中,还应观察运动机构的运转情况和船身的振动与磨损情况。此外,还需进行制动效能试验。

②掣链器强度试验:抛锚入土后掣链器将锚链掣牢,船则倒车慢行来检查掣链器强度、掣链作用及甲板的局部强度,不合格处进行调整、修复或加强。

③人力应急起锚试验:抛锚入土后,用人力应急起锚装置起锚,一般起1/2节锚链即可,主要检查人力起锚的轻便性、可靠性以及起锚速度和操纵人数。

(2)尾锚抛锚试验。尾锚的抛锚方法同样有两种:机械抛锚和自由抛锚。试验内容基本上和首锚相同,主要测定绞缆机的速度和绞缆原动机的工作参数。还需检查尾部振动情况、钢缆或锚链绕系情况、止动爪的止动作用和制索器的制动效能。另外,抛锚时绞缆机应紧急制动

2～3 次,以检查制动带的制动效能。当起尾锚至接近船体时,应转换成 3～4m/min 的低速度,使锚缓慢地贴紧船壳或收起到甲板上。

6. 回转试验及惯性试验

(1)回转试验。回转试验主要是了解船舶在转弯时需要多大的圆弧,以回转半径或直径来衡量。试航时提供的回转数据可供航船在港湾或狭窄江面上回转、避让用,以防止碰撞事故。回转试验要求在天气晴朗、风力和缓、潮流平稳、来往船少、足够水深的水域进行。通常是以全速或常用车速作左满舵、右满舵回旋一周的试验,以测定其回转直径的大小。对于双桨船舶还应测定其一桨正车一桨倒车时就地回转圆的大小。

回转直径的大小一般均以船长的倍数来表示。不同类型的船舶,其回转直径为 3～7 倍船长。内河船舶比海洋船舶的回转直径小,双桨船舶比单桨船舶的回转直径小。

具体测定回转直径和回转圆的方法很多,原理有两种:测程法和测位法(即测角度法)。下面介绍一种测程法:借助预设于岸上或海上的金属标志测定回转直径的方法(图 13-39)。当船舶开始回旋和旋经半圆时,即分别发出短波,测知船舶距离金属标志的距离 D_1 和 D_2,两者之差即为船舶的回转直径(回转直径 $D = D_2 - D_1$)。该法简便,亦较正确,不过 D_1 不宜太小,以减少雷达测距误差。

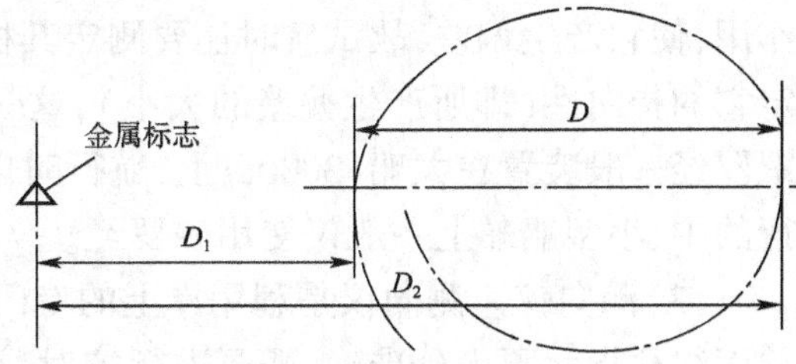

图 13-39　回转直径测定法

(2)惯性试验。主机停止运转后,船舶自由滑行的距离就是船舶的惯性。船舶惯性对其避碰、起锚、靠岸有密切关系,只有熟知船舶惯性才能确定何时停车、倒车或改变主机转速以及采用何种舵角方能稳定而安全地靠上码头。惯性试验一般做 4 种,即

全速正车→停车
全速倒车→停车
全速正车→全速倒车
全速倒车→全速正车

惯性行程通常以船长倍数来表示。一般来说,全速正车→停车船舶滑行距离约为 5～7 倍船长,全速正车→全速倒车则为 4～5 倍船长。惯性试验常用丢掷木块的方法测定其行程。如全速正车前进时,两观察组分立于船首与船尾,驾驶台发令停车时,首观察组即投第一块木块,以后每隔 5～10s 投一块,直到船舶停止前进。尾观察组则记录其收到每一块木块的时间,从已知距离和木块行经时间即可求得一组船速。按木块累加进程即可获得停车后船舶的惯性冲程。这就是全速正车—停车的惯性测定法。

7. 几种常用导航设备的试验

(1)磁罗经。磁罗经是利用地球磁场的作用来正确地指示方向。罗经本体由一组小磁棒构成一罗盘,可在水平面内转动。当四周无附加磁场时,罗经可正确地指向北极,但装在钢质船舶上时,因受附加磁场的作用,罗经便不再正指北极而指向另一方向,这个偏差称为罗经自差,不消除自差,磁罗经便不能用。

根据自差理论分析,在东、南、西、北、东南、东北、西南、西北 8 个方向上自差最大,也最易消除。消除这 8 个方向的自差后,可以计算出任何方向的剩余自差,最后画出一根自差(剩

余)曲线,以供航行时使用。消除方法是利用岸标或太阳等已知方位,先测得罗经在该方向的自差,然后用磁棒和软铁块消除之。这只能在航行试验时进行,码头上是无法完成的。

在船上,一般设有2只磁罗经:位于罗经甲板上的标准罗经和装在驾驶台内的操舵罗经。前者可用上述方法消除自差,后者不行,只能根据标准罗经进行校对,故误差较大。

(2)陀螺罗经。陀螺罗经指北的原理和磁罗经完全不同,它不是基于地球磁场的作用,而是利用力学中陀螺原理。陀螺对宇宙有指向性,使其指向北极后,因其不受船磁和地磁的影响,故不需消除自差,准确性高。当然,制造时难免存在误差,指北时存在一固定的偏差角——偏东或偏西,又因安装上船后,会与纵中心线存在一固定的安装偏差角。偏差角虽然是固定的,也要在试航时测定出来。它是利用岸标进行测定的,然后将固定误差消除在允许范围内(即移动陀螺罗经的主罗经基座)。另外,船舶转向、加速或减速对陀螺罗经将产生附加力的作用,使它产生偏差,故试航时还要测定其机动误差,方法与前面一样,将船作几个大转向后测定它的指向性(即所产生偏差的大小),这一偏差无法消除,测出后记录下来使心中有数。陀螺罗经一般装置在大船(3000t)上,航行时以陀螺罗经为主,磁罗经作参考。在沿海和内河航行的中、小型船舶上一般仅使用磁罗经。

(3)测向仪。测向仪是利用岸上的专门测向台测定船位并引导航行的仪器。因其制造误差而往往指示不十分准确,需要进行校对、调整,以达到在相对于船角360°范围内,任一方向的偏差不大于允许值,得出一偏差曲线,供航行驾驶用。方法有数种,常用的一种方法是将船泊于海中,用一小船在其周围回转,小船上装有电台,模拟岸上测向台,测定小船绕大船回转时的各方位,与大船测向仪对小船测得的方向进行比较,记录各点偏差后进行调整并消除之,即可得一准确的偏差曲线,一般测量2~3次即可完成。

(4)计程仪。计程仪是测定船舶速度和记录航程的仪器。其种类很多,但基本原理是一样的,都是根据航行时水压与船速的关系(水压与船速的平方成正比),来确定航速和里程。简单的计程仪只能指示海里程,不能直接指示速度。

航行试验时应测定计程仪的误差并消除之。其方法是利用港口岸标间的距离(已知),同时记录船的真速和计程仪速度,相比较后即知计程仪误差。若误差较大,则对仪器校正后再行测定,一直调整到允许值为止,一般两个回合即可完成。这一工作通常与船舶测速试验同时进行。

(5)测深仪。测深仪是测定水深的仪器。航行试验时应该测定测深仪指示水深的准确性。其方法是:当船舶停泊时,用水拓(能测定水深的重锤)测量水深,与测深仪所指示的水深进行比较,若误差太大,则进行调整。

SIKAOYULIANXI

一、简答题

1. 什么是船舶下水工艺?

2. 船舶下水前应当完成哪些工程?

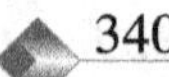

3. 按船舶下水原理可分为哪几大类下水方式？

4. 什么是重力式下水？它有哪几种形式？

5. 什么是漂浮式下水？它有哪几种形式？

6. 什么是机械化下水？它有哪几种形式？

7. 什么是衬垫式下水？它有哪几种形式？

8. 纵向涂油滑道下水有哪些运动过程？

9. 纵向涂油滑道下水为什么会产生船体首端压力？怎样防止船体损坏？如何预防船台损坏？

10. 纵向涂油滑道下水什么情况下会发生船舶仰倾现象？怎样防止船舶仰倾？

11. 纵向涂油滑道下水什么情况下会发生船首跌落现象？怎样防止船首跌落？

12. 纵向涂油滑道下水有哪些下水装置？在下水过程中要注意些什么？

13. 取消首支架下水工艺的原理是什么？这样做有何意义？

14. 你实习(或参观)过的船厂采用什么形式的船舶下水工艺？为什么？并请谈谈其下水的基本过程。

15. 纵向钢珠滑道下水属于哪一类下水方式？它与纵向涂油滑道下水方式相比有何不同之处？

16. 纵向钢珠滑道下水方式有何优缺点？

17. 密性试验的目的是什么？

18. 密性试验的试验方法有哪些？

19. 船舶试验的目的和主要阶段是什么？

20. 系泊试验的目的是什么？

21. 系泊试验的主要试验内容有哪些？

22. 航行试验由哪些部门参加？主要试验内容有哪些？

二、选择题(单项选择题,即只有一个答案是对的)

1. 当船舶建造工程大部分完工之后,利用某种下水设备,将船舶从建造区移至水域区的工艺过程,称为:(　　)。

A. 船舶舾装　　B. 船舶涂装

C. 船舶下水　　D. 船舶试验

2. 关于纵向涂油滑道下水,说法正确的是:(　　)。

A. 对不同的船舶下水重量、不同的船型都能适应

B. 能用于数十吨以上的各类船舶的下水

C. 能用于数十吨以下的各类船舶的下水

D. 工艺设备复杂、建造费用较高

3. 根据船舶下水的运动特点和受力情况,通常可将下水过程分为以下4个阶段。下面哪个不属于下水的4个阶段:(　　)。

A. 船舶开始滑动到刚和水面接触　　B. 从和水面接触到开始尾浮

C. 从尾浮开始到完全停止　　D. 从漂浮滑行到完全停止

4. 滑道中心距的大小约为:(　　)。

A. (1/3 ~ 3/7)船宽　　B. 越大越好

C. 越小越好　　D. 一般不作要求

5. 下水支架是支承船舶重量,保持船舶平稳下滑的重要下水装置,它对船体的支承长度约占船长的:(　　)。

A. 80%　　B. 20%

C. 100%　　D. 一般不作要求

6. 在板缝一侧冲水,在另一侧观察焊缝处有无渗漏现象的密性试验方法称为:(　　)。

A. 冲水试验　　B. 气压试验

C. 冲油(油雾)试验　　D. 冲气试验

7. 密封试验舱并充以一定压力的压缩空气(通过减压阀充入),在焊缝另一面涂以起泡剂(如肥皂液),观察有无渗漏起泡现象的密性试验方法称为:(　　)。

A. 冲水试验　　B. 气压试验

C. 冲油(油雾)试验　　D. 冲气试验

8. 主机码头试的目的就是为了检查:(　　)。

A. 系泊设备的安装质量　　B. 轴系的安装质量

C. 船舶动力装置的制造和安装质量　　D. 船体的焊接质量

9. 测速试验的目的是为了确知船舶处于不同载荷状况(轻载、重载)和不同螺旋桨转数下的:(　　)。

A. 航速　　B. 主机功率

C. 航速及其相应的主机功率　　D. 辅机功率

10. 浮船坞下水可分为:(　　)。

A. 纵移式和横移式　　B. 纵移式

C. 横移式　　D. 斜移式

三、判断题(对的打“√”,错的打“×”)

1. 由于船台(或造船坞)的施工条件要比舾装码头优越得多,所以应当想方设法尽量扩大下水前的船舶完工量,以提高造船的综合生产能力,缩短造船的总周期。(　　)

2. 船舶下水的方式和下水设施是船厂根据自身的条件和生产的要求来选择的。按原理船舶下水可分为:重力式下水、漂浮式下水、机械化下水和衬垫式下水4大类。(　　)

3. 利用浮船坞进行船舶下水时,首先把浮船坞对准岸上的移船轨道,再将下水船舶沿轨道移入浮船坞,然后将浮船坞拖曳至沉坞坑处,使之下沉,船舶则自行浮起。(　　)

4. 纵向钢珠滑道下水与纵向涂油滑道下水的区别,仅在于以钢珠代替油脂。(　　)

5. 对于全部液舱均采用气压试验的船舶,在完成气压试验后,至少应对每种结构形式的液舱中的一个作水压试验。(　　)

6. 在船体未经密性试验之前,不应对水密焊缝进行涂刷油漆或敷设绝缘材料。(　　)

7. 系泊试验(包括倾斜试验)和航行试验的目的是检查船体、机械设备、电气装置及动力装置的制造和安装情况,并鉴定其质量,使船舶具备试航条件。(　　)

8. 系泊试验时,应当主要抓住“四机一炉”(即主机、辅机、锚机、舵机和锅炉),因为它们是船舶生命力的所在。(　　)

9. 倾斜试验的目的是确定船舶重心的正确位置,以便计算船舶在不同装载情况下的稳性。(　　)

10. 操舵试验的目的是为了鉴定舵操纵的轻便性、灵活性(船舶应舵性能)及其工作可靠性。(　　)

第十四章　船体建造方案

● **学习目标**

知识目标

1. 了解造船生产准备包括的内容；
2. 了解造船工艺准备要做哪些工作；
3. 了解怎样选择船体建造方案；
4. 掌握船体分段划分的原则。

能力目标

能对船体进行分段划分。

所谓船体建造方案，就是根据产品的要求（建造批量、交船时间、技术要求）和特点，结合船厂的生产能力制造出最佳船舶的方案。因此，它不是一般生产工艺的罗列，而是选择船体建造的主要技术对施工中特殊问题的处理。

造船生产准备是指船体投料开工前的各种准备工作。这一阶段大约历时 6 个月至 1 年，根据船型、尺度、批量和船厂具体情况而定。

船体建造精度管理（其主要内容是精度控制），就是以船体建造精度标准为基本准则，通过科学的管理方法与先进的工艺技术手段，对船体建造进行全过程的尺寸精度分析与控制，以达到最大限度地减少现场修整工作量，提高工作效率，降低建造成本，保证产品质量的目的。

第一节　船体建造方案的选择

一、影响船体建造方案选择的因素

船体建造方案，就是根据产品的要求和特点，结合船厂的生产能力建造出优质船舶的最佳方案。因此，它包括船体建造阶段的具体划分，船体分（总）段的装配方法，船体总装的建造方法和船舶舾装的阶段（分段舾装、单元舾装、船台舾装、码头舾装等）与内容，以及为实现上述内容而采取的各项技术组织措施等。因此，船体建造方案是船厂进行生产设计和工艺准备，制订生产计划和指导生产过程的主要依据。同时，在进行船厂现代化技术改造时，典型产品的建造方案还是制定技术改造规划的重要依据。所以，选择船体的建造方案是一项极为重要的任务，一般应满足以下要求：

（1）从船厂的实际生产条件出发，充分利用现有设备，并进行船体结构预装配焊接场地的布置，包括平台和胎架的数量、胎架的结构形式、胎架场地的合理布置及分段的堆放场地等。

（2）能保证船厂建造此种船舶的年度计划的完成，应进行船舶建造总顺序及进度安排，确定船舶建造总周期、船台（船坞）周期及船舶下水前的完工量。

(3)确定船体建造方法,能满足船舶结构及工艺上的合理性要求。

(4)能获得最好的技术经济指标,其中包括提高质量、降低成本、降低材料消耗、缩短造船周期、提高生产效率等。

(5)有利于合理组织劳动力和均衡生产节拍,有利于扩大机械化、自动化生产,改善施工条件,减轻劳动强度。

(6)解决因产品特点及船厂条件所带来的施工难题。

对于不同产品,建造方案的内容范围也不相同。影响选择船体建造方案的主要因素是船舶产品的特点和船厂的生产条件两个方面。

1. 船舶产品的特点

(1)船舶主尺度及船型特点的影响:在船台(船坞)起重能力已定的情况下,船舶主尺度和船型特点是影响船体总装方法的重要因素。小型船舶一般可选用总段建造法或整体建造法;船长在120m以内的中型船舶,以采用塔式建造法为宜;当船长超过120m时,因分段数量多,采用岛式建造法能充分利用船台(船坞)面积,扩大施工面,缩短船台(船坞)周期。尾机型船舶宜采用串联建造法,它既有利于提高船台(船坞)周转率,也有利于提前舾装,缩短建造周期。

(2)产品批量的影响:定型和批量建造的产品,其船体在船台(船坞)上的建造法,只要船台(船坞)长度允许,应尽量采用串联建造法,以利于提高船台(船坞)周转率,缩短造船周期。对分(总)段的装配,应尽可能采用零部件→分段→总段的装配方法,尽可能扩大分段舾装和单元舾装的范围,提高分段制造的完整性。对于上层建筑,则应采用上层建筑整体(已预舾装)吊装新工艺。对生产场地应进行细致的规划,按照分(总)段类型,组织专业生产线或作业区,使工艺流程尽量合理化。还可以适当增加胎架等专用工艺装备,以改善施工条件和提高生产效率。有时为了适应选定的造船方法和批量造船的需要,还应提出改变生产体制的组织措施。对于单个建造的船舶,采用首先形成机舱部分或上层建筑集中部位(非机动船舶)的船体段,以提前吊装上层建筑分(总)段的建造法。对分(总)段装配方法的选择应尽量减少胎架等专用工艺装备的数量,减少辅助材料和工时的消耗。生产场地的布置应从船厂当时的生产实际出发,适当地作出合理的布置,使之能满足造船工艺流程的基本要求。

2. 船厂生产条件

(1)船厂起重运输能力:船体装焊车间、船台(船坞)和舾装码头的起重运输能力是直接影响船体建造方案的极为重要的因素。船体建造法的选择,取决于船台(船坞)起重能力。例如,即使船舶主尺度较小,因受船台(船坞)起重能力的限制,有时也不可能采用船台(船坞)装焊工作量最少的总段建造法。即使在用水平船台造船的船厂中,可以利用船台小车使船舶主体采用总段建造法,但是,欲采用上层建筑整体吊装及主机整体吊装的建造法时,却完全取决于船台(船坞)起重能力能否满足要求了。

船体装焊车间的起重能力及其与船台(船坞)之间的运输能力,对船体分段装焊场地的布置影响很大。若船体装焊车间的起重能力较船台(船坞)起重能力小得多时,不仅应采用零部件→分段→总段的装配方法,还应采用零部件→分段→大型分段的装配方法,以便将一些重量超过车间起重能力的大型分段划分成较小的分段,安排在车间内制造,然后运送至船台(船坞)周围的分段装焊区,进行第2次组装而成所需要的大型分段或总段。

(2)生产场地:船台(船坞)的类型、大小等直接影响到对船台(船坞)上船体建造法的选择。例如用水平船台造船时,可以利用船台小车作为总段的移运工具而选用总段建造法。对于尾机型船舶,还可以采用首先形成尾部船体的总段纵移式建造法。对于倾斜船台,若船台长度与建造的船舶长度差不多时,即使是批量建造尾机型船舶,也无法采用串联建造法。

分(总)段装焊场地是影响生产线布置的重要因素。在场地面积充足时,应考虑组织多工位的船体分段专业生产线或作业区,同时还应设置专用的分段舾装作业区,发展专业化流水生产,也便于通过专设的舾装工位或舾装专业组(采用流水定位生产时)的方法,来扩大分(总)段舾装范围和完善分段舾装工艺。当分(总)段装焊场地不够充裕时,则应适当改变某些分段的装配方法,并根据分段划分情况和船台(船坞)装配的分段吊装顺序,按照分(总)段装焊场地实际情况,对平台和胎架的布置作出合理的安排。

(3)船厂劳动生产负荷:在确定建造方案时,除了应考虑上述因素外,还必须考虑可能投入的劳动力数量,而且应使分(总)段制造、船体总装和码头舾装三者的劳动力负荷基本均衡,以保证有节奏地进行生产。例如在选用岛式建造法时,不仅应该使船台(船坞)装配能按规定进度完成,还要求能保证按时供应各岛所需的分段。所以,必须对船台(船坞)和分段装焊区投入与此相适应的劳动力数量,否则,选用这种建造法就没有意义了。

对于一个产品可以提出几个方案来进行分析比较,主要从可行性、合理性和先进性3个方面进行综合评价,然后选择最优的船舶建造方案。可行性和合理性是造船方案能否成立的基础,先进性则是在成立基础上的优化手段。

影响船舶建造方案先进性的指标有:

①机械化自动化加工百分率(机械化自动化加工工作量比全部零件加工工作量)。

②部件组合件装焊工作量百分率(部件组合件装焊工作量比船体装焊总工作量)。

③钢材利用率(实际使用钢材量比计划使用钢材量)。

④半自动焊和自动焊工作量百分率(半自动焊和自动焊焊接工作量比全船焊接工作量)。

⑤平面装焊工作量百分率(平面装焊作业工作量比船体装焊总工作量)。

⑥分段舾装和单元舾装工作量百分率(分段舾装和单元舾装工作量比全船舾装总工作量)。

⑦船体装配现场修割率(船体装配现场修割长度比船体装配长度的总和)。

⑧辅助作业工时百分率(辅助作业工时比全船生产总工时)。

以上8项中,前6项百分率越高越好,而后两项百分率越低越好。综上所述,在综合评价可行性和合理性以后,再选择先进性,即选择最优的船舶建造方案。

二、船体分段的划分

当船体详细设计进行到一定阶段,船体基本结构已经完成,船台(船坞)上的船体建造方案已经确定之后,即应开始进行全船分段的划分,绘制船体分段划分示意图(图14-1)。依此绘制分段施工图纸,布置分段生产场地,确定分段的船台(船坞)装配程序,分段余量的位置等。

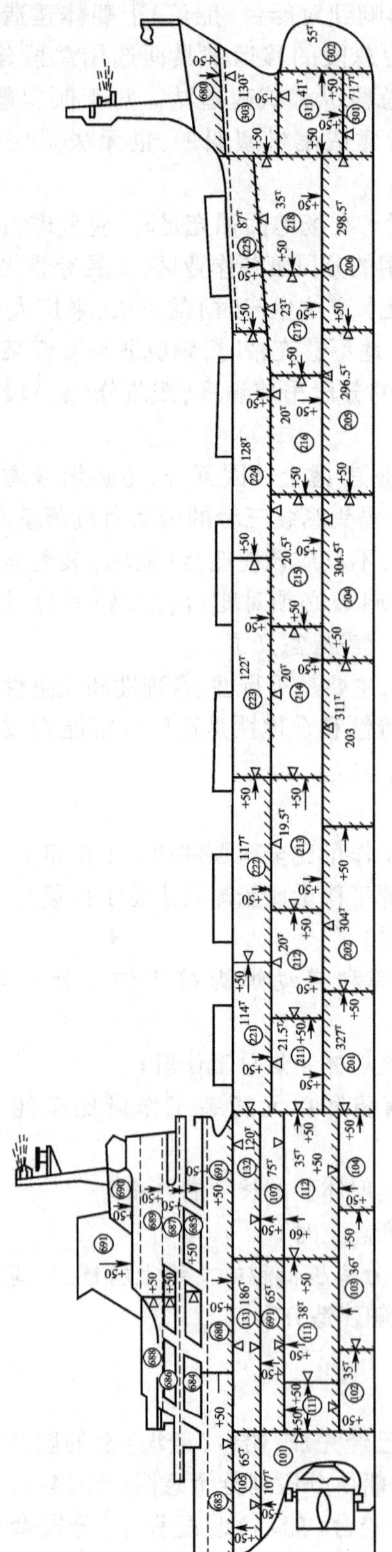

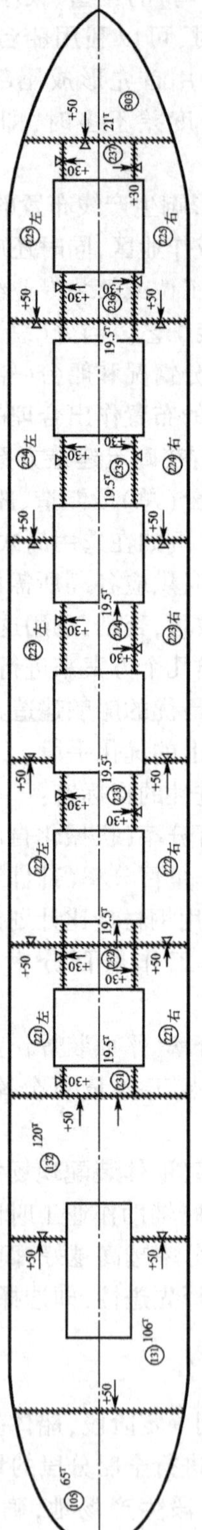

图 14-1　25000t 散装货船分段划分示意图

注:①图中▽/↑为分段划分线,圈中数字为分段编号,圈外数字为该分段重量;

②201~206 底部分段分左、中、右 3 段施工,图中分段重量为分段总重量;

③舱壁分段以及其他分段此图未画。

船体分段划分是否合理，直接影响到发挥船厂设备潜力、提高劳动生产率、改善劳动条件、提高产品质量和降低生产成本等经济技术指标。在长期生产实践中，人们总结出划分船体分段的一些原则如下：

1. 船厂起重运输能力和分段重量的选择

分段的重量和尺寸划分得越大，分段的数量就越少，这样可使船台（船坞）装配工作量减到最小，从而使外场和高空作业量下降，达到提高工效和改善劳动条件的目的。但是，这也就要求船厂的起重运输能力（包括船台或船坞起重能力、装焊车间起重能力、从车间将分段运往船台或船坞的运输方式及其负载能力、分段翻身条件和能力等）相应提高，否则制造好的分段就会吊不动运不走，因此，船厂起重运输能力便成了决定分段划分的主要因素。所以，船体分段的划分，应以分段重量（包括分段上安装的舾装件以及临时加强材的重量在内）不超过船厂起重运输设备的最大允许负荷为原则。

但是，只按船厂起重运输能力来划分船体分段不会总是合理的，因为船上各部分结构强弱不同，其单位面积重量差别很大。例如，甲板分段一般都是以结构刚性为主要影响因素，而起重运输能力则为次要因素。

2. 生产劳动负荷的均衡性与分段的划分

分段的划分和生产管理方面的关系，主要是使所划分的分段能保持各个建造阶段劳动负荷的均衡性，要特别注意分段数量和位置需与船台（船坞）装焊顺序和进度计划相符合。例如，一般都是选择机舱或邻近机舱的底部分段为基准分段，因此，应以基准分段为界，使其尾部的分段数量比首部少，使尾部船体的船台（船坞）装配焊接工作提前结束，便于提前安装机电设备、轴系、螺旋桨和舵系等，使首、尾部船台（船坞）工作量基本均衡。在采用岛式建造法时，分段划分的位置，应保证上层建筑或桥楼不致跨越两个岛和落在嵌补分段位置上，以便于提前吊装上层建筑分段和开展舱室舾装工程。

3. 分段的划分应保证船体结构的强度

这是船体结构特点对分段大接头提出的强度要求。其实质是在船舶运行时焊接接头能否具有和基本金属相同的各种工作性能，否则，就得根据焊接接头的特点对分段大接缝的布置做一些限制，以保证船舶的航行安全。

在容易产生应力集中的区域，如舱口角隅处、机座纵桁两端、上层建筑端部、双层底向单层底结构的过渡部分等处，因其应力比其他区域大得多，对焊接接头中存在的残余应力（包括焊缝和热影响区）特别敏感，因此，分段大接缝必须避开这些应力集中区域。

4. 分段的划分应考虑施工工艺的合理性

分段划分时应创造良好的施工条件，以便于进行施工、减轻劳动强度和降低生产成本。关于分段划分的施工工艺合理性要求，主要有以下几个方面：

（1）以船体为基础，以舾装为中心：船体分段划分应遵循“以船体为基础，以舾装为中心”为基本原则，在所划分段中体现“壳舾涂”一体化的“区域造船”思想。即该分段不仅是全船的一个组成部分，而且在分段制造时“壳舾涂”相对于全船又是一个独立的部分。尽可能地在该分段中完成船体制造、舾装和涂装工程量，同时该分段在船体总装时又能很好地与相邻各段衔接。因此，根据总布置图、舾装布置图、基本结构图、中横剖面图、肋骨型线图、外板展开图以及承造船厂资源等进行分段划分时，先由船体工程师先行预划分，然后由舾装、涂装工程师按照

“区域舾装”和“区域涂装”再行划分,并反馈给船体部门。这样经过多次反复讨论、折中、协调,达到统一、完善,以求得分段划分的施工合理性。

(2)扩大分段装配焊接的机械化、自动化范围:这是改善劳动条件、提高装配焊接生产效率的主要手段,因此在分段制造中,装配工作的机械化程度,自动焊使用范围的大小,是分段划分完善程度的标志之一。

在分段划分时,应尽量增加平面分段的数量,这对提高分段装焊机械化程度具有很大的作用。因此,只要船体结构上允许,应尽量将船体的平直部分和曲形部分划开,而且应使平面分段的尺寸不超过平面分段机械化生产线所允许的最大尺寸。其次,即使承造厂没有平面分段机械化生产线,也应该尽量扩大平面分段的数量,以便得到良好的施工条件和扩大自动焊应用范围。

(3)分段大接缝布置的合理性:分段大接缝包括外板接缝线与内部骨架接缝线在相对位置上的一致性,不仅要保证船体结构的强度和连续性,而且可以简化船台(船坞)装配工作和获得良好的施工条件。

分段大接缝一般都要求布置在平直或型线变化和缓的部位,以便在分段制造中得到精度较高的大接缝型线,这样有利于船台(船坞)装配作业。

从船体结构的连接特点看,船体是由一些连接构件(肘板等)把各部分不同的结构连接起来的。如通过舭肘板把底部结构和舷部结构连接起来,通过梁肘板把舷部结构和甲板结构连接起来,通过上下肘板将横舱壁隔开的相邻两个舱室的纵向骨架连接起来等。通常,这些连接处的接缝往往就是天然的分段大接缝。此外,分段划分时应该遵循以下原则:横骨架式结构应尽量作横向划分,纵骨架式结构应尽量作纵向划分,以免使内部的连续性骨架被切断。船体分段的横向大接缝一般都要求布置在同一横剖面内。

无论横骨架式或纵骨架式的船底结构,水密肋板多是纵向构件间断的地方,因此,底部分段横向大接缝,应尽可能设在水密肋板和横舱壁前后的肋距内。甲板和舷侧分段的横向大接缝应尽量设在横舱壁前后的肋距内,这样既可以避免船台(船坞)装配中需要设置较多的假舱壁,又可以避免纵向构件切断得过多,从而达到简化船台(船坞)装配工作的目的。例如图14-2a)所示舷侧分段和底部分段的横向大接缝布置在同一横剖面内,不会影响船台(船坞)装配中横向骨架的对准和连接工作。如果它们的横向大接缝不是布置在同一横剖面内,见图14-2b),则在船台(船坞)装配中由于舷侧分段跨过底部分段的大接缝,就会造成横向大接缝附近两相邻分段(底部分段和舷侧分段)的肋距相差太大,使上下骨架很难对准,直接影响装配质量。

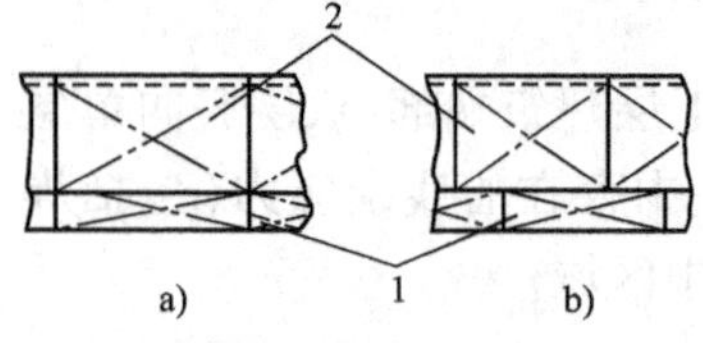

图14-2　分段横向大接缝布置方式
1-底部分段;2-舷侧分段

从船体局部结构强度考虑,1/2肋距处弯矩最大,而1/4(或3/4)肋距处弯矩为零,同时为便于控制分段大接缝的型线光顺,要求将横向大接缝划在1/4(或3/4)肋距处。但是,由于内河小船的肋距较小,故有时也设在1/3(或2/3)肋距处,以便于施工。

首尾尖舱附近的分(总)段横向大接缝,布置在尖舱外(图14-3)要比布置在尖舱内好得多,因为操作人员可以不必通过人孔进入空间很小的尖舱内工作,从而获得较为宽敞和良好的工作空间。

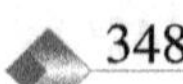

分段划分时，应尽可能减少船台（船坞）装配中的高空作业量，如在划分甲板分段时，遇到舱口则应尽量保持舱口的完整性，它不仅可以提高舱口的制造精度，还避免了船台（船坞）装配时进行舱口围板对接的高空作业，保证施工操作的安全性。

船底需要作纵向划分时，如果划分为左右两段，则纵向大接缝应设在靠近中桁材附近（图 14-4a）；如果要求划分为 3 段，则纵向大接缝应设在靠近旁桁材处（图 14-4b），这时应将旁桁材改为连续构件。

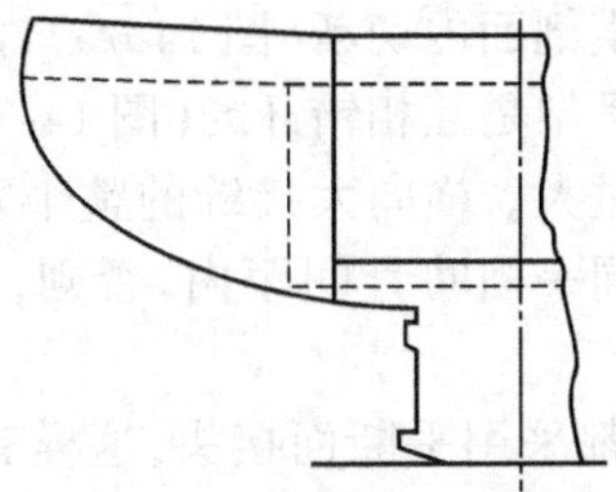

图 14-3　尾部立体分段横向大接缝的布置

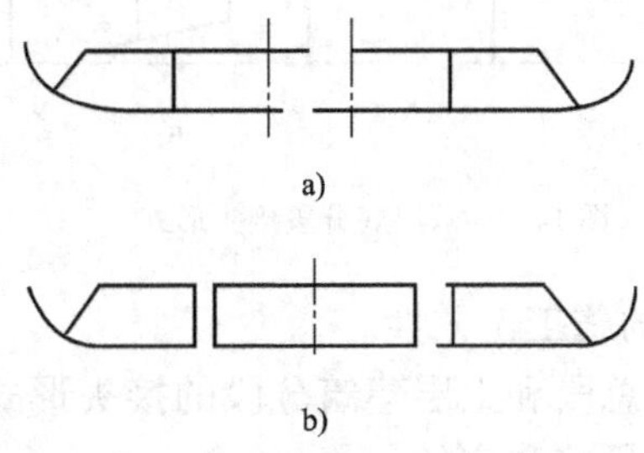

图 14-4　船底分段的纵向划分

底部分段与舷侧分段对接的纵向大接缝位置，一般都是利用舭部外板与舷侧外板的纵接缝和舭肘板与肋骨的连接处作为大接缝的，但是，为了便于船台（船坞）装配，骨架和外板的错开距离不宜过大。板缝的布置，船中部分应布置在舭肘板上口向下 100 ~ 150mm 处（图 14-5a），首、尾部分则应设在舭肘板上口向上 100 ~ 150mm 处（图 14-5b）。舷侧分段应尽量避免作上下划分，必须要作上下划分时，分段纵向大接缝应设在中间甲板或平台甲板以上 100 ~ 150mm 处，这样便于总装与焊接。

上层建筑分段一般都划成带甲板的立体分段，以便在甲板胎架上进行反造，其纵向大接缝总是沿着甲板与围壁接缝处划分的（图 14-6）。当外部围壁上下连续时，则分段纵向大接缝应设在甲板以上 100 ~ 150mm 处。

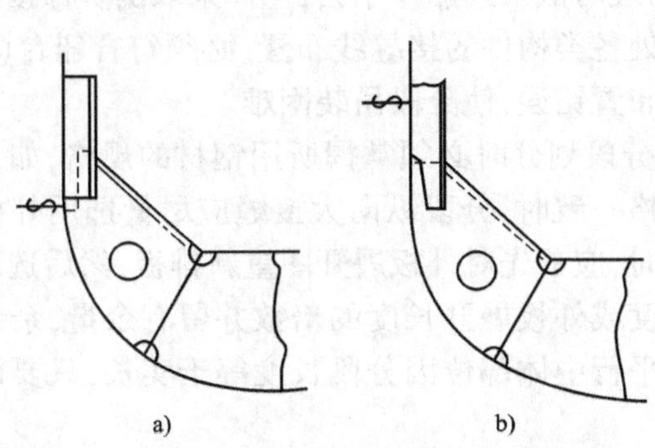

图 14-5　底部与舷侧分段对接的纵向大接缝布置

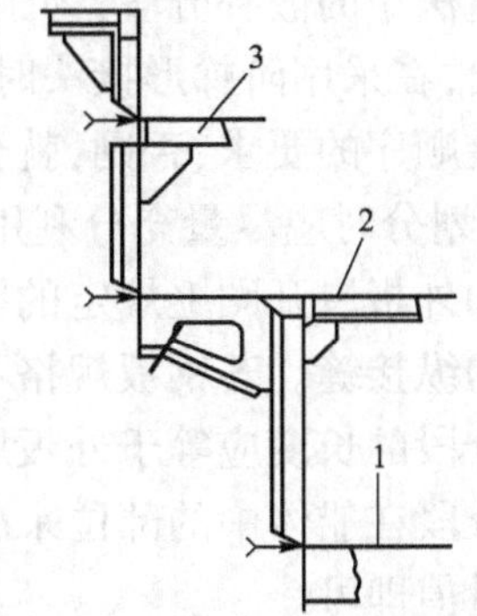

图 14-6　上层建筑分段大接缝位置

1-上甲板；2-遮阳甲板；3-救生甲板

多层甲板船舶的舱壁分段一般都在甲板上切断，以保证甲板的连续性，也有的把舱壁划分一部分到甲板或舷侧分段上去，这种划法可以增加甲板或舷侧分段的刚性，但不利于船台（船坞）装配工作的顺利进行。

为了便于开展预舾装工艺，分段大接缝的布置，应充分考虑相邻分段之间舾装件的布置情况，尽量避开安装各种基座、水密门窗、人孔、扶梯、箱柜等的部位，使它们不跨越两个分段，而

且还应使管路、电缆等被切断的数量减至最少,以降低这些舾装件的嵌补工作量。

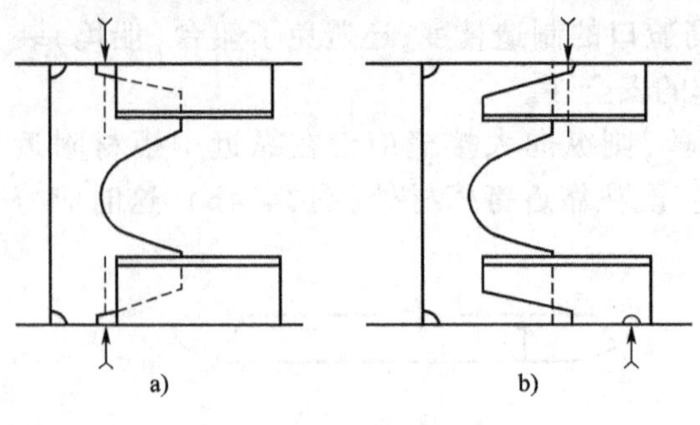

图 14-7 双层底分段接头形式

(4)分段接头形式的合理性:根据分段大接缝处的结构特点和船台(船坞)装配要求,必须采用不同的接头形式,以简化船台(船坞)装配工作。常用的接头形式有平断面接头和阶梯形接头两种。平断面接头处的板和骨架都在同一个横剖面内切断(图 14-7a),阶梯形接头处的板和骨架是互相错开的(图 14-7b),其错开距离不宜过大。横向大接缝的整个阶梯形接头应布置在同一档肋骨间距内,否则,就会影响船台(船坞)装配的施工工艺性。

船体总段和上层建筑分段的接头形式,一般都采用平断面接头,这样有利于船台(船坞)装配时的吊装和定位。

底部分段横向大接缝的接头形式,多采用阶梯形接缝,这样易于保证其强度,但给船台(船坞)装配带来一些不便。亦可以采用平断面接头形式,既可保证强度又方便了船台(船坞)装配。它与舷侧分段对接的纵向大接缝通常已天然地构成了阶梯形接头,这样有利于舷侧分段的吊装作业(图 14-5)。若底部需要作纵向划分时,为了直接利用横向骨架在中桁材(划分成两个分段时)或旁桁材(划分成 3 个分段)处的接缝作为分段大接缝,则应该选用阶梯形接头(图 14-4)。

舷侧分段和甲板分段的结构特点表明,其分段接头形式应选用阶梯形接头为宜,因为在船台(船坞)上先吊装的分段骨架伸出部分,可以作为后吊装分段的支承,这样有利于分段的吊装和定位。

岛式建造法中的嵌补分段,为了便于吊装时嵌入到船体中去,一律采取倒阶梯接头形式。

必须指出,在采用阶梯形接头时,接头处各类构件的接缝线布置,必须符合船台(船坞)装配对分段吊装顺序的要求,否则,就会造成布置错误,使分段吊装困难。

(5)分段划分时应尽量充分利用钢材:分段划分时必须掌握所用钢材的规格,如果所使用的钢板规格和外板展开图上规定的钢板规格一致时,分段纵向大接缝应尽量选用外板展开图上所画板列的纵接缝。若钢板规格不一致时,应首先对外板展开图重新排板,然后选用新的板列纵接缝。分段的长度应等于外板展开长度或外板展开长度的倍数并留有余量,余量多少应视船型及该分段在船体中的部位来决定。平行中体部位因分段长度等于实长,只要留有按规定加放的余量值即可。

为了节省辅助材料的消耗,应使分段划分方案在船台(船坞)装配时使用的假舱壁和临时加强材如支柱的数量尽可能地少。对于单个建造的曲面分段,如果有可能连接一部分平面结构(如纵舱壁)而划成立体分段,则应划成立体分段,以便利用平面结构作基准面在平台上建造,以节约制造胎架所需的辅助材料。

(6)所划分段应有足够的刚性以便吊运:每个分(总)段的尺寸应该小于承造厂起重设备的悬臂跨距和装焊车间大门的宽度,同时还必须特别注意保证分段吊运时的刚性。如果在分段划分时已能预见到分段的刚性不足,则应该改小分段的尺寸或者对分段采取临时加强措施,

以保证吊运时不损伤分段的结构和避免发生分段变形。

综上所述，在划分分段时，必须预先熟悉设计图纸资料，掌握船体型线和结构的特点，同时也要熟悉船厂的设备条件、生产能力和建造船体的方法，根据分段划分的主要原则，正确处理各项要求之间的矛盾，先予初步划分，经过反复分析和修改，确定最终的划分方案，以得出满意的分段划分方案，并绘制分段划分图，如图 14-8。

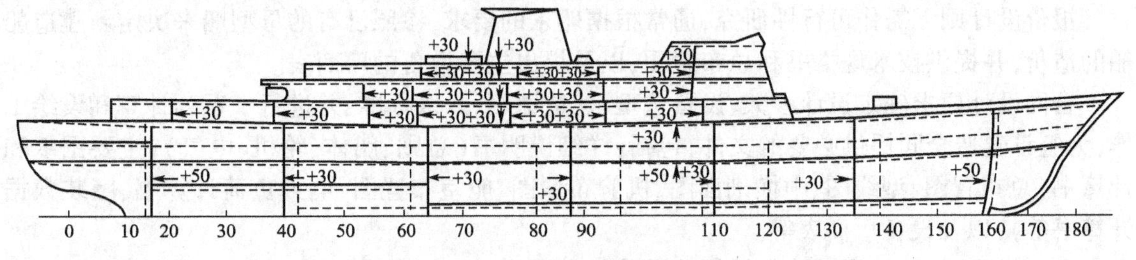

图 14-8　沿海客货船分段划分图

第二节　船体建造的工艺准备

造船生产准备的主要内容包括设计、工艺、材料、人员和船厂设施等方面的准备工作。

1. 设计准备

世界上各造船国家的设计阶段划分不尽相同。我国的船舶设计分为 3 个阶段，即初步设计、详细设计和生产设计，其具体过程如图 14-9 所示。

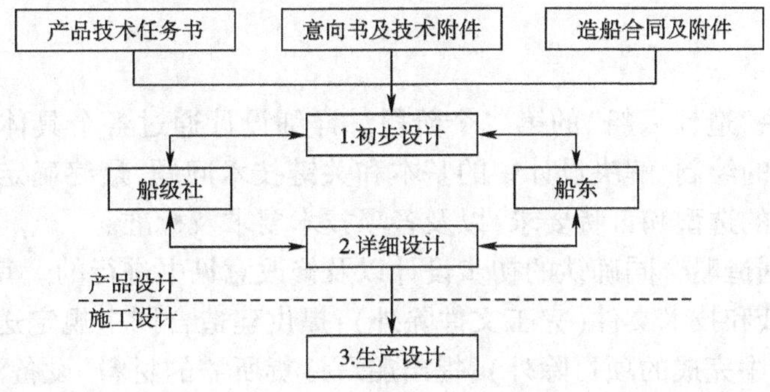

图 14-9　民用船舶设计工作流程

1）初步设计

初步设计是解决“造什么船”的第一个阶段。初步设计应对船舶总体性能和主要技术指标、动力装置、各种设备与系统的原理进行设计，并通过理论计算和必要的试验来确定船舶产品的基本技术形态、工作原理、主要参数、结构形式和主要设备选型等重大技术问题。

有 3 种情况要求船舶设计部门进行初步设计：

（1）产品技术任务书：这通常是指国内有关部门下达的指令性任务，说明产品的用途、航线、吨位、航速等设计要求。

（2）意向书及技术附件：这是指船舶市场中客户的订货意向，不受法律约束。它通常表明船东对船舶的各种要求，并询问造价。

（3）造船合同及附件：在某些情况下，船东因信任船厂而直接提出有关技术要求，并要求

签订建造合同。

在初步设计阶段,根据具体情况可插入所谓概念设计、报价设计和合同设计等工作。

概念设计是将设计任务书的要求转变成船体和轮机的设计参数。主要是进行可行性研究,决定船舶的总体性能,满足所要求的航线、航速、舱容和排水量等,并据此报出大概的造价。

报价设计则无需作可行性研究,通常根据船东的要求,参照已有的母型船来决定新建造船舶的造价,并提供技术规格书和总布置图,以及提出主要设备的厂商表。

合同设计要求确定设计参数、设备选型、建造原则、入级标准,并进行一系列计算和设绘工作,为签订建造合同提供必要的文件,包括:详细说明书(总则、船体、轮机、电气),主要图纸和计算书(总布置图、型线图、中横剖面图、机舱布置图、舱室布置图、电力负荷计算书、舾装数据计算书等),以及设备厂商表等。

在一般情况下,初步设计包括报价设计与合同设计这两部分工作内容,但在个别情况下,初步设计可能仅作概念设计,即通常所说的方案设计。

初步设计的具体成果通常表现为:

①为签订造船合同的谈判提供技术文件。

②提出主要设备选型规格清单。

③提供主要设备厂商表。

④为详细设计提供必要的技术文件与图纸。

按规定,初步设计的一些技术文件与附图应送交船级社和船东审阅,经认可后才能开展下一阶段的设计工作。

2)详细设计

详细设计是解决"造什么船"的第二个阶段。详细设计通过各个具体的技术专业项目设计、计算和关键图纸的绘制,解决设计中的基本和关键技术问题,最终确定船舶的全部技术性能、重要材料与设备的选型和订货要求,以及各项技术要求及标准。

详细设计是根据造船合同确认的初步设计以及修改意见书进行的。其基本内容是提供船级社规定送审的图纸和技术文件(完工文件除外);提供建造合同中规定送船东认可的图纸和技术文件(生产设计中完成的项目除外);提出船厂订货所需的材料、设备清单;为生产设计提供所需的图纸、技术文件和数据。

详细设计通常是按船、机、电等专业分工而进行的。每一部门有各自的专业项目要进行设计、计算和绘图。例如船体专业要设绘主船体、上层建筑和甲板室的结构图、进行规范计算和强度计算、进行分段划分、制定船体密性试验要求与规定、钢料统计汇总、节点设计、编制结构焊接要求与规格、制定大型铸锻件订货技术要求等。

为了确保船舶的建造质量与安全性,满足船东的用船要求,详细设计的规定技术文件与图纸应送交船级社和船东审查,经认可后才能开展后续的生产设计工作。

3)生产设计

生产设计是在详细设计的基础上,按工艺阶段、施工区域和单元,绘制含有工艺技术要领和生产管理数据的工作图表,以及提供施工信息的设计过程。生产设计是解决"怎样造船"的一个阶段,它是产品设计与现场生产的纽带。

我国当前的生产设计分为4个部分,即船体生产设计、船装生产设计、机装生产设计和电装生产设计。各部分虽各有自己的工作内容,但其工作目标是一致的,即:

(1)决定建造方法。

(2)制定施工要领。

(3)绘制工作图表。

(4)编制管理图表。

生产设计的成果因专业而异,就船体生产设计而言,具体表现为:

(1)船体结构工作图表,包括分段工作图及零件编码、零件表、重量重心计算表等。

(2)施工辅助作业设计,包括吊环、临时加强、脚手架、工艺孔等。

(3)管理图表,包括工作量统计、工艺项目划分、工作日程、检验项目等。

初步设计、详细设计和生产设计这3个设计阶段是相互关联的。初步设计是详细设计和生产设计的依据,详细设计是生产设计的依据,而生产设计的意图和要求又反映在前两个设计阶段的工作中。例如这两个设计阶段都要考虑船舶的建造方针(包含原则工艺的内容)和工艺性要求。

2. 工艺准备

由于生产设计提供的工作图表已表达了必要的工艺要求和管理信息,从而使工艺准备的内容相应减少。工艺准备的主要工作是制定原则工艺、划分工艺项目和编制工艺进度表等。

1)原则工艺

原则工艺是船舶建造的指导性工艺文件,它包括下列内容:

(1)船体建造方法。

(2)船体分段划分。

(3)船体吊装程序。

(4)船体构件余量。

(5)焊接方法与坡口形式。

(6)舾装方法。

(7)下水前完整性要求。

(8)涂装要求。

(9)新技术、新工艺的应用。

原则工艺的具体编制可有所增减和侧重,视实际需要而定。

2)工艺阶段与工艺项目

船舶建造的生产过程比较复杂,工作量大,建造周期长。为了便于组织生产和编制计划,要求将其划分成若干较小的计划统计单位,即工艺阶段和工艺项目。

工艺阶段是指在造船总生产周期中的一定时间内,按生产性质或生产区域来划分的一部分船舶建造工程。这通常是根据造船工艺流程划分的,具有相对的独立性。工艺项目是在一个工艺阶段内,由一个施工单位(工段或车间)开工并完工的一部分工程。每一个工艺阶段由若干个工艺项目组成。

船舶建造通常划分为7个工艺阶段。

第0阶段:准备阶段。

在该阶段内进行钢材备料及原材料预处理,工艺准备和工夹具制作,新材料、新工艺试验,船体放样与样板制作,铸锻件、自制件、外协件等完整件采办等。

第 1 阶段:加工与制作阶段。

进行船体零件号料与加工,铸锻件加工、船装、机装和电装各专业零件及完整件的加工制作,以及舾装单元的预制预装等。

第 2 阶段:部件与分段制作和预舾装阶段。

进行船体部件装配(小合拢),船体分段或总段装配(中合拢),以及船装、机装和电装专业的分段或总段预舾装,分(总)段涂装等。

第 3 阶段:船台(船坞)总装阶段。

进行船体船台(船坞)装配(大合拢),舾装件和舾装单元上船台(船坞)安装。

第 4 阶段:船台(船坞)舾装及下水阶段。

进行船台(船坞)舾装,船体涂装,轴系、舵系的照光、镗孔及安装,吊装主机,以及船舶下水作业。

第 5 阶段:码头舾装阶段。

进行部分机电设备和船用仪表的安装,木作、绝缘、甲板敷料作业,舱室内部装饰、涂装,以及各系统的动车与试验。

第 6 阶段:试验与交船阶段。

完成全部备品安装、倾斜试验、系泊试验和航行试验,最终交船。

工艺项目应尽可能结合报验项目来划分,使项目内的工作属于同类性质,以利于生产的组织与安排。工艺项目施工时间不宜太长,跨月的项目宜分作两项,以便于进行计划与统计工作。

工艺项目明细表的格式如表 14-1 所示。

工艺项目明细表 表 14-1

工艺项目明细表					文件号						第　页
											共　页
编号	名称	工作内容	施工图号	执行车间	工程工时						备注
					加工	装配	焊接	火工	起重	合计	

原则工艺通常在生产设计前期或更早阶段编制,而工艺项目的划分则在生产设计后期进行。近年来,有些船厂将原则工艺和工艺项目明细表纳入生产设计的工作内容,使设计与工艺有机地结合在一起,从而有利于生产组织与管理。

3)工艺进度表

工艺进度表的依据是船厂长期计划(图 14-10)和原则工艺,它是船厂编制作业计划、控制生产进度的指导性文件。工艺进度表一般只表示各工艺项目和工艺阶段的衔接关系和劳动量等,但无具体日程。编制时,可采用倒排法,即根据合同规定的交船日期往前推算出试航、通电、下水、上船台和号料开工等日期。

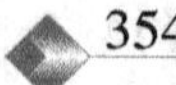

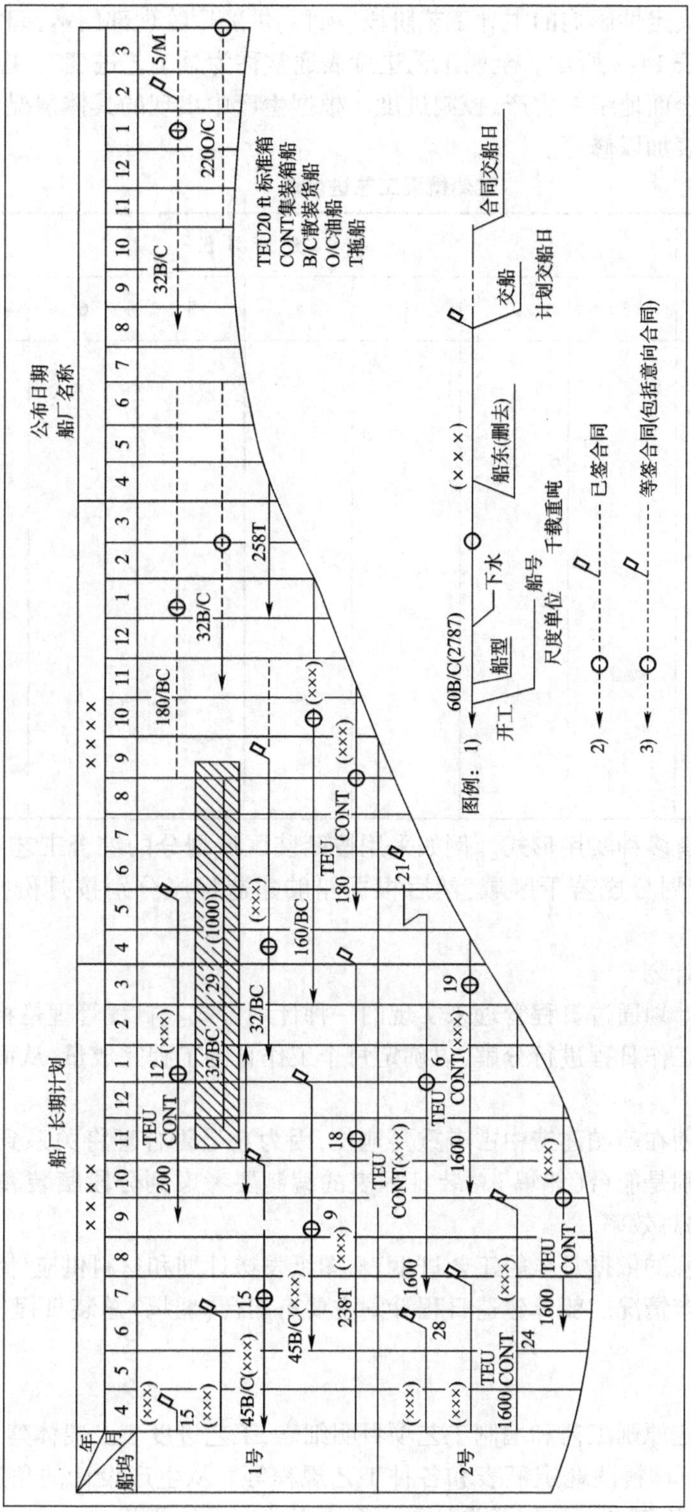

图 14-10　船厂长期计划

根据需要,工艺进度表可分为概要工艺进度表和全船工艺进度表两种。概要工艺进度表仅列出对建造进度有决定性影响的主导工艺阶段、项目,供船厂管理部门掌握和协调生产进度用,其形式为线图,如表14-2所示。全船工艺进度表通常称为总工艺进度表,应列出全船主要工艺阶段、项目,以便全面地组织生产、控制进度。根据生产中出现的具体情况,在船舶建造过程中可对总工艺进度表加以修订。

某船概要工艺进度表

表14-2

序号	主导工程名称	建造月份							
		1	2	3	4	5	6	7	8
1	船体号料、加工								
2	全船铸锻件制作								
3	船体分段建造								
4	船台装配								
5	试水								
6	轴系搪孔								
7	电缆拉放								
8	主机安装								
9	下水								
10	系泊试验								
11	试航								
12	交船								

全船工艺进度表有多种实用形式。例如采用按舾装区域划分的综合工艺进度表,它按舾装工程的内容将全船划分成若干区域,然后根据船舶建造程序分别按月份排列成线图,如表14-3所示。

4)船体建造日程计划

日程计划是生产计划通过日程管理来实现的一种计划方式。日程管理是将工艺项目或日程内容按工艺流程和工作日程进行分解,以确定每个工作日的工程完成量,从而制定出各类日程计划。

船体建造日程计划在船舶建造中占有重要地位,因为它是否合理将关系到舾装和涂装计划能否顺利实施。特别是船台(船坞)总装日程表的编制要考虑到分段舾装和分段涂装的方便性,以便提高造船的总效率。

编制船体建造日程的依据是全船工艺进度表、图纸发送计划和材料供应计划,此外还要考虑船体车间的实际生产情况。船体建造日程计划主要有船台(船坞)总装日程表(图14-11)和分段制作日程表等。

5)其他

工艺准备除了制定原则工艺和编制工艺项目明细表、工艺进度表及船体建造计划外,还需编制工艺线路定额表、材料消耗定额表和各种工艺规程等。从生产设计的角度来看,船体放样、船体材料配套表的编制和工艺装备设计等也属于工艺准备的范畴。

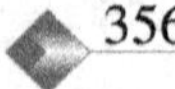

某船按船舶安装大区划分的总工艺进度表

表 14-3

日期(月)	-1	1	2	3	4	5	6	7	8	9	10	11	12	13
主要工程		开工	中合拢			上船台		轴系拉线		下水		系泊试验	试航	坞内工程、交船
船体工程	钢材预处理	号料	小合拢、中合拢	分段验收		上船台、上层建筑组装	内底接通	尾岛密性试验、轴系照光	上层建筑、船台安装	下水				
机舱工程(机装)		管理制作	基座制作	分段预装		基座安装、底层设备安装		主干电缆敷设、轴舵系拉线、尾轴安装	吊主机、舵系安装、主机安装完毕		管系密性试验	系泊试验	试航	
甲板工程(外装)			各种金属座架、铁舾装件制作	分段预装			舵机安装		起货机安装	锚机及锚、系统安装、舱盖安装	求生、消防、设备安装	系泊试验	试航	
房间工程(内装)						家具制作	上层建筑预装		房间木作、绝缘安装		房间敷设			
主要材料与设备到货期	▲钢材进厂	▲大型铸锻件到厂				▲舵系到厂、▲主干电缆到厂	▲发电机到厂、▲主机到厂	▲起货机到厂	▲锚机到厂	▲救生艇到厂				

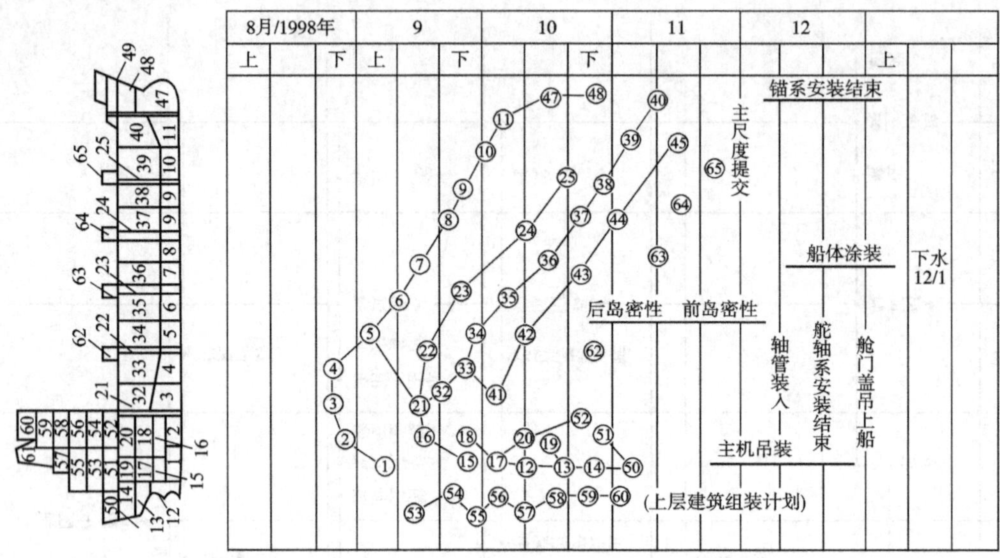

图 14-11　某船船台总装日程表

3. 材料与设备准备

根据船舶建造周期的要求,按照订货清单的规定,进行全部主要材料的订货,以及由外厂制作的配套件和船用设备的订货,在工厂计划部门定出的资金基础上与协作单位签署订货合同,并对到厂的材料和设备进行验收和保管工作。为了减少资金积压,应尽量缩短厂内保管期。

4. 工厂设施准备

为承接新造船舶的需要,结合工厂的改造规划,对船厂的主要设施,如船台、滑道、船坞、吊车、码头、车间建筑与内部设备以及动力供应等进行扩建或改建。

5. 人员准备

按专业和工种计算所需工程技术人员与工人人数。对不足人员数采取补充和培训措施。

SIKAOYULIANXI

一、问答题

1. 造船生产准备包括哪些内容?
2. 造船工艺准备要做哪些工作?
3. 船体建造方案的作用是什么? 怎样选择船体建造方案?
4. 船体分段按外板长度的两倍划分时,分段超重了怎么办?
5. 船体分段划分时,保持甲板舱口完整与板列端接缝矛盾了怎么办?
6. 图 14-12 所示为某船分段划分示意图,该分段划分方案是否合理? 为什么?

说明:①该船为横骨架式结构,舷侧、甲板组成两个 L 形分段;②中部各分段长约为 16m(已知钢板规格为 8000mm × 1800mm)。

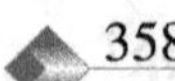

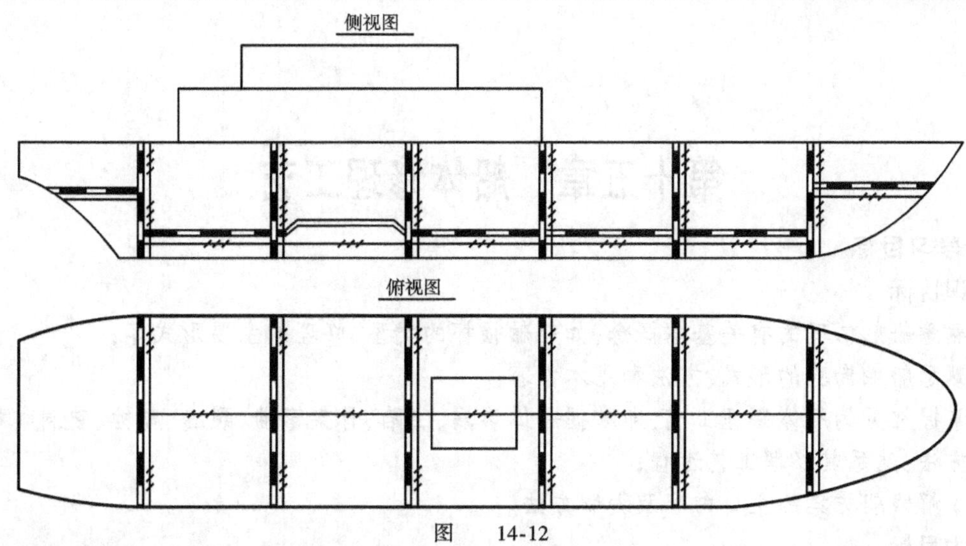

图　14-12

二、选择题(单项选择题,即只有一个答案是对的)

1. 根据产品的要求(建造批量、交船时间、技术要求)和特点,结合船厂的生产能力建造出优质船舶的最佳方案,称为:(　　)。

A. 船体建造精度管理　　B. 船体建造方案
C. 船体建造精度控制　　D. 船体总装方案

2. 制定船体建造方案的单位一般是:(　　)。

A. 船东　　B. 船检
C. 船舶设计公司　　D. 船厂

3. 分段划分时,分段大接缝一般要求布置的部位是:(　　)。

A. 两道横舱壁之间的中间位置　　B. 错开外板对接缝
C. 平直或型线变化和缓处　　D. 1/2 肋距处

4. 在详细设计的基础上,按工艺阶段、施工区域和单元,绘制含有工艺技术要领和生产管理数据的工作图表,以及提供施工信息的设计过程,称为:(　　)。

A. 初步设计　　B. 合同设计
C. 报价设计　　D. 生产设计

三、判断题(对的打"√",错的打"×")

1. 影响选择船体建造方案的主要因素是船舶产品的特点和船厂的生产条件两个方面。(　　)

2. 分段的重量和尺寸划分得越大,分段的数量就越少,这样可使船台(船坞)装配工作量减到最小,从而使外场和高空作业量下降,达到提高工效和改善劳动条件的目的。(　　)

3. 确定船体建造方案时,不必考虑生产场地的位置与数量,因为船厂的生产场地往往是比较充裕的。(　　)

4. 半自动焊和自动焊工作量百分率(全船焊接工作量比半自动焊和自动焊焊接工作量)越高越好。(　　)

5. 初步设计和详细设计是解决"怎样造船"的,生产设计是解决"造什么船"的。(　　)

6. 造船生产准备的主要内容包括设计、工艺、材料、人员和船厂设施等方面的准备工作。(　　)

第十五章　船体修理工艺

● **学习目标**

知识目标

1. 熟悉船舶修理的有关基本概念,如船舶损坏的类型、修理的主要形式等;

2. 熟悉船舶勘验的形式、方法和基本内容;

3. 掌握常见的船体修理工艺,即掌握船体渗漏、凹陷、骨架弯曲、裂缝、腐蚀、破洞和折断等的修理方法,熟悉其修理工艺过程;

4. 了解修船方案的主要内容及编制方法。

能力目标

1. 针对船体常见的损伤形式,能恰当选择修复方法,制定修船方案;

2. 能参与船体修理的生产作业;

3. 能编写船体修理原则工艺说明书。

我国交通运输部颁布的《修船条例》及《修船工作会议纪要》,均按照船舶修理的原因、修理范围和间隔年限,对船舶修理作了明确的分类和分等。航运企业的机务部门据以制订每一具体船舶的修理时间和费用等计划。船舶上处在第一线的各部门负责人,应当熟悉各类修船的范围,以便依据修船的种类,编制修船项目申请单(以下简称修船单),以免漫无边际地扩大修理范围,造成时间、精力和资金的浪费。

船舶在运营过程中,经常受到各种外力的作用,加之人为因素的影响,便会发生变形与损坏,以致使得船舶失去正常的技术状况。

修船方案是指修船工作的原则和纲领。根据船舶损坏的形式与程度、范围与大小、修船厂的生产条件与技术水平,决定船舶的修复方法,即修船方案。

第一节　修船生产准备

一、船舶修理的主要形式

修船的种类概述如下:

1. 计划养护修理

船体和设备在运营过程中都会有自然损耗,会随着时间的推移暴露出某些缺陷,发生或大或小的损坏。为了保证能够继续安全使用,必须有计划地进行修理。计划养护修理包括航修、小修和检修(或称为中修和大修)。

(1)航修:是在船舶运营期中,发生影响航行而必须由船厂协助进行的一般修理工程和一般事故修理,航修应利用航次在港停泊时间进行,船厂应积极重视航修工作,接到通知即予安

排修理,必要时随船检修,尽可能不影响船舶的运输生产。

(2)小修:是按规定周期有计划地结合定期检验进行的厂修工程。小修的目的是消除在运中产生的过渡磨耗,保证船舶到下次计划修理期内的安全运行。小修一般和坞修同时进行。小修时主要是对船体、舵系、轴系、通海阀、主辅机、锅炉以及工程船舶专用设备等进行重点检查和修理,一般只对原有设备进行调整、研磨、更换零件、清洁保养等工作,除航务工程船舶外,不得漆装改建。小修基本工程范围如下:

①船体有锈蚀时除锈油漆(没有锈蚀的部位而且油漆又好时,就不要随便除锈和油漆),修换少量船体构件,对局部损耗的外板、甲板或其他板材作适当贴补或挖补。

②主机局部拆装,调整间隙,轴承浇铅。无特殊情况的话,大海船主机不吊曲轴,大江轮主机曲轴不出舱,大柴油主机一般不解体。

③辅机及管系等进行一般检查和修理,可以修换部件,但不漆装或移位。

④锅炉内部清洗,检修附件,并可修换部分炉管、小牵条、焊补裂缝,但不剥炉衣不解体。非因特殊需要,不随便做水压试验。

⑤工程船专用设备进行检查和修理,可以修换挖泥工具、泥泵、桩锤、绞机等易损部件。

小修间隔期:机动船、工程船、冷藏驳、食品驳,一级油驳为12~18个月,趸船为18~24个月,货驳及二级以下油驳为24~36个月,有些趸船无小修。间隔期上下限根据航区、运营条件、设备状况,由用船单位技术部门确定,但不能超过上限。

(3)检修:是按规定周期间隔2~3次小修并结合定期检验进行的厂修工程。检修的目的是对船体、主辅机及其他设备进行全面检查,重点修复在小修时不能解决的较大缺陷,保持船舶强度和主要设备的安全与运转条件。检修时检查发现的问题,必须解决的均应修复,但对连带工程可以安全使用到下次小修时解决的,可做好记录,继续使用,分别在以后小修时修复。检修基本工程范围有:

①定期检验规定的拆装工程。

②船体有锈蚀时除锈油漆。

③修换部分船壳、甲板及骨架。

④主机允许解体修理,并更换主要部件。辅机可以出舱修理,或整台更换。

⑤锅炉允许抽出炉胆,割换燃烧室,并按检验规定期限进行水压试验。

⑥检修时一般不进行漆装改建,但对工程量不大而运营中有显著效益的改建项目,经论证并报上级批准,可以结合检修进行。

⑦工程船的专用设备应进行全面拆验,允许更换挖泥、打桩、起重等设备主要部件及专用电气设备。

检修是计划修理的最大修别,对修理项目的确定,必须符合安全和勤俭的原则,一般不更换上层建筑,大船不换主机和锅炉。

检修的间隔期:机动船、工程船、冷藏驳、食品驳、一级油驳、海上钢质趸船为4~6年;江河钢质趸船为6~9年;货驳及二级以下油驳无检修。

以上各修理类别以间隔时间为主进行安排,其工程范围只是原则划分,由于船型、机型复杂和船舶的技术状况各不相同,如发现问题时,应根据具体情况,实事求是地解决,小修时允许进行个别检修范围的工程。

2. 事故修理

事故修理是指对船舶因发生事故而损坏部分的修理。这类修理如果工程范围不大,一般可以随着航修工程进行。但如果工程范围较大,航修难以胜任的,则仍需安排修理计划。事故修理的项目、范围和期限,要由船舶检验机构的验船报告所载的实际损坏情况和修复要求来确定。事故修理在实施修理之前,仍须开具修船单交给承修船厂。对于轻微的事故损坏,在不影响航行性能、无碍安全运营的前提下,可以作好记录,待到计划养护修理时修复。事故修理项目应集中编制修船单,并注明“事故修理”,要求船厂对这部分修理费另开发票,并在发票上加盖“事故修理”字样的图章,以作为索赔的凭证。

3. 基本恢复修理

对于已不能使用的船舶须进行恢复航行性能和船体强度的修理,例如对于沉船、火灾船只的残骸的修理。这类修理工程浩大,需用巨额资金,修船期长,经济效果差。

二、船舶损坏的原因

船舶在运营过程中发生变形与损坏,以致使船舶失去正常的技术状况。究其原因大致有如下几方面:

(1)外力作用:船舶在波浪上由于经常处于升降、摇摆、回转等运动状态中,不断地受到弯曲应力和扭转应力的作用。

(2)腐蚀作用:金属的腐蚀是时时刻刻在发生着的一种自然损耗。

(3)人为作用:由于人对船舶的使用与管理不当而发生海损等事故。

以上为有形损坏,经过修理后可恢复船舶的正常技术状况。

(4)无形损耗:由于科学技术的进步而使得船舶的技术状况变为陈旧、落后,需要进行改建、更新或报废。

三、船舶损坏的类型

对于船体来说,所有缺陷或事故性损害,习惯上分为两类:损伤及破坏。

1. 损伤

损伤是一种缺陷,它使结构受到消极的影响,影响以后的使用功能,但当时这些缺陷没有引起结构功能的突然丧失,例如,疲劳裂缝、残余变形、蚀耗等。在类似的情况下整个结构还处于接受设计负载的状态,但由于这些损伤对使用质量甚至对外形有不良的影响,因此只要有可能就应进行修理。

损伤按照形式分为:

(1)蚀耗。由于腐蚀、侵蚀、机械磨损而减少结构部件建造尺寸。

(2)残余变形。由于导致塑性变形或稳性损失的过载,引起结构初始形状的变化。

(3)裂缝。结构由于脆性、疲劳、变形而引起完整性的破坏。

2. 破坏

破坏这种缺陷达到可观的程度,它将使结构处于不能完成自己功能的状态,例如迅速扩大着的脆性裂缝、猛烈增大的变形、稳性的突然丧失、逐渐加剧的疲劳裂缝等。在类似的破坏下,结构的继续使用是不允许的,要求立刻修理。

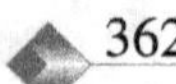

船体结构的损坏有：

(1)腐蚀损耗、侵蚀损耗和磨损：

①整体蚀耗(普通蚀耗)。扩展到构件或同类构件群整个表面的蚀耗。

②整体腐蚀。扩展到金属整个表面的腐蚀。

③均匀蚀耗。沿构件表面具有相同变薄的整体蚀耗。

④均匀腐蚀。沿金属整个表面具有相同速度所进行的整体腐蚀。

⑤不均匀蚀耗。沿构件整个表面不同厚薄的整体蚀耗。

⑥不均匀腐蚀。在金属表面的不同部分具有不同速度的整体腐蚀。

⑦局部蚀耗。构件表面个别部分的蚀耗。

⑧局部腐蚀。金属表面个别部分的腐蚀。

⑨(麻)点(腐)蚀(麻点)。以个别点损坏形式的金属局部腐蚀。

⑩斑点腐蚀。以个别斑点形式的局部腐蚀。

⑪穿透腐蚀。引起金属穿透破坏的局部腐蚀。

⑫腐蚀穴点。具有个别穴点形式的局部腐蚀破坏。

⑬穴状蚀耗(穴状腐蚀)。个别砂眼形式的局部蚀耗。

⑭腐蚀脆裂。腐蚀结果引起金属的脆裂。

⑮锈。在电化学腐蚀时形成,而且主要由铁氧化物组成,以及它的合金的腐蚀产物。

(2)船体结构的残余变形：

①凸起。在一个肋骨间距(骨架未变形)范围内的骨架之间钢板部分的残余弯曲。所谓凸起还可以指凹陷形式的外板(骨架未变形)残余弯曲。

②凹凸不平。未变形骨架之间的钢板残余弯曲。

③凹陷。外板(甲板板)和骨架一起(或者板架)的残余弯曲。与凹陷相反的钢板结构的残余弯曲被称为凸起;在钢板或骨架表面敲击出的局部凹陷称为凹穴。

④翘曲。骨架倾斜于外板或焊接骨架的腹板和面板之间的角度的歪曲。在骨架损伤时可以应用“骨架稳定性丧失”这个定义。

(3)船体结构的裂缝：

①振动裂缝。由于振动负载引起结构完整性的破坏。

②疲劳裂缝。由于出现疲劳引起结构完整性的破坏。

③脆性裂缝。由于脆性破坏(例如在低温下)引起结构完整性破坏。

④腐蚀裂缝。由于强烈腐蚀痕迹和高应力(应力作用下的腐蚀)同时作用下引起结构完整性的破坏。

⑤整个金属断裂(沿焊缝)。在过大的静负载和冲击负载一次作用下,结构完整性的破坏。

(4)船体结构的破坏：

①穿破口。由于碰撞、搁浅、装载、爆炸、货物跌落货舱等原因造成的,或在其他事故下造成的外板、甲板板、内底板、舱壁板等的任意形状和任意尺寸的孔口。

②折断。当船体受到超过其总纵强度之弯矩作用时,便会折成两段。

四、船舶修理的主要工作

(1)准备工作:取下需修理的船体构件,拆除妨碍和影响工作的机械、管系、家具、设备等。

(2)基本工作:直接消除船体缺陷的修复工作,即修理或重新制作拆下的部分,如零部件等,然后予以装配,装好后还要做试验,检查使用性能是否已恢复、改善或提高。

(3)辅助工作:为准备工作和基本工作提供方便的工作。

①为工作地点搭设脚手架。

②接通氧、炔、风、电、水等动力与能源。

③材料准备。

④修船过程中的起重运输工作。

⑤修理完毕后的清理现场工作。

五、待修船舶的勘验

所谓勘验,就是根据委修单位提出的修船单,通过相应的测量、勘查和检验,将各种构件的实际状况和船舶检验规范中所规定的允许损耗标准作比较后,确定各种构件与材料是否需要修理或更换,以了解整个工程的实际范围与性质。它是作好修船准备的一项重要工作。

勘验的形式有随船勘验和码头勘验两种。随船勘验就是船厂派出检验人员,在船舶运营过程中进行勘查检验,这样除了可以明确修船单中所需修理的范围和现状外,还可以通过船舶的运营作为勘验的航行试验(即预试航),检查待修船舶整个动力装置和船舶设备在航行中的各项性能,以及相互间的协调配合情况,发现一些表面上看不出,而在实际航行条件下显露出毛病的零件,以及因设计或结构上的不合理所引起的缺陷。这样便可以立即与委修方磋商,修订修船单,使其更加合理。码头勘验就是等需要修理的船舶到港停泊于码头后,船厂派检验人员上船,也为以后交船验收创造有利的条件。上船勘查检验,以明确修理工程。采取这两种形式的勘验,不仅减少了船舶进厂修理的时间,而且可以使船厂对待修船舶有一个全面的了解,以便做好充分的生产准备。

除上述两种勘验形式之外,对于一些隐蔽工程,则需等待修船舶进厂以后,进行拆开检查,再来决定工程范围与性质。

对于检修船舶,除了新换或能明确的修理范围外,都需要通过勘验来明确修理范围。小修船舶因修理范围小,修理内容比较明确,可由主修(主管)师与委修方协商确定。

1.勘验的准备工作

(1)制定勘验计划,以便按计划进行勘验,避免混乱。

(2)准备待修船舶的有关技术资料和图纸,如外板展开图、舾装布置图等。

(3)将船上各重要部位及布置情况,根据需要拍摄照片,以利参照复原。

(4)船体外板及舱口等处,预搭脚手架。

2.船体部分勘验注意点

(1)水舱处(首尾尖舱、双层底)应进入舱内检查,该处腐蚀有时达5~6mm。

(2)油船的油舱内,由于装载不同种类的油,其锈蚀可能有二层,内层的附着力很强,应特别注意。

(3)纵骨架式货船,肋骨靠近外板处容易产生锈蚀,对首部肋骨及尾部斜肋骨下端也应特别注意。一艘货船在木铺板或有水浸的地方,在勘验前应先除锈。

(4)假如甲板变形比较严重,对横梁的勘验必须特别仔细,要测量横梁的变形尺寸及检查横梁上端与甲板焊接部分有无裂纹。

(5)对于有怀疑的肋骨、横梁或连接角钢应在勘验单上注明,待拆下后再检查。

(6)注意上层建筑围壁有无皱折,如有必须记录下来。同时,船进坞时须特别注意船体的变形情况。

(7)如上层建筑全部改装换新,则可以根据起重能力,将上层建筑整体预制或划分成几个分段制成后,再予以吊装。

3. 舾装部分勘验注意点(舾装件应尽量推广采用标准件或厂内标准的储备件)

(1)机器设备、电气设备、管系及舾装零件均应吊运到车间进行勘验或运到仓库保管。

(2)舵设备在勘验前应将原舵杆位置详细记录下来。

(3)吊货设备的零件比较复杂,应根据布置图将其编号用油漆写在零件上,如无布置图时,船方不可先拆下装箱,应等厂方绘图后再拆,以免失落或造成安装困难。

(4)桅及吊货拉索一般在钢索换向处容易锈蚀。

4. 锅炉勘验注意点

(1)将外部附件全部拆下,内部要除锈后才能进行检查。

(2)检查锅炉本体时,应邀请验船师参加。

(3)如有疑问的锈蚀部分,在得到验船师同意的情况下,可钻孔做化学分析或取样做力学性能试验。

(4)阀件全部分解检查,但小修时可根据船方要求只做部分检查。

(5)锅炉的炉膛变形,还需测量其下垂度及椭圆度。

5. 木工油漆部分

(1)进行木工拆卸时,如需拆下勘验的,则拆卸时需特别小心,避免拆坏。检修船舶,一般委修方常要求将木工部分换新或修理百分之几十。事实上,木工工程一经拆卸就支离破碎,因此,应做全部换新处理。

(2)对固定的家具及软硬木,委修方可能要求拆下保存,应改为换新或拆下检修。家具的保管应由船方负责。

(3)换新的木工家具式样一定要落实,要与委修方共同看好样式(实物),当场确定,然后签字,以免委修方见更改。

(4)油漆的面积与遍数应测量正确。船体的除锈应按两遍计算,即勘验时一遍,修理完涂刷油漆前一遍。

6. 修船审查会议

检修船舶在勘验后,由厂方召集委修方代表、验船师、厂方有关科室与车间负责人及主要勘验人员开会,以明确修理内容。会后,双方签署协议书,作为施工依据。

小修船舶可直接由车间或主修(主管)师同委修方接洽,明确修理内容与范围。

(1)注意事项:

①勘验人员一定要于会前上船核对修理单,掌握修理范围与性质。

②通过会议一定要弄清楚全船各部分设备与结构的修理范围及修复方法,以及哪些项目不能接受,哪些项目作了更改。

③根据厂方审查意见书,逐条讨论,统一意见。

④委修方应将船舶技术证件(完工图纸资料)交厂方参考使用。

⑤有的船舶建造年代较早,某些建造性能不能符合现行规范的要求,对此不能强行按规范要求验收,但对舾装件及辅件的修理,可以推广采用标准件,进行整件整台更换。

(2)对船体测量、勘查与检验的一般方法有:

①对凹陷、弯曲及其他变形程度的检查,可利用直尺或样板来进行,如图15-1所示。

②对锈蚀深度的测定,应选定能代表每块钢板平均厚度的至少两个部位进行测定,腐蚀不均匀时,尚需在钢板腐蚀最严重的肋距内,沿板宽方向选取三点,测量厚度,要求平均值。

钢板测厚时应采用超声波测厚仪,并用标准厚度样块进行校核;必要时可用钻孔测厚校对,测厚应取孔周厚度的平均数值。在测量前应清除影响测厚表面的污锈、涂料及测厚孔周围的毛刺。船体钢板上的测厚孔用电焊填补,并应全部焊透,焊补测厚孔的熔注金属不应超出钢板表面3mm,且不允许低于钢板表面(单面焊补的背面除外),但按规定允许采用单面焊补的测厚孔,至少应焊透板厚的80%,水线以上的测厚孔亦可用细牙螺栓塞补,钢板外表面与螺栓交接处应该进行捻缝,不允许用电焊代替捻缝。

钻孔测厚时,需用小锤敲打钢板,凭声音来判断厚薄,以确定钻孔部位。所钻的孔应在蚀斑边缘,如图15-2所示,切不可钻在蚀斑最深处,因为这样测不到因锈蚀而变得最薄的板厚。

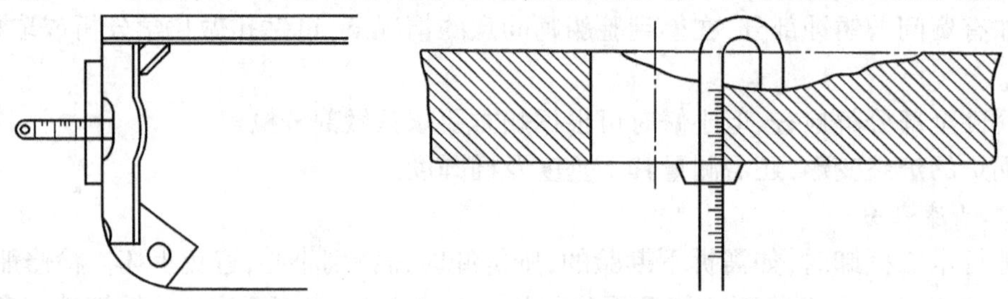

图15-1 对船体变形的检查　　图15-2 测厚孔钻孔部位

超声波测厚仪的工作原理如图15-3所示。超声波在固体介质中传播时具有较好的指向性,能使声波集中在一定的方向辐射,并且传播时声波能量损失较少。而声波在不同的介质中传播时的声速是不同的,但在同一介质中声速为一常数(例如钢材中声速约为5800m/s)。利用超声波在介质中传播时遇到不同介质的交界面而产生的反射作用,只要测出发射一个超声波脉冲至接收到反射脉冲的间隔时间,便可测得材料的厚度。若用电表显示,将不同的间隔时间量转换为电表的指示量,即能直接读取所测材料的厚度。

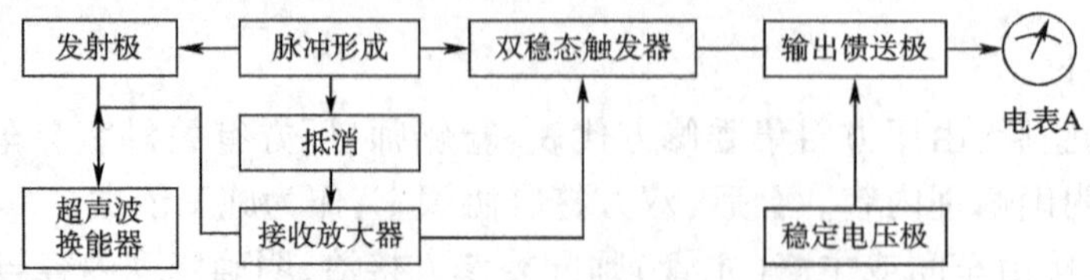

图15-3 超声波测厚仪原理图

(3)超声波测厚时应注意以下几点:

①测厚仪工作前要调整好，包括电源、各种调节开关和探头（即换能器）。在测厚过程中应定期用试块校验其精确度。

②被测表面应除锈刮漆，并用粗砂纸或砂轮磨平，使其具有一定的平整度以传入声波。

③测厚时，探头和被测表面滴上机油、甘油或水玻璃。

④测厚仪应水平放置，以避免读数不准及电表零位不正等影响。

⑤探头与所测钢材表面接触后应稍作径向转动（即研动），以利探头得到更好的接触，迅速而准确地反映出厚度数值。

第二节　船体损坏形式及其修理工艺

一、修船中常见的几种施工工艺

(1)船体结构更换：在船体修理时，结构更换是最普遍的一种作业方式。主要是更换损坏了的或蚀耗了的部件，把它们恢复成原有的形式。

(2)船体结构部分更换：在船体修理时，考虑到整个结构更换比较困难、涉及面广，其中有的部件的蚀耗还没有到非换不可的程度，征得验船师的同意，可以进行结构部分更换。

(3)船体结构矫正：在船体修理时，矫正作为一个独立的工艺过程，在更换外板、甲板板时，又作为一个伴随的工艺过程被广泛应用。主要包括就地加热矫正和冷加工矫正。

(4)船体结构拆下、矫正、装复：在船体修理时，有时外板变形严重，无法就地矫正修复，则将外板拆下送到车间，利用机械设备进行矫正，待在外板原来部位的内部骨架就地矫正结束后，再将外板原位装复。必要时亦可将骨架一起拆下送车间矫正。有时由于施工需要，例如，机舱轴系修理时，要将尾轴吊出送往车间修理，为了施工方便，经常将外板（甲板）和横舱壁相应部位的板与骨架拆下一块以作通道用，待该部位修理工作结束后再原位装复。

(5)船体结构拆除：有时，船体经过改装后，有一些结构已无存在的必要，须给予拆除。

(6)焊接施工工艺：焊接前，接缝处应批出斜坡口，以消除夹缝空档。常见的坡口按焊接的要求有V型、Y型、X型、K型。焊接表面冷却后有一层灰色的焊渣，必须铲除干净，防止夹渣。焊缝要求均匀平整，如焊坑、咬边或者烧穿钢板，都是不合格的，应当凿除重焊。对于旧焊缝的修理，不可直接在原有的焊缝上面加焊，应将待修的旧焊缝及其两端各延长5～8cm长度全部凿除，批出整齐的斜坡口，然后焊接。要特别注意新、旧焊缝接合处的质量。对于构件本体裂缝的焊接，必须先在裂缝的两端各钻一个止裂孔，以便使其内应力在此处向各个方向分散，然后批槽堆焊。如果焊接大尺度的铜质构件的裂缝，例如螺旋桨桨叶的裂缝，除必须钻止裂孔及批槽外，还应当预先用慢火把构件烘热，保持在一定温度上焊补。对于地环、羊角等的焊接，如带底座者，则应按重板焊接的工艺要求进行焊接；如无底座者，其脚部应批成锥形然后堆焊，不可采用仅在圆钢角部堆焊一圈的方法。

二、船体渗漏及其修理工艺

1.船体渗漏产生的原因

由于金属遭受腐蚀，其完整性就逐渐遭到破坏，在焊接缝处或铆接缝处，局部强度逐渐下

降,加上船舶在航行时,经常受到水的压力和波浪冲击,以及船舶推进器、主机、辅机工作时引起的船舶振动,还有不正确的货物装载与移动,船舶在波浪上时而中拱、时而中垂等,在这些外力的作用下,船舶产生纵向和横向的弯曲,使船体发生变形,在腐蚀严重处就造成焊缝纹路增大、铆钉松弛,从而产生渗漏现象,这在船体外板、甲板和水密舱壁的接缝处常可见到。

2. 船体渗漏的修理工艺

焊接接缝渗漏的消除:

对于焊接船体来说,出现渗漏的地方,大多在焊缝处,这是因为焊接过程中有夹渣,气孔、裂纹、未焊透等缺陷,以及不合理的施焊程序造成了应力集中;在使用过程中,又受到各种外力的作用而产生了裂缝,从而发生了渗漏。这时,一般均采取刨掉该处焊缝,重新补焊的办法来消除;为了使新旧焊缝接头过渡良好,在刨除漏水焊缝时,一般比原漏水焊缝长 50 ~ 75mm (图 15-4)。

根据损坏程度,也可采用补板或换新的办法。补板又分挖补和贴补两种,即在漏水的焊缝处挖补或贴补一块比漏水焊缝长的钢板,四周烧连续对接焊或连续搭接焊。在漏水严重而补板又不可能的情况下,就应采取换新的办法,即将漏水焊缝两侧的钢板全部割除换上新钢板。挖补和换新又称作外板拆换,它们仅在大小上有区别,其工艺过程如下:

(1)在决定挖补或换新的外板边缘(或焊缝上)画好切割线,测量外形尺寸并在适当肋位制原位样板。

(2)根据现场测得的数据加放适当的余量(一般每边加放 20 ~ 50mm)后号料切割,并在车间内加工成形。

(3)在待拆除的外板上按预先画好的切割线切割外板(在适当位置保留 4 ~ 6 个小段的板缝暂不切割,约 50mm 长),切割时必须注意不要损坏骨架。

(4)割除外板与骨架间的角焊缝。在适当位置焊上吊环并挂上葫芦钩住待拆外板后,再割去保留的小段板缝,随时将外板卸下。

(5)修顺切割边缘,清理氧化物后,将预先加工妥的新板装上。板材先与骨架贴紧,然后从该板的中间肋骨近中点处向上下及前后尽可能地施以定位焊。随后割除新板四周余量(常为套割),并由中间向两端对外板对接缝施以定位焊。

(6)根据需要装妥梳状马后,先焊外板在舱内的对接缝,其施焊程序如图 15-5 所示。

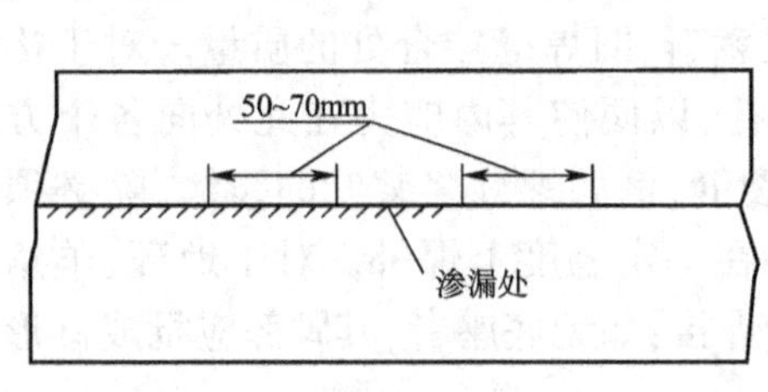

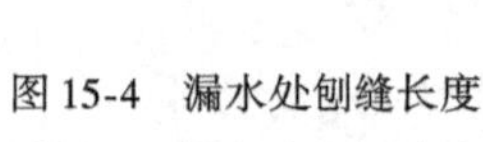

图 15-4 漏水处刨缝长度

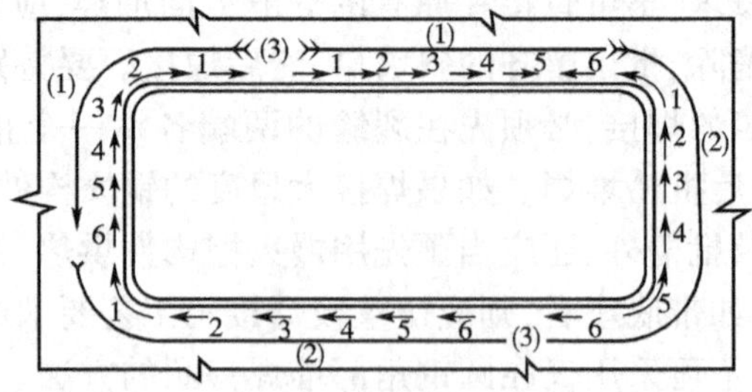

图 15-5 施焊程序

(7)一般采取逐步退焊法进行,以避免焊后产生较大的内应力。然后焊外板与内部骨架的角接缝。最后在船体的外面,将外板对接缝碳刨开槽后进行封底焊,焊接程序仍如图 15-5 所示。

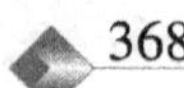

(8)板缝焊妥后拆除梳状马、铲去焊疤,对焊缝进行密性试验,检查其有无夹渣、气孔、裂纹、未焊透等缺陷。

必须注意:在补板或者换新时,未动的旧板边缘已形成了坚固的框架,这样就会妨碍补板或换新板在焊接时的自由收缩,以至产生残余应力,这时补板或换新板的四角就容易出现裂纹。为了克服这一缺陷,必须采取以下措施:

①将补板的四角(或换新板的四角及割除部位的四角)做成圆角,其曲率半径不得小于补板(或换新板)厚度的3倍,即$r \geqslant 3\delta$。因为从应力集中系数$a = 1 + 2\sqrt{B/2r}$中可以看出,曲率半径愈大,则应力集中系数就愈小(δ为板厚)。

②安装时应注意补板与旧板对接(或搭接)间隙不得大于1mm(换新板与旧板对接间隙也不得大于1mm),使其紧密接触。另外,为了使焊接时有收缩余地,采用马板固定,若采用定位焊固定,则定位焊长度应小于5~10mm,间距为300~400mm。

值得注意的是:更换新板时,需将旧板割下,在肋骨之间割板并无困难,但在外板与肋骨连接处割板则较困难。这时,为保留肋骨可将肋骨处外板割成狭窄的板条,待其他部分外板被割除后,再割开肋骨与狭窄板条的连接焊缝,通常肋骨与外板是间断焊连接,为保证肋骨型线可采用上述方法割除,但若肋骨与外板为连续焊缝时,需将外板与肋骨一同割除,然后重新装焊新肋骨。

3. 换板修理实例

(1)曲型外板更换。现以某船曲型外板的更换为例,说明船体外板更换的工艺过程。

①按船体勘验明细表所定的修理内容,根据外板展开图,在船体外板的外表面上正确画出所需更换外板的四边接缝线的位置(图15-6),划线时必须保持线条曲型和顺。

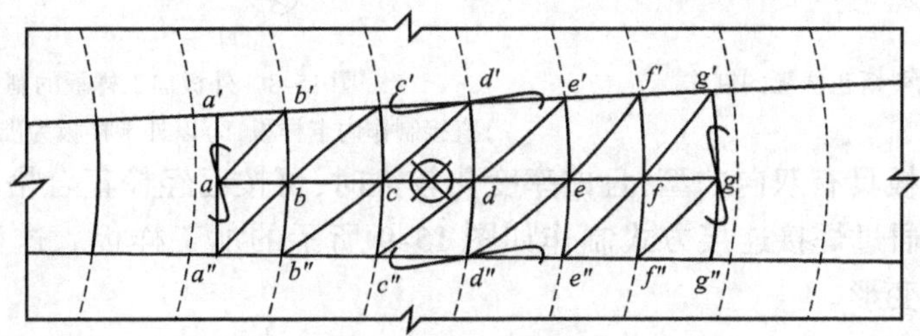

图15-6 外板更换曲线

②现场量取更换外板的外形尺寸,方法如下(图15-6):

按照外板上肋骨与外板角接缝的痕迹将外板上肋骨位置线一一画出,肋骨位置线与上下边接缝相交于b'、c'、d'、e'、f'、b''、c''、d''、e''、f''首尾端接缝线与上下边接缝相交于a'、g'、a''、g''。

用一木质样板条在更换的外板上与上下边接缝距离基本相等的中间部位画一光顺曲(直)线,交肋骨位置线和首尾端接缝线于α、b、c、d、e、f、g。

如图15-6所示,在各肋骨间距内用样板条将外板上下区域对角相连,得ab'、bc'、…、fg';$a''b$、$b''c$、…、$f''g$各对角线。

用尺或样板条将图15-6所示各线段$a'b'$、$b'c'$、…、fg';$a''b''$、$b''c''$、…、fg'';ab、bc、…、fg;aa'、bb'、…、gg';aa''、bb''、…、gg'';以及上述各对角线的实长测量记录下来。

③外板的外形尺寸量取后,即可将该板割下。切割时,如内部骨架不需要更换,则其与外板的角焊缝应采用样割方式进行切割,并尽量减少内部骨架的切割损坏。切割外板四边时,应

缩小2~3mm余量,以作割缝修整用。

④批铲板边割缝线,并按工艺要求开好焊缝坡口。内部骨架(肋骨、舷侧纵桁、肘板等)的焊缝批铲干净。如有损坏,可先用电焊进行堆焊修补,而后进行批铲。

⑤内部骨架就地矫正,以上下、首尾方向型线光顺为准。如肋骨变形较大,可在另一舷对称部位的外板外表面相应肋位处,用(-3×30)扁钢制取型线样板作为矫正、检验的依据,如图15-7所示。

⑥制作外板加工样板,一般加工样板都用(-3×30)扁钢在现场制作而成。

外板加工样板的制作与肋骨矫正样板的制作相同,当被更换外板的内部骨架变形较小时,可用(-3×30)扁钢直接在更换外板区域内的骨架上量取型线而得,如图15-8a)所示。如骨架变形较大时,可在另一舷对称部位的外板外表面相应肋位处量取型线制作样板。此时应将所得样板减去外板厚度,重新制作外板的加工样板,如图15-8b)所示。

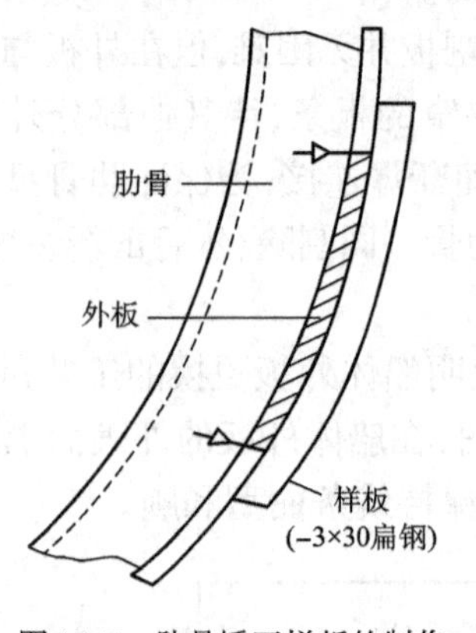

图15-7 肋骨矫正样板的制作

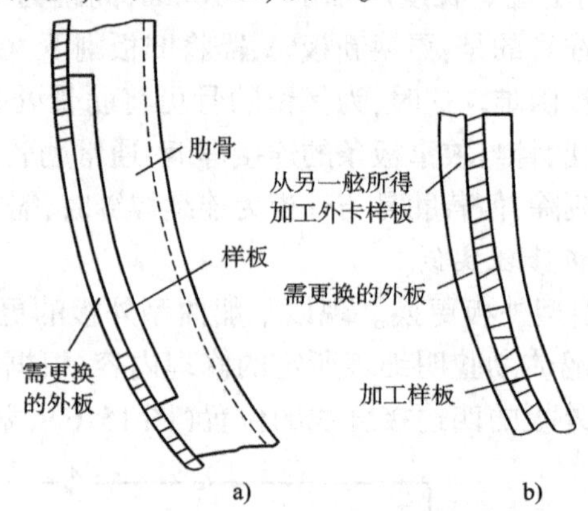

图15-8 外板加工样板的制作

a)直接制作内卡样板;b)以外卡样板为准复制内卡样板

当被更换的外板具有双向曲型,且曲率变化较大时,可按已经校正合格的内部骨架外表面用(-3×30)扁钢通过焊接连接方式制作如图15-9所示的加工样板。这种样板在使用时必须轻取、轻放,谨防变形。

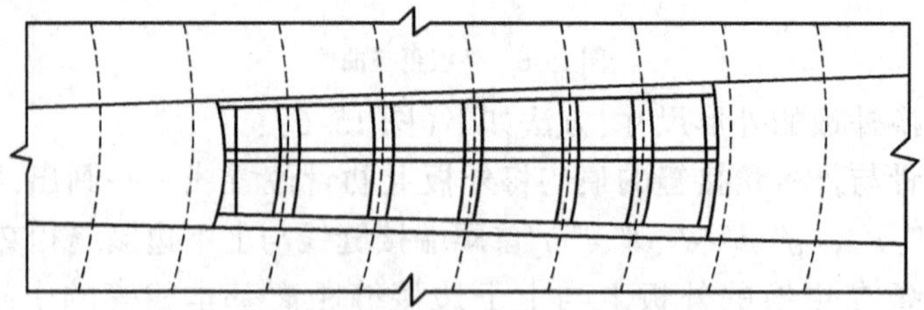

图15-9 双曲型外板加工样板

⑦按上述②项所得各线段实长进行号料(图15-10),步骤如下:

在钢板中间部位沿其板长方向画一直线DE,长度等于de。

分别以D、E为圆心de'、ee'长度为半径画弧相交于E'。以D、E为圆心,dd'、$d'e'$为半径画弧交于D',以D、E为圆心,dd''、ed''为半径画弧交于D''。以D''、E为圆心,$d''e$、ee''为半径画弧交于E''。用上述方法继续作图,得到A、B、C、F、G;A'、B'、…、G';A''、B''、…、G''各点,将上述各点按图15-6所示用样板条依次连成光顺曲线,并在上边缘线和首端缝线加放30mm余量。然后

按加工样板形状将外板加工成形。

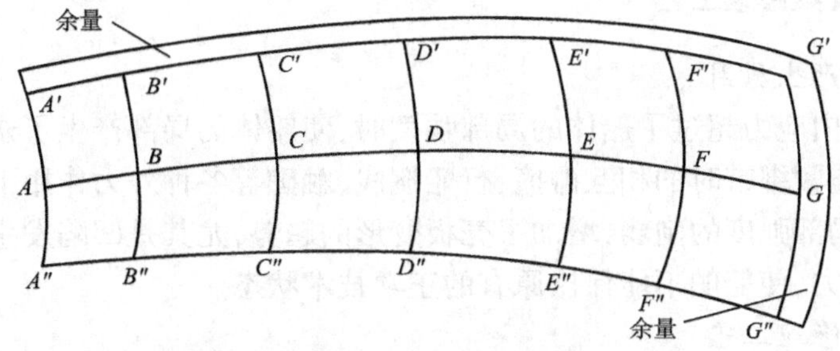

图 15-10　外板号料

⑧将加工好的外板运到现场进行安装，先将其准确边进行定位，另外两边利用马板与铁楔使其尽量与外板的边缘贴紧，与内部骨架进行固定、定位焊，待其准确边接缝的内表面焊缝完工后再割去余量，进行装配，并在外板接缝上设置梳状马。

⑨进行外板对接缝（内表面）和骨架与外板间角焊缝的焊接。

⑩外板接缝外表面进行碳刨开槽清根再焊接。

⑪提交验收，并按工艺要求进行密性试验。

在上述施工过程中，如果有完整的外板展开图与肋骨型线图，则上述第②、⑦施工步骤可按图进行放样展开和制作加工样板（样箱）。

（2）外板局部割换。一块外板没有全部损坏时，可采用局部割换的方式进行修理（图 15-11）。

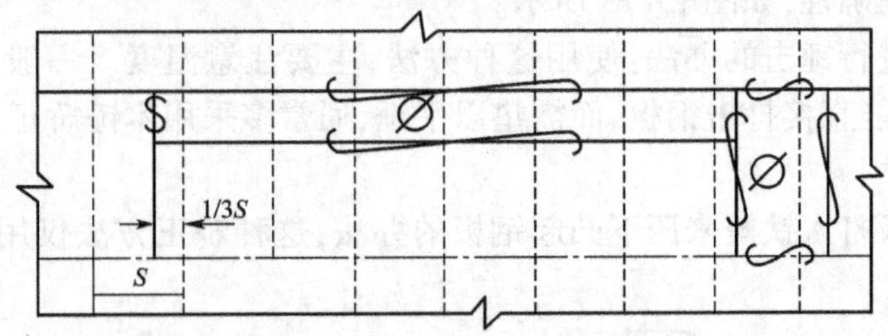

图 15-11　外板局部割换接缝的布置

局部外板割换工艺步骤基本上与外板更换相似，但其割缝的布置除按勘验明细表所列修理范围和现场实际损坏情况决定外，还须注意以下几点：

①割缝应与外板原来的端接缝或边接缝平行。

②割缝应尽量贯穿外板原来的两端或两边接缝，如图 15-11 所示。如不能贯穿时，则将其接缝角部改为圆角，圆角半径 r 不得小于 10 倍板厚，如图 15-12 所示。

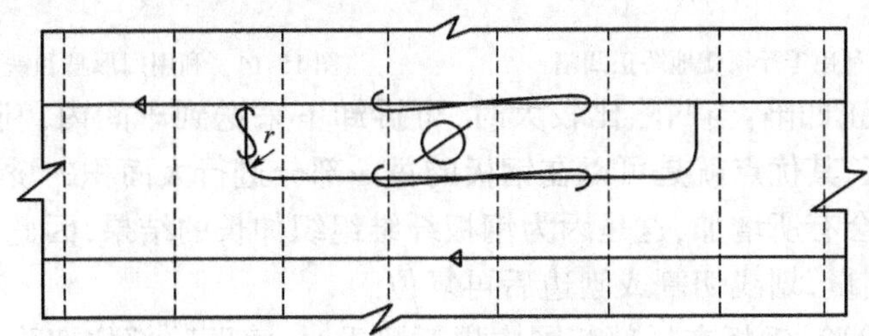

图 15-12　焊尖角部改圆角

③端接缝不得设在 1/2 肋距处，应靠近某一侧肋骨，以距肋骨 1/3 肋距为宜。

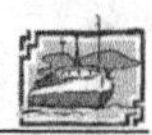

三、船体凹陷及其修理工艺

1. 船体凹陷的产生原因

船体凹陷是指内应力超过了船体的局部强度时,使船体的局部产生了永久性变形。比如,船舶在停靠码头、拖驳绑带时的相互碰撞、行船搁浅、触礁等各种外力作用下,船壳发生局部变形,这样导致船体局部强度的削弱,增加了壳板变形的趋势,尤其是凹陷发生在水下部分时,还会大大增加航行阻力,使船舶不能保持原有的正常技术状态。

2. 船体凹陷的修理工艺

(1)就地消除凹陷:当凹陷尺寸小,而且弯曲度不大,其位置又是在主要构件和接缝线以外的地方,如非水密舱壁、舷墙等处,可采用以下办法予以就地矫正:

①加热吊平:在变形凹陷部位的中间焊一螺栓,并在两边骨架处安装卡板,把螺栓拧紧,然后用氧炔烘炬在变形面上顺序烘烤加热,再拧螺栓,把凹陷部位慢慢拉出,如此反复进行几次,直到恢复原状。完工后,要检查其周围附近的焊缝是否因吊平时牵动而致松动或损伤,必要时应进行密性试验。加热吊平法一般用于一个肋距间小面积变形的校正。

②加热并用千斤顶加以矫正:首先在凸出的一面安放撑柱或千斤顶,然后在其反面(凹面)利用氧炔焰加热,使钢板温度达到800~900℃,即呈现橘黄微红时,缓慢地、均匀地用千斤顶顶平,以免发生金属的折损及裂缝。为了帮助受热处的收缩,可浇注冷水进行冷却,然后用直尺或样板检查其正确性,如图15-13所示。

③利用加热时进行锤击的办法:使用这种方法,主要注意温度。一般要求加热至1000~1100℃,并且铁锤不能直接打击钢板,而需垫以平锤,通常多采用木锤矫正,这样可防止钢板损伤和留下锤痕。

④利用门形马板打入铁楔来压下凸起钢板的办法,这种矫正方法仅用于薄板和凹陷小的地方(图15-14)。

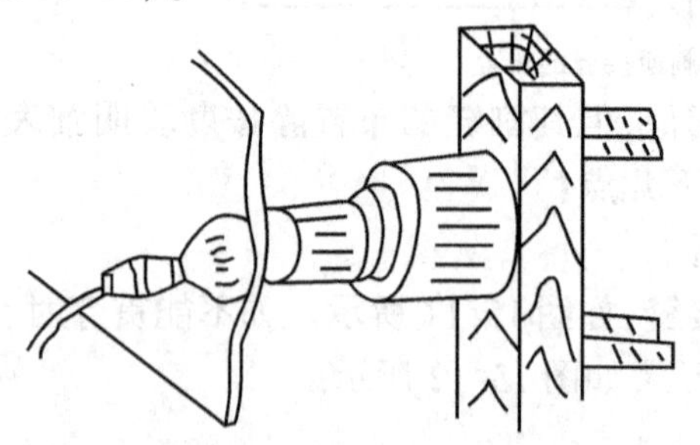

图15-13 利用千斤顶就地矫正凹陷

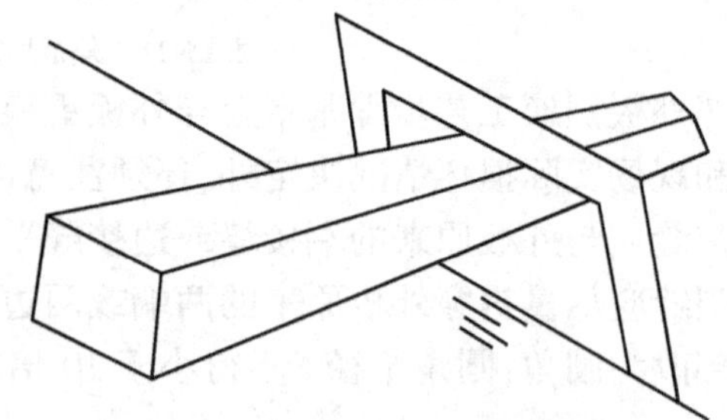

图15-14 利用门形马和铁楔的矫正

(2)在车间内矫正凹陷:当凹陷比较大时,可拆卸下来送到车间内,利用矫正机械或者在平台上加热锤击矫正,其优点就是可以在钢板的每一部分进行大面积的矫正。不过,经过上述矫正后,钢板的长度会有所增加,这是因为钢板纤维组织伸长的结果,因此,上船装复前必须先用原位样板或卷尺测量,划线切割或刨边后再复位。

(3)补板:经过检验,钢板在局部范围内损耗严重时,将凹陷部位切除,补上新板。或者就在凹陷区贴补一块钢板。补板的四角应做成圆角,四周与旧板烧连续对接或搭接焊,焊接程序与图15-5所示类同。通常对于船体凹陷,采用贴补方法比挖补方法为多,因为它省去了拆卸

旧板的工作，所以效率高。贴补钢板的厚度一般为原钢板厚度的 0.75 倍。贴补前，要对凹陷区除锈油漆，若为弯曲部位，还需将补板加工成形后再进行贴补。

(4)换新板：当损坏相当严重而无法挽救时，就将凹陷的整块钢板全部换新，其方法及过程与本节“二、船体渗漏及其修理工艺”中所述相同。

四、船体骨架弯曲及其修理工艺

1. 船体骨架弯曲的产生原因

根据力的传递原理，作用在外板上的力，也就同时作用在与外板相连接的骨架上，因此，就其本质来说，弯曲与凹陷没有什么区别，只是弯曲系指骨架部分而已。在船体上容易产生弯曲的部位有：桁材、肋骨、舱壁扶强材、桁架、首尾柱及其他构件。

2. 船体骨架弯曲的修理工艺

如同凹陷修理一样，船体骨架弯曲的修理主要有两种：就地矫正和车间矫正。

就地矫正通常是弯曲部位的外板因损坏已预先拆去。对弯曲程度较小的骨架，用氧炔焰对弯曲部位加热后，再用锤敲击，使其恢复原来的形状。对弯曲比较严重的部位，则在加热后需用千斤顶对其施加外力，然后用锤轻轻敲击到原有形状，如图 15-15 所示，也可用门形马和铁楔来矫正。

车间矫正是指弯曲变形特别严重的肋骨，应拆下到车间进行矫正后再装复或者换新。在拆除前应根据拆除的肋骨之受力情况，采取分批拆除或全部拆除工艺，拆下的肋骨应在其弯曲部位到完好形状处还多割去 100 ~ 200mm，以便安装新肋骨时能正确地连顺型线。在安装新肋骨时必须在与原有完好肋骨部分焊接之前，仔细检查该处型线是否光顺，即在保证该处肋骨型线光顺的同时，还必须使纵向型线也保持光顺。

肋板的弯曲可采用变形范围局部割换或拆除换新的方法来修复。如需拆换时，其拆换程序与肋骨修复方法基本相同。

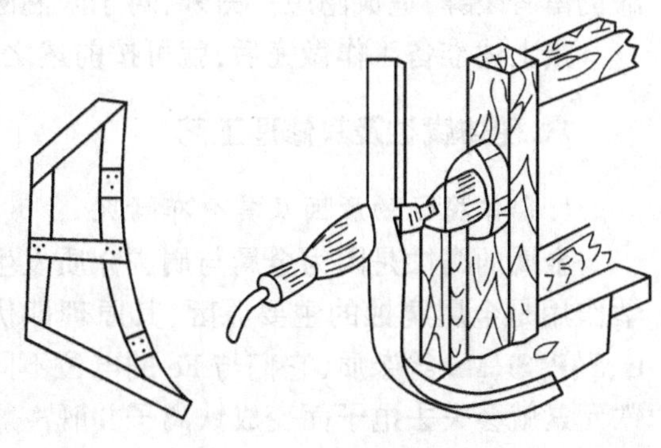

图 15-15　就地火工矫正肋骨

五、船体裂缝及其修理工艺

1. 船体裂缝产生的原因和部位

船体裂缝产生的原因很多。如船体在装配过程中，各构件没有达到规定的配合就进行焊接，结果造成弯曲而产生应力，这种应力潜伏在船体板架上，当它和船舶工作时受到的其他外力叠加时，便会产生船体裂纹；船体结构所用的材料质量低劣，以及在加工制作中，操作不当或加热不足，焊接过程中存在夹渣、气孔、裂纹、未焊透等缺陷，加上不合理的施焊程序，就造成了应力集中，这些也都是产生裂缝的隐患；再就是金属遭到腐蚀，船舶在波浪上反复受到交变应力的作用，以及螺旋桨、主机、辅机等工作时产生的船舶振动而引起的金属疲劳，在外力作用下，只要超过了理论计算时的船舶纵向与横向强度，便会产生船体裂缝。因此，必须掌握其规律，找出船体上最容易产生裂缝的部位，做到有的放矢地消除和预防。一般最容易产生裂缝的部位有：

(1)凹陷与弯曲处,特别是接缝部位。因为产生凹陷与弯曲时,在接缝处会产生较大的应力。

(2)首柱和尾柱处,特别是被冲击而受损害的地方。这是因为首、尾柱的加工程度较大,金属内部结构被迫改变,因而具有不同的电位,所以特别容易遭受腐蚀,在冲击的作用下受到损害而产生裂缝。

(3)螺旋桨轴架处。因为该处在受到严重腐蚀的同时,还不断地遭受到螺旋桨的振动作用,久而久之便产生了裂缝(属疲劳断裂)。

(4)主机、辅机和锅炉下面以及不能进行清洁的水舱、油舱、煤舱等处的外板。

2. 船体裂缝的修理工艺

船体外板、甲板的裂缝修补,基本上采用碳刨开槽两面焊接方式进行,必要时在裂缝修补结束后再在其外(内)表面加焊复板,即贴补方法。在贴补之前,必须作好以下准备工作:

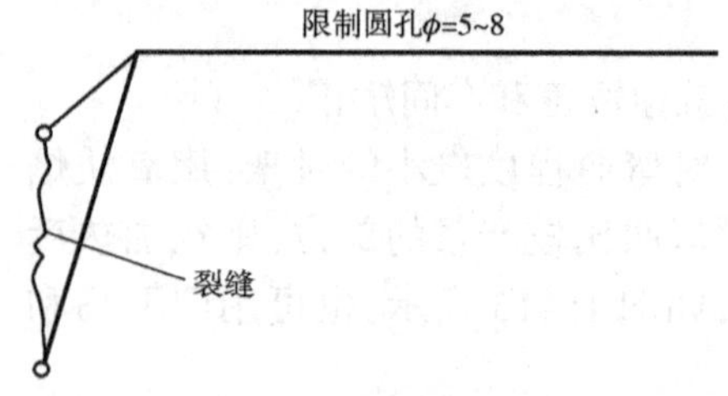

图 15-16 裂缝限制圆孔

(1)限制裂缝的发展,即在裂缝的两端钻直径为 5 ~ 8mm 的圆孔,圆孔深度应与裂缝深度一致,如图 15-16 所示。这是因为形成圆孔后,可以减小应力,起到止裂的作用。

(2)检查裂缝的程度:对于裂缝的长度,可用煤油试验予以检验,对于裂缝的深度,可以通过钻孔来测定。

(3)在裂缝处按照焊缝的要求和标准开出坡口,此处坡口的深度必须大于裂缝的深度,否则焊完之后,金属内部仍留有裂缝,造成隐患。另外,对于限制圆孔要进行塞焊。

当上述准备工作做完后,就可按前述之补板方法进行贴补。

六、船体腐蚀及其修理工艺

1. 船体腐蚀的原因及其分布情况

金属的腐蚀是因为金属与周围介质发生了化学反应和电化学作用而出现的,尤其是电化学作用是金属腐蚀的主要原因,其原理即伏特电池原理。船体漂浮在水上,因其钢材中含有 C、S、P、Si、Mn 等杂质,它们与 Fe 的电位不同,容易形成微电池,特别是尾部有铜质螺旋桨时,铁元素就会失去电子而变成铁离子并脱离船体

$$Fe - 2e \rightarrow Fe^{++}$$

这样船体便遭到了腐蚀;即使不接触水的金属部分,也会从空气中吸附水汽而形成水膜,同样形成微电池而遭受腐蚀。正是因为船体表面形成了千千万万个微型原电池,所以使其迅速地遭到腐蚀。

通过大量试验与统计,船体的腐蚀是相当严重的,一般最容易出现的部位是(图 15-17):

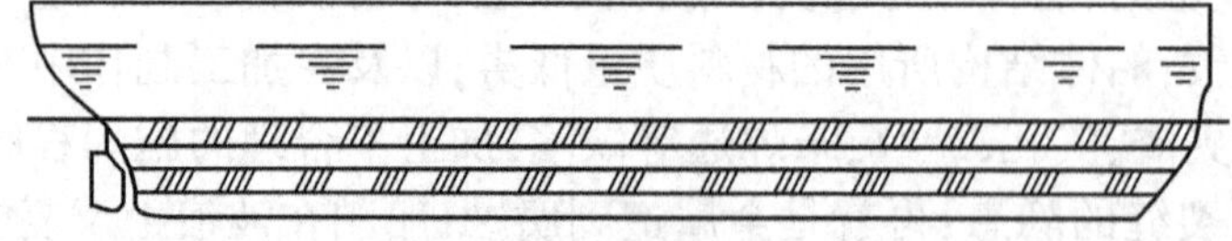

图 15-17 船体腐蚀的分布

(1)水线变化区的外板:船舶装卸货物时及在风浪中航行时,吃水不断变化,加上阳光、空气、水的反复作用,使其表面忽湿忽干,而且航行时产生涡旋、水流冲刷着油漆,海水中含有大

量盐分,浸泡着油漆,会不同程度地破坏油漆保护膜,从而加剧金属的腐蚀。

(2)首尾柱部分:因为首柱迎浪而进,尾柱受到螺旋桨搅起的空气加水的乳化液的化学作用及机械作用,使该处的油漆容易脱落;首尾柱在冷热加工制造过程中,被加工的分子与未加工分子之间形成了不同的电位,也促进了它们的腐蚀。

(3)泄水孔周围和舭部转圆处:一方面是水流的影响,另一方面是加工弯曲的关系。

(4)护舷材以下部位:尤其拖船和驳船上常见。

(5)焊缝区域:由于焊接缺陷与焊接应力所致。

除上述船体外部易遭受腐蚀的部位外,船体内部腐蚀严重处有:

(1)煤舱:由于煤的硫化作用,易促进腐蚀。

(2)油舱:尤其是未装满油的上部,由于石油中分解的硫化氢及凝结水的作用,易促进腐蚀,这在油船和油驳上更是显著。

(3)水舱:水本身是电解质,故易腐蚀。

(4)机炉舱底座处:由于机器振动、油污积聚、热辐射等加剧了金属的腐蚀。

综上所述,焊接船舶的腐蚀多在焊缝及其附近区域,并形成斑点。

此外,海洋船舶还会遭受海洋生物的腐蚀。即海水中的生物(如贝类、藻类)附着于船体水下部分而引起生物腐蚀,它不仅损坏钢板,而且因生物附着而增加船体表面粗糙度,使航速降低,燃料消耗增多。生物腐蚀是从生物附着于船体开始的,他们利用分泌黏性物质将自己黏附在船体上。因海洋生物大部分生长在靠近岸边较静的水域中,所以在港停泊的船舶最容易附着海洋生物。生物腐蚀也包括化学腐蚀和电化学腐蚀两种,因生物附着可能产生的腐蚀情况有:

(1)附着生物因新陈代谢作用分泌出侵蚀性产物(如 NH_4OH、CO_2、H_2S 等)以及其他有机酸和无机酸,这些物质对船体钢板起腐蚀作用。

(2)附着生物因叶绿素作用而产生氧气,以及分泌出硫化物,从而形成局部原电池而发生电化学腐蚀。

(3)贝壳生物附着于船舶能破坏油漆保护层,最终导致局部电化学腐蚀。

2.船体腐蚀的修理工艺

根据交通运输部标准《船体结构蚀耗修理更换标准》,对于运营中的钢质海船因蚀耗减薄后的船体构件,凡在其蚀耗极限以内者(即总纵强度在其规定的剖面模数计算极限以上者和局部强度在其规定公式计算之剩余厚度以上者),修理时仅除锈油漆等;若其蚀耗减薄后的构件超过蚀耗极限者,则需局部或大部更换新板,或加纵向骨架及贴补,以至将整条船报废。

(1)除锈油漆工艺:修船除锈为整船除锈,常用的方法有,手工敲铲法、气动或电动机械除锈、抛丸或喷丸除锈、高压水清洗除锈等。

①高压水清洗除锈:这是利用水射流中的冲击力的"机械"作用来除去锈蚀和污垢的方法,目前用于清洗除锈的是一种高压连续细射流(5mm 以下)。这种除锈方法的生产效率高,锈尘少;不损伤钢板表面;除锈质量好,能除去疏松的蚀锈、旧漆皮及附着的海洋生物,特别能除去麻点锈蚀;工艺性能好,使用方便,辅助工时少。但也存在一些问题有待今后不断完善,如安全防护,保证零件强度,避免高压管爆炸等。高压水清洗除锈设备系统包括高压水泵、高压阀门、高压管道、水枪、喷嘴和船旁、船底机械化除锈车等。高压水除锈系统如图 15-18 所示。

②抛丸除锈:它是利用抛丸机叶轮(抛丸头)旋转时的离心力抛射铁丸进行除锈的。抛丸除

锈设备分成船旁和船底两种。它们由抛丸室、伸缩架、集尘装置、行走小车和操纵盘等部分组成。图 15-19 所示为船舷抛丸除锈机结构示意图。图 15-20 所示为船底抛丸除锈机结构示意图。

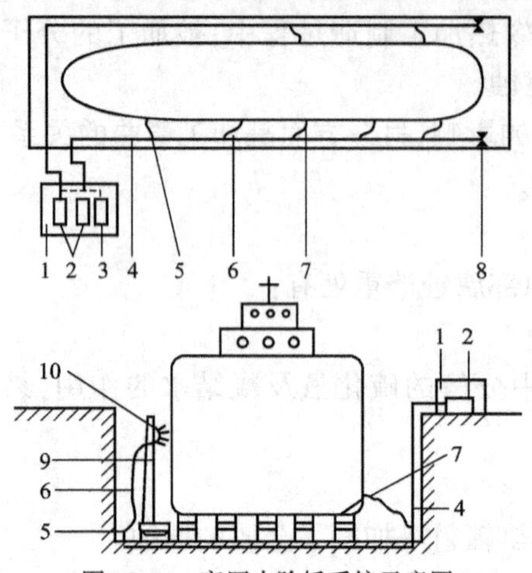

图 15-18　高压水除锈系统示意图

1-水泵房;2-高压水泵;3-备用泵;4-高压钢管;5-高压胶管接头;6-高压胶管;7-单头喷枪;8-放水阀;9-船旁高压水除锈车;10-多头喷嘴喷枪

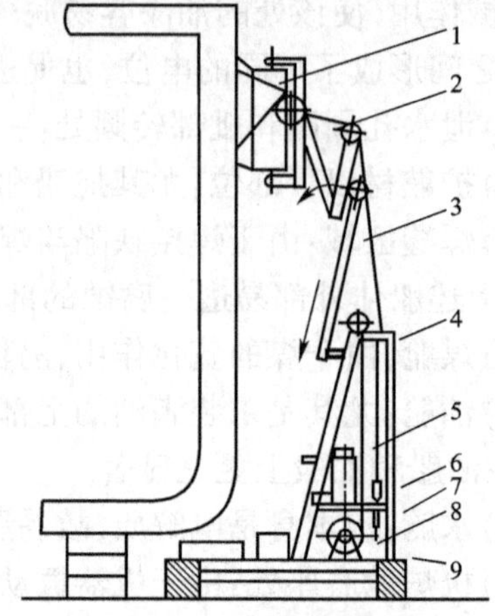

图 15-19　船舷抛丸除锈机

1-抛丸室;2-压紧装置;3-伸缩管;4-塔架;5-集尘装置;6-压紧指示器;7-压紧调整装置;8-伸缩升降驱动装置;9-行走车轨

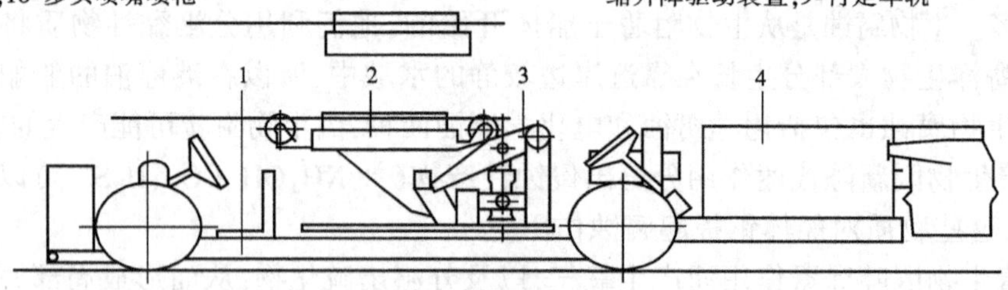

图 15-20　船底抛丸除锈机

1-行走小车;2-抛丸室;3-抛丸升降装置;4-集尘装置

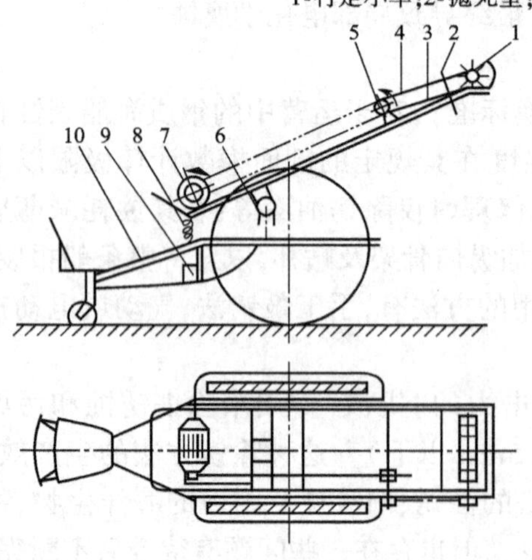

图 15-21　船底电动除锈机

1-除锈装置;2-防护挡板;3-座架;4-三角皮带;5-中间轴承和皮带轮;6-摇摆支架;7-电动机;8-拉紧弹簧或橡皮条;9-倒顺组合开关及电源插座;10-行走车架

③电动除锈机除锈:这是在人工除锈的基础上发展起来的电动齿轮枪拷铲除锈。船底电动除锈机和船旁遥控自行式除锈机,是除锈效率较高和质量较好的一种除锈装置。

船底电动除锈机是一种轻便的手推式除锈装置,它由行走车轮、中间摇摆支架(包括缓冲器)和电动除锈拷铲头三部分组成,如图 15-21 所示。它仅适用于平直的船底部位,对于舭部和首尾部船体外板,则需用其他除锈方法来弥补。

遥控自行式除锈机是我国研制的一种结构轻巧、使用方便、除锈效率高的除锈新设备。它适用于板厚 4mm 以上的平直船侧

外板、甲板及舱内平台的除锈和其他大面积除锈作业。遥控自行式除锈机系用电磁吸力将除锈机吸附在船壳板上,利用旋转的除锈片敲击锈层和旧漆皮来除锈的。它主要由行走系统、磁路、除锈和控制系统等四部分组成。

船舶油漆的效能,除了本身质量以外,与油漆涂装施工也有密切关系。正确的涂装工艺能充分发挥油漆的质量和效能。油漆施工中,手工涂刷尚占一定比重,现正逐步向机械化自动化涂装施工过渡,目前以高压无气喷涂应用较广泛,高压静电喷漆也有应用。其原理为:前者利用高压泵,使涂料增压到15MPa,然后通过一个特殊的喷嘴小孔喷出,当高压涂料离开喷嘴到达大气中时,立即剧烈膨胀,雾化成极细的漆粒而被喷到船体上,因喷出的漆流中没有压缩空气,故称高压无气喷涂。后者是使雾化了的油漆微粒在直流高压电场中带有负电荷,通过静电引力作用使漆粒移动到带正电位的船体上,在船体表面沉积一层均匀牢固的漆膜。至于手工涂刷在船体涂装工艺中主要有刷涂法和滚涂法两种。前者是基本的涂装方法,后者适合于大面积的涂装,效率比前者高。刷涂顺序是先上下直刷,中间留5～6mm间隙,称为开油;然后横向刷平,此时刷子不蘸油,称为横油;最后修饰理平,刷上无油,称为理油。也可先横后直,道理一样。一般应先上后下、先左后右、先里后外形成均匀漆膜。漆膜过厚易皱,过薄易露底。蘸油要少,次数要多。前道漆未干透,不能刷涂下道漆。油漆施工中要注意安全,一是防失火,二是防中毒。

对于清除海洋生物的方法,有高效能防污油漆、超声波除污法、物理清除法、海水电解法等。

(2)拆换修理工艺:当测定板材在一个肋距(或沿板长700mm)内的累计腐蚀宽度比$b/B \geqslant 50\%$(b为累计腐蚀宽度;B为板宽),且平均厚度已低于蚀耗极限时,这种外板和强力甲板应予全板更换,并原则上保持原始焊缝不予更动。对其余部位的板材允许贴补、挖补和割换等方法加以修复。对国内航行的老旧船舶如纵向强度不足,但仍能保证局部强度时,可采用加强纵向骨架及贴补纵通列板的补强措施,但使用部门应进行强度计算。

3.船体腐蚀修理举例

船舶在长期航行过程中,上层建筑的围壁,特别是外围壁,由于经常受到风吹浪打,锈蚀比较严重,尤其围壁下部与甲板相交处更为严重。其他如厨房、厕所、浴室等舱室的围壁下部锈蚀也比较严重。由于考虑到其围壁内表面通常都设有木质设施、电气装置等,如果围壁全部更换,则由此而带来的附带修理工程较多,所以通常采用局部割换的方式修理。现以外围壁下部板修理为例予以说明。

(1)按勘验明细表所列修理范围,画出围壁下部修理范围,并画出割缝线,如图15-22所示。

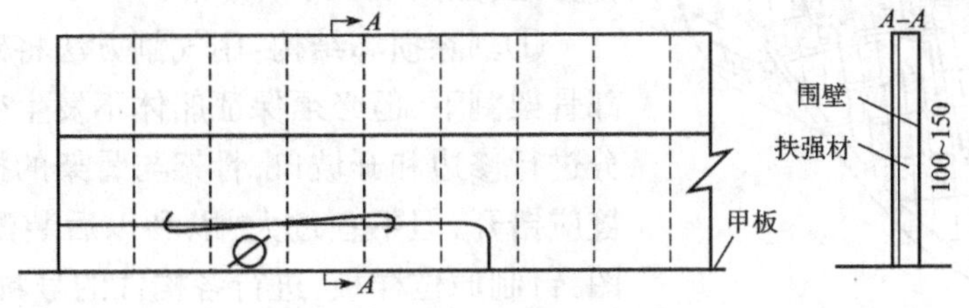

图15-22　外围壁下部割换位置的划线

(2)按外板割缝线高度位置,拆除围壁内部木质设施及电气装置等,其拆除高度一般高于外板割缝线为150~200mm。

(3)画出围壁内部扶强材的割缝线,通常其割换高度高出围壁割缝线为100~150mm,如图15-22所示。

(4)将需修换的围壁及其扶强材割去,一般扶强材按切割线进行切割,围壁切割线通常低于所画的割缝线约50mm,如图15-23a)所示。

(5)按围壁割缝线所测板的尺寸号料,通常号料加工后的围壁板为一矩形板条。

(6)将板条立于甲板上,上部贴紧围壁,下部对准原来围壁与甲板的接缝,作临时固定。按甲板梁拱和脊弧的型线修割板条下口边缘,使其与甲板角接缝间隙符合工艺要求。在修割下口边缘时,应注意保持板条上口边缘基本水平。将板条下口对准甲板上的原接缝位置,进行板条下口与甲板角接缝的定位焊,如图15-23b)所示。

将板条上口边缘与原围壁贴紧,沿板条上口边缘对原围壁进行切割,并进行定位焊,如图15-23c)所示。

(7)进行内部扶强材的割换工作,如图15-23d)所示。

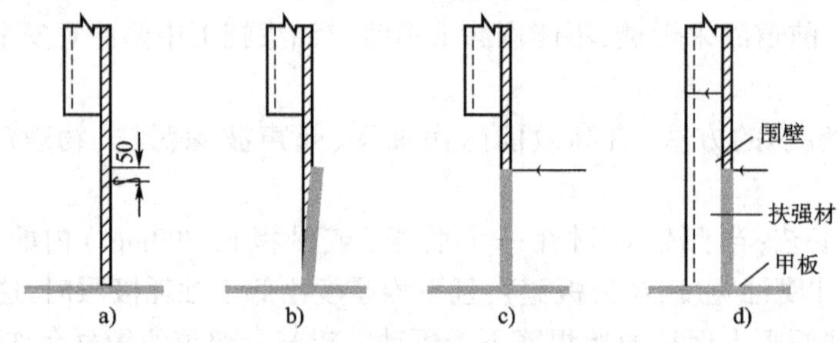

图15-23 外围壁下部的割换

板条两端如能与围壁原垂直接缝对齐最好,若不能对合,应将板条上部两角改为圆角相接,圆角半径应不小于50mm,如图15-22所示。

七、船体破洞及其修理工艺

1.船体破洞的产生原因

由于船舶触礁,或两船相撞,或被各类弹雷击中,使船体局部强度遭到破坏而出现破洞,破洞的部位可在首、中、尾,也可在水上或水下等部位。

2.船体破洞的修理工艺

(1)单件散装修理工艺:当起重能力小时,采用这种方法,如图15-24所示。

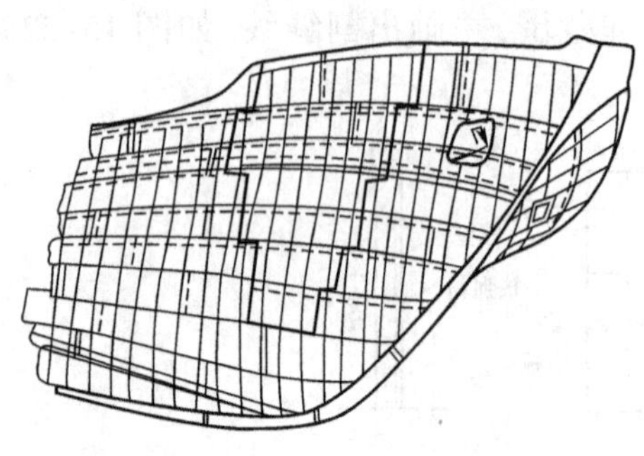

图15-24 船体破洞的修理

①割除损坏结构:用气割方法将破洞处的外板及内部骨架割下,但必须保证船体不发生变形。对留下的部分进行修边和开坡口,骨架与骨架的接缝和板与板的接缝应错开,但不宜过大,以利以后装配。局部测绘施工图,钉制原位样板,进行各构件的号料与加工。

②安装骨架:先装横向骨架,如横梁和肋骨,以及它

们之间的梁肘板;然后装纵向骨架,如舷侧纵桁等。进行新装骨架与保留骨架间接缝的焊接和新装纵横骨架间接缝的焊接。

③安装甲板与外板:先安装舷侧顶板和甲板边板,使骨架刚性固定后,再依次安装其他外板和甲板。先焊板与板的舱内对接缝,后焊骨架与板的角接缝,最后焊板与板在外表面碳刨开槽后的对接缝,采用逐步退焊法以减少焊接变形。最后火工矫正,并进行质量检验。

④密性试验。

(2)分段预制修理工艺:

①预制损坏分段:破洞割除与前类同,根据就地测绘的施工图及放样资料进行破洞分段的预制,其程序与造船分段制造相同。

②分段吊装与焊接:将预制的分段吊运到安装部位,用马板、松紧螺旋扣等将分段固定住(与造船时船台装配中舷侧分段吊装相同),套割余量后定位焊。施焊程序与散装法一样。最后火工矫正,并进行质量检验。

③密性试验。

3.分(总)段预制修理工艺举例

(1)船舶非对称布置进坞时用立体分段更换船底,被修理船舶非对称布置进坞是增加浮船坞船台甲板自由面积的方法之一。为了实现货油舱全舱长船底受破坏的(由于触礁的结果)巨型油船的修理,要完成下列工作。

准备工作:

①制订设计方案和原则工艺,其中包括船舶非对称布置时进行船坞的强度计算。

②在首尾端区域内安装船坞浮箱的补充加强。

③用普通方法布置船舶进坞,即沿着船坞中线面进坞,进行船舶的弯曲测量并沿着基准点固定船舶位置,使船舶从船坞下水。

④为非对称布置船舶准备船坞。

龙骨墩和修船浮桩要考虑到船舶事先被测量位置来安排。

在船台甲板上下水滑座横过船坞,即沿着船体布置好。

船坞内的修理工作:

①布置船舶进坞。

②在一个货油舱长度方向上去掉船体下面的龙骨墩和修船浮桩。在船体下面敷设下水滑道,移动装备为每个起升力为40t的四个液压千斤顶的平台。

③拆卸作业在船体中部开始。在船底区域内把NO.5货油舱分割成三个立体分段,每一个分段质量为60t。借助于浮式起重机通过开口滑车系统从船体下面把分段去掉。

④在船台甲板作业面积上拆卸和标志每一分段的管路。利用驳船上的浮式起重机运输分段。

⑤用浮式起重机把重新准备好的(按照造船厂的图纸和放样数据)质量为60t的分段装到平台上,并且在管路安装好以后把它们沿着下水滑道转动到船体下面(图15-25)。

⑥调整分段(用千斤顶沿着船舶纵向下水滑道向上移动,号边并对接好)。

⑦安装接缝的焊接。

⑧安放分段下面的龙骨墩和修船浮桩。

⑨继续拆卸安装作业需要的下水滑道(在去掉龙骨墩和修船浮桩以后)。

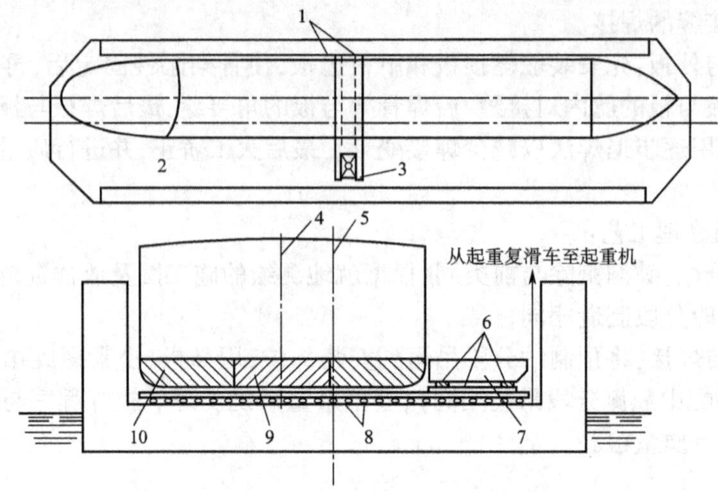

图 15-25　非对称布置进坞时用立体分段更换油船船底

1-滑座槽;2-作业面积(船坞船台甲板自由面积);3-下水滑座;4-船舶中线面线;5-船坞对称面线;6-具有千斤顶的滑座;7-右舷船底分段;8-下水滑座槽的修船浮桩;9-船底中部分段;10-左舷船底分段

(2)用分段更换甲板和舷侧:在许多情况下,分段的制造安装(包括巨型分段在内)比巨型总段的制造和安装更为有效。

分段的尺寸由船厂条件确定,与其说是工艺性的,还不如说是运输方便与否。通常分段质量的限制和起重机的(港口起重机、浮式起重机和船坞起重机)起重量联系在一起的。

下面是由于压载转换期间没有除气的货油舱爆炸,而引起损坏的油船甲板和舷侧分段的修理范围和顺序(图 15-26)。

修理作业的顺序如下:

①在水中:洗涤货油舱、对进行缺陷检查和用火作业的舱进行清洁和除气。切割甲板和纵舱壁被破坏的部分。

②更换左舷 No. 93 1/2 ~ 106、右舷 No. 94 1/2 ~ 106 肋骨区域内的具有加强骨架和普通骨架的纵舱壁 6。每个分段的质量为 30t。

③在船坞内:完成拆卸被破坏结构的作业。

④更换 No. 95、99 肋骨上的和 No. 4、5、6 中间货油舱区域内 105 肋骨上的三个横舱壁 7。每个舱壁质量为 45t,以分段的形式(与加强骨架和普通骨架一起)在车间内制造。

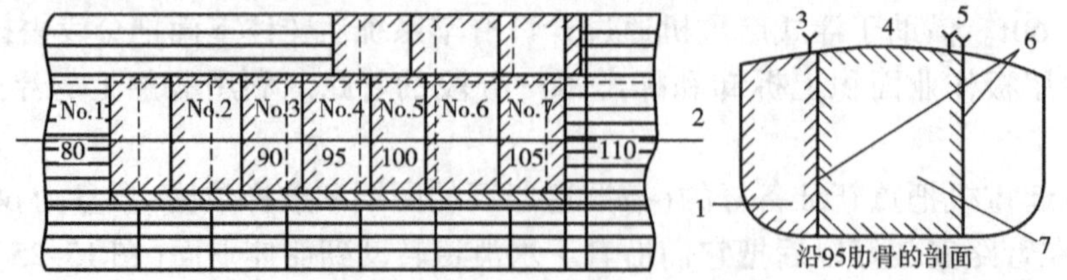

图 15-26　用巨型分段更换爆炸时被损坏的甲板、舱壁和舷侧部分(画出了分段界线)

1-左舷舷侧货油舱的横舱壁;2-被更换的舷侧;3-舷侧货油舱之上的被更换的甲板部分;4-中间货油舱 No. 1 ~ 7 之间的被更换甲板部分;5-右舷上层甲板被更换列板 E(压损钢板);6-纵舱壁;7-中间货油舱内的横舱壁

⑤更换左舷 No. 95、99、103、106 肋骨区域内 No. 1、2、3 舷侧货油舱内的横舱壁 1。

⑥用 3 个质量各为 35t 的分段(图 15-27)来更换左舷 No. 95 1/3 ~ 107 1/2 肋骨之间舷侧货油舱区域内的舷侧 2(图 15-26)。舷侧分段包括舷侧顶板和 5 个位于其下的和加强骨架及普通骨架一起的舷侧外板列板。

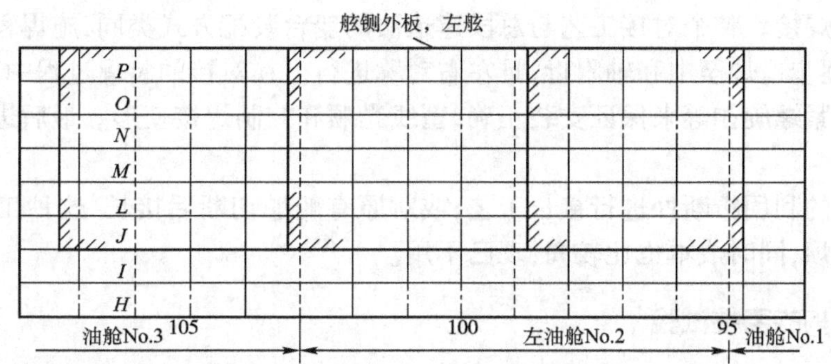

图 15-27　用 3 个质量为 35t 的巨型分段来更换爆炸时损坏的舷侧板部分(画出了分段界限)

⑦用 3 个质量为 42t 的分段来更换 No. 93 1/2 ~ 106 1/2 肋骨之间左舷 No. 1、2、3 舷侧油舱区域内上部甲板部分 3(图 15-26)。

⑧在水中(船舶从船坞下水之后)用 7 个质量各为 70t 的分段来更换 No. 81 1/2 ~ 106 肋骨之间(大约在 63m 的长度上)中间货油舱区域内的上部甲板部分 4(图 15-26)。

⑨更换 No. 81 1/2 ~ 106 肋骨之间的右舷舷侧货油舱区域内上部甲板部分——邻接纵舱壁的列板 *E*5。

⑩安装货油舱围板、栏杆、吊货杆、卷扬机和包括管路在内的其他设备。

八、船体折断及其修理工艺

1. 船体折断的原因

由于设计不合理,或因凹陷、弯曲、裂缝、腐蚀、破洞等原因,使船舶总纵强度降低,当其受到了超过船体总纵强度之弯矩作用时,便会折为两段。

2. 船体折断的修理工艺

断船接拢是修理中较复杂的工程,通常是在坞内修理。它可以是原船接拢,也可以是类型相同或大小相当的两条船的某两段接成一条船,也有的在原船上接一段新船体。

(1)确定工艺措施:

①大接缝的选择:根据原船结构及断裂部位,尽量把首尾段原有焊缝协调起来,且选在靠近平行中体的这一段上。

②施工原则的确定:为保证断接处的型线光顺,需拆去断裂处的一部分外板、甲板及其内部骨架,依照光顺后的型线重装;对正常检修拆换的部位应在接拢工程中给予拆换;轴系在大合拢时应保证质量,若有偏差,在安装主机时作调整。

(2)断船接拢修理工艺:

①损坏部分的修复:首、尾段的修复工作分别进行,如拆换外板、甲板、内底板,矫正后复原,为保证强度与安全,应分区分批修复,一般逐舱进行,为防止变形,适当加墩加撑,舱壁处一

定要在支撑牢靠底部结构修好后再修复舷侧结构。修复过程中应随时测量变形情况,随时予以纠正。机舱修理时要将主机吊出,垫好龙骨墩再拆装。同一修理区内不可同时进行船底、舷侧和甲板的拆装修复工作,以防止变形。

②对接工艺:确定一个奠基段如尾段,将首尾两段的甲板、外板上适当位置画好对合线,拉拢对齐,测量中心线、水平线、舱壁垂直度等是否正确,然后将内部骨架(纵向)定位,套割首段板材余量,进行焊接。整个对接工艺与总段建造法的船台装配方式类同,施焊程序也是由远离中和轴的地方逐步退焊至中和轴附近,且左右对称进行。在对接的装焊过程中,尽量应用一切方法如马板、松紧螺旋扣等来保证安装正确、型线光顺和控制焊接变形。最后进行火工矫正与密性试验。

此外,也有的利用折断处进行接长工艺,或对原有船舶切断后接长,这种工程与造船方法相类同,比较麻烦,同时成本也比较高,现已不用。

九、船体结构的密性试验

修船后对修理部分的结构应进行密性试验。船体构件修理后影响密性者,均需进行密性试验。试验可采用水密、气密、油密或相应的有效方法进行。密性试验方法同第十三章第四节,密性试验标准按有关规范要求进行。

第三节　船体修理方案

一、修船方案的选择

1. 概述

修船方案的主要内容包括:

(1)确定修船工作场所及被修船舶的搁置方法。

(2)选择修理工程项目及其拆卸修复的工艺程序。

(3)准备推广和试用的新工艺项目。

(4)确定所修船舶的特殊工艺及装备和工具。

(5)船舶修理的周期应尽可能缩短。

(6)船舶修理的价格应尽可能低廉。

(7)船舶修理的质量应尽可能提高。

(8)船舶修理的工艺过程应尽可能简单,施工操作应尽可能方便。

(9)船舶修理中应合理地采用新工艺,如分段预制换修、成套设备换修等。

2. 影响修船方案的因素

(1)船舶方面:

①修理工程项目及其范围。

②损坏的形式和程度。

③修理的部位。

④修理处的结构特点。

⑤船舶的大小。

(2)船厂方面：

①船厂生产面积与船台、船坞、船排、码头等的数量。

②起重运输能力。

③生产设备的数量与先进程度。

④技术工人的比例、数量与技术水平。

⑤船厂的生产计划与任务。

3.选择修船方案的步骤

(1)汇集资料：待修船舶的设计图纸与文件，修理单与勘验单等。

(2)熟悉修理部分的结构情况及修理要求。

(3)了解船厂的技术条件和当时的生产情况。

(4)分析比较几种修船方案，选取经济效益最好的方案以确定之。

4.船体修理原则工艺说明书

(1)概况：船舶主尺度、主要性能、建造年月、建造工厂、修理范围、现有技术状况、损坏及腐蚀情况、测厚数据等。

(2)船舶拆卸的技术原则：根据修理单进行勘验后，编制实施修理单，确定拆修规程。

(3)主要的工艺阶段：

①勘验(随船勘验和码头勘验)。

②拆卸工程。

③除锈。

④水线以上结构的修复。

⑤水线以下结构的修复。

⑥改建工程。

⑦机械设备和舾装件的安装工作。

⑧油漆工程。

⑨验收。

⑩船舶试验和出厂。

(4)船体修理的原则工艺：提出对损坏部分及设备、机械的修复方法与原则。

二、船体分区修理工艺

船体分区修理的目的是在保证船体具有足够强度的条件下，能在同一时期内，分别在几处同时进行修船工作，以尽量缩短修船周期。

1.分区原则

首先要考虑到船舶大小、修理范围、修船周期、旧船原有技术状况、修船厂生产条件等因素，然后划分区域，安排次序。分区时应注意以下几方面：

(1)强度：

①纵向强度与横向强度都要考虑，最好计算一下。

②对同一时期进行施工的区域，应该错开，并保持一定的距离。对平板龙骨、舷侧顶板、甲

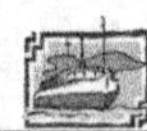

板边板、内底边板、舭部列板等重要构件,应特别注意,分区范围一般要小一些。

③分区时,前期与后期的范围要相连,否则两区交接处的修复工作不能迅速完工。

(2)施工速度:

①对施工周期较长、工序复杂、工作量大、要灌水进行密性试验的部位,如机舱、炉舱、尾尖舱等处,应提前施工。

②在保证强度的条件下,划分的区域应尽可能大一些,以便施工面铺得开一些。

③为了密性试验方便,应按舱划分区域。

(3)工艺性要求:

①尽量采用大分段,以扩大自动焊使用范围。

②按钢材规格,重新合理地排列板缝。

③施工要方便。

(4)分区:

同一时期内各区的工作量应当相近,以便同时开工同时完工,并经常检查施工情况,前区未完,后区不开。

(5)安全:

①分区时,上下不能同时施工。

②注意通风,特别是双层底、舱室等。

分区工作应有专人负责,并总结施工经验,保存技术档案。

2.外板分区法

(1)大型船舶坞外拆修外板时,正常天气拆下外板的下缘,至少离开水面1~1.5m,风浪季节应考虑适当增加。

(2)如果船体的其他结构如甲板等强度良好,则可参照表15-1的经验数据进行分期修理。

分期修船经验数据表 表15-1

水上所需拆换的外板占水上外板总面积之比	分期数目	水上所需拆换的外板占水上外板总面积之比	分期数目
15%以下	一期	30%~40%	三期
15%~30%	二期	40%以上	四期及四期以上

(3)同区域内修理的面积,在能够保证强度的条件下,面积越大越有利。一般经验数据见表15-2。

分区修船经验数据表 表15-2

船舶总长(m)	坞外划区最大面积(m^2)	坞内划区最大面积(m^2)
70~100	20	35
100~130	35	50
130以上	45	70

①分区时应尽可能使上下邻近的外板一、二列从首至尾保持较完整的连接,因此,同一区域内,外板的宽度以两列板较合适。有些船舶的外板,因停靠码头时碰撞,使局部凹凸变形很大,肋骨也产生了较大弯曲,此时拆修外板的面积,应结合肋骨修理范围一起考虑。

②焊接外板换新时,分区可适当增大,以便车间预制成平面分段,不过分区旧板拆下后应立即进行安装。

③当外板大面积施工时,应避免甲板也同时大量进行施工,以免影响船体强度,即应当交错进行。如必须同时期施工,则另行分区。

3. 肋骨的分区修理

(1)肋骨的修理和换新,基本上配合外板而同时进行,一般隔一档拆一档,分两次修理。

(2)在矫正或拆换肋骨时,应注意保证船体的横向及纵向型线,避免纵向型线出现凹凸现象。

4. 舱壁的分区修理

(1)舱壁修理时拆板,可先拆左右各1/3,修好后再拆当中的1/3。若舱壁的拆换范围很大,应在施工前于舱壁前后的甲板下用各种支撑临时加强。

(2)当几个舱壁同时都要拆换时,则前后应当错开。

(3)舱壁上的扶强材修理时,也可隔一根拆一根,分两次修理。

(4)舱壁下的内底板如也要修理,应与舱壁配合一起安排。

(5)大面积舱壁为了安装方便,上下可以分成两个平面分段进行预制。

5. 双层底的分区修理

(1)内底板分区施工面积的大小与位置,同样应考虑不能过分削弱船体强度,同时要便于拆装肋板。从内底板中心到内底边板,尽量避免同时拆换连续的两张内底板。

(2)肋板修理也是隔一档拆一块的两次修理法。肋板若在水上修理时,一定要在船底板没有变形的情况下才能进行。

(3)内底上的主机(或锅炉)如已吊走,则主机座(或锅炉座)也可在坞外修理。若主机不吊走(或锅炉不吊走),而主机座(或锅炉座)需要在坞外修理时,如其肋板完好,可将主机(或锅炉)搁置好或移位后,进行该处内底的修理。

(4)在双层底上的其他一些结构,如污水槽、测程仪、舱壁等,除在水线以下与外板连接的工程需在坞内施工外,其余均可在水上施工。

6. 甲板的分区修理

(1)若甲板换新或拆下矫正的面积较大时,则分区应保持舷侧列板的完整性。若拆换舷侧列板时,则应尽量避免相邻两列甲板同时拆掉。

(2)甲板修理时,应考虑保留足够的系缆设备供系泊用(尤其在多风季节)。

(3)甲板修理时,由于大量的封闭焊缝及不均匀的载荷,极易引起变形及产生裂缝应特别注意采取预防措施。

7. 上层建筑的分区修理

上层建筑的修理和换新,以及各种船舶甲板上的装置与设备等,全部可在坞外修复。在施工中可组成大的立体或平面分段,不过在制造与吊装时应注意:

(1)保证外围尺寸的准确。

(2)考虑好吊车的跨距、高度及制造场地等条件。

(3)分段应有足够的刚度,并采取防止吊运变形的措施。

在坞内或在码头上施工时,均应考虑分区修理工艺。

三、船体在修理过程中的变形

船舶在修理过程中,由于船体结构不同,修理范围不同,修理条件与修理方法不同,往往会发生不同的变形(总体与局部)。

1. 中拱变形

(1)产生中拱变形的原因:

①船舶在坞内修理时,首尾部因受型线的限制,其坐墩面积比中部小得多,所受压力较大,下沉量较大。若墩木质量较差,数量过少,层次过多,或撑木位置不当,数量不够,则下沉量控制不住时,出现中拱变形。

②船舶靠在码头水面时,首尾重力大于首尾浮力,而中部浮力大于中部重力时,或甲板拆卸面积过大而影响总纵强度时,亦会导致中拱变形。

③首尾尖舱进行水压密性试验时,未加足支撑垫墩会导致中拱变形。

④坞内进行船底基线测量时,常因上部船体受到日晒而伸长,形成暂时中拱,故测量应在夜间进行。

(2)减少中拱变形的措施:

①在船体修理时应有专人负责定期测量变形情况,测量方法应相同,以便积累资料分析比较。

②制定合理的分区分批修理工艺,保证船体修理过程具有足够的连接强度。

③进坞前应预先掌握船舶原有的技术状况,合理地安排坞墩,避免坐墩后出现受力不均匀的现象。

④应根据船体大小及重量,考虑墩木承压面积,避免墩木发生超负荷现象。

⑤拆换钢板时,应严格控制拆墩数目。

⑥船底墩木处,应尽量避免拆墩补漆的办法。

⑦进行水压密性试验时,应适当加强该处的龙骨墩及撑木。油漆时,需放水移墩补漆来完成水线以下的油漆工程。

2. 中垂变形

(1)产生中垂变形的原因:

①位于船体横剖面中和轴以上部分的焊接工作较多而没有采取有效措施,如甲板、舷侧上部列板、上层建筑等处的各种焊缝较多,尤其是连续焊缝,收缩时产生的内应力,使首尾上翘。

②就地火工矫正较多,和前述相似会发生首尾上翘变形。

③中部墩木拆动过多,由于船体重量很大,墩木经拆动后,虽然附近还有适当加强,但不可能恢复原有条件,必然会产生不同程度的下挠。其下挠量与拆动面积及其次数有关。

④中部墩木有局部超负荷现象,如水压密性试验时没有适当增加墩木或增加不够,修理双层底时,对重量较大的主机或锅炉没有适当支承。

以上多属事故性原因,在工艺上采取适当措施是可以避免的。

(2)防止中垂变形的措施:

①甲板、舷侧上部、上层建筑如进行大量焊接工作时,应尽量采取分段预制工艺,以减少就地焊接工作量和安排合理的焊接程序。

②对于有严重波浪变形的板,应尽量改用拆下矫正以减少就地火工矫正工作量。

③避免拆动过多的墩木。

④对局部负荷过大的部位,应适当增加墩木或临时支撑。

3. 扭转变形

(1)产生扭转变形的原因:

①同时拆下的外板及内部骨架等相连的面积过大,或同期修理的区域相距过近。

②大面积拆卸舷侧构件时,没有足够的支撑或支撑的位置不妥。

③舷侧的焊接工作过分集中。

(2)防止扭转变形的措施:

①采取合理的分区修理工艺,使同期修理的面积不要过大,并保持一定的距离。在拆卸肋骨时,应间隔进行,以不影响船体型线。

②应有专人负责合理地安装与拆除支撑。

③考虑焊接工艺时,应尽量使左右舷能同时对称地进行焊接。

④在修理过程中,应随时测量变形,并及时防止。

4. 横向变形(即横剖面型线变化)

(1)产生横向变形的原因:发生在横舱壁拆下及支柱拆除后,甲板和外板等重量大而下沉。

(2)防止横向变形的措施:

①在修理横舱壁及支柱时,应在附近临时加强。

②横舱壁的修理也应分区进行。

四、修船安全知识及注意事项

修船不同于造船,它是在船上木质设施、机电设备等不完全拆除的情况下进行切割、装配、焊接等明火作业;甚至有些船舶连油水舱里的油水也没有完全排放就进厂临时突击修理。船上的油水舱长期使用后,舱内充满着有毒气体,稍有不慎,将会给人身安全带来危害,财产带来损失,所以在修船过程中必须严格遵守下列安全操作规程:

(1)上船工作必须注意照明。无照明处必须带好手电筒,以防踏空坠落。

(2)船上油水舱打开后,不可随意进入,应等安全部门对舱内空气测试合格后方可入内工作。并注意通风条件和劳动监护制度。

(3)凡对燃油舱、柜(包括邻柜)、油管等进行明火操作前,必须先对油舱、柜、油管等做彻底的清除,然后进行可燃气体测爆检查,合格后方可进行作业。

(4)在机舱内进行明火作业,必须注意周围环境,必要时应将周围设备拆除,再进行作业。工作后应对工作场所及其周围进行整理、检查、熄灭一切火种。

(5)船上所有一切阀件、电气开关不得任意打开、闭合。

(6)工作场所周围(包括邻舱)有与施工无关的其他电气设施时,必须将其电源切断,才可进行作业。

(7)工作场所周围(包括邻舱)有电缆和其他木质舾装设施时,进行明火作业必须有专人监护,工作结束后要有专人检查。必要时应将上述设施拆除,再进行作业。

(8)当甲板拆除后,不得在骨架上行走。

(9)不得擅自进入无关舱室,打开的人孔盖、水密舱口盖,不可随意关闭。

(10)舷侧板修理作业应按自上而下的顺序进行。

五、厂修船舶进厂前的准备

(1)抓紧货舱空舱的机会,对管系(包括水舱的空气管)进行压水试验、找漏。管系试验压力一般采取400kPa,水舱的空气管的压水试验则采取水面与空气管上口齐平(即水头高度)。管系试验时,应使用手锤适度敲击管子外壁,使极度薄弱处因震动而穿孔漏水,以便及时修理,消除隐患。

如果冬季在高寒地区做上述压水试验,管系的出水应当用皮龙导出船外,避免甲板上结冰,影响正常工作和安全。试验完毕管系残水要放净,防止结冰胀裂管壁。方舱空气管的压水试验应使水持续不断地由空气管上口流出。试验完毕,应立即排出部分压舱水,使水舱保留约10%的空档,以免压舱水冻结而胀裂水舱和空气管。

(2)一切高压容器或易燃、易爆备品应妥善收藏,应联系运厂存放。油漆等日用物料应集中存放,并加强防火措施。

(3)全面检查消防设备,使之处于随时能用的状态,并与船厂消防单位联系,明确分工,以便配合。应将船厂消防的电话号码公布。

(4)吊杆放平,附属索具应拆卸、整理,并做好记号妥为收藏。

(5)打开货舱口,清除舱内及甲板上的垃圾,以利施工。二层舱的舱口周围应装上栏杆,拉好安全绳,以防止工作人员不慎坠落大舱底造成伤亡。

(6)凡由船员拆卸而需运厂修理的设备及部件,应预先集中,以便运送,防止遗漏。

(7)预先用白漆在待修工程的工件上画好明显的记号,并在旁边简单书写修理要求。

(8)了解油舱、油柜、油管的清除残油、挖除油脚和清洗工作的进展情况,检查是否经过测爆,其结果如何,防止修理人员中毒或施工中发生燃烧、爆炸等事故。

(9)首、尾甲板各备妥一根钢丝拖缆并挽牢在系缆桩上,琵琶头垂至距水面1m的高度处,以便在急需时拖轮可迅速接上拖缆,拖船离岸。

六、坞修船舶进坞前的准备

除按上述进厂前的准备做好各项工作外,还应注意如下各点:

(1)备妥进坞图或型线图、外板展开图,以及坞修部件的应用图纸,并向坞方详细介绍船底装置,如回声探测仪的振荡器、水压计程仪的皮托管座或电磁计程仪的感应器、船底塞以及其他船底设备的位置。

(2)清除杂物,卸出燃料油,尽量减轻进坞的船舶重量。

(3)根据坞方要求调整船舶吃水,并计算稳性。压载水应归并,做到水舱或者压满,或者抽空,以消除自由液面对稳性的影响。船身要尽量保持平正,横倾应不超过1°;吃水差应不超过1%船长。记录各舱压载情况以供出坞时参考。水舱的人孔盖只有在船坐墩后才可拆卸。

(4)厕所、浴室应冲洗干净,封闭停用。

(5)一切伸出舷外的设备,如救生艇、舷梯、工作跳板等,均应收进船内放妥。

(6)备妥系缆设备。如果船上保持动力、主机、锚机、舵机、绞缆机等应备妥待用。如果船

上不保持动力，则应事先告知坞方，以便取得协助与配合。船在坞内期间的注意事项：

①不得向坞内倾倒污油、污水，抛掷杂物、垃圾。

②厨房应停火，如不停火，则应将餐料下脚及污水收集在专用容器内，集中处理。

③伙食库的冷藏机如保持运转，其冷却水应接妥橡皮管排入坞底，不得直接由高位的排水孔排放。以免排出船外的水被风吹洒到工作人员的身上，影响坞修工作的正常进行。

④船底回声探测仪的振荡器的表面不可刷涂油漆，进坞后应立即用纸贴封。出坞前不要启封。

SIKAOYULIANXI

一、名词解释

1. 计划养护修理。

2. 事故修理。

3. 基本恢复修理。

4. 航修。

5. 小修。

6. 检修（中修和大修）。

7. 待修船舶的勘验。

8. 随船勘验。

9. 码头勘验。

10. 修船方案。

二、简答题

1. 船舶损坏的原因是什么？船舶损坏一般可分为哪些类型？

2. 待修船舶的勘验应做好哪些准备工作？船体、舾装、锅炉和木工油漆部分的勘验各有哪些注意点？

3. 采用超声波测厚应注意哪些问题？

4. 怎样确定测厚孔的钻孔部位？

5. 船体修理一般有哪几种常见的作业形式？

6. 怎样消除船体焊缝渗漏？

7. 怎样修理船体凹陷？

8. 怎样修理船体骨架弯曲？

9. 怎样修理船体裂缝？

10. 船体哪些部位容易出现严重腐蚀？

11. 修船除锈有哪些常用的方法？

12. 外板腐蚀到什么程度必须拆换修理？

13. 怎样修理船体破洞？

14. 什么是断船接坨？怎样进行断船接坨？

15. 修船方案包括哪些内容？影响修船方案的因素有哪些？

16. 什么是船体分区修理法？船体分区修理的原则及其分区方法有哪些？

17. 船体在修理过程中容易产生哪些变形？应采取哪些防止措施？

18. 在修船过程中必须严格遵守的安全操作规程有哪些基本内容？

19. 厂修船舶进厂前一般应做好哪些准备工作？

20. 坞修船舶进坞前一般应做好哪些准备工作？

三、应用题

1. 某船舷侧的一块曲型外板如图 15-28 所示，在#62 和#69 号肋位之间出现严重腐蚀及变形必须更换。请结合必要的作图，写出该外板更换的详细工艺步骤及其施工要领。

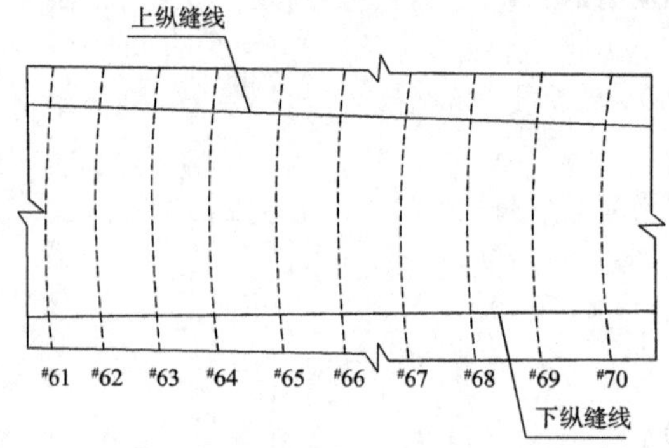

图 15-28

2. 某船浴室围壁下部锈蚀严重，勘验划线必须拆换修理的区域如图 15-29 所示。请结合必要作图，写出该围壁拆换修理的工艺步骤和施工要领。

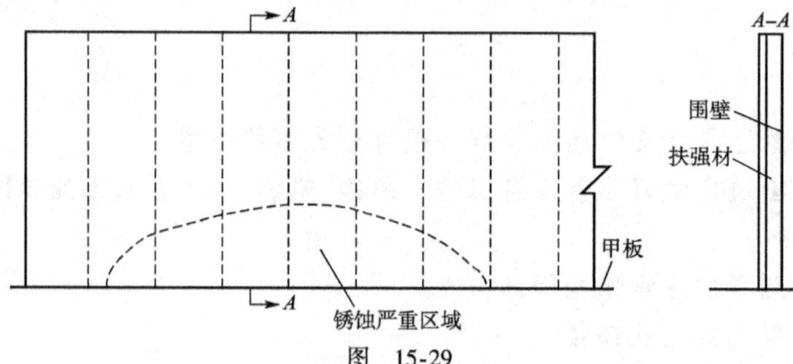

图 15-29

第十六章　现代造船模式概论

● **学习目标**

知识目标

1. 了解造船模式的演变历程和现代造船模式的概念、内涵与特点；

2. 熟悉“两个一体化”，即什么是“壳、舾、涂一体化”和“设计、生产、管理一体化”；

3. 了解现代造船模式所遵循的若干基础理论，如集成管理理论、系统工程理论、成组技术理论、精益制造理论、并行工程理论和项目管理理论等基本内容；

4. 熟悉造船成组技术基本原理及其在设计、制造工艺和生产组织管理方面的应用情况；

5. 熟悉总装造船总流程和生产作业主流程；

6. 熟悉船体分道作业流程及其基本子流程；

7. 了解区域舾装作业流程及其子流程；

8. 了解区域涂装作业流程及其子流程；

9. 了解现代造船生产组织管理的要求、原则及各阶段的生产组织管理任务。

能力目标

1. 能运用现代造船模式的理论和方法分析实际造船生产过程的优缺点；

2. 在生产过程中能根据所处工艺阶段的要求开展相应的生产组织管理活动。

第一节　现代造船模式的一般概念和理论基础

一、现代造船模式的一般概念

1. 造船模式的演变历程

模式的基本含义是指事物的标准样式，是从不断重复出现的事件中发现和抽象出的规律，是人们在生产生活实践当中解决问题形成经验的高度归纳总结。只要是一再重复出现的事物，就可能存在某种模式。模式其实就是解决某一类问题的方法论，即把解决某类问题的方法总结归纳到理论高度，这就是模式。

造船有着不同的方式和方法，即使建造的船舶相同，在不同的船厂由于技术水平和生产条件的不同，船舶建造的方式和方法也不尽相同。不过，应该看到，尽管造船方式、方法多种多样，在形式上难求完全统一，但组织造船生产的基本原则和基本方式存在着一致性。这种具有共性的组织造船生产的基本原则和基本方式就是造船模式。

船舶建造是极其复杂的工程，由船体建造、船舶舾装和船舶涂装等子工程构成，具有作用面广、工种多、过程复杂、工作量大、周期长等特点。怎样高质量、高效率、短周期且确保安全地

造船,是造船工作者长期以来不断追求的目标,人们在“怎样造船”和“怎样合理组织造船生产”方面所做出的努力和取得的成果集中反映到造船模式的演变和进步之上。

造船模式是不断发展变化的,但在一定的时期内又是相对稳定不变的。追溯世界造船史,可以看到其大体经历了四个阶段,已经形成了4种模式。

第一个阶段(20世纪40年代以前的铆接船时代):按功能系统组织生产的造船模式。

第二个阶段(20世纪40年代中后期的全焊接船初期):按区域、系统组织生产的造船模式。

第三个阶段(20世纪50年代末60年代初形成):按区域、阶段、类型组织生产的造船模式。

第四个阶段(20世纪70年代初形成):按区域、阶段、类型一体化组织生产的造船模式。此种模式一直沿用至今,已被国内外造船界公认为当今最先进的造船模式。

以上四种模式从本质上看,可分为两大类:前两种模式为一类,称为系统导向型的传统造船模式;后两种模式为另一类,称为产品导向型的造船模式。如表16-1所示。

造船技术水平、模式及特性一览表 表16-1

<table>
<tr><td>第一级水平</td><td>第二级水平</td><td>第三级水平</td><td>第四级水平</td><td>第五级水平</td></tr>
<tr><td>整体制造模式</td><td>分段制造模式</td><td>分道制造模式</td><td>大批量定制模式</td><td>敏捷制造模式</td></tr>
<tr><td>木船制造技术</td><td>焊接技术</td><td>成组技术</td><td>模块化造船技术</td><td>敏捷制造技术</td></tr>
<tr><td>系统导向</td><td>系统和区域导向</td><td colspan="3">区域、类型和降伏(中间产品)导向</td></tr>
<tr><td>船台散装</td><td>分散建造</td><td>分段建造</td><td rowspan="3">壳、舾、涂一体化</td><td rowspan="3">设计、制造一体化</td></tr>
<tr><td>码头舾装</td><td>预舾装</td><td>区域舾装</td></tr>
<tr><td>整船涂装</td><td>预涂装</td><td>区域涂装</td></tr>
<tr><td colspan="2">劳动密集型</td><td>设备密集型</td><td>信息密集型</td><td>知识密集型</td></tr>
<tr><td colspan="3">离散型生产过程</td><td colspan="2">连续型生产过程</td></tr>
<tr><td colspan="2">传统造船</td><td colspan="2">现代造船(模块化造船模式)</td><td>未来造船</td></tr>
</table>

2. 现代造船模式的一般概念

现代造船模式的主要特征就是把传统造船按功能、系统和专业的设计、生产、管理方式改变为按区域、阶段和类型的设计、生产、管理方式,又把传统造船的全能厂性质改变为总装厂性质。可形象化地认为,现代造船模式是一种以“块”(区域)代“条”(系统)的造船模式,也就是把“块”作为船舶建造过程中的一个产品,整合所需的一切生产资源(含人、财、物),进行合理的空间上分道、时间上有序的船体建造、舾装、涂装一体化作业,以确保船舶建造质量与生产效率的提高、建造周期的缩短以及生产成本的控制。现代造船模式与传统造船模式的比较如表16-2所示。

现代造船模式与传统造船模式的区别　表16-2

特　征	传统造船模式	现代造船模式	
		初级阶段	高级阶段
生产组织特征	系统导向型（按功能/系统/专业）	区域导向型（按区域/阶段/类型）	产品导向型（按中间产品/阶段/类型）
设计技术特征	手工画图	手工与计算机画图相结合	计算机画图
制造技术特征	按专业划分作业	按区域划分作业	按中间产品划分作业
管理技术特征	按专业分系统管理属高度型	按区域综合管理属计划高度型	按中间产品综合管理属计划型
计算机应用特征	性能计算	CAD/CAM/MIS	CIMS

3.现代造船模式的内涵与特点

现代造船模式是通过科学管理，特别是通过工程计划对各类中间产品在船舶建造过程中的人员、物料、任务和信息的强化管理，以实现作业的空间分道、时间有序、逐级制造、均衡连续地总装造船。现代造船模式运用了许多新理论、新技术，如统筹优化理论、系统工程技术、成组技术。所以，现代造船模式可理解为以统筹优化理论为指导，以中间产品为导向，按区域组织生产，船体、舾装和涂装作业在空间上分道，时间上有序，实现设计、生产、管理一体化，均衡、连续地总装造船。

现代造船模式的内涵可归纳为以下几个方面：

(1)成组技术的制造原理和相似性原理，以及系统工程技术的统筹优化理论，是形成现代造船模式的理论基础。

(2)应用成组技术的制造原理，建立以中间产品为导向的生产作业体系，是现代造船模式的主要标志。

(3)中间产品导向型的时差作业体系的基本特征是以中间产品的生产任务包形式体现的。

(4)应用成组技术的制造原理进行产品作业任务分解，以及应用相似性原理按作业性质(壳、舾、涂)、区域、阶段、类型分类成组，必须通过生产设计加以规划，其中按区域分类整组，建立区域造船的生产组织形式，是形成现代造船模式的基础和必要条件。

(5)应用系统工程的统筹优化理论优化现代造船生产作业体系以形成“两个一体化”是现代造船模式的核心。“壳、舾、涂一体化”，指以船体为基础、舾装为中心、涂装为重点，将不同性质的三大作业类型，建立空间上分道、时间上有序的立体优化排序；“设计、生产、管理一体化”，指充分运用数字化信息技术，将设计体系、生产体系和管理体系三者有机结合起来，使设计图纸与生产的各工序、各工位的施工方法和管理要求一一对应，形成高度协调的有关“造什么样的船”“怎样造船”和“怎样合理组织造船生产”的解决方案，使整个船舶建造过程实现最优化，如图16-1所示。

现代造船模式具有如下特点：

(1)对生产设计工作进行变革，生产设计的过程是在图面上完成“模拟造船”的过程。

(2)以中间产品为导向，实现分段区域化制造。

(3)在分段制造过程中，最大限度地实现壳、舾、涂一体化作业。

(4)作业者的专业分工逐渐消失，向一专多能方向发展。

(5)设备的采购、供应实现纳期和托盘化管理。

(6)造船生产计划实行节点管理,造船生产的计划性得到了有效的加强。

(7)船舶制造过程逐步实行有条件的集成化、模块化、标准化。

(8)船舶制造厂向总装厂发展。

现代造船模式的推行和有效实施,必将把造船企业的制造技术和生产、管理的水平推向一个新的高度。

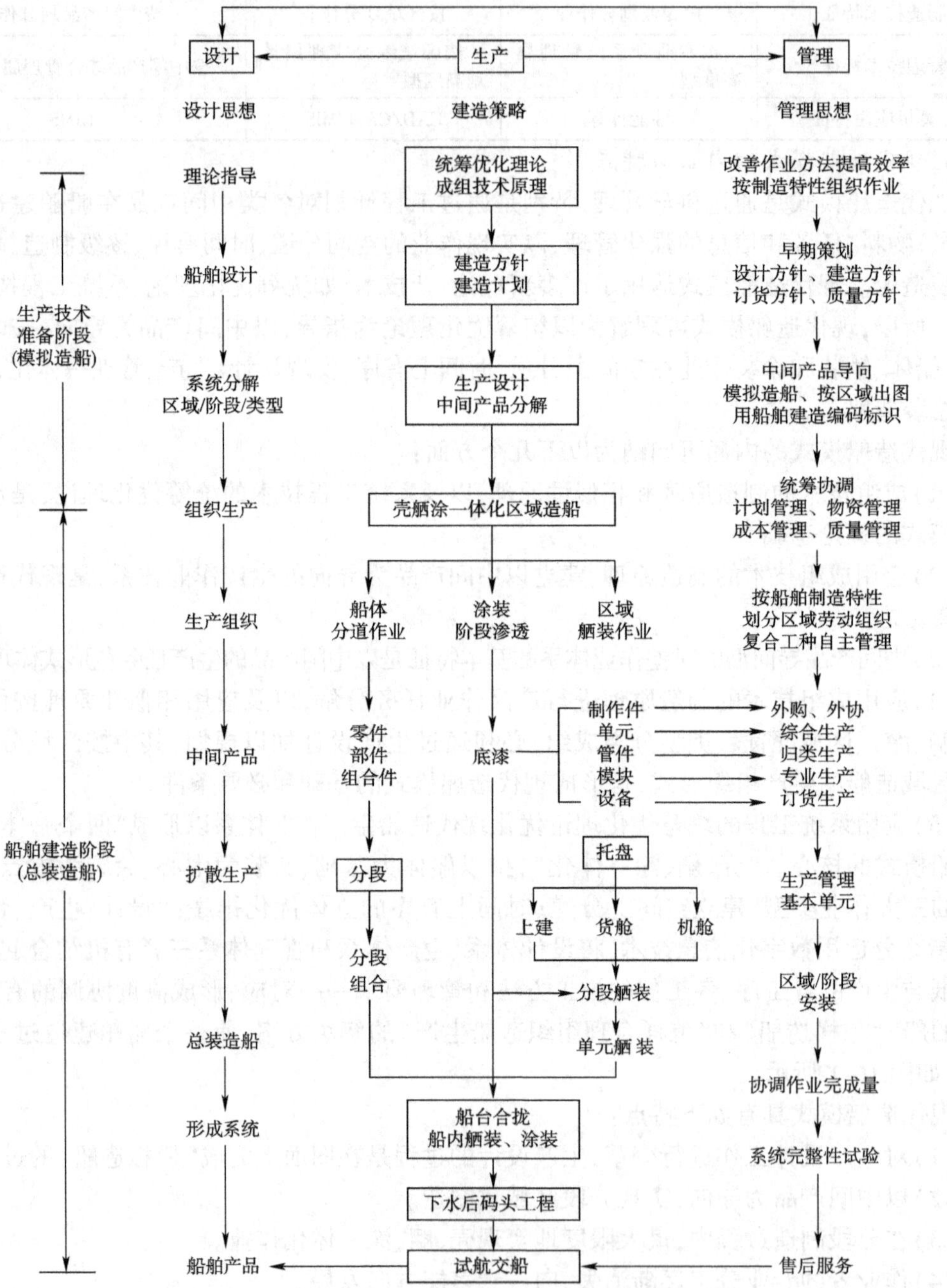

设计 生产 管理

设计思想 建造策略 管理思想

生产技术准备阶段(模拟造船)

理论指导 统筹优化理论 成组技术原理 改善作业方法提高效率 按制造特性组织作业

船舶设计 建造方针 建造计划 早期策划 设计方针、建造方针 订货方针、质量方针

系统分解 区域/阶段/类型 生产设计 中间产品分解 中间产品导向 模拟造船、按区域出图 用船舶建造编码标识

船舶建造阶段(总装造船)

组织生产 壳舾涂一体化区域造船 统筹协调 计划管理、物资管理 成本管理、质量管理

生产组织 船体分道作业 涂装阶段渗透 区域舾装作业 按船舶制造特性 划分区域劳动组织 复合工种自主管理

中间产品 零件 部件 组合件 底漆 制作件 单元 管件 模块 设备 外购、外协 综合生产 归类生产 专业生产 订货生产

扩散生产 分段 托盘 上建 货舱 机舱 生产管理基本单元

分段组合 分段舾装 区域/阶段安装

总装造船 单元舾装 协调作业完成量

形成系统 船台合拢 船内舾装、涂装 系统完整性试验

下水后码头工程

船舶产品 试航交船 售后服务

图16-1 设计、生产、管理一体化示意图

二、现代造船模式的理论基础

船舶建造系统非常复杂，主要表现在产品组成复杂、生产技术复杂、建造过程复杂、工程管理复杂等方面，要实现生产资源的最佳配置和船舶建造过程的高度协调与优化，必须要有现代科学的理论作为支撑。如图16-2所示，现代造船模式所遵循的系统工程理论主要有：集成管理理论、系统工程理论、成组技术理论、项目管理理论、并行工程理论、精益制造理论等。

图16-2　现代造船模式的理论基础

1. 集成管理理论

船舶建造表现为大量人力和物力共同运作的系统，针对系统日益增加的复杂性，造船管理的指导思想也逐渐从强调分工发展到强调集成与协同。

(1)集成管理的特征。集成管理具有如下突出特征：

①综合性。一方面，从资源的角度来看，集成管理将企业中的人、财、物、信息、技术等资源作为管理的要素，使管理的范围涵盖了所有的软、硬件资源要素；另一方面，从管理的技术手段与方法角度来看，集成管理除了涉及管理技术本身的集成外，还涉及管理技术、信息技术与制造技术等的综合集成与相互融合。

②复杂性。第一，构成集成管理体要素间的联系广泛、紧密而复杂，即集成管理的要素既包含组织内部的各种要素，还包含组织外部可供选择和集成的资源；第二，集成管理系统具有多层次、多功能的结构，并且每一层次均成为其上一层次的基础；第三，集成管理系统在其形成与发展的过程中会不断地重组与完善其层次与功能结构；第四，随着环境的变化，集成管理系统也会不断演化；第五，由于集成管理强调集成者的主体行为，因此，集成者的智能作用会得到突出的表现。

③多样性。集成管理涉及管理理念集成、功能集成、管理技术与方法的集成、过程集成、企业内外资源的集成、跨部门工作小组的组织集成等多种集成要素。

④协同性。为通过集成实现系统优势互补与功能倍增，就要求各集成管理要素必须按照

一定的集成方式或模式协调一致,集成管理系统的整体功能强弱与集成管理系统的有序度成正向相关。

⑤创新性。集成管理突出了管理主体行为的创新性,即指集成管理的主体行为突出表现为管理者以创新性的管理方法和创造性思维方式,将组织内外的资源进行有机重构和整合,以产生集成前所无法达到的效果。

(2)造船集成管理。船舶建造投资巨大、建造周期长、涉及众多资源、建造过程复杂,需要多个组织的协调合作,从控制论的观点看,造船项目是一个由多目标及其内在相互关系构成的目标系统,造船集成管理以集成思想为指导,以进度、成本、质量三个要素组成的项目目标体系为核心,以定性与定量分析相结合的集成方法论作为基础,通过科学巧妙的创造性思维,将集成贯穿于造船管理活动的全过程。造船集成管理凝聚各种各样不同的人员、设备、资金、生产技能、智力资源、管理经验等单元要素,将它们聚集成一个有机整体,由该有机整体担负决定整个造船项目发展方向的重任。造船集成管理系统的目标具有多重性,所追求的是进度、成本、质量等多个目标的同时优化,而不是项目单个目标的最优。集成思想的贯穿是为了最终实现造船项目的目标,整个造船集成管理系统都是围绕项目目标系统展开的,在项目的各个分阶段执行时既要保证进度、成本、质量的均衡,又要保证项目的整体管理效能的正常发挥,从而使得当最终造船完工时,整个工程的管理效果优良。

从本质上而言,造船集成管理是以造船整体利益最大化作为目标,开展集成管理的主要内容是各专项管理(包括时间、成本、质量等)的协调与整合。为避免某个专项目标的实施与管理活动的变更会破坏另一个专项目标的实现,甚至会改变另一个项目实施与管理活动的内容和要求,就必须充分认识造船各专项工作之间的相互关系与相互影响,通过开展造船集成管理全面地把握和管理好造船进度、成本、质量三者的辩证关系。

2. 系统工程理论

(1)系统工程的基本原理。系统工程是为了更好地达到系统目标、实现系统最优化而对系统的构成要素、组织结构、信息流动和控制机构等进行分析与设计的技术,其基本方法是系统分析、系统设计与系统的综合评价。

系统工程的基本原理是运用统筹优化理论,把要研究的对象,用概率、统计、运筹和模拟等方法,经过分析、判断和推理等程序,建立某种系统模型,进而采用最优化方法,求得系统的最优化结果。即经过系统分析和系统设计过程,使系统的各个组成部分互相协调、互相结合,从整体上成为技术先进、经济合理、运行可靠和时间节省的实际可行系统。作为一种工程技术,它用工程的办法进行组织管理,使系统达到技术上先进、经济上合算、时间上节省,并能协调运转的最佳效果,具有普遍的适用性。运用最优方法使系统达到最佳目标,着眼于系统整体最优,但并不同时要求所有组成部分都在最佳状态。

在运用系统工程构建复杂系统时,必须要有明确的目标和功能,同时还要使各组成要素之间以及要素与系统之间有机地联系起来,并且协调一致,只有这样才能达到整体目标的最优化。

(2)造船系统工程。船舶建造系统本身具备了三个构成要素:系统的诸部件、系统的环境及其界限、系统的输入与输出。船舶制造系统的部件包括结构部件、操作部件和流部件。其中,结构部件是系统内相对固定的部分,比如船台、装焊平台、车间厂房及各类工具等;操作部

件则是执行过程中的处理部分，比如车间里的各种吊车、运输工具、设备以及人力资源；流部件则是作为物质流、能量流和信息流等交换运用而存在的构件，其交换的能力受结构部件和操作部件的限制。造船系统中结构部件、操作部件和流部件都有不同的属性，同时又相互影响，三者的组合结构从整体上影响着系统的行为和特征。当一个船厂签订了一艘新船的建造任务时，这是外部系统流的输入。船厂在船舶建造过程中必须与外界进行物质交流，同时内部遵循一定的建造策略和计划，以保证用最经济的方式建造船舶。最后输出的是一艘按合同要求建造好的船舶。各船舶制造系统的结构差异性，演绎了不同的船舶建造过程。

将系统工程理论应用到船舶制造上来，首先需要将船舶及其建造看成一个复杂的大系统；然后，将其分解为壳、舾、涂三种作业系统；最后，按区域、阶段、类型逐一分类成组，从而形成各类作业的子系统，如图 16-3 所示。对于船舶建造这种复杂的生产作业系统，需要从组织“系统”的角度去处理好各个作业系统之间、各个作业系统内部，以及各个子系统之间存在的各种相关问题，才能有效、合理地组织生产。

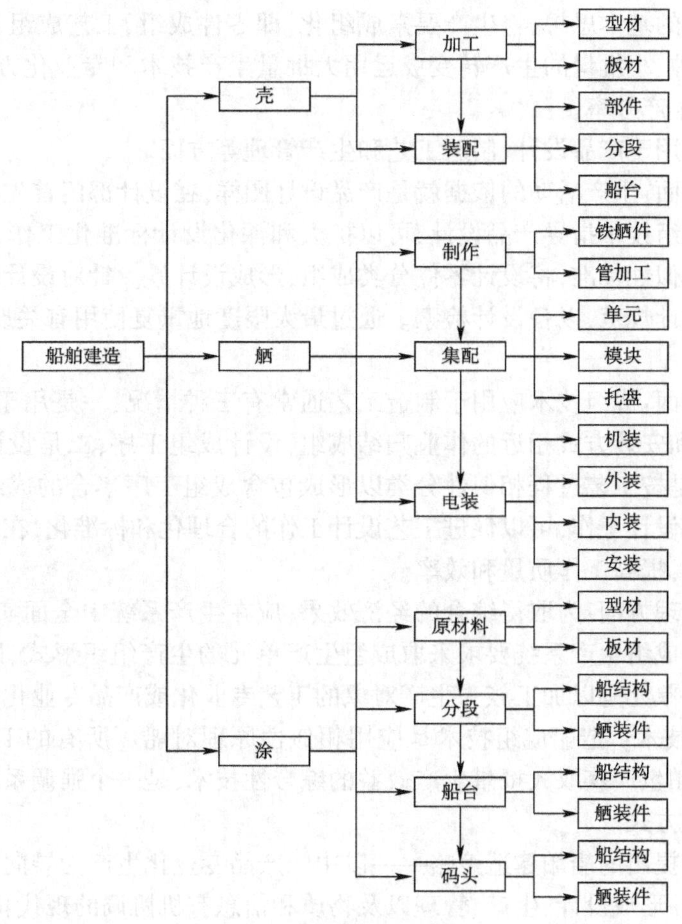

图 16-3　按区域、阶段和类型分类的船舶建造系统

应用系统工程中的统筹、协调和优化的准则，使壳、舾、涂三种不同的作业形式，在造船过程中做到空间分道、时间有序、互不干扰、相辅相成。这要以精确划分的区域和阶段来控制舾装和涂装，使三类作业实现有机结合，这种结合的实现必须是在一体化建造计划的指导下，通

过壳、舾、涂生产设计之间的统筹和协调来达成,形成的工艺路线则是先各自前进后合流,而从合拢阶段起则合二为一,以形成一体化的船体建造、舾装和涂装工艺路线。而涂装作业可安排在各种分道生产线的两个小阶段之间进行,也可安排在分段装配和分段舾装之间,使各工序之间均衡、协调、连续,从而达到最优。

综上所述,应用系统工程理论,船舶建造应做到两个一体化,即设计、制造、管理、信息一体化和壳、舾、涂一体化,也就是说以船体为基础、舾装为中心、涂装为重点,壳、舾、涂在空间上分道、时间上有序,设计、生产、管理、信息四者有机结合,站在全局、全厂、全船的角度来统筹与协调各系统的问题,从而使船舶建造实现整体的最优化。系统工程技术在造船中的应用从组织"系统"上进一步充实、完善了已形成的现代造船模式,同时为其提供了建模的又一理论基础。

3.成组技术理论

(1)成组技术的基本原理。成组技术研究通过把相似的问题归类成组,并寻求解决这一组问题相对统一的最优方案,以获得所期望的经济效益。

运用成组技术的基本思想,将生产要素成组化,即零件成组、工艺成组、工装成组、人员成组等,可以将多品种、小批量的生产转变成运用大批量生产技术和专业化方法进行生产,以简化生产管理、提高生产效率。

成组技术可应用于产品设计、制造工艺和生产管理等方面。

①产品设计方面:生产活动的依据就是产品设计图样,在设计部门首先实施成组技术有着重要的意义。用成组技术指导产品设计,可以扩大和深化设计标准化工作,使设计更合理化。根据事先拟定的相似性标准,将设计零件分类成组,形成设计族。针对设计族还可以制定不同程度的标准化的设计规范,以备设计检索。通过最大限度地重复使用有关设计信息,提高设计效率。

②制造工艺方面:成组技术应用于制造工艺通常有三种情况:一是用于成组工序,即把加工方法、设备调整和安装方式相近的作业归结成组,设计成组工序;二是设计出应用于成组工序的公用工装;三是按工艺过程相似性分类以形成包含成组工序集合的成组工艺。运用成组技术指导制造工艺设计工作,可以促进工艺设计工作的合理化和标准化,在缩减工艺准备工作时间和费用的同时,提高工作质量和效率。

③生产组织管理方面:为取得综合的经济效果,应在生产系统中全面实施成组技术,即形成成组生产系统。成组生产系统要求采取成组生产单元的生产组织形式,即按模块化原理组织生产。成组生产单元是以加工族为生产对象的工艺专业化或产品专业化的生产基层单位。

(2)造船成组技术。造船成组技术是应用相似性原理对船厂所有的工作进行统筹安排,使单艘、小批量船舶生产获取大批量生产效益的综合性技术,是一个强调系统性和一体化的新的生产组织及管理方式。

造船成组技术提出的船舶建造策略——以中间产品专业化生产为导向,实现船体建造、舾装和涂装一体化,并形成设计、生产、管理以及物质和信息有机协调的现代化造船模式。

造船成组技术体系如图16-4所示。

造船成组技术中的主体技术如下:

①船体分道建造技术:按船体零件、部件、分段和总段的工艺过程的相似性组建各类生产线,达到均衡生产和生产资源的高效使用;同时,采用建造精度控制、校正和成形技术,使船体

零部件和分段达到规定尺寸，且节省工时。

②区域舾装技术：在船舶产品设计前即制订建造策略，最大限度地把舾装作业提前在施工条件较好的车间内完成，开展单元舾装和分段舾装，采用各类模块，严格按区域划清各个舾装阶段；建立计算机辅助的“物资采办系统”，确保舾装所需的物资准时抵达船厂；同时，建立厂内的“托盘集配系统”，把物资和“中间产品”准时送抵制造更高一级“中间产品”的现场。

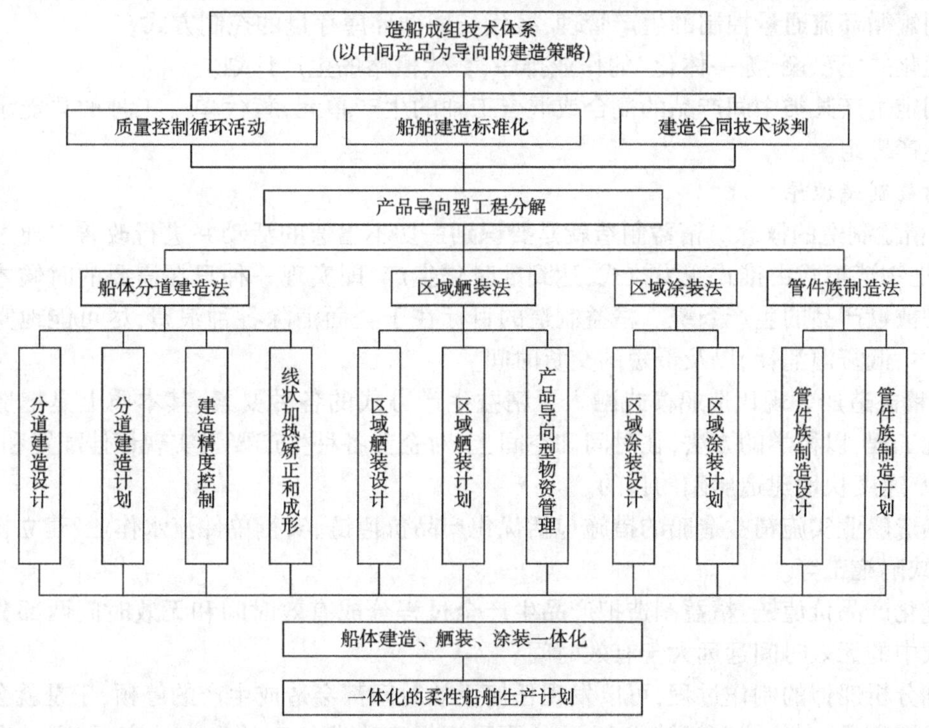

图 16-4 造船成组技术体系图

③区域涂装技术：在设计阶段就严格规定涂装的区域和阶段，即原材料涂装、部件涂装、分段涂装和船上涂装，使涂装成为贯穿所有制造级的作业过程，从而提高涂装质量，并消除不同作业的相互干扰。

④管件族制造技术：把具有相似工艺过程的管子集聚为族，按“族”组织流水线生产，使下一个循环期所需的各族管件在本循环期完成，并以“托盘”形成集配，适时地提供给各个舾装现场。

⑤壳、舾、涂一体化：在上述船体、舾装、涂装和管件加工 4 项技术实施并完善的基础上，运用统计控制技术分析生产过程，使各类造船作业实现空间分道、时间有序、责任明确、相互协调的作业排序，并由计算机系统（造船 CIMS 即造船集成制造系统）全面辅助。

⑥一体化的柔性造船计划系统：按生产区域编制生产计划，使“中间产品”的生产与船舶系统无直接联系。运用物流控制技术统管生产过程，确保各艘船舶按时交付。

⑦造船编码技术：对从合同设计开始到交船与售后服务，造船的所有活动内容进行信息分组、传递、交流和管理。编码是造船信息的载体，是应用成组技术、计算机技术和虚拟制造技术的基础。

对以上技术的总体要求是：这些技术必须制度化、规范化，即融合到船舶设计、船厂设计

(改造)、组织体制和生产管理中去,体现在船舶生产的分散专业化基础上的一体化集成,体现在造船信息处理、作业组织和人员安排中。以中间产品导向的建造策略代替系统(专业化)导向的组织原则。

要建立"中间产品"专业化生产体系,必须做到以下几点:

①船厂的设备按分道生产排列,替代机群式的布置。

②用短循环流通量控制的生产管理,替代长期循环库存量的控制方式。

③优化的"壳、舾、涂一体化"的作业排序,替代概略的生产计划。

④固定生产某类中间产品的复合或混合工种的生产单元,替代单一工种的只能承担某道工序的生产班组。

4. 精益制造理论

(1)精益制造的概念。精益制造就是要识别一切不增值的活动并进行改善。通过改善制造过程,把物流模式由推式变为拉式,达到准时化生产,即实现一种只在需要的时候才制造和运输所需数量产品的生产系统。精益制造的目标在于全面消除各种浪费,尽可能地实现高质量、低成本、低资源消耗,以及最短的交货时间。

(2)精益造船。现代造船模式融入了精益生产方式的各种要素,其本质上是把造船作为一个系统工程,以科学的方法,在时间和空间上,对企业各种生产要素实现最佳配置和优化,达到消耗少、速度快地建造船舶的目的。

我国造船业实施精益造船的措施包括优化产品价值链、实行单件流水作业、建立拉动计划体系、零缺陷施工等。

①优化产品价值链:精益制造把产品生产全过程分成有效时间和无效时间两部分。传统造船模式中的无效时间远远大于有效时间。

仔细分析船体的制作过程,可以发现任何无效时间都会造成生产的停顿,于是就会产生浪费。为提高产量,在传统造船模式中,往往更重视提高作业加工的生产效率,如通过设备的更新改造、工人的熟练技能以及工艺技术的进步来缩短有效作业时间。但在精益造船模式下,更注重减少中间环节的浪费,以缩短不增值的无效时间来缩短生产周期。

②实行单件流水作业:造船过程中最需避免的浪费就是生产过剩。在精益造船中,追求的是让每一个中间产品和部件都能够做到连续不断地被生产,不提前也不拖后,实现按客户要求按时完成生产,追求零库存管理。

③建立拉动计划体系:传统造船模式下实行的是推动计划体系,计划往往要求横向到边、纵向到底,从前向后、从上而下地推动。即首先由管理部门制定全公司的生产计划,然后进行计划的层层下达,下级机构据此制定具体的实施计划。这样的计划体系对企业计划人员的业务素质要求非常高。

在精益造船模式下,首先,按照交船期和船厂总体生产安排的要求制订出单船生产计划,包括船体大合拢计划和分段制造计划。然后,根据平面分段和曲面分段流水线的生产节奏,包括板材型材和管子加工,以及涂装和预舾装等,依据拉动原理,从后向前逐级地由作业者制订出各自的作业计划、物料计划和劳动力计划,经生产主管部门综合平衡后,实现作业计划与劳动力计划的统一以及作业计划和物料计划的统一。最后汇总成全公司的年度和月度生产计划。

④零缺陷施工:零缺陷施工就是要把所有的施工质量问题都消除在萌芽状态。为此,需要贯彻“质量是做出来的”的思想,组织全员质量管理。作业者必需按照作业基准一次作业合格,绝不允许有次品流入下道工序。实施零缺陷施工,可以把质量问题消除在源头,不仅大大缩短了生产周期,还能节约大量人工检验和缺陷返修的成本。

⑤建立一岗多能的用工制度:精益造船要求全体员工参与生产过程中的各项管理工作,即生产进度、设备、环境、质量、劳动力安排、安全等每一个生产环节。同时,在精益造船模式中,还需要建立稳定的适合于团队作业的组织结构,打破分工界限,实行一岗多能的用工制度,使作业者可以承担不同区域、不同工种的作业。

总之,精益造船模式主要是通过减少船厂各生产环节的浪费实现造船的高效率和低成本,提高造船的竞争能力。精益造船是一种全新的造船理念,与传统造船模式相比,它是通过深化管理内涵来缩短造船周期和增加造船产量,而不是通过扩大投资外延去增加造船产量和缩短造船周期。精益造船的精髓是团队合作、节约资源、消灭浪费、信息畅通和持续改进。

5. 并行工程理论

(1)并行工程的特征。所谓并行工程也称同步工程或生命周期工程,是集成、并行地设计产品及相关过程(包括制造过程和支持过程)的系统方法,并行工程具有以下特征:

①并行特性。并行工程强调产品设计与工艺过程设计、生产技术准备、采购、生产等活动并行交叉进行。交叉的方式可以是按部件并行交叉(即将一个产品分成若干个部件,使各部件能并行交叉进行设计开发),也可以是针对单个部件的工艺过程设计、生产技术准备、采购、生产等各种活动的并行交叉。

②尽早开始工作。由于并行工程强调将各有关活动细化后进行并行交叉,所以强调人要学会在信息不完备情况下就开始工作。

③面向过程和对象。一个新产品从概念构思到生产出来是一个完整的过程。并行工程强调人要面向这个过程或产品对象,特别强调的是设计人员在设计时不仅仅需要考虑设计,还需要考虑所做设计的工艺性、可制造性、可生产性与可维修性等;同样,工艺部门的人员也要考虑其他的过程。整个开发工作都要着眼于整个过程和产品目标。与传统的串行工程方法相比,是观念上的大转变。基于有关信息的及时反馈,及时修改有关设计,可减少工程行为的反复。

④系统集成和整体优化。并行工程并不完全追求单个部门、局部过程和单个部件的最优,它强调系统集成与全局优化,追求产品整体的竞争能力。企业的这种竞争能力由产品的交货期、质量、价格和服务构成。在不同的情况下,侧重点也不同,可能是交货期等单一关键因素,也可能是几个综合指标。企业对每一个产品都有一个竞争目标的合理定位,并行工程应该围绕这个目标来进行产品的开发活动。由于追求的是整体优化和全局目标,而非每个部门的工作最优,所以对工作的评价也是根据整体优化结果来评价的。

(2)造船并行工程。造船周期是船舶企业核心竞争能力的重要体现,如何缩短造船周期是复杂的系统工程,其中基于并行工程的产品生命周期数字化定义与产品数据管理关键技术,可以较好地支持船舶产品开发流程的改进,通过实现产品全生命周期的数字定义和信息集成,将造船工艺设计与生产计划编制有机地集成起来,从而大幅缩短造船全周期。

①基于并行工程的造船设计及制造一体化:造船并行工程是集成、并行地设计船舶产品及其相关的造船和支持过程的系统方法,这种方法要求船舶产品开发者,在设计一开始就考虑船

舶全寿期(即从船舶概念形成到船舶退役处理)的所有因素,包括成本、进度计划、质量以及船东的要求。不能把“边设计、边生产”误认为是并行工程。相反,它必须在造船开工之前,在船舶设计时,同时进行船舶及其相关过程的设计,包括船舶的建造工艺、生产计划、配套协作、质量保证和交船后服务的设计。

船上配套设备的安置,管系和电缆的走向,集控室和机舱设备布置与装配等,是船上施工最为复杂的工程,设计阶段自以为是十分优化的设计,施工中往往无法实现甚至造成大范围的返工或修改。导入并行工程思想,集设计师、工程师、供应商、用户、验船师以及生产单位各部门的智慧和力量之总成,辅以虚拟制造技术来优化产品设计和生产过程模拟,以便低费用、快速地评价不同的设计和工艺方案、资源需求规划、生产计划等,从而实现产品优质、高效和节能的目标。

②基于PDM的造船并行工程技术:作为支持船舶产品的并行工程技术,PDM(Product Data Management)以缩短产品开发周期、提高质量、降低成本为目标,将先进的管理思想与先进的自动化技术结合起来,PDM强调功能上和过程上的集成,注重在优化和重组船舶产品开发过程的同时,一方面要实现多学科领域专家群体协同工作,另一方面还要把产品信息和开发过程有机地集成起来,从而做到在正确的时间以正确的方式把正确的信息传递给正确的人。

PDM系统可以把与产品有关的信息按不同的用途分门别类地进行有条不紊的统一管理。不同系统都可以从PDM中提取到各自所需信息,并把结果放回到PDM中,由此实现设计、制造及管理系统一体化。

作为船舶设计及制造的集成平台,PDM是企业信息系统中有关产品全部数据的采源,它用计算机技术完整地描述了船舶产品整个生命周期的数据和模型。同时,PDM还是沟通船舶产品设计工艺部门和制造资源系统及管理信息系统之间信息传递的桥梁,各个部门都可以从PDM集成平台自动获取所需的物料清单等产品信息,从而实现不同过程的集成。

③基于并行工程的壳、舾、涂一体化:传统造船模式采用先船体后舾装再涂装的作业排序,导致大量舾装和涂装作业集中在船台和码头上完成,大量舾装作业和涂装作业在船台和码头上的无序交叉和相互干扰致使船台周期和码头周期根本无法得到保证。

现代造船工艺流程是并行工程,即船体建造与舾装作业并行分道组织,涂装作业安排在分道生产线的两个小阶段之间,船体与舾装分道生产线在各阶段持续地汇入壳、舾、涂一体化生产流程。

分段壳、舾、涂一体化推行壳、舾、涂三大作业类型相互协调、并行、协同的作业方式,采用空间分道、时间有序的优化作业排序,体现了“船体为基础、舾装为中心、涂装为重点”的现代造船模式的辩证理念。

按区域、阶段、类型组织造船生产的全过程是在特定的空间和时间框架内完成的。所谓“区域”是指内业、平台、船台、码头四大区域相应占用的空间。“工艺阶段”是指造船生产流程中的各个工序环节按时间先后顺序所体现出来的串行作业关系。

“空间分道,时间有序”的概念体现在生产作业流程中就是要正确处理工序间的“并行”与“串行”的作业关系。“空间分道”是强调各个工序环节在同一空间框架内尽可能采用并行、协同作业方式,能够并行作业的决不串行作业。“时间有序”是强调要分析各个工序环节的时间先后顺序关系,凡是必须按先后顺序施工的作业内容,必须做到按先后顺序施工,杜绝同时交叉施工带来的混乱现象。

推行“空间分道，时间有序”的作业方式就是壳、舾、涂三大作业类型在对各个工序进行网络分析的基础上，理顺各个工序的先后、平行、交叉的作业关系，把“并行”与“串行”作业方式有机地统一起来，从而实现在规定的空间和时间框架内使壳、舾、涂三种作业类型得到合理安排，使中间产品壳、舾、涂的完整性状态得到保证。

6. 项目管理理论

(1)项目管理的概念。所谓项目管理，就是项目的管理者，在有限的资源约束下，运用系统的观点、方法和理论，对项目涉及的全部工作进行有效组织。即从项目的投资决策开始到项目结束的全过程进行计划、组织、指挥、协调、控制和评价，以实现项目的目标。

(2)造船项目管理。船舶建造管理属于典型的非标项目管理，与一般项目管理不同，它是多项目并行的项目管理。船舶制造企业非常需要使用项目管理的机制和高效工具对造船项目进度计划与里程碑时间点进行管理，对造船项目所需的资源进行配置，并对项目成本、进度和变更进行控制。

造船项目管理是运用项目进度管理的思想，在项目实施过程中，对各阶段的进展程度和项目最终完成的交货期进行管理。针对船舶制造中存在造船成本高、交货期得不到控制、资源存在冲突、信息不能共享等问题，应用项目管理的理论及工具，合理有效地编制进度计划，达到优化资源配置并对生产计划进行动态跟踪和控制的目的。

传统的造船工程计划管理是依靠造船工程师凭经验编制粗线条的计划，各工种和各类生产活动做到大致协调，在编制计划过程中没有考虑各工作的资源等问题。在计划实施过程中，出现大、中、小计划脱节，凭借监造师的经验、资质和能力进行调度和协调，结果造成船厂内各生产车间、部门、工种、船只之间在时间、空间上的矛盾，无法从整体利益角度进行协调，造成计划失控，在多个品种、多个船台的情形下更为严重。为实施可控的造船工程计划管理，必须遵循造船工程计划编制流程，高度关注造船项目任务分解、造船项目活动排序、造船项目活动历时估计、造船任务所用资源的确定、造船项目进度计划制定与造船项目进度计划控制等环节的活动。

第二节　现代造船模式下的船舶建造工艺流程

一、总装造船的主流程及其分解

1. 现代船舶建造工艺流程的设计原则

船舶建造流程是综合采用各种先进制造技术和在现代科学管理理论指导下设计实施的工艺过程，是合理组织造船生产的基础。

现代造船模式以总装造船为主流技术，其工艺流程的设计要以成组技术和统筹优化等理论为依据，基于企业现有基础条件即当前的生产布局、管理水平及发展目标，兼顾将来的发展需要，同时还要具有一定的柔性以便于在生产运作过程中的不断调整和优化，应注重和体现以下六条基本原则：

(1)以中间产品生产的规范化和完整性为流程再造的基本点。

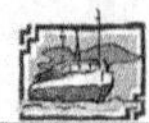

(2)主流程要明确地体现出区域、阶段、类型的特点。

(3)船体、舾装和涂装作业线分道。

(4)制作与安装分区域。

(5)中间产品以分段为基本单元。

(6)中间产品的生产作业流程应简化和缩短。

2. 总装造船的总流程

总装造船的总流程包含船体建造、区域舾装和区域涂装全过程，其中与船体建造相关的子流程组合形成建造主线，舾装、涂装作业附着于主线之上成为建造辅线，如图16-5所示。

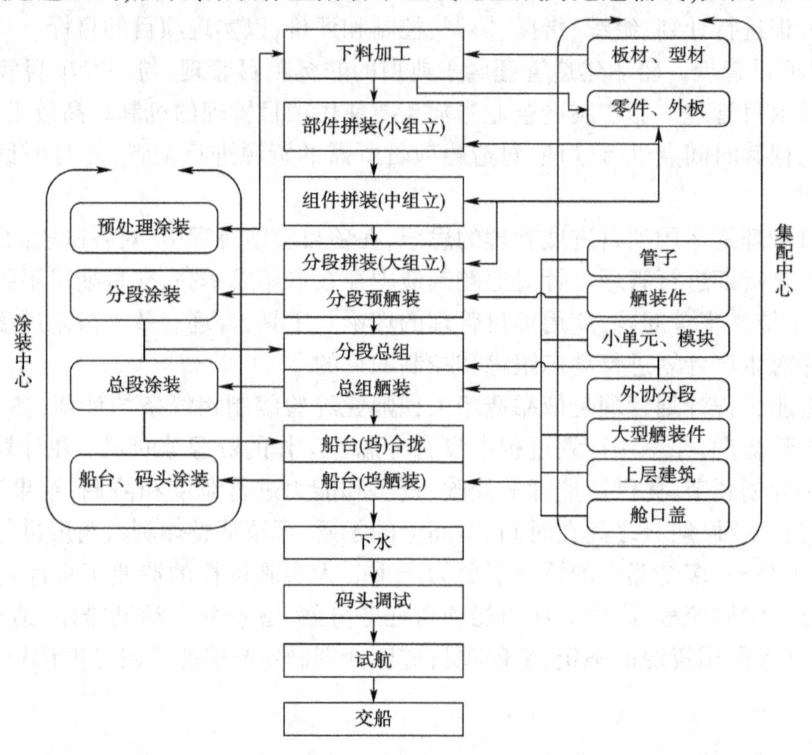

图16-5　总装造船的总流程

根据生产大节点和工艺阶段，以中间产品为导向的总装造船主流程可归纳为：从原材料准备到下料加工，从小、中组立到分段组立，从分段预舾装到分段总组，从总段预舾装到船台搭载，最后到码头试验交船，涂装工作穿插其中，采用U形布局(图16-6)，体现壳、舾、涂一体化的思想。

总装造船工艺流程是并行工程，即船体建造与舾装并行分道进行作业，涂装安排在分道生产线的两个阶段之间，船体与舾装分道生产线在各阶段连续地汇入壳、舾、涂一体化生产流程。与传统造船工艺流程不同，总装造船工艺流程具有以下特征：

(1)一个制造级内整个工艺流程完全用于制造一个中间产品族，整个流程可进一步细分为数个施工阶段，各阶段专门执行一项或多项任务。

(2)施工阶段包括舾装和涂装阶段，按工艺流程的先后次序布置，在需要中间产品的地方，把中间产品输入至另一个工艺流程。

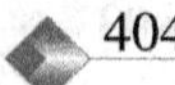

(3)为了便于管理,作业场地、作业单元或重要的作业区域由许多相互连接的工位组成,这些工位可以在一个流程内排成一条直线,或者跨越几个流程。

(4)有时,作业场地的周界根据作业流的流率和监造人员控制范围的变化而变动。

(5)车间级管理人员的组织应与作业场地的组织相适应。

(6)按作业场地编制各场地的作业计划。

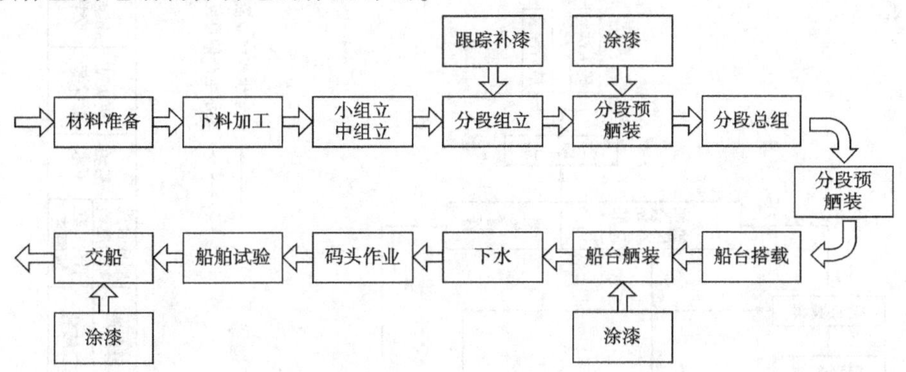

图 16-6　总装造船的主要工艺阶段及 U 形布局

3. 总装造船的生产作业主流程

主流程按板材、型材和平面、曲面、立体分段等不同的分类分别组织生产,实现空间分道、时间有序和逐级总装的生产组织,进而形成以中间产品为导向,壳、舾、涂一体化的总装生产线。管子和其他舾装件的制作从建造主线中分离出来,形成为建造辅线。管子加工按大管、中管、小管和直管、弯管等分类,形成管子加工流水线;其他舾装件则分类组织专业化生产。按照管子和舾装件的集配时间要求,管子和其他舾装件以托盘为单位组织集配到需要安装的制造级。涂装是另一个自下而上贯穿所有制造级的建造辅线,主要包括分段涂装、船台涂装、码头涂装等。根据总装造船主流程设计出来的生产作业流程,如图 16-7 所示。

4. 车间生产作业流程及任务分解

车间生产作业流程是指在总装造船模式下,船舶中间产品在各车间从投料到产出的过程,主要是船体、舾装与涂装的交叉作业全过程,包括零件切割加工作业、部件装配作业、组件装配作业等车间作业流程。

不同船型在船舶产品结构和建造工艺方面存在差异,但车间生产内容和生产流程却具有较强的相似性,通过将车间生产作业流程以中间产品为导向,逐层分解为一系列易于定义和控制的基本子流程并确定子流程之间的接口、约束关系,可以形成以船型为管理对象的基本建造过程模型库。

面向具体造船企业,按照船舶建造工艺特征,依据区域、阶段、类型将总装造船车间生产作业流程分解为若干个基本子流程,每种中间产品的生产过程均由在基本子流程基础上优化、组合形成的实例体现。

基本子流程的分解需符合以下几个标准:流程内部紧密连接,而流程之间比较松散;每个基本子流程可以由多个作业任务组成,每个作业任务单独用于加工该种类型中间产品的基本子流程;中间产品的每一道工序作业必须体现在基本子流程的作业任务中,而一个作业任务可包含几道工序作业。车间生产作业流程任务分解如图 16-8 所示。

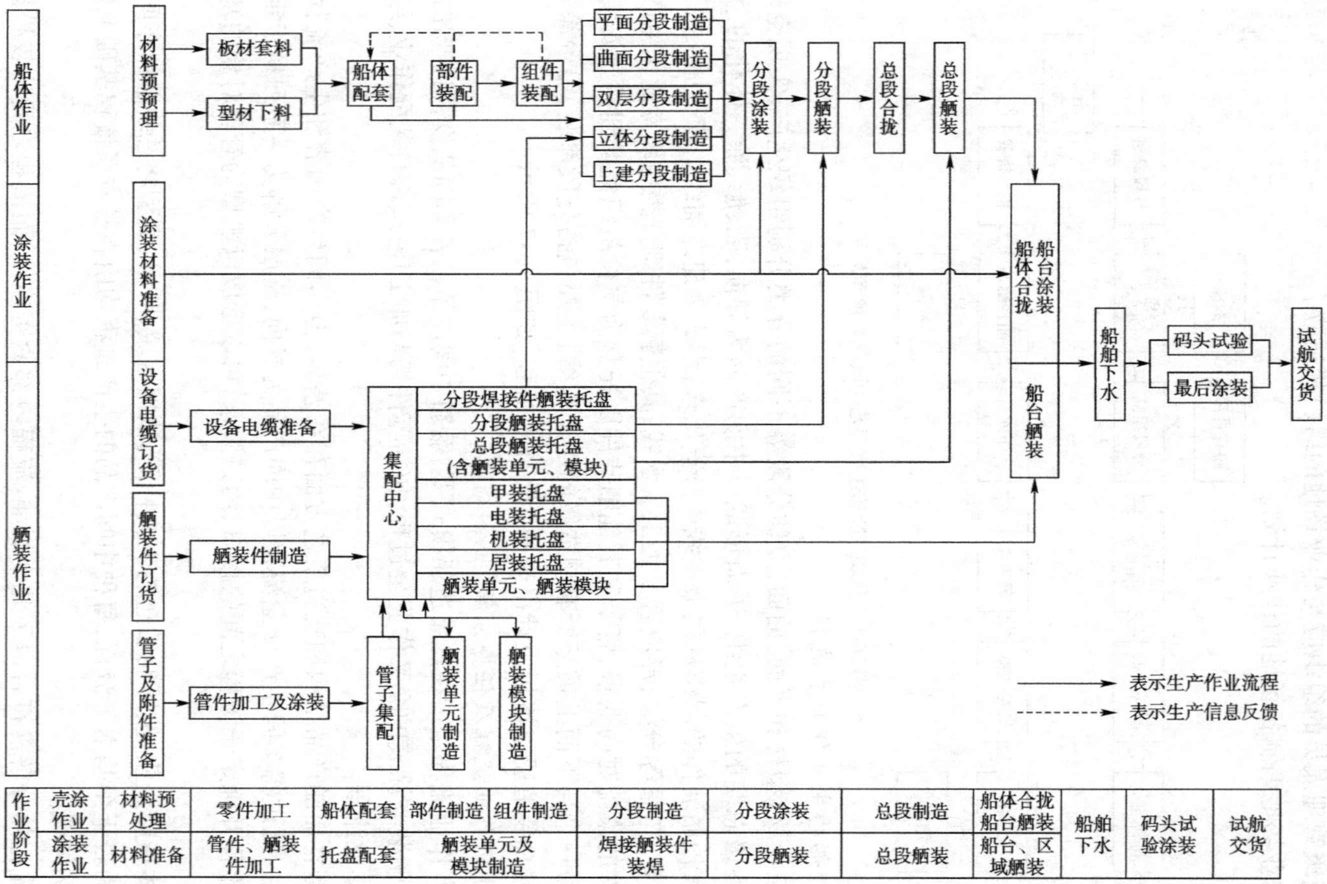

船体作业
涂装作业
舾装作业

材料预预理
板材套料
型材下料
船体配套
部件装配
组件装配
平面分段制造
曲面分段制造
双层分段制造
立体分段制造
上建分段制造
分段涂装
分段舾装
总段合拢
总段舾装
涂装材料准备
船体合拢
船台涂装
船台舾装
船舶下水
码头试验
最后涂装
试航交货
设备电缆订货
设备电缆准备
舾装件订货
舾装件制造
管子及附件准备
管件加工及涂装
集配中心
分段焊接件舾装托盘
分段舾装托盘
总段舾装托盘
(含舾装单元、模块)
甲装托盘
电装托盘
机装托盘
居装托盘
舾装单元、舾装模块
管子集配
舾装单元制造
舾装模块制造
表示生产作业流程
表示生产信息反馈

作业阶段	壳涂作业	材料预处理	零件加工	船体配套	部件制造	组件制造	分段制造	分段涂装	总段制造	船体合拢 船台舾装	船舶下水	码头试验涂装	试航交货
	涂装作业	材料准备	管件、舾装件加工	托盘配套	舾装单元及模块制造		焊接舾装件装焊	分段舾装	总段舾装	船台、区域舾装			

图 16-7　总装造船的生产作业主流程

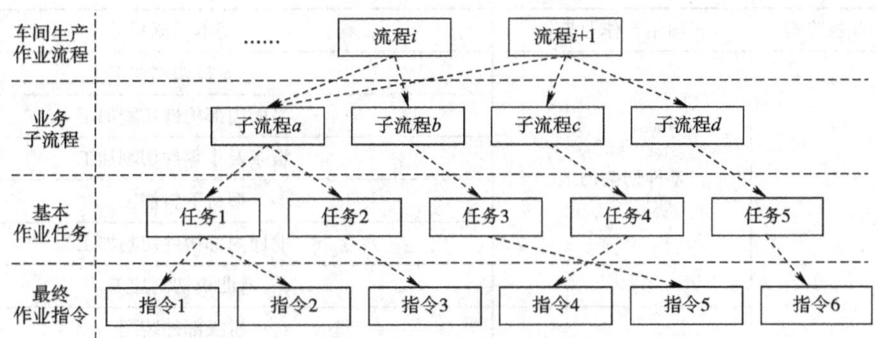

图 16-8　车间作业流程的任务分解

任务分解的管理思想包括两个层面：将复杂的船舶产品结构以中间产品为导向的分解；将层次性的生产作业流程逐层、由粗及细地分解。总装造船车间生产作业流程可以根据加工内容分别进行详细的设计，思路如下：

产品导向型作业分解是依据船厂的资源条件将最终产品船舶分解为逐级加工装配的中间产品，对应各个中间产品作业任务形成一个个任务包。生产任务包分解的主要任务是确定基本作业任务，按如下方法确定船舶建造过程中的基本作业任务。

(1)将所有的生产作业分为三大类，即船体、舾装和涂装。

(2)将每一大类作业细分为若干子类，例如，船体作业可以分为加工、组立、搭载等子类；舾装加工可以分为管子加工、铁舾件加工、单元制作、配套等作业子类；舾装安装分为管子安装、铁舾件安装、设备安装等；涂装作业可以分为预处理、涂装等几个子类。

(3)每一子类再细分，就可以得到船舶建造过程中的所有的基本作业任务，如分段组立的基本作业类型包括精度测量、小组立、大组立，而搭载的基本作业类型则分为定位作业、总组作业、搭载作业、脚手架作业、密性试验等。

造船企业在总装造船生产作业主流程基本方案、基本子流程分解的基础上，根据其生产布局、中间产品划分的标准、管理水平和控制能力，对车间生产作业流程进行分解，形成满足企业管理控制需要的标准流程，随着企业的发展、管理水平的提高进行持续优化。

二、船体分道作业流程

1.船体分道作业流程及其基本特征

船体分道作业流程的分解见表 16-3。

船体分道作业按照成组技术相似性原理，将构成船体的零件、部件、分段等中间产品分类成组，以组为单位安排人员、设备、场地，以最有效的生产方式制造船体零件、部件、组件和分段；并按工艺流程将作业均匀地分配到按分段生产特征划分的平面分段、曲面分段、上层建筑分段中去，使之能协调地分道生产。

船体分道作业流程的基本特征如下：

(1)以船体分段作为分道作业的基本生产单元。

(2)对各类船体分段在各个分道上进行平行作业。

(3)各分道作业最大限度地实施流水线作业或专业化生产。

船体分道作业流程分解　　表 16-3

总装造船作业主流程	车间生产作业流程	基本子流程
船体分道	零件切割加工	平直板切割加工
		平面内部构件切割加工
		板条及小零件切割加工
		型材下料加工
		曲面内部构件切割加工
		弯曲板切割加工
	部件装配	拼板部件装配
		T 型部件装配
		桁材部件装配
		腹板部件装配
	组件装配	框架构件装配
		平面板架装配
		曲面板架装配
	分段装配	平面分段装配
		曲面分段装配
		上层建筑分段装配

典型船体分道作业流程如图 16-9 所示。

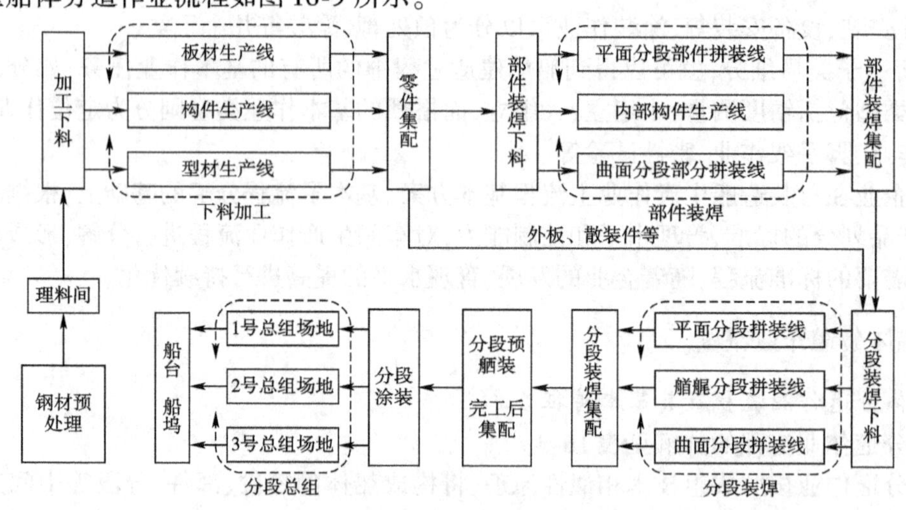

图 16-9　典型船体分道作业流程

对上述船体分道作业流程进一步细分，可分为零件切割加工作业流程、部件装配作业流程、组件装配作业流程、分段装配作业流程和总段组合作业流程，而零件切割加工作业流程、部件装配作业流程、组件装配作业流程、分段装配作业流程统称为内场作业流程。在这种流程中制造的特点是：从一个施工阶段转入至另一个施工阶段是连续不断的流水线生产方式。

以上所述的标准生产作业流程是相对的，标准生产作业流程只是在一定时期内是稳定的、不变的，随着总装造船新技术、新工艺的推行，生产作业流程将不断作相应调整。

2. 船体分道作业基本子流程

(1)零件加工作业流程。考虑到作业流的均衡,按照零件相似性分类,把相对独立的生产类型分别组织生产非常必要。如把船体钢结构零件的下料、切割加工分为:板材套料加工、型材下料加工、内部构件切割加工等。按类别实施流水作业,能够极大地发挥各种设备的专长,提高生产效率。

在以上分组生产的基础上,形成了板材套料加工、型材下料加工、内部构件切割加工三种主要零件切割加工作业分组。生产线布置大致可分为:板材套料生产线、型材下料生产线、内构件加工生产线。

根据“空间分道、时间有序”的作业流程设计和优化原则,总装造船厂内场主要加工工艺流程如下:

①型材套料加工流程:如图 16-10 所示,加工设备为高精度门式切割机或多头门式切割机等。

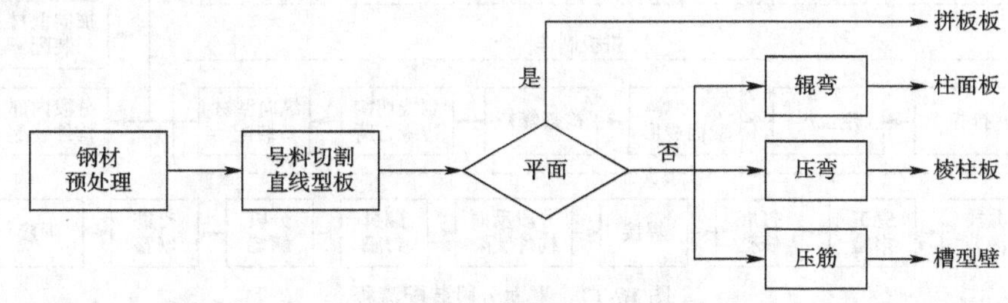

图 16-10　型材套料加工流程

②型材下料加工流程:如图 16-11 所示,加工设备为型材自动切割线、肋骨冷弯机、火工平台等。

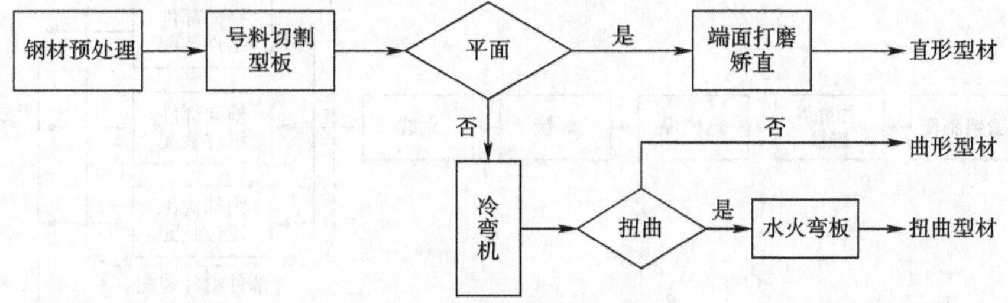

图 16-11　型材下料加工流程

③内构件及边余料切割加工流程:如图 16-12 所示,加工设备为等离子切割机、光电跟踪切割机、手工切割机、油压机等。

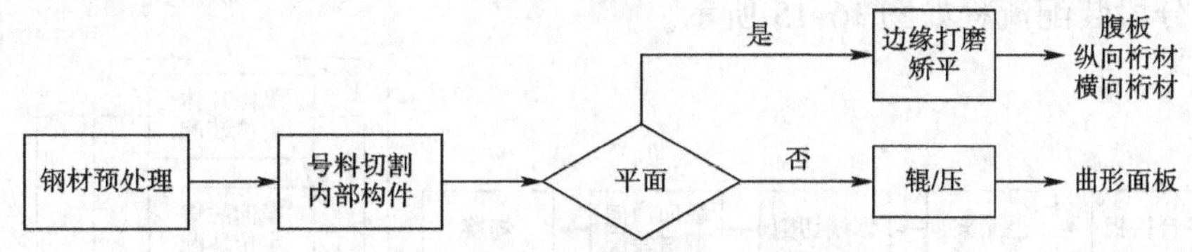

图 16-12　内构件切割加工流程

(2)部件和组件装配作业流程。考虑到部件装配和分段装配两者的作业内容区别很大,同一工艺流程不能兼容,把部件装配从分段装配作业中分离出来单独制造,能有效地平衡工作负荷,确保分段装配流水线的顺畅。另外,是将部件作为一个中间产品外包给专业加工厂制造无疑是一个好的办法;即使自己制造,也要有专门的部件装配车间和足够的堆场面积,才能提高生产效率。船厂的部件装配作业流程主要有四种:拼板部件装配流程、T 型部件装配流程、

桁材部件装配流程、腹板部件装配流程。

组件由若干个部件和零件装焊而成，组件装配也可以从分段装配作业中分离出来单独制造，组件装配作业有三种流程：框架构件装配流程、平面板架装配流程、曲面板架装配流程。

(3)分段装配作业流程。分段装配是船体建造的关键环节。分段装配把集配的零件、部件、组件和板列在胎架上装配成分段。为组织流水线的分道作业，将用平台装配的平面分段和用胎架装配的曲面分段完全分开制造。作业内容变化较大的分段，如首尾分段，机舱半立体分段，上层建筑分段等，组建独立的车间制造。

①平面分段装配流程如图 16-13 所示。

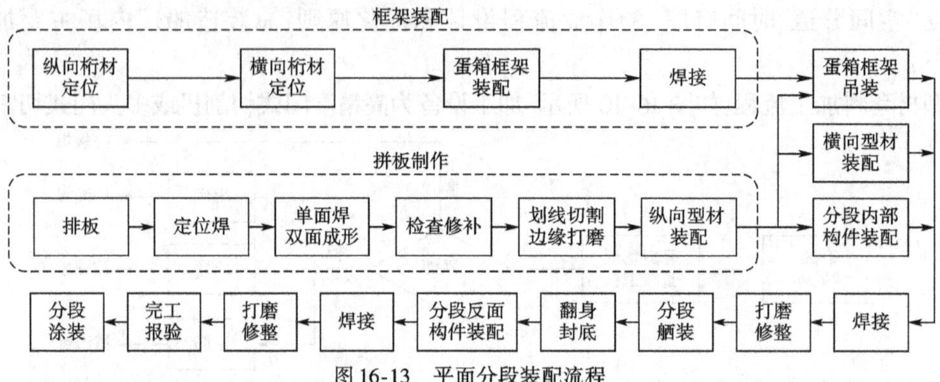

图 16-13　平面分段装配流程

②曲面分段装配流程如图 16-14 所示。

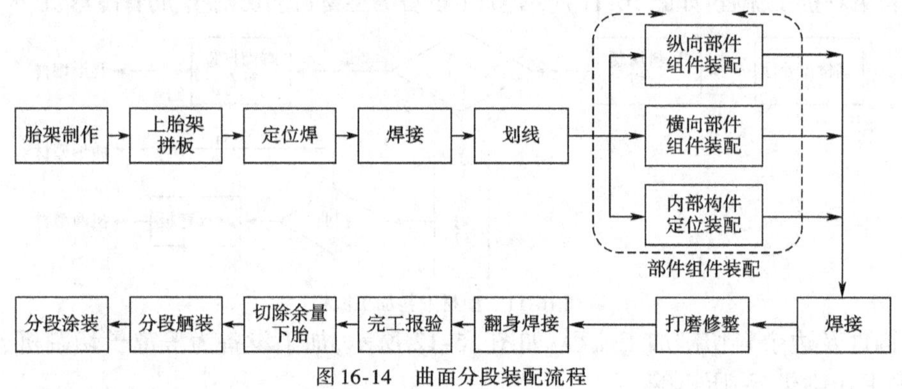

图 16-14　曲面分段装配流程

③首尾分段装配流程如图 16-15 所示。

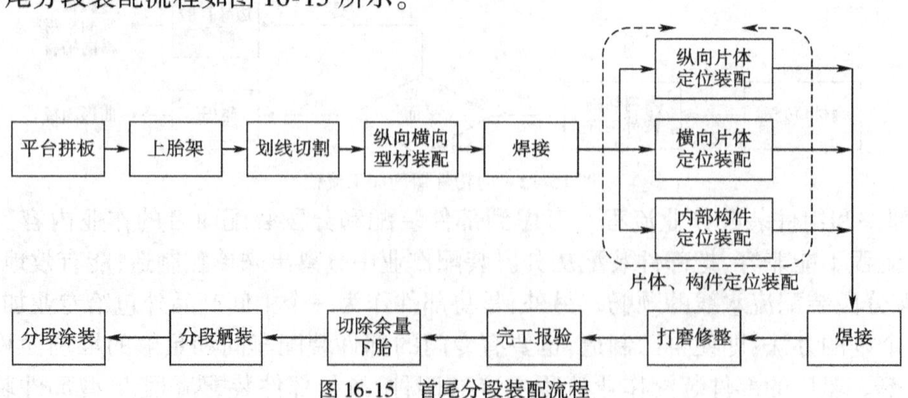

图 16-15　首尾分段装配流程

三、区域舾装作业流程

1. 区域舾装作业流程及其特征

区域舾装是船体分道作业实施后的必然结果，区域舾装作业把整艘船按空间而不是按系统划分成区域，除考虑船体建造的分段区域外，还可以自由确定最能适合舾装作业的区域，因此舾装区域划分的自由度比较大。对属于某一个区域的所有舾装件，按单元舾装、分段舾装、总段舾装、船上舾装四个作业阶段进行舾装件安装，它实际上也是一个装配过程。

区域舾装作业流程的基本特征如下：

(1)以托盘、单元、模块作为区域舾装的基本生产单元。

(2)按船舶“结构特征”划分区域，即机舱舾装区、电器电缆舾装区、甲板舾装区、上层建筑舾装区。

(3)各安装阶段“所需中间产品”，实施管舾件托盘和铁舾件托盘配送，从而形成物的流动，人员和作业场所却相对规定的准流水线作业方式。

典型区域舾装作业流程如图16-16所示。

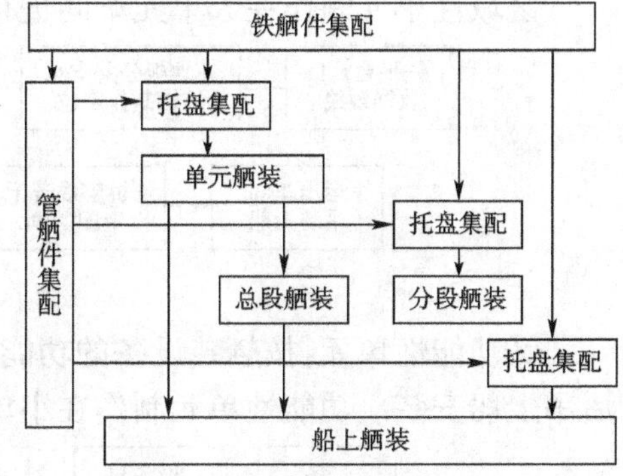

图16-16　典型区域舾装作业流程

区域舾装作业流程可细分为托盘集配流程、单元舾装流程、分段舾装流程、总段舾装流程和船上舾装流程。这种流程中舾装作业的特点是：各舾装施工阶段通常是在相对固定的不同施工区域上进行，并以中间产品为导向组织物流。通过托盘使物流动，而人员和作业场所相对固定，因此对工人而言，其结果与有传输装置的生产线相同，故称为准流水线生产方式。

2. 区域舾装作业基本子流程

(1)托盘集配流程。托盘集配是区域舾装的重要保证。典型的托盘集配流程有两种：

①管舾件托盘集配流程如图16-17所示。

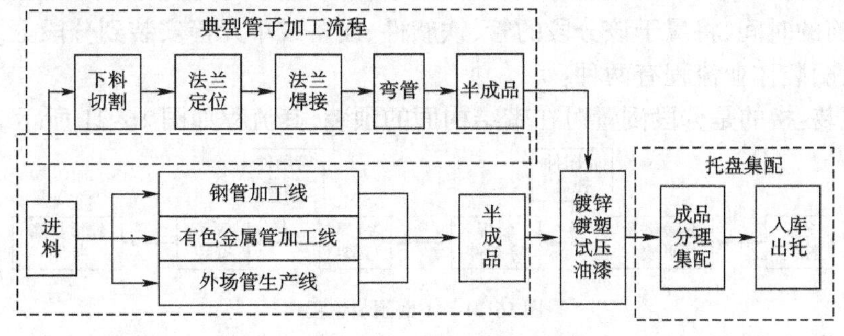

图16-17　管舾件托盘集配流程

②铁舾装托盘集配流程如图16-18所示。

(2)单元舾装流程。单元舾装可以细分为单元制造与单元安装。

单元制造将采购与制造所得的设备与管、铁舾件等予以预先组装。单元制造在内场进行，与船体结构无关，应将舾装件尽可能多地装在单元上，并与船体分段的生产同时施工，因此只

要材料与场地配合适当,完成程度可以大大提高,安全性亦比船上更高。

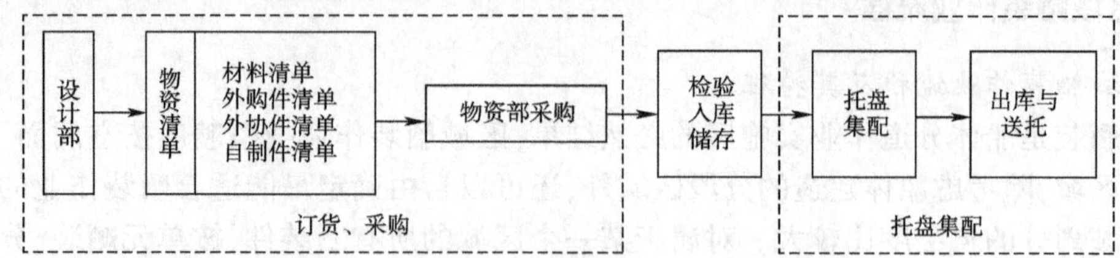

图 16-18　铁舾装托盘集配流程

单元按其性质和特点大致分为两种类型:

①区域性单元:将机舱或其他舱室划分为一定区域,并把区域内的所有设备、管路、阀件等,在公共支承结构上联成一体,组装完毕后根据船上吊入口大小拆解组成小单元,分别吊上船后再连接成一个整体。例如机舱底部单元、发电机平台单元、货油舱平台单元等。

区域性单元制作在大单元车间进行。其典型制作流程如图 16-19 所示。

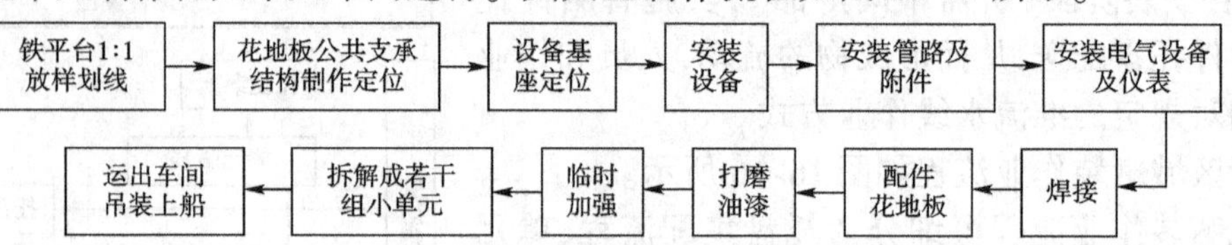

图 16-19　区域性单元制作流程

②功能性单元:按舾装设备的功能特征,先在车间内场进行配套安装,组合成立体单元,然后吊上船安装。功能性单元制作在小单元车间进行,其典型制作流程如图 16-20 所示。

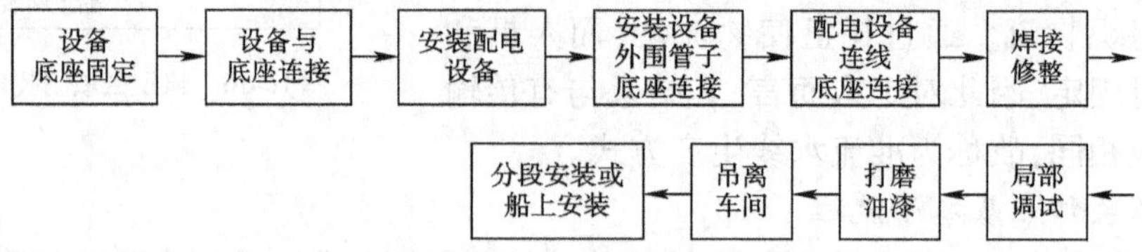

图 16-20　功能性单元制作流程

(3)分段舾装流程。分段舾装是一种地上舾装的作业方式,在船体分段制造时,可利用分段、总段组合前的时间,将属于该分段的管、铁舾件、设备或单元等安装到分段上。

典型分段舾装作业流程有两种:

①A 面预装:指的是分段倒置时在带结构面的预装,其流程如图 16-21 所示。

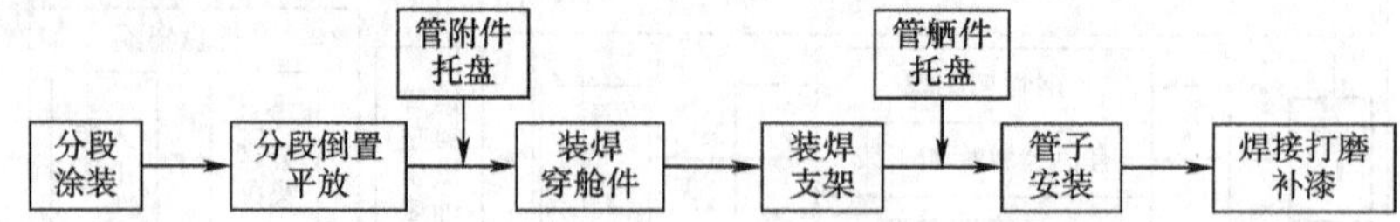

图 16-21　A 面预装流程

②B 面预装:指的是分段翻身后在不带结构面的预装,其流程如图 16-22 所示。

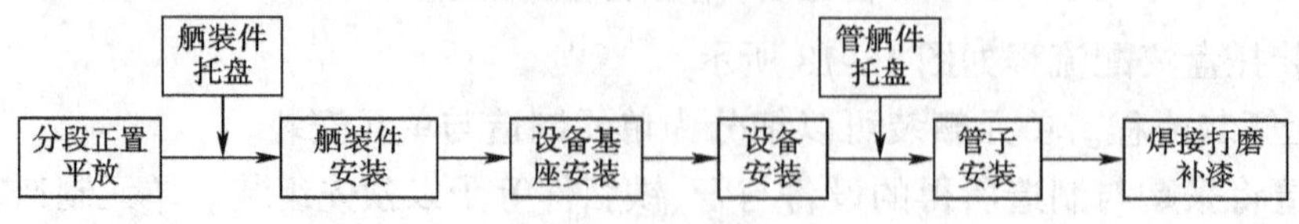

图 16-22　B 面预装流程

(4)总段舾装流程。总段舾装流程大致有以下两种方式：

①总段组合后舾装：把两个或两个以上分段在地上总段组合后再舾装。以机舱盘舾装为例，其典型的总段舾装流程如图16-23所示。

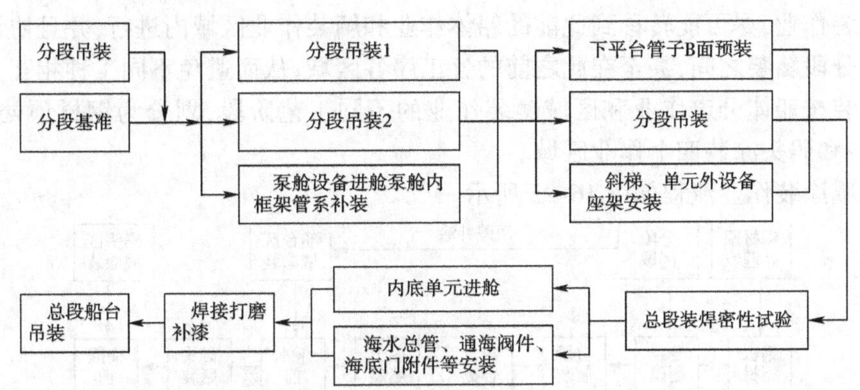

图16-23　总段组合后舾装流程

②舾装后总段组合：把两个或两个以上分段在地上舾装后再总段组合。以机舱集控室舾装为例，其典型的总段舾装流程如图16-24所示。

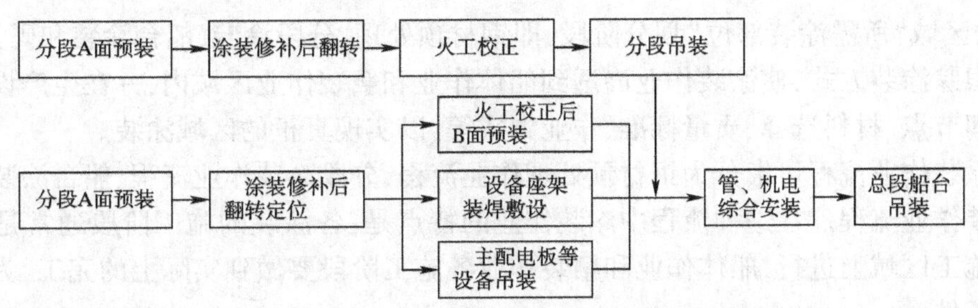

图16-24　舾装后总段组合流程

(5)船上舾装流程。分段在船台合拢后，就分段舾装和总段舾装两个阶段未完成的工程进行舾装作业。一般而言，船上舾装阶段的舾装作业，是指分段与分段对接后才能进行的分段与分段之间、分段与单元之间、单元与单元之间的管、铁舾件的安装作业。

由于船上舾装作业的工作环境较地上作业差，舾装成本也较高，因此船上舾装的工作量原则上越少越好。提高分段舾装和总段舾装的比例，降低船上舾装的比例，这是提高生产效率的关键。因此，在船上舾装阶段之前，应竭力安排可用工时，尽量将舾装工作在分段舾装和总段舾装阶段完成。

船上舾装仅用于以下几个方面：

①安装太大或太重而不能安装到分段或总段上的舾装件、单元或模块。例如，主机、发电机、机舱内底上的区域性单元等。

②安装舱室封闭后才能安装的容易损坏和易受气候影响的舾装件，如木制品、绝缘装置以及电子设备等。

③完成装在分段或者船上的舾装件、单元、模块之间的连接。

四、区域涂装作业流程

1. 区域涂装作业流程及其特征

区域涂装是应用船体分道和区域舾装后的必然发展。区域涂装把传统集中在船台或码头上进行的涂装作业,尽可能转移到此前的船体作业和舾装作业区域内进行,并且协调地安排在分段装配与分段舾装之间,甚至在此之前的各工序各区域,从而避免不同工种相互干扰。

区域涂装按船体分道作业和区域舾装作业的不同工艺阶段,划分为钢材预处理、分段涂装、船台涂装和码头涂装四个作业区域。

典型区域涂装作业流程如图16-25所示。

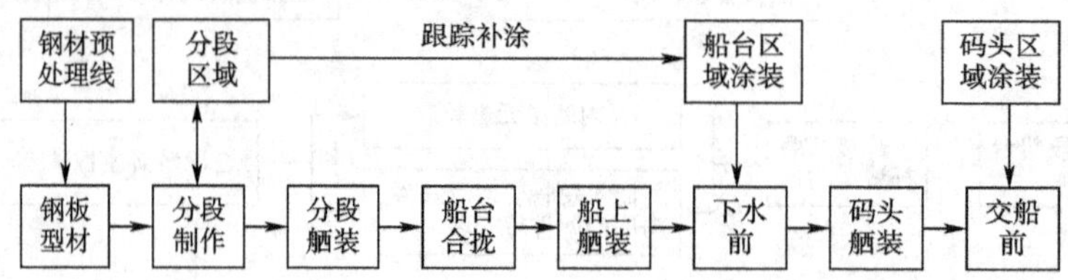

图16-25　典型区域涂装作业流程

区域涂装作业流程的基本特征如下:

(1)按船体建造和区域舾装作业流程相结合划分区域,即船体涂装、铁舾件涂装、特殊涂装。

(2)按区域“所需涂装部位”划分阶段,即钢材预处理、分段涂装、船台涂装和码头涂装。

采用跟踪涂装方式,使涂装作业渗透到船体作业和舾装作业区域内,并在生产设计中周全地考虑时间节点、材料选择、质量标准、作业方式等,以实现真正的区域涂装。

区域涂装作业流程可细分为钢材预处理作业流程、分段涂装作业流程、船台涂装作业流程和码头涂装作业流程。在这种流程中涂装作业的特点是:各涂装的施工阶段通常是在相对固定的不同施工区域上进行,船体作业和舾装作业各施工阶段要做到实际上的完工,为区域涂装作业创造条件。

2. 区域涂装作业基本子流程

(1)钢材预处理作业流程。一般在钢(型)材预处理流水线上进行,其典型作业流程如图16-26所示。

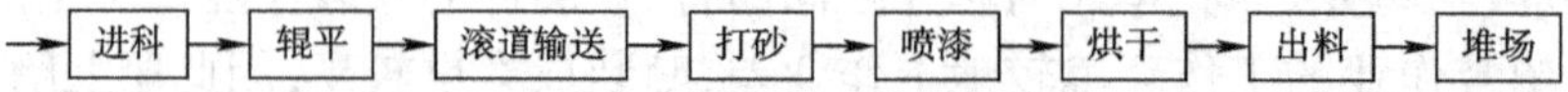

→进料→辊平→滚道输送→打砂→喷漆→烘干→出料→堆场

图16-26　钢材预处理作业流程

(2)分段涂装作业流程。一般在分段涂装车间内场进行,其典型作业流程如图16-27所示。

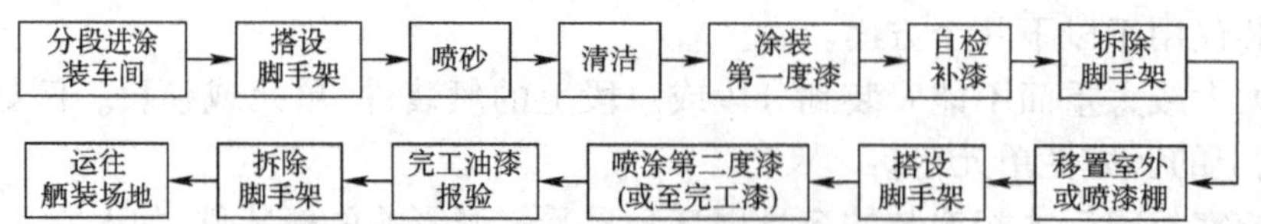

图16-27　分段涂装作业流程

(3)船台涂装作业流程。船台涂装作业流程受制于船体和舾装的作业完成量,自由度比

较大,此时应服从各区域壳、舾、涂一体化的计划安排。

(4)码头涂装作业流程。码头涂装作业流程自由度比船台涂装还要大,同样受制于船体和舾装的作业完成量,更应服从各区域壳、舾、涂一体化的计划安排。

第三节　现代造船的生产组织管理

一、造船生产组织管理的特点

生产组织指一切与生产活动有密切联系的组织工作,包括企业在生产过程中在空间和时间上的组织工作。

造船生产组织管理是组织船舶产品的生产和管理。当造船企业的使命决定后,采用什么样的方式,以最高的效率、最低的成本和最好的质量生产船舶产品,从而最大限度地利用造船企业的资源,实现造船企业利润最大化,这正是造船生产组织管理的基本任务。

船舶产品结构复杂,建造时间长,工作量大,专业技术繁多,这就决定了造船生产组织管理具有如下特点:

1. 造船为典型的大型单件小批订单型生产

大型是指船舶是大型的成套机电设备产品,组成结构复杂,除船体外壳外,还有多个具有不同功能的多个系统,这些系统都安装在船体这个平台上,相互独立地完成各自的功能,互不干扰。由于船舶是大宗机电产品,价值巨大,船舶订造量常常是单船或者若干艘。船舶产品根据订单生产,通常船东对船舶都有特别要求,导致每艘船舶的设计各不相同,所以,造船是按订单组织的大型单件小批生产方式。

2. 船舶产品的生产个性化要求高、品种繁多、单价高

船舶是根据船东的要求进行设计建造的。不同的客户,不同的航线,不同的载货要求,使得船舶的个性化特点十分鲜明,不同的船级社对船舶的规范要求也不同。船舶通常按照其承载的货物进行分类,世界经济合作与发展组织属下的造船工作组将船舶分为油船、成品油、化学品船、散货船、集装箱船等16类船舶。每类船舶根据其吨位、尺度、航线、载货品种和满足的规范,又可以进一步细分为许多种类。通常一艘船舶的造价为几千万美元,甚至高达几亿美元。

3. 船舶产品的生产周期长,复杂程度高,涉及的学科专业技术领域广泛

船舶拥有多种相互独立又协同工作的系统,这些系统使船舶复杂性大大提高,使船舶设计变得十分复杂,也使得生产流程的组织、计划、执行、管理变得复杂。船舶建造过程中涉及船体制造、轮机工程、电气工程、工程力学、材料力学、仪器仪表、化工和冶金等多个学科领域。在船舶的建造过程中需要各类专业技术人员通力合作。

4. 船舶是非连续性生产的,较难采用流水线或专用工装设备生产

船舶产品是根据订单进行生产,个性化高,为单件小批量生产,零部件很难实现标准化、连续化、自动化、高效化生产,较难采用流水线或专用工装设备生产。

5. 造船生产组织管理难度较大

船舶产品的生产组织管理视工程项目的不同而不同,船舶产品的生产组织管理要在完成

产品的设计和工艺后,才能编制出合理的生产计划。但在手工管理的条件下,由于各部门、各工程之间的大量信息沟通不及时,生产组织管理不可避免地存在以下问题:

(1)产品到了总装调试阶段,才发现还有关键零件还未生产出来或关键的外购件还未订货。

(2)生产部门急用的原材料、配套件未采购,而生产部门暂时不急用的原材料、配套件却已购回,造成库存资金增加,加大资金营运成本。

(3)由于缺乏对生产资源和生产任务的平衡和模拟试算,使生产资源冲突难以避免,生产计划的可执行性差,生产突击加班时有发生。

(4)加工过程中的重复领料难以避免,使材料成本失控。

管理以调度型为主,整个船舶制造过程的管理是一个跨企业、跨专业、跨区域的配套生产过程,其管理面之广,涉及中间产品之多,造成了造船生产管理的难度较大。造船企业目前虽在深化转模、逐步向现代造船模式接近,但整个造船生产管理主要还是以粗放型的现场调度为主,尚未实现按集约型的计划管理模式组织指挥生产。

6.船舶建造过程中物流复杂

船厂的原材料和设备在仓库和车间、车间与车间、车间和船台(船坞)、工序和工序之间流动或停滞,导致物流数据采集不准确、不及时,对信息不能进行有效及时的分析。涂装计划未纳入一体化计划体系,在牺牲安全与质量的前提下保证产品交货期。产品各部件之间的时序约束关系和成套性要求严格,生产物流的均衡是生产与控制的关键环节。

7.按中间产品组织生产

根据现代造船模式的要求,以中间产品为导向的总装造船生产组织管理就是通过社会化的协作和配套,由总装船厂来完成最终的船舶产品的生产,而将总装造船的整个生产流程中各个工艺阶段或者构成一定固定产品特征的非成品单元,赋予或认定为具有固定产品特性、质量特性和管理特性的"中间产品",由专业的分包商来进行生产。

二、现代造船生产组织管理的要求和原则

下面根据现代造船管理模式的要求,结合总装造船的总流程、生产作业主流程和车间生产作业流程分解,介绍现代造船模式下造船生产组织管理的要求、原则、生产组织管理方式和应注意的问题。

1.现代造船生产组织管理的要求

(1)工程管理。编制建造方针,要能充分体现总装造船的方法。根据造船大日程计划细化为精确到日的设计所托盘出图计划、舾装件托盘集配计划、分段完工计划、舾装件安装完工计划、分段总组计划。

(2)物资供应。能根据船体、舾装件开工日和托盘集配纳期,供应原材料和外购舾装件。

(3)质量保证。能保证外购材料质量、船体建造质量、舾装件制作和安装质量、涂装质量。

(4)生产设计。

①船体方面:设计的内容包括船体、分段和部件装焊以及零件加工等的施工要领、工作图和管理表,还包括吊环、搭头板、撑斗等搭载工装件等辅助性作业设计,并根据其他专业委托,标注舾装件(管子、风管、电气件)开孔位置等。

②舾装方面:采用综合布置方法,舾装件设计完整,各种舾装件布置合理,使现场安装阶段不需要现场配制舾装件,按总装造船模式,编制各专业按区域、阶段的托盘管理表。多采用单元组装、分段预舾装、总组舾装方式,尽量减少船台舾装和码头舾装的物量。

③涂装方面:按区域、阶段提供涂装明细表及涂装施工图。

(5)舾装件制作。能按托盘纳期要求,确定舾装件托盘开工日,并应用成组技术原理组织生产,使生产作业有序进行,舾装件托盘按纳期集配完整。

(6)船体分段制作。能按分段完工日期要求,确定分段开工日,并应用成组技术原理,组织生产,使分段制作按时完成。

舾装件安装用的孔,在加工和分段制作阶段开好,带余量制作的分段,在下胎架前应将余量切除。

(7)舾装件集配。管子、轮机、外舾、电气、通风、内舾等舾装件的托盘均能按托盘集配完整,管子安装用的螺钉、垫片也要进托盘。

(8)预舾装工作。

①单元组装:单元组装的范围主要包括基座、设备、管子、格栅、电气件、栏杆等。单元组装要有专用的场地和设施。组装好的单元可作为分段预舾装、总组舾装和船台舾装的一个舾装件。分段预舾装后要经检验员、船东验收,将缺陷消除后进行涂装。分段涂装后,也要向检验员、船东交验,缺陷消除后转下道工序。分段预舾装区域要配备好风、水、电、氧气、乙炔、二氧化碳等动能以及焊机、吊车等设施。

②总组舾装:总组舾装应将以下两部分舾装件安装完整:分段交界处舾装件,包括分段之间的合拢管;处于甲板正面的分段反转状态下无法安装的舾装件,包括组装好的单元、机械设备、管子、格栅等。总组阶段应将搭载用的工装件安装完整,吊环处还须做好探伤试验。部分管子,在总组阶段必须做好密性试验,如槽形隔舱上的空气管、测深管等。总组场地布置在大吊车范围内,总组场地的动能和焊接设备的要求与分段预舾装场地相同。

③船台舾装:在船体搭载的过程中,为了兼顾舾装托盘的吊运,避免托盘进舱困难,在作业安排中,为防止交错作业造成相互干扰,要进行计划协调,船体施工方面抓好局部完整性,完成一部分就交出一部分进行船台舾装,舾装作业工种之间也做到相互协调,避免拥挤,为减少大吊车负荷,从地面到船上的舾装件由大吊车吊运,到船上后,由放在船上的吊车吊运。

2. 现代造船生产组织管理的原则

不同的造船生产组织管理形式,决定了船厂资源使用效率的高低。根据现代造船模式的要求和现代造船生产组织管理的内涵,造船的生产组织管理要遵循以下一些原则:

(1)在船舶设计中,应满足壳、舾、涂一体化区域造船法的原则,体现设计、工艺、管理的一体化,要求船舶设计一开始就以“两个面向”为出发点,既面向船东对船舶的功能要求,又面向船厂对船舶的可制造性、保证建造质量和降低生产成本等生产方面的要求。船舶的设计与建造都必须以工程管理部门编制的船舶建造方针和施工要领作为工作的重要依据之一。

(2)在船舶建造中,应贯彻以中间产品为导向按区域、阶段、类型形成的生产作业体系,确保壳、舾、涂一体化作业流程,并以此作为布置船厂设施、设备、作业区域及确定企业组织机构和劳动组织的管理原则。

(3)在对整个造船生产系统的管理中,应实施一体化按区域进行综合性的工程管理原则。

即以计划管理、物料管理、质量管理、成本管理为主并结合安全管理等,实现船舶建造质量、建造成本和建造周期的最优化控制。

(4)在生产组织管理的设置上,应遵循按作业区域、阶段、类型实行定产品、定指标、定人员、定设备、定场地,以中间产品专业化生产的混合工种、一专多能和复合技能工种的生产组织管理原则。

(5)在贯彻以中间产品为导向按区域组织生产的同时,还应贯彻区域自主管理的原则。

三、现代造船各阶段的生产组织管理任务

1. 材料准备阶段

(1)保证钢料供应:船厂是钢材消耗大户,从产业关系看应该与钢厂建立利益共享的战略伙伴关系。船厂和供应商签订长期合作协议,每年锁定一个钢材基价,既减少了受钢材市场价格波动带来的影响,又能够保证供货期限和数量。

(2)钢材预处理:在下料前对钢材进行的矫正、除锈和涂底漆工作。船用钢材常因轧制时压延不均,轧制后冷却收缩不匀或运输、储存过程中其他因素的影响而存在各种变形。为此,板材和型材从钢料堆场取出后,先分别用多辊钢板矫平机和型钢矫直机矫正,以保证下料、边缘和成型加工的正常进行,矫正后的钢材一般再经抛光除锈,最后喷涂底漆和烘干,这样处理完毕后的钢材即可送去下料。

2. 下料加工阶段

钢料加工应形成分道加工的路径。大型船厂为组织分段组装流水线生产,在钢料加工阶段就要求相应加工后的构件定向、有序地传输到平面分段流水线、曲面分段流水线和型材加工流水线,形成划分明确的加工区域。

提高钢材利用率是船厂降低成本的主要途径之一。目前国内船厂钢材利用率(主船体钢材利用率、钢材综合利用率)一般不超过90%。钢材利用率状况受到船型及设计、管理、场地等多因素影响。

3. 分段组立阶段

分段是构成船体结构的实体。分段按其结构所属部位可分为:底部分段、舷侧分段、甲板分段、首尾分段、上层建筑分段等。在分段制作阶段要采取以下一些措施进行过程控制。

(1)按批量顺序下料:船体结构分段一般分多个批次进行投料。在网络计划安排中按吊装顺序依次组织分段制造,这是由建造法决定的。

(2)以总装造船为指导:根据总装造船的内涵,将生产主流程的作业留在船厂内,能够以中间产品组织生产和供应的流程作业,出于经济、负荷特别是总体效率等原因,由船厂提供材料、图纸、进行工艺和质量监督,主动将其交给分包商去制造。

(3)分段成品化:按照“壳舾涂一体化”的要求,在分段制作阶段,应将该部位的铁舾件、管舾件、电气焊接件尽可能地全部安装上去,并完成分段涂装。在分段下台交验时,上下道工序必须依据清单进行逐项检查确认,尽可能减少施工项目在工序间的流转。

(4)调整工序生产能力:按精益管理的要求实现流水节拍造船,使各工序物流有序、量化、可控地运行,既不能中断,也不应积压,这是船厂追求的目标。为此在生产管理中要按照先进合理的定额水平,组织工序生产能力测定:在工艺流程中由后向前测定需求,找出薄弱环节和

影响因素,并予以消除。

采用新工艺新技术:在分段制作阶段推行精度管理,逐步做到无余量下料、切割和装配;大力采用高效焊接技术;推行盆舾装、正反转预舾装等。

4. 舾装阶段

舾装阶段是指铁舾件、管舾件、电气焊接件的加工、集配、安装阶段,按施工阶段和区域分为单元舾装、分段舾装和船上舾装。在舾装件加工、集配、安装阶段建造要采取的过程控制措施如下:

(1)舾装设计与船体设计同步:紧密跟踪船体设计进度,一经具备条件舾装设计迅速展开,并在较短时间内满足舾装作业与船体建造对供图的需要。

(2)舾装集配中心的选址:舾装集配中心尽可能设在厂内,既可缩短配送路途又能保证及时性。对舾装作业实现"托盘"设计与管理。"托盘"也称"任务包",托盘实质上反映了一种管理思想,托盘表表达了完成工作单元的信息和指令。托盘表来源于托盘设计图纸文件的分解,设计人员必须执行托盘表不能"跨阶段、跨区域、跨类型"编制的原则,特别强调的是设计人员必须对生产进度、施工区域划分、现场施工条件及施工劳动量有较清楚的了解,否则编出的托盘表将会给现场施工造成混乱。对托盘生产管理来说,关键是保证托盘配齐率,以免影响到装配完整性。

5. 船台(船坞)搭载阶段

船台、船坞是船厂最重要的生产设施,船台(船坞)合拢工程的组织和周期的控制,决定着船厂的产品产量。在该阶段的中心任务就是如何缩短船台(船坞)建造周期。对于船体建造的要求是严格执行吊装计划组织连续吊装。对于舾装作业的要求是在分段制作阶段已将设备机座、管系、单元模块安装或制造完毕,在船台阶段主要组织各系统连接、管系泵压串油、电气通电等校验调试。船台建造阶段在船舶建造工程中是组织难度大、投入劳动多的阶段,从整体工程安排上将传统造船时期水下建造阶段提前到船台建造阶段完成,为其他关联工事展开创造条件。

6. 下水阶段

该阶段主要控制项目为船舶下水、发电机动车、主机动车。

在水下作业阶段,对生产管理有以下要求:

(1)船舶下水的安全保障:包括数据测算、潮汐情况、设备检查、下水作业的调度与组织。

(2)调试工事的组织:随着船舶建造数量的增加,调试工事的重要性日益显现出来。在划分安装与调试工作界面及责任的基础上,按专业统一组织安排调试工事,包括对设备服务商的配合项目。

7. 船舶试航阶段

在船体主体工程和动力装置等安装完工后,需要由船厂、船东和验船机构三方代表参加,共同负责船舶的试验与验收工作,试验与验收分两个阶段组织。

(1)系泊试验:俗称码头试车,是在系泊状态下对船舶的主机、辅机和其他机电设备进行的一系列实效试验,用以检验安装质量和运转情况。系泊试验以主机试验为核心,检查发电机组和配电设备的工作情况,以便为主机和其他设备的试验创造条件。对各有关系统的协调、应急、遥测遥控和自动控制等还需要进行可靠性和安全性试验。系泊试验时船舶基本

上处于静止状态,主机、轴系和有关设备系统不能显示全负荷运转的性能,所以还需要进行航行试验。

(2)航行试验:全面地检查船舶在航行状态下主机、辅机以及各种机电设备和系统的使用性能。通常有轻载试航和重载试航。在航行试验中测定船舶的航速、主机功率以及操纵性、回转性、航向稳定性、惯性和指定航区的适航性等。试验结果经验船机构和用户验收合格后,由船厂正式交付订货方使用。

航行试验后生产管理部门负责按清单组织完成扫尾项目,向船东移交备品备件;技术部门按照合同要求提供完工图纸和文件;质量部门按照合同要求提供产品质量证书;经营和财务部门在加减账项目与金额得到确认的情况下与船东进行价格结算。当交船协议签署后,船厂就完成了交船任务。

8. 交船阶段

船舶建造完工的最终阶段是交船。交船是一项程序性工作,通过移交一些手续,船厂把船舶交给船东使用。交船是船舶建造合同的总结,具有合同的法律效力,必须维护双方的正当权利。在船舶的建造过程中,特别是在船舶试验和住舱完工与检验的后期阶段,船东和验船部门应对不合格或不满意的合同项目编制清单,及时向船厂提出,船厂应对不完善的项目及时进行处理,不完善项目验收后,验船部门和船东应及时检查,如果已符合要求就签字认可。

SIKAOYULIANXI

一、名词解释

1. 造船模式。
2. 现代造船模式。
3. 中间产品。
4. “壳、舾、涂”一体化。
5. “设计、生产、管理”一体化。
6. 造船集成管理。
7. 造船系统工程。
8. 造船成组技术。
9. 精益造船。
10. 造船并行工程。
11. 造船项目管理。
12. 总装造船。
13. 船体分道作业。
14. 区域舾装作业。
15. 区域涂装作业。

二、简答题

1. 从20世纪40年代以前的铆接船时代开始到现在,造船模式的发展已经历了哪几个阶段,形成了哪几种造船模式?

2. 现代造船模式与传统造船模式相比有哪些区别?

3. 随着造船模式从低级水平向高级水平发展,为什么造船管理的指导思想必然从强调分工逐渐发展到强调集成与协同?

4. 为什么说在造船生产过程中应用成组技术能简化生产管理、提高生产效率?

5. 成组技术在整个造船过程中的应用派生出哪些主体技术?

6. 现代造船模式的用工制度相比传统的造船模式发生了怎样的变化?

7. 什么是PDM(Product Data Management)技术?为什么实施造船并行工程需要PDM技术作支撑?

8. "空间上分道,时间上有序"在专业上是什么意思?

9. 为什么说总装造船的总流程和生产作业主流程体现了"壳、舾、涂"一体化思想?

10. 产品导向型作业分解的指导思想和基本方法是什么?

11. 船体分道作业流程的分解是怎样贯彻成组技术的相似性原理的?

12. 区域舾装作业流程可细分为哪些基本子流程?为什么说区域舾装是船体分道作业实施后的必然结果?

13. 区域涂装作业流程具有哪些基本特征?

14. 造船生产组织管理具有哪些缺点和难点?

15. 现代造船生产组织管理应遵循哪些原则?有哪些要求?在不同的生产阶段应完成哪些任务?

三、应用题

应用本章所学知识,结合图16-1设计、生产、管理一体化示意图、图16-5所示的总装造船的总流程和图16-7所示的总装造船的生产作业主流程,并适当收集必要的资料,写一篇论文,论述"两个一体化"即"壳、舾、涂一体化"和"设计、生产、管理一体化"是实现现代造船模式的核心技术。题目自拟,不少于3000字。

参考文献

[1] 都全.基于物流量最优的造船车间流程优化研究[D].江苏科技大学硕士学位论文,2009.

[2] 王鸿斌.船体修造工艺[M].北京:人民交通出版社,2006.

[3] 陈强.中心造船模式的研究与应用[D].哈尔滨工程大学博士学位论文,2002.

[4] 徐兆康.船舶建造工艺学[M].北京:人民交通出版社,2000.

[5] 华乃导.船体修造与工艺[M].大连:大连海事大学出版社,2000.

[6] 汪国平.船舶涂料与涂装技术[M].北京:化学工业出版社,1998.

[7] 李堃.现代造船工程[M].哈尔滨:哈尔滨工程大学出版社,1998.

[8] 高介祜,郁照荣,温绍海. 现代造船工程[M].哈尔滨:哈尔滨工程大学出版社,1998.

[9] 王勇毅,董守富.计算机辅助船体建造[M].北京:人民交通出版社,1995.

[10] 陆伟东,危行三,王笃其.船体建造工艺[M].上海:上海交通大学出版社,1991.

[11] 王勇毅.船体建造工艺学[M].北京:人民交通出版社,1989.

[12] 黄浩.船体工艺手册[M].北京:国防工业出版社,1989.

[13] 中国船级社.钢质海船入级与建造规范[M],钢质内河船舶入级与建造规范[M].北京:人民交通出版社,1996.

[14] 翁德伟,徐学先,陆伟东.造船成组技术[M].上海:上海交通大学出版社,1990.

[15] 郑学媛.船舶焊接工艺[M].北京:人民交通出版社,1987.

[16] 脱天禄,李传曦,朱崇贤.计算机辅助船体建造[M].上海:上海交通大学出版社,1986.

[17] 上海市造船公司编写组.船体装配[M].上海:上海人民出版社,1977.

[18] 徐学光.壳舾涂一体化内涵的探析[J].上海:造船技术,1998(2).

[19] 冯诲涛.关于区域设计与区域造船的设想[J].上海:造船技术,1996(5).

[20] 中国船舶工业总公司第九设计研究院.船台滑道工艺设计[M].北京:国防工业出版社,1988.

[21] 康汉元.船台无余量装配[M].北京:人民交通出版社,1980.

[22] 叶家讳.现代造船技术概论[M].广州:华南工业大学出版社,1999.

[23] 张文治,范思翔.现代造船技术与管理[M].北京:人民交通出版社,1981.